Jahrbuch der Stiftung Thüringer Schlösser und Gärten
Band 10
Burgen in Thüringen

Burgen in Thüringen

Geschichte, Archäologie und Burgenforschung

Jahrbuch der Stiftung Thüringer Schlösser und Gärten

Forschungen und Berichte zu Schlössern,
Gärten, Burgen und Klöstern in Thüringen
Band 10
für das Jahr 2006

SCHNELL + STEINER

Herausgegeben von der Stiftung Thüringer Schlösser und Gärten
Schloss Heidecksburg, D-07407 Rudolstadt/Saale
Direktor Dr. Helmut-Eberhard Paulus

Schriftleitung: Dr. Helmut-Eberhard Paulus
Dr. Susanne Rott

Die Abbildung der vorderen Umschlagseite zeigt: Wasserburg Kapellendorf

Bibliografische Information der Deutschen Nationalbibliothek
Die Deutsche Nationalbibliothek verzeichnet diese Publikation
in der Deutschen Nationalbibliografie; detaillierte bibliografische
Daten sind im Internet über http://dnb.d-nb.de abrufbar.

1. Auflage 2007
© 2007 Stiftung Thüringer Schlösser und Gärten, Rudolstadt
© 2007 Verlag Schnell & Steiner GmbH, Leibnizstraße 13, 93055 Regensburg
Umschlaggestaltung: Astrid Moosburger, Regensburg
Satzherstellung: Punkt für Punkt GmbH · Mediendesign, 40237 Düsseldorf
Lithoherstellung und Druck: Erhardi Druck GmbH, Regensburg
ISBN: 978-3-7954-2008-6
ISSN: 1614-3809

Weitere Informationen zum Verlagsprogramm erhalten Sie unter:
www.schnell-und-steiner.de

Inhalt

Vorwort

Mit dem vorliegenden zehnten Band ist das Jahrbuch der Stiftung Thüringer Schlösser und Gärten zu einer mittlerweile ansehnlichen Reihe herangewachsen. Darin spiegelt sich auch äußerlich sichtbar die hohe kommunikative Bedeutung dieser Publikationsreihe im Spannungsfeld zwischen Schlösserdenkmalpflege, Landesgeschichte, Architektur, Kunst und Kulturpflege. Schon zur festen Tradition geworden ist der zeitnahe Erscheinungstermin des Jahrbuchs in der Frist des Folgejahres. Auch in der Gestaltung des Bandes wurde die bewährte Konzeption mit wenigen Änderungen beibehalten.

So widmet sich der erste Teil des Jahrbuchs dem übergreifenden Jahresthema, unter dem die Beiträge des gleichnamigen Herbstsymposions der Stiftung Thüringer Schlösser und Gärten publiziert werden. Im zweiten Teil des Bandes folgen allgemeine Berichte, wissenschaftliche Aufsätze zur Thematik „Schlösser und Gärten" sowie Miszellen zur Stiftungsarbeit. Den dritten Teil des Jahrbuchs bilden Jahresbericht und Rechenschaftsbericht der Stiftung Thüringer Schlösser und Gärten.

Das Jahresthema und zugleich Thema des Herbstsymposions spiegelt die Zuständigkeit der Stiftung Thüringer Schlösser und Gärten für eine Reihe von Burgen in Thüringen, ebenso wie die Funktion einer landesweiten Schlösserverwaltung, die gesellschaftliche Bedeutung der Burgen ins rechte Licht der Öffentlichkeit zu rücken. Dazu gehört auch die Präsentation der Burgen- und Schlösserlandschaft in ihrer Gesamtheit, zumindest, wenn darin landesgeschichtliche Aspekte zum Tragen kommen. Eng damit verbunden ist der Anspruch, mit den Burgen, ihrer Geschichte und Archäologie auch ein Stück des Selbstverständnisses von Thüringen zu präsentieren. Insofern passt das Thema „Burgen in Thüringen" nahtlos in die bisherige Folge unserer Herbstsymposien. Mit der regelmäßigen Veranstaltung der Herbstsymposien wird eine wichtige Brücke zwischen Wissenschaft und Öffentlichkeit geschaffen, die sowohl die Akzeptanz der Denkmäler erhöht als auch die kulturelle Leistungsfähigkeit Thüringens darzustellen hat. Von besonderer Bedeutung ist dabei immer die Kooperation mit anderen wissenschaftlichen Forschungseinrichtungen, bei diesem Symposion mit dem Thüringischen Landesamt für Denkmalpflege und Archäologie.

Aus aktuellem Anlass steht die Arbeit der Stiftung Thüringer Schlösser und Gärten dieses Jahr unter dem Motto der Kontinuität. Damit ist sowohl die Kontinuität der laufenden Arbeit im Sinne von deren Fortsetzung, als auch Kontinuität als Teil der Sinngebung unserer Arbeit gemeint. Gerade, wenn man sich in historischen Räumen befindet, wird besonders deutlich spürbar, dass die äußere, die materielle Hülle des Denkmals letztlich für einen tieferen geistigen Zusammenhang steht. Mag es bisweilen zunächst das vordergründig als schön empfundene Bild sein, das uns fasziniert, so kann uns doch letztlich nur der Kern des Denkmals den tieferen Sinn vermitteln. Der Kern hinter der Fassade aber ist eine unsichtbare geistige Botschaft, die erst durch die sichtbare Hülle eine anschauliche Gestalt bekommt. So entsteht mit den Denkmalen vor unseren Augen die Verbildlichung von Unsichtbarem. Es entsteht beispielsweise die sichtbare Einheit aus Geschichte, Architektur und Ausstattung, eine Einheit aus Geist und materieller Gestaltung, eine Einheit aus Zeitlichem und doch letztlich Ewigem, eine Brücke zwischen Materie und menschlichem Sein, eine Darstellung menschlichen Seins über die Grenzen von Generationen hinaus.

Womit wir auch beim Thema des angemessenen Umgangs mit dem Denkmal wären, an dessen Anfang immer eine persönliche Auseinandersetzung mit dem Denkmal selbst stehen muss. So stellt sich uns zu Recht die Frage, was das Denkmal uns gibt und was es von uns fordert. Im Ergebnis können wir feststellen, dass es von uns das fordert, was es selbst uns gibt, nämlich die Kontinuität zwischen den Zeiten und Generationen, historische Kontinuität, menschliche und kulturelle Kontinuität. Es gibt uns einen Platz in der Geschichte, jeweils über die individuellen Grenzen eines jeden hinaus, und kann daher als übergreifendes Abbild unserer Zivilisation letztlich auch Identität stiften.

Wo ließe sich dies besser nachvollziehen, als an der Diskussion um das Berliner Stadtschloss, das in seiner Funktion als historisches Wahrzeichen heute von allen so sehr vermisst wird, das auch keine Museumsinsel ersetzen kann und das in seiner identitätsstiftenden Funktion als Schloss wohl nie wieder zurückgeholt werden kann. Ob eine Kopie diese Lücke jemals wird schließen können, bleibt äußerst fraglich.

Um der historischen Kontinuität solcher Bauten angemessen Rechnung zu tragen, braucht es eine entsprechend gewährleistete Kontinuität unsererseits, eine Kontinuierlichkeit im Umgang mit dem Denkmal, in der Restaurierung, in der Vermittlung, in der baulichen Fürsorge und in der konzeptionellen Arbeit, letztlich auch in der Entwicklungsarbeit rund um das Denkmal.

Um diese Kontinuität für den Bereich von Schlössern und Gärten, von Residenzanlagen mitten im Herzen unserer Städte und Regionen zu gewährleisten, hat der Thüringer Gesetzgeber die Stiftung Thüringer Schlösser und Gärten geschaffen. Entsprechend diesem Auftrag hat unsere Stiftung ihre Schlösser und Gärten in den Dienst des gesamtstaatlichen Interesses dieses Landes gestellt. So sollen die Schlösser und Gärten auch das besondere kulturelle Profil dieses Landes mit formen und anhand dieses spezifischen Profils die Individualität des Landes darstellen.

Unsere Aufgabe ist es also nach dem Errichtungsgesetz, eine Dienstleistung für Dritte, für Nutzer, Besucher und das allgemeine öffentliche Interesse zu erbringen, der wir dadurch nachkommen, dass wir die besonders hohen denkmalpflegerischen Anforderungen in derartigen erstklassigen Denkmalen mit den Notwendigkeiten und Sinnhaftigkeiten einer angemessenen Nutzung in Einklang bringen. Dass man sich für spezielle Aufgaben der Hausbetreuung der Hilfe spezialisierter Einrichtungen bedient, hat sich in den letzten dreißig Jahren zu Recht als Prinzip gegenüber dem älteren Hausherrenstandpunkt durchsetzen können. Die Erhaltung und Entwicklung von Schlössern und Gärten für die Zukunft ist in der Tat eine sehr spezielle Aufgabe, aber sie erhält ihren tiefsten Sinn erst dadurch, dass sie eben für Dritte erbracht wird.

Kommen wir zum Rückblick auf das Jahr 2006. Ein besonderer Höhepunkt in restauratorischer Hinsicht war die Restaurierung des Gentz'schen Treppenhauses im Residenzschloss Weimar. Mit der Durchführung dieser auch im internationalen Vergleich anspruchsvollen Restaurierung, programmgenau binnen Jahresfrist, konnten wir die restauratorische Leistungsfähigkeit unseres Hauses besonders unterstreichen. Ein bedeutendes Ereignis war die Präsentation dieses Treppenhauses im Rahmen der Jahrestagung des Deutschen Nationalkomitees für Denkmalschutz.

Die Restaurierung des Gentz'schen Treppenhauses ist ein gutes Lehrbeispiel für den Umgang mit Denkmalen nicht nur in restauratorischer, sondern auch in organisatorischer Hinsicht. Sie zeigt uns die eminente Bedeutung des Dialogs in der Denkmalpflege auf, denn ohne die konstruktive Unterstützung durch intensive Fachgespräche und eine kreative Kritik zwischen den Planern und den Handwerkern, zwischen den Restauratoren und den Architekturhistorikern, den Architekten und den Nutzern wäre dieses qualitätvolle Ergebnis nicht möglich gewesen. So konnte sich die Stiftung hier auch als Moderator zwischen den verschiedenen Auffassungen unter Beweis stellen. Das Gentz'sche Treppenhaus wurde zum Musterbeispiel für den Dialog in der Sanierungspraxis, für den Dialog in der Denkmalpflege, der als Katalysator konkreter Qualitätsverbesserung fruchtbar werden kann. Wissen wir doch längst, dass gegenseitige Kontrolle nach dem Vorbild der Gewaltenteilung ein konkreter Beitrag zur Qualitätssicherung ist.

Entsprechendes gilt für den qualitätvollen Umgang mit Denkmalen, der Gegenstand des Dialogs mit der Gesellschaft sein muss. Wir müssen also darüber reden, was Denkmale für uns bedeuten und wie wir damit umgehen. Wir müssen uns fragen, welchen Wert sie in der Gesellschaft darstellen und wie wir sie den zukünftigen Generationen weitergeben können. Leider findet dieser Dialog noch viel zu wenig statt.

Auch für das abgeschlossene Jahr gilt es festzuhalten, dass es nicht einfach war, mit dem wiederum gesunkenen Ansatz an finanziellen Eigenmitteln in Höhe von jetzt nur noch 3,7 Millionen Euro Investitionsmitteln zu arbeiten. Dennoch ist es der Stiftung gelungen, durch entsprechende Umschichtungen und Kombinationen dieser Eigenmittel mit Drittfördermitteln, sei es des Bundes oder etwa aus dem Europäischen Fonds für regionale Entwicklung (EFRE), um hier nur einige Beispiele zu nennen, insgesamt einen Investitionshaushalt in Höhe von knapp 8,5 Millionen Euro abzuwickeln. Wir konnten also auch in diesem Jahr die Eigenmittel mehr als verdoppeln und in Bauten der Stiftung investieren.

Der Dank gilt an dieser Stelle allen Mitarbeitern und Partnern, die die nicht immer einfachen Finanzierungsmodelle mitgetragen haben, sowie dem Thüringer Kultusministerium und insbesondere dem Referat Denkmalpflege für entsprechende Unterstützung dabei.

Im baulichen Bereich konnten wir auch in diesem Jahr, über alle Regionen des Freistaats Thüringen verteilt, insgesamt sechs Schwerpunkte setzen. Die größte bauliche Maßnahme war zweifellos das Schloss Friedenstein in Gotha mit den Teilsanierungsmaßnahmen am Dachtragwerk des Nordflügels und des Ostflügels sowie der Sanierung des westlichen Eckturms. Die Investitionssumme belief sich auf knapp 4 Millionen Euro.

Alle anderen großen Sanierungsmaßnahmen müssen diesem Großprojekt gegenüber relativ klein erscheinen. Immerhin, die Sanierungsmaßnahmen auf Burg Ranis, hier mit den Sonderbereichen Palas und Südflügel, umfassten im abgelaufenen Jahr eine Investitionssumme von 1,3 Millionen Euro.

Beim Residenzschloss Weimar konzentrierten wir uns mit 1,1 Millionen Euro auf die Restaurierung des Gentz'schen Treppenhauses, das bereits erwähnt wurde. Die weitere Planung für die Restaurierung des Treppenhauses sieht den Einbau der dringlichen Toiletten vor, eine Maßnahme, die sicher zügig angegangen werden sollte.

Auch im letzten Jahr wurde die komplizierte Sanierung des Sommerpalais in Greiz um ein weiteres Stück fortgesetzt. Die dortigen Schwammsanierungsmaßnahmen belasten unseren Haushalt in ganz besonderer Weise und schlugen im letzten Jahr mit einer höheren Summe zu Buche, als wir zunächst einplanen konnten. Im Ergebnis waren es immerhin knapp 700 000 Euro.

Die überraschenden Schwammschäden lassen uns auch in Schmalkalden nicht los. Dort kam es zur Fortführung der Dachsanierung über dem Ostflügel mit einer Investitionssumme von immerhin noch 750 000 Euro.

Eine große Maßnahme geworden ist auch die Fassadensanierung des Südflügels auf Schloss Heidecksburg. Die Maßnahme konnte in die EFRE-Förderung eingestellt werden, auch wenn sie zu unserem Leidwesen als Wintermaßnahme durchgeführt werden muss, mit einem Einsatz von zunächst 420 000 Euro im Jahr 2006 und einer baulichen Fortführung in das Jahr 2007.

Im Rückblick auf das vergangene Jahr Stiftungsarbeit ist dem Stiftungsrat der Stiftung Thüringer Schlösser und Gärten unter dem Vorsitz von Herrn Staatssekretär Professor Dr. Walter Bauer-Wabnegg für die Zusammenarbeit danken. Herrn Kultusminister Professor Dr. Jens Goebel gilt herzlicher Dank für die wohlwollende Unterstützung der Stiftungsarbeit.

Allen Abgeordneten des Thüringer Landtags darf ich für die Aufgeschlossenheit gegenüber unserer Arbeit und die finanzielle Grundausstattung der Stiftung ausdrücklich danken. Dieses Jahrbuch ist sowohl Teil der Rechenschaft wie auch der Danksagung für die seitens des Freistaats Thüringen gewährte Unterstützung. Allen, die am Entstehen dieses Jahrbuchs mitwirkten, sei abschließend ebenfalls gedankt, stellvertretend dem Verlag Schnell & Steiner für die Aufnahme der Publikation in das Verlagsprogramm.

Helmut-Eberhard Paulus

Helmut-Eberhard Paulus

Burgen in Thüringen –
Geschichte, Archäologie und Burgenforschung

Einführung zum Herbstsymposion der Stiftung Thüringer Schlösser und Gärten
vom 20. bis 21. Oktober 2006 in Weimar

Mit der Thematik „Burgen in Thüringen – Geschichte, Archäologie und Burgenforschung" wollen wir bewusst nicht nur den Bezug zur Thüringer Burgenlandschaft, sondern auch zur archäologischen Tätigkeit des Thüringischen Landesamts für Denkmalpflege und Archäologie setzen. So ist mit dem Symposion das Anliegen verbunden, den geistigen Raum für einen gemeinsamen Denkansatz und Wissenschaftsaustausch auf den Gebieten der Burgenforschung, der Denkmalpflege, der Landesgeschichte, der Bauforschung und der Architekturgeschichte abzustecken – Bereiche, die durch die Anliegen der Burgenforschung wiederum engstens miteinander verbunden sind. Dieses Herbstsymposion steht insofern in der Kontinuität einer Reihe thematisch verwandter Symposien der Stiftung, nämlich des Symposions von 1995 mit dem Titel „Archäologie und Bauforschung an Thüringer Schlössern und Burgen", des Symposions von 2002 unter dem Titel „Burgenromantik und Theaterwelt" sowie des Symposions von 2004 mit dem Titel „Raumkunst in Burg und Schloss – Zeugnis und Gesamtkunstwerk".

Heute wagen wir mit unserem Symposion erneut den Blick auf Burgen in Thüringen, diesmal mit dem besonderen Schwerpunkt auf dem archäologischen Ansatz. Damit war es naheliegend, Weimar als Veranstaltungsort zu wählen, eben weil sich hier auch die „Residenz" der thüringischen Archäologie befindet. Weimar ist aber auch in anderer Hinsicht ein sehr geeigneter Standort für einen diesbezüglichen Wissenschaftsaustausch, nämlich hinsichtlich der Beispielhaftigkeit seines Residenzschlosses. Lässt sich doch für das Residenzschloss Weimar die Entstehung aus einer mittelalterlichen Anlage nachweisen, und ist doch diese Entwicklung vor Ort mit dem Architekturensemble der Bastille auch unmittelbar anschaulich erlebbar. So ist Weimar ein Musterbeispiel in doppelter Hinsicht: einerseits für neuzeitliche Residenzanlagen, die einen mittelalterlichen Ursprung haben, andererseits aber auch für das Phänomen, dass neuzeitliche Überformungen in hohem Maße den mittelalterlichen Kern verstellen können. Bei aller Kontinuität des Ortes lenkt auch hier das anschauliche Übergewicht der Inszenierungen neuzeitlicher Repräsentation den Blick von den Resten mittelalterlicher Ursprünge ab, selbst wenn davon Teile noch im Bestand erhalten sind. So ist die Bastille als malerisches Architekturensemble zwar durchaus im öffentlichen Bewusstsein, kaum jedoch als anschauliche Brücke zum mittelalterlichen Weimar (Abb. 1). Hinter all dieser neuzeitlichen Überformung doch noch die frühen historischen Zeugnisse eines hohen Potenzials für die spätere Residenzfunktion zu erkennen, erfordert neue Sichtweisen. Ebenso bedarf es der Überwindung des herkömmlichen Umgangs damit, weil man mit den besonderen Pfunden der verborgenen älteren Zeugnisse bisher viel zu wenig gewuchert hat.

Weimar ist also ein bis in die Gegenwart fortgeschriebenes Musterbeispiel dafür, dass man der Burg im Dickicht neuzeitlicher Bauten nachspüren muss. So wird auch verständlich, dass man die Burg zu Ende des 18. Jahrhunderts tatsächlich erst wieder entdecken musste. Womit wir zeitlich und thematisch im Zeitalter der Burgenromantik wären, mit dem zugleich auch die Erforschung der Burgen einsetzt. Doch darf dabei nicht unerwähnt bleiben, dass Johann Gottfried Georgis Buch „Das erneuerte Altertum – Bergschlösser in Deutschland" schon deutlich früher, nämlich bereits 1713 erschien. Nicht immer wurde die Entdeckung neuer Sichtweisen von der Gesellschaft sogleich aufgenommen. So bleibt es auf den ersten Blick ebenso bemerkenswert wie verwunderlich, dass der Entdeckung der Ruine im 18. Jahrhundert und der Wiederentdeckung der Burg in der zweiten Hälfte des 18. Jahrhunderts erst noch ganze 200 Jahre folgen mussten, bis man die Burg als einen Gegenstand der Forschung mit wissenschaftlichem Anspruch erkannte.

Relativ früh im Vergleich dazu wurde die Burg zum Gegenstand romantischer Inszenierung. Im Sujet solcher Inszenierungen wurde sie das Objekt baulicher Ergänzung, auch von Umbauten oder Erweiterungen oder dessen, was man damals unter Rekonstruktion verstand. Im Zeitalter des Historismus sahen manche Gesellschaftskreise im

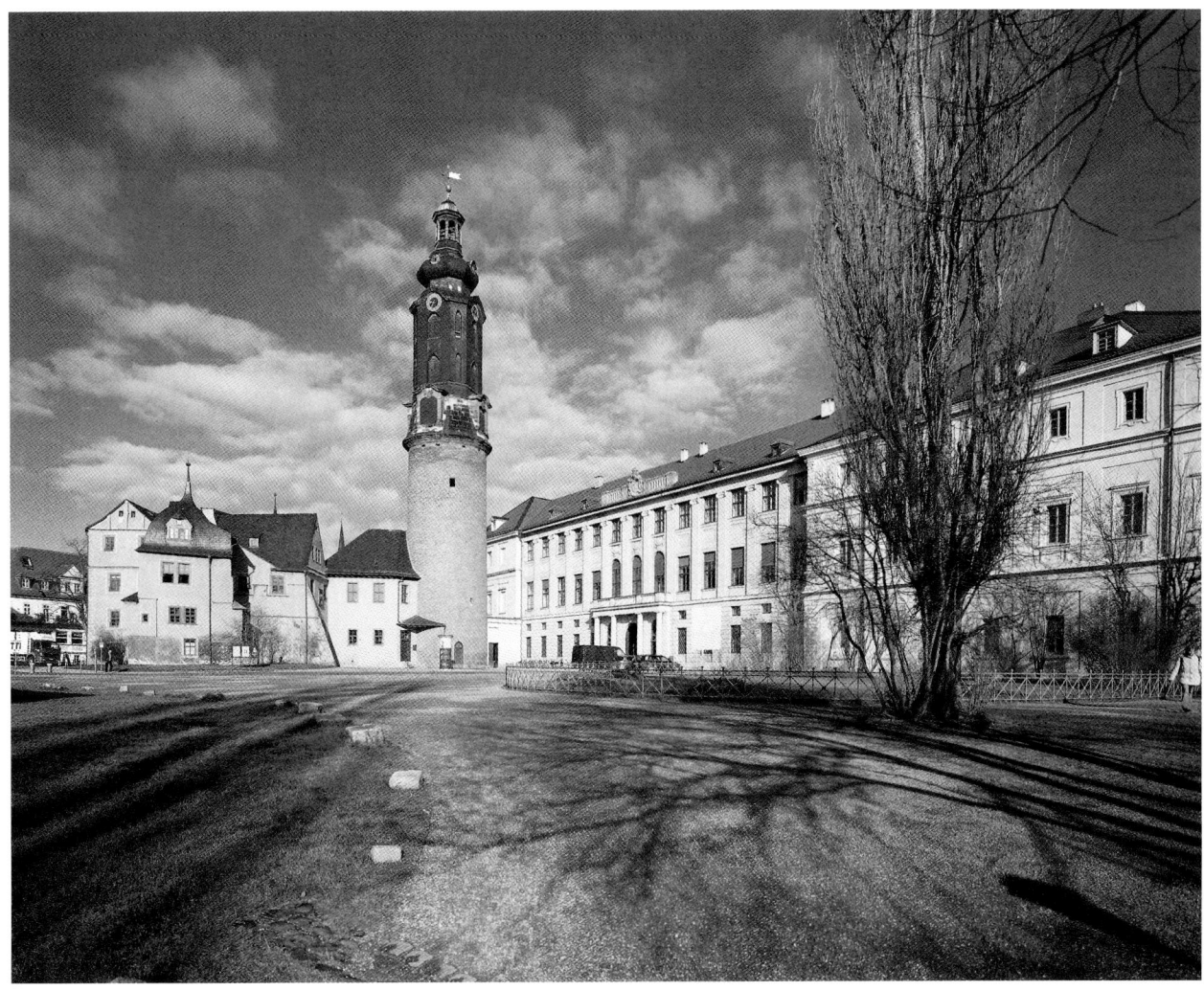

Burgenbau eine erneuerte Bauaufgabe, allerdings nicht im strengen Sinne des Begriffs, weil für die Bauaufgabe „Burg" im funktionalen Sinne schon seit dem Ende des Mittelalters kein Raum mehr war. Beim Wiederaufleben der Burg im 19. Jahrhundert handelt es sich also lediglich um eine Erscheinungsweise des adeligen und großbürgerlichen Wohnens mit entsprechendem Dekorum.

Schon zu Beginn des 19. Jahrhunderts befasste sich dagegen die Denkmalpflege mit dem Thema „Burgen", einfach, weil sie ihre frühe Herkunft aus der romantischen Wiederentdeckung der vaterländischen Bauten und ihre enge Bindung an die nachrevolutionäre Restauration im Zeitalter des Vormärz nicht verleugnen konnte.

Eine spezifische Burgenkunde setzt erst zu Ende des 19. Jahrhunderts ein. In den neunziger Jahren des 19. Jahrhunderts blühte die Burgenkunde sogar regelrecht auf und führte 1899 zur Gründung der Deutschen Burgenvereinigung. Namen wie Otto Piper und Bodo Ebhardt sind mit dieser Entwicklung aufs Engste verbunden. Die historische und architektonische Dimension der Burgen wurde dabei aber ebenso wenig diskutiert wie die Frage nach ihrer Bauentwicklung oder den soziologischen Dimensionen. Hätte man mit der Revolution von 1918 und dem Wegfall der letzten politischen Funktionen des Adels zunächst einen anderen Umgang mit den Burgendenkmalen und eine neue Fragestellung zur historischen Bedeutung der Burgen erwartet, so fand damals überraschenderweise der überkommene historistische Ansatz, der sich mancherorts der historischen Formen als Versatzstücke moderner Baustrukturen bis zur Beliebigkeit bediente, eine nahezu ungebrochene Kontinuität bis weit in die Jahre nach dem Zweiten Weltkrieg.

Erst ab etwa 1960 entwickelte sich die Burgenforschung im heutigen Sinne zur eigenständigen Wissenschaftsdisziplin, übrigens nahezu gleichzeitig mit dem neuen wissenschaftlichen Ansatz in der Hausforschung, auch in der Stadtkernforschung, und nicht zuletzt mit dem basisbezogenen und topologischen Ansatz in der Denkmalinventarisa-

Abb. 1 Weimar, Residenzschloss, Ansicht von Südosten

11

tion. Ebenso wie diese benachbarten wissenschaftlichen Forschungsbereiche erkannte die neue Burgenforschung die Unerlässlichkeit des interdisziplinären Ansatzes und schaffte es, die fachdisziplinäre Enge der universitären Wissenschaft des 19. Jahrhunderts zu durchbrechen. Es war die kleine Schweiz, die uns allen damals vorbildliche Maßstäbe setzte. Diese Entwicklung ist verbunden mit dem Namen von Werner Meyer, der 1972 auch die Präsidentschaft des Schweizerischen Burgenvereins übernahm und eine international beachtete wissenschaftliche Schriftenreihe begründete.

Heute dürfte allgemein anerkannt sein, dass eine Burgenforschung nach wissenschaftlichem Standard die Grundvoraussetzung jeglichen weiteren Umgangs mit Burgen sein muss. Sie ist Voraussetzung für denkmalpflegerische Maßnahmen ebenso wie für Maßnahmen baulicher Instandsetzung, sie ist unerlässlich bei Entscheidungen über Umnutzungen ebenso wie zur Entwicklung schlichter Erhaltungs- und Pflegemaßnahmen. Darüber hinaus geht es unserer Gesellschaft aber auch um entsprechende historische Erkenntnisse. Hierzu ist es erforderlich, eine Betrachtung der Burgenlandschaft aus möglichst neutraler Sicht zu ermöglichen, das heißt frei von einer romantisch rosaroten Brille, frei von pseudomittelalterlicher Nostalgie und auch frei von der heute zunehmend einengenden Betrachtung historischer Burgen als Spielwiese moderner Architektur oder experimenteller künstlerischer Selbstdarstellung. Im Mittelpunkt muss dabei die interdisziplinäre Kooperation stehen. Mediävisten, Kunsthistoriker, Bauforscher und Archäologen sind gleichermaßen gefordert wie die benachbarten historischen Hilfswissenschaften, von der Heraldik bis zur Archivkunde.

Damit Burgen aber als Denkmale und Anschauungsobjekte für unsere Geschichte auch den zukünftigen Generationen erhalten bleiben können, ist es erforderlich, eine angemessene Akzeptanz in der Gesellschaft zu schaffen. Es gilt das Prinzip, dass nur erhalten und weiter tradiert werden kann, was man kennt. Gerade diesbezüglich stehen wir noch vor einer großen Herausforderung. Burgenforschung ist wichtig, weil sie bisher so stark vernachlässigt wurde und uns heute noch immer ein vielfach schiefes Geschichtsbild vermittelt. Ebenso wichtig aber ist es, die neuen Erkenntnisse aus dem erweiterten Forschungsansatz ebenso wie die Hochwertigkeit und Bedeutung dieser Erkenntnisse der Allgemeinheit zu Bewusstsein zu bringen. Gerade hier liegt meines Erachtens noch das größte Defizit im Bereich der Erhaltung und Vermittlung von Burgen.

Umso mehr wird auch dem Projekt eines Deutschen Burgenmuseums besondere Bedeutung zukommen, nämlich die Brücke zum interessierten Laien zu schlagen und die viel zu häufig in den Medien vermittelte falsche Vorstellung von der Burgenwelt des Mittelalters zu korrigieren. Umso mehr sind wir auch mit solchen Veranstaltungen wie diesem Symposion gefordert, denn die Herbstsymposien der Stiftung Thüringer Schlösser und Gärten sind einst mit dem besonderen Auftrag ins Leben gerufen worden, dass eine bisweilen komplexe Materie durch seriöse Wissenschaftler so aufbereitet und dargestellt werden soll, dass sie auch vom interessierten Laien verstanden werden kann. Das Ziel ist eine entsprechende multiplikatorische Wirkung in die Gesellschaft hinein.

Peter Sachenbacher

Zur Rolle der Burgen im Prozess des mittelalterlichen Landesausbaus in der Germania Slavica in Thüringen

Vor der Behandlung des eigentlichen Themas sind klärende Bemerkungen zu den Begriffen, die das zu behandelnde Arbeitsgebiet zeitlich und inhaltlich betreffen, erforderlich.

Der grundlegende Begriff in diesem Sinne ist der der „Germania Slavica" selbst. Wolfgang H. Fritze erfasste damit im Jahre 1980 das Programm einer gleichnamigen Arbeitsgruppe an der Freien Universität Berlin. Für ihn ist damit der „Bereich der mittelalterlichen deutschen Ostsiedlung in den slawisch besiedelten Gebieten östlich von Elbe und Saale, soweit er sprachlich germanisiert worden ist", gemeint.[1]

Matthias Hardt fasste den Begriff deutlich weiter. Für ihn umfasst er den gesamten Bereich „der germanisch/deutsch-slawischen Kontaktzone am westlichen Rand Ostmitteleuropas".[2]

Die Klärung der Frage, ob sich Thüringen am westlichen Rand Ostmitteleuropas oder doch besser mitten in Mitteleuropa befindet, und was im frühen und hohen Mittelalter zu Thüringen gehörte und was nicht, soll und kann nicht Gegenstand dieses Aufsatzes sein. An dieser Stelle sei lediglich darauf hingewiesen, dass es sich dabei um Probleme handelt, die kontrovers diskutiert werden.

Meiner Meinung nach umfasst der Begriff der „Germania Slavica" in Thüringen:

1. den gesamten Bereich der Kontaktzone zwischen Germanen/Deutschen und Slawen und damit den größten Teil Thüringens, vom Altenburger Land bis weit westlich über die Saale, und

2. den Zeitraum vom Beginn der slawischen Besiedlung in Thüringen im 8. Jahrhundert bis zur spätmittelalterlichen Akkulturation slawischer und deutscher Sprache sowie slawischen und deutschen Kulturguts im 13./14. Jahrhundert.

Dabei ist zu beachten, dass Erfurt im Diedenhofener Kapitular[3] von 805 in einer Reihe mit zahlreichen weiteren Grenzhandelsorten mit den Slawen genannt wird, und dass zu einer Kontaktzone natürlich auch die Territorien gezählt werden müssen, in denen Slawen unter deutscher Herrschaft den mittelalterlichen Landesausbau vorangetrieben haben

und die sich vor allem durch slawische Ortsnamen zu erkennen geben. Solche gibt es bekanntlich weit östlich der Saale, bis zu den Grenzen Süd-, West- und Nordthüringens. Allein schon dieser geografische und zeitliche Umfang macht es erforderlich, das Thema einzugrenzen.

Es soll deshalb ein ausgewähltes Gebiet aus diesem Kontext herausgegriffen werden. Sowohl aus praktischen Gründen als auch aufgrund der Ergebnisse archäologischer Untersuchungen der letzten Jahre soll das Thema auf das Gebiet um Gera und das nördliche bzw. Thüringer Vogtland eingegrenzt werden. Es handelt sich damit um ein Gebiet aus der klassischen Germania Slavica, der Zone östlich der Saale an der Weißen Elster, die im Prozess des mittelalterlichen Landesausbaus sowohl unter slawischer als auch unter deutscher Herrschaft bzw. slawischen oder deutschrechtlichen Verhältnissen stand. Wenn dabei der Begriff des „Landesausbaus" und nicht der Begriff der „deutschen Ostkolonisation" oder der „deutschen Ostsiedlung" Verwendung findet, dann deshalb, weil ersterer Begriff meines Erachtens falsch und überholt ist, der andere aber aus gesamteuropäischer Sicht zu eingeengt erscheint.

Dass die Burgen in diesem Prozess eine hervorragende Rolle gespielt haben, kann an dieser Stelle erst einmal vorausgesetzt werden, um darauf später zusammenfassend zurückzukommen.

Will man von vornherein chronologisch vorgehen, müsste man mit dem genuin slawischen Burgenbau beginnen. Aber da beginnen bereits die Probleme. Das soll kurz an einem außerhalb des genannten Arbeitsgebietes gelegenen Beispiel erläutert werden, das sich aber in seinem generellen Aussagewert durchaus übertragen lässt.

Gemeint ist die Burganlage auf dem Johannisberg bei Jena-Lobeda, zu der es eine aktuelle Untersuchung im Rahmen einer studentischen Arbeit an der Friedrich-Schiller-Universität Jena gibt.

Die Masse des dort aus dem Mittelalter geborgenen Fundgutes ist slawische Keramik. Darunter befinden sich aber auch westsaalisch-karolingische Keramikstücke.

13

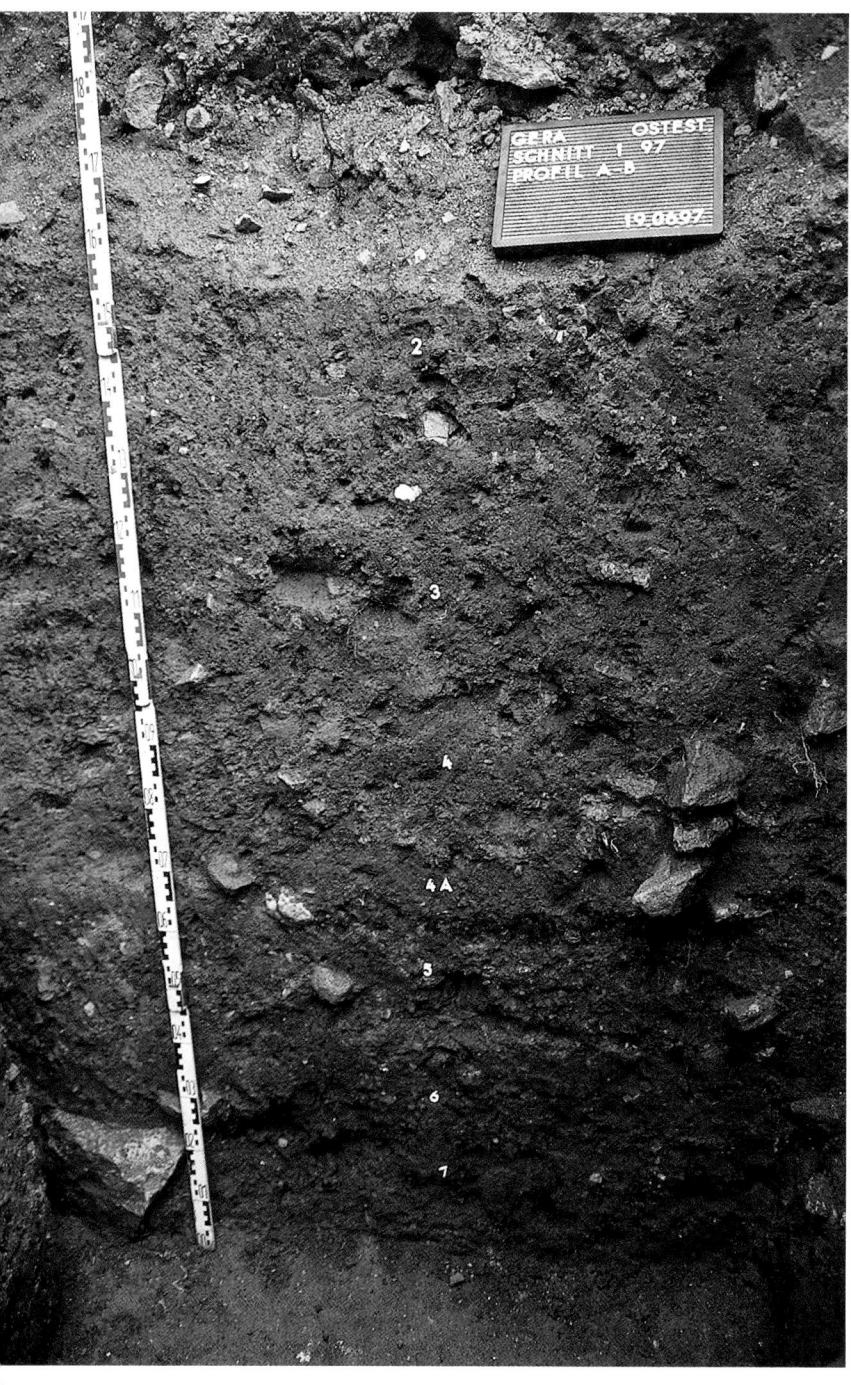

Abb. 1 Gera, Schloss Osterstein, Profil der Ausgrabung – Schichten vom 10. bis 15. Jahrhundert

mit der Burg auf dem Hainberg oberhalb von Gera-Untermhaus, dem späteren Schloss Osterstein.

Von der mittelalterlichen Anlage kündet heute nur noch der Bergfried. Bis 1997 fanden hier zwar keine systematischen archäologischen Untersuchungen statt, aber durch die spätere Schlossanlage, zahlreiche Lesefunde mittelalterlicher Keramik und nicht zuletzt durch eine umfangreiche Wall-Graben-Anlage war hinlänglich bekannt, dass sich auch im Mittelalter hier eine Burganlage befunden hat. Der bekannte Geraer Heimatforscher und Bodendenkmalpfleger Bruno Brause hatte auf dieser Grundlage bereits 1937 versucht, einen Lageplan der Burg anzufertigen, der bis heute in der Grundstruktur nachvollziehbar ist.[5]

Seit 1997 konnten dann in mehreren Kampagnen sowohl an der Nordspitze der Anlage, dem sogenannten Lustgärtchen, als auch im unteren Burghof Ausgrabungen durchgeführt werden. Diese erfassten zwar jeweils nur einzelne Schnitte und ermöglichten es nicht, angetroffene Baustrukturen einzuordnen, aber sie kamen trotzdem zu wesentlichen Erkenntnissen.

Es war an mehreren Stellen möglich, die Schnitte bis auf den gewachsenen Felsen zu führen und aussagekräftige Plana und Profile anzufertigen (Abb. 1).[6]

Ein erstes Profil, das bis in eine Tiefe von 4 Meter auf den gewachsenen Boden reicht, zeigte 15 Schichten. Die untersten Schichten konnten sauber getrennt werden und erbrachten eine keramikgestützte Datierung, die im 10. Jahrhundert mit slawischer Keramik beginnt.

Da die erste urkundliche Erwähnung von Gera erst 995 bzw. 999 als „terminus bzw. provincia Gera" erfolgte, war damit eine Entwicklung der Burg vor der Ersterwähnung gesichert. Zusammen mit einer Reihe von Lesefunden, die slawische Keramik wohl schon des 9. Jahrhunderts enthalten, konnte mit relativer Sicherheit angenommen werden, dass die erste Burganlage – sieht man von der urnenfelderzeitlichen Anlage auf diesem Gelände ab – im 9./10. Jahrhundert als slawische Burg errichtet wurde. Auch bei der Grabung im unteren Burghof konnte diese Annahme in Schichten in 6 Meter Tiefe untermauert werden. Diesen untersten slawischen Schichten folgten weitere Schichten bis in das späte Mittelalter, die von einer regen Bautätigkeit sprechen.

Es ist nach heutigem Erkenntnisstand sicher davon auszugehen, dass die erste slawische Anlage Mittelpunkt eines slawischen Burgbezirks war, auf dessen Umfang slawische Siedlungs- und Grabfunde im Tal der Elster,

Was lag also bisher näher, als diese Burg als slawische Anlage zu bezeichnen?[4]

Heute geht man richtigerweise davon aus, dass die vorherrschend slawische Keramik nicht automatisch auf eine slawische Burg schließen lässt und dass es durchaus wahrscheinlicher ist, dass die Anlage unter karolingischer Herrschaft errichtet wurde.

Es muss hier deshalb anders vorgegangen werden, weshalb zuerst kurz archäologische Untersuchungen auf einzelnen Anlagen vorgestellt werden. Es soll mit den drei größten und bedeutendsten Anlagen zwischen Gera und Greiz begonnen werden, darunter zuerst

im heutigen Stadtgebiet von Gera, hindeuten.

Der weitere kontinuierliche Ausbau der Anlage auch zur Zeit des mittelalterlichen Landesausbaus unter deutscher Herrschaft deutet darauf hin, dass die Burg als Sitz einer deutschen Herrschaft übernommen und ausgebaut wurde. Im hohen und späten Mittelalter haben wir hier wohl einen Sitz der Herren von Gera zu suchen. Unklar bleibt dabei aber das Verhältnis zur im Tal befindlichen Stadtburg in der Südwestecke der mittelalterlichen Stadtbefestigung, in deren Bereich bei der Stadterweiterung leider keine archäologischen Untersuchungen durchgeführt wurden, sowie zur dort östlich anschließenden sogenannten „Häselburg", aus deren Bereich zwar auch slawische Scherben stammen, deren Charakter als Burg aber eher unwahrscheinlich ist.

Neben der Tatsache, dass die Anlage auf dem Hainberg über Gera-Untermhaus kontinuierlich ab dem 9., spätestens ab dem 10. Jahrhundert genutzt wurde, erbrachten die ersten Grabungen eine bis dato unerwartete Überraschung: In sauber datierbaren Schichten des 12. bzw. frühen 13. Jahrhunderts fanden sich zahlreiche Bruchstücke von Backsteinen, die allerdings keinem Bauwerk zugeordnet werden konnten (Abb. 2). Es muss aber davon ausgegangen werden, dass es ein solches gab und dass es bis zu seinem völligen Abbruch spätestens zu Beginn des 13. Jahrhunderts eine gewisse Zeit lang bestanden hat. Ende der neunziger Jahre des 20. Jahrhunderts war das eine völlig neue Erkenntnislage für das Gebiet um Gera und seine historische Einordnung.

Im Folgenden soll die zweite der großen Anlagen, die Osterburg über Weida, vorgestellt werden. Auch hier waren vor den Ausgrabungen der letzten Jahre nie systematische archäologische Untersuchungen durchgeführt worden.

Die Osterburg, die erst in der Neuzeit so bezeichnet wurde, wurde im 12. Jahrhundert als Stammsitz der Vögte von Weida errichtet. Vorgängerburgen dieser Anlage wurden bislang im Gebiet der Veitskirche bei Wünschendorf und auf dem Territorium der Widenkirche in der Weidaer Altstadt gesucht. Dabei handelt es sich zweifellos um topographische Orte, die sich gut für eine Burg eignen. Aber ob dort auch tatsächlich jeweils solche Anlagen gestanden haben, muss nach neuesten Untersuchungen eher bezweifelt werden, ohne freilich die Möglichkeit völlig ausschließen zu können.

Die erste der Ausgrabungen der letzten Jahre fand im „Alten Schloss" neben dem Berg-

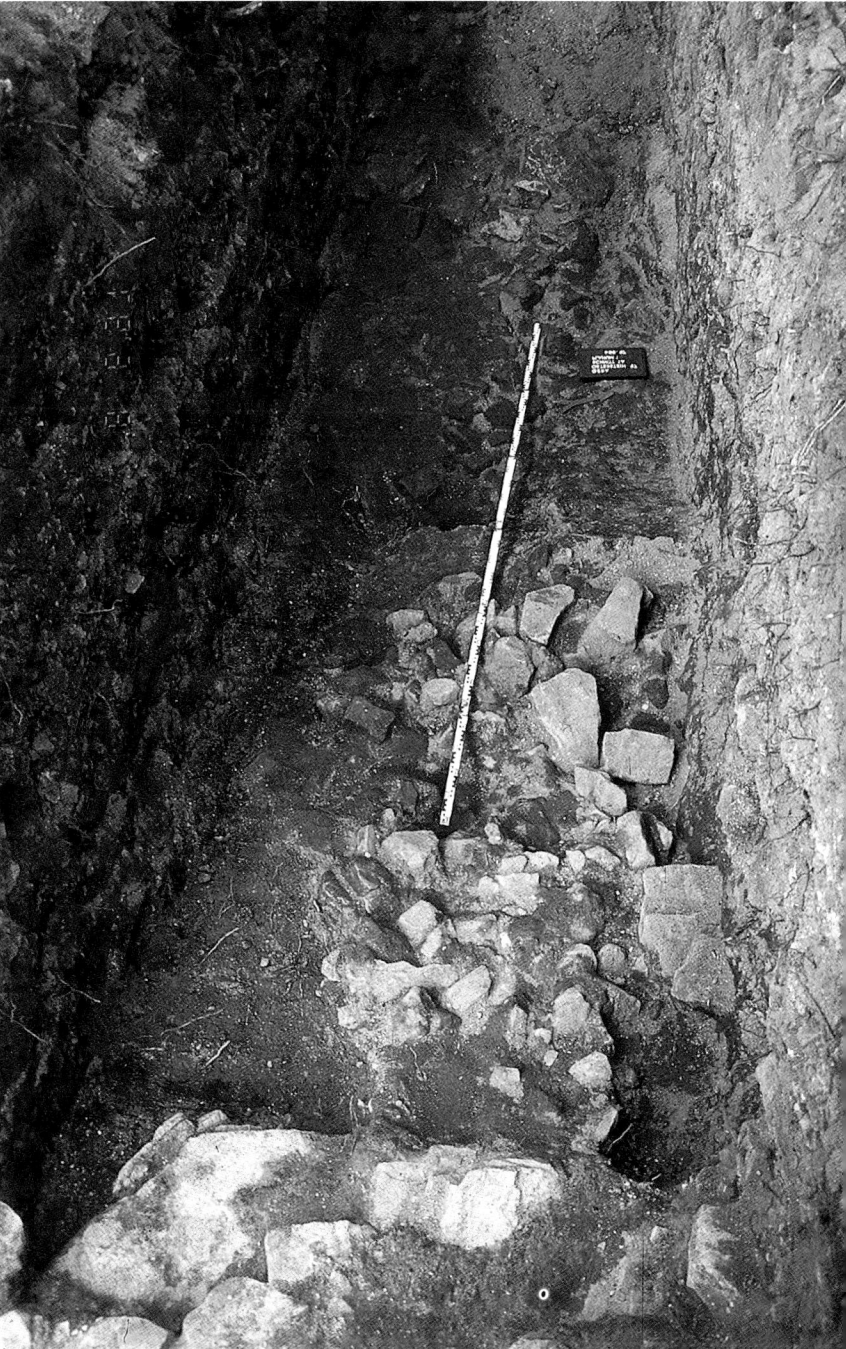

fried statt. Dabei konnte sehr schnell geklärt werden, dass dieses Bauwerk der Burg zumindest im Vergleich zu anderen Gebäuden nicht das älteste Bauwerk ist (Tafel I).

Zusammen mit interessanten Baubefunden kamen hier zahlreiche datierende Funde älterer Anlagen zutage. Besonders auffällig waren Keramikscherben, die von ihrer Herkunft her als slawisch zu bezeichnen sind und in das 10. bzw. 11. Jahrhundert gehören. Daneben wurden aber auch Scherben des hoch- und spätmittelalterlichen Landesausbaus unter sicher deutscher Herrschaft gefunden.

Abb. 2 Gera, Schloss Osterstein, Schicht des 12./13. Jahrhunderts mit Backsteinen

Problemstellung kam dann eine folgende Grabung im Bergfried näher. Dieser konnte innen von einer bis dato letzten unteren Plattform aus bis in eine Tiefe von über 7 Metern, wo der gewachsene Felsen erreicht wurde, untersucht werden.

Nach einer größeren Einfüllschicht kamen Schichten in situ zum Vorschein, die wiederum durch zahlreiche Keramikscherben datiert werden konnten und demzufolge mindestens bis in das 11. Jahrhundert zurückreichen. In einer der untersten Schichten konnte ein Befund angeschnitten werden, der zu einem Fußbodenhorizont gehört, in den das Fundament des Bergfrieds des 12. Jahrhunderts eingetieft wurde. Der Befund ist zu geringfügig, um ihn weitergehend interpretieren zu können. Er zeugt jedoch davon, dass sich auf dem Berg der Osterburg vor der Errichtung der Burganlage des 12. Jahrhunderts ein Bauwerk befunden hat.

Sicher geht man nicht in der Annahme fehl, dass das Bauwerk auf diesem steilen Felsen zu einer Burg gehört hat, die spätestens im 11. Jahrhundert errichtet wurde und von einer kontinuierlichen Burgentwicklung auf dem Berg seit dieser Zeit kündet. Welcher Art die Burg war und wen sie beherbergte, muss bislang allerdings dahingestellt bleiben.

Im Verlauf der bauhistorischen Forschungen auf dem Oberen Schloss in Greiz, das im Folgenden vorgestellt werden soll, untersuchte der Bauforscher Lutz Scherf das im Inneren des Weidaer Turms befindliche Backsteinmauerwerk neu und kam zu dem Schluss, dass es aus romanischer Zeit stammen muss. Dieses polygonale Bauwerk aus Backstein sitzt oben auf dem ursprünglichen Ende des Natursteinmauerwerks auf und war als Turmspitze von außen sichtbar. Seine Errichtung in Backstein muss bewusst erfolgt sein. Warum es in dieser Technik errichtet wurde und welchem Zweck es diente, kann nur in größeren Zusammenhängen geklärt werden. Auffallend ist die Tatsache, dass bei der folgenden Erhöhung des Turms auf dieses Bauwerk Rücksicht genommen wurde und man es – nun allerdings nicht mehr von außen sichtbar – erhalten hat.

Das dritte Glied dieser bedeutenden Kette von Bauwerken an der Weißen Elster bzw. einem ihrer Nebenflüsse ist die Burg auf dem Gelände des Oberen Schlosses von Greiz (Abb. 3).

Das Obere Schloss und die mittelalterliche Vorgängerburg fristeten noch bis vor Kurzem mehr ein Schattendasein. Im „Dehio Thüringen" findet sich die Information, dass Greiz im Mittelalter ein Ort von geringer Bedeutung gewesen sei, und dass sich auf dem

Abb. 3 Greiz, Oberes Schloss, Lage über der Stadt und der Weißen Elster

Ob die slawischen Scherben auch hier, wie auf Osterstein über Gera, auf eine ursprünglich slawische Burg hindeuten, muss allerdings bezweifelt werden. Sie sind relativ spät einzuordnen und zeugen sicher eher vom Anteil der Slawen am deutschrechtlichen Landesausbau und in diesem Fall von ihrer Teilnahme an der Errichtung einer Burg, die den Sitz einer deutschen Herrschaft in diesen Prozessen markiert. Damit ergab sich zumindest die Frage, wovon diese Keramik zeugt, und ob es zu dieser Zeit auf dem relativ steilen und zerklüfteten Berg eine bauliche Anlage gegeben hat. Dieser

Burgberg eine slawische Fluchtburg befunden habe. Gleiches liest man im Band 9 des „Handbuchs der Historischen Stätten Deutschlands", wo dem davor aufgeführten Gräfentonna deutlich mehr Raum gewidmet wird als Greiz.[7]

Tatsache ist, dass Greiz bei seiner Erstnennung zu Beginn des 13. Jahrhunderts als „Groez" auftaucht, was auf slawisch zweifelsohne „Burg" bzw. „befestigter Ort" bedeutet.[8] Die Siedlung wurde offensichtlich im 12. Jahrhundert von Slawen gegründet und nach der Burg benannt, die Sitz einer deutschen Herrschaft im Prozess des mittelalterlichen Landesausbaus war. Forschungen der letzten zwei Jahre zeichnen von dieser Anlage jedoch ein neues Bild:

Im Zuge von Sanierungsarbeiten wurde romanisches Backsteinmauerwerk festgestellt, dessen Rüsthölzer dendrochronologisch auf 1188 datiert werden konnten. Dieses Backsteinmauerwerk gehört zu einem hochwertigen Palasgebäude, einer zweietagigen Kapelle – ob es eine klassische Doppelkapelle war, lässt sich nicht mehr feststellen – und beheizbaren Wohnräumen. Eine solche Ausstattung zeugt von einer hohen Bedeutung und Macht seiner Besitzer in staufischer Zeit. Die Bauforschung auf dem Gelände des Oberen Schlosses von Greiz wurde anfangs lediglich archäologisch begleitet. Dabei handelte es sich vorrangig um die Sichtung von Keramikfunden, die sich in den Zwischenlagen über Gewölben befanden, die später verfüllt worden waren. Einige Scherben konnten auf dieser Grundlage bereits dem frühen 13. Jahrhundert zugeordnet werden. Seit Mitte Juli 2006 wurde es möglich, in einem kleineren Umfang Ausgrabungen durchzuführen. Sie dienten zunächst der Überprüfung der Raumsituation unter einem beheizten Raum. In diesem Kellerraum Nr. 14, der von außen zu ebener Erde liegt und im Mittelalter das Erdgeschoss darstellte, konnten ein kaminartiger Ofen und Mauerstrukturen nachgewiesen werden. Weitere Schnitte wurde auf dem höchsten Punkt der Anlage, dem Plateau in der Nähe des Turms angelegt (Abb. 4). Hier wurden Mauerstrukturen angetroffen, die offensichtlich zu einer Wehrmauer gehörten, an die ein Gebäude angelehnt war.

Die dritte Grabungsstelle befand sich im Turm selbst. Der Turm besteht in seinem Unterbau ebenfalls aus Backstein, mit einem ringförmigen Fundament aus Felsstein. Eine Bohrung ergab, dass es sich um Innen- und Außenschale mit einer kompakten Backsteinfüllung handelt. Die Backsteine sind die gleichen wie an den schon genannten Gebäuden. Die bisherigen Keramikfunde unterstützen die Hypothese von einem Baudatum der mit-

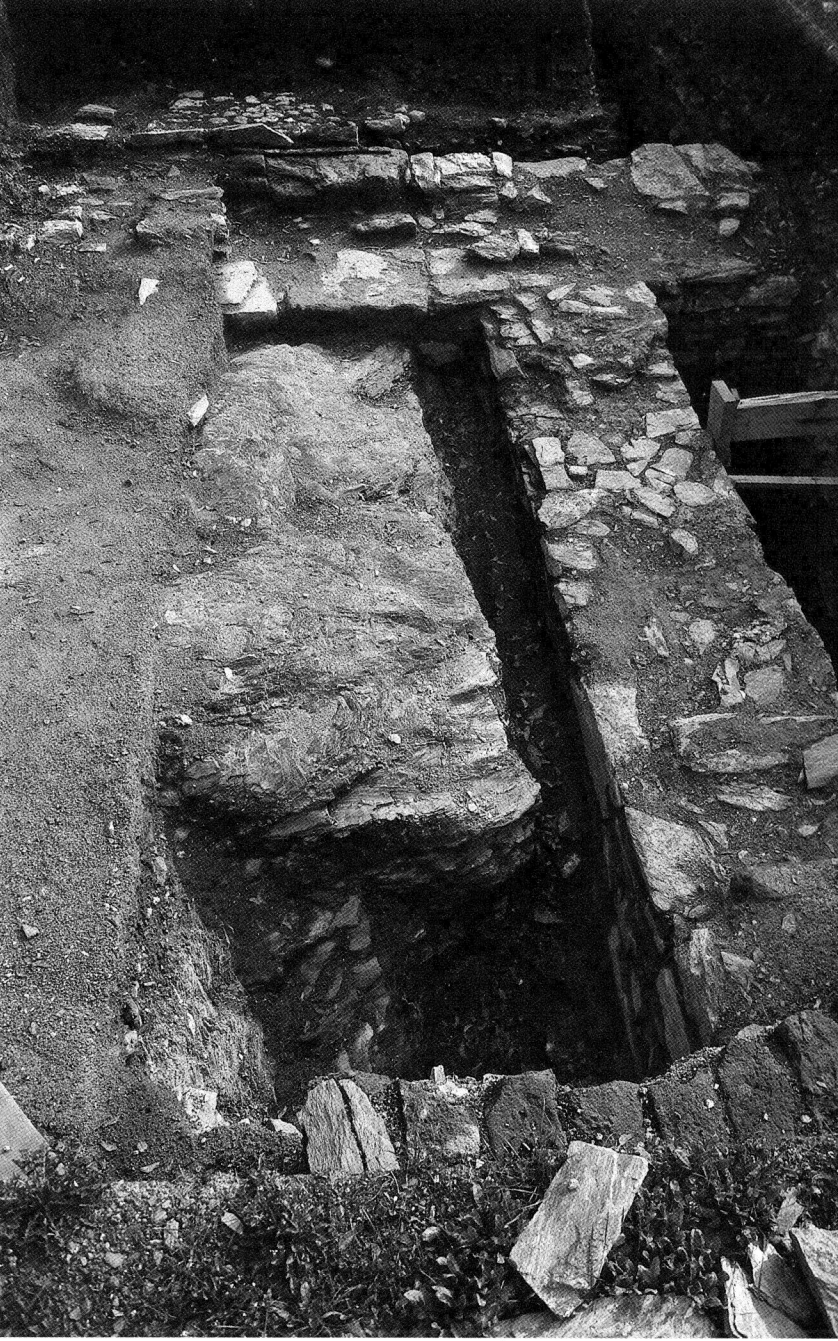

telalterlichen Anlage im 12. Jahrhundert, wie es die Dendrochronologie ergeben hat, auch wenn die Masse der frühen Keramik in das beginnende 13. Jahrhundert gehört. Eine Reihe von Scherben kann an das Ende des 12. Jahrhunderts datiert werden. In den unteren Schichten im Turm konnten mehr oder weniger ganze Gefäße aus dem 13. Jahrhundert geborgen werden (Abb. 5).

Die Burgenlandschaft um Gera und im nördlichen Vogtland zeichnet ein vielfältiges Bild.[9] Im heutigen Stadtgebiet von Gera sind kleine Wall- und Wehranlagen relativ gleichmäßig über das gesamte Gebiet verteilt. Das betrifft

Abb. 4 Greiz, Oberes Schloss, Grabungsschnitt auf dem Plateau

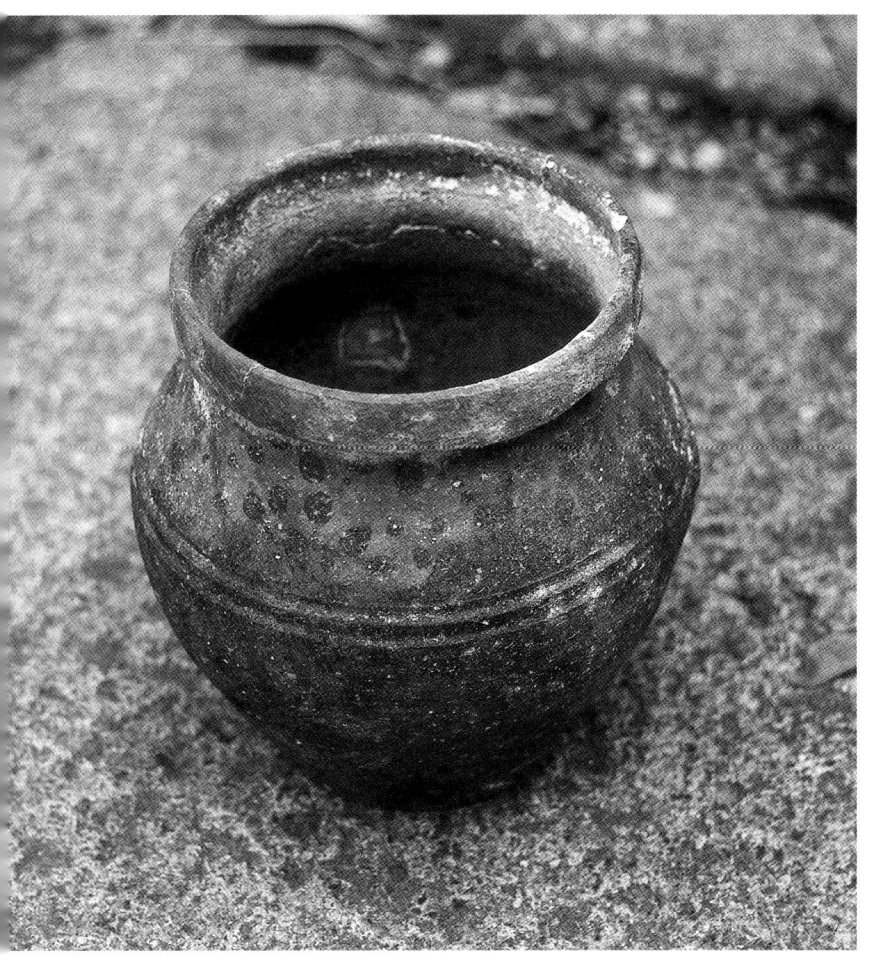

Abb. 5 Greiz, Oberes Schloss, vollständig erhaltenes Gefäß aus der Grabung im Turm

grunde liegt. Wissenschaftliche Ausgrabungen haben hier nie stattgefunden, erste Schürfungen allerdings bereits um 1700.

In mehrfacher Hinsicht auffallend ist die Naulitzer Schanze, die östlichste der Geraer Burganlagen, auf einem Bergsporn, der südlich des Ortes in das Gessental ragt (Abb. 7). Ab 1301 wird mehrfach ein Heinrich von Naulitz genannt.[12] Er dürfte aber nicht der Gründer der Burg sein. Von der Anlage sind Keramikfunde vorhanden, die aber nicht mit einer eindeutigen Dokumentation verbunden sind, aus der eine Stratigraphie ersichtlich wäre.

Die erwähnte Keramik reiht sich insgesamt gut ein in die Ware des hoch- und spätmittelalterlichen Landesausbaus. Auffallend darunter sind slawische Scherben, die in das 11./12. Jahrhundert gehören. Meines Erachtens zeugen sie aber nicht von einer ursprünglich slawischen Anlage, sondern von den Erbauern der Anlage unter deutscher Herrschaft, die wohl im Dorf mit slawischem Ortsnamen ansässig waren.

Einige weitere Anlagen um Gera sollen nur kurz erwähnt werden. Sie zeigen die Vielfalt des Burgenbaus sehr anschaulich:

Die Schanze von Dorna befindet sich auf einem Bergsporn über dem gleichnamigen Ort. Es handelt sich um einen ehemaligen, kleinen Turmhügel. 1919 erbrachten Rodungsarbeiten Keramikscherben, die am ehesten in das 13./14. Jahrhundert datiert werden können.[13]

Von der ehemaligen Wasserburg von Laasen sind heute nur noch wenige Spuren am und um den Teich erhalten.

Der Turmhügel der Wallanlage von Roben, in unmittelbarer Nachbarschaft zur Kirche, hebt sich deutlich im Gelände ab. Ab 1146 wird ein Geschlecht derer „de Robin" genannt.[14] Ernst Eichler leitet den slawischen Ortsnamen von dem Wort „Knecht" ab. Das könnte auf einen Ort hinweisen, in dem Hörige derer von Roben ansässig waren.

Die Wasserburg von Röpsen ist heute völlig im Teich verschwunden. Noch in den sechziger Jahren des vorigen Jahrhunderts war sie als Wallinsel gut zu erkennen.

Die Wallanlage in der „Kleinen Cosse" bei Rubitz ist noch heute so unmittelbar mit einem Hohlweg verbunden, dass sie sicher zugleich auch die Funktion einer Wegesperre hatte.

Wichtige Vergleichsmöglichkeiten bietet ein ebenso kurzer Überblick über die Anlagen im nördlichen Vogtland. Auch hier ist ihre Vielfalt, welche Unterschiede in der Bauart und Funktion erkennen lässt, recht groß:

Am bekanntesten ist sicher die Burgruine Reichenfels, nicht nur als Sitz eines Museums und als Zentrum des Vogtländischen Altertumsforschenden Vereins zu Hohenleuben.[15] Die Burg wird erst relativ spät, nämlich im

sowohl das Tal der Weißen Elster als auch die Hochflächen rechts und links des Flusses. Teilweise sind diese Wall- und Wehranlagen mit der Nennung eines „Geschlechtes derer von" verbunden, teilweise auch nicht, und teilweise gibt es Nennungen ohne ersichtlichen archäologischen Nachweis einer Anlage.

Ein vergleichbares Bild bietet das nördliche Vogtland zwischen Weida und Greiz. Hier fällt aber auf, dass sich diese Anlagen nahe der Elster und ihrer Nebengewässer konzentrieren und einige Teile der Hochflächen gemieden werden.[10]

Es lohnt sich, zur Klärung ihrer Rolle und Funktion im mittelalterlichen Landesausbau einige wenige dieser Anlagen kurz vorzustellen, beginnend mit den Anlagen im heutigen Stadtgebiet von Gera.[11]

Sowohl wegen ihrer Größe als auch aufgrund ihrer Gestaltung fällt die Burg auf dem Hausberg von Gera-Langenberg aus dem Rahmen solcher kleiner Wall- und Wehranlagen (Abb. 6). Sie kann am ehesten mit den drei genannten großen Anlagen verglichen werden. In einer – allerdings gefälschten – Urkunde wird 1060 ein Burgwart Langenberg genannt. Weitere Indizien fehlen. So muss offenbleiben, ob ein realer Sachverhalt zu

14. Jahrhundert, genannt, geht aber wohl auf eine Anlage des 13. Jahrhunderts zurück. Im 19. Jahrhundert sollte sie durch einen Schlossbau zu neuem Leben erweckt werden, der Versuch scheiterte aber. Ein Gang durch die Ruine, bei dem man zuvor den tiefen Burggraben passiert, der die Anlage vom Berg abtrennt, verdeutlicht gut ihre Lage und Größe.

Ebenfalls zu Hohenleuben gehörig ist die Anlage im Wahlteich (Abb. 8). Sie befand sich auf einer Insel. Das umliegende Gelände an Land war von einem Halbkreiswall mit Graben umgeben, welcher noch gut im Gelände erkennbar ist. Bei Schürfungen im 19. Jahrhundert fand man Mauerreste, Brandschichten, die als Kohle bezeichnet wurden, und Keramikscherben. Der Schilderung nach handelte es sich dabei wohl um Keramik des 14. Jahrhunderts.[16]

Nicht weit entfernt, im Ort Lunzig, befindet sich ebenfalls eine „Wahl" genannte Anlage, die heute vor allem deshalb hervorsticht, weil der Besitzer, ein ehrenamtlicher Bodendenkmalpfleger, sie als botanischen Garten einer sinnvollen Nutzung zugeführt hat. Sie ist in ihrer Konstruktion an den Hang angelehnt. Hier fanden in den letzten Jahren kleine Untersuchungen am Wall statt, die eine Keramik erbrachten, welche nicht vor das 14. Jahrhundert zurückreicht.

Markant ist des Weiteren die Schlossanlage von Berga, auch Drifelsen genannt, die auf eine hochmittelalterliche Burganlage zurückgeht. Sie ist leider heute in einem Zustand, der eine Begehung, geschweige denn eine archäologische Untersuchung, unmöglich macht.

Im 13. Jahrhundert werden Herren von Berga, „de Bergowe", genannt. Wegen der Namensgleichheit werden sie oft mit den Herren von Lobdeburg-Burgau verwechselt, zumal die Lobdeburger südlich von Greiz eine Burg ihrer Nebenlinie Elsterberg besaßen.

Die mittelalterliche Anlage von Berga soll dreigeteilt gewesen sein. Im 16./17. Jahrhundert wurde sie zum Schloss umgebaut.[17]

Da diese Anlagen im nördlichen Vogtland, in der unmittelbaren Umgebung der Wirkungsstätte des Vogtländischen Altertumsforschenden Vereins, natürlich schon immer sehr markant waren, sind sie von diesem Verein schon früh im 19. Jahrhundert untersucht worden. Deshalb ist die Forschung heute meist statt auf Dokumentationen auf Schilderungen angewiesen, aus denen der reale Befund mitunter schwer ablesbar ist.

Zusammenfassung

Das Burgenspektrum in der Germania Slavica des Mittelalters des Gebiets um Gera und

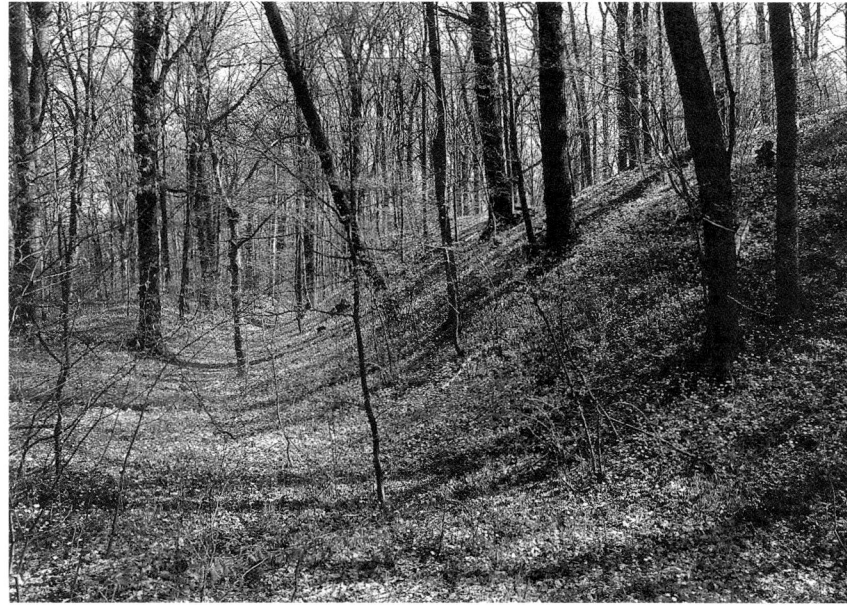

des nördlichen Vogtlandes ist sehr breit. Zeitlich betrachtet reichen die Burgen aus diesem historischen Umfeld von slawischen Anlagen bis hin zu Burgen des hoch- und spätmittelalterlichen Landesausbaus.

Als gesichert slawische Anlage kann nur eine dieser Burgen gelten. Die Burgen des hoch- und spätmittelalterlichen Landesausbaus in der Germania Slavica Ostthüringens unter deutscher Herrschaft bzw. unter deutschrechtlichen Verhältnissen sind von ihrem Äußeren her und in Bezug auf ihre Rolle und Funktion sehr vielgestaltig.

Die einzige Anlage, die hinsichtlich ihres Ursprungs, wie gesagt, sicher als slawisch anzusprechen ist, ist die Anlage auf dem Gelände des späteren Schlosses Osterstein von Gera-

Abb. 6 Gera-Langenberg, Wälle und Gräben markieren heute den Standort der Burg auf dem Hausberg über Gera-Langenberg

Abb. 7 Naulitzer Schanze, ein tiefer Graben trennt Haupt- und Vorburg

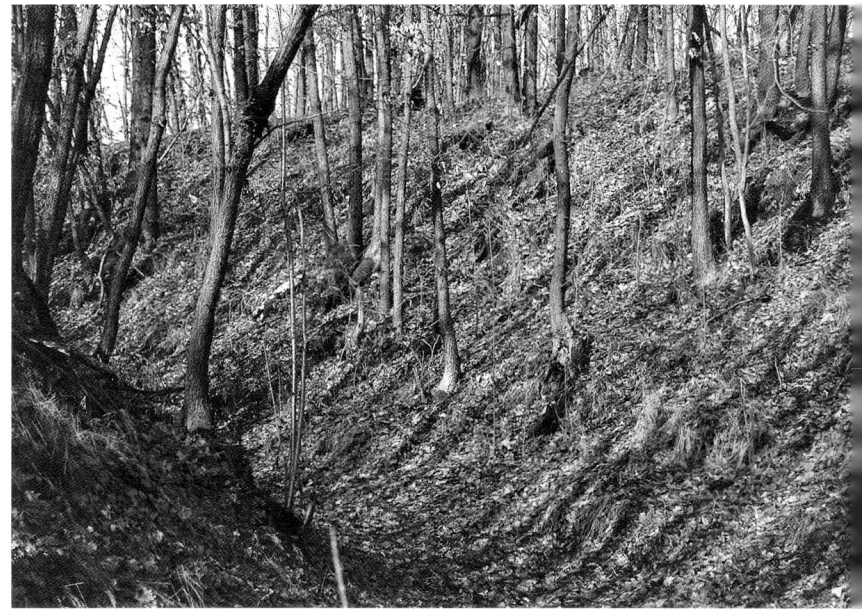

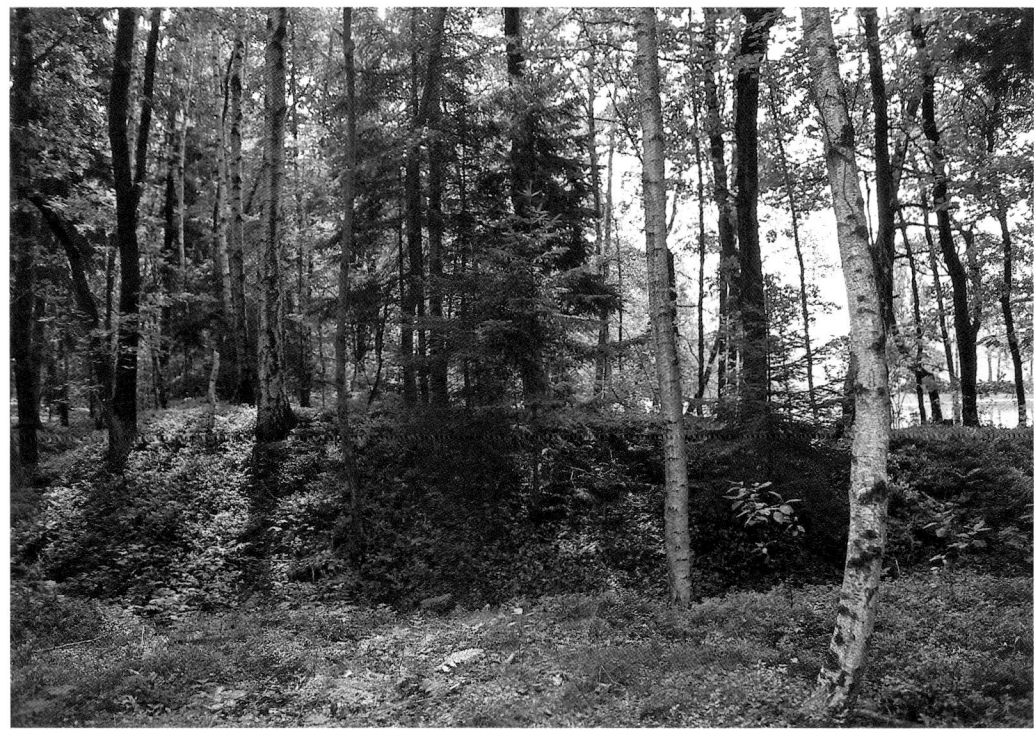

Untermhaus. Lesefunde belegen ihren Ursprung schon im 9. Jahrhundert, slawische Keramik aus stratigraphisch belegten Kulturschichten existiert ab dem 10. Jahrhundert. Damit ist der Ursprung der Anlage vor dem Beginn des mittelalterlichen Landesausbaus unter deutscher Herrschaft in diesem Gebiet belegt. Die spätere Bebauung, die bis in die Gegenwart reicht, hat dazu geführt, dass über das Aussehen dieser ersten Anlage keine Aussagen gemacht werden können. Wallanlagen weit südlich des die Schlossanlage begrenzenden Abschnittsgrabens und Fundschichten auf der Südspitze des Bergs, die einen Anhaltspunkt für ihre ursprüngliche Größe geben, bezeugen eine relativ große Anlage, die mit Sicherheit durch Abschnittswälle und -gräben mehrfach gegliedert war. Von ihrer Funktion her ist sie als Zentrum eines slawischen Burgbezirks anzusehen, zu dem mehrere slawische Siedlungen im Tal der Elster, im heutigen Stadtgebiet von Gera, gehört haben. Eine „Häselburg" genannte Anlage oberhalb der Geraer Stadtburg hat slawische Keramik erbracht. Dort haben aber nie wissenschaftliche Untersuchungen stattgefunden. Die Wahrscheinlichkeit ist groß, dass diese Keramik nicht von einer Burg, sondern von einer Siedlung stammt.

Die Anlage von Untermhaus geht mit Beginn des Landesausbaus in der Germania Slavica unter deutschrechtlichen Verhältnissen zu Ende des 10. und zu Beginn des 11. Jahrhunderts kontinuierlich über in den Sitz einer deutschen Herrschaft, die den Landesausbau in diesem Gebiet initiiert und leitet. Dieser Sachverhalt ist wohl mit dem Wirken der Herren von Gera in Verbindung zu bringen. Von da ab ist eine Entwicklung der Anlage ohne Unterbrechung bis zum Schloss der Reußen zu verfolgen.

Noch vor dem Bau der Osterburg von Weida durch die Vögte im 12. Jahrhundert wird auf dem Hainberg von Weida eine Burganlage errichtet, über deren Umfang und Funktion keine Aussagen getroffen werden können. Slawische Keramik des 10./11. Jahrhunderts lässt die Frage offen, ob auch hier vor Beginn des Landesausbaus unter deutscher Herrschaft eine ursprünglich slawische Anlage bestanden hat. Mehrere Indizien sprechen dagegen. Ab dem 12. Jahrhundert wird die Anlage, die später Osterburg genannt wird, von den Vögten von Weida kontinuierlich ausgebaut. Burg und Stadt Weida kamen schon bald in wettinischen Besitz, sodass hier eine Entwicklung zu einer reußischen Residenz ausblieb.

Im letzten Viertel des 12. Jahrhunderts wird auf dem Platz des späteren Oberen Schlosses von Greiz eine Burganlage errichtet, deren Gestalt und Ausstattung vom hohen Ansehen und Einfluss ihrer Besitzer zeugen. Eine ursprünglich slawische Burganlage hat es hier nicht gegeben. Die Entwicklung der Burg ist von Anfang an mit den Vögten in Verbindung zu bringen und erfolgt von da an kontinuierlich bis zur reußischen Residenz beziehungsweise bis in das erste Viertel des 20. Jahrhunderts.

Von der nördlichen Grenze der heutigen Stadt Gera mit Sachsen-Anhalt bis hin zur südlichen Grenze des Landkreises Greiz mit Sachsen reicht eine Kette von Burganlagen verschiedenster Bauart, Größe und Funktion. Sie sind in engem Zusammenhang zu sehen mit dem mittelalterlichen Landesausbau in der Germania Slavica in diesem Teil Thüringens. In der Regel sind sie der Sitz kleiner Herrschaften bzw. des lokalen Adels, der diesem Landesausbau in einem kleinen Gebiet vorsteht. Die Funktion dieser Burgen ist mannigfaltig. Sie sind Wehrbauten, Herrschaftssitze, Repräsentationsbauten, Sitze des lokalen Rechts sowie Zentren für einen oder mehrere Orte zugleich. Von einem Teil der Anlagen um Gera liegt auch spätslawische Keramik vor. Diese deutet aber wohl nicht auf eine ursprünglich slawische Burg hin, sondern auf den Anteil der Slawen an der Errichtung der deutschen Anlage ebenso wie am Landesausbau unter deutscher Herrschaft insgesamt, der auch in zahlreichen slawischen Ortsnamen seinen Niederschlag findet.

Eine Reihe von Anlagen ragt nicht allein durch ihre Größe, sondern auch ihre Nutzung aus diesem Rahmen heraus. Dazu gehören zum Beispiel die Burgen von Reichenfels und die Vorgängerbauten der späteren reußischen Schlösser von Greiz-Dölau und Bad Köstritz. Schwierig bzw. unmöglich ist es bislang, Aussagen über den Charakter und die Funktion der Anlage auf dem Hausberg über Gera-Langenberg zu treffen. Zum Fehlen archäologischer Untersuchungen im eigentlichen Sinne kommt hier noch eine eher verwirrende Urkundenlage.

Im Rahmen des vorliegenden Beitrags war es nicht möglich, auf Details der Entwicklung einzugehen bzw. eine tiefgründige Studie zu einzelnen Anlagen vorzunehmen. Es sollte vor allem aufgezeigt werden, wie vielfältig und interessant die angeschnittene Problematik ist und wie die aufgezeigten Prozesse in den mittelalterlichen Landesausbau in der Germania Slavica in Ostthüringen eingeordnet werden können.

Anmerkungen

[1] Wolfgang H. Fritze, Germania Slavica. Zielsetzung und Arbeitsprogramm einer interdisziplinären Arbeitsgruppe, in: Germania Slavica, I (Berliner Historische Studien, Bd. 1), Berlin 1980, hier S. 11.

[2] Matthias Hardt, Die Erforschung der Germania Slavica. Stand und Perspektiven der geschichtswissenschaftlichen Mediävistik, in: Auf dem Weg zum Germania Slavica-Konzept (Geisteswissenschaftliches Zentrum Geschichte und Kultur Ostmitteleuropas e.V., Arbeitshilfen, 3), Leipzig 2005, S. 101–104.

[3] Monumenta Germaniae Historica, Leges, Bd. 2: Capitularia regum Francorum, I, hg. v. Alfred Boretius, Hannover 1883, S. 123, Nr. 44, cap. 7.

[4] Vgl. zum Beispiel: Die Slawen in Deutschland. Geschichte und Kultur der slawischen Stämme westlich von Oder und Neiße vom 6. bis 12. Jahrhundert. Ein Handbuch, Neubearbeitung, hg. von Joachim Herrmann, Berlin 1985, S. 186ff.

[5] Unterlagen von Bruno Brause im Territorialarchiv Gera und im Archiv des Thüringischen Landesamtes für Denkmalpflege und Archäologie, Dienststelle Weimar.

[6] Vgl. Peter Sachenbacher, Günter Keil und Thomas Queck, Archäologische Sondage auf Schloß Osterstein, Stadt Gera, in: Ausgrabungen und Funde im Freistaat Thüringen, 2, Weimar 1997; dieselben, Archäologische Sondage auf Schloß Osterstein, Stadt Gera (Fortsetzung), in: ebenda, 4, Weimar 1999.

[7] Georg Dehio, Handbuch der Deutschen Kunstdenkmäler: Thüringen, bearb. von Stephanie Eißing u.a., München 1998, S. 511–519; Handbuch der historischen Stätten Deutschlands, Bd. 9: Thüringen, hg. von Hans Patze und Peter Aufgebauer, Stuttgart 1989, S. 167–170.

[8] Ernst Eichler, Slawische Ortsnamen zwischen Saale und Neiße. Ein Kompendium, Bd. I, Bautzen 1985, S. 173.

[9] Vgl. unter anderem Alfred Auerbach, Die vor- und frühgeschichtlichen Altertümer Ostthüringens, Jena 1930; Werner Radig, Die Burgwälle der Kreise Greiz und Zeulenrode, in: Jahrbuch des Kreismuseums Hohenleuben-Reichenfels, H. 5, 1956, S. 21–61; Gerhard Billig, Pleißenland – Vogtland. Das Reich und die Vögte, Plauen 2002; Archäologischer Wanderführer Thüringen, H. 5: Landkreis Greiz, und H. 7: Stadt Gera, Weimar 2006.

[10] Zu verschiedenen Aspekten dieses Gebiets aus Sicht der Länderkunde vgl. Leibniz-Institut für Landeskunde e.V. und Sächsische Akademie der Wissenschaften zu Leipzig (Hg.), Das nördliche Vogtland um Greiz (Landschaften in Deutschland. Werte der deutschen Heimat, Bd. 68), Köln u.a. 2006; dort findet sich auf S. 41 eine Verbreitungskarte der archäologischen Fundstellen mit den Wall- und Wehranlagen.

[11] Vgl. Denkmaltopografie der Stadt Gera, i. Vorb.

[12] Vgl. Ernst Eichler, Slawische Ortsnamen zwischen Saale und Neiße. Ein Kompendium, Bd. III, Bautzen 1993, S. 9.

[13] Vgl. A. Auerbach, 1930, S. 78f.

[14] E. Eichler, 1993, S. 159.

[15] Burgruine Reichenfels. Eine Wanderung durch Historie und Landschaft (Museum Reichenfels, Kleine Museumsreihe), o. J.

[16] A. Auerbach, 1930, S. 189.

[17] Vgl. G. Dehio, 1998, S. 121.

Ines Spazier

Die archäologischen Untersuchungen
auf der Burg Henneberg

Henneberg liegt circa 10 Kilometer südlich von Meiningen, an der Straße von Würzburg nach Meiningen. Diese Straße ist ein alter Verkehrsweg zwischen Mitteldeutschland und Franken. Die Burg Henneberg nimmt östlich des gleichnamigen Ortes den sogenannten Schlossberg, einen frei stehenden Bergkegel aus Kalkstein, ein. Mit 527 Meter über Höhennull (HN) überragt er die umliegende Gegend um etwa 130 Meter.

Die Befestigung befindet sich auf einem Nord-Süd-ausgerichteten Bergsporn, der nach Süden flach ausläuft, ansonsten steil abfällt. Das Plateau wird vollständig von einer Ringmauer umgeben. Diese umschließt ein Areal von 120 Meter (Nord-Süd) x 65 Meter (West-Ost), das sich nach Süden in seiner West-Ost-Ausdehnung auf 20 Meter einengt. Die gesamte Anlage ist von einem Graben-Wall-System umgeben und wird im Süden durch weitere zwei Gräben und Wälle verstärkt (Tafel II, III).

Historischer Abriss

Die Ersterwähnung der Henneberger wird in das Jahr 1096 datiert, als Godebold II., Graf von Henneberg, einem Tauschgeschäft zwischen dem Hochstift Würzburg und dem unweit Schwäbisch-Hall gelegenen Benediktinerkloster Comburg beiwohnte.[1] Godebold II. und Poppo II. waren Söhne Poppos I., der im August 1078 in der Schlacht bei Mellrichstadt fiel und als erster Familienangehöriger mit der Geschichte der Henneburg in Verbindung gebracht wird, ohne bereits den Namen zu führen.

Der Grundbesitz der Herrschaft baute auf den Besitztümern der Babenberger (Burg Bamberg, Franken) auf, von denen Poppo I. abstammte. Ihre Reichslehen lagen im Thüringer Wald von der Schleuse bis zur Hasel sowie beim Schloss Lichtenberg nebst zugehörigem Umland. Außerdem hatten die Henneberger seit dem späten 11. Jahrhundert bzw. seit 1102 das Würzburger Burggrafenamt und die Würzburger Hochstiftsvogtei inne und mit der Wahrnehmung dieser Reichsämter Einfluss auf die Reichspolitik. Unter Godebold II. (gest. 1144)[2] wurde der Grundstein für die Bedeutung des Henneberger Grafenhauses gelegt. Er verschob den Schwerpunkt seiner Herrschaft nach Osten. In diesem Zusammenhang erfolgte 1131 die Gründung des Hausklosters in Veßra. Godebold II. strebte einen geschlossenen Grundbesitz zwischen Schleusingen und Henneberg an und gab dafür Besitzungen im Westen auf. Damit geriet die Stammburg an den Rand der Herrschaft. Seit der zweiten Hälfte des 12. Jahrhunderts gewannen die Henneberger durch die Erbschaft der Herrschaft Nordeck (Zella-Mehlis) Einfluss nach Nordosten. Bis zur Mitte des 13. Jahrhunderts blieb der Besitz konstant. Das Grafenhaus teilte sich aber bereits 1190 in die Linien Henneberg sowie die Seitenlinien Botenlauben und Strauf. Die erste direkte urkundliche Erwähnung der Burg als „castrum" fällt in das Jahr 1221.

Von 1220 bis 1274 erfolgte eine kurze Blütezeit der Burg unter Poppo VII., der mit Jutta, der Witwe Dietrichs des Bedrängten, des Markgrafen von Meißen (1195–1221), verheiratet war. Das 13. Jahrhundert wurde von einer regen Bautätigkeit auf der Burg begleitet, die archäologisch gut belegbar ist.

1246 trennte sich unter Hermann I. die Nebenlinie Coburg ab. 1274 erfolgte die Teilung der Grafschaft in die Linien Schleusingen, Aschach und Hartenberg-Römhild. Als die Linie Hartenberg erlosch, fiel der Besitz an Aschach. Mit der Teilung der Grafschaft verlor die Henneburg ihre Bedeutung als Residenz. Unter Berthold VII. (1284–1342) verlagerte sich die Herrschaft samt dem Burgsitz nach Schleusingen. Dennoch sprechen Um- und Ausbaumaßnahmen auf der Burg dafür, dass ein Bedeutungsverlust nicht mittelbar spürbar wurde.

Im Jahre 1393 wurde ein Teil der Burg als Mitgift an die Linie Henneberg-Römhild verpfändet und verblieb dort bis zu deren Erlöschen. So setzte eine „Zweiteilung" der Burgnutzung ein, die sich im archäologischen Befund aber bislang nicht widerspiegelt. Weitere Baumaßnahmen sind für die Jahre 1453 bis 1516 überliefert. Durch den Bildhäuser Bauernhaufen wurde die Burg Henneberg kampflos eingenommen und soll, so zeitge-

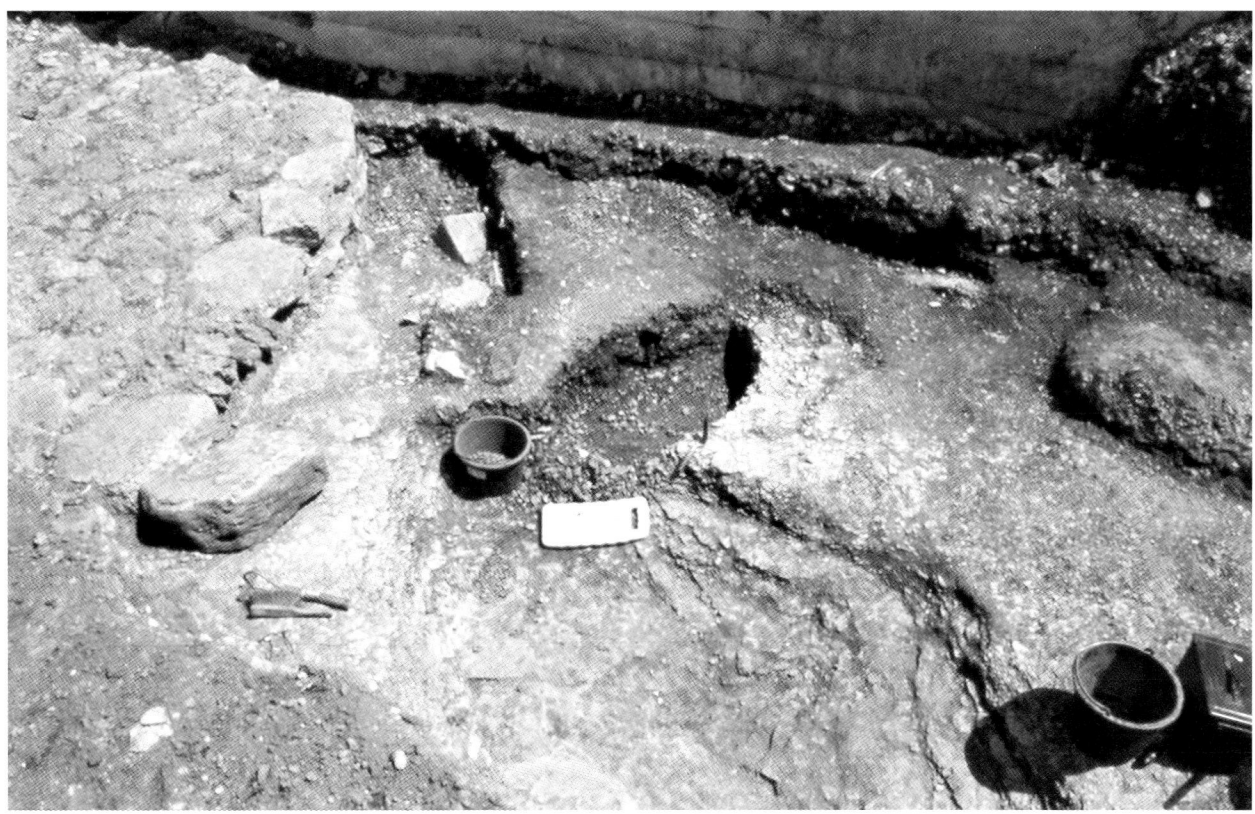

Abb. 1 Henneberg, Burgruine, hallstattzeitlicher Graben im Süden der Anlage

Abb. 2 Henneberg, Burgruine, Nordwestecke des quadratischen Gebäudes (9 x 9 m) in Opus-spicatum-Bauweise;
dieses wird vom Palasgebäude des 13. Jh. geschnitten

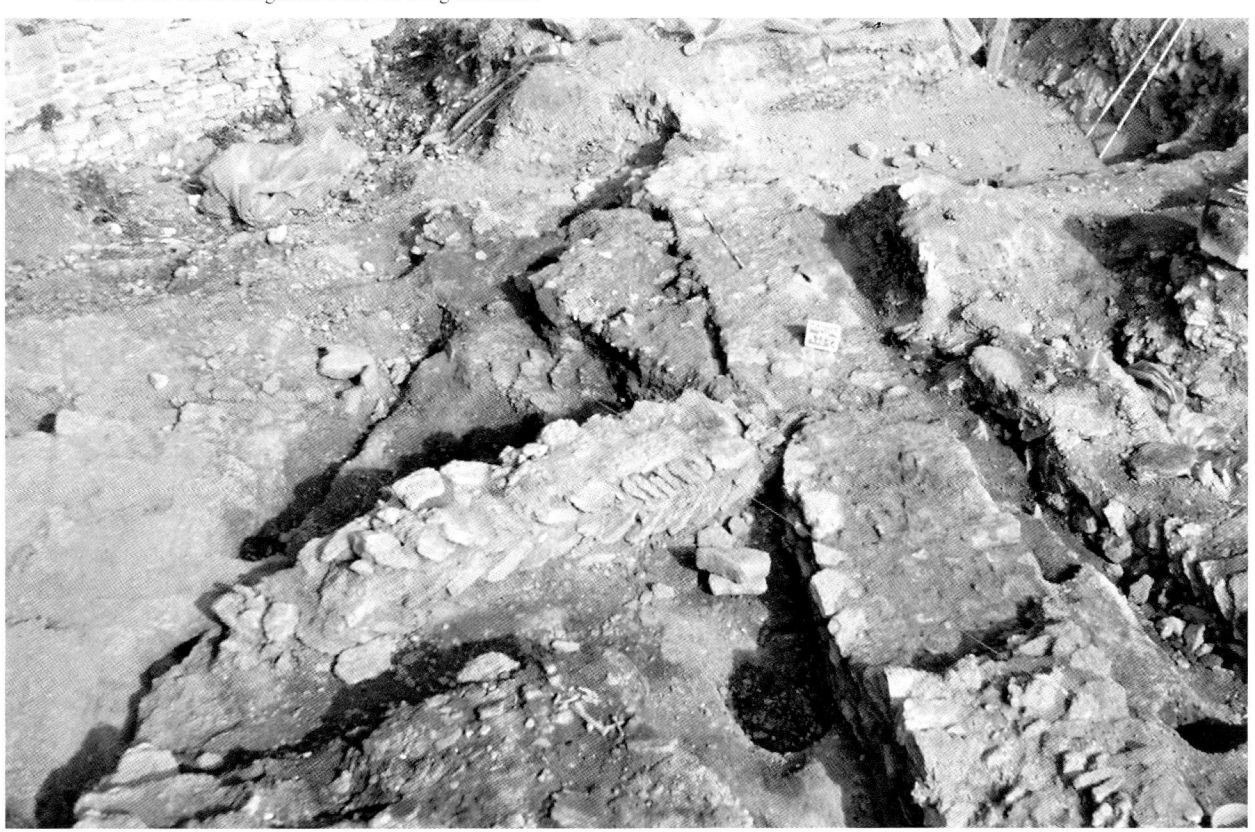

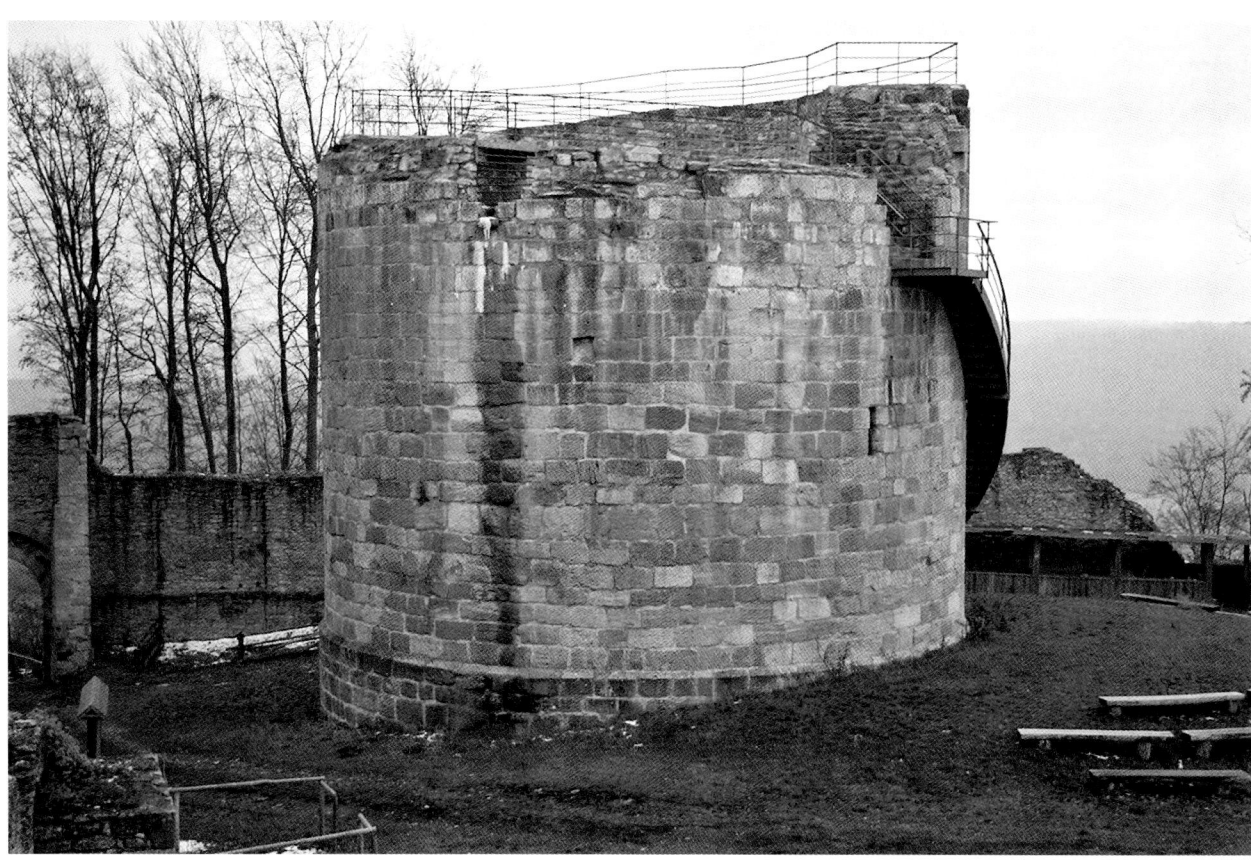

Abb. 3 Henneberg, Burgruine, Bergfried

Abb. 4 Henneberg, Burgruine, der im 13. Jh. errichtete Rundturm, der der spätmittelalterlichen Palaserweiterung weichen musste und um 1880 wieder aufgemauert wurde

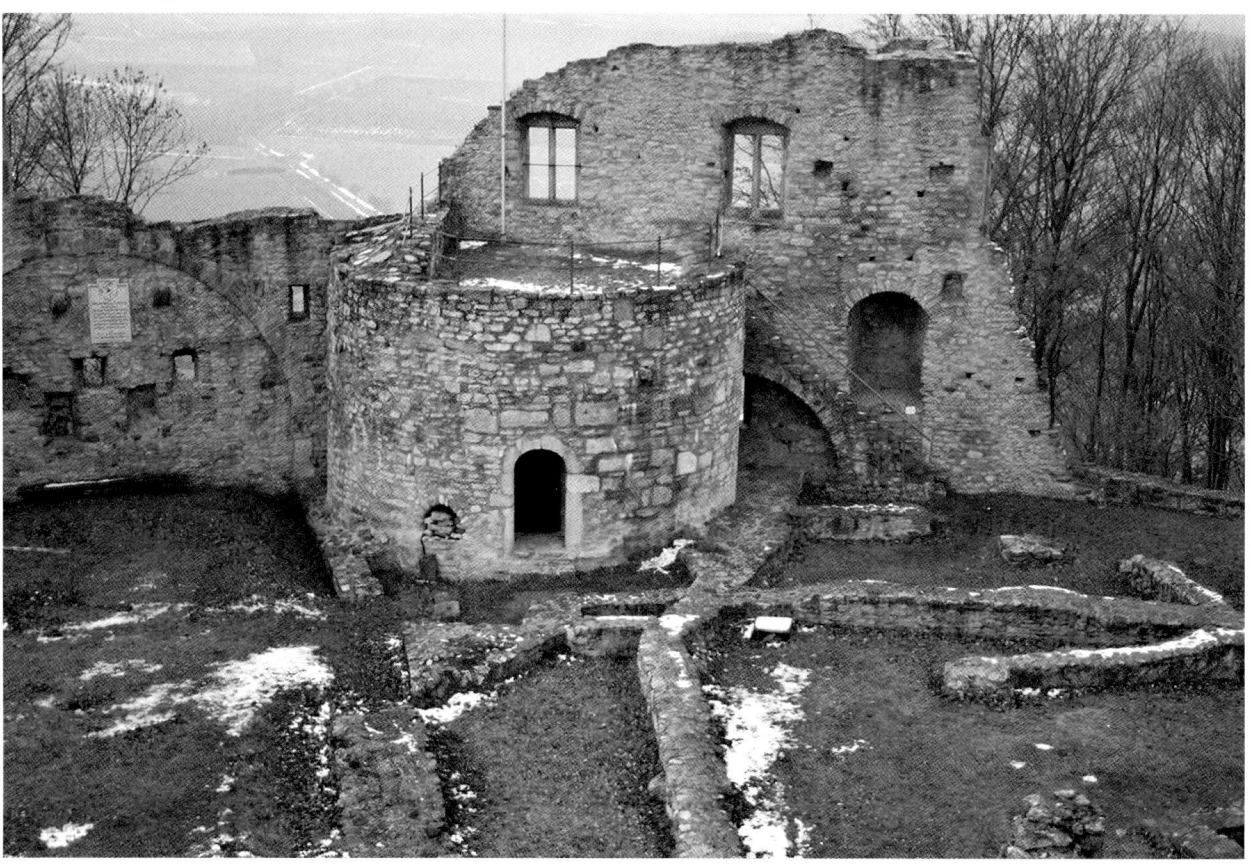

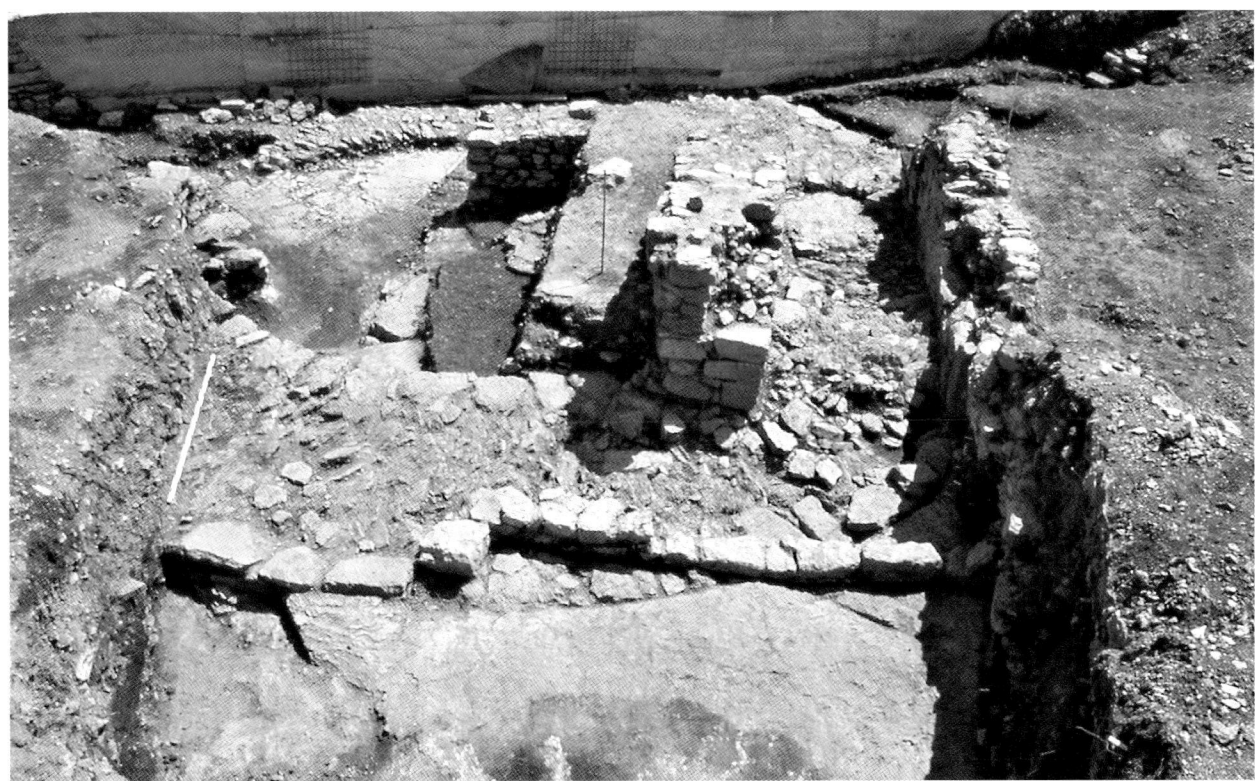

nössische Quellen, geplündert und gebrand-schatzt worden sein. Nach dem Aussterben der Linie Aschach fiel das Gebiet 1549 an die Linie Schleusingen. 1583 starb diese mit Georg Ernst, Graf von Henneberg-Schleu-singen, im Mannesstamm aus. Seit 1576 erfolgten partielle Abrissarbeiten am Berg-fried. Die Burg wurde aber teilweise noch bis zum beginnenden 17. Jahrhundert bewohnt. Danach fiel die Anlage wüst. 1784 ließ Her-zog Georg I. von Sachsen-Meiningen den Burghof planieren, um darauf ein „Lust-haus" zu errichten.[3]

Die archäologischen Untersuchungen von 1992 bis 1995

Nach Öffnung der innerdeutschen Grenze, in deren Sperrgebiet die Burgruine lag, fanden zwischen 1992 und 1995 im Nordwesten der Burg vier Ausgrabungskampagnen des Thü-ringischen Landesamts für Denkmalpflege und Archäologie statt. Dabei wurde eine Flä-che von ungefähr 750 Quadratmetern unter-sucht (Tafel II). Dieser Bereich überragt die Südspitze des Plateaus um circa 3,50 Meter, das umliegende Areal um ungefähr 1,50 bis 2 Meter. Die Durchführung der Grabungen lag anfangs beim Lehrstuhl für Mittelalter-liche und Neuzeitliche Archäologie der Uni-versität Bamberg, ab 1994 beim Institut für Prähistorische Archäologie der Martin-Lu-ther-Universität Halle-Wittenberg.[4] Anfangs

diente ein um 1880 erstellter Plan des meinin-gischen Landbaumeisters Abesser, verknüpft mit knappen Überlieferungen der unter Fried-rich Tenner, dem damaligen Leiter des Hen-nebergisch-Fränkischen Geschichtsvereins, 1935 bis 1936 durchgeführten Schürfungen,[5] als Ausgangspunkt.

Vor der mittelalterlichen Burgnutzung wurde der Berg bereits in der älteren Hallstattzeit aufgesucht. In nahezu allen Bereichen der Grabungsflächen konnte als unterster Hori-zont eine flächendeckende Siedlungsschicht festgestellt werden. Ein im Süden vorgefun-dener Graben von 1,40 Meter Breite und ein schmales Palisadengräbchen mit einer Pforte im Norden des Plateaus erlauben es, von einer befestigten Höhensiedlung zu sprechen. Die sehr zahlreich gefundenen Pfostengruben stehen in keinem erkennbaren funktionalen Zusammenhang. Dazu gestattet der kleine Grabungsausschnitt keine umfassenderen Aussagen (Abb. 1).

Wahrscheinlich in der ersten Hälfte des 11. Jahr-hunderts erfolgten eine Planierung des Bergs und eine erste Besiedlung, die anhand weni-ger Befunde vermutet wird.

Im Übergang vom 11. zum 12. Jahrhundert kam es im Nordwesten der Burg zu einer durchgreifenden, komplexen Umgestaltung. Als zentraler Baukörper einer mutmaßli-chen Hofbebauung wurde ein quadratisches Gebäude von 9 x 9 Meter Seitenlänge und 70 bis 80 Zentimeter Wandstärke in Opus-

Abb. 5 Henneberg, Burgruine, das nahezu vollständig freigelegte Turmfundament (11./12. Jh.) an der Südspitze der Burg

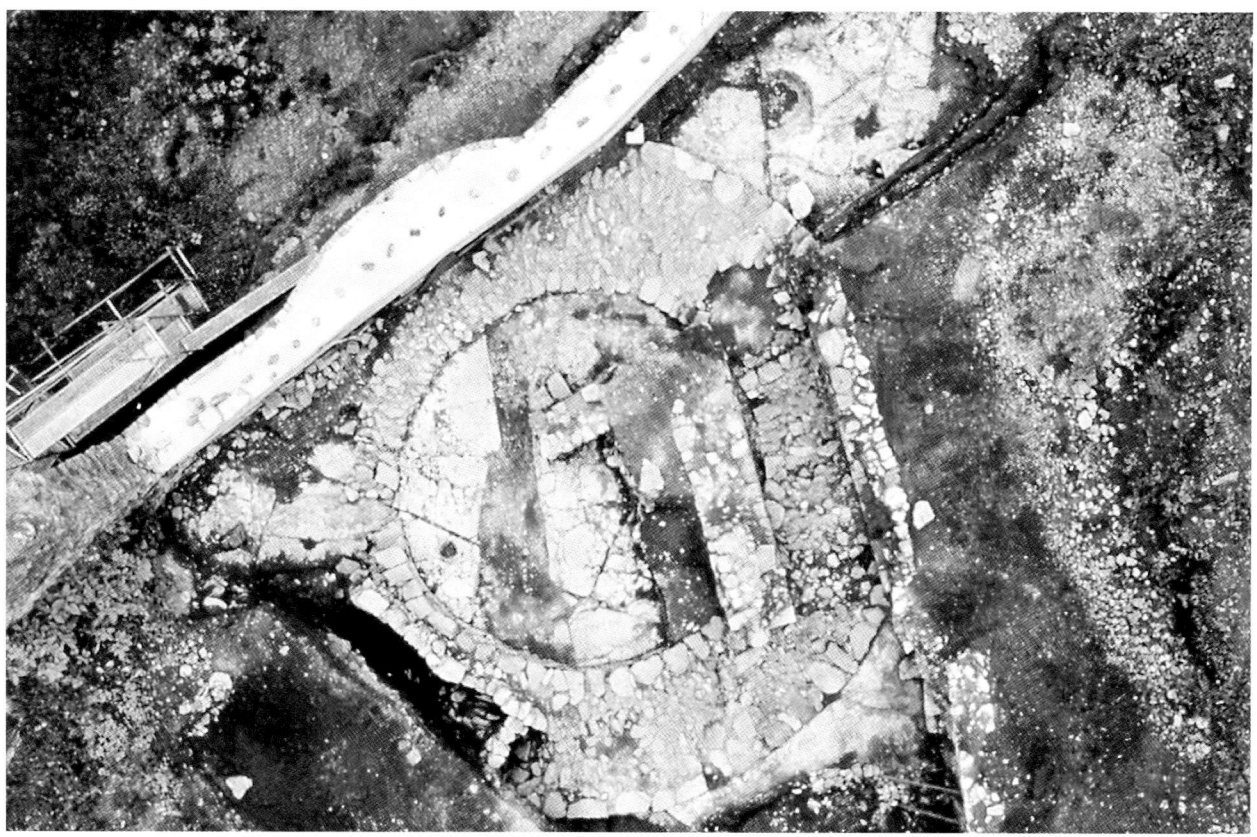

spicatum-Technik errichtet (Tafel II, Nr. 2; Abb. 2).[6] Zu diesem annähernd Nord-Süd-gerichteten Bau, von dem zwei bis drei Stein-lagen erhalten geblieben sind, scheint auch ein gemörtelter Fundamentblock unklarer Funktion (eventuell ein Treppenfundament?) gehört zu haben. Spuren eines Zugangs fan-den sich nicht. Aufgrund der bescheide-nen Mauerstärke kann davon ausgegangen werden, dass es sich nicht um einen Turm, sondern vielmehr um ein Wohn- oder Nutz-gebäude gehandelt hat. Eine in Resten erhal-tene Lage von horizontalen Steinplatten, die das Fundament nach oben hin abschloss, lässt an einen aufliegenden Schwellbalken und damit an eine mögliche Fachwerkkon-struktion im Aufgehenden denken. Aus der Literatur sind einige in den Maßen vergleich-bare Baukörper zu erschließen. Hierzu zählt ein 1910 freigelegtes Gebäude mit Schlitzfens-tern von der Hünenburg[7] bei Bad Pyrmont (Landkreis Hameln-Pyrmont), das mit 9 x 9 Meter Größe und 0,80 Meter Mauerstärke dem hier vorgestellten recht gut entspricht. Allerdings wurde der Befund vom Pyrmonter Königsberg aus Quadermauerwerk errichtet. Dieses Beispiel zeigt jedoch, dass es sich bei dem Henneberger Gebäude auch um einen Massivbau gehandelt haben könnte.

Der quadratische Baukörper musste in den ersten Jahrzehnten des 13. Jahrhunderts schließlich einem repräsentativen Saalbau von 9 x 14 Meter weichen (Tafel II, Nr. 1). Der Saalbau wurde im Spätmittelalter noch einmal umgestaltet und auf 12 x 21 Meter er-weitert. In diesem Zusammenhang ist der im 13. Jahrhundert erbaute Rundturm zu nen-nen, der der spätmittelalterlichen Palast-erweiterung zum Opfer fiel (Tafel II, Nr. 4; Abb. 4). Ebenfalls im 13. Jahrhundert wurde der im Nordosten liegende Bergfried errichtet (Tafel II, Nr. 5; Abb. 3).

Knapp 7 Meter südlich des Opus-spicatum-Gebäudes schloss ein quadratischer Turm mit Hocheingang und einer Seitenlänge von 10 x 10 Meter den wahrscheinlichen Hof-bereich ab. Von ihm wurden die Nordwand vollständig sowie Abschnitte der anschlie-ßenden Ost- und Westwand in Teilen ergra-ben. Seine Mauerstärke betrug im Funda-ment 1,60 bis 1,75 Meter. Der Turm wurde aus kleinteiligem Kalksteinquadermauer-werk errichtet und war im Erdgeschoss mit Kalksteinplatten ausgelegt (Tafel II, Nr. 3). Eine Eingangssituation konnte nicht festge-stellt werden. Höchstwahrscheinlich handelt es sich um das Gebäude, für das im Jahr 1308 ein durch Blitzschlag ausgelöstes Feuer mit einem Teileinsturz urkundlich überliefert ist. Der Stumpf des Turms wurde dann zumin-dest im Erdgeschoss zu einer der heiligen Katharina geweihten Kapelle umgebaut, die lange Zeit auch für den Ort Henneberg als Pfarrkirche diente. Nach Osten hin wurden eine Apsis angelegt und zwei Durchgänge zum Hof eingebrochen, von denen der nördliche 1995 vollständig ergraben werden konnte. Die Turmruine soll noch bis ins 19. Jahrhundert zugänglich gewesen sein.

Der beschriebene, 10 x 10 Meter große Turm ist mehrfach als typisch für den deutschsprachigen Raum im 11. und in der ersten Hälfte des 12. Jahrhunderts bezeichnet worden.[8] Als Vergleiche lassen sich verschiedene ähnlich dimensionierte Befunde anführen, so zum Beispiel ein von den Seitenmaßen etwas kleinerer Turm auf der Westspitze der Iburg (Landkreis Osnabrück) aus dem späten 11. Jahrhundert,[9] ein Turmgrundriss von circa 11,90 x 12,40 Meter mit einer Mauerstärke von 2,50 bis 2,90 Meter aus dem sächsischen Meißen (Landkreis Meißen) aus der Zeit um 1100,[10] der dendrochronologisch um 1105 datierte, ungefähr 12 x 12 Meter große und noch heute auf 9 Meter Höhe erhaltene Turm der Burg Nordenau,[11] Gemeinde Schmallenberg (Hochsauerlandkreis), sowie der Befund von Burg Hollende bei Wetter-Warzenbach (Landkreis Marburg-Biedenkopf), mit Maßen von etwa 10 x 10 Meter und einer Mauerstärke von 2,50 Meter.[12] Aus dem der Grafschaft Henneberg unmittelbar benachbarten Territorium der Ludowinger allerdings sind im Zusammenhang mit Ludwig dem Bärtigen (gest. nach 1055), Ludwig dem Springer (gest. 1123) und Landgraf Ludwig I. (gest. 1140) keine Turmbauten überliefert. Erst danach, aus der Zeit Ludwigs II. und Heinrich Raspes II., sind mit den quadratischen, circa 10 x 10 Meter messenden Türmen der Marburg (Landkreis Marburg) und der Burg Gudensberg (Schwalm-Eder-Kreis) derartige Gebäude ohne Einbauten in der Mauerstärke bekannt.[13] Später, um 1160 bis 1170, folgen Anlagen mit innen liegenden Treppen, Aborten und Kaminzügen, wie zum Beispiel auf der Wartburg, auf der Neuenburg, der Eckartsburg oder der Burg Weißensee (Runneburg), die schon einem anderen Typus als dem auf der Burg Henneberg entsprechen.

Die archäologischen Untersuchungen von 2001 bis 2002

Im Jahr 2001 veranlasste die Stiftung Thüringer Schlösser und Gärten eine Sanierung der südöstlichen Ringmauer der Burg Henneberg. Die dabei anfallenden Erdarbeiten wurden archäologisch vom damaligen Thüringischen Landesamt für Denkmalpflege und Archäologie begleitet. Bei den Untersuchungen 2001 wurde die südliche Fundamenthälf-

te eines Rundturms freigelegt,[14] der 2002 vollständig untersucht werden konnte.

Der Turm wurde direkt auf dem anstehenden Fels bzw. über einer hallstattzeitlichen Besiedlungsschicht gegründet. Eine mittelalterliche Vorbesiedlung, wie sie teilweise im Norden der Burg nachweisbar war, konnte nicht dokumentiert werden. Zwischen Fels und Turm wurde eine Baunaht von wenigen Zentimetern festgestellt. Ebenso war diese zwischen Turmfundament und hallstattzeitlicher Siedlungsschicht ersichtlich.

Der Turm hat einen Außendurchmesser von 11,70 Meter und einen Innendurchmesser von 6,20 Meter. Die Mauerstärke betrug maximal 2,70 Meter (Tafel II, Nr. 7; Abb. 5). Die Fundamentreste waren partiell bis in einer Höhe von etwa 0,60 bis 0,80 Meter erhalten. Es handelte sich um ein Schalenmauerwerk. Die Innen- und Außenschale war aus einreihigen, geschichteten Kalksteinen gearbeitet. Das Füllmauerwerk bestand ebenfalls aus plattigen Kalksteinen und war in Opus-spicatum-Bauweise ausgeführt. Die Zwischenräume waren mit Kalkschotter bzw. feinem Kalkstaub verfüllt. Das Fischgrätenmauerwerk war im Aufgehenden teilweise an der Außenschale sichtbar. Zur weiteren Ausführung des Aufgehenden können leider keine näheren Aussagen gemacht werden. Das Felsniveau steigt im Bereich des Nordfundaments sprungartig um circa 0,80 Meter an. Um die Höhendifferenz auszugleichen, wurden größere Steine hochkant in eine in den Fels gehauene Grube gesetzt, um somit eine waagerechte Bauebene zu schaffen. Diese Baudetails wurden im nördlichen Innenbereich sichtbar. Hier wurde entgegen der sonstigen Ausführung teilweise Mörtel verwendet – wohl, um den senkrecht stehenden Steinen Festigkeit zu geben. Der genaue Zeitpunkt der Errichtung des Henneberger Turms kann nicht eindeutig geklärt werden. Zahlreiche Fundschichten datieren sowohl den Nutzungs- als auch den Abbruchzeitraum.[15] Demzufolge kann für das 12. Jahrhundert mit dem Abbruch des Turms gerechnet werden.

Das Turmfundament wurde direkt von der südlichen Ringmauer überzogen, was darauf hindeutet, dass die Südspitze der Burg im Hochmittelalter wesentlich größer gewesen sein muss. Wohl im 12. Jahrhundert kam es zum Abbruch der Felskante und damit auch zum Abrutschen einer ersten Befestigungsmauer(?). Somit stand der Turm direkt an der Felskante und wurde aus diesem Grund aufgegeben und abgetragen (Abb. 6). Das Baumaterial wurde weiterverwendet. Nach Abriss des Turms fand Anfang des 13. Jahrhunderts erneut eine rege Bautätigkeit statt. Der Turmstumpf wurde im Westen bzw. Südwesten teilweise von drei Mauern überlagert, die alle drei in ihrer Entstehung in das 13. Jahrhundert datiert werden können und bis in das 14./15. Jahrhundert in Funktion waren. Hierbei handelte es sich ebenfalls um Schalenmauerwerk, dessen Innen- bzw. Außenschale aus in rötlichem Lehm gesetzten Kalksteinen bestand (wohl vom Abbruchmaterial des Turms). Das Innere war mit kleinen Bruchsteinen und Lehm verfüllt. Bei dem Befund könnte es sich um ein rechteckiges Gebäude von circa 5 x 6 Meter handeln.

Nun stellt sich im Fall des Rundturms die Frage: Handelt es sich um einen Bergfried oder um einen Wohnturm? Seine Lage am Rand des Burgplateaus und die zeitgleiche Existenz zweier quadratischer Bauten von 9 bzw. 10 Meter Seitenlänge im Nordwesten der Burg sprechen für einen Bergfried. Bettina Jost bestätigt das allmähliche „In-Mode-Kommen" solcher Türme im 12. Jahrhundert.[16] Das Kriterium der Bewohnbarkeit lässt sich aber nur bei erhaltenen mittelalterlichen Türmen nachprüfen, sodass zum Henneberger Turmstumpf keine klaren Aussagen formuliert werden können. Zweifellos ist bei solchen Grabungsergebnissen die Größe des Turms bei der Klassifizierung entscheidend, vor allem der lichte Innendurchmesser. Der Henneberger Turm existierte zeitgleich mit den anderen beiden Wohngebäuden im Kernburgbereich. Seine Lage am Rand des Plateaus in Verbindung mit der ursprünglichen Zugangssituation spricht hier eher für einen Turm mit überwiegender Wehrfunktion, vielleicht teilweise mit Wohncharakter.

Zwei Vergleichsbeispiele aus dem Herrschaftsgebiet der Henneberger scheinen in diesem Zusammenhang erwähnenswert. In Stadtsteinach (Landkreis Kulmbach/Oberfranken) findet sich die Burgruine Nordeck mit einem Turm, der am Rand einer zweigliedrigen Burg den dortigen Eingang sicherte.[17] Er besitzt einen Außendurchmesser von 11 Meter, bei einer Mauerstärke von 2,40 Meter und einem Innendurchmesser von 6,20 Meter. Der Turm weist drei Bauphasen auf, wobei die älteste anhand des Kleinquadermauerwerks in Verbindung mit dem Durchmesser des Turms und der Mauerstärke als salischer Rundturm angesprochen werden kann.[18] Die Burganlage in Nordeck wird 1151 erwähnt, als die Grafen von Henneberg die Burg an das Hochstift Bamberg verkauften. Die gleichnamigen Merkmale beider Burgtürme, sowohl in ihrer Größe und Zeitstellung als auch hinsichtlich ihrer Lage im Gelände, sprechen dafür, dass die Henneberger Burg Nordeck nach dem „Muster" der Stammburg errichtet worden ist. Es ist erstaunlich, dass im 11. Jahrhundert einheitliche Planungen zum Aufbau der Burgen genutzt wurden. Ein weiterer „Henneburger" Turm befindet sich auf der Burg Botenlaube bei Bad Kissingen. Hier baute Otto I. von Henneberg-Botenlauben zu Beginn des 13. Jahrhunderts einen Bergfried, der ein fischgrätenähnliches Füllmauerwerk aufweist.

Zeitgleich mit dem Opus-spicatum-Turm existierte direkt westlich anschließend eine Grube (Tafel II, Nr. 6). Sie war 2,20 Meter breit, in ihrer Nord-Süd-Ausdehnung 9 Meter lang und knickte nach Westen ab. In der West-Ost-Ausdehnung nahm sie eine Länge von 5 Meter ein, konnte aber nach Westen durch die vorgegebene Grabungsgrenze nicht weiter verfolgt werden. Sie war mit Mörtel, klein geschlagenen Kalksteinen, verziegeltem Lehm, Holzkohle und Keramikscherben des 12. Jahrhunderts verfüllt. Eine zeitgleiche Nutzung dieser Grube mit dem Opus-spicatum-Turm konnte dokumentiert werden. Die stark mit Mörtel und Steinen angereicherte Grube kann als Baugrube angesprochen werden, die zum Behauen der Kalksteine und zum Herstellen des Mörtels verwendet wurde.[19]

Zusammenfassung

Die Henneburg liegt auf einem Nord-Südausgerichteten Bergsporn, der sich nach Süden stark verjüngt. Der Burgberg fällt, außer gegen Süden, allseitig steil ab. Er wird von einem Wall-Graben-System umgeben, das nach Süden zusätzlich durch Gräben und Wälle gesichert ist.

Bereits in der älteren Hallstattzeit (7./6. Jahrhundert v. Chr.) wurde der Bergkegel aufgesucht und als Höhensiedlung genutzt. Ein nächster Siedlungsnachweis ist erst ab Anfang des 11. Jahrhunderts bekannt. Die Grafen von Henneberg errichteten hier ihre Stammburg und bauten sich im Laufe des Hochmittelalters eine beträchtliche Herrschaft auf.

Der durch die archäologischen Grabungen festgestellte Höhenunterschied des anstehenden Felsens (Nord bei 524,50 bis 525 Meter über HN; Süd bei 521 bis 522 Meter über HN) erlaubt es, eine zweigliedrige Burganlage anzunehmen, die durch die Beschaffenheit des Burgplateaus vorgegeben war. Im Süden befand sich die tiefer liegende, recht schmale Vorburg, der Norden wurde von der Kernburg eingenommen.

Im Laufe von sechs archäologischen Ausgrabungskampagnen konnten zwischen 1992 und 2002 wesentliche neue Erkenntnisse zur frühen Baugeschichte der Burg Henneberg gewonnen werden. Aus der Komplexität der Befunde ergeben sich zahlreiche Fragestellungen zum Aufbau und zur Nutzung der Henneburg, die vor allem durch die Auswertung der Grabungsergebnisse im Nordwesten der Burganlage zu beantworten sind. Die jüngsten Grabungsergebnisse sprechen dafür, dass der an der Südostspitze stehende Rundturm von 11,70 Meter Durchmesser und 6,20 Meter Innendurchmesser die im späten 10./11. Jahrhundert entstandene Burg der Henneberger Grafen und damit den Zugang zur Vorburg sicherte. Währenddessen wurden im Bereich der Kernburg zwei quadratische Gebäude mit einer Seitenlänge von 9 bzw. 10 Meter errichtet. Sie werden als Wohn- oder Nutzbau bzw. als Turm gedeutet. Daneben waren noch andere Bauten in Funktion, die aufgrund der Bodeneingriffe nachfolgender Nutzungsperioden nur punktuell und stark fragmentiert nachweisbar sind. Das Vorburg-

geländE wurde zudem als Bauplatz genutzt. Es fand sich eine recht große Mörtelgrube, in der neben Mörtel abgeschlagenes Steinmaterial lagerte. Der Nachweis solch einer Grube hat Seltenheitswert.

Wahrscheinlich aufgrund eines Felsabbruchs der südlichen Bergspitze kam es Ende des 12. Jahrhunderts zur Neugestaltung der Burganlage. Der Zugang zur Burg war verstürzt, der Rundturm stand nun an der Felskante. Aus bautechnischen Gründen musste er abgetragen werden. Die ebenfalls beschädigte Ringmauer wurde erneuert und geschlossen. Die Steine des Turms wurden zur Errichtung neuer Gebäude verwendet. Im Zuge der Umgestaltung der Burg wurde der Zugang nach Nordosten verlegt. In diesem Zusammenhang wurde im Nordosten der Bergfried errichtet. Es kam Anfang des 13. Jahrhunderts zu einer Neubebauung der Burganlage.

Anmerkungen

[1] Heinrich Wagner, Zur urkundlichen Erstnennung des Namens Henneburg, in: Wissenschaftliche Festschrift zum Jubiläum „900 Jahre Henneberger Land 1096–1996" (Jahrbuch des Hennebergisch-Fränkischen Geschichtsvereins, Bd. 11), Kloster Veßra u.a. 1996, S. 25–32.

[2] Derselbe, Entwurf einer Genealogie der Grafen von Henneberg, in: ebenda, S. 33–152.

[3] Handbuch der Historischen Stätten, Bd. 9: Thüringen, hg. von Hans Patze und Peter Aufgebauer, Stuttgart 1989; Günther Wölfing, Die Grafen von Henneberg – ihre regionale und nationale Bedeutung, in: „900 Jahre Henneberger Land", 1996, S. 9–24.

[4] Christoph Wojaczek, Die Burg Henneberg, in: S. Dušek (Hg.), Südliches Thüringen (Führer zu archäologischen Denkmälern in Deutschland, Bd. 28), Stuttgart 1994, S. 222–227; Heiner Schwarzberg, Ausgrabungen auf der Burg Henneberg, Lkr. Schmalkalden-Meiningen. Vorbericht, in: Ausgrabungen und Funde, Bd. 40, 1995, S. 265–272; derselbe, Die Ausgrabungen auf der Burg Henneberg. Vorbericht der Kampagnen 1992–1995, in: „900 Jahre Henneberger Land", 1996, S. 153–168.

[5] Friedrich Tenner, Die Burg Henneberg. Stammsitz des Hennebergischen Grafenhauses (Schriftenreihe des Hennebergisch-Fränkischen Geschichtsvereins, Bd. 1), Meiningen 1936.

[6] Zu Ausführungen zur Opus-spicatum-Bauweise vgl. Ines Spazier und Heiner Schwarzberg, Die Burg Henneberg/Südthüringen im 11. und 12. Jahrhundert, in: H.-H. Häffner, R. Schmitt und T. Steinmetz (Hg.), Neue Forschungen zum frühen Burgenbau (Forschungen zu Burgen und Schlössern, Bd. 9), Berlin 2006, S. 187–204 (besonders S. 191ff.).

[7] Hans-Wilhelm Heine, Burgen in Niedersachsen. Ein Überblick, in: Horst Wolfgang Böhme (Hg.), Burgen der Salierzeit, Teil 1: In den nördlichen Landschaften des Reiches (Monographien des Römisch-Germanischen Zentralmuseums, Bd. 25) Sigmaringen 1991, S. 73–75, bes. Abb. 55 und 56.

[8] Gerd Strickhausen, Burgen der Ludowinger in Thüringen. Studien zu Architektur und Landesherrschaft im Hochmittelalter (Quellen und Forschungen zur hessischen Geschichte, Bd. 109), Darmstadt/Marburg 1998, S. 57f.

[9] H.-W. Heine, 1991, S. 61, Abb. 42–45.

[10] Herbert Küas, Reste eines Burgturmes des 11. Jahrhunderts auf dem Burgberg zu Meißen, in: Ausgrabungen und Funde, Bd. 5, 1960, S. 94–98; Hansjürgen Brachmann, Zum Burgenbau salischer Zeit zwischen Harz und Elbe, in: H. W. Böhme, Teil 1, 1991, S. 140, Abb. 25b; zusammenfassend unlängst Yves Hoffmann, Zur Datierung von Wohntürmen und Bergfrieden des 11. bis 13. Jahrhunderts auf sächsischen Burgen, in: A. Dülberg und N. Oelsner (Hg.), Historische Bauforschung in Sachsen, Dresden 2000, S. 47–58.

[11] Uwe Lobbedey, Nordrhein-Westfalen, in: H. W. Böhme (Hg.), Burgen in Mitteleuropa. Ein Handbuch, Bd. 2: Geschichte und Burgenlandschaften, Stuttgart 1999, S. 136.

[12] Horst Wolfgang Böhme, Burgen der Salierzeit in Hessen, in Rheinland-Pfalz und im Saarland, in: Derselbe (Hg.), Burgen der Salierzeit, Teil 2: In den südlichen Landschaften des Reiches, Sigmaringen 1991, S. 16f., Abb. 8.

[13] G. Strickhausen, 1998, S. 57f.

[14] Ralf Küchenmeister, Ausgrabungen auf der Burg „Henneburg", Lkr. Schmalkalden-Meiningen, in: Ausgrabungen und Funde im Freistaat Thüringen, H. 6, 2001/2002, S. 35–43; Ines Spazier, Der alte Turm der Henneburg, in: Jahrbuch des Hennebergisch-Fränkischen Geschichtsvereins, Bd. 19, 2004, S. 23–36.

[15] I. Spazier, H. Schwarzberg, 2006, S. 198, Abb. 12.

[16] Bettina Jost, Das Aufkommen des Bergfriedes im 12. Jahrhundert, in: Burgen und Schlösser, Bd. 37, 1996, S. 2–15.

[17] Kai-Thomas Platz, Burgruine Nordeck bei Stadtsteinach – Neues zu einer altbekannten Ruine, in: Das archäologische Jahr in Bayern 2000/2001, S. 140–143.

[18] Joachim Zeune, Wohntürme in Bayern, in: Heinz Müller (Hg.), Wohntürme (Burgenforschung aus Sachsen, Sonderheft), Langenweißbach 2002, S. 29–40.

[19] Derselbe, Burgen – Symbole der Macht. Ein neues Burgenbild der mittelalterlichen Burg, Darmstadt 1997, S. 143.

Thomas Queck

Die archäologischen Ausgrabungen
auf Burg Ranis von 2002 bis 2004

Die schon weithin sichtbare mittelalterliche Burganlage von Ranis, an deren Südhang sich das Städtchen anschmiegt, war bislang nie Gegenstand ernsthafter Forschungen. Befriedigende Ergebnisse können weder vonseiten des Historikers, noch vonseiten der Bauforscher und auch nicht von der archäologischen Forschung vorgelegt werden. Durch ein Zitat werden diese Aussagen nochmals unterstrichen: „Die Burg Ranis im Osten Thüringens gehört zu den besonders interessanten Burganlagen Mitteldeutschlands, sie ist jedoch die weithin Unbekannteste. Nahezu die gesamte Standardliteratur zur Burgenkunde und Burgenforschung hat dieses Bauwerk übersehen, wenige Autoren geben nur kurze und ungenaue Erwähnungen. Man wird aber feststellen, daß es sich um eine besonders große Burg handelt, die mit ihrem Bergfried und dem frühen Torturm bis in die Jahre um 1200 zurückreicht. Ranis ist damit nicht nur für den Burgenfreund, sondern ebenso für den Fachmann eine Entdeckung".[1] An der Beseitigung dieser sehr unbefriedigenden Situation wurde erst seit dem Jahr 2000 gearbeitet, und leider betrifft das nur die archäologische Forschung. Es gab bis zum Ende der wissenschaftlichen Grabungen im Bereich der Burgpforte keine verformungsgerechten Aufmaße der östlichen Gebäudeteile der Hauptburg, obwohl es sich um einen Baubestand handelt, der zu den ältesten noch vorhandenen auf dem Burgareal zählt.

Der Burgberg von Ranis prägt die Landschaft der gesamten Region. Aber nicht erst seit dem Mittelalter übte er eine besondere Anziehungskraft auf die Menschen aus. Eine erste Besiedlung geht bis in das Paläolithikum zurück,[2] hierbei handelt es sich um ein grosses Abri mit südlich exponierter Öffnung (Ilsenhöhle). Die nächsten Belege für eine Nutzung des Bergs finden sich in der ausgehenden Bronzezeit (Knovitzer Kultur), der Hallstattzeit und der Latènezeit, wobei die Latènezeit neben dem Mittelalter und dem Paläolithikum die markantesten Spuren auf dem Burgberg hinterlassen hat. Im näheren Umfeld lassen sich intensiv genutzte Siedlungs- und Bestattungsplätze der frühen

Latènezeit nachweisen.[3] Die hinzukommende günstige topographische Situation lässt auch an eine Wallanlage dieser Zeit denken. Allerdings konnten bislang weder Reste von Verteidigungsanlagen noch Spuren einer Innenbebauung der vermutlich ältesten Burganlage auf dem Raniser Burgberg dokumentiert werden. Aufgrund der sehr starken Überformung des Areals in mittelalterlicher Zeit verblieben auch nur wenige Hinterlassenschaften einer vorgeschichtlichen Burganlage in ursprünglicher Lage – ein Umstand, der prägend ist für alle weiteren Entscheidungen hinsichtlich archäologischer Untersuchungen auf dem Gelände der Burg. Jeder Eingriff in den Boden könnte den Rest einer Burganlage vernichten, über die so gut wie nichts bekannt ist.

Als erste Erwähnung der Burg Ranis gilt eine Urkunde, in der Wiprecht von Groitzsch 1084 mehrere Burgen zum Geschenk erhält. Allerdings fehlt zu diesem Datum die Quellenangabe, sodass der erste sicher belegte Hinweis auf die Burg Ranis vom 15. August 1199 stammt.[4] Durch den Tod Heinrichs VI. und die 1198 erfolgte Doppelwahl rückt die Burg ins Licht der Geschichte. König Philipp belehnt zum bereits erwähnten Tag den Landgrafen von Thüringen, Hermann I., neben den königlichen Villen Nordhausen und Mühlhausen mit Saalfeld und dem Reichsgut Orla mit dem „castrum Ranis", um sich seiner Unterstützung zu versichern.[5] Das Auftreten von Raniser Reichsministerialen um die Mitte des 12. Jahrhunderts, darunter Eckehard von Ranis 1169, Gundeloh von Ranis 1187, Otto von Ludenbach von Ranis 1192[6] und Konrad von Ranis zeigt, dass mindestens seit der ersten Hälfte des 12. Jahrhunderts mit einer Burganlage zu rechnen ist. Aufgrund der sehr spärlichen schriftlichen Quellenlage ist nur die Archäologie zusammen mit der Bauforschung in der Lage, die Quellensituation zu verbessern.

Der erste Anlauf in dieser Richtung wurde vom Thüringischen Landesamt für Denkmalpflege und Archäologie im April 2000 unternommen. Bis dahin hat es auf der Burg Ranis keine wissenschaftliche Grabung gegeben. Aufgrund von anstehenden Bauarbeiten

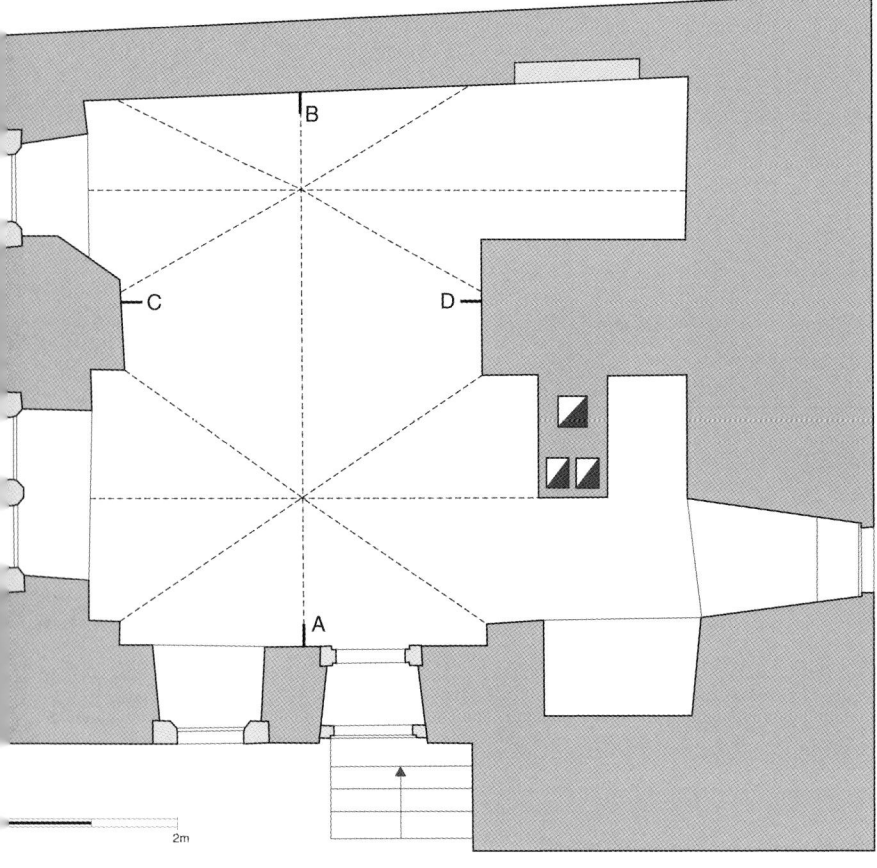

Abb. 1 Burg Ranis, Grundrissplan der Burgpforte mit den Schnittverläufen A–B und C–D

Abb. 2 Burg Ranis, Profil A-B/Süd-Nordprofil durch die archäologischen Schichten der Burgpforte

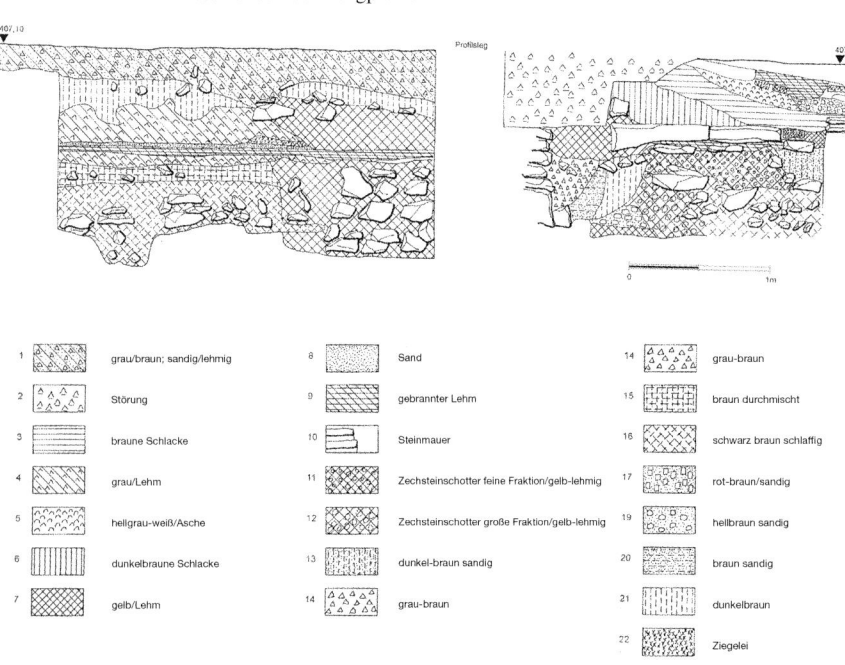

1	grau/braun; sandig/lehmig	8	Sand	
2	Störung	9	gebrannter Lehm	
3	braune Schlacke	10	Steinmauer	
4	grau/Lehm	11	Zechsteinschotter feine Fraktion/gelb-lehmig	
5	hellgrau-weiß/Asche	12	Zechsteinschotter große Fraktion/gelb-lehmig	
6	dunkelbraune Schlacke	13	dunkel-braun sandig	
7	gelb/Lehm	14	grau-braun	
		14	grau-braun	
		15	braun durchmischt	
		16	schwarz braun schlaffig	
		17	rot-braun/sandig	
		19	hellbraun sandig	
		20	braun sandig	
		21	dunkelbraun	
		22	Ziegelei	

wurde im Bereich der Burgpforte[7] (jetzt Info-shop und Kassenbereich) mit der archäologischen Untersuchung begonnen.[8] Das besagte Areal befindet sich in der sogenannten Vorburg, einem östlich in der Hauptburg gelegenen Gebäudeteil, der auch gleichzeitig diesen Burgabschnitt nach Osten abschließt (Tafel IV,1, IV,2). Der massige Baukörper ist sehr inhomogen und vereinigt in sich mehrere Bau-und Nutzungsphasen, die sich an keinem anderen Gebäudeabschnitt der Burg so klar manifestieren.

Zunächst war von der Archäologie zu klären, inwieweit die den Raum nach Osten begrenzende Schildmauer romanischen Ursprungs ist, bzw. wie konkret sich diese Mauer in das romanische Baugeschehen an der Burg einfügen lässt.

Der fast quadratische Grundriss der Burgpforte wurde in vier annähernd gleich große Flächen unterteilt, von welchen die diagonal gegenüberliegenden Areale abgetieft wurden. Damit bot sich die Möglichkeit, auf Besonderheiten in den einzelnen Plana besser reagieren zu können, da so die Übersichtlichkeit gewahrt wird (Abb. 1). Durch einen Höhenunterschied von 1,20 Meter zwischen der Fußbodenhöhe des betreffenden Raumes und der unmittelbar südlich gelegenen Zufahrt zur Kernburg waren doch beachtliche Schichtenpakete zu erwarten. Schnell wurde klar, dass eine präzisere Datierung der Schildmauer mittels archäologischer Methoden nicht funktioniert. Bei einer späteren Umbauphase, die nur sehr vage in das 15. Jahrhundert datiert werden kann, wurden alle ehemaligen Außenmauern abgeschachtet und mit einer circa 0,40 bis 0,50 Meter starken Mauer aus Grauwack und Kulmschiefer verstärkt. Somit ist eine stratigraphische Einordnung in vorhandene Siedlungsschichten der relevanten Profilanschlüsse, auch der an der romanischen Schildmauer, in diesem Bereich nicht mehr möglich. Dennoch erbrachte diese erste archäologische Untersuchung auf dem Burgberg wichtige Einblicke in vorhandene Schichtenabfolgen. Es zeigte sich, dass durch eine besonders ausgeprägte Erosion an der Oberfläche des Zechsteinriffs urgeschichtliche Stratigraphien nicht oder nur sehr fragmentarisch erhalten sind. Dass dennoch urgeschichtliches Keramikmaterial geborgen werden konnte, ist der Tatsache geschuldet, dass es bei der oberflächlichen Verwitterung von Zechstein zur Bildung von kleineren Vertiefungen und Mulden kommt, in denen sich – in diesem Fall ausschließlich latènezeitliche – Keramikscherben ablagern konnten. Für eine sekundäre Lagerung des Fundmaterials sprechen ihre starke Zerscherbung und das geringe Vorkommen. Das Profil A–B zeigt einen Querschnitt durch die Schichten der Burgpforte (Abb. 2). Am Anfang und am Ende des Profils sind die vorhandenen Schichten durch die bereits erwähnte Mauerverstärkung eingerückt bzw. abgeschnitten. Der nördliche Profilteil wird in der Hauptsache durch eine frühneuzeitliche Störung und durch den Unterteil eines Ofens eingenommen. Für den Unterbau des Ofens verwendete man renaissancezeitliche Fenstergewände, die aufgrund der Feuereinwirkung nur noch in Resten geborgen werden konnten. Aus Schicht 19 konnten einige Keramikscherben des 9. Jahrhunderts geborgen werden. Es handelt sich um karolingische Keramik, die im Raum östlich der Saale eine Besonderheit darstellt (Abb. 3, 4, 5).[9]

Das Fragment eines kleinen, mittelalterlichen Kuppelofens, der Ende des 13. bzw. in das beginnende 14. Jahrhundert zu datieren ist, bezeugt eindeutig die Wohnnutzung des Gebäudeteils in dieser Zeit. Für die Errichtung des Ofens war es notwendig, den Fels plan abzuarbeiten. Auf dieser ebenen Fläche wurde die circa 0,40 Meter breite und circa 0,50 Meter hohe Steinkuppel errichtet. Die Steine waren in Lehm gesetzt und wiesen erhebliche Brandspuren auf. Leider konnte der Ofen nicht komplett dokumentiert werden, da er durch das Fundament des in den Raum hineinragenden Wandpfeilers gestört ist. Dieser Befund wird im Wesentlichen durch Schicht 7 dokumentiert. Es fallen der hohe Lehmanteil und die Steinkonzentration auf, die einen Teil der Ofenwand darstellt. Der Brand von 1645 dokumentiert sich sehr wahrscheinlich in Schicht 9 des Profils A–B. Es ist ein verziegelter Fußbodenhorizont, der sich allerdings nur auf den Flächen Qu. 1 und Qu. 4 zeigt (Abb. 4). Mit den Schichten 12 und 16 sind die Schichten dokumentiert, die unmittelbar auf dem Zechstein aufliegen. Sie enthielten ausschließlich urgeschichtliche Keramik. Aufgrund des sehr stark fragmentierten Keramikmaterials lässt sich nicht in jedem Fall eine eindeutige Datierung vornehmen.

Trotz der ermutigenden Ergebnisse musste die Grabung aus Zeitgründen abgebrochen werden. Die Fläche Qu. 3 konnte nicht vollständig untersucht werden, des Weiteren wurden die Profilstege beseitigt. Somit konnte an dieser Fundstelle nur ein Teil von wichtigen Informationen zur Burggeschichte dokumentiert werden.

Eine weitere Grabung fand im Bereich der Remise statt,[10] wiederum im Vorfeld geplanter Baumaßnahmen. Hier zeigte sich nur ein Teil der Remise als untersuchungswürdig, da der Rest des Gebäudes einen Keller besaß (Abb. 5).[11] Nach Beseitigung einiger noch vorhandener Einbauten wurde der westliche Teil der betreffenden Fläche abgetieft, um ein vollständiges Profil bis zum anstehenden Fels zu erhalten. Mit dieser Methode wurde das Ziel verfolgt, die nördliche Gebäudemauer zu datieren, welche in diesem Bereich unmittelbar vor die Umfassungsmauer der Burg geblendet ist und sich in der ersten Etage des Gebäudes als gedeckter Wehrgang zeigt. Einige weitere wichtige Informationen über ein frühes Siedlungsgeschehen waren aufgrund des nicht vorhandenen Kellers durchaus zu erwarten.

Allerdings stellte sich die Situation völlig anders dar. Bis zur Schicht 16 im Profil K–L (Abb. 6) haben wir es mit Verfüllmaterial des 15. Jahrhunderts zu tun: eine sehr homogene

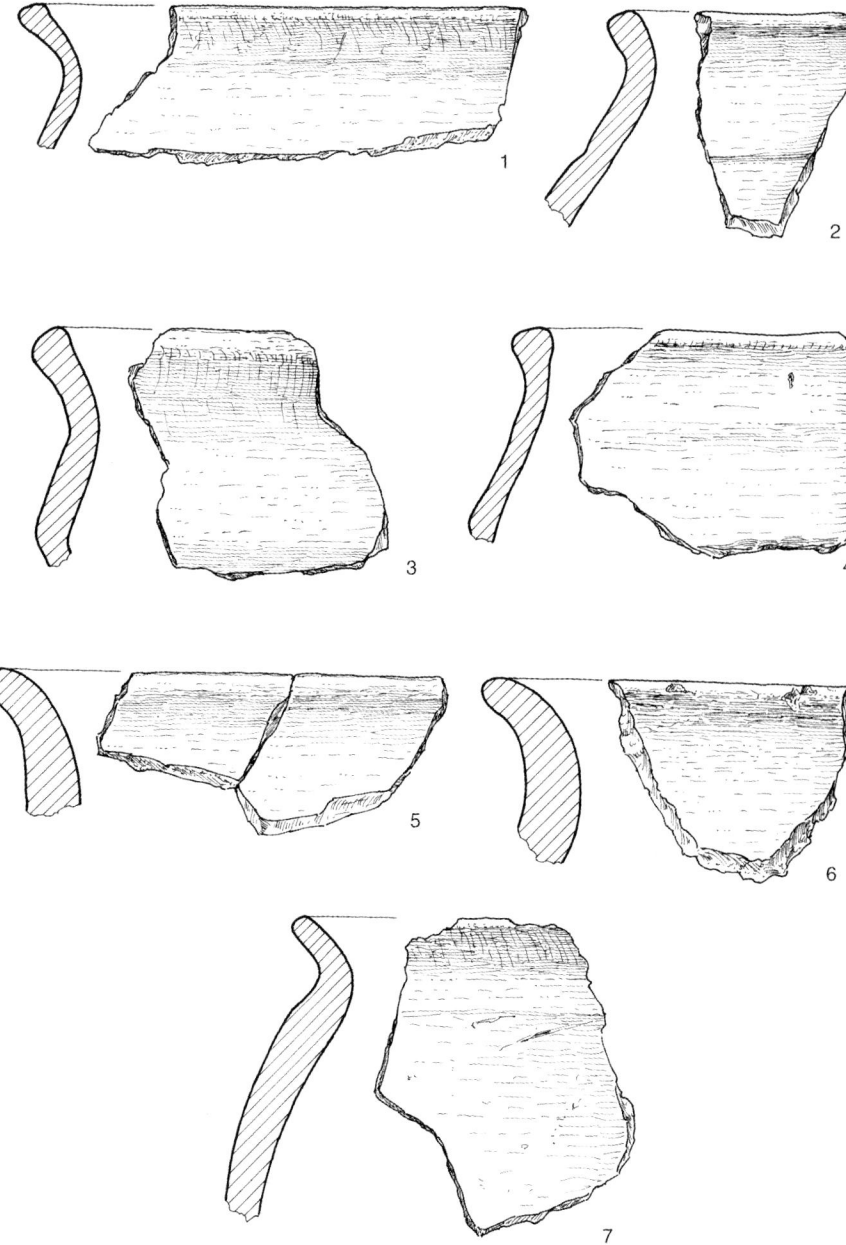

Abb. 3 Burg Ranis, ausgewählte Keramik von den Stellen 1 und 3

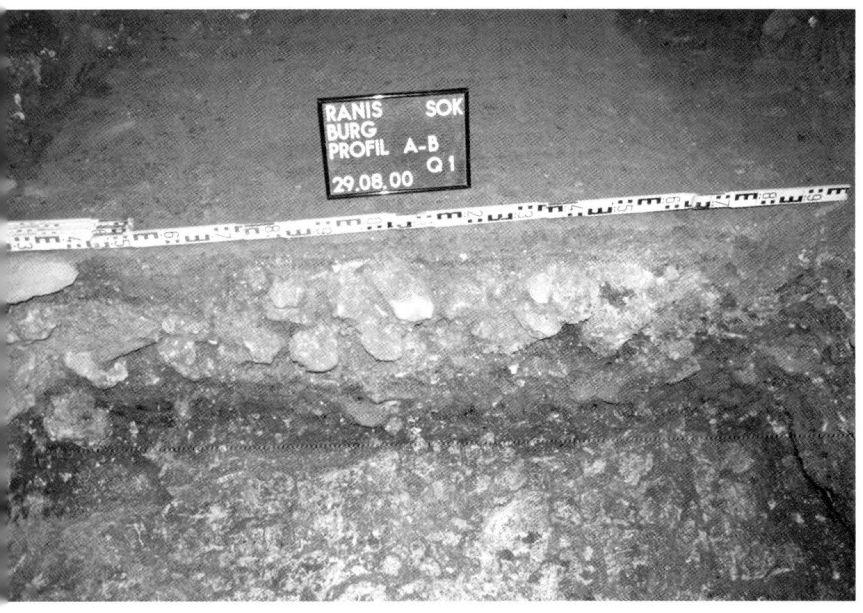

Einfüllung, die planmäßig erfolgte, um einen nicht mehr nutzbaren Kellerraum zu verfüllen. Die annähernd gleichzeitige Materialeinfüllung lässt sich anhand von vier Münzen veranschaulichen.[12] Offensichtlich hat es unter der Remise eine andere Kellerstruktur gegeben, die wiederum für eine andere Bebauung sprechen würde. Wie das vorliegende Profil zeigt, wurde der Zugang zum Keller 1 unter der Remise erst errichtet, nachdem der nicht mehr nutzbare Kellerraum komplett verfüllt war. Nur so ist die scharfe Trennung zwischen der Baugrube für das Gewölbe

(Schicht 10) und allen anderen, im oberen Profilteil sichtbaren Schichten, außer Schicht 3, zu erklären. Warum Schicht 10 bis zum Fuß der zugesetzten Türöffnung reicht, ist nicht über Bauarbeiten am Gewölbe herzuleiten, sondern Ergebnis einer in Etappen erfolgten Vermauerung der Türöffnung. Da wir es hier mit annähernd gleichen Baustoffen zu tun haben,[13] die sowohl bei der Anpassung des Gewölbes als auch bei der Türvermauerung zum Einsatz kamen, lässt sich eine mögliche Untergliederung der Schicht 10 nicht vornehmen. Die Schichten 17 und 18 zeigen eine hinreichende Verdichtung, sodass sie als Fußbodenhorizont des ehemaligen Kellers angesprochen werden können. Ein weiterer wichtiger archäologischer Befund ist Schicht 20. Sie stellt die Fundamentgrube der nördlichen Mauer des heute als Remise bezeichneten Gebäudeteils dar. Leider fand sich in der Fundamentgrube nur eine Keramikscherbe, die aber eindeutig in die Mitte des 14. Jahrhunderts zu datieren ist. Diese zeitliche Einordnung ist identisch mit jener nördlichen Umfassungsmauer der Burganlage, welche bislang nur durch ihre Architekturelemente datiert ist.

Der Grundriss der archäologisch untersuchten Fläche wird bis auf eine Stelle von Mauern begrenzt und macht deutlich, dass der Keller seine Funktion verloren hat (Abb. 7). Aufgrund des Arbeitsschutzes war es nicht möglich, das westliche Ende des schmalen Ganges zu lokalisieren. Auffallend ist, dass die östliche Stirnwand des Kellers 1, in dessen Richtung der schmale Gang verläuft, einen sehr archaischen Eindruck vermittelt, im Gegensatz zu den anderen Baulichkeiten des Kellers.

Ein Ausgang zu einem früheren Flankierungsturm an der nördlichen Außenmauer der Burg stört den ehemaligen Kellergrundriss erheblich und führte letztendlich zu dieser eigenartigen Grundrissform. Die für den Aufgang erforderliche Mauer war nur sehr schwach fundamentiert und reichte nicht bis auf den anstehenden Fels. Der Bereich zwischen der Unterkante des Fundaments und der Oberkante des Felsens umfasst circa 0,80 Meter und wird von den Schichten 19 bis 21 gebildet. Diese verlaufen horizontal über das gesamte Grabungsareal und sind mit dieser Nummerierung im Profil K–L bereits präsent. Das Profil K–L zeigt die relativ chronologische Abfolge der Schichten 19 bis 21. Durch die Befundsituation wird deutlich, dass Schicht 20 die jüngste der drei aufgeführten Schichten ist. Wie bereits erwähnt, ist sie in das 14. Jahrhundert zu datieren. Aus den übrigen beiden Schichten konnten keine datierbaren Funde geborgen

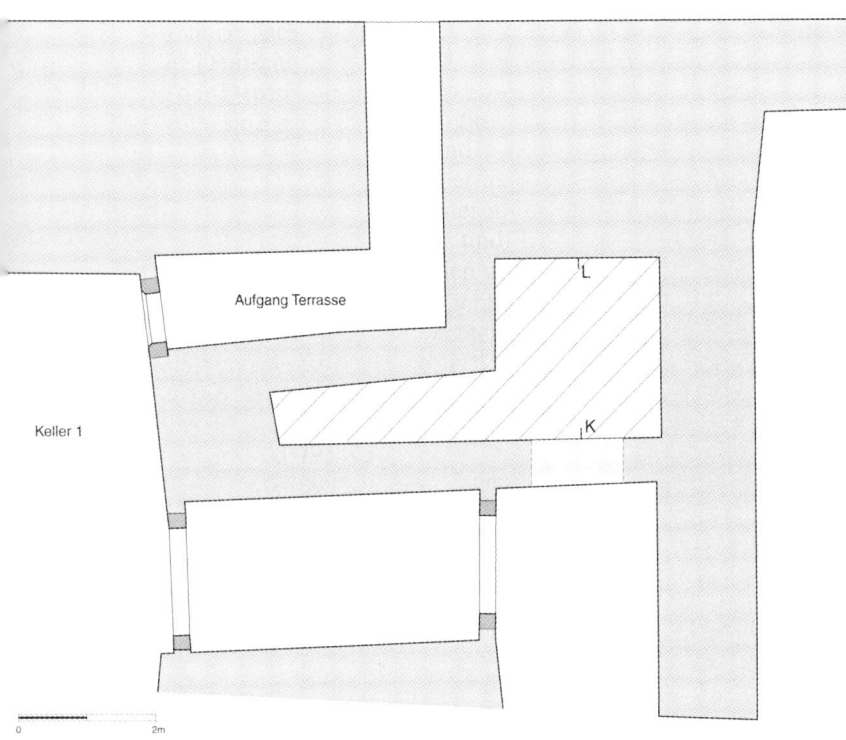

Aufgang Terrasse

L

K

Keller 1

0   2m

werden. Da die erwähnte Mauer, die den Aufgang zum ehemaligen Flankierungsturm nach Süden und Osten begrenzt, über der Schicht 20 verläuft, ist sie in jedem Fall später errichtet worden als diejenige, für die Schicht 20 die Fundamentgrube darstellt. Der Zugang zum Flankierungsturm an der nördlichen Umfassungsmauer der Burg erfolgte über den Wehrgang dieser Mauer. Eine Öffnung in der nördlichen Burgmauer mit dem Ziel, den Flankierungsturm vom Burgkeller aus zugänglich zu machen, würde wohl eine unverhältnismäßige Schwächung dieses Verteidigungsabschnitts bedeuten. Das heißt, eine solche Maßnahme erfolgte erst, nachdem sich der Charakter der Burg in Richtung Schloss verändert hat und der Flankierungsturm als eine Art Terrasse genutzt wurde. Der archäologische Befund gibt im Bereich der Remise einen Datierungsansatz vor. Dieser unterscheidet sich grundlegend von dem kürzlich publizierten Plan von G. Ulrich Großmann. Aufgrund der Münzfunde wurde der besagte Kellerbereich in der zweiten Hälfte des 15. Jahrhunderts verfüllt. Die den Raum begrenzenden Mauern müssen demnach älter als 16./17. Jahrhundert sein. Inwieweit sich bauliche Spuren aus dieser Zeit auch im aufgehenden Mauerwerk erhalten haben, ist von der Bauforschung sicherlich hinreichend untersucht worden, da der Bereich der Remise schon vollständig saniert wurde.

Ein Schnitt im Keller unter der Remise (Keller 1) zeigte einen ungefähr 0,10 bis 0,15 Meter starken Stampflehmfußboden, der auf einer plan zugearbeiteten Felsoberfläche aufliegt. Im Lehm des Fußbodens fanden sich einige stark fragmentierte, grün glasierte Kachelreste, die renaissancezeitlich sein könnten. Beim Verlassen des Kellers 1 betritt man zunächst einen kleinen Zwischenraum, der Keller 1 und Keller 2 trennt (Abb. 1). An dieser Stelle wird gut sichtbar, wie man sich die Morphologie des Zechsteins im Bereich des Bergfrieds vorzustellen hat. Aufgrund des Kellerbaus und der dafür angelegten Zuwegung gibt sich ein Querprofil zu erkennen, das den starken Abfall der ehemaligen Geländeoberfläche dokumentiert. Unmittelbar auf dem Fels ist eine romanische Mauer gegründet, die das Areal nördlich des Bergfrieds bis hin zum Steilabfall sichern sollte (Abb. 8).[14] Sie kann nicht von großer fortifikatorischer Bedeutung gewesen sein, denn ihre Mauerstärke beträgt circa 0,40 Meter. Besonders auffällig ist der exakte Mauerabschluss in nördlicher Richtung, der auch dem in romanischer Zeit entsprechen könnte. Diese Annahme wurde durch das Ergebnis zweier Schnitte bestätigt, die sowohl vom

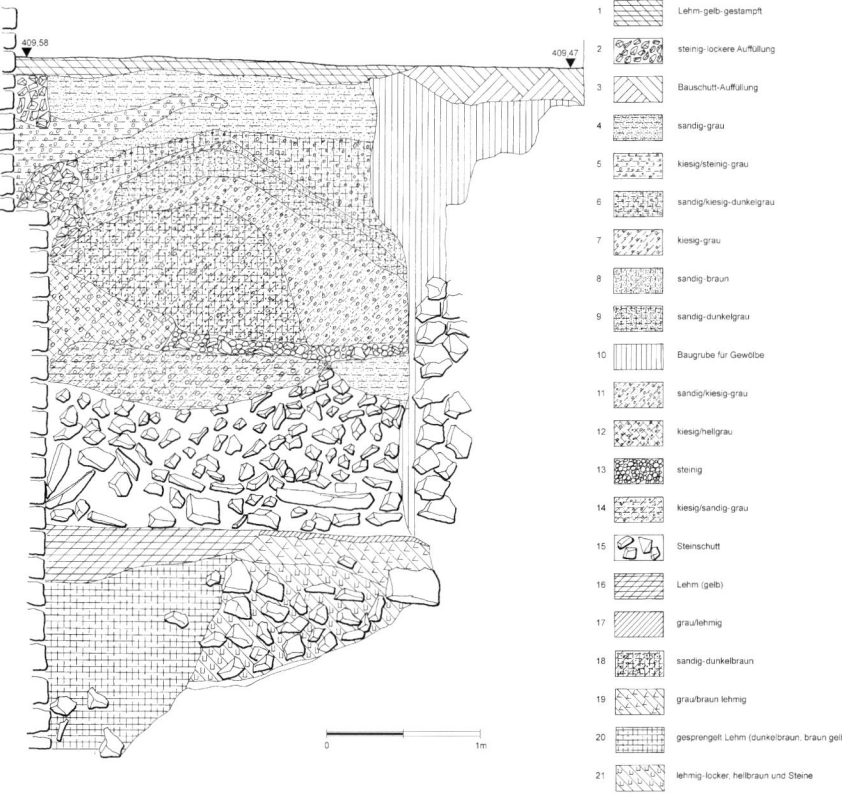

1	Lehm-gelb-gestampft
2	steinig-lockere Auffüllung
3	Bauschutt-Auffüllung
4	sandig-grau
5	kiesig/steinig-grau
6	sandig/kiesig-dunkelgrau
7	kiesig-grau
8	sandig-braun
9	sandig-dunkelgrau
10	Baugrube für Gewölbe
11	sandig/kiesig-grau
12	kiesig/hellgrau
13	steinig
14	kiesig/sandig-grau
15	Steinschutt
16	Lehm (gelb)
17	grau/lehmig
18	sandig-dunkelbraun
19	grau/braun lehmig
20	gesprengelt Lehm (dunkelbraun, braun gelb)
21	lehmig-locker, hellbraun und Steine

Keller 2 als auch vom oben beschriebenen Nebenraum an die besagte Mauer herangeführt wurden. An den steileren Felsabschnitten, an denen sich die Mauer befindet, war es aus Gründen der Standfestigkeit nötig, aus dem Zechstein Partien herauszuarbeiten, um eine annähernd waagerechte Steinauflage zu erhalten. Mit dem heute sichtbaren Mauerabschluss enden auch diese Befunde. Betrachtet man die noch erhaltene Mauer, so fällt eine leichte Konvexität im nördlichen Bereich auf, die bislang nicht erklärt werden kann.

Die Einwölbung von Keller 2 zeigt im ersten Drittel eine klare Baunaht, zu der auch der Rest einer Mauer gehört, die nur noch im Zwickelbereich zwischen anstehendem Fels und heutiger nördlicher Kellermauer erhalten ist. Ein großes Problem für die Erzielung archäologischer Befunde in diesem Teil der Burganlage stellen der sehr oberflächennahe Fels und die in historischer Zeit erfolgten, umfangreichen Bauarbeiten in den Kellern dar. Es liegt aufgrund verschiedener baulicher Gegebenheiten nahe, Keller 1 und 2 sowie den Zwischenraum in das 16./17. Jahrhundert zu datieren. Nur zeigt das Beispiel der archäologischen Untersuchung unter der Remise, dass die Datierung nicht so einfach ist. Bei genauer Betrachtung der Räumlichkeiten ergeben sich verschiedene Details, die einer dringenden Begutachtung bedürfen. Sämtliche in den angeführten Kellerberei-

Abb. 6 Burg Ranis, Profil K–L/Süd-Nord-Profil durch den verfüllten Kellerbereich

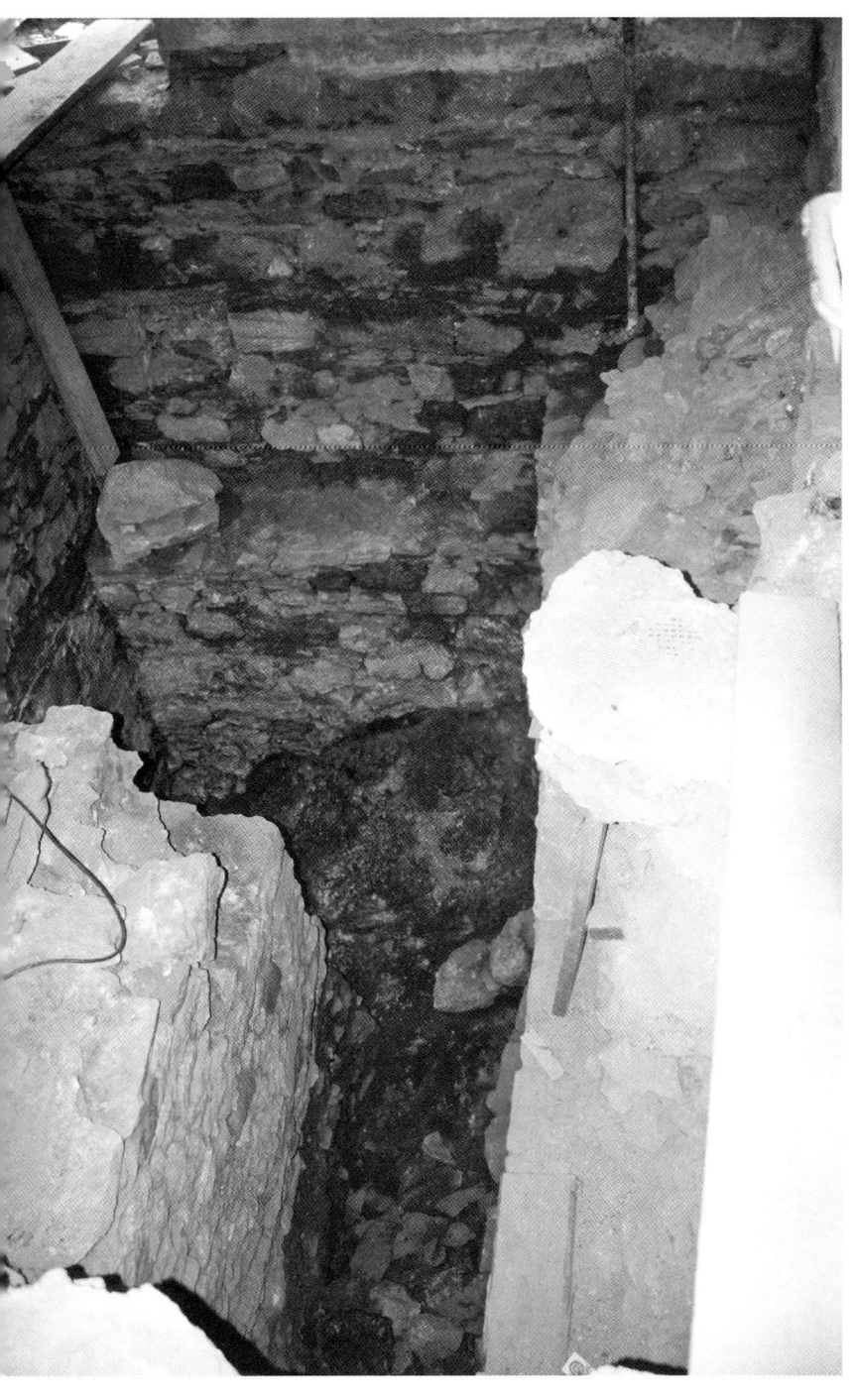

Abb. 7 Burg Ranis, Ausschnitt der östlichen Fundamentmauer der Remise mit Blick auf den archäologisch untersuchten Bereich

reits beim Bau der Kläranlage im Jahre 1973 eine Mauer mit großquadrigen Steinen angeschnitten. Eine entsprechende Dokumentation erfolgte nicht. Nach den Beschreibungen konnte es sich nur um die Reste der nördlichen Umfassungsmauer der romanischen Burganlage handeln. Bislang konnte man sich hinsichtlich des Mauerverlaufs der frühen Burg lediglich auf Spekulationen stützen. Einziger oberirdisch sichtbarer Anhaltspunkt war ein südlicher Mauerabschnitt des Burgturms mit quadratischem Grundriss und gerundeten äußeren Kanten („Lug ins Land"). Bei der Erweiterung der Burganlage im 13/14. Jahrhundert und der Errichtung des besagten Turms nutzte man offensichlich Teile der noch gut erhaltenen Umfassungsmauer und bezog sie in die südliche Turmwand mit ein.

Nach Beseitigung der alten Kläranlage bis in eine Tiefe von circa 3 Meter wurde das großquadrige Mauerwerk[17] auf einer Länge von ungefähr 4 Meter sichtbar. Es zeigte sich aber auch, dass durch den Kläranlagenbau in den siebziger Jahren des 20. Jahrhunderts die zwei oberen Mauerschichten gestört wurden. Dennoch konnte eine beeindruckende Quadermauer aus dem am Burgberg anstehenden Zechstein freigelegt werden. Besonders interessant sind in diesem Zusammenhang die Bearbeitungsspuren am Stein. Sie haben sich bis in eine Tiefe von circa 3 Meter zum Teil flächig erhalten (Abb. 9). Ein weiterer bedeutsamer Aspekt für die Beurteilung der Mauer sind die ausgeprägten Brandspuren, die sich als Rotfärbung oder als Abplatzung am Stein zeigen. Nun stellt sich die Frage, wie die Geländesituation im eigentlichen Burgareal zu interpretieren ist, wenn die betreffende Mauer in einer Tiefe von 3 Meter unter der heutigen Geländeoberfläche dem Feuer ausgesetzt war. Es setzt zunächst eine frei stehende Mauer voraus, die es aber in diesem Abschnitt nicht gegeben haben kann, da aufgrund des hinter der Mauer schnell ansteigenden Felsens ein Zwickel entsteht, der in keiner Weise sinnvoll in das Burgareal zu integrieren ist. Damit bleibt nur die Verfüllung des Zwickelbereichs, was auch ursprüngliche Intention der Erbauer war, denn es sollte durch ein möglichst weites Herausrücken der Umfassungsmauern Platz auf dem ansonsten sehr schmalen Bergplateau geschaffen werden. Es ist zu vermuten, dass der Brand während der Bauarbeiten ausbrach, also zwischen der Fertigstellung der Mauer und der Anfüllung der Zwischenbereiche. Ähnliche Brandspuren finden sich an der Schildmauer und am romanischen Torturm, hier allerdings nur am aufgehenden Mauerwerk.

chen verwandten Gewände sind sekundär verbaut. Das zeigt sich deutlich an ihrer gestörten Symmetrie und der gut erkennbaren Nachscharrierung. Des Weiteren finden sich in der westlichen Stirnwand von Keller 2 Balkenauflagen und Putze, die eindeutig hinter der Einwölbung weiterverlaufen. Aber das sind Fragen, die noch zu klären sind.

Eine weitere archäologische Untersuchung[15] begann im April 2003, wiederum im Vorfeld einer Erdbaumaßnahme. Hierbei sollte im Bereich einer älteren Kläranlage eine Regenwasserzisterne neu errichtet werden. Nach Hinweisen von Klaus Schache[16] wurde be-

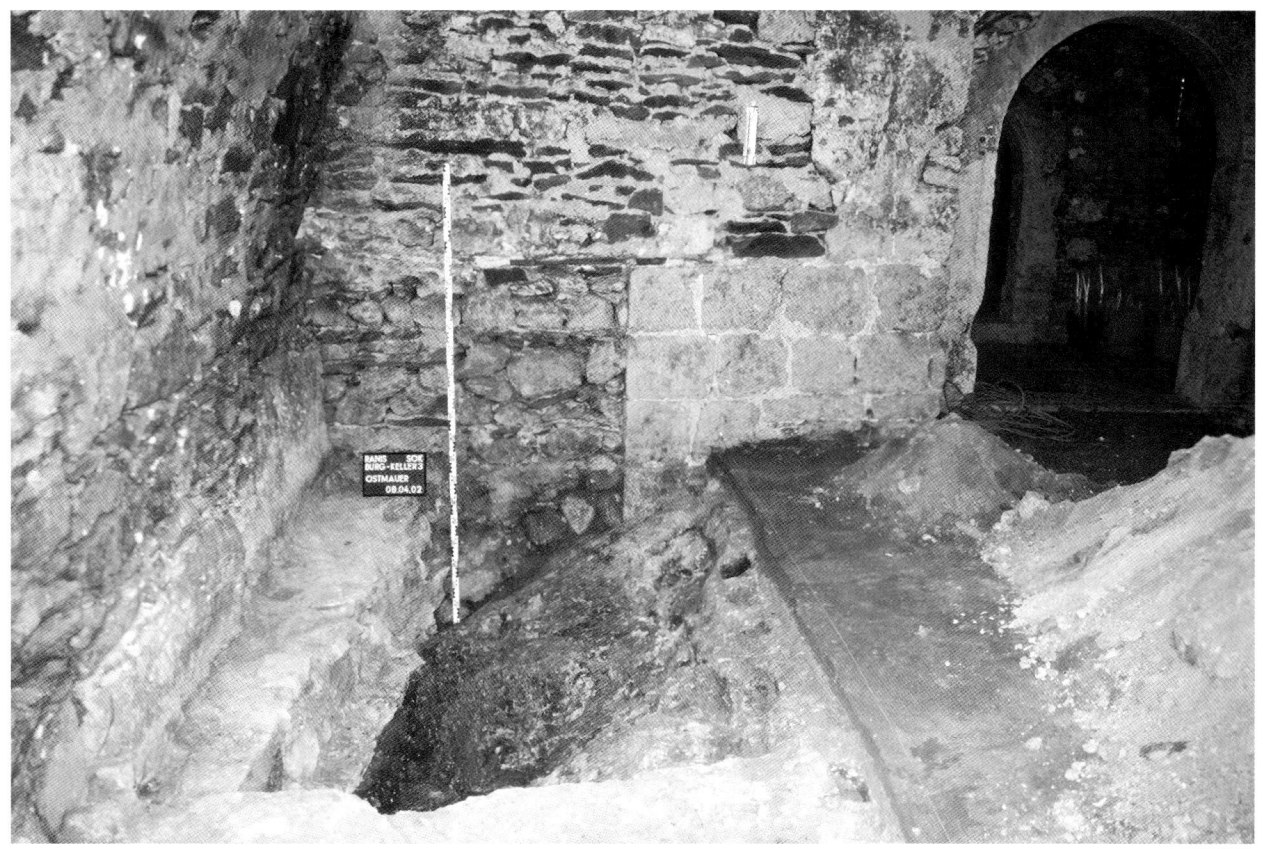

Abb. 8 Burg Ranis, Scharfe Trennung zwischen dem romanischen Quadermauerwerk und dem Mauerwerk aus
        Kulmschiefer im Keller unter dem Nordflügel der Kernburg

Abb. 9 Burg Ranis, Rest der romanischen Umfassungsmauer an der Nordseite der Burganlage, mit deutlichen
        Brandspuren

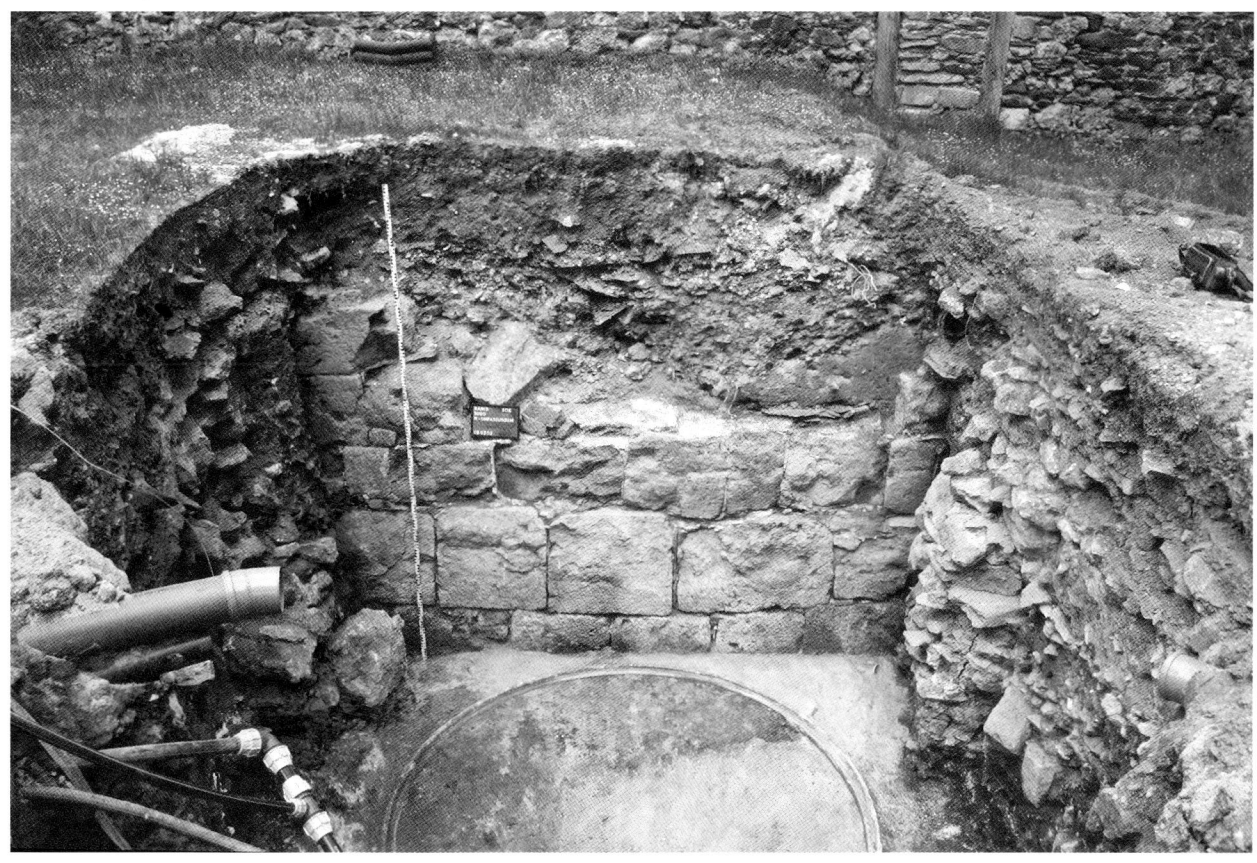

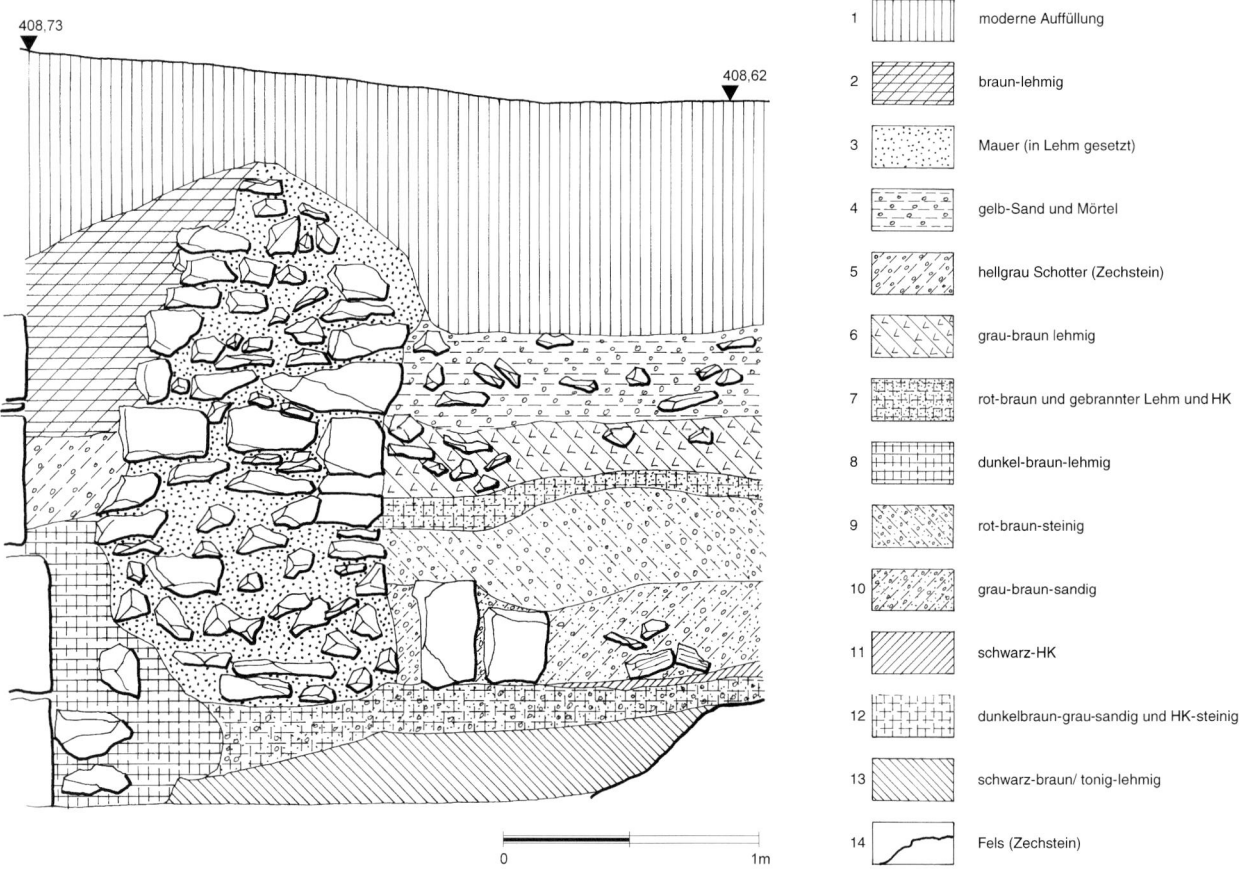

408,73

408,62

1		moderne Auffüllung
2		braun-lehmig
3		Mauer (in Lehm gesetzt)
4		gelb-Sand und Mörtel
5		hellgrau Schotter (Zechstein)
6		grau-braun lehmig
7		rot-braun und gebrannter Lehm und HK
8		dunkel-braun-lehmig
9		rot-braun-steinig
10		grau-braun-sandig
11		schwarz-HK
12		dunkelbraun-grau-sandig und HK-steinig
13		schwarz-braun/ tonig-lehmig
14		Fels (Zechstein)

0   1m

Abb. 10 Burg Ranis, Profil C–D/Süd-Nord-Profil von Stelle 3

Das rechtwinklig zur Mauer verlaufende Profil C–D zeigt den Rest eines Kellers mit Gewölbeansatz, dessen Scheitel komplett zerstört ist (Abb. 10). Die Kellerwand verläuft in einem Abstand von circa 0,20 Meter parallel zur romanischen Umfassungsmauer. Das südlich verlaufende Gegenstück zur besagten Kellerwand konnte nicht freigelegt werden, da sich das Grabungsareal nicht so weit ausdehnte. Ein erheblicher Anteil an Lehm und Holzkohle spricht für ein Niederbrennen des ehemaligen Gebäudeteils. Für eine genaue zeitliche Einordnung des Befundes fehlen bislang die notwendigen Anhaltspunkte. Da man anhand der Mauerfragmente von einer in Lehm gesetzten Bruchsteinmauer sprechen kann, ist gleichzeitig die romanische Epoche der Burg als Bauzeit auszuschließen. In Lehm ausgeführtes Mauerwerk begegnet auf der Burg nur in Form kleinerer Mauern und als Gewölbedecke im romanischen Torturm. Allerdings ist auch hier eine genaue Datierung nicht möglich.

Das freigelegte und dokumentierte Profil C–D verdeutlicht durch das keramische Material aus Schicht 13 das Problem der Erosion und Akkumulation auf Bergplateaus bzw. an deren Hängen. Ein ständiger Abtragungsvorgang ermöglicht es faktisch nicht, an solchermaßen exponierten Geländesituationen Sied-lungsschichten in situ zu dokumentieren – es sei denn, die Erosion wird durch die Errichtung einer Mauer oder durch natürliche Barrieren gestoppt bzw. in eine Akkumulation umgewandelt. Bei diesem Vorgang kam es zur Bildung von Schicht 13 und zur Ablagerung von latènzeitlichem[18] und slawischem Keramikmaterial in einer Schicht (Abb. 3, 1–4).

Die Befundsituation im Bereich der Stelle 3 ermöglichte erstmalig den Nachweis einer romanischen Umfassungsmauer im nördlichen Areal der Burg. Leider gelang es nicht, den Mauerverlauf weiter zu verfolgen, da hierfür keine Mittel zur Verfügung standen. Ein weiterer wichtiger Befund an dieser Stelle ist der Kellerrest, der die Ansicht einer höheren Bebauungsdichte auf dem Gelände der Hauptburg unterstreicht.

Mit der archäologischen Untersuchung in der sogenannten Kernburg[19] stand ein Bereich zur Verfügung, der von höchster baugeschichtlicher Brisanz ist (Tafel IV,2). Der Grundriss der Burganlage legt die Vermutung nahe, dass im hohen Mittelalter die Hauptgebäude der Burg in diesem Areal standen. Im Vorfeld größerer Baumaßnahmen durch die Stiftung Thüringer Schlösser und Gärten wurde ein umfangreicher Teil der Innenfläche der Kernburg untersucht (Tafel V). Es wurde schnell deutlich, dass auf dem Innenhof selbst keine wesentlich neuen Erkenntnisse zu erwarten sind, da der anstehende Fels bis an die Oberfläche reicht. Wie häufig, blieb nur der Zwickel- und Fundamentbereich der bereits vorhandenen Gebäudeteile, um relevante Aussagen zum Bau- und Siedlungsgeschehen aus archäologischer Sicht treffen zu können. Aussagekräftige Schichten am Turmfuß, die wichtige Hinweise über die Bauzeit liefern könnten, sind nicht erhalten, da der Turm unmittelbar auf den Fels gegründet ist, der auch hier die Geländeoberfläche erreicht. Durch die geplante Trockenlegung des gesamten Nordflügels[20] der Kernburg eröffnete sich aber die Möglichkeit einer archäologischen Untersuchung im Bereich der südlichen Gebäudefundamentierung. Drei rechtwinklig zur Südwand des Nordflügels verlaufende Schnitte sollten Aufschluss über die stratigraphischen Verhältnisse geben. Parallel dazu wurden Flächen aufgedeckt, um eventuell vorhandene Baureste nicht zu übersehen. Ein sich bereits in der Südwand der Gewölbetonne von Keller 2 abzeichnender Ausgang[21] ist wohl erst im 18. Jahrhundert an dieser Stelle angelegt worden. Unmittelbar östlich dieses Befundes zeigte sich ein circa 2,80 Meter tiefer und circa 2,50 Meter im Durchmesser messender, halbkreisförmiger Raum, zu dem ein Zugang von Keller 2 aus bestanden haben muss, da eine vermauerte Türöffnung vorhanden war (Abb. 11). Der Raum wurde aus dem Fels herausgearbeitet und abgestuft, wobei die Stufenhöhe ungefähr 1 Meter betrug. Es ist keine nachweisbare Überbauung vorhanden. Der momentane Bearbeitungsstand[22] lässt keine Rückschlüsse auf die Raumfunktion zu. Allerdings ist die Absicht einer möglichen Erweiterung des Kellers 2 nicht auszuschließen. Ein weiteres wichtiges Detail erschließt sich mit der oben erwähnten zugemauerten Türöffnung, die von Keller 2 aus nicht sichtbar ist. Sie befindet sich mit ihrem oberen Abschluss im Bereich des heutigen Gewölbescheitels, das heißt, dies ist ein nochmaliger Hinweis auf eine spätere Einwölbung des Kellers 2. Bedauerlicherweise wurde das Gebäude in den siebziger Jahren des 20. Jahrhunderts stark umgebaut, sodass viele bauliche Hinweise auf Funktion und Bedeutung verloren gegangen sind.

Zu einem besonders herausragenden Befund in diesem Grabungsareal zählt eine Filterzisterne. Der bis dato sichtbare Schacht mit einem Überbau erwies sich als Entnahmeschacht dieser Zisterne und nicht, wie bisher angenommen, als Brunnenschacht. Er befindet sich nicht mittig des Zisternenschachts, sondern an den Rand versetzt.[23]

Eine gesicherte Wasserversorgung auf einer mittelalterlichen Burg war überlebenswichtig. Sie diente nicht nur als Trinkwasser, sondern

Abb. 11 Burg Ranis, abgetreppter Raum mit zugesetzter Türöffnung

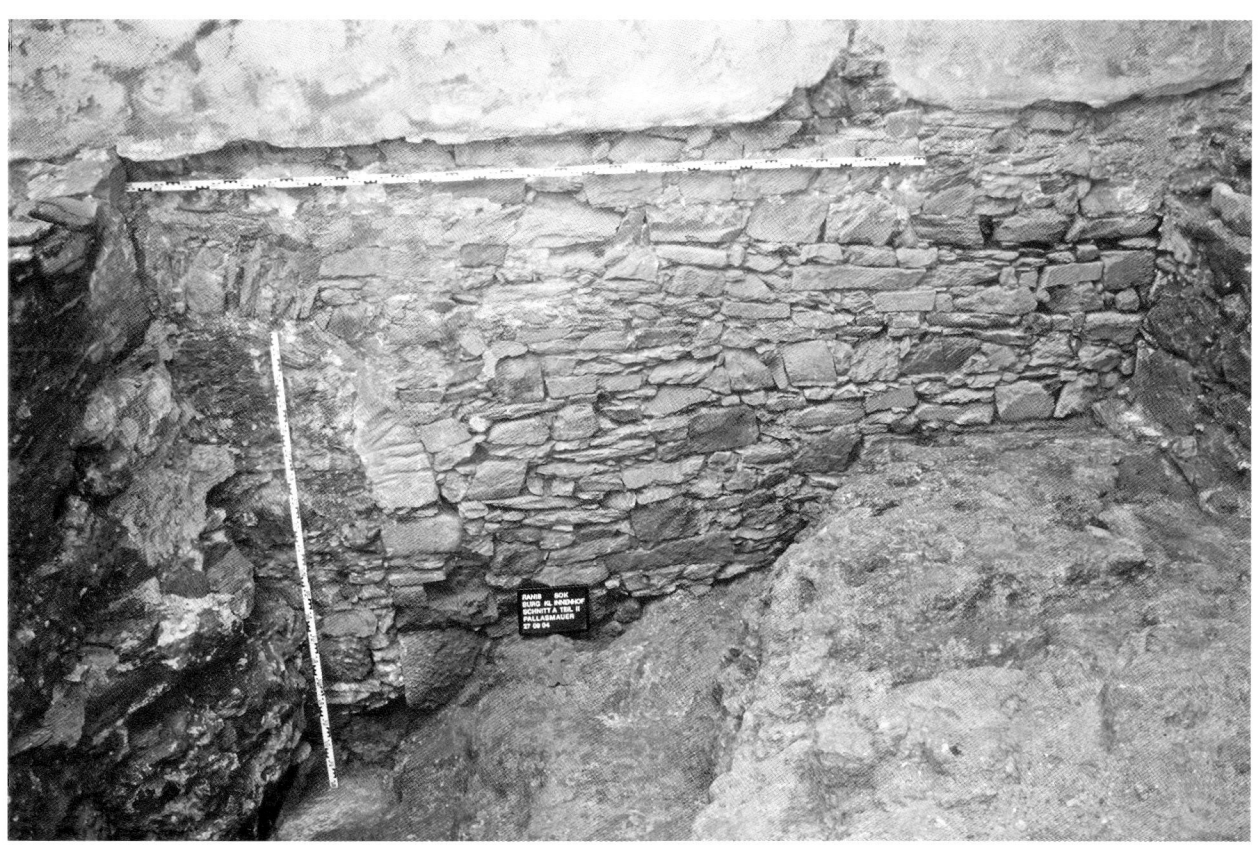

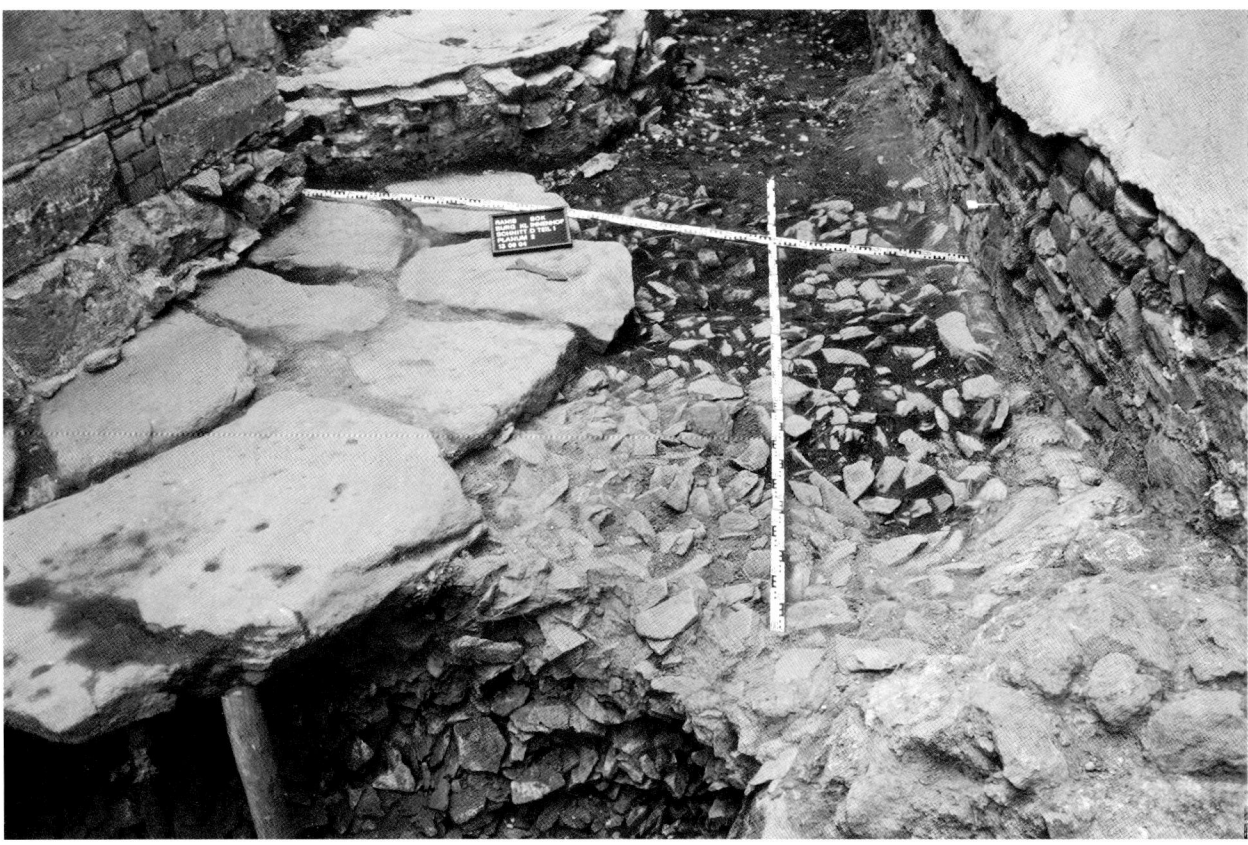

wurde im Brandfall auch als Löschwasser genutzt.[24] Diese Zisterne ist mit Sicherheit nicht die einzige Stelle, die für die Wasserversorgung der Burg verantwortlich war. Für die Errichtung solcher Bauwerke waren zumeist spezialisierte Handwerker oder Bergmänner zuständig. Es war auch eine sehr kostspielige Angelegenheit, die aber, wie bereits erwähnt, zwingend erforderlich war, um überhaupt eine Burganlage errichten zu können.

Leider ist die angesprochene Filterzisterne typologisch nicht einzuordnen, dafür reichte die Grabungszeit nicht. Der im Planum freigelegte Teil der Zisterne zeigte eine Verfüllung des Filterkörpers mit ausschließlich faustgroßen Kulmschieferbrocken. Eine Einfüllung aus Sand oder Kies konnte nicht beobachtet werden. Über dem mit faustgroßen Steinen gefüllten Filterbereich der Zisterne lagen große, in kreisförmigen Segmenten zugearbeitete Steinplatten, die eine Verschmutzung von der Oberfläche her verhindern sollten. An den Stellen, an denen sie nicht mehr vorhanden waren, ist eine starke Verschmutzung des Filterkörpers zu beobachten (Abb. 12). Das Dachwasser wurde in den Filterkörper geleitet und so gereinigt. Es konnten allerdings keine älteren Wasserzuleitungen beobachtet werden. Nur ein kleiner, mit Ziegelsteinen gesetzter Kanal wurde dokumentiert. Das zeigt, dass die Zisterne bis in die Neuzeit genutzt wurde. Für eine genaue Datierung der Zisterne fehlt das Fundmaterial. Es entsteht aber der Eindruck, dass sie sich an die südliche Gebäudemauer des Nordflügels anlehnt. Somit könnte man das 14. Jahrhundert annehmen.

Eine weitere archäologische Untersuchung[25] wurde von Dezember 2005 bis Februar 2006 durchgeführt. Die Voraussetzung dafür war abermals ein Bauvorhaben der Stiftung Thüringer Schlösser und Gärten, nämlich der Einbau eines behindertengerechten Zugangs zum Aufzug.

Wiederum handelte es sich um eine sehr bedeutende Stelle, denn falls dem heute als Kernburg bezeichneten Teil der Burganlage auch im Mittelalter diese Funktion zukam, so ist eine Grabensituation in diesem Bereich nicht ausgeschlossen. Zunächst ließ die erhebliche Tiefe von etwa 3,70 Meter dies auch vermuten. Bei genauer Betrachtung zeigte sich eine Felswand, die den Befund nach Süden begrenzt, sodass ein Graben an dieser Stelle ausgeschlossen werden kann. Aufgrund der örtlichen Gegebenheiten ist der archäologisch untersuchte Bereich sehr klein, weshalb eine Befundauswertung schwerfällt. Mit einer gewissen Unsicherheit kann der Befund als verfüllter Keller angesprochen werden. Das geborgene Fundmaterial ist durchweg dem späten 14. und beginnenden 15. Jahrhundert zuzuordnen. Weiterführende Untersuchungen am Keramikmaterial und an ebenfalls vorhandenen Mörtelresten stehen noch aus, sind aber in der Vorbereitungsphase.

Durch die archäologischen Untersuchungen auf der Burg Ranis sind viele Forschungsansätze geliefert worden, die aber nur in Zusammenarbeit mit der Bauforschung zu einem Ergebnis führen. Das heißt, jeder Befund muss akribisch dokumentiert werden, denn wir wissen momentan nicht, welche Lücken ein nicht dokumentierter Befund später hinterlassen wird.

Es bleibt zu hoffen, dass das Verständnis aller Verantwortlichen dahin gehend vorhanden ist, die Probleme nicht nur zu verstehen, sondern auch entscheidende Impulse für ihre Lösung zu geben.

Anmerkungen

[1] G. Ulrich Großmann, Burg Ranis (Burgen, Schlösser und Wehrbauten in Mitteleuropa, Bd. 8, zugl. Bildheft der Gesellschaft für Thüringer Schlösser und Gärten e.V.), Regensburg 2002.

[2] Werner M. Hülle, Die Ilsenhöhle unter der Burg Ranis. Eine paläolithische Jägerstation, abschließend überarbeitet von Joachim Hahn und Hansjürgen Müller-Beck, Stuttgart/New York 1977.

[3] Hans Kaufmann, Die vorgeschichtliche Besiedlung des Orlagaues, Berlin 1963, S. 104–121.

[4] Klaus Schache, Burg Ranis – Eine kleine Beschreibung des Bauwerks und seiner Geschichte, Ranis 1970.

[5] Otto Dobenecker (Hg.), Regesta diplomatica necnon epistolaria historiae Thuringiae, Bd. 1, unveränderte Neuauflage, Jena 1986, Reg. I, Nr. 912.

[6] Alfred Wandsleb, Die deutsche Kolonisation des Orlagaues (Beiheft zur Zeitschrift des Vereins für Thüringische Geschichte und Altertumskunde, H. 4), Jena 1911.

[7] Die Information an das Thüringische Landesamt für Denkmalpflege und Archäologie über bevorstehende Baumaßnahmen in der Burgpforte erfolgte durch den damaligen Gebietsreferenten der Bau- und Kunstdenkmalpflege, Herrn Dr. Eichhorn.

[8] Die Grabungsstelle ist im Gesamtplan mit der Nummer 1 bezeichnet (siehe Tafel IV,2).

[9] Herzlich gedankt sei Herrn Dr. Wolfgang Timpel für die Datierung dieser Keramik.

[10] Die Grabungsstelle ist im Gesamtplan mit der Nummer 2 bezeichnet (siehe Tafel IV,2).

[11] Die schraffierte Fläche in Abb. 5 stellt den archäologisch untersuchten Bereich dar, der vorher nicht als Keller kartiert war.

[12] Die Münzen wurden dankenswerterweise von Mario Schlapke bestimmt: Münze aus Schicht 4: wettinische Lande, Ernst Albrecht und Wilhelm III. (1465–1482), Münzstätte Leipzig, Pfennig, 1475 bis 1482; Münze aus Schicht 13: Herrschaft Leuchtenberg, Friedrich VII. zusammen mit Ludwig I. (1459–1486) und Friedrich VII. allein (1486–1487), Heller, 1459 bis 1487; Münze aus Schicht 16: wettinische Lande, Friedrich II. (1428–1464) oder Wilhelm III. (1445–1465), Münzstätte unbekannt, Landsberger Pfennig,

1444 bis 1451; Münze auf oberstem Stein der Türzumauerung bzw. aus Schicht 10: wettinische Lande, Friedrich II. (1428–1464), Heller, 1461/62 bis 1464.

[13] Mörtelanalysen stehen noch aus, sind aber in Auftrag gegeben (siehe Tafel IV,2).

[14] Die Grabungsstelle ist im Gesamtplan mit der Nummer 4 bezeichnet (siehe Tafel IV,2).

[15] Die Grabungsstelle ist im Gesamtplan mit der Nummer 3 bezeichnet (siehe Tafel IV,2).

[16] Herr Klaus Schache war Leiter des Museums auf Burg Ranis.

[17] Es sind bislang in der Region nur von der Burg in Ziegenrück und der Burg in Könitz großquadrige Mauern bekannt, und hier nur an den Resten des Bergfrieds.

[18] Torsten Montag danke ich für wichtige Hinweise zur Datierung der latènezeitlichen Keramik.

[19] Die Grabungsstelle ist im Gesamtplan mit der Nummer 5 bezeichnet (siehe Tafel IV,2).

[20] Der Nordflügel der Kernburg wird oftmals als Palas bezeichnet, obwohl er keines der Kriterien für einen Palas erfüllt.

[21] Die als Ausgang genutzte Wandöffnung war zu Grabungsbeginn nur als Kellerfenster sichtbar. Ältere Raniser Einwohner wollen diesen Ausgang noch als solchen erlebt haben.

[22] Yvonne Kramer bearbeitet zurzeit die archäologischen Befunde und Funde aus diesem Grabungsareal.

[23] Der von der Mitte aus versetzte Entnahmeschacht begegnete bereits auf Schloss Brandenstein, einem Ortsteil von Ranis. In den Ausführungen von Dirk Höhne über die Filterzisterne (Dirk Höhne, Die Wasserversorgung der Schaumburg bei Schalkau, Lkr. Sonneberg, eine bemerkenswerte Zisternenanlage in Südthüringen, in: Alt-Thüringen. Jahresschrift des Thüringischen Landesamtes für Archäologische Denkmalpflege, Bd. 35, 2002, S. 186) wird in diesem Fall noch von einem mittig im Zisternenkörper sitzenden Entnahmeschacht ausgegangen. Neue Befunde belegen eindeutig die oben angeführte Situation.

[24] D. Höhne, 2002, S. 168.

[25] Die Grabungsstelle ist im Gesamtplan mit der Nummer 6 bezeichnet (siehe Tafel IV,2).

Thomas Grasselt

Archäologische Forschungen im Weimarer Schloss und seiner Umgebung

In diesem Beitrag soll der Stand der archäologischen Erforschung des Areals des Weimarer Residenzschlosses zusammengefasst werden. Dieser Ort gilt unter Historikern, aber auch unter Archäologen als Burgplatz, von dem aus über die Entstehung eines Suburbiums die Genese Weimars stattgefunden haben kann. Die Weimarer Burg stellt einen Kristallisationspunkt der Stadtentwicklung dar, der neben anderen möglichen, in der Literatur diskutierten Ausgangspunkten zu favorisieren ist (Abb. 1).[1]

Hier ausgewählte historische Daten zur früh- bis hochmittelalterlichen sowie neuzeitlichen politischen Geschichte und Baugeschichte der Burg sind – auch in Anbetracht der von den Anfängen bis in das 14./15. Jahrhundert nur mäßigen Quellenlage zur Stadtgeschichte Weimars – geeignet, archäologisch untersetzt und modifiziert zu werden:

- 899: 1. Erwähnung Weimars („Vvigmara").
- ab 949: Das Geschlecht der Grafen von Weimar ist in Thüringen nachweisbar.
- 984/1002: Belagerungen der Burg Weimar („fautores Willehelmum comitem in Wimeri possidentes" (984); „Willehelmum comitem in Wimeri possideret" (1002).
- 1173/74: Weimar wird durch den Landgrafen von Thüringen erobert und zerstört („Wimar destruitur").
- 1214: Die Burg widersteht der Belagerung durch den Landgrafen.
- 12./13. Jahrhundert: Romanisches Untergeschoss des Schlossturms, zwei Kreuzgratgewölbe im Erdgeschoss des Torbaus (Bastille) – älteste noch sichtbare Architektur eines Vorgängerbaus.
- 1373: Übergang der Herrschaft von den Orlamündern an die Wettiner, 1382 wird Weimar Residenz.
- 1424: Die bestehende Anlage fällt einem Stadtbrand zum Opfer.
- 1439: Der Wappenstein am südwestlichen Torbau datiert den Wiederaufbau.
- 1464: Die Martinskapelle wird unter Herzog Wilhelm III. Kollegiatstiftskirche und 1468: Nach dem Umbau geweiht.
- 16. Jahrhundert: Schrittweise Umwandlung zur Schlossanlage.

- 1547: Schloss „Hornstein" wird Hauptresidenz der ernestinischen Herzöge.
- 1569: Darstellung des Schlosses und seiner weiteren Umgebung im ältesten Weimarer Stadtplan, von Magister Wolf.
- 1618: Schlossbrand, nur der Turm und das Torhaus sowie der Westflügel bleiben erhalten.
- bis 1623: Neubau des südlichen Ostflügels, 1630 Neubau der Schlosskirche.
- 1651: Fortsetzung des Baus unter Wilhelm IV., barocke Dreiflügelanlage entsteht.
- 1774: Schlossbrand.
- 1798: Entfestigung der Anlage, Rückbau von Mauern und Gräben.[2]

Zur Bedeutung des Schlossareals und seiner Umgebung aus archäologischer Sicht

Es geht noch immer um die Lokalisierung des Standorts der ältesten Burg von Weimar, die in den historischen Überlieferungen genannt wird und deren Gleichsetzung mit der „Stadt" Weimar, die zu dieser Zeit eher auf eine Örtlichkeit mit noch offener Zukunft zu reduzieren ist, sich verbietet. Die Ersterwähnung des Ortes Weimar im Jahre 899 („Vvigmara") in einer Urkunde Kaiser Arnulfs ist in erster Linie sinnvoll mit der Existenz einer Burg zu verbinden.[3]

Wir müssen davon ausgehen, dass die älteste Burg nach der Geländetopographie eine Niederungsburg war, die innerhalb des Areals 2,5 bis 3,5 Meter tief unter dem heutigen Oberflächenniveau lag. Zudem besteht die Aufgabe, eine eher kleine, vielleicht 300 bis 500 Quadratmeter Fläche einnehmende vorromanische Anlage, noch teilweise in Holz gebaut, lokalisieren zu müssen. In die Fläche des heutigen Residenzschlosses passen mindestens vier solcher kleiner, frühmittelalterlicher Burgen. Es wird immer problematisch bleiben, angesichts der im vorhandenen Baugrund des Schlosses dominierenden Stratigraphie zur jüngeren Baugeschichte der Residenz einen in der oben bezeichneten Tiefe ungestörten Siedlungsgrund anzutreffen. Diese frühgeschichtliche bis frühmittelalterliche Siedlungsschicht erfuhr natürliche Beein-

Siedlung ∪   Schloss ⬭

trächtigungen durch hohe Feuchtigkeit und bietet dafür möglicherweise gute Erhaltungsbedingungen für organisches Material, wie zum Beispiel Bauhölzer.

Weiter gefasst geht es aber auch um das Verhältnis von Burg und Stadt im Kleinraum Ilm und Ilmtalgraben, Ettersberg und dem südlich vorgelagerten Siedlungsareal mit den der Ilm zufließenden Gewässern. Eine Besonderheit Weimars besteht im Zusammenhang zwischen hydrologisch-tektonischer Situation und dem für den Ort und die spätere Stadt namengebenden „Heiligen See" („wih mare").[4] Archäologische Untersuchungen innerhalb des Residenzschlosses fassen ein mögliches Zentrum, von dem aus Stadtentstehung möglich war, und sondieren zugleich in einem Travertinbildungsraum, der auch als Ort heidnischer Kult- und Religionsausübung infrage kommt. Neben dem nach den archäologischen Forschungen in Weimar zu erwartenden Zentrum des Thüringer Königreiches wäre auch eine überregional bedeutende Kultstätte ein Grund für eine Besetzung, die die politi-

sche Angliederung der militärisch besiegten Thüringer an das Frankenreich forcieren sollte. Vielleicht ist auch alles viel einfacher, und die älteste Burg sicherte einen Ilmübergang, der für eine regionale Ost-West-Verbindung Richtung Saale von Bedeutung war.

Ausgrabungen im unmittelbaren Umfeld des potenziellen Burgstandorts eröffnen indirekt Einblicke zurück in die Zentrale, von der aus Einfluss genommen wurde. Mit der Untersuchung des Verhältnisses von Burg und angrenzendem Siedlungsraum wird zugleich der Beginn der Weimarer Stadtgeschichte gefasst. Die Weimarer Burg war als Sitz der Orlamünder Grafen ein Zentrum aufstrebender politischer Macht in Mittelthüringen und damit – das zeigen die überlieferten Belagerungen – in die Auseinandersetzungen der Zeit fest eingebunden.

Zur archäologischen Topographie

Derartige Überlegungen sind aufgrund der geologisch-hydrologischen Situation des Stadt-

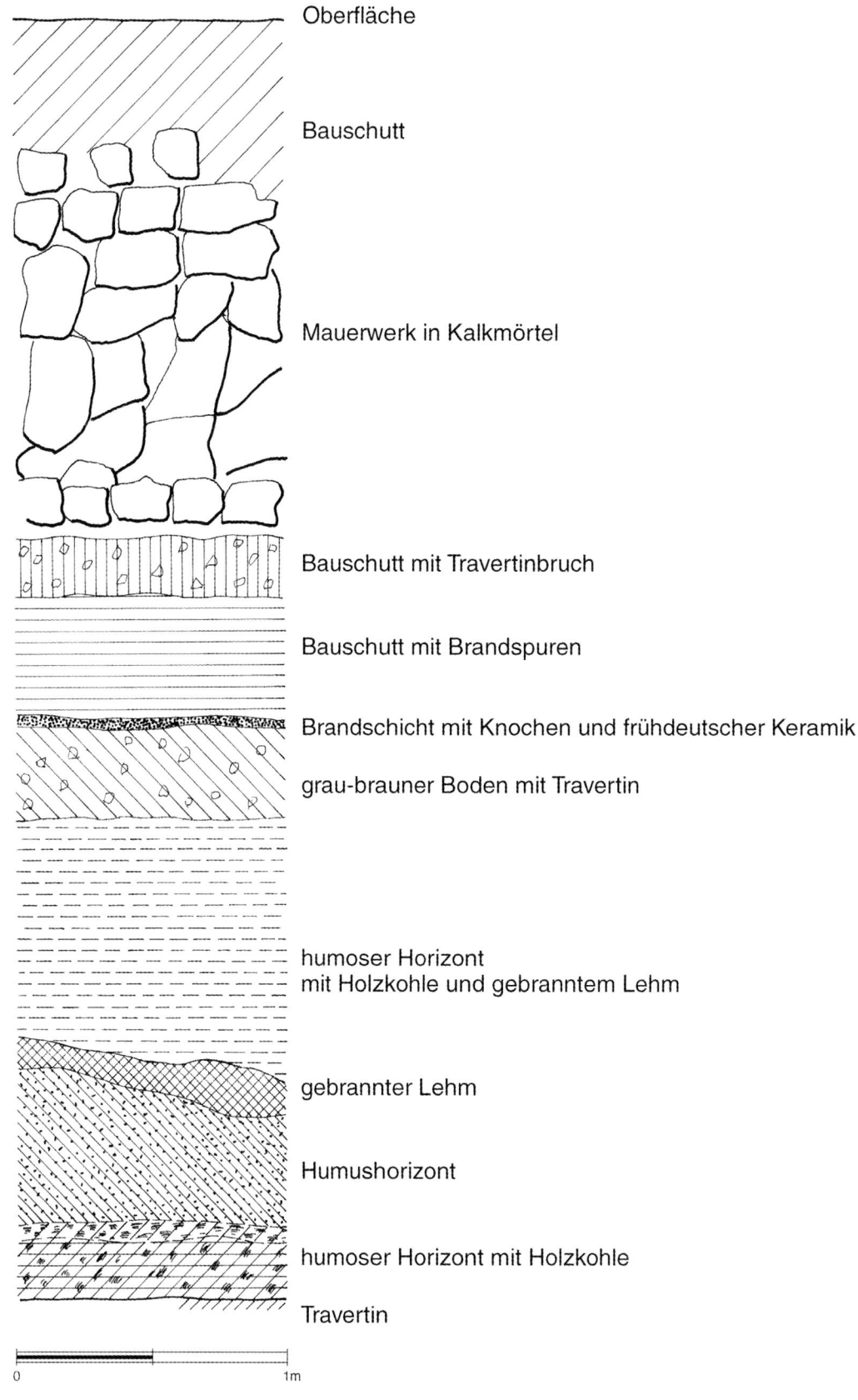

Abb. 2 Weimar, Residenzschloss, Aufgang zur Schlosskapelle, Profil Schnitt II, 28.02.1964

Oberfläche

Bauschutt

Mauerwerk in Kalkmörtel

Bauschutt mit Travertinbruch

Bauschutt mit Brandspuren

Brandschicht mit Knochen und frühdeutscher Keramik

grau-brauner Boden mit Travertin

humoser Horizont mit Holzkohle und gebranntem Lehm

gebrannter Lehm

Humushorizont

humoser Horizont mit Holzkohle

Travertin

0   1m

gebiets insbesondere für die Anfänge der Stadtentwicklung unverzichtbar.

Die Lage des Residenzschlosses am östlichen Rand Weimars, an der Ilmniederung, wird deutlich, wenn man das Gelände von Süden, etwa vom Platz der Demokratie aus, betrachtet. Das Gelände fällt zum Schloss hin deutlich ab. Es liegt heute um mindestens 2,5 bis

3 Meter höher als in ur- und frühgeschichtlicher Zeit. Erhebliche neuzeitliche Auffüllungen, zum Beispiel südöstlich der Bastille, veränderten das Geländerelief. Auch um die Burg, bis zur Nordseite, wurde in der jüngeren Vergangenheit Gelände aufgefüllt. Nachgrabungen zwischen Schloss und Kegelbrücke ergaben Baureste, darunter einen gepflasterten Fußboden in 2 Meter Tiefe am Standort der ehemaligen Burgmühle, die noch auf den Plänen von Lossius (1785) und Weiland (1841) für das 18./19. Jahrhundert überliefert ist.[5]

Die hydrologischen Verhältnisse im Stadtgebiet lassen auf Eingriffe des Menschen in die Wasserführung der Ilmzuflüsse, besonders die mit dem Kirschbach vereinigte Lotte, schließen. Die späte Lösung war die Einleitung des Wassers in den südlichen Stadtgraben auf der Höhe des Theaterplatzes weiter durch die Schiller- und Puschkinstraße. Natürlich ist dieser hoch gelegene Lauf nicht. Ein früherer, direkter Abfluss aus Richtung Eisfeld – Schlossgasse, Bornberg – Vorwerksgasse entspricht der natürlichen Topographie. Dieser Korridor der Wasserführung erklärt auch den Travertinfächer, der sich – bestehend aus festen und lockeren Travertinen im Wechsel mit Lehm oder Torf – bis an die Schlossnordseite erstreckt und zum Teil den Baugrund bestimmt. Walter Steiner hat dieses Areal der Travertinbildung mit dem dort reichlich vorhandenemm Quellwasser neben anderen Plätzen als namengebende Örtlichkeit für den „Heiligen See" in Anspruch genommen.[6]

Bis in das Mittelalter war ein stärker ausgeprägtes Relief zwischen Ilm-naher Niederung mit Zuflüssen und den den Ilmtalgraben begrenzenden, lößbedeckten Muschelkalkflächen vorhanden. Dieses Relief ist heute, anthropogen verursacht, verflacht. Alle Siedlungen um die Niederungsburg lagen höher und nutzten die besseren, nicht hochwassergefährdeten Böden. Insbesondere Rollplatz und Brühl waren trocken. Auf dem Wolf'schen Plan wird für das 16. Jahrhundert eine für die Stadtentwässerung nützliche Lösung in Form eines zum Schloss durch die Straßen entwässernden Kanalsystems abgebildet. Die Einmündung des offenen Grabensystems über den nordöstlichen Stadtgraben in die Ilm befand sich auf Höhe der Kegelbrücke.

Die archäologische Denkmalpflege auf dem Areal des Residenzschlosses

Die Akte zum Weimarer Residenzschloss und seiner Umgebung ist gut gefüllt, obwohl von einer systematischen archäologischen Erforschung keine Rede sein kann. Dies ist der

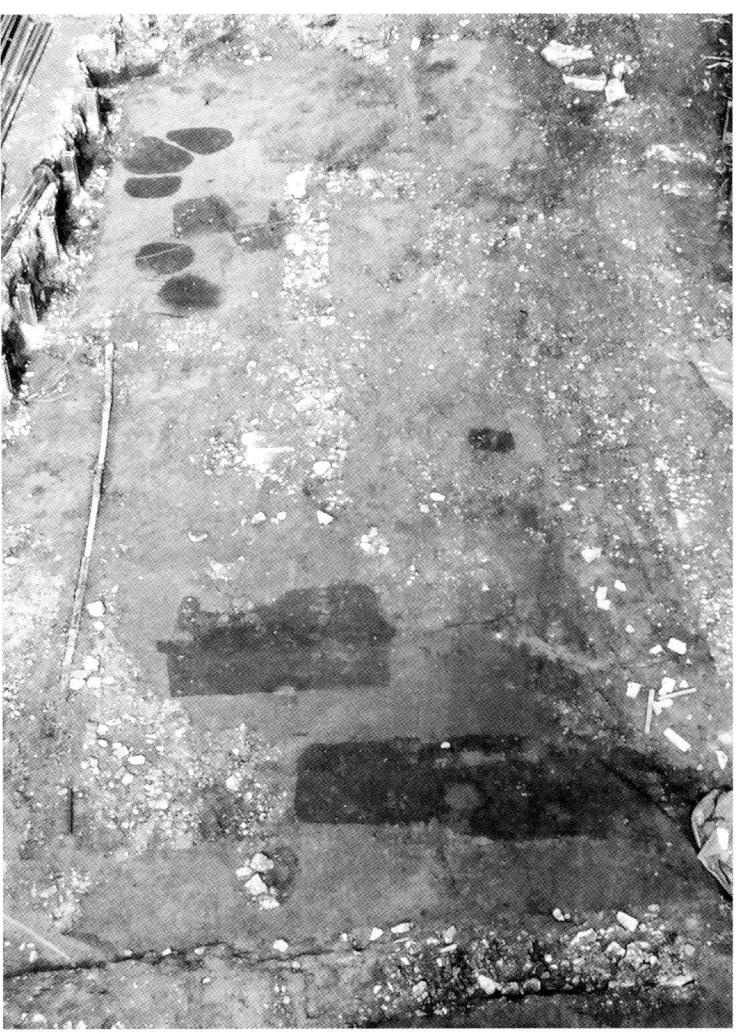

Tatsache zu verdanken, dass die Forschungsstelle für die Bodendenkmalpflege in den thüringischen Bezirken der DDR und das spätere Landesamt des Freistaates Thüringen das Problem archäologischer Quellen zur Frage der Entstehung Weimars an einem Seeheiligtum aus einer völkerwanderungszeitlichen Siedlungskonzentration mit der bis heute zumindest nicht widerlegten Interpretation, Weimar sei Standort eines Thüringer Königshofes, immer auch als einen Forschungsschwerpunkt behandelten. Wegen der Ortsansässigkeit des Instituts wurden kaum Gelegenheiten ausgelassen, den Belangen der archäologischen Denkmalpflege zur Geltung zu verhelfen. Wenn dennoch wenig archäologisches Material vorliegt, dann deshalb, weil es bisher an wirklich guten Gelegenheiten für Ausgrabungen mangelte.

Die hier vorgetragene Zusammenstellung greift auf Einzeldokumente aus der Feder von Günter Behm-Blancke und Wolfgang Timpel sowie eine Anzahl von Begehungs- und Untersuchungsprotokollen von Werner Gall, Dieter Schäfer und Harald Reuse zur

Abb. 3 Weimar, Ausgrabungen auf dem Platz der Demokratie, nördliche Fläche mit Befunden einer Siedlung des 11./12. Jahrhunderts

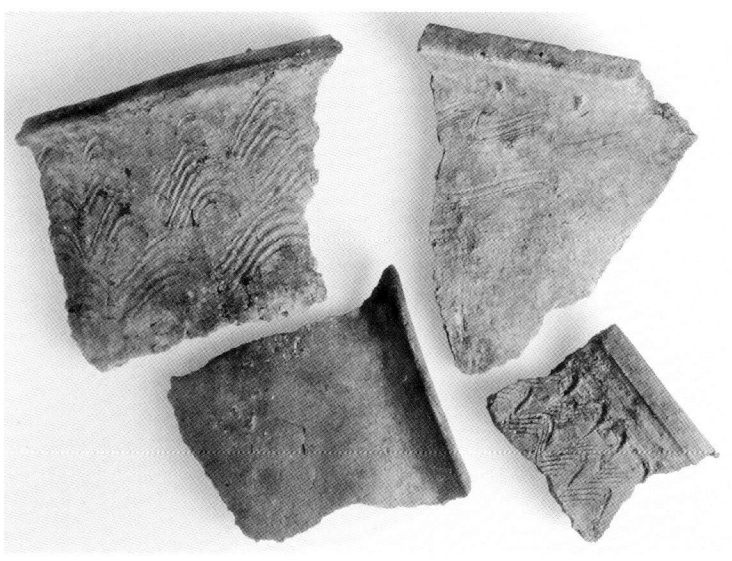

Abb. 4 Weimar, Platz der Demokratie, wellenverzierte Keramik, 11./12. Jahrhundert

Bodendenkmalpflege in der schlossnahen Altstadt zurück, die sämtlich in der Ortsakte abgelegt sind.[7]

Im Jahre 1913 führte Kustos Armin Möller, begleitend zu den Erdarbeiten für den Neubau des Südflügels, erste archäologische Ausgrabungen durch. Geborgen wurden germanische Siedlungskeramik und eine römische Münze des Kaisers Hadrian.[8] Eine aktuelle Bewertung des Fundstoffs im Zusammenhang mit der germanischen Besiedlung des Weimarer Landes während der späten Kaiserzeit nahm Sigrid Dušek[9] vor. Das wenige Material versteht sich als Hinterlassenschaft einer vom rheinwesergermanischen Kulturkreis geprägten Bevölkerung, deren besonderes Verhältnis zum Römischen Reich im vorliegenden Fall durch den römischen Denar zum Ausdruck gebracht wird. Aus den Grabungen zum Neubau des Südflügels und aus der unmittelbar benachbarten Ilm sind im Weimarer Museum vier Netzsenker inventa-

risiert worden (6605, 4535–36). Dabei handelt es sich um von Hand geformte, flache Tonscheiben mit einem Durchmesser von 8 bis 10 Zentimetern und einer zentralen Durchlochung, die als Gewichte für Fischnetze eingesetzt wurden. Fischfang in der Ilm dürfte für die Besiedlung aller Zeiten eine Rolle gespielt haben. Auch für die Nahrungsversorgung der Besatzung der mittelalterlichen Niederungsburg bietet sich der Fischfang – gewissermaßen vor dem Burgtor – an. Zeitlich ebenfalls nicht sicher einzuordnen sind drei Webgewichte. Sie dienten zum Spannen der Kettfäden vertikaler Webstühle. Die Textilproduktion gehörte in kaiserzeitlichen und auch in frühmittelalterlichen Siedlungen zum Hauswerk.

Die frühe mittelalterliche Besiedlung des Platzes belegen einige frühdeutsche Gefäßformen aus den Untersuchungen Möllers. Es handelt sich dabei um grobe, von Hand gearbeitete Standbodengefäße, unter anderem mit einzügiger Welle, wie sie für das 10./11. Jahrhundert typisch waren. In Weimar wurde Vergleichbares auch von den Siedlungen Brühl und Rittergasse sowie in Weimar West geborgen. Frühmittelalterliche Siedlungskeramik aus Westthüringen wurde zuletzt von Wolfgang Timpel zusammenfassend behandelt.[10]

Aus der Feder von Kustos Möller stammt eine Lageskizze, die drei ost-west-orientierte Körpergräber skizziert, welche bei den Bauarbeiten angetroffen wurden. Sie enthielten keine Beigaben und entsprachen nach Ausrichtung und Grabbau dem christlichen Ritus. Die Gräber können als Hinweis auf den Standort der mit dem frühen Martinspatrozinium versehenen Kapelle, deren Lage bisher nicht bekannt ist, verstanden werden. Sie könnten aber auch zu einem Bestattungsplatz im Vorburgbereich der Wasserburg gehören.

Im Jahre 1964 fanden auf engstem Raum Ausgrabungen im Aufgangsbereich zur Schlosskapelle statt. Die Profilaufnahmen von Schnitt II reichten bis in eine Tiefe von 3,60 Meter. Neben nicht näher ansprechbarem, von Nordost nach Südwest verlaufendem Mauerwerk in 0,5 bis 0,7 Meter Tiefe, das bis 2,25 Meter reichte, ist eine humose, mit Holzkohle und gebranntem Lehm durchsetzte und von Wassereinwirkung gekennzeichnete Kulturschicht charakteristisch. Aus diesem Schichtpaket stammen Siedlungskeramik der römischen Kaiserzeit, darunter eine Schalenurne des 2./3. Jahrhunderts, sowie stratifizierte Gefäßscherben aus dem frühen Mittelalter (Abb. 2).

Mit den technisch sehr schwierigen Untersuchungen der Schnitte I und II bei schlechten

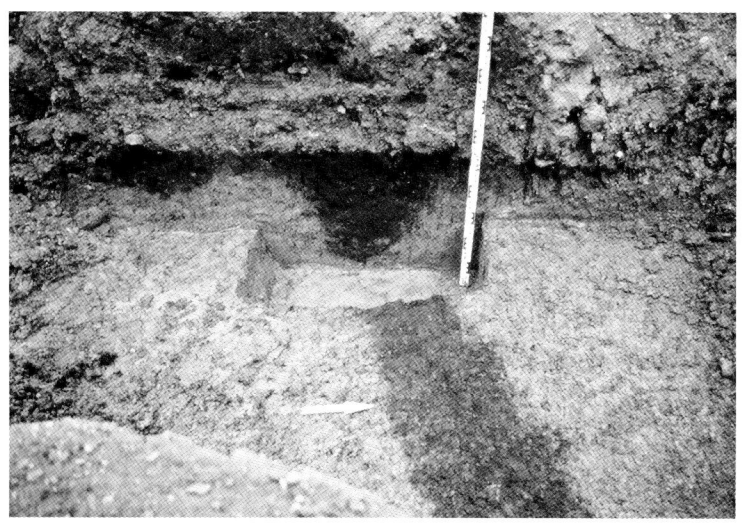

Abb. 5 Weimar, Platz der Demokratie, Spitzgraben im Löß-Palisadengraben?

Beobachtungsbedingungen wird erstmals ein Profil des Schlossbaugrundes gewonnen. Die Siedlungsabfolge des Platzes von der Kaiserzeit bis zum frühen Mittelalter, die Möller 1913 feststellte, wird bestätigt. Baureste der romanischen Burg und der Renaissanceanlage sind im Baugrund reichlich vorhanden, wegen der Beengtheit der immer baubedingten Aufschlüsse aber in keinem Fall funktional zu interpretieren.

In den siebziger bis neunziger Jahren des 20. Jahrhunderts wurde der Baugrund des Schlosses südöstlich der Bastille parallel zum Neubau des Südflügels von 1913 bis zur Ilm mehrmals geöffnet (Tafel VI). Bei den Schachtungen bis maximal 2 Meter Tiefe wurde der gewachsene Boden nie erreicht. Das Gelände ist neuzeitlich aufgefüllt und völlig trockengelegt. Im Profil eines Leitungsgrabens war ein Brandschutthorizont enthalten, der dem Schlossbrand von 1774 zugeordnet werden konnte.

Bei der Sanierung der östlichen Außenmauer zur Schlossbrücke wurden unter dem heutigen Oberflächenniveau Fensteröffnungen des Hornsteins sowie die Schwelle der zur Schlossbrücke ausgerichteten Toreinfahrt sichtbar.

Begleitend zur Neugestaltung des Kegelplatzes führte Frank Jelitzki 1998 Ausgrabungen auf der Nordseite des Residenzschlosses durch. Ziel war die Lokalisierung der Burgmühle. Das Bauwerk ist bereits auf dem Wolf'schen Plan von 1569 am Zugang zur Kegelbrücke verzeichnet. Mauerreste und Pflaster der Burgmühle waren unter 2 Meter Auffüllung des 19./20. Jahrhunderts erhalten.

2001 fanden systematische Ausgrabungen in der Nordostecke des Ostflügels (Erdgeschoss) statt. Auf einer eng begrenzten Fläche von 20 Quadratmetern war es möglich, bei einer Tiefe von 2,4 Meter die Stratigraphie des Baugrundes bis auf den anstehenden Travertin zu untersuchen Der Wolf'sche Plan von 1569 bildet den Grundriss einer Ringburg ab, die an ihrer Nordostseite einen Treppenturm besitzt. Der Vorgänger dieses Turmes ist im Untergrund der Nordostecke des Schlosses als Halbschale auf Travertin gegründet erhalten und in das spätere Außenmauerwerk des Hornsteins einbezogen worden. Der Turm gehörte zu jener Burg, die dem Stadtbrand von 1424 zum Opfer fiel. Beim Umbau wurde der zum Burghof offene Schalenturm mit einem Ziegelmauerwerk verschlossen und in die neue Statik integriert. Im Innenraum zeigt der Profilaufbau des Schnittes eine Zweiteilung. Der Baugrund ist mit einer 1 Meter mächtigen Packung aus Muschelkalkblöcken befestigt. Die Schichten über diesem Natursteinlager erbrachten neu-

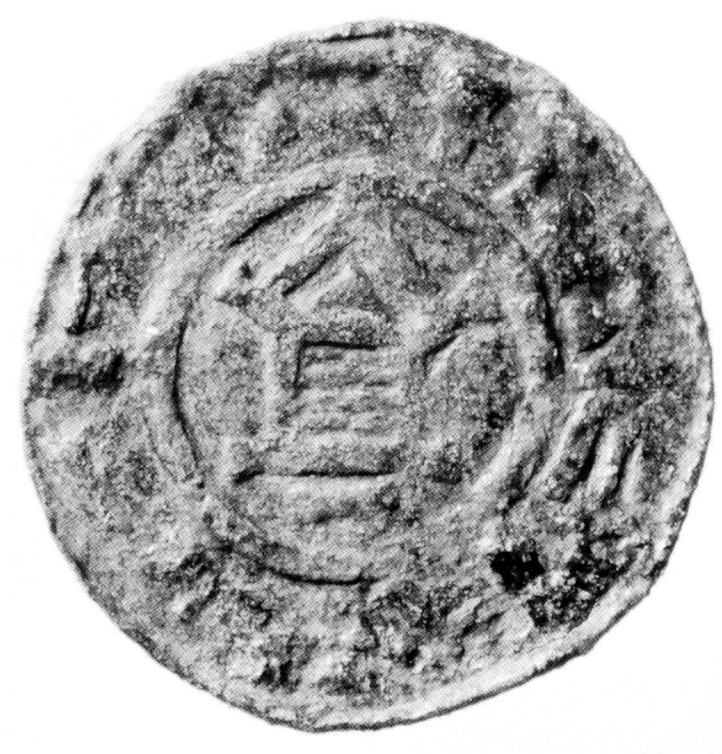

zeitliche Keramik des 17./18. Jahrhunderts. Die Schichtpackung unter dem Kalksteinlager datiert nach der darin enthaltenen Keramik vom 14. bis in das 16. Jahrhundert. Ein Kalkestrichfußboden gehört in das 15./16. Jahrhundert. Feuerspuren könnten auf einen Brand (1618?) im Ostflügel zurückzuführen sein.

Das hochmittelalterliche Keramikmaterial aus der Ringburganlage gleicht den keramischen Funden vom Gelände des Marstalls. Dort waren unter schwierigen Bedingungen im Jahre 1999 nur Notbergungen möglich. Neben den Resten einer eisenzeitlichen Besiedlung wurden hochmittelalterliche Keller bei den Erdarbeiten im Innenhof zerstört. Bereits in den dreißiger Jahren des 20. Jahrhunderts hatte Kustos Möller eine völkerwanderungszeitliche Besiedlung des Marstallgeländes festgestellt

An der Basis des Profils im Nordostflügel, unmittelbar über dem Travertin, fand sich eine bis etwa 10 Zentimeter mächtige, zum Teil umgelagerte humose Kulturschicht, die wenig Siedlungskeramik der jüngeren Eisen- bis Kaiserzeit enthielt. Wie schon frühere Ausgrabungen zeigten, scheint eine großflächige urgeschichtliche Besiedlung der Ilmnahen Flächen zwischen circa dem 3. Jahrhundert v. Chr. und dem 3. Jahrhundert n. Chr. möglich gewesen zu sein. Mit der mittelalterlichen Überbauung der Flächen wurden ältere Siedlungsspuren zerstört und viel Fundmaterial umgelagert.

Abb. 6 Weimar, Platz der Demokratie, Otto-Adelheid-Pfennig, 10./11. Jahrhundert (Bestimmung: Peter Ilisch/Mario Schlapke)

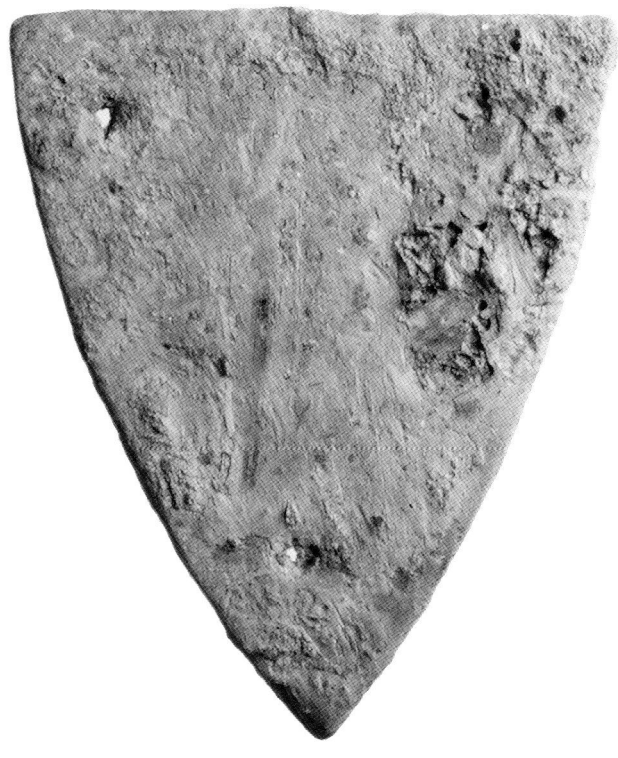

Ausgrabungen um die Burg

Die vorliegenden Kartierungen der Ausgrabungsergebnisse zu mehreren Untersuchungen nahe des Standorts der Weimarer Burg zeigen, dass die mittelalterliche Besiedlung in ihren Grundzügen als gut erforscht gelten kann (Abb. 1).[11] Die Siedlungskonzentration im frühen und hohen Mittelalter liegt mit Distanz zur Ilm höher als die Burg. Die Fundplätze reihen sich von Nordwest nach Süd um den Burgstandort auf, sie überschreiten die Ilm nach Osten nicht. Sichere Siedlungsbefunde, die am Anfang einer Stadtentwicklung stehen, sind aus dem 10./11. Jahrhundert und darüber hinaus reichlich aus dem 12./13. Jahrhundert von der heutigen Marktnordseite und der Windischenstraße, der Rittergasse, dem Marstall, dem Platz der Demokratie und vom Brühl bekannt. Nur die Ausgrabungen auf dem Brühl lieferten ein Fund- und Befundmaterial, das es gestattet, eine kontinuierliche Ortsentwicklung aus einer Siedlung der Völkerwanderungszeit heraus zu rekonstruieren. In einer von der Burg abgesetzten topographischen Lage, deutlich siedlungsgünstiger, stellt der Siedlungsausschnitt vom Brühl im Raum und in der Zeit eine Verbindung zur völkerwanderungszeitlichen Besiedlung des Rollplatzes her. Alle anderen Siedlungsteile um das Schloss scheinen etwas später einzusetzen als die alte Siedlung am Brühl. Spätestens im 12./13. Jahrhundert wachsen verschiedene Siedlungskerne westlich der Burg zu einem geschlossenen Areal zusammen. Aus archäologischer Sicht kommt es unter den Orlamünder Grafen zu einer frühstädtischen Blüte der Ortsentwicklung. Im keramischen Material der nur punktuellen Aufschlüsse ist im 10. bis zum Beginn des 12. Jahrhunderts neben der deutschen auch immer slawische Keramik vertreten. Das Wirtschaftsleben des entstehenden städtischen Gemeinwesens fand unter Beteiligung slawischer Bevölkerungsgruppen statt, die zwischen Saale und Ilm nach der Menge des von ihnen hinterlassenen Fundgutes ein bedeutender Faktor des Landesausbaus waren. Ein solcher Vorgang ist nur mit landesherrschaftlicher Duldung, sehr wahrscheinlich sogar Planung denkbar.

Nicht vor dem 12. Jahrhundert wurde der wachsende Ort zunächst mit Wall und Graben befestigt. Es ist die Zeit, in der sich die Orlamünder Grafen in territorialen Auseinandersetzungen und in einem Machtkampf mit den Landgrafen zu behaupten versuchten. Diese erste Stadtbefestigung wurde zugleich eine vorgeschobene Verteidigungslinie für die ansonsten gegen die umliegenden Höhen schwer zu verteidigende Niederungsburg. Danach muss gelten: Wer die Stadtbefestigung Weimars überwunden und damit das erweiterte Suburbium um die Burg in seinen Besitz gebracht hatte, fand auch eine leicht einzunehmende Burg vor.

Neue Ausgrabungen auf dem Platz der Demokratie

Im Vorfeld des Neubaus des Tiefenmagazins der Anna-Amalia-Bibliothek waren systematische Ausgrabungen auf dem Platz der Demokratie innerhalb des Areals des ehemaligen, zum Französischen (Grünen) Schloss gehörenden Renaissancegartens möglich, der, auf dem Stadtplan des Magisters Wolf von 1569 exakt eingetragen, eine mittelalterliche Siedlungsfläche überdeckte. Das Areal lag in der Südostecke der Stadt, zwischen Ilm und der Stadtbefestigung westlich des Bibliotheksturmes. Im Mittelalter dürfte sich diese Siedlungsfläche bei etwa 150 Meter Entfernung zur Burg mindestens 6 bis 8 Meter über deren Niederungslage erhoben haben. Neben Travertinbruchsteinen nahe der Ilm bestimmten Lößablagerungen auf Keuper den Siedlungsgrund. Außer einer intensiven Nutzung der Siedlungsfläche in ur- und frühgeschichtlicher Zeit wurde eine Anzahl von Siedlungsobjekten des 11./12. Jahrhunderts ausgegraben (Abb. 4). Mehrere Grubenhäuser mit zugehörigen Siedlungsfunden einer deutsch-slawischen Bevölkerung – wie etwa in Weimar West – markieren eine Ansiedlung im unmittelbaren südlichen Vorfeld der Burg (Abb. 5). Einige

Funde und Befunde sind derart auffällig, dass ein Bezug auf die Burg zu erwägen ist.

Ein etwa 40 bis 50 Zentimeter breiter Graben verläuft aus Richtung Ilm kommend in einem weiten, zur Burg orientierten Bogen über das Grabungsfeld. Er wird von einzelnen neuzeitlichen Objekten und der geschlossenen hochmittelalterlichen Bebauung des 14./15. Jahrhunderts gestört und verliert sich. Es gibt keine Überschneidungen mit den Siedlungsresten des 11./12. Jahrhunderts in unmittelbarer Nachbarschaft. Das Profil lässt auf eine Palisade schließen (Abb. 5). Beim Verfüllen gelangte bereits vorhandenes, älteres Keramikmaterial in den Graben. Es ist verlockend, die Palisade, die keiner der älteren, urgeschichtlichen Siedlungsteile sicher zuzuweisen ist, mit den historisch überlieferten Belagerungen der Burg in Verbindung zu bringen. Zwei Einzelfunde könnten eine solche Interpretation stützen: Ein in Thüringen seltener und für den Ort Weimar bisher noch nicht nachgewiesener Denar des 12./13. Jahrhunderts (Abb. 6) ist in einer dörflichen Ansiedlung der Zeit kaum zu erwarten und stammt sicher nicht aus der Geldbörse eines Bauern. Die Geldwirtschaft hatte den agrarisch wirtschaftenden ländlichen Raum noch nicht erreicht. Die Prägungen sind im Zusammenhang mit Fernhandel und beginnender Warenproduktion von Bedeutung.

Ähnliches gilt für einen schildförmig dreieckigen Bronzebesatz (Abb. 7). Das Stück dürfte mit seinen Durchlochungen als Besatz auf Leder genutzt worden sein oder zu einem Pferdegeschirr gehört haben. Diese Kleinfunde gehören in die Zusammenhänge eines herrschaftlichen, gehobenen Bedarfs und können bei militärischen Auseinandersetzungen vor Ort verloren gegangen sein.

Kurz zusammengefasst wird deutlich, dass das Umfeld der ältesten Burg Weimar besser erforscht ist als die Anlage selbst. Einblicke in den Baugrund des Schlosses konnten in der Vergangenheit nur punktuell gewonnen werden. Die Stratigraphie der vorliegenden Profile aus den sechziger Jahren des 20. Jahrhunderts und von 2001 ist vergleichbar: Es gab eine germanische Siedlung der Kaiserzeit. Eine entsprechende Kulturschichtpackung liegt auf dem anstehenden Travertin. Völkerwanderungszeitliche Siedlungsspuren wurden bisher nicht gefunden. Mittelalterliches Keramikmaterial setzt im 9. Jahrhundert ein. Älteste datierbare Baureste der Burg sind bereits romanisch. Die Stratigraphie darüber ist durch das neuzeitliche Baugeschehen weitestgehend zerstört.

Siedlungskontinuität aus der Völkerwanderungszeit heraus gibt es im Norden, vom Brühl bis zum Rollplatz. Dieser Siedlungsraum wurde trotz günstiger Lage nicht Zentrum der Stadt, sondern eine „Altstadt", die außerhalb der Stadtmauer und damit Vorstadt blieb. Ein Bedeutungsverfall ist unübersehbar. Der Konzentrationsprozess, das Zusammenwachsen mehrerer dörflicher Ansiedlungen um die Burg zu einem städtischen Gemeinwesen, hat archäologisch deutlich sichtbare Spuren in der Zeit zwischen dem 11. und 13. Jahrhundert hinterlassen. Es ist die Zeit, in der die Orlamünder Grafen den Ort um ihre Burg ausbauten. Die älteste Ortsbefestigung, vom Schloss ausgehend, schützte auf den ersten Blick zwar die entstehende Stadt, half aber auch, die schlechte Position der Burganlage zu kompensieren.

Schluss

In einem Schreiben vom 21. März 1952 an den Rat der Stadt Weimar, Abteilung Kunst und Literatur, bat Professor Behm-Blancke die Stadträtin Frau Eckstein um die Möglichkeit, systematische Ausgrabungen im Weimarer Stadtschloss durchführen zu können: „(…) Eine Schnittgrabung auf dem Hof des Schlosses wird zeigen, ob die gemachten Funde von solcher Bedeutung sind, daß hier der in Weimar vermutete Hof des Königs Hermanfried gelegen haben könnte. Die Ausgrabung (…) hat die Aufgabe, die Kulturschichtenverbände an mehreren Stellen des Schloßhofes anzuschneiden. Flächengrabungen sind vorgesehen, wenn Hausgrundrisse der späten römischen Kaiserzeit bzw. der merowingischen und karolingischen Zeit angeschnitten werden."[12]

Günther Behm-Blanckes Absicht und die wissenschaftliche Begründung bleiben aktuell. Archäologie im Weimarer Stadtschloss ist ein Desiderat der Forschung. Der Schlosshof bietet dafür – durchaus auch öffentlichkeitswirksam – hervorragende Möglichkeiten.

Anmerkungen

[1] Günther Behm-Blancke, Ur- und frühgeschichtliche Kulturen im Stadtgebiet, in: Geschichte der Stadt Weimar, Weimar 1976, S. 1–64; Hans Eberhardt, Die Anfänge und die ersten Jahrhunderte der Stadtentwicklung, in: ebenda, S. 65–138.

[2] Daten nach der Denkmaltopographie Weimar, Teil 1, in Vorbereitung.

[3] Hans Eberhardt, Wechmar oder Weimar? Zur Ersterwähnung von Weimar, in: Zeitschrift des Vereins für Thüringische Geschichte, Bd. 46, 1992, S. 53–64.

[4] Uta Steiner und Walter Steiner, Geologische Aspekte zur Niederlassung des Menschen im Raum Weimar zu ur- und frühgeschichtlicher Zeit, in: Symbolae Praehistoricae. Festschrift zum 60. Geburtstag von Friedrich Schlette, Berlin 1975, S. 61–68.

[5] Ausgrabung durch Frank Jelitzki für das Thüringische Landesamt für Archäologie. Wegen der Gefährdung des umliegenden Baumbestandes musste die Grabung vorzeitig abgebrochen werden. Die Baureste wurden nach der Dokumentation im Boden belassen und verfüllt.

[6] Walter Steiner, Zur Lage des namengebenden „wihmari" in Weimar (Thüringen), in: Ausgrabungen und Funde, Bd. 29, 1984, S. 205–211.

[7] Museum für Ur- und Frühgeschichte Thüringen, OA MW 0930.

[8] Museum Weimar, 117–138, MW Nr. 4537.

[9] Sigrid Dušek, Römische Kaiserzeit, in: S. Dušek, Weimar und Umgebung – Von der Urgeschichte bis zum Mittelalter (Archäologische Denkmale in Thüringen, Bd. 2), Weimar 2001, S. 82–97.

[10] Wolfgang Timpel, Die früh- und hochmittelalterliche Keramik im westlichen Thüringen, Stuttgart 1995; derselbe, Mittelalterliche Keramik im westlichen Thüringen. 8. – 12. Jahrhundert, Katalog und Tafeln, Weimar 1990, bes. S. 101ff.

[11] Derselbe, Völkerwanderungszeit. Deutsche und Slawen, in: Dušek, 2001, Bd. 2, S. 98–120; derselbe, Weimar, in: Reallexikon der Germanischen Altertumskunde, Bd. 33, Berlin/New York 2006, S. 384–396.

[12] Museum für Ur- und Frühgeschichte Thüringen, OA MW 0930, Bl. 38.

Udo Hopf

Die Burgruine Gleichen bei Wandersleben

Zur Geschichte und Baugeschichte der namhaften Grafenburg

Die Burg Gleichen, namengebende Burg der „Drei Gleichen", einer der bekanntesten Burgengruppen Deutschlands, wurde seit dem 18. Jahrhundert aufgrund ihrer malerischen Ruinen oft beschrieben und abgebildet. Die ebenso bekannte Legende des „zweibeweibten Grafen" von Gleichen führte zu weiteren umfangreichen Publikationen zur Historie dieses Grafengeschlechts. Im Gegensatz dazu liegen nur wenige Veröffentlichungen mit wissenschaftlich fundierten Erkenntnissen hinsichtlich der Geschichte und Baugeschichte der Anlage vor.
Seit der Übernahme der Burg (Tafel VII,1, Abb. 1) durch die Stiftung Thüringer Schlösser und Gärten konnte der Verfasser in drei Kampagnen die Sanierung und Erschließung verschiedener Bauteile der Ruine archäologisch begleiten.
Für die Erstellung des Burgenführers „Die Drei Gleichen" – in der Reihe der Veröffentlichungen der Wartburggesellschaft – konnten gemeinsam mit Gerd Strickhausen und Elmar Altwasser Beobachtungen an der überkommenen Bausubstanz durchgeführt werden. In den vom Autor durchgeführten umfangreichen Recherchen zu Primärquellen wurden bisher unbekannte Bildquellen vom 16. bis zum 20. Jahrhundert erschlossen und bereits publizierte neu interpretiert. Die Burg Gleichen – als die geschichtlich und bauhistorisch facettenreichste der „Drei Gleichen" – soll im vorliegenden Beitrag von ihrer Frühgeschichte bis zu ihrer Übernahme durch die Stiftung Thüringer Schlösser und Gärten vorgestellt werden. Die Befunde der baubegleitenden archäologischen Untersuchungen während der Sanierungsarbeiten an der Ruine lassen gerade die frühe Baugeschichte in einem völlig neuen Licht erscheinen. Aber auch die wechselhafte Geschichte der Ruine

Abb. 1 Wandersleben, Burgruine Gleichen, Ansicht von Süden

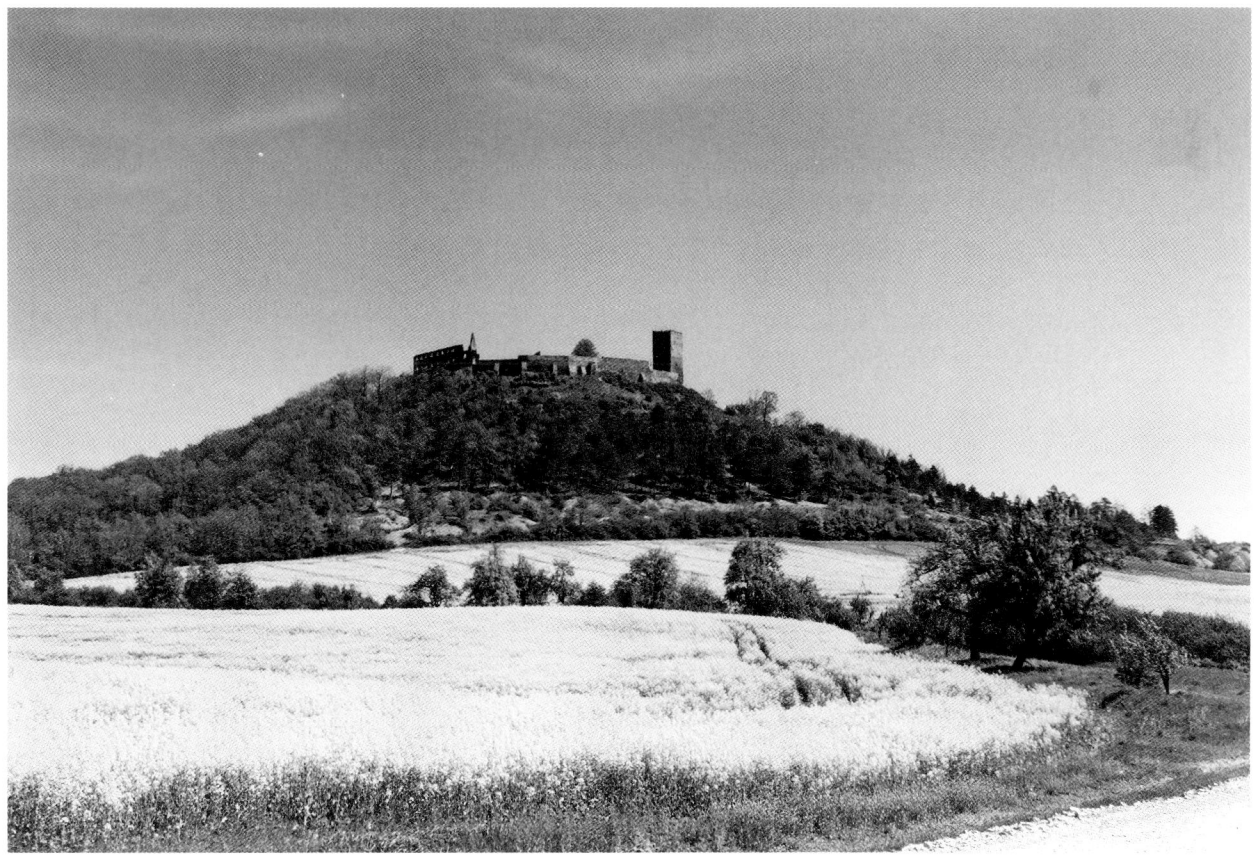

51

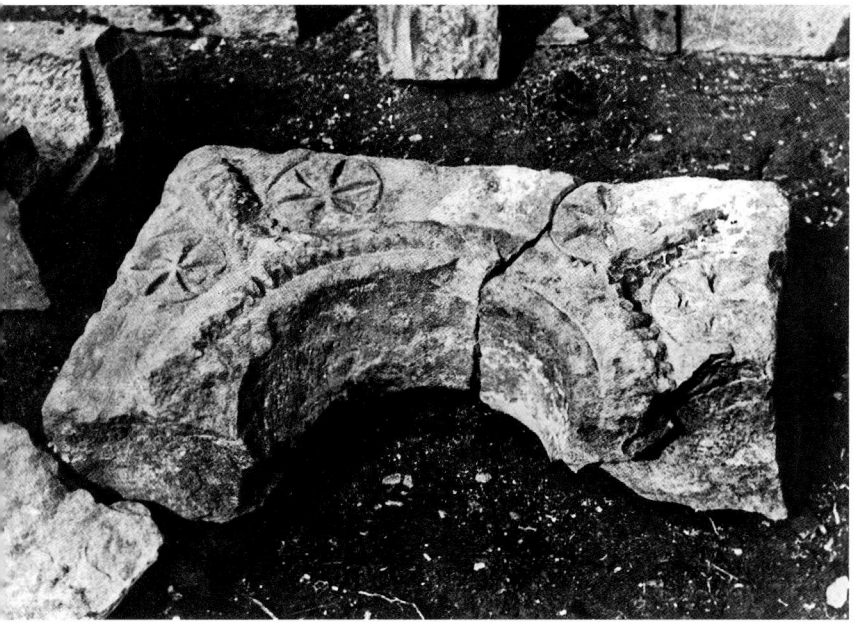

Abb. 2 Wandersleben, Burgruine Gleichen, romanischer Okulus mit Kerbschnittornamentik, verschollenes Fundstück von 1935 aus dem romanischen Wohnbau

in der Neuzeit soll hier erstmals umfassend vorgestellt werden. Weiterhin soll der vorliegende Beitrag als Ergänzung zum knapp bemessenen Text im oben erwähnten Burgenführer dienen (Tafel VII,2).

Die frühgeschichtlichen Befunde

Zu einer Nutzung des Burgbergs in urgeschichtlicher Zeit liegen bis heute keine Befunde vor. Einige der während der letzten Sondierungen geborgenen Keramikscherben lassen sich jedoch in das frühe 8. Jahrhundert datieren und belegen damit eine Nutzung dieses exponierten Platzes zur Zeit der fränkischen Herrschaft.

Die Burg des 11. Jahrhunderts

Erstmals in der schriftlichen Überlieferung erscheint die Burg Gleichen in der Endphase des Sachsenkrieges, des Kampfes der aufständischen Sachsen und Thüringer gegen den salischen Kaiser Heinrich IV. Dieser belagerte die stark befestigte Burg zwischen dem 14. August und dem 24. Dezember 1088 mit einem großen Heer, bis er von Eckbert von Meißen in die Flucht geschlagen werden konnte.[1] Zahlreiche geistliche und weltliche Größen des kaiserlichen Heeres wurden getötet oder gefangen genommen. Die Schlacht findet in vielen Chroniken Erwähnung.

Von der sicher zum Großteil aus Holz bestehenden Burg des 11. Jahrhunderts konnten bisher keine Reste nachgewiesen werden. Ihr Standort müsste sich, den archäologischen Befunden zufolge, auf dem höchsten Punkt im Westen des zu dieser Zeit noch kegelförmigen Burgbergs befunden haben. Dieser

Bereich wurde beim Bau der jüngst nachgewiesenen, älteren Ringmauer aus der ersten Hälfte des 12. Jahrhunderts und mehr noch mit dem Bau des heute noch vorhandenen Berings um 1150 abgetragen und hinter den Mauern zu einem Plateau aufgeschüttet. Auf dem zum Teil mehr als 60 Grad steilen Felshang innerhalb der älteren Ringmauer wurde lediglich eine gering mächtige, undatierbare ältere Kulturschicht mit aufliegender Brandschicht festgestellt, welche durch den Bau dieser Mauer gestört ist.

Die erste romanische Bauphase (um 1130)

Zwischen 1124 und 1137 schenkte der rheinische Pfalzgraf Wilhelm die Burg dem Erzbistum Mainz, wie Erzbischof Adalbert I. in einem Verzeichnis der von ihm erworbenen Güter mitteilt.[2] Dieser wiederum belehnte um 1139[3] die Grafen von Tonna mit der Burg, von denen erstmals 1162 Graf Erwin (II.) „von Gleichen" genannt wurde.[4] Die Belehnung der Grafen von Tonna mit der Burg Gleichen ist im Zusammenhang mit dem Vogteirecht über die Stadt Erfurt zu sehen, das die Grafen seit 1120 für das Erzbistum ausübten. Die Grafen von Tonna-Gleichen waren damit eines der bedeutenden Grafengeschlechter Thüringens.[5]

Durch die baubegleitenden archäologischen Sondierungen (Oktober/November 2000) konnten erstmals Teile einer älteren Anlage unter dem heute sichtbaren Bestand der Burg Gleichen festgestellt werden. Die Datierung der Funde und Befunde stimmt zeitlich in etwa mit der Belehnung der Grafen von Tonna mit der Burg Gleichen im zweiten Viertel des 12. Jahrhunderts überein.

Aufgrund der gewonnenen Erkenntnisse liegt die Vermutung nahe, dass Gestalt und Ausmaße dieser älteren Anlage jenen der Mühlburg und der Wachsenburg ähnelten. Somit wäre die Burg in der ersten Hälfte des 12. Jahrhunderts als kleine Kernburg auf dem höchsten Punkt des Bergs (im heutigen Bereich des Herrenhauses von 1588, des romanischen Wohnbaus und der Zisterne von 1598) und einem etwas tiefer liegenden östlichen Vorburgbereich innerhalb der heutigen Ringmauer zu rekonstruieren. Gestützt wird diese These durch die Befunde einer Grabung in den Jahren 1971/72, bei der die Grundmauerreste eines Gebäudes im heutigen Hofbereich zwischen dem romanischen Wohnbau und der Zisterne von 1598 freigelegt wurden. Diese Gebäudeecke an der Nordostseite des abgetragenen Burgbergs könnte zeitlich zu der ergrabenen Ringmauer aus der ersten Hälfte des 12. Jahrhunderts gehören und hätte dann die Randhausbebauung der vermuteten Kernburg nach Osten gebildet. Südlich anschließend müsste demnach der Torbau zur Kernburg gelegen haben. Das vermutete Vorburggelände fiel zum heutigen Turm hin stark ab und wurde in späteren Bauphasen bis zu 9 Meter hoch aufgefüllt. Der heutige höchste Punkt des gekappten Rätsandsteinfelsens befindet sich unter der hofseitigen Fassade des Herrenhauses. Ein älterer Bergfried könnte auf dem im 12. Jahrhundert etwa 5 Meter höheren Gipfel im Zentrum der Kernburg gestanden haben. Sein Fehlen ließe sich mit der Abtragung der Bergkuppe erklären.

Der Befund zur älteren Ringmauer stellt sich folgendermaßen dar: Die Mauer mit einer Stärke von circa 1,60 Meter im aufgehenden Mauerwerk konnte in einem Abstand von circa 3 Meter innerhalb der heutigen Ringmauer an vier Stellen sondiert werden (Tafel VIII,1). Sie ist somit vom Torturm bis zum nördlichen Schildbogen des eingestürzten Kellers unter dem Herrenhaus nachweisbar. Die Innenseite der Mauer ist am Torturm in bis zu drei Lagen des aufgehenden Mauerwerks erhalten geblieben und zeigt eine streng lagerfugige Schichtung aus Orthostaten, opus spicatum und horizontalen, in Gipskalkmörtel versetzten hammerrechten Rätsandsteinquadern. Auch die an dieser Stelle nicht freigelegte äußere Mauerschale weist diesen Befund im Profil auf. In den weiteren Sondierungen war die Mauer so tief ausgebrochen, dass lediglich die Gründung in opus spicatum mit Füllmauerwerk auf dem anstehenden Rätsandsteinfelsen ergraben werden konnte. Durch Keramikscherben im Fundamentgraben der Mauerinnenseite kann das Mauerwerk in die erste Hälfte des 12. Jahrhunderts datiert werden. Auch aus der relativ schnell erfolgten Auffüllung zur Herstellung eines Plateaus an der Mauerinnenseite liegen Funde derselben Zeitstellung vor. Die handgemachte Ware weist in den meisten Fällen schon abgedrehte Ränder auf.

Die zweite romanische Bauphase (um 1150)

Ein Türsturz aus mehreren Eichenhölzern in der Trennwand des zweiteiligen romanischen Wohnbaus konnte dendrochronologisch auf die Jahre um 1150 datiert werden. Da das Mauerwerk und die Einzelformen des Wohnbaus in diesem Bereich der vierten romanischen Bauphase zugeordnet werden müssen, dürfte der Sturz zweit- oder drittverwendet sein. Er ist jedoch ein wichtiges Indiz zur Datierung der an anderer Stelle nachweisbaren, zweiten romanischen Bauphase (Abb. 2). Der oben beschriebene, erste Bering wurde in jener zweiten Bauphase an der Stelle des heu-

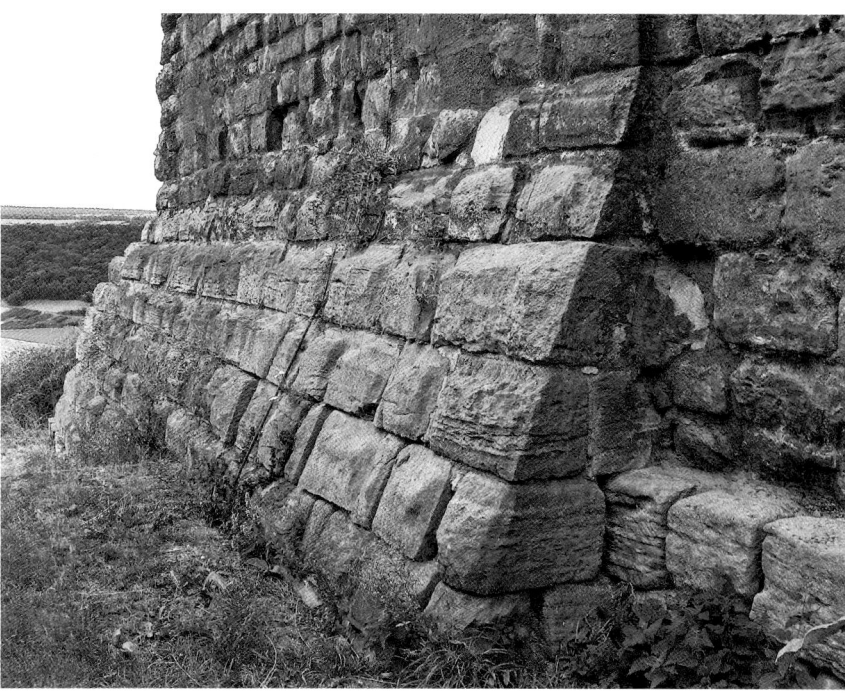

tigen Torturms abgetragen und durch diesen wieder geschlossen. Anschließend erfolgte die Gründung der heutigen Ringmauer in einem fast regelmäßigen Abstand von etwa 3 Meter vor dem älteren Bering. Das abgebrochene Steinmaterial der alten Mauer wurde umgehend in der neuen verbaut. Der Neubau der Ringmauer stößt ohne Einbindung an die Feldseite des Tores. Das Gelände an der Mauerinnenseite wurde anschließend aufplaniert. Auch hier weisen die Keramikfunde keine großen Unterschiede zur Verfüllung hinter der ersten Ringmauer auf. Ein fast vollständiges, sehr dünnwandiges Gefäß ist in die Planierschicht gelangt und schließt eine sekundäre Verlagerung des Fundmaterials aus.

Der Bau der äußeren Wand des Wohnbaus erfolgte wahrscheinlich im Zuge der Errichtung der Ringmauer. Von dieser ist jedoch – nach einer Zerstörung – nur noch eine kleinere Wandscheibe in Höhe des ersten Obergeschosses im Bereich des Südgiebels vor dem Torturm erhalten geblieben. Letzterer wurde in derselben Zerstörungsphase bis auf die Mauerhöhe von 1 Meter über dem Torbogen abgebrochen. Die hofseitige Fassade des romanischen Wohnbaus wurde im folgenden Baugeschehen stumpf an die Westseite des Torturms angesetzt. Durch die Gründung der westlichen Giebelwand des Gebäudes wird die ältere Ringmauer wiederum geschnitten. Die sich westlich anschließende Filterzisterne[6] unterbricht ebenfalls die erste Ringmauer und kann somit in die zweite romanische Bauphase datiert werden. Sowohl die westliche Außenwand als

Abb. 3 Wandersleben, Burgruine Gleichen, der angeböschte Fuß des Turmes mit Bossenquadern auf der Ostseite

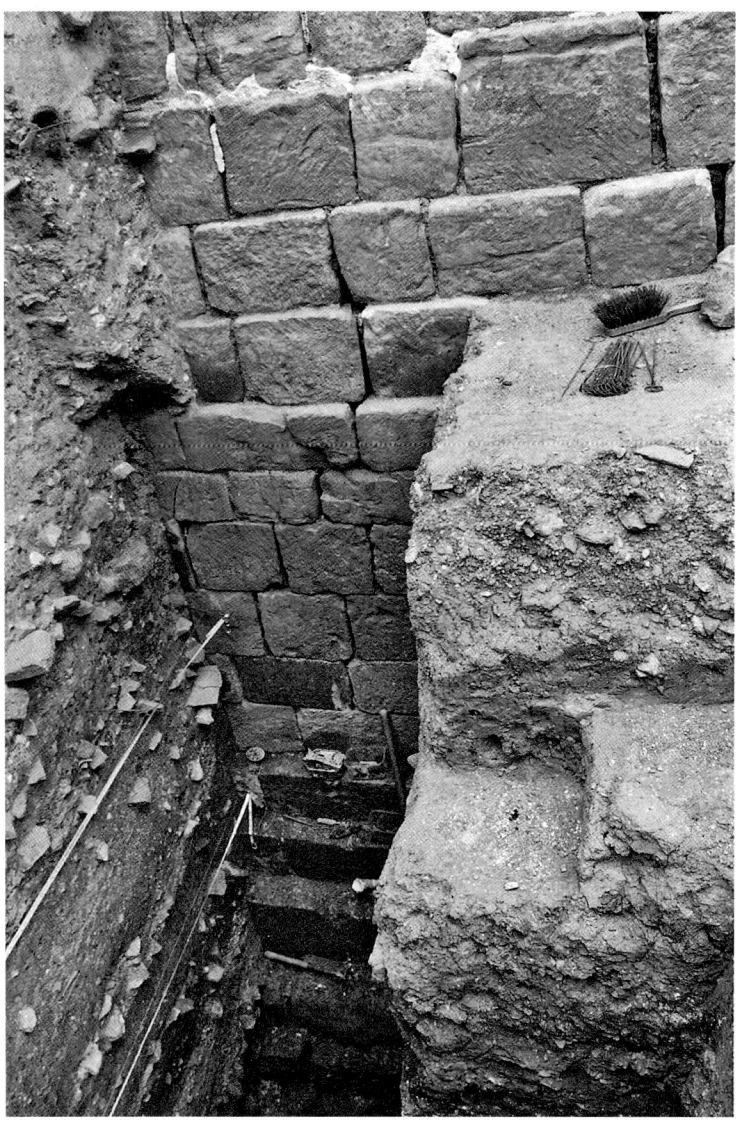

Abb. 4 Wandersleben, Burgruine Gleichen, Grabung an der Nordwestecke des Turmes, 2004

Nach dieser Zerstörung waren in Höhe des Kellergeschosses nur noch Teile der Ringmauer, der Umfassungsmauern des romanischen Wohnbaus und dessen innere Trennwand – mit starken Brandspuren – erhalten geblieben. Auch der Torturm war bis auf die heute noch innerhalb des Wohnbaus sichtbare Höhe abgebrochen worden.

Der Wiederaufbau muss relativ schnell erfolgt sein, da die stehen gebliebenen Mauerpartien keine Verwitterungsspuren aufweisen. Der Wohnbau bekam nun seine heute noch im Erdgeschoss der Hofseite erhaltene Gestalt. Die Aufstockung des Torturms mit einem Aufbau von etwas geringerer Wandstärke, welcher in seiner Achse leicht nach Osten gedreht war, erfolgte offensichtlich mit dem Einbau der Kapelle St. Nikolai.

Von dieser bisher unbekannten Kapelle existieren heute nur noch Teile der Außenmauern auf dem Erdgeschoss des Torturms aus der zweiten romanischen Bauphase. Dieser stellt mit seinem Torbogen und den profilierten Kämpfersteinen den ältesten im aufgehenden Mauerwerk erhaltenen Bauteil der Burg dar. Lediglich die Einwölbung über der Torfahrt – anstelle einer Holzbalkendecke – erfolgte erst in einer nachromanischen Bauphase.

Die Kapelle selbst nahm das erste Obergeschoss des Torturms ein. Sie besaß nach jüngsten Untersuchungen in der Ostfassade einen Apsiserker mit flankierenden Rundbogenfenstern, ähnlich der Lobdeburg bei Jena. Vom Unterbau des Erkers sind heute noch zwei mächtige, abgeschlagene Konsolsteine in der Fassade über dem Tor vorhanden. Auf Abbildungen des 18. und 19. Jahrhunderts ist die Wand mit dem vermauerten Apsisbogen und den Fensteröffnungen aus verschiedenen Perspektiven sichtbar. Offensichtlich ist die Kapellenfassade erst im ausgehenden 19. Jahrhundert zerstört worden.

In den neunziger Jahren des 20. Jahrhunderts wurde bei der Wiederherstellung des teilweise eingestürzten Torgewölbes der bis dahin im Schutt verborgene Altarblock über dem Torgewölbe mit den Resten eines Estrichfußbodens undokumentiert beseitigt und durch einen angelehnten Neubau ersetzt.

Erschlossen wurde die Kapelle wohl anfänglich über den Innenraum des romanischen Wohnbaus, bis im zweiten Viertel des 13. Jahrhunderts vor der westlichen Außenwand des Torturms ein hölzerner Treppenaufgang errichtet wurde.

Die Existenz der Burgkapelle ist erstmals 1316 durch die Erwähnung des Gunther von Königsee als Kaplan auf Burg Gleichen belegt.[8] Das Patrozinium St. Nikolai einer Kapelle zu Wandersleben ist zuerst für 1453[9] und ein weiteres Mal 1462 nachweisbar.[10]

auch die Zwischenwand des Wohnbaus stoßen stumpf an den im Keller erhaltenen Teil der jüngeren Ringmauer.

In die zweite romanische Bauphase kann die gesamte Ringmauer der Burg in ihrem westlichen und südlichen Bereich eingeordnet werden. Auch die untersten Lagen der Ringmauer an der östlichen Torwange gehören dazu. Lediglich die westlich und nördlich mit dem heutigen Turm errichteten Mauerbereiche gehören jüngeren Bauphasen an.

Die dritte romanische Bauphase (um 1180) und die Burgkapelle St. Nikolai

Durch die Machtkämpfe um den Mainzer Stuhl kam es in den siebziger und achtziger Jahren des 12. Jahrhunderts möglicherweise zweimal zur Zerstörung der Burg Gleichen, worauf eine urkundliche Nachricht[7] und Baubefunde hindeuten.

Dass es sich dabei um die Burgkapelle von Gleichen handelt, ergibt sich aus einem Einkünfteverzeichnis des Jahres 1530.[11] Als letzter Kaplan zu Gleichen trat 1539 Johann Möller aus Herbsleben auf.[12]

Die vierte romanische Bauphase und der Turm der Burg (um 1200)

Nach einer weiteren Zerstörung, die offenbar in den achtziger Jahren des 12. Jahrhunderts erfolgte, wurde die feldseitige Fassade des romanischen Wohnbaus unter Einbeziehung von Teilen der dritten romanischen Bauphase in ihrer heutigen Gestalt errichtet. Ein Großteil der inneren Trennwand des zweiteiligen Gebäudes ist ebenfalls in die Zeit dieses Wiederaufbaus zu setzen, der gleichermaßen unmittelbar nach der Zerstörung erfolgt sein muss. Hierbei sind die schon erwähnten Eichenhölzer aus der zweiten romanischen Bauphase (um 1150) als Türsturz wiederverwendet worden.

Den Abschluss dieser Bauphase bildete offensichtlich die Errichtung des Turms an der Südostecke der Burganlage. Die Gründung des Turms auf seiner Westseite wurde bei einer archäologischen Sondierung im Jahre 2004 in einer Tiefe von 8,50 Meter erreicht (Abb. 4). Der in seinem unteren Teil mit einem angeböschten Fuß aus Bossenquadern im Verband mit der Ringmauer stehende, bergfriedartige Turm ist bis zu einem Zerstörungshorizont in – von der Gründung aus – circa 10 Meter Höhe mit einer Wandstärke von etwa 2,15 Meter erhalten geblieben (Abb. 3).

Das Mauerwerk des um 1200 errichteten Turms weist für die Burg Gleichen eine außergewöhnlich qualitätvolle Ausführung auf. Die Abstufung des ergrabenen westlichen Turmfußes entspricht in seinen Lagen den geböschten Bossenquadern der Ost- und Südseite.

Im Turminnenraum befindet sich nach Süden eine – jetzt vermauerte – Türöffnung mit einem ungewöhnlicherweise von innen sichtbaren Tympanon. Diese Türöffnung könnte als Zugang zu einer Mauertreppe in das darüber liegende Geschoss interpretiert werden. Die Werksteinquader im Innenraum selbst sind durch Hitzeeinwirkung eines Brandes stellenweise bis zu 15 Zentimeter tief abgeschalt. Vielleicht ist dieser Brandschaden mit der Nachricht in der Chronik des Erfurter Petersklosters in Verbindung zu bringen, dass am 31. Mai 1231 in Thüringen auf drei Burgen, nämlich Gleichen, Wachsenburg und Mühlberg, durch ein Gewitter in gleicher Weise die Türme und Schutzwehren niederbrannten.[13] Es ist jedoch durchaus möglich,

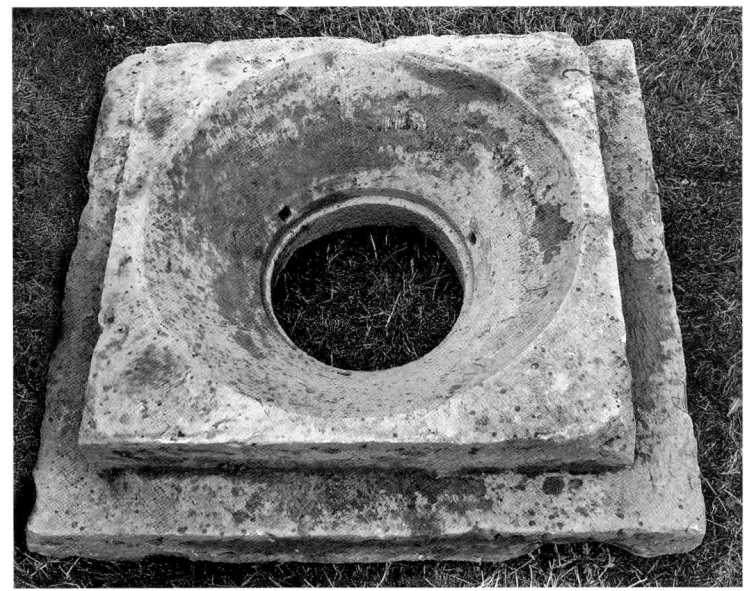

Abb. 5 Wandersleben, Burgruine Gleichen, romanischer Okulus, Fundstück der Grabung am Turm, 2005

dass der obere Turmaufbau über dem erhaltenen Mauerwerk zu dieser Zeit noch vorwiegend aus Holz bestanden hat. Ansonsten wäre ein Abbruch bis auf diese Höhe nach dem Brand unlogisch, zumal das Turmmauerwerk aus der Zeit nach dem Brand keine Zweitverwendung brandgeschädigter Rätsandsteinquader aufweist. Auch müsste sich der Abbruchhorizont in der Stratigraphie der Sondierung niedergeschlagen haben. Ganz sicher war der Turm zu seiner Bauzeit nur mit Holzschindeln gedeckt, da keine Spuren von Dachziegeln nachweisbar sind. Vermutlich diente er ursprünglich eher als repräsentativer Wohnturm und übernahm erst mit dem Abbruch des vermuteten älteren, neben dem romanischen Wohnbau gelegenen Bergfrieds dessen Funktion.

Nach der Brandzerstörung ist im zweiten Viertel des 13. Jahrhunderts der Mittelteil des Turms aufgesetzt worden. Dieser vorwiegend aus Grenzdolomitquadern bestehende Bauteil weist in seinem Inneren noch bauzeitliche Ritzverfugungen auf. Auch zu dieser Bauphase sind keine Dachziegel nachweisbar.

Die dritte Aufstockung erhielt der Turm im 14. Jahrhundert. Dabei wurde vorwiegend Travertinhaustein mit einer Eckquaderung aus Grenzdolomit verwendet. In dieser Bauphase erhielt er eine Dacheindeckung aus in Kalkmörtel verlegten Mönch-Nonne-Ziegeln. Diese konnten bei der archäologischen Sondierung im Jahre 2004 stratigraphisch in einen Zerstörungshorizont aus der Mitte des 15. Jahrhunderts datiert werden. Weiterhin wurden Funde aus der Bauzeit des Turms geborgen. Von den Kleinfunden seien hier hellgrün glasierte Keramikscherben des 13. Jahrhunderts genannt, unter anderem ein Spiel-

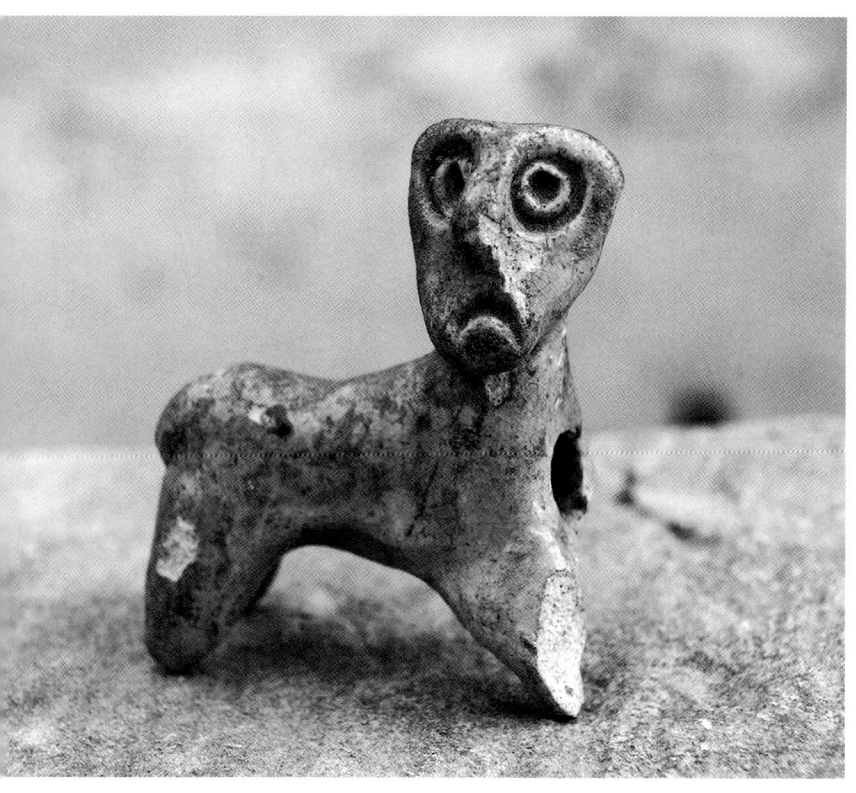

ten Obergeschosses haben sich einige bauzeitliche Kragsteine erhalten, die eine halbrunde
Aussparung zum Auflegen von hölzernen
Regenrinnen als Sammler für die Filterzisterne aufweisen. Die Erschließung des neuen
Obergeschosses erfolgte offensichtlich durch
einen hölzernen Treppenaufgang über dem
wohl gleichzeitig entstandenen Kellerhals im
südlichen Bereich der hofseitigen Fassade.
Von diesem gelangte man über einen Lauben-
gang zu den zwei bauzeitlichen Pforten im
Obergeschoss.

Auch die Burgkapelle wurde jetzt von diesem Treppenaufgang erschlossen. Die zwei
Räume des Obergeschosses waren mit je
einem viertelkreisförmigen Kamin in der
Nordwest- und der Nordostecke heizbar. Bei
den archäologischen Sondierungen konnte
für sämtliche Bauphasen des romanischen
Wohnbaus Ziegeleindeckung nachgewiesen
werden.

Eine bauzeitliche Türöffnung in der westlichen Giebelwand der Aufstockung zeigt an,
dass sich über der Filterzisterne ein weiteres
romanisches Gebäude befand. Vermutlich gehören die Grundmauern westlich der Filterzisterne zu diesem – möglicherweise in Fachwerk errichteten – Bau.

Das 14. und 15. Jahrhundert

1311 wurde die Burg Gleichen „feste"[14] und
1316 „daz hus zu Glichen"[15] genannt. 1445
ist in einem Urfehdebrief ein Gefängnis erwähnt, das sich sicher im Turm befunden
hat.[16]

Über das Baugeschehen dieser Zeit sind wir
weder archivalisch noch durch Baubefunde
unterrichtet. Lediglich die Tonnengewölbe
der Keller unter der Kanzlei und dem Kü-
chenbau sowie der oberste Teil des Turms
können in diese Zeit datiert werden.

Bei der archäologischen Sondierung am
Turm konnte für die Mitte des 15. Jahrhunderts ein Brand auf der Burg nachgewiesen
werden. Die durch eine starke Rußschicht
und gebrannten Lehm sowie anschließend
eingefüllten Brandschutt in einer Stärke bis
0,60 Meter gekennzeichnete Schichtenfolge
könnte zeitlich dem Sächsischen Bruderkrieg
zuzuordnen sein. Eine Belagerung oder Ein-
nahme der Burg ist nicht überliefert, aber
aufgrund der Ereignisse des Jahres 1450
denkbar: Sämtliche zum Herrschaftsbereich
der Grafen von Gleichen gehörenden Orte der
Umgebung wurden im Verlauf des Kriegs-
zuges Kurfürst Friedrichs des Sanftmütigen und der Stadt Erfurt niedergebrannt.[17]
Auch auf der Burg Gleichen kam es vermutlich zur Brandzerstörung von hölzernen Bauteilen.

Abb. 6 Wandersleben,
Burgruine Gleichen,
Spielzeug vom An-
fang des 13. Jahrhun-
derts in Form des
„gelöwten Leopar-
den", des Wappentiers
der Grafen von Glei-
chen, aus der Gra-
bung am Turm, 2005

zeug in Form des heraldischen, gelöwten
Leoparden, des Wappentiers der Grafen von
Gleichen (Abb. 6). Ein besonderer Fund ist
der eines monolithischen Rundfensters aus
Rätsandstein mit einer Größe von 0,85 x
0,89 Meter bei einer Stärke von 0,28 Meter.
Dieser Werkstein mit einem Öffnungsdurch-
messer von 0,31 Meter lag sekundär verlagert
in einer Auffüllschicht des 15. Jahrhunderts.
Die sorgfältig geflächte und mit einem Rand-
schlag versehene Schauseite des Okulus weist
eine Ausfälzung für ein Holzfenster sowie
drei quadratische Aussparungen für eine Vergitterung auf. Die Rückseite ist grob bearbeitet und zeigt eine augenförmige Rille um die
Öffnung. Eine umlaufende Kröpfung um die
vier Schmalseiten war für die Einbindung des
Okulus in eine Werksteinwandfläche ausgearbeitet. Am Stein anhaftende Mörtelreste zeigen, dass der Monolith tatsächliche in einer
Wand eingebaut war. In der heutigen Bausubstanz ist jedoch nicht erkennbar, wo er
sich ursprünglich befand. Die Vergitterung
weist vermutlich auf eine Erdgeschosslage
hin (Abb. 5).

Das weitere Baugeschehen in der
ersten Hälfte des 13. Jahrhunderts

In der Zeit um 1230 bekam der romanische
Wohnbau, vermutlich anstelle von Fachwerk,
ein steinernes Geschoss aus Travertinquadern
aufgesetzt. Im Traufbereich des aufgestock-

Die Burg als Residenz bis zum Aussterben
der Grafen von Gleichen

Zu den wenigen in Primärquellen erwähnten
Baulichkeiten der Burg gehört die 1522
genannte „obere Thorstube",[18] welche sich
direkt über der Kapelle befunden haben
muss. Der gesamte südöstlich an das Tor
anschließende Baukörper wird als „Gräfliche
Cantzeley, Küche und Kellerey" bezeichnet.[19]
Ein nicht mehr erhaltener Inschriftenstein
von 1535[20] nannte offensichtlich das Baujahr
dieses mit spätgotischen Vorhangbogenfens-
tern ausgestatteten Baukörpers. Verschiedene
Quellen erwähnen ein Archivgewölbe in der
Kanzlei der Burg.[21] Es ist im heutigen Kas-
senraum südöstlich vom Burgtor erhalten
geblieben.
Die älteste bekannte Abbildung der Burg
stammt von 1551[22] und zeigt diese von Westen, mit einem überdachten Wehrgang anstelle des Herrenhauses von 1588. Der Bergfried
ist ohne Dach dargestellt. Möglicherweise
war dieses Dach einem neuerlichen – wie auch
1543 beim Turm der Wachsenburg durch
Blitzschlag verursachten – Brand zum Opfer
gefallen (Tafel VIII,2).
Eine weitere Ansicht der Burg von 1567 aus
derselben Richtung zeigt den Turm mit
wiederhergestelltem Dach.[23] Schließlich existiert noch eine kolorierte Zeichnung aus der
Zeit vor 1588, welche die Gestalt der Burg
von Südosten wiedergibt (Abb. 8).[24]
Graf Philipp Ernst von Gleichen kam am
4. Oktober 1562 „auff dem Hause Gleichen
zur Welt".[25] Bis 1573 wurde die Burg als stän-
dige Residenz der gräflichen Familie genutzt.
Erst dann verlegte die Witwe des 1570 ver-
storbenen Grafen Georg (II.), Walpurgis, geb.
Gräfin zu Spiegelberg und Pyrmont, ihren
Wohnsitz in das neu errichtete Schloss zu
Ohrdruf.[26] Aus der Zeit zwischen 1572 und
1632 blieb ein Teil der Rechnungsbücher der
Grafschaft Gleichen erhalten, in welchen
sporadisch die Ausgaben für die Hofhaltung
sowie Baukosten der Burg verzeichnet sind.[27]
1587 heiratete Philipp Ernst die Gräfin Anna
Agnes von Hohenlohe-Langenburg, nahm
seinen Wohnsitz auf der Burg Gleichen und
ließ 1588 den „Neuen Schlossbau" (Herrenhaus) errichten (Abb. 7). 1594 wurde der Torturm bis auf die Höhe der Kapelle abgebrochen und mit einem Satteldach versehen. Der
dafür notwendige Giebel stand über dem
schon früher abgetragenen und vermauerten
Kapellenerker. Die Kapelle diente zu dieser
Zeit schon als Küche.[28] Noch im November
1598 bemühte sich Graf Philipp Ernst um
den Bau eines Brunnens auf der Burg,[29] der
jedoch aufgegeben und als 7 Meter tiefe
Tankzisterne fertiggestellt wurde.[30] Nach dem

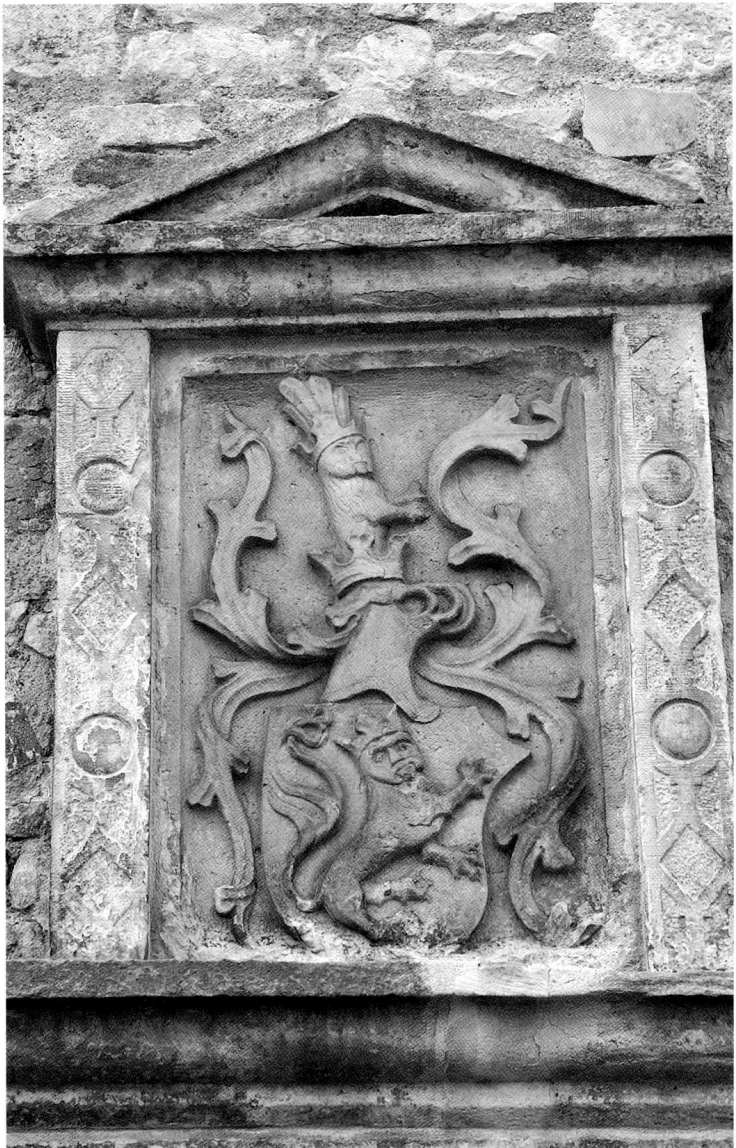

Tod seiner Mutter Walpurgis verlegte er 1599
seine Hofhaltung auf Schloss Ehrenstein zu
Ohrdruf. Damit war die Zeit der Burg Gleichen als Residenz vorüber. Das Burgarchiv
war Anfang des 17. Jahrhunderts aufgeteilt
und nach Ohrdruf und Gräfentonna verbracht worden.[31] Graf Philipp Ernst starb am
18. November 1619 infolge eines heftigen
Gelages auf der Burg Gleichen am 9. November desselben Jahres.[32]
1620 werden als Beamte der Burg genannt:
der Richter Landgraf, der Schösser Zang, der
Küchenschreiber Hebel, der Burgkaplan sowie ein Fronbote, dem zugleich die Aufsicht
über das Gefängnis übertragen war.[33] Anfang
der zwanziger Jahre des 17. Jahrhunderts ist
ein Großteil der Ausstattung der Burg ab-
transportiert worden. Über deren Verbleib
ist, bis auf Einzelstücke, nichts bekannt. Am
15. Oktober 1623 beschwerte sich der Mainzer Kurfürst bei dem Grafen Hans Ludwig

Abb. 7 Wandersleben,
Burgruine Gleichen,
sekundär eingebaute
Wappentafel der Gra-
fen von Gleichen aus
der ersten Hälfte des
16. Jahrhunderts über
dem Portal des so
genannten Herren-
hauses von 1588

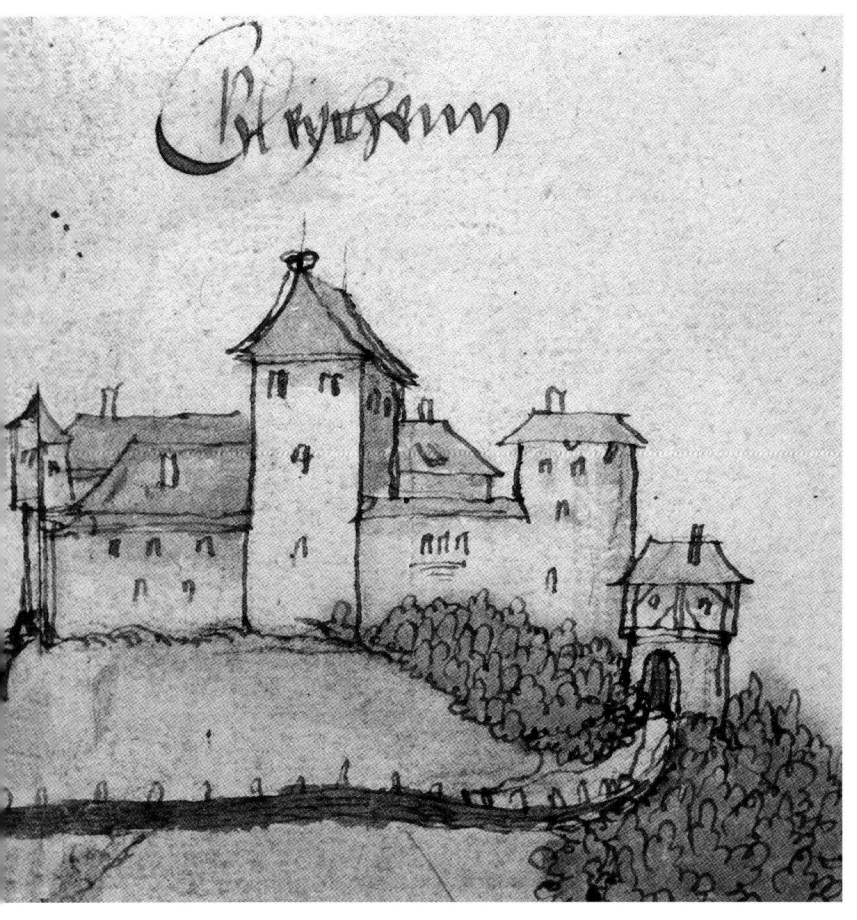

Abb. 8 Wandersleben, Burgruine Gleichen, Darstellung der Burg Gleichen vor 1588, Ansicht von Südosten

über die „Verwüstung unseres eigentümlichen Hauses Gleichen und Distrahierung der Pertinentien".[34] Auch die archäologischen Befunde zeigen das Aufgeben der Burg in dieser Zeit an.[35] Mit dem Tod des Grafen Hans Ludwig von Gleichen am 15. Januar 1631 erlosch das Geschlecht. Die Burg fiel damit als erledigtes Lehen an Kurmainz zurück.

Der Niedergang ab 1631 und die Herrschaft der Grafen von Gleichen-Hatzfeld

Johann Casimir von Sachsen-Coburg ließ im Januar 1631 die Besatzung der Burg auf seine Kosten unterhalten, um den Ansprüchen auf das erledigte Lehen durch das Erzbistum Mainz zuvorzukommen.[36] Schon am 5. Februar 1629 hatte der Herzog beschlossen, dass im Falle des Ablebens des letzten Grafen das „Haus Gleichen und Wandersleben mit einem vom Adel in unserem Namen besetzt und okkupiert werde".[37] Damit begann eine lang anhaltende Machtprobe um die Oberhoheit zwischen den sächsischen Herzögen und Kurmainz, die in ganz Thüringen ihre Auswirkungen zeigte und letztendlich erst im Erfurter „Exekutions-Receß" von 1667 im Wesentlichen entschieden wurde. Die juristischen Schriften zu diesen Differenzen

erschienen, gedruckt in vier Büchern mit mehreren Auflagen, im 17. und 18. Jahrhundert.[38]

Außer mit der sächsischen Landesregierung kam es nun auch zu Streitigkeiten mit schwarzburgischen Lehnsmännern, die seit 1631 vom Ort Wandersleben Besitz ergriffen hatten. Die Schwarzburger hätten auch, so hieß es, „die eisernen Oefen vom Hause Gleichen weggenommen".[39] Bis 1631 hatten das Amt und die Schösserei der Grafschaft Gleichen ihren Sitz auf der Burg. Die Beamten haben vermutlich im selben Jahr die Burg verlassen, zumal Herzog Johann Casimir auf die Entlassung der entbehrlich gewordenen Beamten drängte.

Während des Dreißigjährigen Krieges war die Burg offenbar einige Jahre unbewohnt. 1640 gab der Erzbischof von Mainz 100 Reichsthaler zur Bauunterhaltung, mit der Anweisung, dass auf der Burg nur das Herrenhaus repariert werden solle. Das Torhaus mit der Zugbrücke wurde in diesem Zusammenhang bereits abgetragen.[40] Nachdem Kaiser Ferdinand II. die Brüder Melchior und Hermann von Hatzfeld 1635 in den Reichsgrafenstand erhoben hatte, belehnte der Erzbischof von Mainz im Jahre 1639 diese kaiserlichen Offiziere mit der Burg Gleichen. 1641 erhielten Melchior und Hermann vom Kaiser das Recht, sich Grafen von Gleichen und Hatzfeld zu nennen.[41]

Zwischen 1651 und 1654 war der gräflich-hatzfeldische Amtmann Kapitän Christoph Kaufmann auf der Burg ansässig. Er nahm dort seinen Wohnsitz, nachdem Herzog Ernst der Fromme von Sachsen-Gotha den Grafen von Gleichen-Hatzfeld die Erlaubnis zu notwendigen Instandsetzungsarbeiten erteilt hatte. Allerdings wird Kaufmann schon 1651 von der sächsischen Landesherrschaft beschuldigt, er hätte „(...) auf dem Hause Gleichen einiges abgerissen, die Ziegeln verkauft und das Holz weggeführt, wie auch Geld, welches für die Reparatur des Schlosses vorgesehen war, durchgebracht".[42]

Auf einer Zeichnung aus dem Jahre 1652 wird die Burg letztmalig mit intakten Gebäuden dargestellt.[44] 1655 brannte fast der gesamte Ort Wandersleben, einschließlich des Vorwerks, ab. Wahrscheinlich wurden deshalb sämtliche Gebäude der Burg – bis auf das Herrenhaus – ihrer hölzernen Einbauten beraubt. Darstellungen der Burg von 1662[45] und 1666[46] zeigen die besagten Gebäude schon ruinös. Ein hölzernes Modell der vermutlich noch intakten Burg wird in einem Inventar des hatzfeldischen Hauses in Engers aus dem Jahr 1692 erwähnt.[47]

1717 plante die verwitwete Gräfin Anna Elisabeth von Gleichen-Hatzfeld den Wiederaufbau der Burg als Wohnsitz für ihren noch minderjährigen Sohn, Graf Johann Hugo. Jedoch weigerte sich die Gemeinde Wandersleben, die Leistungen als Frondienst zu erbringen.[48] Nach dem Tod Johann Hugos 1718 nahm die Gräfin Abstand von ihrem Vorhaben.[49] Aus dem Jahr 1725 stammt die erste gedruckte Beschreibung der Ruine.[50] Bis in die dreißiger Jahre des 18. Jahrhunderts war die Burg von einem hatzfeldischen Jäger bewohnt.[51] 1734 unterbreitete der Amtmann zu Wandersleben der gleichen-hatzfeldischen Kammer zu Blankenhain den Vorschlag, den über dem großen Keller des Schlosses Gleichen erbauten Stall abzubrechen. Das gewonnene Material wollte man zur Instandsetzung des Gutes in Wandersleben verwenden. Wiederum weigerte sich die Gemeinde, die notwendigen Frondienste auszuführen, da der Stall erst mit viel Mühe errichtet worden sei. 1746 wurde der jetzt in Freudenthal wohnhafte Jäger dazu verpflichtet „(...) sämtliche Gebäude und Tore wie auch Glas-Fenster und hölzerne Läden auf dem Schloß Gleichen in Acht zu nehmen, und fleißig darauf zu sehen, daß kein Schaden daran geschehe, sondern alles so viel wie möglich erhalten bleibe".[52]

Mitte des 18. Jahrhunderts war die Burg ein gemiedener Ort. Eine weitverzweigte Räuberbande hatte hier, wie auch in Freudenthal, einen ihrer Schlupfwinkel. Aus den gedruckten Verhören von Mitgliedern der Bande gibt es Beschreibungen der Baulichkeiten.[53] Diese Akten soll Friedrich Schiller als Grundlage für sein Schauspiel „Die Räuber" genutzt haben.[54] Sowohl 1778 als auch 1781 sollten

Steine von der Burg für Reparaturarbeiten an den Gutsgebäuden in Wandersleben verwendet werden. Jedoch scheint die hatzfeldische Kammer dies nicht zugelassen zu haben, sondern ordnete noch 1780 eine Dachreparatur am Herrenhaus an.[55] Am 23. Mai 1794 starb die Linie Hatzfeld-Crottorf-Gleichen mit dem Tod des Grafen Friedrich Karl Franz Catejan aus.[56] Das erledigte Lehen fiel wiederum an Mainz zurück.

Von 1794 bis zum Abbruch des Herrenhauses 1842

Ab 1794 unterstand die Burg der kurfürstlich-mainzischen Hofkammer in Aschaffenburg. Der Hofkonditormeister und Korkbildner des Mainzer Erzbischofs Karl Theodor von Dalberg, Carl Joseph May,[57] fertigte 1802 ein Korkmodell der Burg Gleichen an.[58] Auch Zeichnungen und Skizzen unterschiedlicher Qualitäten entstanden in der ersten Hälfte des 19. Jahrhunderts (Abb. 9). Viele Autoren beschäftigten sich im Zuge der Romantik mit der Geschichte der Grafen von Gleichen. An dieser Stelle sei auf die Werke von Hellbach, Adloff, Krügelstein, Gottschalck, Bechstein, Storch und von Clemens-Milwitz verwiesen. Aufschlussreiche Beschreibungen der Ruine aus dieser Zeit gibt es jedoch nur wenige.[59]

Nach der Säkularisation der kurmainzischen Besitzungen in Thüringen kamen diese 1802 an das Königreich Preußen. 1806 bis 1814 gehörte die Burg zum sogenannten Fürstentum Erfurt und war damit Bestandteil des französischen Staates. Nach der Ermittlung des

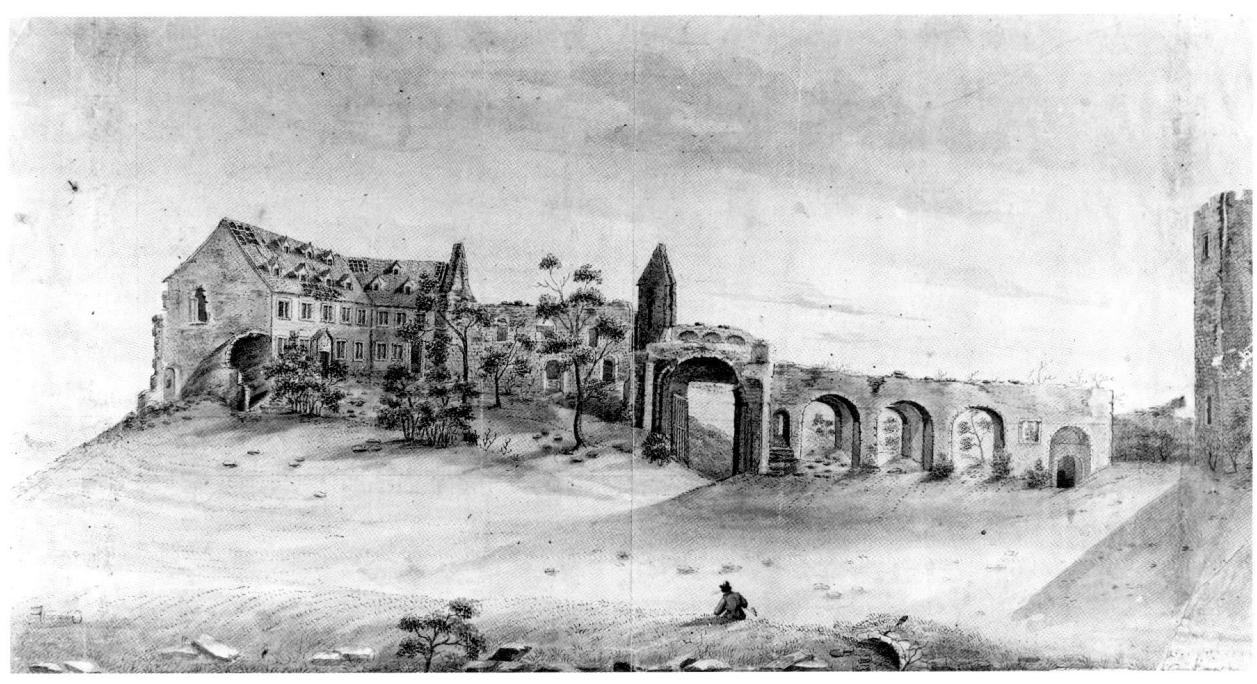

Abb. 9 Wandersleben, Burgruine Gleichen, Burghof von Süden, 1836

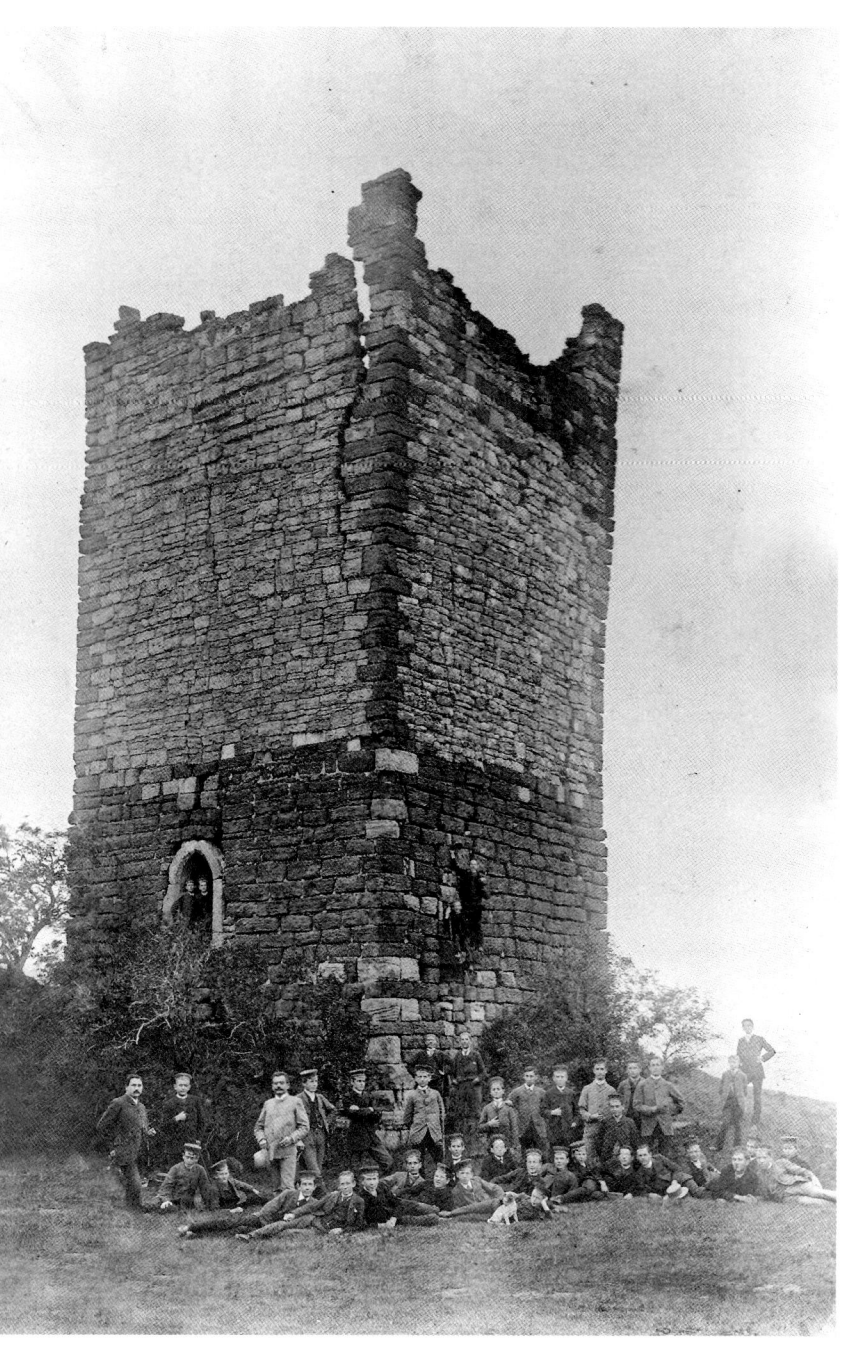

Abb. 10 Wanders-
leben, Burgruine
Gleichen, Turm von
Norden vor dem
Neubau des oberen
Drittels, um 1895

Gebäudewerts im Jahre 1808[60] beschloss die
französische Verwaltung, die Burg 1811 auf
Abbruch zu verkaufen. Der damalige Rektor
der Universität Erfurt und zugleich letzter
Abt des Petersklosters in Erfurt, Placidus
Muth, erreichte über den befreundeten Herzog August von Sachsen-Gotha-Altenburg,
dass Napoleon persönlich diesen Beschluss
aufhob. Der Generaldirektor der Domänen-
kammer in Erfurt, der Franzose Alexander
Ludwig Gentil, kaufte die Burg Gleichen und
die Mühlburg, um sie der Universität Erfurt
zu schenken. Zwei gedruckte Einladungs-
schreiben der Universität aus dem Jahre 1812
berichten über die Absichten, die Placidus
Muth mit den Burgen hegte.[61] Unter anderem

wollte er auf der Burg Gleichen ein Museum
einrichten.[62] Dies scheiterte mit der Aufhe-
bung der Universität Erfurt 1816. Nach der
Völkerschlacht bei Leipzig im Jahre 1813 hatten auf dem Rückzug befindliche französische Soldaten sowohl Türen, Fenster und Läden des Herrenhauses als auch die berühmte
Bettsponde des „zweibeweibten Grafen" im
Lagerfeuer verbrannt.[63] Die ebenfalls arg in
Mitleidenschaft gezogenen Treppen ließen
sich nach einer Beschreibung von Gottschalck noch im Jahre 1812 mit einiger Vor-
sicht ersteigen.[64] Bechstein erwähnt 1827,
dass er nur mittels einer Leiter in die oberen
Stockwerke gelangen konnte.[65] Auch von Clemens-Milwitz schreibt 1830, dass „das Auf-
steigen sehr beschwehrlich ist, da von der
Treppe nur noch die Seitenbalken übrig geblieben sind".[66]

1817 wurden beide Burgen, nun wieder in
preußischem Besitz, an den General Frei-
herrn von Müffling verkauft, der vordem
schon vom preußischen König das Gut Ringhofen für seine Verdienste in den Befreiungs-
kriegen erhalten hatte.

Von Müffling ließ die Burg mit einem Tor
versehen, zu dem Besucher sich im bis 1817
„königlichen Jagdhaus"[67] Freudenthal den
Schlüssel geben lassen konnten.[68] Auch war
die Treppe des Herrenhauses in den dreißiger
Jahren des 19. Jahrhunderts so weit erneuert
worden,[69] dass man die Innenräume wieder
begehen konnte.[70]

Am 7. Mai 1836 gab Herzog Ernst I. von
Sachsen-Coburg und Gotha anlässlich seiner
Huldigung als Patronatsherr in Mühlberg
und Wandersleben ein Essen auf der Burg
Gleichen.[71] 1842 fand auf der Burg ein viel
beachtetes Sängerfest der Vereinigten Liedertafel mit circa 3 000 Mitwirkenden statt.[72]

Unmittelbar nach diesem Ereignis ließ von
Müffling das Holzwerk des Herrenhauses
abbrechen und auf das Gut Ringhofen trans-
portieren. Angeblich befürchtete man, dass
die Mauern das Dachwerk nicht mehr tragen
könnten. Tatsächlich hat von Müffling das
Material zum Bau eines Sommerhauses[73] auf
dem Gut Ringhofen verwendet. Auch das
Portal des Herrenhauses und die runden Pfeiler des romanischen Wohnbaus wurden in
diesem Sommerhaus wiederverwendet. Zwar
wurden einige Stimmen der Empörung laut,[74]
aber der Abbruch war vollzogen und die Burg
endgültig zur Ruine geworden.

*Die Bemühungen um den Erhalt
der Burgruine bis zum Zweiten Weltkrieg*

In den folgenden Jahrzehnten verfiel die
Burg zunehmend. In den fünfziger Jahren des
19. Jahrhunderts stürzte der Turm nach

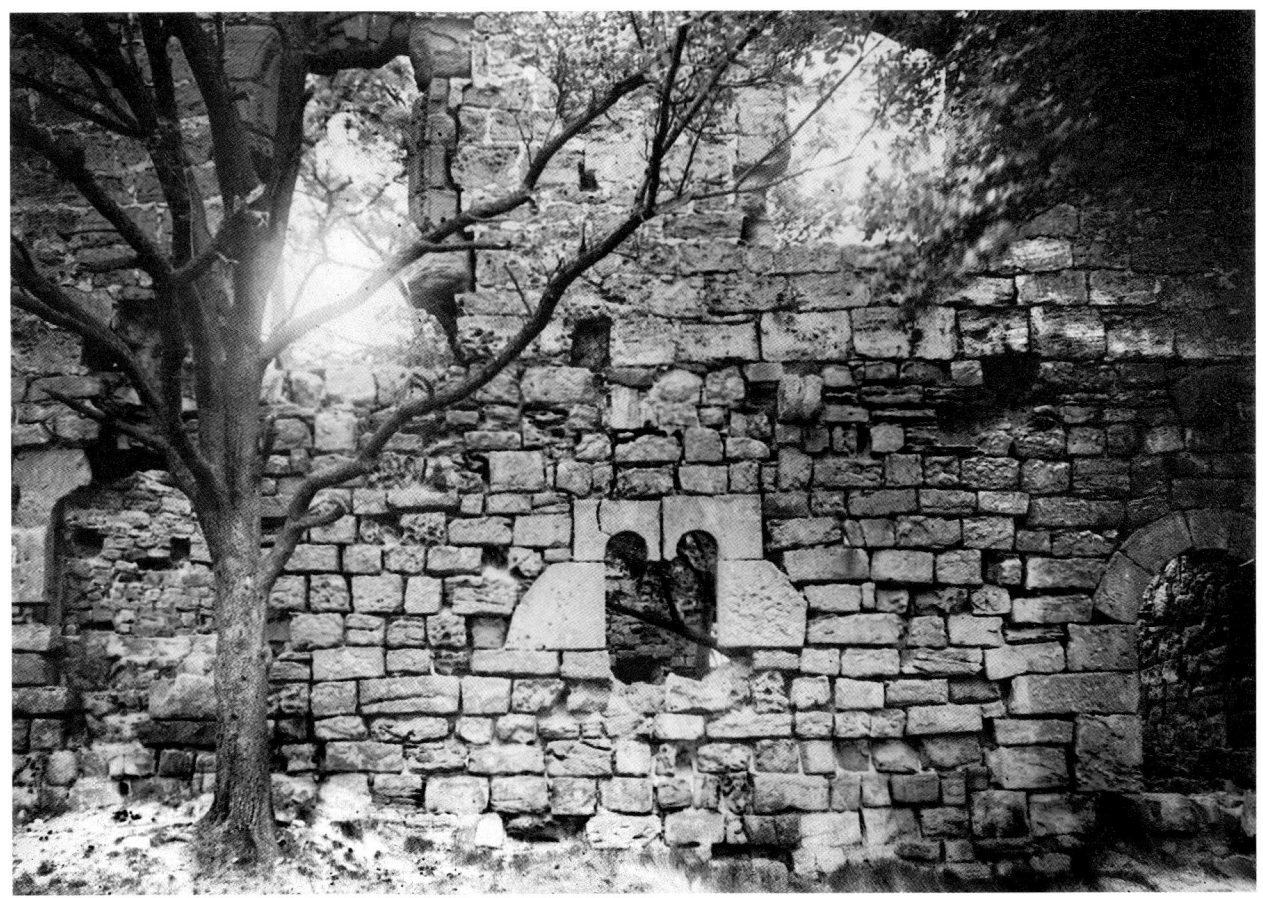

Abb. 11 Wandersleben, Burgruine Gleichen, Zustand der Hoffassade des romanischen Wohnbaus vor der Sanierung,
um 1920

Abb. 12 Wandersleben, Burgruine Gleichen, Hoffassade des romanischen Wohnbaus im Jahre 2001

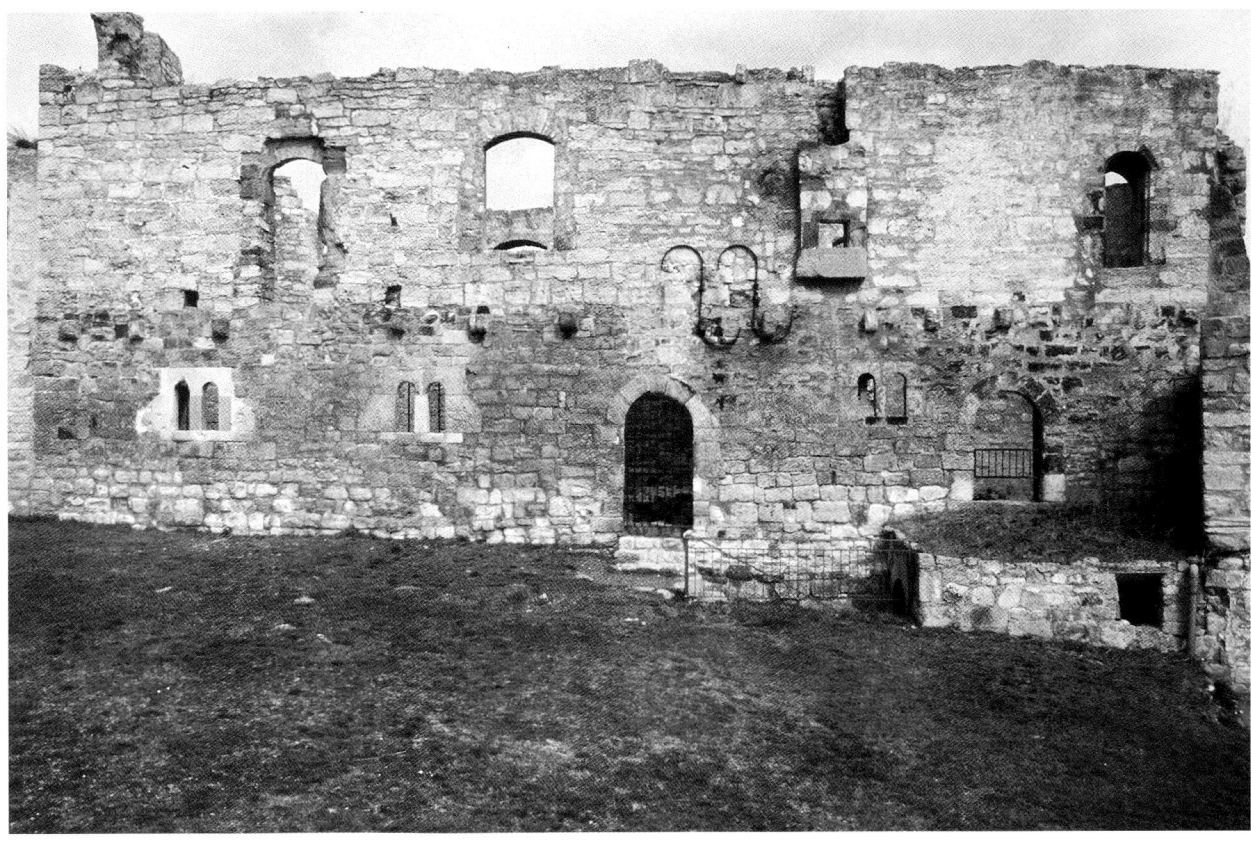

einem Blitzschlag teilweise ein.[75] 1886 schrieb Oskar Blume: „(...) der mächtige in's Land hineinschauende Wartthurm ist schon bedenklich geborsten und kann fallen über Nacht".[76] Seit 1892 bemühte sich der Thüringer Waldverein um die Frage der Erhaltung der Ruine (Abb. 10).[77]

Am 25. Mai 1897 veranlassten der Verein für Geschichte und Altertumskunde in Erfurt und der Thüringer Waldverein eine Untersuchung über den baulichen Zustand der Mühlburg und der Burg Gleichen durch den Erfurter Baurat Albert Kortüm.[78] Anschließend begann der Thüringer Waldverein umgehend mit der Wiederherstellung. Am 6. Juli erfolgte die Beauftragung an den Maurermeister Eiser in Wandersleben, am 28. Oktober waren die Arbeiten so gut wie abgeschlossen. Der einsturzgefährdete Turm wurde zum Teil abgetragen und wieder aufgemauert. Des Weiteren wurde er mit einem von unten nicht sichtbaren Dach versehen und das Innere ausgebaut, um ihn als Aussichtsturm zu nutzen (die Schlüssel dazu sind in Freudenthal erhältlich). Auch die steinerne Treppe als Zugang zum Turm entstand in dieser Zeit.

Die Keller wurden zum Großteil vom Schutt geräumt und das Mauerwerk vor allem durch die Beseitigung des Bewuchses gesichert. Baurat Kortüm fertigte ein Aufmaß der Ruine an. Aufgrund des Ersten Weltkriegs wurden die ab 1898 in bescheidenerem Umfang ausgeführten Arbeiten gänzlich eingestellt.[79]

Ein vom Architekten Max Brockert für den Kammerherrn Freiherr von Müffling erstelltes Projekt zur Wiederherstellung der Burg liegt in Ansichten von Osten und Süden aus dem Jahre 1913 vor.[80] Anfang der zwanziger Jahre des zwanzigsten Jahrhunderts war die Burg den Einwirkungen wilder Wanderhorden ausgesetzt, die den Turmausbau zerstörten sowie Türen und Tor verbrannten (Abb. 11). Im gleichen Jahrzehnt wurden deshalb die Gebäuderuinen zum Innenhof hin mit Stacheldraht abgeschottet, um weitere Zerstörungen zu verhindern. Die Burg ging Ende der zwanziger Jahre aus dem Besitz der Freiherren von Müffling an den Herzog von Sachsen-Coburg und Gotha über. Nach einem genauen Aufmaß durch Studenten der Höheren Technischen Staatslehranstalt für Hoch- und Tiefbau Erfurt kam es 1932 zur baupolizeilichen Sperrung und dem Verschließen der Ruine mit einem Eisentor.

Da für ihre Erhaltung keinerlei Sorge getragen wurde, nahm sich 1934 der Bund Heimatschutz der Gemäuer an. Die Stadt Erfurt und der Bund Heimatschutz schlossen im Sommer 1934 mit Herzog Carl Eduard von Sachsen-Coburg und Gotha einen Erbbauvertrag über 90 Jahre ab. Ab der zweiten Augusthälfte dieses Jahres waren etwa 50 Arbeiter in Arbeitsbeschaffungsleistung bzw. Notstandsarbeit unter der Leitung des Regierungsbaumeisters Walther Schneemann mit umfassenden Reparaturarbeiten beschäftigt. Der romanische Wohnbau war Gegenstand von besonderem Interesse. Ausgebrochene Mauern und Fenster wurden rekonstruiert, die Außenmauer mit Ankern gesichert. Der östliche Keller konnte bis auf den historischen Laufhorizont freigelegt werden. Dabei kam es zur Bergung eines Okulus mit Kerbschnittornamentik, einem Würfel- und einem Kelchkapitell.[81] Des Weiteren erfolgte die Wiederherstellung des Aussichtsturms mit Einrichtung eines Aufenthaltsraums (jetzt Ausstellung). In allen Gebäuderuinen wurde das jeweilige historische Fußbodenniveau freigelegt. Es folgte das Vorblenden der fehlenden Außenschale der südlichen Ringmauer. Im ehemaligen Archivgewölbe entstand ein Raum für den Burgwart. Bereits am 31. Oktober 1934 wurde die Ruine wieder der Öffentlichkeit zugänglich gemacht.[82] Bis 1937 lassen sich weitere Arbeiten, vor allem die Errichtung von Strebepfeilern, nachweisen.[83]

Für 1939 bis 1941 liegt umfangreiches Planmaterial des Architekten Schultze-Naumburg zum kompletten Ausbau der Burg vor. Dabei war das erste Obergeschoss des Herrenhauses für die „Halle der Gemeinschaft" vorgesehen. Auch das Freudenthal sollte einem Neubau im monumentalistischen Heimatstil des Nationalsozialismus weichen.[84]

Vom Kulturbund der DDR zur Stiftung Thüringer Schlösser und Gärten

In und nach den Kriegswirren kam es zu weiteren Zerstörungen. Am 7. April 1940 stürzte der Keller unter dem Herrenhaus ein.[85] Anfang 1945 kam es an einem 1934 wiederhergestellten romanischen Fenster zu Beschussschäden durch alliierte Flugzeuge. Im Zuge der Suche nach geeignetem Baumaterial wurden die Steine einiger Mauerpartien in umliegende Ortschaften verschleppt. Auch Angehörige der Roten Armee hatten wenig Verständnis für deutsche Burgenromantik.[86] Größere Zerstörungen wurden nur durch die Tatsache unterbunden, dass die Anlage fast täglich mit einem Burgwart besetzt war.

Ab 1959 erfolgten einige Erhaltungsarbeiten. Die Geschichte der Anlage fand wieder Eingang in Publikationen, sie wurde nun zur „kulturpolitischen Aufgabe".[87] Im Frühjahr 1960 kam es zur Gründung eines „Ausschuss[es] zur Erhaltung und Pflege der Burg im Deutschen Kulturbund", des späteren „Arbeitskreises Burg Gleichen". Unter dessen

Leitung wurde der Ausstellungsraum mit dem Burgmodell im Turm eingerichtet und weitere Tätigkeiten aktiviert.[88]

Schon 1960 konnte der Wappenstein des Herrenhausportals vom Gut Ringhofen an seinen alten Standort zurückgeführt werden (Abb. 7). Nach dem Abbruch des Obergeschosses des Ringhofener Sommerhauses im Jahre 1962 folgten die Rückführung und der Wiedereinbau des gesamten Portals. Seitdem beschäftigte sich der Arbeitskreis kontinuierlich mit Erhaltungsarbeiten an der Ruine. Archäologische Grabungen in Zusammenarbeit mit dem Museum für Ur- und Frühgeschichte Thüringens in Weimar ab 1968 brachten einige neue Erkenntnisse zur Nutzungsgeschichte der Burg.[89] Ansonsten erfolgten die Arbeiten, wenn auch teilweise mit ungeeigneten Materialien (Zementmörtel), ohne auffällige Eingriffe in die Substanz. Die hier in den Jahren 1973 bis 1975 veranstalteten, nicht staatlich gelenkten Musikfestivals mit bis zu 2 500 Besuchern machten die Burg in der damaligen Szene DDR-weit bekannt.

1984 übernahmen die Museen der Stadt Erfurt die Nutzung der Burg. Der Arbeitskreis Burg Gleichen passte nicht zu den Vorstellungen des damaligen Direktors der Museen und musste nach 24 Jahren aktiver Denkmalpflege sein Objekt verlassen. Die Zeiten bis zur Wende brachten keine sonderlichen Aktivitäten zu Erhaltungsarbeiten. Andererseits flossen seit Anfang der neunziger Jahre des 20. Jahrhunderts umfangreiche Mittel für Maßnahmen in die Ruine, die nicht immer den notwendigen und ästhetischen Anforderungen genügten.[90] Als wichtigste Arbeiten seien hier jedoch die statische Sicherung der Ringmauer im Bereich der Kanzlei, die Sicherung des Herrenhauses und die Wiederherstellung des Torgewölbes zu nennen.

Seit dem 1. Januar 1998 gehört die Burg zum Liegenschaftsbestand der Stiftung Thüringer Schlösser und Gärten. Seitdem wurden wieder umfangreiche Maßnahmen ergriffen, um die Ruine baulich und konzeptionell in einen

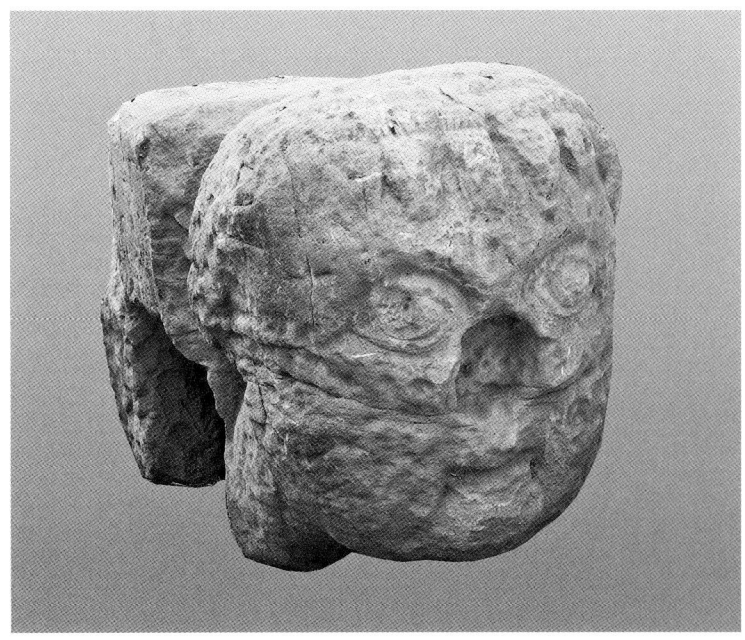

Abb. 13 Wandersleben, Burgruine Gleichen, Quader mit vollplastischem Kopf, Fundstück aus der Torzwingermauer, 2002

sicheren und erlebbaren Zustand zu bringen (Abb. 12).

Im Jahr 2002 konnte bei der Sanierung der Torzwingermauer ein unikates Fundstück sichergestellt werden (Abb. 13). Der überlebensgroße, aus einem 0,94 Meter langen Quader herausgearbeitete vollplastische Kopf zeigt einen Habitus des 11./12. Jahrhunderts. Der Quader war offensichtlich zum Einbau in eine Wandfläche hergestellt worden. Schleif- und Wetzspuren an allen Seiten des Quaders zeigen, dass dieser lange an einer stark frequentierten Stelle lag. Beim Bau der Zwingermauer um 1540 sollte er vermutlich als oberer Drehzapfenstein eines Tors ausgearbeitet werden. Da er bei dieser Bearbeitung einen Riss bekam, wurde er wohl verworfen und mit der hinteren, glatten Quaderseite sichtbar in die innere Mauerschale gegenüber dem Burgtor vermauert. Parallelen zu einem solchen überdimensionalen, 0,31 Meter breiten und 0,44 Meter hohen Kopf konnten in der romanischen Profanarchitektur bisher nicht gefunden werden.

Anmerkungen

[1] Annales Sancti Disibodi, in: Georg Waitz (Hg.), Monumenta Germaniae Historica, Scriptores, Bd. XVII, Hannover 1861, hier S. 9.

[2] Mainzer Urkundenbuch, 1, bearb. von Manfred Stimming, Darmstadt 1932, Nr. 616: „castra Gliche et Muleburch cum universo monte, qui dicitur Reberg et Breidenride, quod dedit Palatinus Willehelmus et mater eius annuente marcione Adelberto."

[3] Gerd Strickhausen, Burgen der Ludowinger in Thüringen, Hessen und dem Rheinland (Quellen und Forschungen zur hessischen Geschichte, 109), Darmstadt/Marburg 1998, S. 251.

[4] Otto Dobenecker (Hg.), Regesta Diplomatica necnon Epistolaria Thuringiae, Bd. II, Jena 1898, Nr. 251.

[5] Hans Tümmler, Die Geschichte der Grafen von Gleichen von ihrem Ursprung bis zum Verkauf des Eichsfeldes von 1100–1294, Teildruck, Neustadt (Orla) 1929.

[6] Dirk Höhne, Die Wasserversorgung der Schaumburg bei Schalkau / Lkr. Sonneberg, eine bemer-

kenswerte Zisternenanlage in Südthüringen. Mit einem Exkurs über Zisternenbauten mit Wasserreinigung im mitteldeutschen Raum, in: Alt-Thüringen (Jahresschrift des Thüringischen Landesamtes für Archäologische Denkmalpflege, Bd. 35), Stuttgart 2002, S. 187–189 und 221.

[7] Mainzer Urkundenbuch, 2,2, bearb. von. Peter Acht, Darmstadt 1971, Nr. 531: „castrum etiam in Glichen comiti Eruino infeodatum (...) prorsus destructum invenimus"; Erzbischof Konrad I. berichtet in dem 1189/90 aufgestellten Verzeichnis über die Verluste der Mainzer Kirche während seines Exils von 1165 bis 1183, er habe die Burg Gleichen, die dem Grafen Erwin zu Lehen gegeben sei, zerstört vorgefunden.

[8] Alfred Overmann, Urkundenbuch der Erfurter Stifter und Klöster, Teil I, Magdeburg 1926, Nr. 1026.

[9] Thüringisches Staatsarchiv Gotha (ThStA Go), Geheimes Archiv, QQ X (X), Nr. 44: „Joh. Hirnmeyer wird zum Vicario bey der S. Nikolai Capelle zu Wandersleben installiert".

[10] ThStA Go, Gemeinschaftliches Hohenlohisches Archiv, Nr. 924, Bl. 259 (Nr. 512): „Investitur eines Geistlichen zu der Kirchen S. Nikolai Ao.1462".

[11] ThStA Go, Gemeinschaftliches Hohenlohisches Archiv, Urkunden, Nr. 314a: „Registrum Cappelle Sanct nicolay by Wandisliben; (...) der cappellen uffm Schloß Gleichen (...) Anno 1530".

[12] Mitteilungen des Vereins für die Geschichte und Altertumskunde von Erfurt, H. 18, 1877, S. 75.

[13] Cronica S. Petri Erfordensis moderna a. 1072–1335, in: Oswald Holder-Egger (Hg.), Monumenta Erphesfurtensia, Hannover/Leipzig 1899, hier S. 229: „Hoc etiam anno II. Iunii [31. Mai] in Thuringia in tribus castris, scilicet Glichen, Wassenburg et Mulberg, turres et propugnacula uno fulmine pariter succensa succcebantur."

[14] Carl Beyer, Urkundenbuch der Stadt Erfurt, Teil 1 (Geschichtsquellen der Provinz Sachsen, 23), Halle 1889, Nr. 566.

[15] Ebenda, Nr. 590.

[16] Johann Friedrich Krügelstein, Nachrichten von der Stadt Ohrdruf, Ohrdruf 1844, S. 174.

[17] Herbert Koch, Der Sächsische Bruderkrieg (1446–1451), in: Jahrbücher der Königlichen Akademie gemeinnütziger Wissenschaften zu Erfurt, N.F., H. XXXV, Erfurt 1909, S. 159; infolge eines Bündnisses der Stadt Erfurt mit dem Kurfürsten Friedrich (dem Sanftmütigen) von Sachsen am 4. Juli 1450 kam es am 7. und 8. Juli zu einem Feldlager bei Wechmar. Von dort aus zerstörten und verbrannten vor allem Truppen der Stadt Erfurt namentlich die gleichischen Orte Ingersleben, Gummersleben (jetzt Ortslage von Ingersleben), Sülzenbrücken, Apfelstädt, Haarhausen, Holzhausen, Güntersleben, Schwabhausen, Ohrdruf, Groß- und Kleinrettbach, Ermstädt, Frienstädt und Nottleben. Auch in Wandersleben sind Brandzerstörungen aus dieser Zeit an einem romanischen Wohnturm und der Kirche bauhistorisch und archäologisch festgestellt worden. Die Burg Gleichen wird in diesem Zusammenhang nicht erwähnt. Die Truppen zogen am 11. und 12. Juli 1450 vor

die gleichische Burg zu Gräfentonna und belagerten diese vergeblich.

[18] ThStA Go, Geheimes Archiv, SS VIII/8, S. 19: „Ao: 1522 Ist ein Mordbrenner Heinrich Kappe genannt, welcher in der Grafschaft Gleichen bey Ohrdruff ergriffen worden zu Gleichen auf dem Schloß in der oberen Thorstube (...) verhöret worden".

[19] Johann Bernhard Heller, Zehen Sammlungen sonderbarer alt- und neuer Merckwürdigkeiten aus der berühmten Land-Grafschaft Thüringen, Jena/Leipzig 1731, S. 207; die Beschreibung stammt von Johann Zacherias Gleichmann, der die Burg 1725 besuchte.

[20] Johann Christian Hellbach, Historische Nachrichten von den thüringischen Bergschlössern Gleichen, Mühlberg und Wachsenburg, ihren Besitzern und Bewohnern nebst einer Erzählung der Sagen und Begebenheiten des zweibeweibten Grafen von Gleichen, Erfurt 1802, S. 49: „In einer der gedachten Piecen, nahe am Thore, findet man fast in derselben Mitte einen aufrechtstehenden, drei Fuß hohen, und ein Fuß im Quadrat starken, an allen vier Seiten (nur nicht oben) glatt gearbeiteten Stein, dessen würfelartiges Obertheil aber größer ist, und der auf der einen Seite desselben die Jahreszahl 1535 mit den von beiden Seiten derselben stehenden Buchstaben I. H. S. und auf einer anderen Seite das Zeichen Y hat."

[21] Ein Hinweis findet sich in einem Verzeichnis der 1633 von Gräfentonna nach Frauenprießnitz transportierten Archivalien: ThStA Go, Gemeinschaftliches Hohenlohisches Archiv, Nr. 924, Bl. 157: „Verzeichniß aller Briefe in des (...) Graff Georgen zu Gleichen Cantzley Gewölbe und Schloße befunden Ao. 64" (1564); eine weitere undatierte Erwähnung findet sich im Sächsischen Hauptstaatsarchiv Dresden (SHStA D), Geheimes Archiv, III, 1, Bd. 45, Nr. 8289, Bl. 21, Nr. 39: „Verzeichniß der Briefe, so zu Gleichen im Gewölbe liegen."

[22] ThStA Go, Geheimes Archiv, OO IV Nr. 1d.

[23] Mathias Zyndt, Belagerung der Stadt Gotha und der Festung Grimmenstein im Jahre 1567, Kupferstich, Einzelblatt, Nürnberg 1567.

[24] ThStA Go, Kammer Gotha, Amt Ichtershausen, Nr. 17a.

[25] Johann Weber (Hg.), Traur: vnd Klagpredigt. Ober den Tödtlichen Hintritt des weiland Hochwohlgebornen Graffen vnd Herrn / Herrn Philipp Ernsten / Graffen zu Gleichen / Spiegelbergk vnd Pyrmont / Herrn zu Thonna / Christseliger Gedechtnus, Erfurt 1620, S. 33.

[26] Bau- und Kunstdenkmäler Thüringens, bearb. von Paul Lehfeldt, H. XXVI: Herzogthum Sachsen-Coburg und Gotha, Landrathsamt Ohrdruf, Jena 1898, S. 84 und Ernst Heiß, Das Ohrdrufer Schloß „Der Ehrenstein", [Ohrdruf 1914].

[27] ThStA Go, Gemeinschaftliches Hohenlohisches Archiv, Rechnungen, Nr. 1–51.

[28] Ebenda, Nr. 14; vgl. die Ansicht der Burg von 1652.

[29] Caspar Saggitarius, Historia der Graffschaft Gleichen, Frankfurt/M. 1732, S. 439.

[30] Ullrich Lappe, Die spätmittelalterliche bis frühneuzeitliche Besiedlung der Burg Gleichen, in: Alt-Thüringen (Jahresschrift des Museums für Ur- und Frühgeschichte Thüringens, Bd. 19),

Weimar 1983, S. 164–187 und Tafel XXV–XXIX.

[31] ThStA Go, Gemeinschaftliches Hohenlohisches Archiv, Nr. 669: „Inventarium und Verzeichniß allerley Briefe und Rechnungen welche in der Schösserey befunden werden 1607."

[32] J. Weber, 1620, S. 41: „Den 6. Novembris waren I. G. Gn. auff dem Hause Gleichen mit frembder Herrschafft / dorauff sie sich dann sehr frewdig erzeigete / stiege ein Gemach auff / das andere nider / welches man sonst an deroselben / als welche ubel zu fuß / nicht gewohnet war. Wie sie nun den Abend nach Hoff kamen [Schloß zu Ohrdruf] / klagten sie den lincken Fuß / [welcher sonst der gute war] und gieng nach abgedeckter Taffel also bald hinauff in ihr Gemach / liesen sich verbinden / und legten sich zu Ruhe (...)."

[33] Edwin Zeyss, Die Burg Gleichen von Ende des 16. Jahrhunderts bis zur Mitte des 19. Jahrhunderts, in: Mitteilungen des Vereins für Geschichte und Altertumskunde von Erfurt, H. 50, 1935, S. 111.

[34] Ebenda, S. 105.

[35] U. Lappe, 1983, S. 173; zwei Münzen datieren die Verfüllung der Zisterne im Hof nach 1622.

[36] E. Zeyss, 1935, S. 106: „(...) um die Guardia und Besatzung auf Gleichen zu halten" wurden 10 Malter Mehl, 18 Eimer Bier, 4 Zentner Fleisch, 6 ledige Fässer, 2 Zentner Lunten, 1 Zentner Blei und $^1/_4$ Zentner Salz in den Burgkeller verbracht"; siehe auch Carl Polack, Wachsenburg, Mühlberg und Gleichen, die thüringischen Drei Gleichen in ihrer Beziehung zu einander, Gotha 1859, S. 116.

[37] E. Zeyss, 1935, S. 105.

[38] An das h.R.R.hochlöbl. Kurfürsten und Stände unvermeidliches Memorial der fürstl. S. Weimar; Gothaischen und Eisenachischen, zu gegenwärtigem Reichstage abgeordneten Räthe und Gesandte, die von dem Herrn Grafen zu Hatzfeld wegen der Grafschaft Gleichen im reichsgräflichen Collegio angemaßte Session und Stimmen betreff. 1651 und 1725; Abgenötigtes Contra= Memorial des hochlöblichen Erzstifts Maynz über dessen unmittelbare von etlichen hundert Jahren her, erb- und eigenthümlich zugestandenen und noch zustehende jenseit des thüringer Waldes gelegene Reichs-; Graf- und Herrschaft Gleichen, Blankenhayn und Krannichfeld sammt allen anhängenden Rechten, und Gerechtigkeiten, Immunitäten, Freiheiten, Immedietät, und Superiorität, mit welchen allen das hochlöblichen Geschlecht von Hatzfeld, als Herr Melchior und Herman von Hatzfeld Graf von Gleichen, sammt der Deszendenten und Lehnsfolger investiret und belehnet worden wider die fürstl. sächs. Weimar : Gotha : Eisenachischen zu gegenwärttigen Reichstag abgeordnete Räthe und Gesandten im Jahr 1653 im Druck ausgelassenes, intutilirtes vermeintliches Memorial der Grafen von Hatzfeld Session im gräflichen Collegio betreffend; Nothwendige Ablehnung des Contra=memorials welches im Namen des Erzstiftes Maynz und der Herren Grafen von Hatzfeld zu vermeinter Behauptung der wegen der Grafschaft Gleichen, und derer beiden Herrschaften Blankenhayn und Krannichfeld de facto angemaßten Reichs=Immedietät und anderer unbegründeten Prätendionen nächstwiche-

nen Jahres wider die fürstl. sächsische Weimar=Gothaische und Eisenachische Gesandten auf dem nächsten Regensburgischen Reichstag publizirtes Memorial herausgegeben worden, Jena 1655 und 1725; Mich. Chr. Lynters (Lynckers), Gründliche Ausführung, warum das fürstl. Stammhaus Sachsen zur Reassumtion der vorlängst geendigten, vom K. Kammerfiskal aber von neuem erregten sogenannten Gleichischen Eximtionssache nicht gehalten, sammt einem Anhange, daß das Erzstift Maynz und dessen Belehnte dabei in keine Wege interessirt sey. 1681 und 1725 Hersgb. Kammergerichtsassesor v. Ludolf.

[39] Notwendige Ablehnung, 1655, S. 96.

[40] ThStA Go, Geheimes Archiv, MM IVc, Nr. 46.

[41] Jens Friedhoff, Die Familie von Hatzfeld. Adelige Wohnkultur und Lebensführung zwischen Renaissance und Barock, Düsseldorf 2004.

[42] Thüringisches Hauptstaatsarchiv Weimar (ThHStA W), Reg. D 853, S. 331: „(...) Der Gräffl. Hatzffeldische Capitan Christoff Kaufmann begab sich am 15.2.1651 mit seinem Weibe und Kindern auf das Haus Gleichen um da seine Haushaltung zu gestalten (...)" und ThStA Go, Gemeinschaftliches Hohenlohisches Archiv, Nr. 1867.

[43] ThStA Go, Geheimes Archiv, MM IVc, Nr. 52.

[44] ThHStA W, Reg. D 853, S. 400f.: „Beschreibung der dem Freudenthal und der Burg Gleichen umliegenden Ländereien mit Ansicht von Osten durch den Ichtershäuser Amtsschösser Walter vom 14. Juni 1652".

[45] ThStA Go, Geheimes Archiv, OO IV Nr. 233: Federzeichnung, Grundriss / Vogelschau Wandersleben mit Freudental und Burg Gleichen von Osten, um 1662.

[46] ThStA Go, Geheimes Archiv, GG II e Nr.10: col. Federzeichnung, Grundriss der Gemarkung Mühlberg mit Burg Gleichen, Ansicht von Süden, vom 28. Juni 1666.

[47] J. Friedhoff, 2004, S. 320.

[48] ThStA Go, Geheimes Archiv, MM IVc, Nr. 69: „Der Herrn Grafen von Hatzfeld vorhabend wieder auferbauung des Schloßes Gleichn und Von den Unterthanen des Ambts Wandersleben darzu verlangte Frohndienste und Geld beytrag auf 4 Jahr betr. 1717."

[49] Walther Heinze, Wandersleben. Ein Heimatbuch, Arnstadt 1925, S. 82.

[50] J. B. Heller, 1731, S. 206ff.: Beschreibung der Burg 1725 durch Johann Zacherias Gleichmann: „Diese curieuse Antiquität nun selbst mit Augen zu sehen, habe ich mich am 11. April dieses 1725ten Jahres, auf dieses alte Berg=Schloß verfüget, und es folgender Gestalt befunden: Der Weg, auf welchem ich in selbiges gelangete, war der Fuß=Steig, welcher auf der Seite, wo das Freuden=Thal liegt, unten am Berge sich anfänget, und durch lauter Gehöltze und Büsche, sehr jähe, fast biß ans Schloß, gehet. Von solchem Fuß=Steige kommet man, nahe am Schloß, auf den Fahr=Weg, welchen die Türckische Princeßin deswegen verfertigen lassen, weil sie gesehen, daß die Fuhrleute, so etwas auf das Schloß führen müssen, gar einen bösen Weg vorher gehabt. Daher sie aus Erbarmung gegen solch armes Volck diesen steinernen Weg machen lassen, welcher auch noch, wie der Herr Melissan-

tes cit. loco, p. 23. berichtet, deswegen der Türckinn=Weg genennet wird. Solcher Weg ist mit dicken, starcken und grossen Sand=Steinen gepflastert gewesen, wovon aber nur noch wenige Steine vorhanden sind, an welchen man nur noch ein tieffes Wagen=Geleise, und sonst nichts, wahrnehmen kan. Rings herum ist ein flacher Graben gegangen, welcher aber an vielen Orthen sehr verfallen. Vor dem vordersten Thore, wo ich hinein gekommen, schiene vor Alters eine Zug=Brücke gewesen zu seyn. Etliche Schritte vorher, ehe man zu selbigem kommt, siehet man zur lincken Hand in der Mauer einen liegenden Löwen mit aufgesperreten Rachen, fast in Lebens=Grösse, von einem gantz dunkel=braunen Steine. Es ist solcher in die Mauer mit eingemauret, und macht eine recht entsetzliche Figur. Er ist auch, meinem Ermessen nach, nicht ohne sonderbahre Ursache dahin gesetzt worden. Es ist dieser Löwe allem Ansehen nach sehr alt, und vermuthlich gleich bey der ersten Erbauung dieses Schlosses mit eingemauret worden. Daher man auf die Gedancken kommen könnte, ‚daß die Grafen von Gleichen erst einen liegenden Löwen im Wappen geführt, welcher hernach in einen sthenden verwandelt worden. Wenn man nun, nach Beschauung dieses curieusen steinernen Löwens, ins Schloß hinein gehet: So muß man sowol in dem gewölbten Thor, als auch inwendig das alte Mauerwerck admiriren. Wenn ein Mahler die allerälteste Ruinen und Rudera von einem Schlosse præsentiren wollte: So könnte er sich kein besser Muster, als dieses alte Berg=Schloß, nach seiner inwendigen Structur vorstellen. Denn, gleichwie an denen alten Römischen Müntzen der Firniß, womit das Alterthum dieselbe überzogen, von gelehrten Kennern bewundert, und die unterschiedliche Farben desselben hochgeschätzet werden: Also muß man auch hier an dem alten Mauer=Wercke, vornehmlich an dem, welches sich im Eingange zur lincken Hand præsentiret, die mancherley Farben, wie nemlich dunckel und hell=braun, dunckel und hell=gelbe, nebst weisser und grauer Farbe sich vermischen, admiriren. Zur rechten Hand hat die Kirche oder Schloß=Capelle, nebst einer Neben=Capelle, welche durch eine Mauer, von dem navi ecclesiæ gleichsam separieret gewesen, gestanden, wovon noch das hohe Mauer=Werck, nebst Fenster=Löchern, und die Rudera von zweyen Kirch=Säulen, zu sehen, doch kan man gar eigentlich abnehmen, daß dieses Mauer=Werck bey weitem nicht so alt, als vorher erwehntes, nemlich das auf der lincken Hand stehendes. Der Schloss=Hoff ist ziemlich lang und weit, und überall mit Rasen bewachsen, daher er sich als eine angenehme Wiese præsentieret, und wird auch würckl. im Sommer Heu darauf gemachet. Zur lincken, wo das sehr alte Mauer=Werck noch stehet, ist die Küche, Kellerey, und die Gräfliche Cantzeley gewesen, wie man denn auch noch jetzo daselbst die vortrefflichsten Keller findet. Wenn man dar fortgehet, kommet man zu dem hohen steinernen Thurm, welcher zu Ende des Schloß=Platzes stehet, und so tief in die Erde hinein gebauet seyn soll, als er hoch ist. Gehet man von solchem Thurm vollends herum, so muß man wieder die Aelte der Mauren, womit dieses Schloß umgeben gewesen, admiriren; doch ist sie auf dieser Seiten gar sehr ruiniret, und sind an einigen Orthen so grosse Lücken, daß es nicht anders läst, als wenn Breche geschossen wäre. Kömmet man endlich wieder vor an das reparirte Gebäude, so observiret man wieder einen sehr tieffen und schönen Keller, worbey sich die Rudera von einem sehr hohen steinernen Schlott præsentieren, welcher anzeiget, daß daselbst auch Gebäude von ziemlicher Höhe gestanden haben. Alsdenn kommet man in das Ao. 1588 reparirte Gebäude, welches gleich gegen dem Eingange über sich anfänget, und nebst einem Seiten=Gebäude sich biß an die rudera der Kirche erstrecket. Uber der Thür stehet der Gleichische Löwe aufgerichtet, und darbey obige Jahr=Zahl, nemlich: 1588. Auf diesem neu=reparirten Gebäude, steht das Weltberühmte Bette, worinnen der Graf Ludovicus Bigamus, ordentlich, wenn er zu Hause gewesen, mit seinen zweyen Gemahlinnen geschlaffen. Es ist solches, wie ich es eigentlich abgemessen habe, vier Ellen und anderthalb viertel lang, und drey Ellen breit. Es ist von gemeinem Holtze gemachet, oben mit Holtze zugewölbt, und mit allerhand Farben angestrichen gewesen. An dem gewölbten Himmel kan man noch eine Figur wahrnehmen, welche wie ein Orientalisches Gewächse aussiehet, daß also vermuthlich allerhand Orientalische Früchte an dem Himmel gemahlet gewesen, an denen Bett=Stollen, ist von der Mahlerey nicht das geringste mehr zu erkennen. Es ist auch der gewölbte Himmel nur noch zur Helffte vorhanden, das übrige ist theils negligiret, theils durch die Aelte der Zeit corumpiret worden. Sowol an den Bett=Stollen und Bretern, als auch an der Helffte des Himmels stehen viele 100. Nahmen angeschrieben; woraus man sattsam abnehmen kan, daß dasselbe von Zeit zu Zeit von vielen Frembden besehen worden. (...)"

Eine weitere Beschreibung, wohl auch von Gleichmann, findet man bei J. B. Heller, 1731, auf S. 352–354: „(...) Dieses Schloß Gleichen ist 7eckig, ganz steinern bis unter das Dach und mit Ziegeln gedeckt, hat auf dem reparirten Gebäude zwei brauchbare Stuben und bei der untersten zwei kleine, bei den obersten aber eine ziemlich bequeme Kammer. Aus der obersten Stube geht ein enger Gang in die Kammer, in welcher noch das Bett zu sehen ist, in welchem der Graf Ludwig VI. mit seinen beiden Gemahlinnen geschlafen hat. An dem Bette liegt auch noch ein Stück von dem Sessel, in welchem dieser Graf mit seinen Gemahlinnen soll gesessen haben. Ferner sind an dem Saal zur linken Hand an der Treppe noch zwei große Kammern. Über dem Saal ist ein kleines Badestübchen. In der obersten Stube steht die Residenz Crottdorf abgemalt nebst noch einer anderen Schilderung so eine lustige Gegend darstellt. In dem Schlosse auf der Seite nach dem Wald zu sind 24 Fenster und so viel angemachte Läden darzu, gegen den Hof aber 20 Fenster, darunter die meisten von großen Winden und Wettern sehr beschädigt sind (...)."

[51] J. Friedhoff, 2004, S. 490.

[52] E. Zeyss, 1935, S. 122.

[53] Neue Erweiterung der Actenmäßigen Nachrichten von 6. zahlreichen Diebes=Banden, Welche durch nachstehende Gau=Diebe, als: Johann

Andreas Lorenz Mahr, Conrad Vollmar und Hans Adam Meroille, in ihrer gefänglichen Hafft zu Hildburghausen und Themar entdecket worden sind, Nebst einem Verzeichniß der angegebenen Spitz=Buben und derjenigen Orte wo Platten sind, Hildburghausen 1755, S. 45: „(...) darauf hätte sein Stiefvater den todten Dragoner aufgehuckt, und solchen in ein altes Schloß ohnweit Freudenthal auf dem Berg, worinnen es ganz finster, und dahin niemand käme, geworfen (...)"; ebenda, S. 21: „(...) Den erschossenen Dragoner habe sein Stief=Vater ganz allein, doch sei er, Mahr, mitgegangen, den Berg hinan, durch das hölzerne Thor, wenn man vom Freudenthal hinauf in das Schloß gehe, den Hof hinter getragen, und in ein, bey der der Mauer, linker Hand des Hofes, stehender steinerner Thurn, befindliches längliches Loch, wo etliche Treppen hinunter gegangen, geworfen, ob aber derselbe da liegen geblieben, wisse er nicht, denn sein Stief=Vater wäre des andern Morgens wieder auf den Berg alleine gegangen (...)"; ebenda, S. 19: „(...) Daß nach geschehener gerichtlicher Visitation auf dem Freudenthal, und Schlosse Gleichen, in welchem letzteren viele Hölen, tiefe Löcher und wüste Keller, befindlich seyen, von denen daselbst ermordeten, und dahin verborgenen Körper des Egydii Mahr, und Gothaischen Dragoners, keine Spuren sich gezeigt (...)"; ebenda, S. 32: „(..) Wenn visitiret worden, so hätten sich die Spitzbuben in einen grossen Keller auf dem alten Schlosse bey Wandersleben versteckt (...)."

[54] Günther Kraft, Historische Studien zu Schillers „Die Räuber". Über eine mitteldeutsch-fränkische Räuberbande des 18.Jahrhunderts, Weimar 1959; siehe auch Frank Störzner, Das Steinkreuz im „Mordgarten" bei Wandersleben, Erfurt 1993.

[55] E. Zeyss, 1935, S. 122.

[56] J. Friedhoff, 2004, S. 120.

[57] Werner Helmberger, Carl Joseph May (1747–1822). Hofkonditor und Korkbildner, in: Rom über die Alpen getragen. Die Aschaffenburger Korkmodelle, Ergolding 1993, S. 63ff.; Helmberger erwähnt das Modell im Œuvre des Carl May nicht; nach J. Ch. Hellbach, 1802, S. 12 und der Erklärung des Titelkupfers ist das Modell der Mühlburg im Jahre 1800 bereits im Besitz Dalbergs, und May habe die anderen der Drei Gleichen in Arbeit.

[58] Erich Stenger, Pheloplastik – die Kleinkunst der Korkbildnerei, Berlin 1927; Stengers Recherchen zufolge befand sich das Modell bis in das beginnende 20. Jahrhundert im Bayerischen Nationalmuseum in München, war dort aber 1926 nicht mehr vorhanden. Jedoch existieren Fotografien aus den dreißiger Jahren im Stadtarchiv Erfurt, Fotosammlung, XX E 2; leider ist es nicht gelungen den heutigen Standort des Modells ausfindig zu machen.

[59] J. Ch. Hellbach, 1802, S. 42ff.

[60] Landeshauptarchiv Sachsen-Anhalt Magdeburg (LHAS-AMd), Außenstelle Wernigerode, Rep. B 37, Anhang II, Nr. 2: „Nachrichten über die Ruinen des Schloßes Gleichen 1808" (mehrere kurze Gebäudebeschreibungen) und ThStA Gth, Regierung Erfurt, Sign. 7259: „Beschreibung der Vorgänge zur Burg 1811–1843".

[61] M. Jacob Dominicus, Progr. de castris Thuringicis, quas vulgo Comitum de Gleichen dicunter, praesertim de Wanderlebensi et Mühlbergensi. Nec non de pluribus simulacris universitas literarum Erfordiensi dono datis, Particula I, 1811, Particula II, 1812, Erfordia 1812.

[62] E. Zeyss, 1935, S. 125f.

[63] Ludwig Bechstein, Die drei thüringischen Bergschlösser Gleichen, Mühlberg und Wachsenburg, in: H. J. Meyer, Thüringens Merkwürdigkeiten aus dem Gebiet der Natur, der Kunst, des Menschenleben etc., Arnstadt 1827, S. 88.

[64] Friedrich Gottschalck, Die Ritterburgen und Bergschlösser Deutschlands, Bd. 3, Halle 1820, Nr. 44: Gleichen, S. 14.

[65] L. Bechstein, 1827, S. 88.

[66] W. von Clemens-Milwitz, Der Thüringer Wald mit seinen nächsten Umgebungen; nach seinen gegenwärtigen gesamten Verhältnissen geschildert, Erfurt 1830, S. 182.

[67] LHA S-A Md, Außenstelle Wernigerode, Rep. A 47 II, XII A Nr. 14, Bl. 128r–129r: Beschreibung des „Königlichen Jagdhauses Freudenthal in der Grafschafft Blankenhayn 1804".

[68] W. v. Clemens-Milwitz, 1830, S. 181.

[69] Ludwig Storch, Die drei Gleichen, in: Friedrich von Sydow (Hg.), Thüringen und der Harz, Bd. 5, Sondershausen 1841, S. 207.

[70] Ludwig Bechstein, Thüringen, in: Das malerische und romantische Deutschland, Bd. III, Leipzig o. J., S. 150, Beschreibung von 1842: Der Innenraum ist noch „(...) begehbar, der Estrich an einigen Stellen durchgebrochen (...)"; auch die Liedertafel von 1842 wird beschrieben.

[71] Freiherr von Müffling (Hg.), Statistik des Landkreises Erfurt, nebst einem Anhange; Historisches von den Ortschaften des jetzigen Landkreises Erfurt, Erfurt 1879, S. 72; anwesend waren auch seine Söhne Ernst II. und Albert, der spätere Gemahl von Victoria I., der Königin von Großbritannien und Irland sowie Kaiserin von Indien.

[72] Beckers (Hg.), Der Anzeiger, Gotha 1842, Nr. 225, S. 2961.

[73] ThStA Go, Sammlung Karten, T 11,8: Ringhofen bei Mühlberg, Aufmaße der Gebäude 1928 und Sammlung Jürgen Postel, Weimar, Fotografien vor dem teilweisen Abbruch des Sommerhauses 1962.

[74] Thuringia. Zeitschrift für die Kunde des Vaterlandes, Jg. 2, Nr. 41, 1842, S. 651: „(...) Das schadhaft gewordene Dach des Wohnhauses ist abgenommen, die Fußböden herausgebrochen worden, und Gräuel der Zerstörung sehen zu allen Fensteröffnungen heraus"; Der deutsche Stadt- und Landbote, Nr. 204 v. 13. Oktober 1848; die Zeitung enthält einen hervorragenden Artikel des Erfurter Redakteurs und Revolutionsführers Goswin Krackrügge (1804–1881) über den „Generallieutenant Feldmarschall v. Müffling" und seine negativen Aktivitäten, auch die Ruinierung der Burg betreffend.

[75] Albert Kortüm, Über die Drei Gleichen, in: Jahresbericht des Vereins zur Erhaltung der Denkmäler der Provinz Sachsen, Quedlinburg 1896, S. 78.

[76] Oskar Blume, Die Drei Gleichen, historisch und topographisch geschildert, Erfurt 1886, S. 11.

[77] Zur Erhaltung der Gleichen, in: Thüringer Monatsblätter. Verbandzeitschrift des Thüringerwald-Vereins, Jg. 5, Nr. 10, 1898, S. 109–111.

[78] A. Kortüm, 1896, S. 75.

[79] Walther Schneemann, Die Geschichte und Beschreibung der Burgruine Gleichen bis zum heutigen Tage, in: Mitteilungen des Vereins für Geschichte und Altertumskunde von Erfurt, H. 50, 1935, S. 139.

[80] Stadtarchiv Erfurt, Plansammlung Burg Gleichen, Mappe 110/17: gedruckte Entwürfe des Architekten Max Borckert, Erfurt.

[81] Leider sind die wichtigsten Architekturteile heute verschollen. Andere Teile der 1934 geborgenen Bauornamentik sind noch heute auf der Burg vorhanden. Fotografien der Bauteile liegen im Stadtarchiv Erfurt, Fotosammlung, XX E 4 (1935) und im Heimatmuseum Ingersleben (1934).

[82] W. Schneemann, 1935, S. 142.

[83] Thüringer Heimatschutz. Beilage zum Thüringer Fähnlein, Nr. 6, 1937.

[84] Stadtarchiv Erfurt, Plansammlung Burg Gleichen, 6 Mappen.

[85] Stadtarchiv Erfurt, Bauverwaltung Erfurt, 7364/1-2/351-32.

[86] Thüringisches Landesamt für Denkmalpflege und Archäologie, Dienststelle Erfurt, Bestand Objektakte Wandersleben, Burg Gleichen, Bd. I; ein politisch vorzüglich manövrierender Bericht vom 10. November 1953 über die Feststellung der durch Angehörige der Roten Armee verursachten Schäden und Verluste auf der Burg Gleichen.

[87] Willibald Gutsche, Aus der Geschichte der Burg Gleichen, in: Das Erfurter Rad (Kulturbund Erfurt), Erfurt 1959, S. 103–111 und derselbe, Die Burgruine Gleichen – eine kulturpolitische Aufgabe, in: ebenda, S. 189–192.

[88] Derselbe, Die Burgruine Gleichen wird erhalten und gepflegt, in: Das Erfurter Rad (Kulturbund Erfurt), Erfurt 1960, Nr. 5, S. 16f. und derselbe, Aus der Arbeit des Burg-Gleichen-Ausschusses, in: Das Erfurter Rad (Kulturbund Erfurt), Erfurt 1959, S. 189–192.

[89] U. Lappe, 1983. S. 164–187 und Tafel XXV–XXIX; Thüringisches Landesamt für Denkmalpflege und Archäologie, Dienststelle Weimar, Archiv, Ortsakte Wandersleben, Bd. I, S. 54, Grabungsbericht: Grabung am Palas der Burg Gleichen, September 1971 bis August 1972.

[90] Genannt seien hier nur die Erhöhung der südlichen Ringmauer mit Muschelkalkbruchsteinen, die unpassende Fußbodenauslage aus geschnittenen Steinplatten in der Küche der Kanzlei, die Entlastungsbögen der Fenster des Herrenhauses aus Klinker u.a.

Gerd Strickhausen

Zum Burgenbau Graf Günthers XXI. von Schwarzburg

Einleitung

Der Burgenbau des 14. Jahrhunderts in Thüringen ist durch zahlreiche Neugründungen und Ausbauten bestehender Burgen gekennzeichnet. Eine herausragende Rolle spielen dabei im zweiten Viertel des 14. Jahrhunderts die Burgen Graf Günthers XXI. von Schwarzburg – des seinerzeit bedeutendsten Thüringer Adeligen. Seine Burgen sind nicht nur zahlreich und zum Teil architektonisch sehr anspruchsvoll, sie sind auch fortifikatorisch ungewöhnlich innovativ.

Graf Günther XXI. von Schwarzburg und die Thüringer Grafenfehde

Die Grafen von Schwarzburg gehören zu den ältesten und bedeutendsten Grafengeschlechtern Thüringens.[1] Nach der den Namen gebenden Schwarzburg im oberen Schwarzatal, die wohl schon im 11. Jahrhundert bestanden hat, nannte sich erstmals 1123 ein Graf „Sizzo de Swarceburch",[2] Graf im Längwitzgau (gest. 1160). Am Nordrand des Thüringer Waldes bauten die Grafen ihre Herrschaft über die 1141 erstmals genannte Käfernburg[3] und die Stadt Arnstadt bis Georgenthal bzw. Georgenberg aus. Die Schwarzburger haben zahlreiche Seitenlinien gebildet und oft Besitz- und Erbteilungen vorgenommen.[4] Eine der wichtigsten Erwerbungen der Schwarzburger war 1208 die Stadt Saalfeld, mit der die Grafen erstmals das strategisch wichtige Saaletal erreichten. Im staufisch-welfischen Thronstreit gab Otto IV. den Schwarzburgern im Jahre 1208 die Reichsstadt für 1 000 Mark Silber als Pfand.[5] Vier Jahre später belehnte der Staufer Friedrich II. die Schwarzburger mit Saalfeld und Burg Ranis. Zusammen damit erhielten sie vermutlich auch Pößneck, Leutenberg, Könitz, Blankenburg und wohl auch Schwarza. Dieses Pfand wurde nicht mehr eingelöst, und 1323 belehnte König Ludwig der Bayer (1314–1347, Kaiser ab 1328) Heinrich VII. von Schwarzburg-Blankenburg (gest. 1326) mit der Stadt Saalfeld, der Burg und Stadt Blankenburg sowie der Burg zu dem Stein („castrum zu dem Steine") bei Pößneck.[6] Dabei werden als Zubehör von

Blankenburg unter anderem „montanis, que berchwerch dicuntur" genannt.[7] Hier wird ein Teil des beträchtlichen Vermögens der Schwarzburger sichtbar.

In der ersten Hälfte des 14. Jahrhunderts befanden sich die Schwarzburger auf dem Höhepunkt ihrer Macht und ihres Ansehens; unter den übrigen Thüringer Grafen und Herren ragten sie deutlich hervor. 1315 setzte Landgraf Friedrich I. (gest. 1323) Günther XV. (gest. 1352) als obersten Landrichter in Thüringen ein. Sein Bruder, Heinrich VII. (gest. 1324), wurde von Ludwig dem Bayern zusammen mit Heinrich II. Reuß von Plauen als Vormund für den noch unmündigen späteren Landgrafen Friedrich II. bestellt. Bedeutendster Schwarzburger war Günther XXI. von Schwarzburg-Blankenburg (geb. 1304 Blankenburg, gest. 1349).[8] Nach dem Tod seines Vaters, Heinrich VII., verwaltete er das Erbe zunächst zusammen mit seinem Bruder Heinrich X. (gest. 1336), bis sie es 1330 teilten. Beide nannten sich oft nach ihrer Stadt Arnstadt. Wie sein Vater war Günther XXI ein angesehener Diplomat und Militär Kaiser Ludwigs, an dessen Hof er sich oft aufhielt. Nach dem Tod des Kaisers im Jahre 1348 wählte ihn die wittelsbachische Partei am 30. Januar 1349 in Frankfurt zum Nachfolger und Gegenkönig Karls IV. – der einzige Schwarzburger, dem die Königswürde zuteil wurde. Günters Situation gegenüber Karl IV. erwies sich bald als aussichtslos; zudem war er schwer erkrankt, sodass er bereits am 26. Mai in Eltville auf das Königtum verzichtete. Am 14. Juni starb er in Frankfurt und wurde im Beisein Karls IV. im dortigen Bartholomäuskloster beigesetzt.

1328 ehelichte Landgraf Friedrich II. die Tochter Ludwigs des Bayern, Mechthild, die das Pleißenland in die Ehe brachte, womit die Wettiner endlich eine Brücke zwischen ihren Ländern Meißen und Thüringen erhielten. Dies gab dem Landgrafen einen strategischen Vorteil gegenüber den thüringischen Grafen und Herren. Noch im selben Jahr begann eine intensive Erwerbspolitik Graf Günthers XXI. und seines Bruders Heinrich X. mit der offensichtlichen Zielsetzung, zum einen die bisherigen Positionen auszubauen und zum

Abb. 1 Burgruine
Ehrenburg, Ansicht
von Südosten

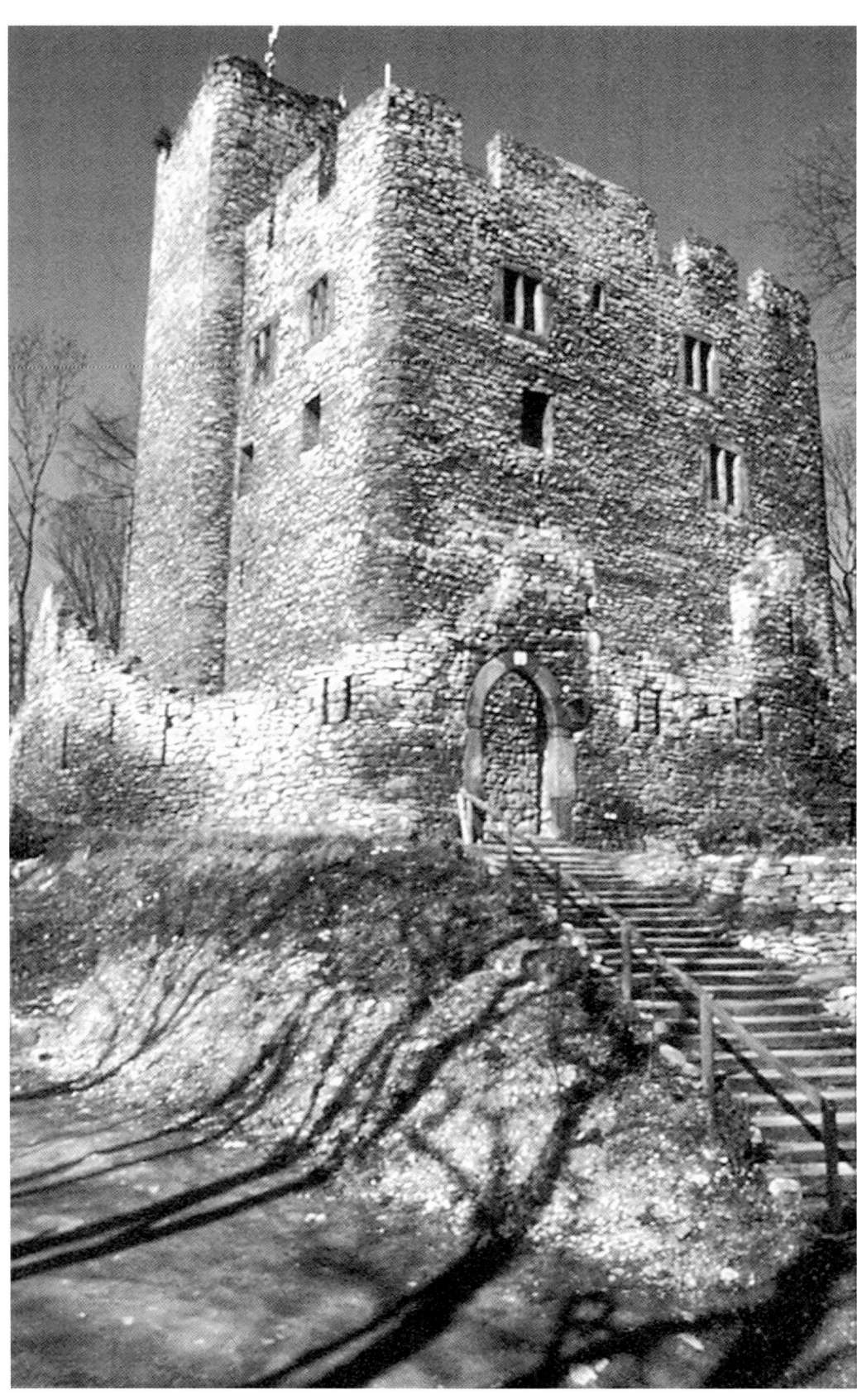

anderen die Stärkung der wettinischen Macht zu durchkreuzen. Im Saaletal[9] und in Nordthüringen wurden systematisch Erwerbungen getätigt: 1328 erwarben sie die Güter des Deutschen Ordens zu Saalfeld.[10] 1331/34 und endgültig 1340 kamen das Obere Haus, das Niedere Haus und die Stadt zu Rudolstadt als Pfand von den Grafen von Orlamünde an die Schwarzburger.[11] 1331 kauften sie „daz hus zu Wintberg" (Burg Windberg) bei Jena.[12] Der Versuch, im selben Jahr von den verschuldeten Herren von Lobdeburg-Leuchtenburg die ihnen gehörende Hälfte der Stadt Jena – die andere Hälfte war wettinisch – als Pfand zu erwerben, schlug fehl, da der Landgraf wenige Monate später seinerseits auch diese Hälfte kaufte und das Pfand einlöste.[13] Seit 1306 waren Arnstadt und Plaue je zur Hälfte schwarzburgisch und hersfeldisch, bis sie nun 1332 vollständig gekauft wurden. 1333 kauften die Schwarzburger von Albrecht von Leuchtenburg die gleichnamige Burg, Stadt und Burg Kahla, Stadtroda, die Rabensburg bei Bürgel sowie seine gesamte Herrschaft mit Lehen in Franken und Bayern.[14] Die Tatsache, dass der Tod Heinrichs X. 1336 keinen Einschnitt in dieser Politik markierte, weist Günther XXI. als die treibende Kraft aus. 1338/40 erwarb er von seinem Schwager, Graf Heinrich von Honstein, Schlotheim und 1339 Greußen.[15] Die bei der Stadt Erfurt schwer verschuldeten Grafen von Beichlingen mussten Teile ihrer Grafschaft verkaufen. 1339 erhielt Graf Günter für 2 000 Mark die Obere Sachsenburg als Pfand,[16] und 1340 kaufte er zusammen mit Graf Heinrich von Honstein für 6 500 Mark Silber Schloss, Stadt und Salzbrunnen Frankenhausen.[17] Im folgenden Jahr 1341 verkaufte Heinrich V. von Beichlingen seine Hälfte am Ratsfeld auf dem Kyffhäuser für 100 Mark Silber an Günther XXI. Die Schwarzburger konnten mit diesen Erwerbungen in Nordthüringen Fuß fassen. Nachdem im Verlauf der Grafenfehde 1343 Graf Günther XXI. und zwei weitere Grafen von Schwarzburg sowie zwei Grafen von Orlamünde ihre Herrschaften zusammengelegt hatten, erwarben sie 1343 und 1344 Dornburg mit den Orten Zimmern, Dorndorf und dem Tautenburger Forst.[18]

Die Landesgeschichte Thüringens ist in den dreißiger und vierziger Jahren des 14. Jahrhunderts geprägt von schweren Auseinandersetzungen zwischen den recht unabhängigen einheimischen Adelsgeschlechtern und Landgraf Friedrich II., der seine Oberherrschaft durchsetzen wollte. Beteiligt an diesen Auseinandersetzungen waren auch der Mainzer Erzbischof Heinrich von Virneburg – der mit seinen Besitzungen, der Stadt Erfurt und großen Teilen des Eichsfelds, der stärkste Konkurrent des Landgrafen war – und als weitere Partei Erfurt, die bei Weitem wichtigste Stadt Thüringens, die in andauerndem Streit mit ihrem Stadtherrn, dem Erzbischof, stand. Die Auseinandersetzungen sind in den dreißiger Jahren des 14. Jahrhunderts durch ständig wechselnde Koalitionen charakterisiert,

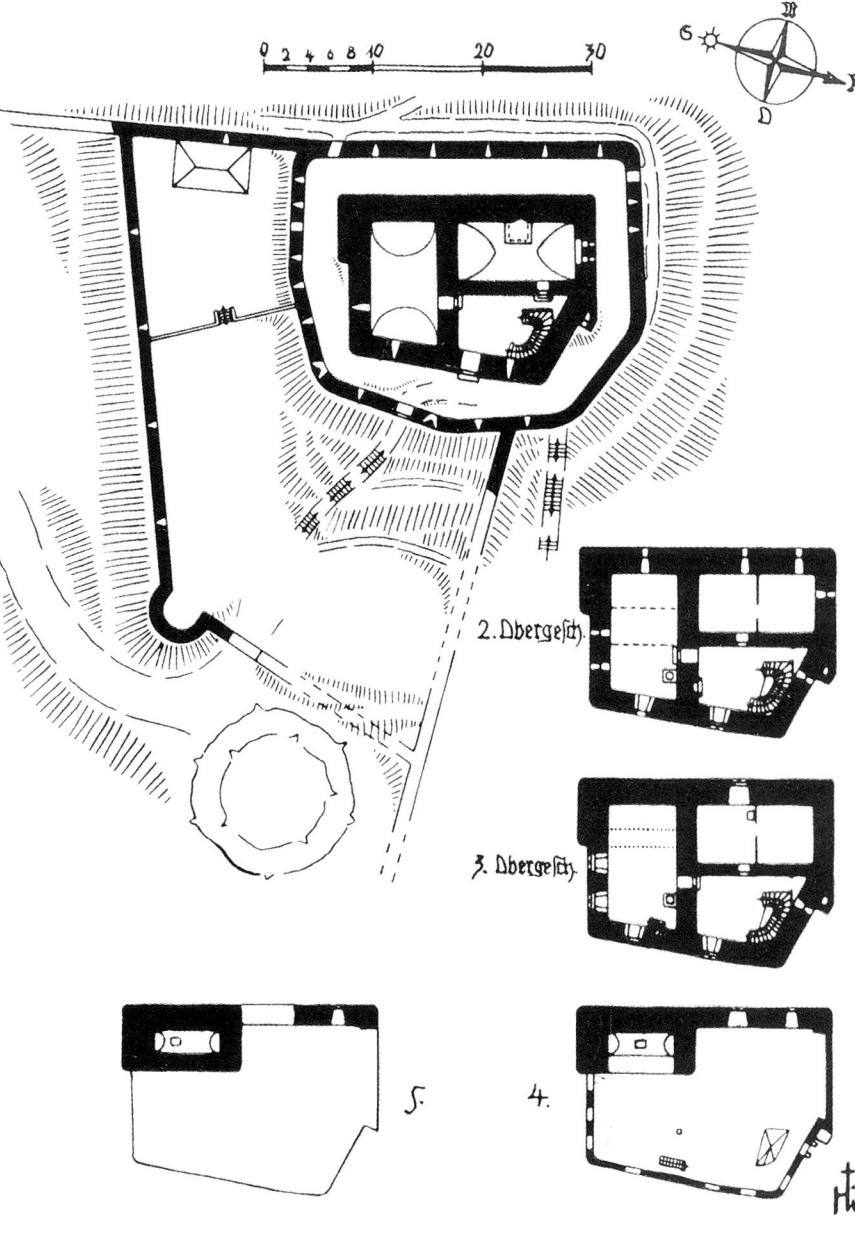

2. Obergeſch.

3. Obergeſch.

5.

4.

die hier nicht weiter verfolgt werden müssen. Die Entwicklung eskalierte schließlich in der Thüringer Grafenfehde (1342 – 1346),[19] in der die Thüringer Grafen und Herren zusammen mit dem Mainzer Erzbischof gegen den Landgrafen und die Stadt Erfurt standen. Die Fehde begann, als Günther XXI. am 1. September 1342 in seiner Stadt Arnstadt mit den Grafen von Orlamünde und von Honstein, den Vögten von Gera und den Reußen von Plaue ein Bündnis „wider aller menlich (...) dy [sie] verterben wolden" schloss, dem später noch sein Neffe Heinrich und einige Adelige aus dem Vogtland sowie die Herren von Salza beitraten.[20]

Abb. 2 Burg Ehrenburg, Grundrisse

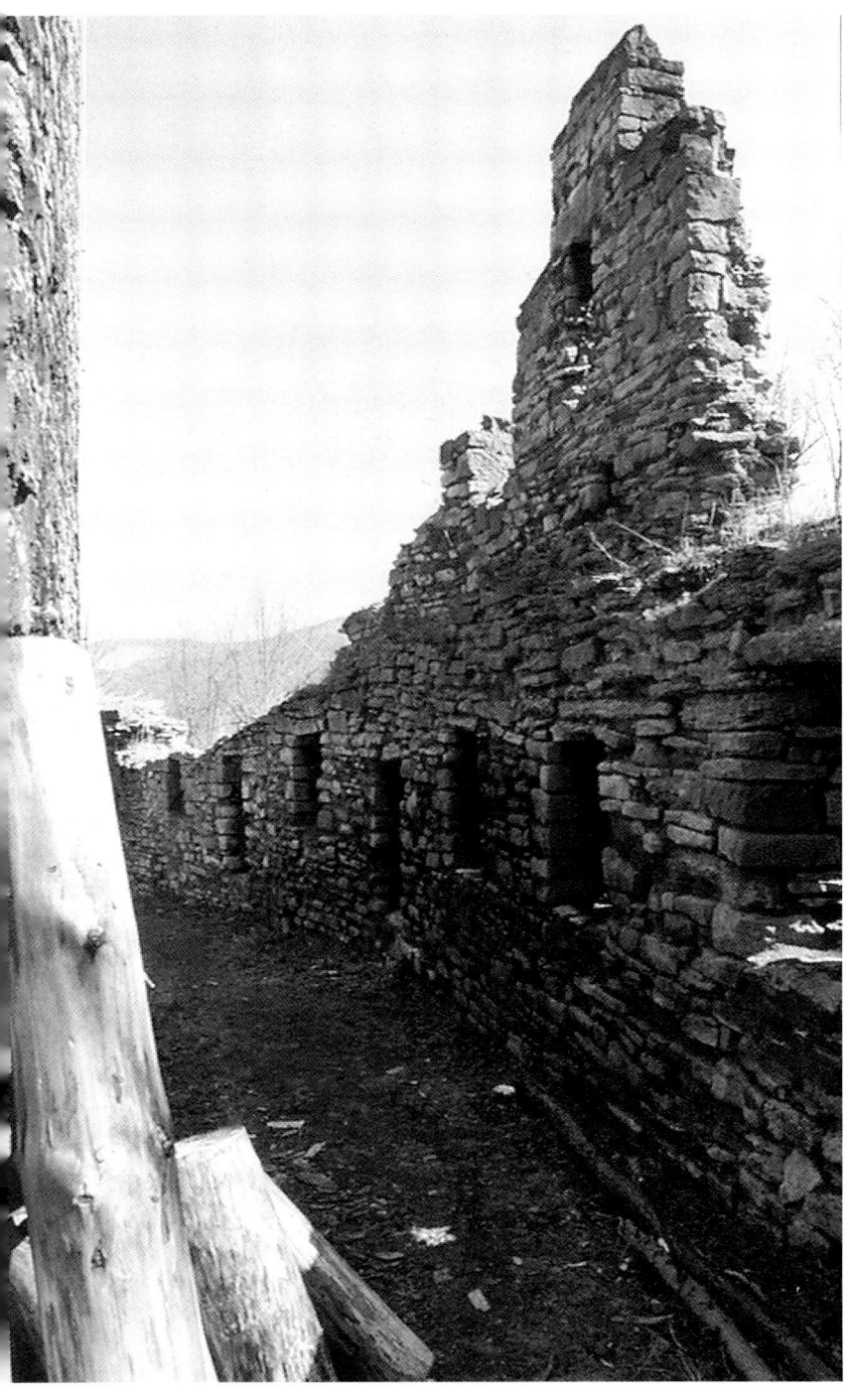

Abb. 3 Burgruine
Ehrenburg,
Zwinger-
mauer

Friedrich II. der Grund, den Krieg weiterzuführen. Im Zentrum der Kämpfe standen die Burgen. Besonders in der ersten Hälfte des Jahres 1345 gingen die Erfurter und Landgraf Friedrich II. mit großem Heer gegen die Schwarzburger vor, wie die Erfurter Peterschronik mitteilt.[21] Um den 6. März eroberten die Erfurter Rudolstadt und äscherten es ein; am 11. oder 13. März eroberten und zerstörten sie Burg Hessler, am 18. oder 20. März Burg Wiehe; Burg Willerstedt eroberten sie zusammen mit dem Landgrafen am 23. März nach zweitägiger Belagerung und zerstörten sie ebenfalls; am 29. März zerstörten sie den befestigten Hof („curiam munitam") in Alkersleben, der den Herren von Witzleben, schwarzburgischen Gefolgsleuten, gehörte; am 9. April eroberten sie nach eintägiger Belagerung Burg Tonndorf. Am 29. April begannen sie, Arnstadt zu belagern, was aber bald wegen Aussichtslosigkeit aufgegeben wurde. Sie zogen nach Kahla, wo Stadt und Burg seit dem 2. Mai belagert und am folgenden Tag eingenommen und zerstört wurden. In Kahla wurden außerdem 50 Behelmte gefangen genommen. Am 6. Mai belagerten und eroberten sie Burg Werichusen, dabei wurde der Schenk, der Herr der Burg, mit vier Behelmten gefangen genommen. Doch schon am 9. Mai gewann Günther XXI. die Burg nachts zurück, zerstörte sie gründlich und führte 20 Behelmte als Gefangene in die Burg Dornburg. Vom 19. Mai an belagerten der Landgraf mit großem Gefolge und die Erfurter die Burg Dornburg fünf Wochen lang vergeblich, bis sie schließlich abzogen. Vom 5. bis 11. Juni belagerten die Erfurter mit einer großen Zahl Behelmter vergeblich die hennebergische Burg Scharfenberg bei Thal.

Am 26. Juni 1345 begannen, noch vor Dornburg, Friedensverhandlungen zwischen dem Landgrafen und Günter XXI., die in Weißenfels ihren Abschluss fanden. Ein Jahr später konnte Landgraf Friedrich II. nach der Eroberung von Langensalza auch den Mainzer Erzbischof Heinrich von Virneburg zum Frieden zwingen.

Die Fehde endete mit dem vollständigen Sieg des Landgrafen. In der Folge sanken die meisten seiner thüringischen Gegner in die Bedeutungslosigkeit. Nur Graf Günther XXI. konnte dank seines militärischen Geschicks, das sich bei der erfolgreichen Verteidigung von Dornburg zeigte, seine Positionen mit geringen Verlusten halten; ernst zu nehmende Konkurrenten der Landgrafen waren aber auch die Schwarzburger nicht mehr. In den folgenden Jahrzehnten gingen ihre Besitzungen im Saaletal, einschließlich der Stadt Saalfeld, bis auf Rudolstadt an die Wettiner ver-

Die Kampfhandlungen begannen damit, dass Landgraf Friedrich und die Erfurter Arnstadt erfolglos belagerten. Beim Abzug kam es am 27. Oktober zu einer Feldschlacht bei Egstedt (zwischen Arnstadt und Erfurt), die für die Grafen günstig ausging. Daraufhin verlegte sich der bei der Schlacht schwer verletzte Landgraf auf juristische und diplomatische Aktivitäten, mit denen es ihm gelang, die Front seiner Gegner aufzubrechen. 1343 schloss Günther XXI. zwar Frieden mit dem Landgrafen, setzte aber seine bisherige Politik fort. Der Erwerb von Dornburg war für

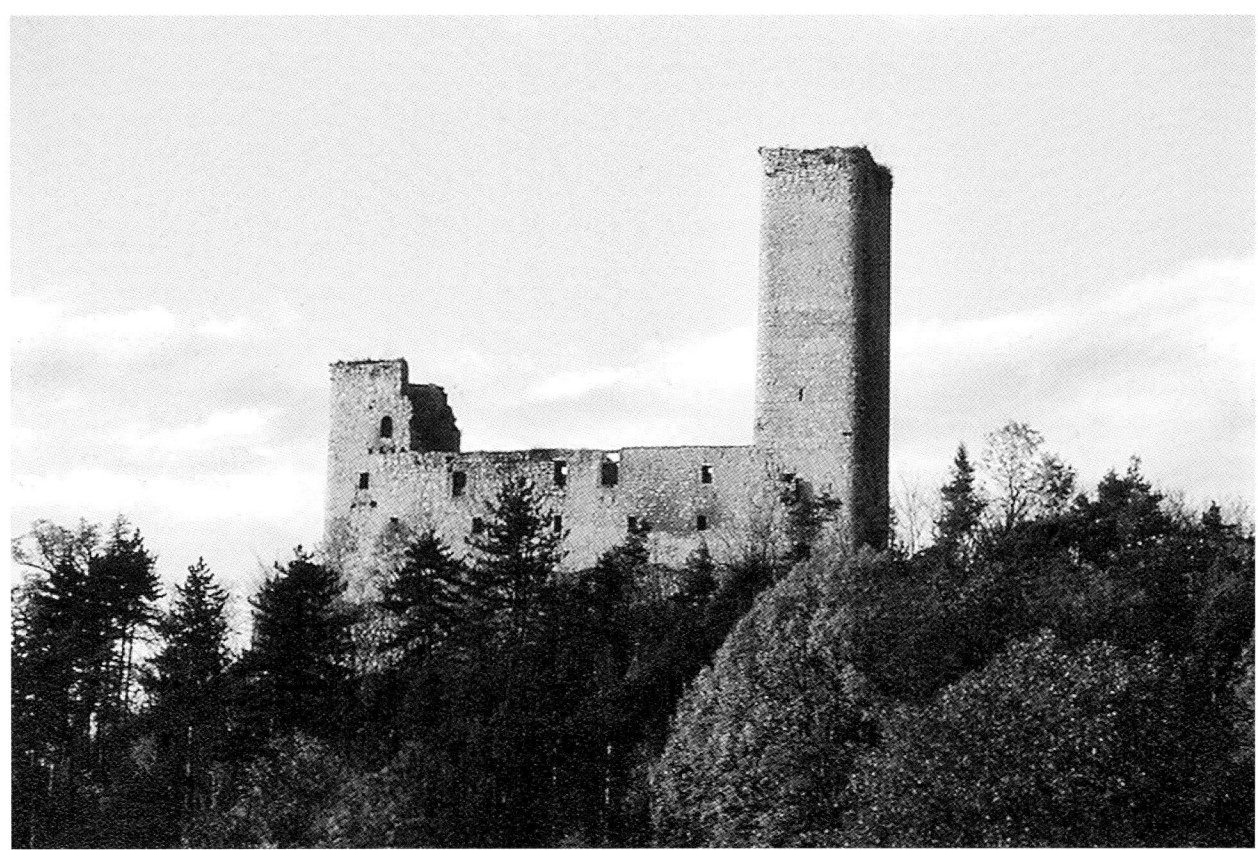

loren. In Nordthüringen konnten sie dagegen weitere Erwerbungen tätigen und sich dauerhaft halten.

Die Burgen

Leider lassen die Schriftquellen nur mit Einschränkungen erkennen, ob und wie die intensive Erwerbspolitik Günthers XXI. durch weitere Maßnahmen flankiert wurde. Erst eine Analyse der Burgen und Städte im Sinne von Sachquellen kann hier weiterführen.

Generell ist der Forschungsstand zum Burgenbau in Thüringen – nicht nur gemessen an dem bemerkenswerten Baubestand – ausgesprochen unbefriedigend. Es gibt lediglich einen einzigen grundlegenden, heutigen Ansprüchen jedoch in keiner Weise genügenden Überblick über den thüringischen Burgenbau aus dem Jahre 1932.[22] Immerhin existieren Kurzüberblicke aus jüngster Zeit.[23] Die Entwicklung im 14. Jahrhundert ist inzwischen in groben Zügen bekannt.[24]

Eine modernen wissenschaftlichen Anforderungen genügende Untersuchung der Burgen der Grafen von Schwarzburg existiert nicht.[25] Über die älteren Burgen der Schwarzburger ist nur wenig bekannt. Von diesen hat sich offenbar auch nur wenig erhalten, am meisten noch auf den Burgen Käfernburg (Wallanlage), Blankenburg, Könitz und Ranis.

Anhand der erhaltenen Bauten lässt sich unter Graf Günther XXI. eindeutig der qualitative wie quantitative Höhepunkt des schwarzburgischen Burgenbaus ausmachen.[26]

Ehrenburg
Zu den frühen Erwerbungen Graf Günthers XXI. und seines Bruders Heinrich X. nach 1328 gehörte das im Tal der Wilden Gera an der Fernstraße von Erfurt nach Nürnberg gelegene Plaue, wo die Ehrenburg[27] (Abb. 1–3) gegründet wurde. Seit 1306 waren Arnstadt und Plaue je zur Hälfte hersfeldisch und schwarzburgisch. 1324 erlaubte der noch unmündige spätere Landgraf Friedrich II. seinem Vormund Graf Heinrich VII., „daß er in dem Dorfe zu Plaw, das gelegen ist jenseits Arnstadt gegen Ilmenau, bauen lassen möge eine Veste oder ein Haus".[28] Allerdings dürfte Heinrich VII. diese Burg nicht mehr erbaut haben, da er noch im selben Jahr im Dienst Markgraf Ludwigs von Brandenburg, Sohn Kaiser Ludwigs des Bayern, bei der Belagerung einer Burg fiel. 1332 kauften Heinrichs Söhne, Günther XXI. und Heinrich X., Plaue vollständig. 1335 verlieh Ludwig der Bayer dem Rat und den Bürgern von Plaue einen Wochenmarkt und 1336 den Schwarzburgern das Recht zur Zollerhebung in Plaue.[29] Dies und der regelmäßige Stadtgrundriss lassen auf eine planmäßige Stadtgründung durch

Abb. 4 Burgruine Ehrenstein, Ansicht von Süden

die Grafen schließen. In diesem Zusammenhang dürfte auch die Errichtung der heute noch bestehenden Burgbauten zu vermuten sein. Bei der Schwarzburger Güterteilung von 1346 werden erstmals die „Errneburg" und die Stadt Plaue genannt,[30] 1369 erscheint erstmals die Burgkapelle „St. Segemundi in Ernburg".[31] Auch die Lage der Kapelle unterhalb der Burg, an deren Zwinger die Stadtmauern anschließen,[32] spricht für eine gemeinsame Anlage von Burg und Stadt.

Im Kern besteht die Ehrenburg aus einem sechsgeschossigen, fünfeckigen Bau (23,50 x 16,60 Meter, Mauerstärke 2,20 bis 3 Meter) aus Bruchsteinwerk mit einer Schildmauer an der westlichen Angriffsseite und einem querrechteckigen Turm an der Südwestecke; alle Außenecken sind gerundet.[33] An der Südseite ragt der Turm vor die Mauerflucht und steigt vom Erdboden auf, sonst tritt er als selbstständiges Bauglied erst ab dem sechsten Geschoss in Erscheinung. Im Inneren des Kernbaus öffnet sich der Turm in voller Breite zu einem hinter ihm liegenden Raum und ist damit als eigener Bauteil nicht erkennbar. Erst über einem Schwibbogen im fünften Geschoss ist das Mauerwerk im sechsten Geschoss auf dieser Seite geschlossen. An der Ostseite des Kernbaus befindet sich ebenerdig das spitzbogige Tor mit außen umlaufendem Falz. Der Kernbau ist sicher bald nach 1332 entstanden.[34]

Der Kernbau wird in einem Abstand von circa 2 bis 4 Meter von einer Zwingermauer umschlossen, die seinen gerundeten Ecken folgt und an den Ecken der Angriffsseite gerundete Mauerführungen aufweist. Lediglich an der Nordostseite ist die Zwingermauer zerstört.[35] Das spitzbogige Tor des Zwingers unterscheidet sich von dem des Wohnturms: es ist außen gefast statt gefalzt. Gut vergleichbar mit ihm ist das Tor der Burg Ehrenstein (siehe unten). Die Zwingermauer hatte zwei Wehrgänge übereinander. Der untere Wehrgang ist zahlreich mit Schlitzscharten bestückt; rechts und links des Tores befindet sich je eine Hosenscharte. Hosenscharten sind in Thüringen ausgesprochen selten; sie finden sich in der Zwingermauer des Ehrenstein (siehe unten) zur Bestreichung des Zuwegs und bei einigen wehrhaften Kirchen (wohl 15. Jahrhundert): Milda, Gahma – hier ebenfalls beidseits des Tores Ummauerung des Kirchhofs – und Kolkwitz – hier abwechselnd mit einfachen Scharten.[36] Die Scharten in der oberen Reihe befinden sich im unteren, breiten Teil der getreppten Zinnen. Die getreppten Zinnen des Zwingers der Ehrenburg dürften die ältesten derartigen Zinnen in monumentaler Form in Thüringen sein. Vergleichbare Zinnen lassen sich hier

nicht vor dem zweiten Viertel des 14. Jahrhunderts nachweisen. So hat in Erfurt das Haus Zum güldenen Krönbacken, Michaelisstraße 10, im Erdgeschoss eine mit getrepptem Zinnenkranz bekrönte Holzsäule von circa 1330/50d (d = dendrochronologische Untersuchung).[37] Aus der zweiten Hälfte des 14. Jahrhunderts stammt die Aufstockung mit getrepptem Zinnenkranz des Bergfrieds der seit 1351/62 erfurtischen Mühlburg.[38] Getreppte Zinnen finden sich in Thüringen besonders im 15. Jahrhundert an wehrhaften Kirchen: Kerspleben (circa 1400d),[39] Niederzimmern (um 1420),[40] Schaala (1483d),[41] Reinstedt (Mitte 15. Jahrhundert),[42] Frienstädt.[43] In Erfurt hat das Haus Allerheiligenstraße 11 einen mit getrepptem Zinnenkranz bekrönten Erker, der inschriftlich 1459 (evtl. 1479) datiert ist.[44] Der Zwinger der Ehrenburg dürfte – ähnlich wie bei der Burg Ehrenstein (siehe unten) – in nur geringem zeitlichen Abstand zum Kernbau entstanden sein.[45]

Ehrenstein

Eng verwandt mit der Ehrenburg ist Burg Ehrenstein[46] bei Remda (Tafel IX,1, Abb. 4, 5). Wie die Ehrenburg wird das „hus zcu dem erinstein" erstmals bei der schwarzburgischen Güterteilung 1346 genannt, als es an Graf Heinrich XII. (gest. 1375) fiel.[47] Diesem erlaubte Kaiser Karl IV. 1356, die Dörfer Straußberg und Göllingen in Marktflecken zu verwandeln und „unter seiner Veste Ehrenstein einen wöchentlichen Markt anzulegen", außerdem verlieh er ihm die dortige Blutgerichtsbarkeit.[48] Dieser Versuch einer Stadtgründung ist allerdings in den Anfängen stecken geblieben. Seit der Mitte des 14. Jahrhunderts war die Burg Mittelpunkt der gleichnamigen Herrschaft, zu der einige umliegende Dörfer gehörten.

Burg Ehrenstein ist eine rechteckige Anlage (34,90 x 10,80 Meter, Mauerstärke 2,25 bis 2,50 Meter) aus Bruchsteinwerk mit gerundeten Ecken, integriertem querrechteckigen Frontturm und einem viergeschossigen Wohnbau dahinter. Dieser ist ungefähr in der Mitte durch eine Querwand geteilt. Die Wohnräume erstrecken sich bis in den Turm, der ein Doppelanzettfenster hat. An der Talseite des Wohnbaus ist das Mauerwerk an drei Seiten um zwei Geschosse erhöht, sodass es in der Fernsicht wie ein zusätzlicher Turm wirkt. Tatsächlich ist dieser Teil jedoch, wie bei der Ehrenburg, in voller Breite nach innen zum Wohnbau geöffnet und hatte ursprünglich zu diesem wohl nur eine Fachwerkwand.[49] An der Schmalseite wurden kleine Zwinger errichtet, die jedoch bald an der südlichen Längsseite in einen größeren, circa 4 bis

6 Meter breiten Zwinger einbezogen wurden. Die Zwingermauer hat gerundete Mauerführungen an den Ecken; an der Angriffsseite beträgt ihre Stärke 1,60 Meter. Wie bei der Ehrenburg, weist die Zwingermauer zahlreiche Schlitzscharten auf. Vor der Nordecke des Turms befindet sich eine Hosenscharte, die – wie bei der Ehrenburg – den Zuweg bestreichen konnte. Bei Sondierungen Anfang 2001, die sowohl die Mauern des Zwingers wie die des Kernbaus einbezogen, wurden keine Funde gemacht, die vor die erste Hälfte des 14. Jahrhunderts zu datieren sind; zugleich lassen die Ausgrabungen vermuten, dass die Zwinger bald nach dem Kernbau entstanden sind.[50]

Liebenstein

Sehr eng verwandt mit der Burg Ehrenstein ist die wenige Kilometer aufwärts von Plaue an der Wilden Gera gelegene schwarzburgische Burg Liebenstein[51] (Tafel IX,2, Abb. 6). Liebenstein erscheint erstmals 1282 als Herkunftsbezeichnung schwarzburgischer Ministerialen.[52] 1303 trugen die Töchter Graf Günthers VIII. (gest. 1302) unter anderem Liebenstein Landgraf Albrecht zu Lehen auf. In der Folge blieb Liebenstein bei den Grafen von Schwarzburg, bis 1367 der Versuch Johanns II. von Schwarzburg-Wachsenburg, Liebenstein sowie die Burgen Wachsenburg und Schwarzwald an Erfurt zu verkaufen, am Eingreifen der Wettiner scheiterte, die ihrerseits diese Burgen 1369 erwarben.[53] Im Kern ist die Burg ein längsrechteckiger, dreigeschossiger Bau (34,75 x 14,20 Meter, Mauerstärke 2,50 bis 2,70 Meter) mit gerundeten Außenecken und integriertem, querrechteckigem Turm an der Angriffsseite. Das spitzbogige Portal mit außen umlaufendem Falz ähnelt stark dem des Wohnturms der Ehrenburg. Im obersten Geschoss des Wohnteils befinden sich ungewöhnlich aufwendige Kreuzstockfenster mit liegenden Vierpässen in den oberen Öffnungen. Derartige Fenster kommen im 14. Jahrhundert auf.[54] Das Mauerwerk besteht aus Bruchstein; größere Steinformate, auch aus recht sauber gearbeiteten Werksteinen, sind an der Angriffsseite und insbesondere an den gerundeten Ecken vorhanden. Der Kernbau war, wie bei der Ehrenburg, in einem Abstand von circa 2,75 bis 4,25 Meter von einer Zwingermauer mit gerundeten Mauerführungen an den Ecken umgeben. Von ihr sind nur noch sehr geringe Reste erhalten, zudem wurde der Bereich vor der Südwestecke des Turms später stark verändert.[55] Kernbau und Zwinger von Burg Liebenstein sind kaum anders als die von Ehrenburg und Ehrenstein zu datieren.

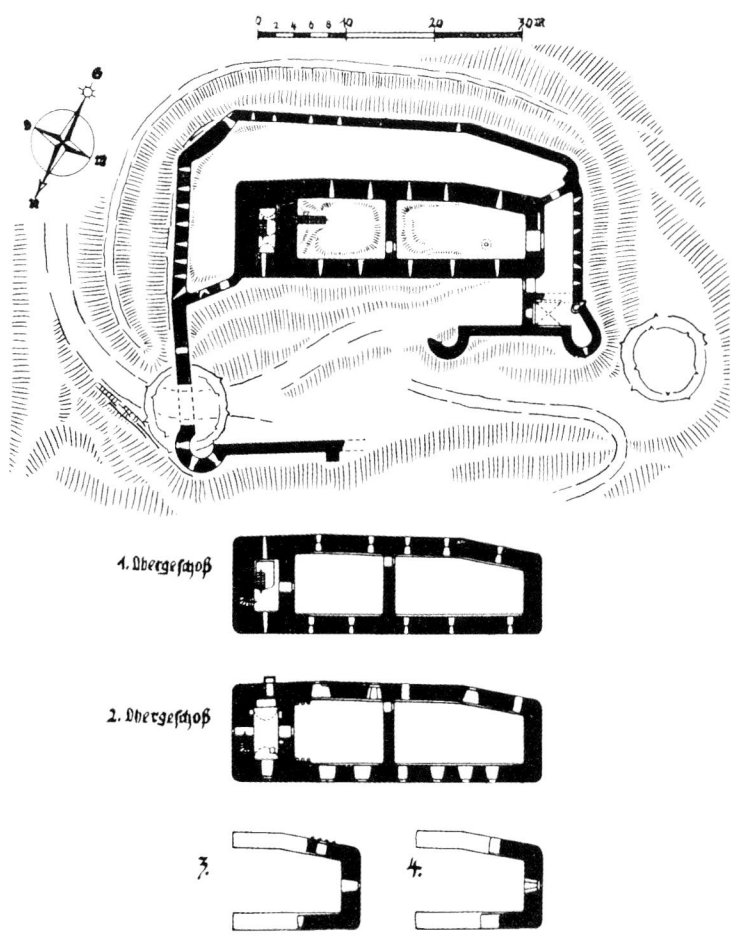

1. Obergeschoß

2. Obergeschoß

3.

4.

Saalfeld, Hoher Schwarm
Der erstmals 1593 als „Hoher Schwarm" („Hohenschwurm") bezeichnete Wohnturm (Abb. 7) in der schwarzburgischen Stadt Saalfeld[56] ist ein im Grundriss trapezförmiger Bau (16,50 x 19,50 Meter, Mauerstärke circa 2,5 Meter) mit runden Eckvorlagen an der erhaltenen Talseite, die oberhalb des eigentlichen Baukörpers als Rundtürme aufragen; diese ruhen über den Innenecken auf spitzbogigen Schwibbögen. Das vierte Geschoss war gewölbt und durch Kreuzstockfenster belichtet. Bei der Schwarzburger Teilung 1346 erscheint die Burg in Saalfeld erstmals, und ein Schwarzburger Burgmann auf dem „borcgut" in Saalfeld wird 1350 genannt.[57] 1389 verkaufte Günther XXIX. von Schwarzburg-Ranis „vnser slozz Saleveld Hus vnde Stat" an die Wettiner.[58] Der Hohe Schwarm wird allgemein um 1300 datiert,[59] im Vergleich mit den schon genannten Burgen erscheint dies aber zu früh, tatsächlich dürfte er bald vor 1346 errichtet worden sein.[60] Mit

Abb. 5 Burg Ehrenstein, Grundrisse

Abb. 6 Burgruine
Liebenstein,
Frontturm

seinen runden Eckvorlagen ist er eng verwandt mit dem Wohnturm der Burg Beilstein bei Herborn, seit 1341 Sitz der Grafen von Nassau-Beilstein.[61]

Frankenhausen, Hausmannsturm
In der seit 1340 schwarzburgisch-honsteinischen Stadt Frankenhausen in Nordthüringen wurde auf dem höchsten Punkt der Stadtbefestigung eine Burg errichtet. Ihr Kern ist der sogenannte Hausmannsturm (Abb. 8), ein längsrechteckiger Wohnturm (22 x 12 Meter, Mauerstärke 2,20 Meter) aus Bruchsteinwerk mit gerundeten Ecken und einem in die Angriffsseite integrierten, ovalen Frontturm. An der Angriffsseite könnte ein schmaler Zwinger vorhanden gewesen sein. In der grundsätzlichen Anlage ist der Turm eng verwandt mit den Bauten von Liebenstein und Ehrenstein, die Ausführung ist jedoch einfacher. Der Turm dürfte bald nach 1340 errichtet worden sein.

Obere Sachsenburg
Die am Durchbruch der Unstrut zwischen Hainleite und Schmücke strategisch hervorragend gelegene Obere Sachsenburg[62] (Abb. 9) erwarb Graf Günther XXI. 1339 von den Grafen von Beichlingen, welche die Burg ihrerseits erst 1335 von den Grafen von Honstein erhalten hatten. Nach 1350 wurde die Obere Sachsenburg wieder beichlingisch, bis beide Sachsenburgen Anfang des 15. Jahrhunderts an die Wettiner verkauft wurden. Auf der oberen Burg steht auf der südwestlichen Ringmauer der Kernburg ein dreigeschossiger Wohnturm aus Bruchsteinwerk. Seine über die Ringmauer hinausreichende Westecke ist abgeschnitten, der Grundriss daher fünfeckig (9 x 18 Meter, Mauerstärke 1,30 Meter, Höhe 11 bis 16 Meter). Die Ecken an der Hofseite sind scharf ausgebildet, die an der Angriffsseite sind gerundet. Das Mauerwerk ist hier an drei Seiten verstärkt und zu einer ehemals mit Zinnen bestückten Schildmauer erhöht. Im Inneren des obersten Geschosses sind die Ansätze eines Schwibbogens mit einer rückwärtig zu rekonstruierenden Wand erhalten. Der angriffsseitige Bauteil trat wie bei der Ehrenburg nach außen als Turm in Erscheinung, während er sich nach innen in voller Breite öffnete. Auch im rückwärtigen Teil des Wohnturms ist, wie bei Burg Ehrenstein, in Resten höheres Mauerwerk erhalten. Einige der alten Fenster haben (Kreuz-)stöcke. Die nur auf den ersten Blick frühgotisch aussehenden Fenster stammen von einem Umbau des Turms zu einer Gaststätte im Jahre 1890.[63] Insgesamt ist der Wohnturm in Thüringen und darüber hinaus nur mit den auf-

wendigeren Bauten Günthers XXI. zu vergleichen. Er ist ähnlich stark verschliffen wie die Kernbauten von Ehrenburg und Ehrenstein. Der Wohnturm ist mit größter Wahrscheinlichkeit bald nach 1339 durch Günther XXI. errichtet worden.[64] Dagegen sind die zeitgleichen Bauten der Grafen von Beichlingen wesentlich einfacher. Auf den einst vier gerundeten Außenecken des mit circa 32,60 x 16,60 Meter ungewöhnlich großen, bruchsteinernen Hohen Hauses[65] auf Schloss Beichlingen erhoben sich ursprünglich turmartige Aufbauten. Im Vergleich mit dem Hohen Schwarm ist der Bau aber deutlich simpler. Im beichlingischen Ichstedt befinden sich die Reste eines einfachen, rechteckigen Bruchsteinbaus mit gerundeten Ecken. Ein „Schloss" war hier 1347 vorhanden.[66]

Weitere Burgen und Bauten
Auch andere schwarzburgische Burgen erhielten zahlreiche, mit den genannten Burgbauten formal und wehrtechnisch verwandte Modernisierungen. An der Angriffsseite der Stammburg Schwarzburg erhebt sich auf einer älteren Ringmauer eine Schildmauer mit runden Ecktürmen und schräger Überleitung von der Mauer zu den Türmen (Abb. 10). Derartige Schildmauern sind nach dem Vorbild der katzenelnbogischen Burg Reichenberg im 14. Jahrhundert im Rheinland weit verbreitet.[67] An der nördlichen Ringmauer des mittleren Teils der Burg Greifenstein (Name seit 1650) über Bad Blankenburg befinden sich zwei Flankierungsbauten mit rechteckigen Schießscharten und gerundeten Ecken. Ihr Bruchsteinwerk stößt gegen das Großquaderwerk der Außenschale der noch hochmittelalterlichen Ringmauer. Die Bauten dürften zum Ausbau der Burg im 14. Jahrhundert gehören.[68] Das Haus und die Stadt zu „Luthenberg" (Leutenberg) kamen 1326 an Günther XXI. und seinen Bruder Heinrich X.[69] Auf der erst seit dem 16. Jahrhundert sogenannten Friedensburg steht an der Angriffsseite der Kernburg das sogenannte Steinerne Haus, ein querrechteckiger Wohnturm mit zwei runden Bauteilen an den angriffsseitigen Ecken und gerundeten Ecken zum Burghof. Der rechte, stärkere Bauteil über dem Burgtor neigt sich nach außen. Er sitzt auf einem runden Sockel auf, dessen Außenschale aus Schiefer zum Teil als opus spicatum gemauert ist. Vermutlich handelt es sich um ein älteres Bauteil, das bei der Errichtung einer modernen, schildmauerartigen Frontseite einbezogen wurde. Der schlanke, runde Bergfried dürfte ebenfalls aus dem 14. Jahrhundert stammen.[70] Burg Ranis[71] erscheint im 13. und 14. Jahrhundert öfters in den Landesteilungen der Schwarzburger,

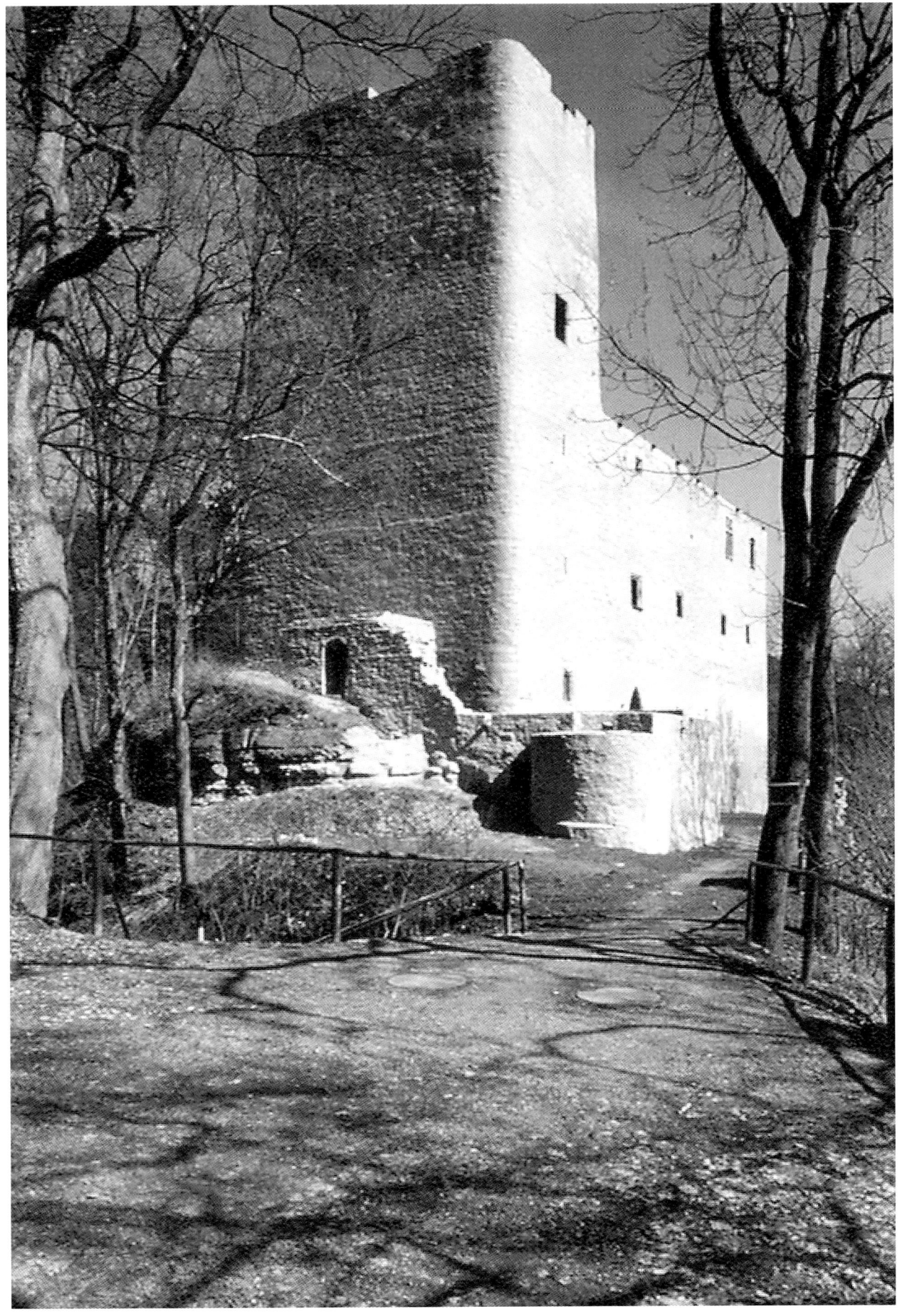

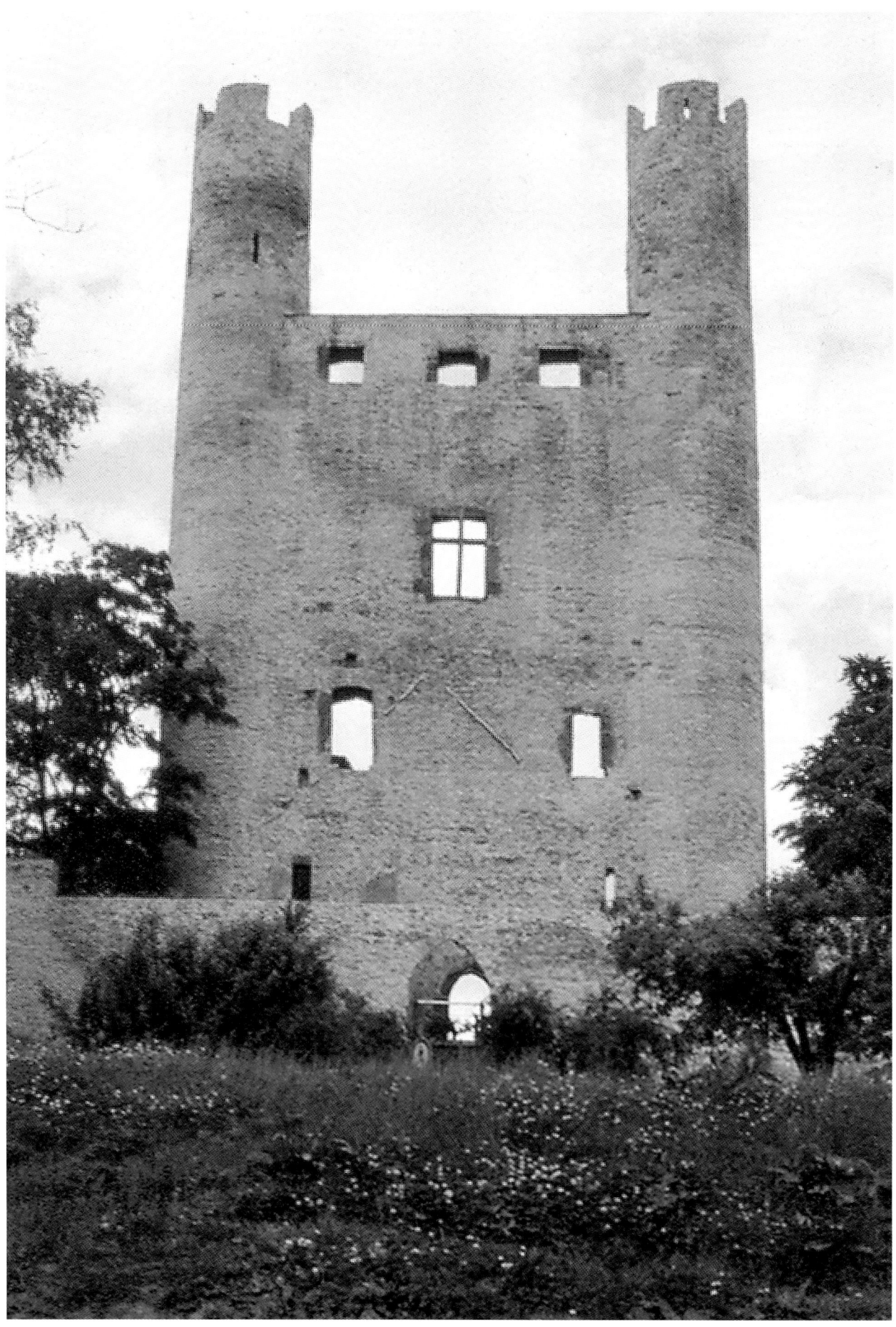

bis die Burg 1418 mit dem Tod Günthers XXVIII. von Schwarzburg-Ranis an die Wettiner fiel. An der Angriffsseite der Kernburg steht am nördlichen Ende des Torflügels der sogenannte Hungerturm, ein quadratischer Bergfried mit schlanken Proportionen und gerundeten Ecken. Sein Mauerwerk aus Bruchstein und zum Teil vielleicht wiederverwendeten Quadern sitzt auf hochmittelalterlichem Großquaderwerk, wie an der Talseite deutlich erkennbar ist. Die Ringmauer der Kernburg hat teilweise gerundete Mauerführungen. An der Außenseite der nördlichen Ringmauer befinden sich die in geringer Höhe erhaltenen Reste eines vorspringenden, annähernd quadratischen Vorbaus aus Bruchstein mit gerundeten Ecken, vermutlich der Rest eines Flankierungswerks.[72]

Auch die Befestigungen einiger Städte der Schwarzburger wurden verstärkt. So entstand in der Stadt Arnstadt, die Günther XXI. gehörte, der sogenannte Neutorturm und in Stadtilm der Witzmann'sche Turm, der mit der Stadtmauer im Verband steht,[73] beides Bruchsteinbauten mit gerundeten Ecken.

Nachfolgebauten

Die politische Lage im Vorfeld der Grafenfehde und die Bautätigkeit Graf Günthers XXI. waren anscheinend für einige thüringische Adelige Anlass, selbst weitere Burgen zu gründen bzw. ältere Anlagen zeitgemäß aufzurüsten oder auszubauen. Die Kernburg der Burg Gräfenthal (Ersterwähnung 1337 „Grevntal hus unde stat", Wespenstein erst seit dem 17. Jahrhundert) der Grafen von Orlamünde[74] wurde an der Angriffsseite vermutlich mit einer Schildmauer gesichert, deren runde Ecktürme oder -vorlagen in jüngeren Bauteilen erhalten sind. Auf Schloss Burgk der Vögte von Gera (Ersterwähnung 1365)[75] ist an der Rückseite des an der Angriffsseite gelegenen Amtshauses neben dem Tor eine wohl dreiviertelrunde Vorlage erhalten, die vielleicht auf eine ehemalige Schildmauer schließen lässt. Die angriffsseitige Giebelwand der hochmittelalterlichen Kapelle der Lobdeburg, seit dem 12. Jahrhundert Stammsitz des gleichnamigen Geschlechts, wurde bis auf die Höhe des südlich anstoßenden Wohnturms aufgemauert. So entstand eine Schildmauer, deren nördliche Ecke der Aufmauerung gerundet ist. Dies ist mit großer Wahrscheinlichkeit im Vorfeld der Grafenfehde erfolgt, in deren Folge die Lobdeburger die Burg 1344 an die Wettiner verkaufen mussten.

Es gibt bei den Schwarzburgern Bauten, die zwar eine gewisse formale Verwandtschaft mit den Burgen Graf Günthers XXI. aufweisen, aber alle wesentlich einfacher und zum Teil auch jünger als diese sind, wie zum Beispiel ein Turm mit gerundeten Ecken im Schloss Sondershausen oder Bergfried und Ringmauer der Burg Straußberg.[76] Beide Burgen kamen erst durch Erbgang 1356 an die Grafen von Schwarzburg.[77] Ob hier neben der zeittypischen Bauweise und dem Vorbild der Bauten Günthers XXI. auch eine Erinnerung an den Grafen und König mitspielt, muss hier offen bleiben. Auf jeden Fall bekamen die Burgen Günthers XXI. in Thüringen auch für andere Adelsfamilien offenbar eine Vorbildfunktion, sodass bis in die zweite Hälfte des 14. Jahrhunderts eine große Zahl von Burgbauten mit gerundeten Ecken errichtet wurde, von denen viele noch erhalten oder nachweisbar sind.[78] Dagegen lässt sich bei den wettinischen Landgrafen von Thüringen nur auf der Wartburg mit der dreiviertelrunden Vorlage der Ringmauer beim Südturm eine gerundete Bauform nachweisen, die vermutlich im 14. Jahrhundert entstanden ist.[79]

Datierungen

Aus der Untersuchung der einzelnen Burgen ergeben sich folgende Datierungen: Ehrenburg 1332/35/36 bis 1346, Ehrenstein vor 1346, Liebenstein wie Ehrenburg/Ehrenstein, Hoher Schwarm/Saalfeld vor 1346, Wohnturm der Oberen Sachsenburg nach 1339, Hausmannsturm/Frankenhausen nach 1340. Die formalen Zusammenhänge zwischen Ehrenburg, Liebenstein und Ehrenstein sowie dem Hohen Schwarm sind schon lange bekannt.[80] Der Wohnturm der Oberen Sachsenburg sowie der Hausmannsturm in Frankenhausen sind zu dieser Burgengruppe dazuzurechnen. Diese Burgen gehören offenkundig in einen Zusammenhang mit der intensiven Territorialpolitik Günthers XXI. im Vorfeld der Auseinandersetzungen mit Landgraf Friedrich II.[81] Die fortifikatorisch zeitgemäße Nachrüstung weiterer Burgen mit Schildmauern, Flankierungsbauten und Türmen, wie auf Schwarzburg, Blankenburg oder Ranis, ist ebenfalls in diesem Kontext zu sehen.

Die Zwinger von Ehrenburg, Ehrenstein und wohl auch Liebenstein sind nach dem Befund in nur geringem zeitlichen Abstand zu den Kernbauten entstanden. Für die Bauzeit sind sie hochmodern, da Zwinger allgemein erst im 14. Jahrhundert aufkommen.[82] Dies gilt auch für die systematische, mehrgeschossige und dichte Anordnung der Schlitzscharten[83] und ebenso für Flankierungstürme oder -bauten,[84] wie auf Blankenburg und Ranis.

Abb. 7 Saalfeld, Hoher Schwarm

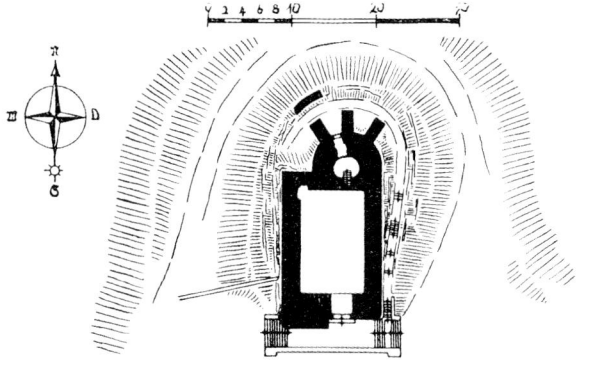

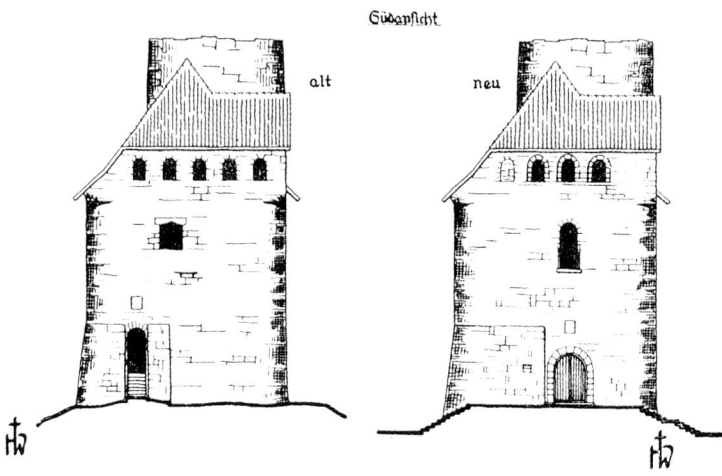

Südansicht

alt   neu

Abb. 8 Franken-
hausen, Hausmanns-
turm, Grundriss und
Ansichten

von kleinformatigem Bruchsteinwerk in dieser Zeit hat die Verbreitung dieser Bauformen
sicher gefördert. Allerdings sind in manchen
Fällen (Liebenstein, Beichlingen) die Rundungen teilweise in Werkstein ausgeführt.
Dies zeigt, dass es sich hier um bewusste Gestaltung handelt.[87] Seit dem frühen 14. Jahrhundert verbreiten sie sich sehr schnell in
Mitteleuropa. Die ältesten Beispiele liegen im
Westen des Reiches. Zu ihnen gehören der
mit zwei Tourellen ausgestattete Wohnturm
der erzbischöflich-trierischen Burg Ramstein
bei Kordel in der Nähe von Trier, erbaut von
1300 bis 1317,[88] und die 1309/10 errichtete
Sporkenburg mit ihren schlanken, runden
Vorlagen an der Schild- und Ringmauer.[89]
Ein früher Höhepunkt in der Entwicklung
war zweifellos die erste Bauphase der riesi-
gen katzenelnbogischen Burg Reichenberg mit ihrer mächtigen Schildmauer (circa
1319 – 1325),[90] vermutlich ein Initialbau in
der Verbreitung dieser Bauformen, der zumindest für das Rheinland wegweisend
wurde.

Burgbauten des 14. Jahrhunderts mit gerundeten Bauformen finden sich zahlreich in der
Eifel und im Hunsrück, am Mittelrhein sowie
im Westerwald und im Taunus bis auf die
Höhe von Wetzlar. In Nieder- und Oberhes-
sen sowie Westthüringen sind sie selten. In
Nordthüringen und nördlich des Thüringer
Waldes ist eine reiche Verbreitung zu beobachten (siehe oben).[91] In Ostthüringen sind
vergleichbare Bauten wieder selten, während
in Sachsen eine reiche Verbreitung festgestellt
werden kann.[92] Die Verbreitung in Thüringen
ist sicher direkt und indirekt auf Günther
XXI. zurückzuführen.

Bei aller offenkundigen Modernität und
wehrtechnischen Ausrichtung der Burgen
weisen sie noch keine Zugbrücken oder vergleichbare Konstruktionen auf, die wohl seit
der Mitte des 14. Jahrhunderts Verbreitung
fanden. Während frühe, gut datierte Beispiele in Thüringen nicht bekannt sind, verfügt
das sogenannte Wasserschloss in Hofheim
(Hessen) in der Ringmauer über eine Variante der Zugbrücke, eine Wippbrücke, die dendrochronologisch auf 1354/55 datiert ist.[85]
Auch dies mag die angegebenen Datierungen
stützen. Ob die Zwinger noch vor Ausbruch
der Grafenfehde, während ihr oder aufgrund
der gemachten Erfahrungen bald danach entstanden, muss hier offenbleiben.

Gerundete Bauformen

Ein Charakteristikum der untersuchten Bauten sind gerundete Bauformen.[86] Gerundete
Bauformen hat es auch schon im Burgenbau
des Hochmittelalters gegeben, aber sie sind
geradezu typisch für die Burgenarchitektur
im 14. Jahrhundert. Die reiche Verwendung

Baumeister

Der Burgenbau Günthers XXI. ist durch
einen eigenen Burgenstil gekennzeichnet – ein
auch sonst zu beobachtendes Phänomen.[93]
Die ungewöhnlich enge Verwandtschaft der
Burgen lässt auf einen für ihn tätigen Baumeister schließen. Seine Bauten weisen unterschiedlich deutlich westlichen, besonders
mittelrheinischen Einfluss auf.[94] Der mit
Günther XXI. seit 1334 wiederholt verbün-
dete Mainzer Erzbischof Heinrich von Virneburg entstammte dem damals bedeutendsten
Grafengeschlecht der Eifel. Er könnte dem
Schwarzburger für seinen Burgenbau einen
Baumeister aus dem Westen, der Eifel oder
dem Rheinland vermittelt haben. Allerdings
ist zu bedenken, dass die Angehörigen des
Adels damals höchst mobil waren, und ein so
bedeutender Militär wie Günther XXI. mit
Sicherheit die aktuellen Strömungen im Burgenbau gekannt hat.

Verschliffene Bauteile

Mehr oder weniger bestimmend für die aufwendigeren Bauten Graf Günthers XXI., besonders aber für den Kernbau der Ehrenburg, ist neben den gerundeten Formen das zum Teil extreme Integrieren bzw. Verschleifen unterschiedlicher Bauteile, wie Wohnbau-/turm, Ringmauer, Schildmauer, Türme etc., zu kompakten, hochkomplexen Baukörpern, die architektonische und oft auch funktionale Einheiten bilden. Das Verschleifen ist auch vor dem wehrtechnischen Hintergrund der Schildmauern und Fronttürme zu sehen. Dies ist gegenüber den additiven Burganlagen der Stauferzeit ein grundsätzlich neuer und eigenständiger Zug der Burgenarchitektur des 14. Jahrhunderts.[95] Der Kernbau der Ehrenburg ist diesbezüglich der avancierteste Bau seiner Art in Thüringen und weit darüber hinaus; er ist einer der entwicklungsgeschichtlich bedeutendsten Burgbauten des 14. Jahrhunderts in Mitteleuropa.

Wehrtechnische Aspekte und Neuerungen

Die Burgen Graf Günthers XXI. sind fortifikatorisch konsequent gestaltet. Dies ist vor dem Hintergrund des entwickelten Belagerungswesens der Zeit, speziell dem der großen Städte wie Erfurt zu sehen. Die Stadt war sehr wichtig für Landgraf Friedrich II., denn sie verfügte neben Truppen auch über Belagerungsmaschinen. So verpflichtete sie sich in einem Vertrag vom 13. Mai 1343, dem Landgrafen „fumfczig manen mit helmen wol geczugeter lute (...) eyne blidin, eyne kaczin und czwenczig schuczin mit rucarmbrustin" zu stellen.[96] Bliden (Gegengewichtswurfmaschinen) und Katzen[97] (vorgefertigte Holzburgen, bewegliche Türme oder Schutzhütten, zum Beispiel zum Minieren, Mauerbrechen etc.) waren zu der Zeit schon lange im Gebrauch. Dagegen war die Ruckarmbrust damals neu. Sie war eine technische Innovation gegenüber der simplen Bauchspanner-Konstruktion, da sie mit einer Wippe, einem gaisfußartigen Hebel gespannt wurde. Die Ruckarmbrust erforderte besonders kräftige Schützen und „für den Kampf in und um feste Werke war sie vorzüglich geeignet".[98] Es liegt hier ein sehr früher Beleg der Ruckarmbrust vor.[99] Bereits vor 1348 waren in Erfurt auch schon Pulverwaffen bekannt.[100] Offensichtlich besaß die Stadt ein für die Zeit entwickeltes Waffenwesen.

Einem erfahrenen Militär wie Günther XXI. musste klar sein, dass gegen weittragende Wurfmaschinen, wie die Bliden, und gegen die leistungsfähigen Ruckarmbrüste geeignete Verteidigungsbauten nötig wurden, also

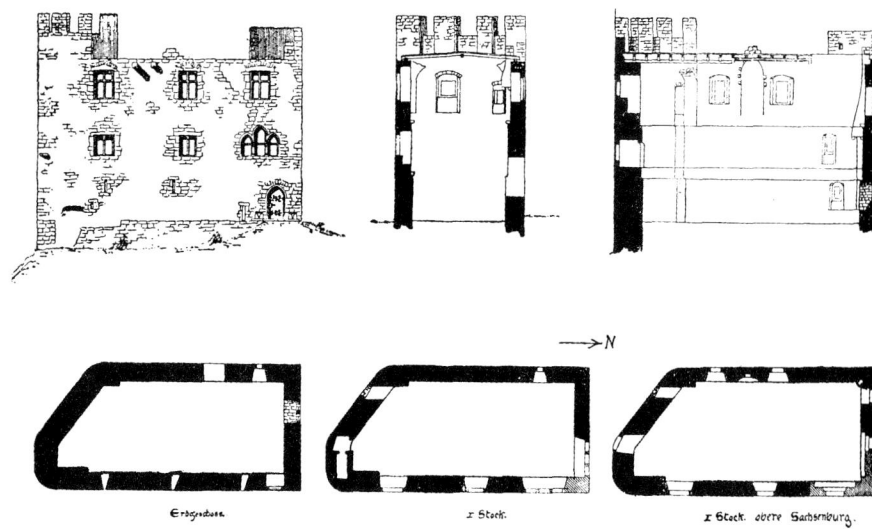

Abb. 9 Obere Sachsenburg, Grundrisse und Ansichten

die damals modernen Schildmauer- und Frontturmburgen, die es bis dahin in Thüringen nicht gab. Die in dieser Zeit hochmodernen Zwinger ermöglichten es, die Kernbauten zusätzlich zu schützen und hinter den dicht gereihten Schießscharten eigene Schützen gegen die Belagerer zu konzentrieren. Bei größeren Burgen, wie Blankenberg oder Ranis, erlaubten die Flankierungsbauten eine wesentlich verbesserte aktive Verteidigung.

Die Scharten der Zwinger von Ehrenburg und Ehrenstein sind für die Verwendung von Bögen viel zu niedrig, von der Höhe her wären sie eher für Armbrüste geeignet. Es fehlen aber die für Armbrustscharten so charakteristischen Nischen, die es erst ermöglichen, mit der nach beiden Seiten ausladenden Armbrust zu hantieren. Es handelt sich eigentlich um typische Gewehrscharten.[101] Das Aufkommen der frühesten Feuerwaffen, ihre Form, Munition und Funktionsweise, darf auch erst seit kurzer Zeit als gut untersucht gelten;[102] leider hat die Burgen- und Festungsforschung dies bislang nicht rezipiert. Am Anfang der Entwicklung[103] standen kleine Handfeuerwaffen, die Pfeilbolzen ähnlich denen der mechanischen Geschütze verschossen. Diese Pfeilbüchsen sind in Bild- und Schriftquellen erstmals 1326/27 belegt. Schon 1331/33 hat Erzbischof Balduin von Trier derartige Waffen bei der Belagerung der Burg Eltz eingesetzt.[104] Während der Grafenfehde ließ der Mainzer Erzbischof Heinrich von Virneburg 1344 einen Feuerschützen („Ignisagittarium videlicet (Furschutzen)") zu sich nach Aschaffenburg kommen.[105] Beim gegenwärtigen Forschungsstand kann es sich dabei nur um jemanden gehandelt haben, der die neuen Feuerwaffen handhaben konnte. Graf Günther XXI. war als Militär Kaiser Ludwigs des Bayern diese waffentechnische

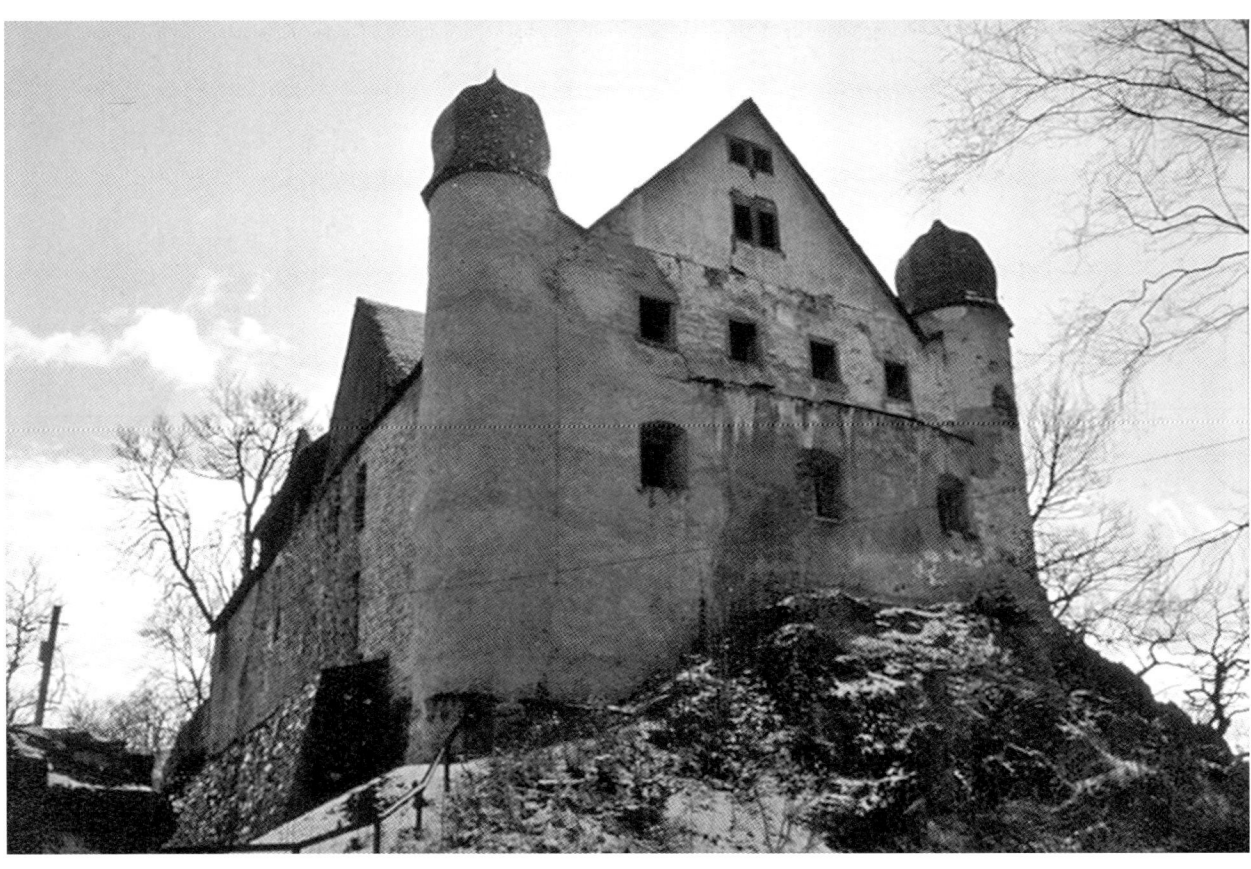

Abb. 10 Schloss
Schwarzburg,
Schildmauer

Innovation mit Sicherheit bekannt. Mit einiger Wahrscheinlichkeit hat er die Zwinger von Ehrenburg und Ehrenstein mit Scharten für die neuen Waffen errichten lassen. Sind die Waffen einer bestimmten Zeit bekannt, dann lassen sich auch die zugehörigen Scharten im Mauerwerk identifizieren. Es könnte sich hier um sehr frühe Scharten für Feuerwaffen handeln.

Forschungsgeschichtliche Bedeutung

In der Burgenforschung ist der spätmittelalterliche Burgenbau – insbesondere der des 14. Jahrhunderts – weithin noch terra incognita. Seit den dreißiger Jahren des 20. Jahrhunderts, in denen die sogenannte Stauferburg große Popularität gewann,[106] hat sich die Forschung im Wesentlichen den Burgen und Pfalzen der Stauferzeit gewidmet. Seit den sechziger Jahren des letzten Jahrhunderts wurde dem ahistorischen Bild der Stauferburg dann das Bild der Adelsburg entgegengestellt.[107] Dies bedeutete jedoch erneut eine Konzentration der Burgenforschung auf die Stauferzeit – und auf den Vorlauf in der Salierzeit.[108] Das Spätmittelalter mit seinem äußerst umfangreich erhaltenen Baubestand war bisher noch kein Forschungsschwerpunkt. Zudem verlor der auf die Adelsburg fokussierte Blick die Burgen der größeren

Herrschaften, der geistlichen und weltlichen Landesherrschaften, der bedeutenderen Grafengeschlechter sowie mancher großer Städte, wie etwa Erfurt, etwas aus den Augen. Die große Forschungslücke zwischen der Mitte des 13. Jahrhunderts und der zweiten Hälfte des 15. Jahrhunderts zu schließen, ist eine der wichtigsten Aufgaben der Burgenforschung; nur dann ist eine Gesamtdarstellung der Entwicklung des Burgenbaus und der Burgenarchitektur möglich. Die Burgen Graf Günters XXI. zeigen in aller Deutlichkeit, dass der Burgenbau des 14. Jahrhunderts sich signifikant von dem der Stauferzeit unterscheidet und von zahlreichen Innovationen geprägt ist. Zugleich erweist sich der Blick auf die Bauherren und ihren historischen Kontext erneut als weiterführend für die Forschung.

Zusammenfassung

Die Landesgeschichte Thüringens ist in den dreißiger und vierziger Jahren des 14. Jahrhunderts geprägt von schweren Auseinandersetzungen zwischen dem einheimischen Adel und dem wettinischen Landgrafen Friedrich II. Diese gipfelten in der Thüringer Grafenfehde (1342–1345), die mit dem Sieg des Landgrafen endete. Die mächtigsten und angesehensten Dynasten in Thüringen waren die Grafen von Schwarzburg, ihr bedeutendster Spross war Graf Günther XXI., der kurz vor seinem Tod zum Gegenkönig Karls IV. gewählt wurde.

Im Vorfeld der Grafenfehde ist seit 1331 eine intensive Burgenpolitik Günthers XXI. zu beobachten. Zahlreiche Erwerbungen wurden getätigt, neue Burgen und Städte gegründet oder bestehende fortifikatorisch aufgerüstet. Diese Burgbauten haben ein ausgesprochen monumentales Erscheinungsbild; sie zeichnen sich durch eine relativ einheitliche Formensprache, wie zum Beispiel gerundete Bauformen und zum Teil stark verschliffene Baukörper, aus. Zudem sind sie fortifikatorisch innovativ und anspruchsvoll, mit Fronttürmen, Schildmauern, Flankierungsbauten, Zwingern, mehrgeschossigen Wehrgängen mit Schießscharten etc. Letztere könnten sogar schon für Feuerwaffen ausgelegt sein.

Die Burgen Graf Günthers XXI. sind nicht nur der Höhepunkt des Burgenbaus der Schwarzburger und insgesamt des spätmittelalterlichen Burgenbaus in Thüringen, ihnen kommt für die Erforschung des spätmittelalterlichen Burgenbaus große Bedeutung zu.

Anmerkungen

[1] Hans Patze, Die Grafen von Schwarzburg-Käfernburg, in: Geschichte Thüringens, hg. von demselben und Walter Schlesinger, Bd. 2,1: Hohes und spätes Mittelalter (Mitteldeutsche Forschungen, Bd. 48/2,1), Köln/Wien 1974, S. 146–155; Immo Eberl, Die frühen Grafen von Schwarzburg, in: Thüringen im Mittelalter. Die Schwarzburger (Beiträge zur schwarzburgischen Kunst- und Kulturgeschichte, 3), Rudolstadt 1995, S. 79–119; ob sich die Schwarzburger bis in karolingische Zeit zurückverfolgen lassen oder nicht, ist hier ohne Belang.

[2] Mainzer Urkundenbuch, Bd. 1, bearb. von Manfred Stimming, Darmstadt 1932, Nr. 509; Otto Dobenecker (Hg.), Regesta diplomatica necnon epistolaria historiae Thuringiae, Bd. I–IV, Jena 1896 – 1939, hier Bd. I, 1896, Nr. 1176.

[3] O. Dobenecker, Bd. I, 1896, Nr. 1432.

[4] Kurt Hermann, Die Erbteilungen im Hause Schwarzburg, Halle 1919.

[5] O. Dobenecker, Bd. II, 1896, Nr. 1366.

[6] Ernst Devrient, Der Kampf der Schwarzburger um die Herrschaft im Saaletal, in: Forschungen zur schwarzburgischen Geschichte. Festschrift Berthold Rein zum 75. Geburtstag, hg. von Willy Flach, Jena 1935, S. 1–44, hier Regest Nr. 2; Gerhard Werner, Geschichte der Stadt Saalfeld, Bd. 1: 9. Jahrhundert bis 1603, Saalfeld 1995, Nr. 60.

[7] Bergbau wurde um Blankenburg auch in den folgenden Jahrhunderten betrieben; Ludwig Friedrich Hesse, Geschichte des Schlosses Blankenburg im Fürstenthume Schwarzburg-Rudolstadt, Rudolstadt 1820, S. 20f., Anm. 37.

[8] Arnold Berg, Günter Graf von Schwarzburg. Deutscher König, in: Archiv für Sippenforschung und alle verwandten Gebiete, 17, 1940, S. 202–206, 234–239.

[9] E. Devrient, 1935.

[10] A. Berg, 1940, S. 204.

[11] E. Devrient, 1935, S. 8, Nr. 9, 14.

[12] Ebenda, Nr. 6.

[13] Ebenda, Nr. 8, 10, 11; H. Patze, 1974, S. 150f.

[14] E. Devrient, 1935, Nr. 12f.

[15] Hans Patze, Schlotheim, in: Handbuch der historischen Stätten Deutschlands, Bd. 9: Thüringen, hg. von demselben, 2. Auflage, Stuttgart 1989, S. 385–387.

[16] Gerald Beuche, Burgen an der Thüringer Pforte. Die Sachsenburgen einst und jetzt, 1935, Nachdruck Erfurt 1995.

[17] Hans Eberhardt, Die Anfänge der Stadt Frankenhausen, in: Siedlung, Burg und Stadt, 1969, S. 448.

[18] E. Devrient, 1935, S. 11 und Nr. 9, 14, 18–21.

[19] Grundlegend: Wilhelm Füßlein, Die Thüringer Grafenfehde 1342 – 1346, in: Beiträge zur thüringischen und sächsischen Geschichte. Festschrift für Otto Dobenecker zum siebzigsten Geburtstage am 2. April 1929, Jena 1929, S. 111–138; ergänzend: Winfried Leist, Landesherr und Landfrieden in Thüringen im Spätmittelalter 1247 – 1349 (Mitteldeutsche Forschungen, Bd. 77), Köln/Wien 1975, bes. S. 174–187; zuletzt: Peter Langhof, Die Thüringer Grafenfehde und die Schwarzburger, in: Thüringen im Mittelalter, 1995, S. 131–145.

[20] W. Füßlein, 1929, S. 115.

[21] Chronika s. Petri Erfordensis moderna a. 1072 – 1335, in: Monumenta Erphesfurtensia, saec. XII. XIII. XIV., hg. von Oswald Holder-Egger (Monumenta Germaniae Historica, Scriptores, Hannover/Leipzig 1899, S. 117.

[22] Paul Wehnemann und Max Muth, Thüringer Burgen. Burgenbaukundlicher und geschichtlicher Überblick. Chronik der einzelnen Burgen, Weimar 1932; die seitdem erschienenen Übersichten von Walter Hotz, Kaiserpfalzen und Ritterburgen in Franken und Thüringen, Berlin 1940, und Hans-Joachim Mrusek, Burgen in Sachsen und Thüringen, München/Leipzig 1965, führen kaum weiter.

[23] Gerd Strickhausen, Thüringen. Frühe Burgen, in: Burgen in Mitteleuropa. Ein Handbuch, Bd. 1–2, hg. von der Deutschen Burgenvereinigung e.V., Stuttgart 1999, hier: Bd. 2, S. 196–199; derselbe, Thüringen. Späte Burgen, in: ebenda, S. 199–201; Thomas Bienert, Mittelalterliche Burgen in Thüringen. 430 Burgen, Burgruinen und Burgstätten, hg. von der Sparkassenkulturstiftung Hessen-Thüringen, Gudensberg-Gleichen 2000, S. 8–13.

[24] Gerd Strickhausen, Wohntürme mit gerundeten Bauformen in Thüringen im 14. Jahrhundert, in: Wohntürme (Veröffentlichungen der Deutschen Burgenvereinigung e.V., Landesgruppe Sachsen,

in Verbindung mit dem Wissenschaftlichen Beirat der Deutschen Burgenvereinigung), Langenweisbach 2002, S. 79–90 und Taf. 6, bietet erstmals einen Überblick über die Entwicklung des Burgenbaus in Thüringen im 14. Jahrhundert.

25 Kurze, unkritische Darstellungen: Thomas Bienert, Die wichtigsten Burgen der Grafen von Schwarzburg, in: Burgen, Schlösser, Gutshäuser in Thüringen, hg. von Bruno J. Sobotka und dem Thüringischen Landesamt für Denkmalpflege (Veröffentlichungen der Deutschen Burgenvereinigung e.V., Reihe C), Witten 1995, S. 85–92; Michael Platen, Die Burgen der Schwarzburger, in: Thüringen im Mittelalter, 1995, S. 255–268; wichtig: Hans-Martin Maurer, Eine Burgengruppe der thüringischen Grafen von Schwarzburg. Beitrag zur vergleichenden Burgenforschung, in: Burgen und Schlösser. Zeitschrift für Burgenforschung und Denkmalpflege, 2000/I, S. 14–22, der sich zwar intensiv mit den Burgen und den Grafen von Schwarzburg beschäftigt, aber den landesgeschichtlichen Hintergrund der hier interessanten Burgen völlig unberücksichtigt lässt.

26 Gerd Strickhausen, Burgen Graf Günters XXI. von Schwarzburg (1326 – † 1349), in: Horst Wolfgang Böhme und Otto Volk (Hg.), Burgen als Geschichtsquelle. 1. Marburger Mittelaltertagung der Arbeitsgruppe „Marburger Mittelalterzentrum" (MMZ), Marburg 2003, S. 125–149.

27 Max von Oer, Plaue und die Ehrenburg, in: Thüringen und der Harz, 7, 1842, S. 145–152; der wichtige Beitrag von Arnold Boie, Die Burgen über der wilden Gera, in: Mitteilungen der Vereinigung für Gothaische Geschichte und Altertumsforschung, 1912, S. 84–108, hier S. 91–99, ist von der späteren Forschung nicht zur Kenntnis genommen worden; Benjamin Rudolph, Die Ehrenburg in Plaue am Zusammenfluß von Wilder und Zahmer Gera. Baugestalt und Geschichte einer ungewöhnlichen Burg der Grafen von Schwarzburg, in: Jahrbuch der Stiftung Thüringer Schlösser und Gärten, Bd. 6 (2002), Lindenberg 2003, S. 33–44.

28 A. Boie, 1912, S. 91, nach dem Original. Das Folgende ebenfalls nach A. Boie.

29 Ebenda, S. 91.

30 L. F. Hesse, 1820, S. 22, Anm. 45, nach dem Original; E. Devrient, 1935, Nr. 27; K. Hermann, 1919, S. 37–39.

31 A. Boie, 1912, S. 95.

32 Ebenda, Grundriss zu S. 96; die Kapelle wurde nach Verfall im 16. Jahrhundert 1730 auf den alten Grundmauern neu errichtet.

33 Unter dem Begriff „gerundete Ecke" wird hier der mehr oder weniger kreissegmentförmige Übergang von einer äußeren Wandflucht in eine andere verstanden. Davon ist die „gerundete Mauerführung" zu unterscheiden, mit der hier der mehr oder weniger kreissegmentförmige Übergang von einer geraden Wand in eine andere bezeichnet wird.

34 So auch A. Boie, 1912, S. 93f.

35 Am Nordhang des Burgbergs fand man vor 1842 im Schutt „Holzkohlen, Gebeine und Waffenfragmente, namentlich Pfeil- und Lanzenspitzen"; M. von Oer, 1842, S. 150.

36 Martin Weber, Wehrhafte Kirchen in Thüringen, Jena 1935, S. 54, 69, 72f., Abb. 82f.

37 Hinweis von Elmar Altwasser, Marburg.

38 Elmar Altwasser, Udo Hopf und Gerd Strickhausen, Die Drei Gleichen (Burgen, Schlösser und Wehrbauten in Mitteleuropa, Bd. 7), Regensburg 2003.

39 Hinweis von Udo Hopf, Gotha, dem an dieser Stelle für anregende Diskussionen gedankt sei; nach M. Weber, 1935, S. 67, wurde die Kirche 1456 begonnen.

40 Ebenda, S. 77.

41 Udo Hopf, Baugeschichtliche Untersuchung der sogenannten Wehrkirche zu Schaala, in: Burgen und Schlösser in Thüringen. Jahresschrift der Landesgruppe Thüringen der Deutschen Burgenvereinigung e.V., Bd. 2, 1997, S. 110–118; M. Weber, 1935, S. 91f., Abb. 10, 17, 77.

42 M. Weber, 1935, S. 29f., 86f., Abb. 76.

43 Ebenda, S. 24, 53f., Abb. 66; am vorkragenden Wehrgeschoss des Kirchturms sind je vier ursprünglich getreppte Zinnen nachweisbar.

44 Hinweis von Elmar Altwasser, Marburg.

45 Vgl. H.-M. Maurer, 2000, S. 21.

46 Ludwig Friedrich Hesse, Ehrenstein, in: Thüringen und der Harz mit ihren Merkwürdigkeiten, Volkssagen und Legenden, 8, 1844, S. 234–245; Kurt Sesselmann, Ehrenstein, in: Monatsblätter für den wanderfrohen Nachbarn, H. 12, Juli 1925, S. 279–296; derselbe, Ehrenstein, unveröffentlichtes Manuskript, 1956, mit dem besten Aufmaß der Burg; grundlegend: Heinz Deubler, Burg und Amt Ehrenstein, in: Rudolstädter Heimathefte, 18, 1972, S. 25–34, 68–75, 99–105; derselbe, Burg Ehrenstein, in: Burgen und Schlösser um Rudolstadt. Sonderausgabe der Rudolstädter Heimathefte, 1972, S. 34–39; Ulrich Green, Versuch über Burg Ehrenstein, in: Blätter des Vereins für thüringische Geschichte, 5, H. 2, 1995, S. 32–39; derselbe, Burgverwandtschaften: Ehrenstein, Liebenstein, Ehrenburg, in: ebenda, 7, H. 2, 1997, S. 31–39; Benjamin Rudolph, Die Burgruine Ehrenstein im Ilmkreis, in: Jahrbuch der Stiftung Thüringer Schlösser und Gärten, Bd. 4 (2000), Lindenberg 2001, S. 51–61.

47 L. F. Hesse, 1820, S. 22, Anm. 45, nach dem Original; E. Devrient, 1935, Nr. 27; K. Hermann, 1919, S. 37–39; in der Literatur, erstmals bei Paul Jovius, Chronicon Schwartzburgicum, in: Diplomataria et scriptores historiae Germanicae, Altenburg 1753, S. 305, wird teilweise davon ausgegangen, dass Burg Ehrenstein schon bei einer Teilung im Jahre 1274 bestand, was sich aber nicht belegen lässt; K. Hermann, 1919, S. 22.

48 L. F. Hesse, 1844, S. 234f.

49 Vgl. Abbildung der Burg von 1681 bei H. Deubler, 1972; keinesfalls war der gesamte Wohnbau ursprünglich zwei Geschosse höher, wie H.-M. Maurer, 2000, S. 19 vermutet, denn am Turm existieren keine entsprechenden Befunde.

50 Hinweis von Udo Hopf, Gotha; H.-M. Maurer, 2000, S. 20f., datiert den Zwinger, wie bei der Ehrenburg, in dieselbe Bauphase wie den Kernbau.

51 Manfred Donhof, Burg Liebenstein (Veröffentlichungen der Museen der Stadt Arnstadt, 7), Arnstadt 1981; derselbe, Burg Liebenstein im Geratal, Arnstadt 1993.

52 M. Donhof, 1981, S. 13.

53 A. Boie, 1912, S. 90, 99f.; M. Donhof, 1981, S. 14f.

[54] Walter Haas, Fenster (I–V), in: Reallexikon zur Deutschen Kunstgeschichte, München 1981, Sp. 1316f.

[55] A. Boie, 1912, S. 105 und Abb. zu S. 101.

[56] Zuletzt Benjamin Rudolph, Die Burgruine Hoher Schwarm in Saalfeld/Saale und ihr Verhältnis zu vergleichbaren Bauten mit Eckvorlagen, in: Burgen und Schlösser. Zeitschrift für Burgenforschung und Denkmalpflege, 2002/II, S. 92–100.

[57] G. Werner, 1995, Nr. 73, 75.

[58] Ebenda, Nr. 102.

[59] Zuletzt Heiko Pludra, Rundungen statt Ecken. Zu den Thüringer Burgen der Grafen von Beichlingen, Honstein und von Schwarzburg im 14. Jahrhundert, in: Burgen und Schlösser in Thüringen. Jahresschrift der Landesgruppe Thüringen der Deutschen Burgenvereinigung e.V., (1999/2000), 2000, S. 41–68, hier S. 41.

[60] G. Strickhausen, 2002, S. 85, H.-M. Maurer, 2000, S. 21 und B. Rudolph, 2002, S. 99 datieren den Hohen Schwarm in die erste Hälfte des 14. Jahrhunderts.

[61] Wolfgang Einsingbach, Beilstein. Burgruine (Führer der Verwaltung der staatlichen Schlösser und Gärten Hessen), Bad Homburg vor der Höhe 1978; der von G. Werner, 1995, Nr. 73 als ein Vorbild genannte Wohnturm der Burg Thun/Schweiz, um 1200, ist dafür viel zu alt.

[62] G. Beuche, 1935/1995; Benjamin Rudolph, Die Sachsenburgen – zwei Burgruinen am Unstrutdurchbruch zwischen Schmücke und Hainleite. Erste Ergebnisse der Bauforschung, in: Jahrbuch der Stiftung Thüringer Schlösser und Gärten, Bd. 5 (2001), Lindenberg 2002, S. 59–72; hinter seinen präzisen Beobachtungen am Bau stehen die Auswertung der Literatur und die historische wie kunsthistorische Einordnung leider deutlich zurück.

[63] Friedrich Stolberg, Befestigungsanlagen in und am Harz von der Frühzeit bis zur Neuzeit (Forschungen und Quellen zur Geschichte des Harzgebietes, 9), Hildesheim 1968, S. 325; dabei hat sich der Architekt offensichtlich von der Burggründung 1247 inspirieren lassen. Alle frühgotisch aussehenden Bauteile des Turms stammen nach ihrer Steinbearbeitung (Scharrierung) von diesem Umbau.

[64] Dagegen stammt der quadratische Turm der oberen Burg sicher aus der Mitte des 13. Jahrhunderts, während der quadratische Turm der unteren Burg sich von diesem in Mauerwerk und Steinschnitt unterscheidet und wohl aus dem späteren 13. Jahrhundert stammt.

[65] Gerd Strickhausen, Beobachtungen zur älteren Baugeschichte des Hohen Hauses auf Beichlingen, in: Heiko Laß (Hg.), Von der Burg zum Schloss. Landesherrlicher und Adeliger Profanbau in Thüringen im 15. und 16. Jahrhundert, Bucha bei Jena 2001, S. 67–93.

[66] Es diente einer Gräfin von Beichlingen 1366 als Witwensitz und kam 1377 an die Grafen von Schwarzburg; Friedrich Apfelstädt (Bearb.), Beschreibende Darstellung der älteren Bau- und Kunstdenkmale des Fürstentums Schwarzburg-Sondershausen, Bd. 1: Unterherrschaft, Sondershausen 1886, S. 37f.

[67] Rainer Kunze, Spätblüte – Reichenberg und der mittelrheinische Burgenbau des 14. Jahrhunderts (Veröffentlichungen der Deutschen Burgenvereinigung, Reihe A: Forschungen, Bd. 6), Braubach 1998; Thomas Bienert, Das Zeughaus des Schlosses Schwarzburg – ein Wohnturm des 14. Jh.?, in: Burgen und Schlösser in Thüringen. Jahresschrift der Landesgruppe Thüringen der Deutschen Burgenvereinigung e.V., 2000, S. 69–78 sowie derselbe, Wohntürme des 14. Jahrhunderts im Herrschaftsgebiet der Grafen von Schwarzburg, in: Wohntürme, 2002, S. 73–77, Taf. 5, hält in offenkundiger Unkenntnis des rheinischen Burgenbaus die Schildmauer irrig für die Wand eines Wohnturms, wie bei dem des Hohen Schwarms.

[68] So auch H. Pludra, 2000, S. 49; zum Ausbau: Jörg Hoffmann, Burgruine Greifenstein bei Bad Blankenburg in Thüringen. Eine denkmalpflegerische Analyse, in: Burgen und Schlösser in Thüringen. Jahresschrift der Landesgruppe Thüringen der Deutschen Burgenvereingung e.V., 1998, S. 57–84; Heinz Deubler und Alfred Koch, Burgen, Schlösser und Kirchen bei Rudolstadt, 1991, S. 42 glauben, die Flankierungsbauten seien im Zusammenhang mit dem 1664 erlassenen Befehl des Sächsischen Kreises, wegen der Türkengefahr alle Burgen und Schlösser neu zu befestigen, entstanden; dem folgt Hoffmann.

[69] E. Devrient, 1935, Nr. 4.

[70] M. Platen, 1995, S. 260 datiert ihn ins ausgehende 12. Jahrhundert.

[71] Klaus Schache, Burg Ranis. Eine kleine Beschreibung des Bauwerks und seiner Geschichte, Ranis o .J.

[72] Heinrich Bergner (Bearb.), Beschreibende Darstellung der älteren Bau- und Kunstdenkmäler der Provinz Sachsen, Bd. 22: Kr. Ziegenrück und Schleusingen, Halle 1901, S. 66.

[73] K. Siegert, Stadtilm. Stadtbefestigung, in: Denkmale im Kreis Arnstadt (Veröffentlichungen der Stadt Arnstadt, H. 12), Arnstadt 1988, S. 77–82.

[74] Paul Lehfeldt (Bearb.), Bau- und Kunstdenkmäler Thüringens, Bd. 15: Gräfenthal, Pößneck, Jena 1892, S. 218–221; Hans Patze, Gräfenthal, in: Handbuch der historischen Stätten Deutschlands, Bd. 9: Thüringen, hg. von demselben, 2. Auflage, Stuttgart 1989, S. 161.

[75] Wilfriede Hartung, Burgk, in: ebenda, S. 62–64.

[76] G. Strickhausen, 2002, S. 85.

[77] Hans Eberhardt, Die Hainleiteburgen als historisches Problem, in: Alt-Thüringen, 6, 1962/63, S. 523–554, hier S. 535, 542.

[78] G. Strickhausen, 2002, S. 86f.

[79] Ebenda, S. 87.

[80] Zuerst A. Boie, 1912, S. 94, der feststellt, „daß die Plauer (Ehren-)Burg, der Ehrenstein (bei Remda) und der Liebenstein genau nach denselben Grundsätzen entworfen" und ihre baulichen Unterschiede nur Funktion und Bauplatz geschuldet sind; H.-M. Maurer, 2000, S. 21; lediglich nach formalen Kriterien werden die Burgen behandelt bei Bodo Ebhardt, Der Wehrbau Europas im Mittelalter, Bd. 1, 1939, Nachdruck Würzburg 1999, S. 391, und H. Wurzler, Burg Ehrenstein und verwandte Mantelmauerburgen, in: Der Burgwart. Zeitung der Vereinigung zur Erhaltung deutscher Burgen, 43, 1942, S. 29–37.

[81] Erstmals A. Boie, 1912, S. 94; G. Strickhausen, 2002, S. 85f.

[82] Vgl. Reinhard Gutbier, Zwinger und Mauerturm. Ihre Wandlung im späten Mittelalter, dargestellt an nordhessischen Beispielen, in: Burgen und Schlösser. Zeitschrift für Burgenforschung und Denkmalpflege, 1976/I, S. 21–29; Ausnahmen sind zum Beispiel der gegen die Mitte des 13. Jahrhunderts entstandene Zwinger der Burg Gnandstein (Sachsen), Yves Hoffmann, Burg Gnandstein in Sachsen im 13. Jahrhundert, in: Forschungen zu Burgen und Schlössern, 7, München/Berlin 2002, S. 195–208, oder der Zwinger des Marburger Schlosses (Hessen) aus dem ausgehenden 13. Jahrhundert, Barbara Kraß und Gerd Strickhausen, Zur Baugeschichte des Marburger Schlosses vor 1300, in: Burgenforschung in Hessen (Kleine Schriften aus dem Vorgeschichtlichen Seminar, 46), Marburg 1996, S. 177–182.

[83] R. Kunze, 1998, S. 26f. interpretiert die Nachricht der Limburger Chronik über die von Erzbischof Balduin von Trier um 1320 „in der nuwer leise" („in der neuen Weise") erbaute Burg Balduinstein dahin gehend, dass damit vor allem die Ausstattung der Mauern mit Schießscharten – teilweise zweistöckig – gemeint sei; Die Limburger Chronik des Tilmann Elhen von Wolfhagen, hg. von Arthur Wyss (Monumenta Germaniae Historica, Scriptores, Deutsche Chroniken, IV/1), Hannover 1883, S. 40; ob dies der Chronist wirklich gemeint hat, sei dahingestellt.

[84] R. Gutbier, 1976.

[85] Conny Süssmuth, Bauhistorische Untersuchungen im Hofheimer „Wasserschloß", in: Denkmalpflege in Hessen, 1993, 2, S. 29–32.

[86] Zur Definition siehe die Anm. 33 im vorliegenden Aufsatz; G. Strickhausen, 2001, S. 70–84, bietet eine erste Einordnung des Phänomens der gerundeten Bauformen in einen größeren Zusammenhang; derselbe, 2002; H. Pludra, 2000.

[87] Thomas Durdik, Zum Vorkommen und zur Interpretation abgerundeter Ecken der böhmischen Burgen, in: Burgenforschung aus Sachsen, 17, 2, 2004, S. 153–159, hier S. 158, vermutet gerundete Ecken „als primäre bautechnische Lösung". Dies mag im Forschungsstand zu den Burgen Böhmens begründet sein, die thüringischen Beispiele zeigen jedoch deutlich, dass die gerundeten Bauformen bewusst als Gestaltungselemente eingesetzt wurden.

[88] Christopher Hermann, Wohntürme des späten Mittelalters auf Burgen im Rhein-Main-Mosel-Gebiet (Veröffentlichung der Deutschen Burgenvereinigung, Reihe A: Forschungen, Bd. 2), Espelkamp 1995, S. 190–196.

[89] Die Bau- und Kunstdenkmäler des Regierungsbezirks Wiesbaden, hg. vom Bezirksverband des Regierungsbezirks Wiesbaden, Bd. 5: Die Kreise Unter-Westerwald, St. Goarshausen, Untertaunus und Wiesbaden Stadt und Land, bearb. von Ferdinand Luthmer, Frankfurt 1914, S. 26–31.

[90] R. Kunze, 1998; Lorenz Frank, Die Mantelmauer der Burg Reichenberg bei St. Goarshausen. Neue Ergebnisse zur Bauforschung, in: Denkmalpflege in Rheinland-Pfalz 1997/2000, Worms 2002.

[91] G. Strickhausen, 2002, Abb. 1 (Karte).

[92] Derselbe, Burgen mit gerundeten Bauformen in Sachsen, in: Burgenforschung aus Sachsen (Deutsche Burgenvereinigung, Landesgruppe Sachsen, 15/16), 2003, S. 4–19.

[93] Vgl. H.-M. Maurer, 2000, S. 16; Rainer Kunze, Burgenpolitik und Burgbau der Grafen von Katzenelnbogen bis zum Ausgang des 14. Jahrhunderts (Veröffentlichungen der Deutschen Burgenvereinigung, 3), Gerabronn/Württemberg 1969; Hans-Martin Maurer, Burgen am oberen Neckar, Hohenbergische Hofburgen, Bautypen und Burgfrieden, in: F. Quartal (Hg.), Zwischen Schwarzwald und Schwäbischer Alp (Veröffentlichungen des alemannischen Instituts), 1984, S. 120–132; Alfons Zettler, Zähringerburgen – Versuch einer landesgeschichtlichen und burgenkundlichen Beschreibung der wichtigsten Monumente in Deutschland und in der Schweiz, in: Die Zähringer. Schweizer Vorträge und neue Forschungen, hg. von Karl Schmid (Veröfflichungen zur Zähringer-Ausstellung, 3), Sigmaringen 1990, S. 95–176; Gerd Strickhausen, Burgen der Ludowinger in Thüringen, Hessen und dem Rheinland. Studien zu Architektur und Landesherrschaft im Hochmittelalter (Quellen und Forschungen zur hessischen Geschichte, 109), Darmstadt/Marburg 1998.

[94] Thomas Durdik, Zum Vorkommen abgerundeter Ecken und mit Wohntürmen verbundener Palasse auf böhmischen Burgen, in: Burgen und Schlösser in Thüringen. Jahresschrift der Landesgruppe Thüringen der Deutschen Burgenvereinigung e.V. (2001/2002), 2003, S. 45–48, vermutet in Ablehnung der unzutreffenden Annahme von H. Pludra, 2000, S. 53, die Burgen Karls IV. in Böhmen seien von den schwarzburgischen Burgen beeinflusst, nun seinerseits – und für die Burgen Günthers XXI. wenig überzeugend –, dass „der böhmische Burgenbau Karls IV. und seiner Zeit die Burgenarchitektur der näheren und auch entfernteren Regionen Deutschlands beeinflußt hat".

[95] G. Strickhausen, 2002, S. 88; derselbe, 2001, S. 83; derselbe, 2003, S. 146; H.-M. Maurer, 2000, S. 21; vgl. auch: Rainer Kunze, Späte Burgen und frühe Schlösser. Bemerkungen zu einer wieder vereinigten Kulturlandschaft (Raum Werra, Fulda, Oberweser), in: Burgen und Schlösser. Zeitschrift für Burgenforschung und Denkmalpflege, 1994/I, S. 3–10, hier S. 6; Hans-Joachim Mrusek, Gestalt und Entwicklung der feudalen Eigenbefestigung im Mittelalter (Abhandlungen der sächsischen Akademie der Wissenschaften zu Leipzig, Philosophisch-historische Klasse, 60/3), Berlin 1973, S. 125, mit Verweis auf A. Landgraf, Die drei Palas-Typen der bayrischen Wasserburgen, in: Burgen und Schlösser. Zeitschrift für Burgenforschung und Denkmalpflege, 1965/II, S. 46–50.

[96] Urkundenbuch der Stadt Erfurt, bearb. von Carl Beyer (Geschichtsquellen der Provinz Sachsen, 24), Bd. 2, Halle 1897, Nr. 233.

[97] Von franz. „Château"; Walter Herrmann, Die vorgefertigte Burg. Konstruktionstechnik und Schutz des Fachwerks, Straßburg 1991, S. 51, Katze oder Katzenburg („chaz", „chaz chastels" oder „chats-châteaux").

[98] Bernhard Rathgen, Das Geschütz im Mittelalter. Quellenkritische Untersuchung, Berlin 1928, S. 654.

[99]   Beim Deutschen Orden sind Ruckarmbrüste erst seit 1364 nachweisbar; Walter Ziesemer, Das große Ämterbuch des Deutschen Ordens, Danzig 1921, und derselbe, Das Marienburger Ämterbuch, Danzig 1916; Volker Schmittchen, Kriegswesen im späten Mittelalter. Technik, Taktik, Theorie, Weinheim 1990, S. 176, geht noch davon aus, dass die mit dem Hebel spannbare Armbrust erst gegen Ende des 14. Jahrhunderts aufkam.

[100] B. Rathgen, 1928, S. 198.

[101] A. Boie, 1912, S. 97f., hat ebenfalls vermutet, dass die Scharten des Zwingers der Ehrenburg für „Feuergewehrverteidigung" ausgelegt seien. Daher nahm er an, die Zwinger seien später entsprechend umgebaut oder „erst in späterer Zeit hergerichtet" worden. Beides ist mit dem Baubefund nicht vereinbar.

[102] Wilfried Tittmann, Die Eltzer Büchsenpfeile von 1331/3, Teil 1, in: Waffen- und Kostümkunde, Bd. 36, 1994, H. 1 und 2, S. 117–128, Teil 2 in: ebenda, Bd. 37, 1995, H. 1 und 2, S. 53–64; den Forschungsfortschritt zeigt ein Vergleich mit den nur wenig älteren Ausführungen von Volker Schmidtchen, Büchsen, Bliden und Balisten. Bernhard Rathgen und das mittelalterliche Geschützwesen. Ein Beitrag zur historischen Waffenkunde, Einleitung zum Reprint von Bernhard Rathgen, Das Geschütz im Mittelalter, Düsseldorf 1987, S. V–XLVIII.

[103] Darstellung des aktuellen Forschungsstandes bei Gerd Strickhausen, Bemerkungen zu frühen Feuerwaffen im 14. Jahrhundert, in: Beihefte zur Mediaevistik, Bd. 7, 2006, S. 47–57.

[104] W. Tittmann, 1995, S. 53–55.

[105] Johann Peter Schunk, Die ersten Feuergewehre im Mainzischen, und vermuthlich auch in Deutschland, 1344, in: derselbe (Hg.), Beyträge zur Mainzer Geschichte, mit Urkunden, Bd. 1, Frankfurt/Leipzig 1788, S. 32–40, hier S. 39.

[106] Besonders durch Bücher wie Walter Hotz, Staufische Reichsburgen am Mittelrhein, Berlin 1937; derselbe, 1940; derselbe, Pfalzen und Burgen der Stauferzeit, Darmstadt 1981.

[107] Hans-Martin Maurer, Bauformen der hochmittelalterlichen Adelsburg in Südwestdeutschland, in: Zeitschrift für Geschichte des Oberrheins, Bd. 115 (N.F., Bd. 76), 1967, S. 61–116; derselbe, Die Entstehung der hochmittelalterlichen Adelsburg in Südwestdeutschland, in: ebenda, Bd. 117 (N.F., Bd. 78),1969, S. 297–332.

[108] Horst Wolfgang Böhme (Hg.), Burgen der Salierzeit, Bd. 1–2 (Römisch-Germanisches Zentralmuseum, Monographien, 26), Sigmaringen 1991.

Peter Ettel

Frühmittelalterlicher Burgenbau in Nordbayern und Südthüringen vom 7. bis zum 11. Jahrhundert

In den schriftlichen Quellen werden im nordbayerischen und südthüringischen Raum für die frühmittelalterliche Zeit nur etwa 30 der fast 250 archäologisch bekannten Burgen genannt.[1] In der Karte (Abb. 1, unten) sind die historisch genannten Burgen mit der jeweiligen Jahreszahl der Nennung eingetragen. Das Gebiet umfasst die Regionen nördlich der Donau, vor allem die Oberpfalz und die oberfränkischen Bezirke, sowie die südthüringische Region zwischen dem Thüringer Wald und der Rhön, die in allen Perioden der Vor- und Frühgeschichte mehr oder minder eng mit der Kulturentwicklung in Ober- und Unterfranken verbunden gewesen ist. Es ist hier nicht der Platz, auf alle Burgennennungen einzugehen, der Hinweis auf einige wenige muss genügen.[2] Die frühesten historisch belegten Burgen in unserem Raum stellen Würzburg und Hammelburg dar, die urkundlich 704 bzw. 716 bezeugt sind und somit bereits in spätmerowingischer Zeit, um 700 bzw. zu Anfang des 8. Jahrhunderts, bestanden, Würzburg nach der Kilianslegende bereits 686. In der frühkarolingischen Zeit wird dann eine Reihe von Burgen im Rahmen der Einrichtung des 741/742 neu gegründeten Bistums Würzburg genannt, in der Ausstattungsurkunde des Bistums die Stöckenburg, in der vita Burkardi werden unter anderem Karlburg und Eltmann an Würzburg übergeben. Indirekt zu erschließen ist eine Burg in Eyringsburg, wo 822 ein Iring seinen Besitz in den der Burg benachbarten Orten Lulebach und Iringshausen an das Kloster Fulda schenkt, sowie in Castell, das 816 in der Stiftungsurkunde für das Kloster Megingaudshausen genannt wird und im Namen auf eine Befestigung hinweist.[3] Für die zweite Hälfte des 9. Jahrhunderts kennt man kaum Burgennennungen, nur die Schenkung der Vogelsburg an das Fuldaer Kloster fällt in die Regierungsjahre Arnulfs. Erst zu Anfang des 10. Jahrhunderts finden Burgen in den Quellen wieder häufiger Erwähnung. In der Chronik Regino von Prüms erscheinen die beiden in der Hand des Babenbergers Adalbert befindlichen Burgen Bamberg (902/906) sowie Theres (902). Für 954 berichtet Widukind von Corvey in seiner Sachsenchronik im Rahmen der Schilderung des liudolfingischen Aufstandes über die Belagerung von Roßtal bei Fürth. Die Schweinfurter Burgen Ammerthal, Creußen, Kronach und Schweinfurt werden in der Sachsenchronik Thietmars von Merseburg erwähnt, der für das Jahr 1003 die Auflehnung des Markgrafen von Schweinfurt gegen König Heinrich II. und den darauf folgenden Kriegszug Heinrichs II. mit der Zerstörung der Schweinfurter Burgen beschreibt. Einen gewissen Abschluss findet diese Entwicklung dann mit der Einrichtung des Bamberger Bistums 1007.

Die historischen Quellenbelege ermöglichen einerseits Aussagen zum Zeitpunkt der Nennung der Burgen, andererseits aus dem Kontext in gewissem Umfang auch zu ihren Machthabern, ihren Aufgabenbereichen und damit zu ihrer Funktion. Dies gilt aber kaum für die einzelne Burg, die meist nur in einer zufällig überlieferten Nennung erscheint, sondern nur für die Zusammenschau der frühmittelalterlichen Burgen in Nordbayern, Südthüringen und darüber hinaus. Oft erscheinen Burgen als Urkundenausstellungsorte, so auch die beiden ältesten, spätmerowingischen Anlagen Würzburg und Hammelburg, wo Herzog Heden urkundete. Zwischen 741 und 754 wird im Rahmen der Ausstattung des Bistums Würzburg eine Reihe von in königlicher Hand befindlichen Burgen genannt – Karlburg, Eltmann, Homburg und Stöckenburg. Sie zeigen die machtpolitische Rolle des Königs als Burgeninhaber und -erbauer. Damit wird das von Karl dem Kahlen im Edikt von Pîtres 864 ausgedrückte königliche Befestigungsregal sichtbar, das dann in jüngerer Zeit aufgelockert wurde.[4] Ab dem 9. Jahrhundert tritt der Adel zunehmend als Burgenbauer in Erscheinung, die Eiringsburg (822) als Burg eines Freien namens Iring, ebenso Castell (816) mögen frühe Beispiele dafür sein. Während der zweiten Hälfte des 9. Jahrhunderts und der ersten Hälfte des 10. Jahrhunderts, in der Zeit der Ungarneinfälle und der Auflösung des Gesamtreiches, wird das Königtum als Burgenbauer keine größere Rolle gespielt haben, für 908 bekommt der Eichstätter Bischof das Befestigungsrecht, schriftlich belegt, übertra-

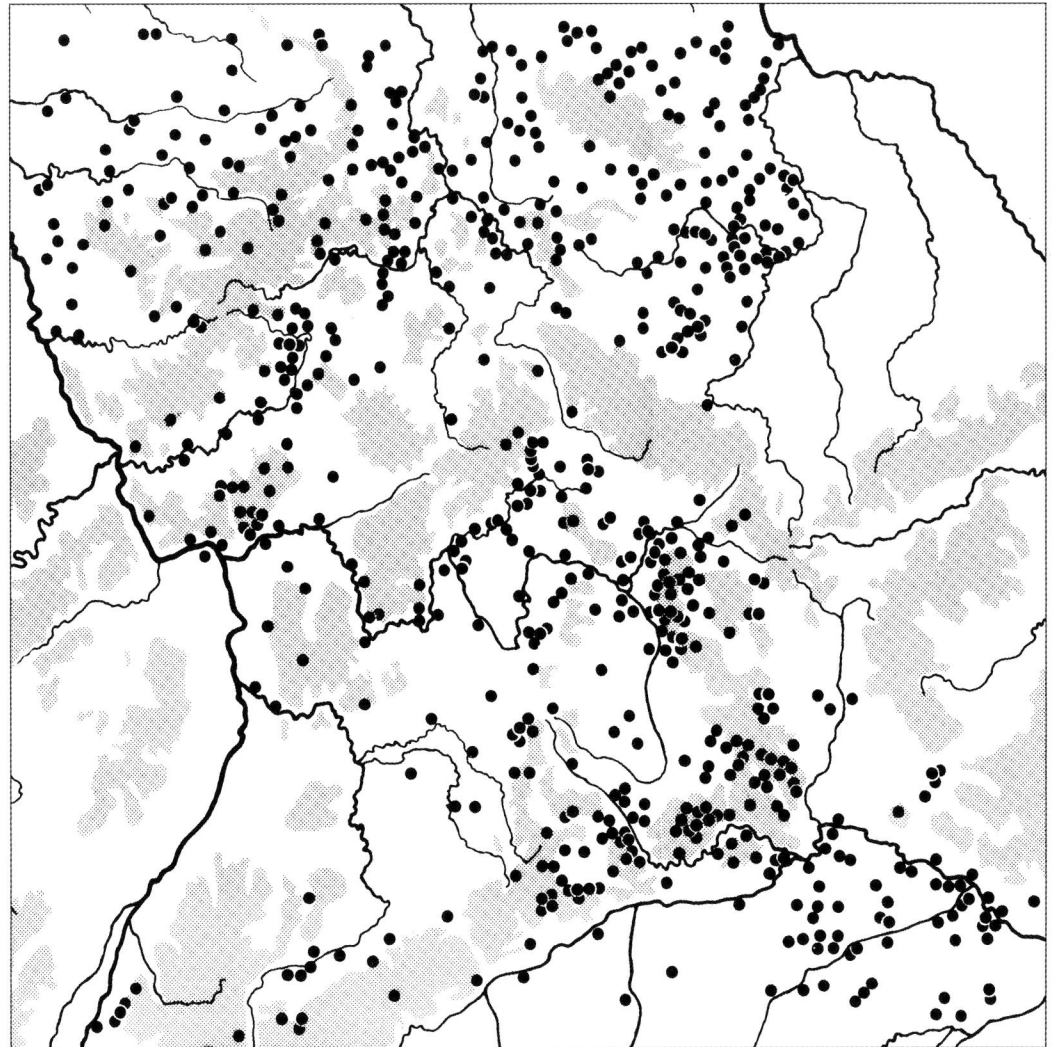

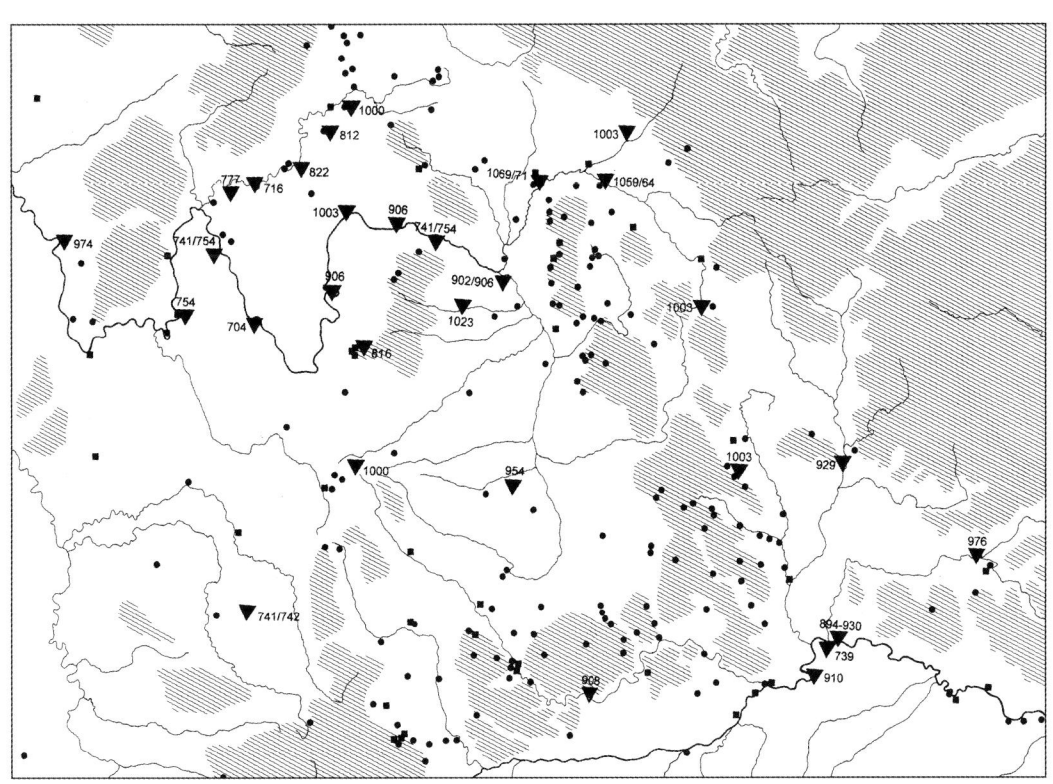

Abb. 1 oben: Verbreitung frühmittelalterlicher Burgen östlich des Rheins. – unten: Verbreitung der in den historischen Quellen genannten Burgen (Dreiecke) in Nordbayern und Südthüringen, gegrabene Burgen (Quadrate)

Abb. 2 Rekonstruktion der Grundtypen von Befestigungsarten in Nordbayern und Südthüringen: 1: zweischalige Trockenmauer auf der Eiringsburg. – 2: Trockenmauer mit Holz-Erde-Konstruktion (oben) sowie mit vorgesetzter Mörtelmauer und Türmen davor in der jüngeren, ottonischen Bauphase, (unten) von Roßtal. – 3: geschütteter Wall auf der Karlburg

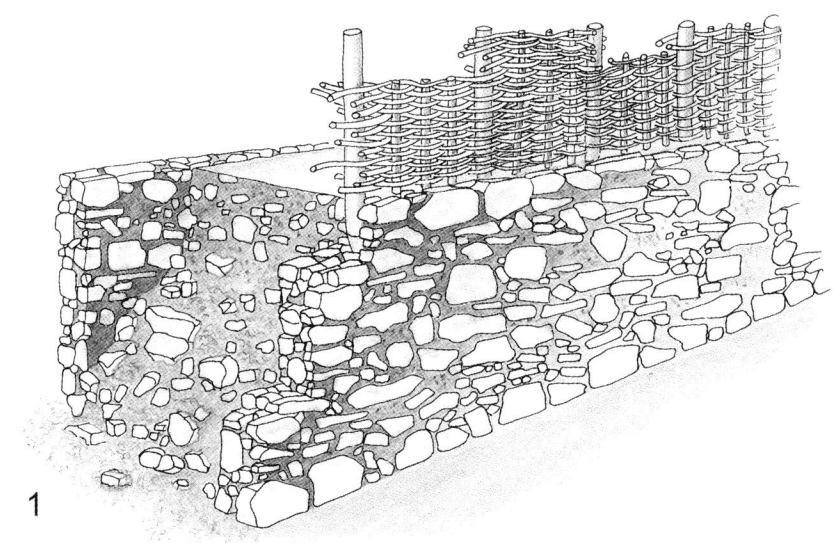

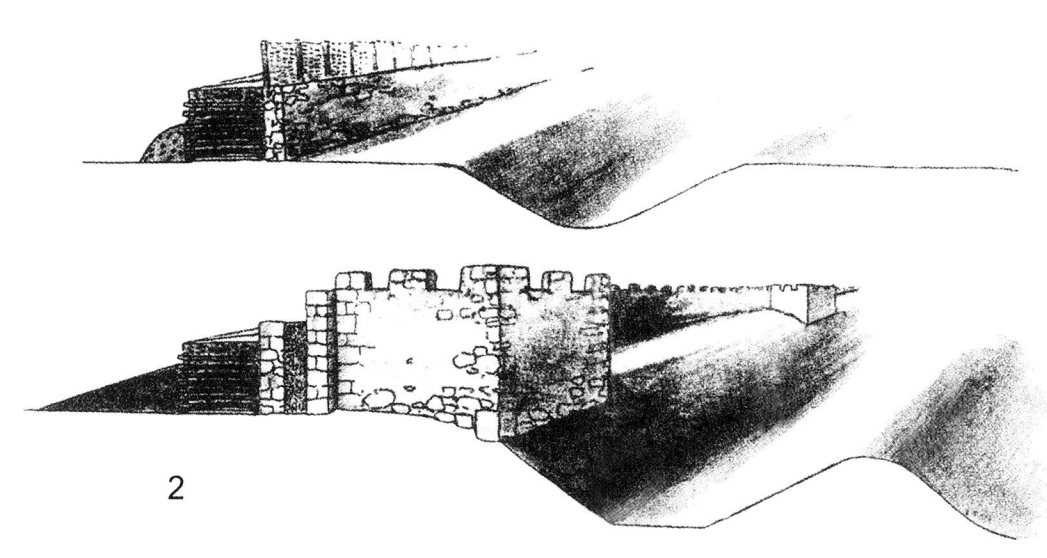

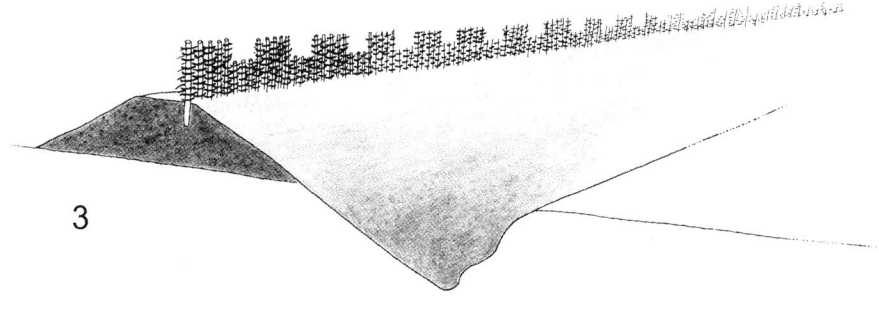

90

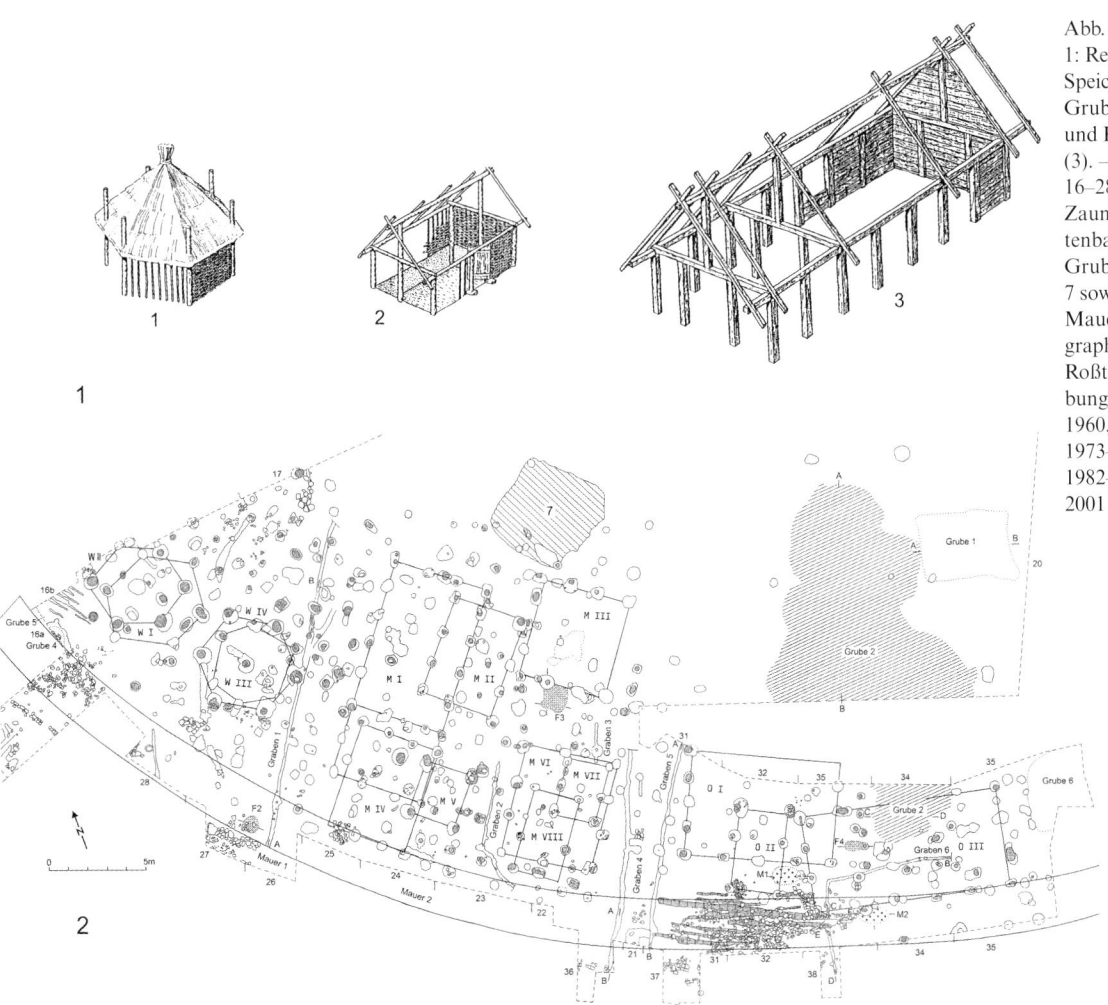

Abb. 3 Roßtal:
1: Rekonstruktion von
Speicherbauten (1),
Grubenhäusern (2)
und Pfostenhäusern
(3). – 2: Flächenareal
16–28, 31–38 mit
Zaungräbchen, Pfos-
tenbauten, Grube 2,
Grubenhäusern 6 und
7 sowie Verlauf der
Mauer 1–2. – 3: Topo-
graphischer Plan von
Roßtal mit den Gra-
bungsflächen von
1960, 1962, 1966–71,
1973–75, 1977, 1979,
1982–83, 1993–94 und
2001

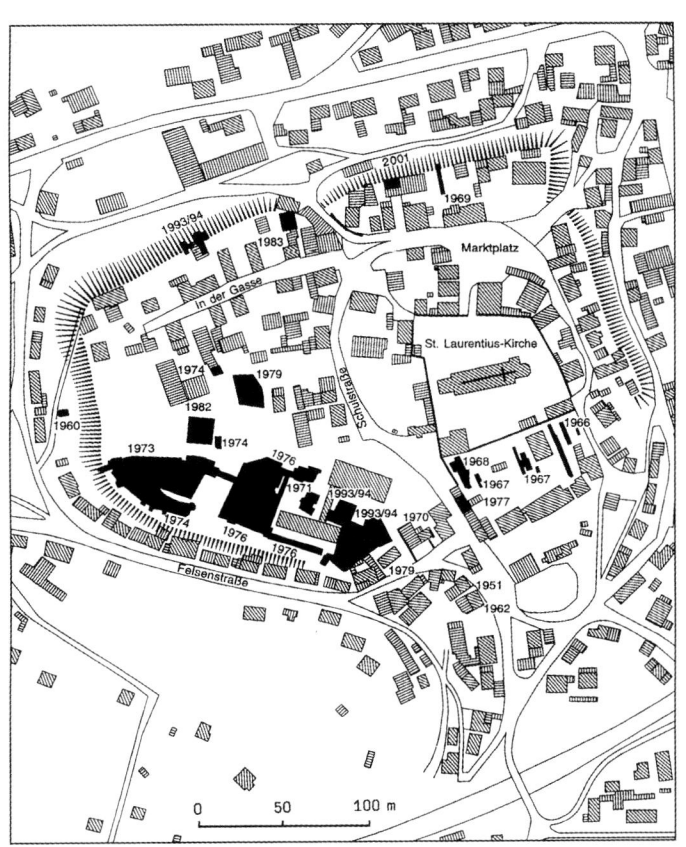

gen.[5] In der Zeit der Adelsfehden kam es sicherlich des Öfteren zur Usurpation von königlichen Burgen, wie Bamberg in den Händen der Babenberger oder Roßtal unter der Kontrolle der Luidolfinger zeigen. Burgen bildeten im 10. Jahrhundert zunehmend das Rückgrat der erstarkenden lokalen Amtsträger und Herrschaftsdynastien. Dies wird zunächst mit den älteren Babenbergern, später mit den Schweinfurter Markgrafen deutlich, deren Macht, so in den Quellen beschrieben, sich auf mehrere Burgen stützte, von denen aus sie die Herrschaft über das Land kontrollierten. Hier erscheint zum ersten Mal eine in hochadeliger Hand befindliche Burgengruppe und -organisation, die 1003 durch den König ihr Ende findet.

Über das Aussehen, ihre Lage, Befestigung und Bebauung geben die historischen Quellen für den nordbayerischen und südthüringischen Raum kaum Auskunft, sie werden nur als starke Befestigungen angesprochen, sodass die Zeitgenossen nicht glaubten, dass die castella munimenta der Schweinfurter erobert werden könnten.[6] Ihre militärische Funktion steht außer Frage, ihre Grenzsicherungsfunktion, zum Beispiel gegen die Ungarn, wird des Öfteren betont und ihre wichtige Rolle in militärischen Auseinandersetzungen, insbesondere bei den großen Fehden, kommt deutlich zum Ausdruck. Zumindest die größeren Burgen müssen zur Aufnahme von weiteren Truppen eingerichtet gewesen sein. Nabburg und Cham waren groß genug, um den König mit seinem Gefolge, eventuell auch mit dem Heer, aufzunehmen.[7] Schließlich ist ihre Funktion als Fluchtburg zu nennen, wie es für die Büraburg erwähnt wird.[8] Ferner gehörten zu den Burgen oftmals, wie in Tilleda, Werla und Würzburg, Suburbien für Burgmannschaft, Händler und Handwerker, aus denen sich später dann Städte entwickeln konnten.[9]

Bereits im ausgehenden 8. Jahrhundert werden Burgen, so im Hersfelder Zehntverzeichnis, als Mittelpunkte von Burgbezirken und Grafschaften erwähnt, in denen der Königszehnt zusammenkam.[10] Die Burgen bildeten teils den Mittelpunkt von Markgebieten, wie Nabburg und Cham, oder das befestigte Zentrum von Gauen oder Grafschaften, wie die Grabfeldonoburg, sie waren damit der gräflichen Gewalt unterstellt.[11] Die Burgen erfüllten Aufgaben der Forstaufsicht und der Gerichtsbarkeit, für Nabburg ist der Sitz einer Münzstätte belegt.[12] Kirchen sind von frühester Zeit an auf Burgen bekannt, und auch in jüngerer Zeit gründete man nachweislich auf Burgen Kirchen oder Klöster, was deren kirchliche zentrale Funktion unterstreicht.[13] Zudem wurden Bischofssitze auf Burgen eingerichtet, wie Büraburg, Würzburg oder Bamberg zeigen. Anhand der historischen Überlieferung wird insbesondere für die jüngeren Burgen der ottonischen Zeit deren überregionale Bedeutung als Plätze mit erkennbarem Mittelpunktscharakter deutlich, weshalb Emmerich diese Burgen, bei denen es sich weder um alleinige Wehrbauten noch um Städte im späteren Rechtssinn handelte, Landesburgen nannte.[14] Schon im 11. Jahrhundert finden diese Landesburgen allerdings ihr Ende, jetzt werden Burgen kleineren Ausmaßes bestimmend.[15]

Nach den archäologischen Quellen beträgt die Zahl der in Nordbayern und Südthüringen als frühmittelalterlich zu datierenden Befestigungen knapp 250, also etwa das Achtfache der historisch belegten Burgen.[16] Von diesen sind etwa 60 grabungsmäßig belegt (Abb. 1, unten, Vierecke), der überwiegende Teil durch topographische Lage- und Befestigungsmerkmale erschlossen (Abb. 1, unten, Punkte). Hinsichtlich der geographischen Verbreitung wird eine nördliche und eine südliche Gruppe von Burgen mit teilweise sehr dichten Konzentrationen deutlich. Die nördliche Gruppe ist vor allem am Main und an der Fränkischen Saale verbreitet und zieht sich vom Unterlauf des Mains über das Mainviereck und -dreieck zwischen den Hassbergen und dem Steigerwald bis in das Obermaingebiet und die Fränkische Schweiz. Die Burgen der südlichen Gruppe finden sich massiert im Vilstal sowie westlich davon entlang der Schwarzen Laaber und der Altmühl mit ihren Zuflüssen. Vergleicht man dieses Bild der Burgenverbreitung mit dem der historisch belegten Burgen, so zeigt sich zum einen ein deutlich dichteres Bild, zum Beispiel für die unterfränkische Region, die ansonsten auch durch die historische Überlieferung schon recht gut bekannt ist. Zum anderen treten jetzt Burgenregionen zutage, die in der historischen Überlieferung überhaupt nicht oder kaum erscheinen, wie etwa das südliche Mittelfranken, die südwestliche Oberpfalz oder die Fränkische Schweiz in Oberfranken. Diese südliche und nördliche Burgengruppe weisen, wie übrigens auch die Verbreitung der Gräberfelder, auf die jeweiligen tragenden Kräfte und Richtungen im frühmittelalterlichen Landesausbau hin, die einerseits vom Süden, von der Altmühl- und Donauregion um Regensburg, andererseits vom Main-/ Rheingebiet her ausgingen.

Frühmittelalterliche Befestigungen sind im Gelände zumeist durch topographische und vor allem befestigungstechnische Merkmale charakterisiert, die sie von den vorgeschichtlichen und den hoch- und spätmittelalterlichen Burgen abheben, jedoch in den sel-

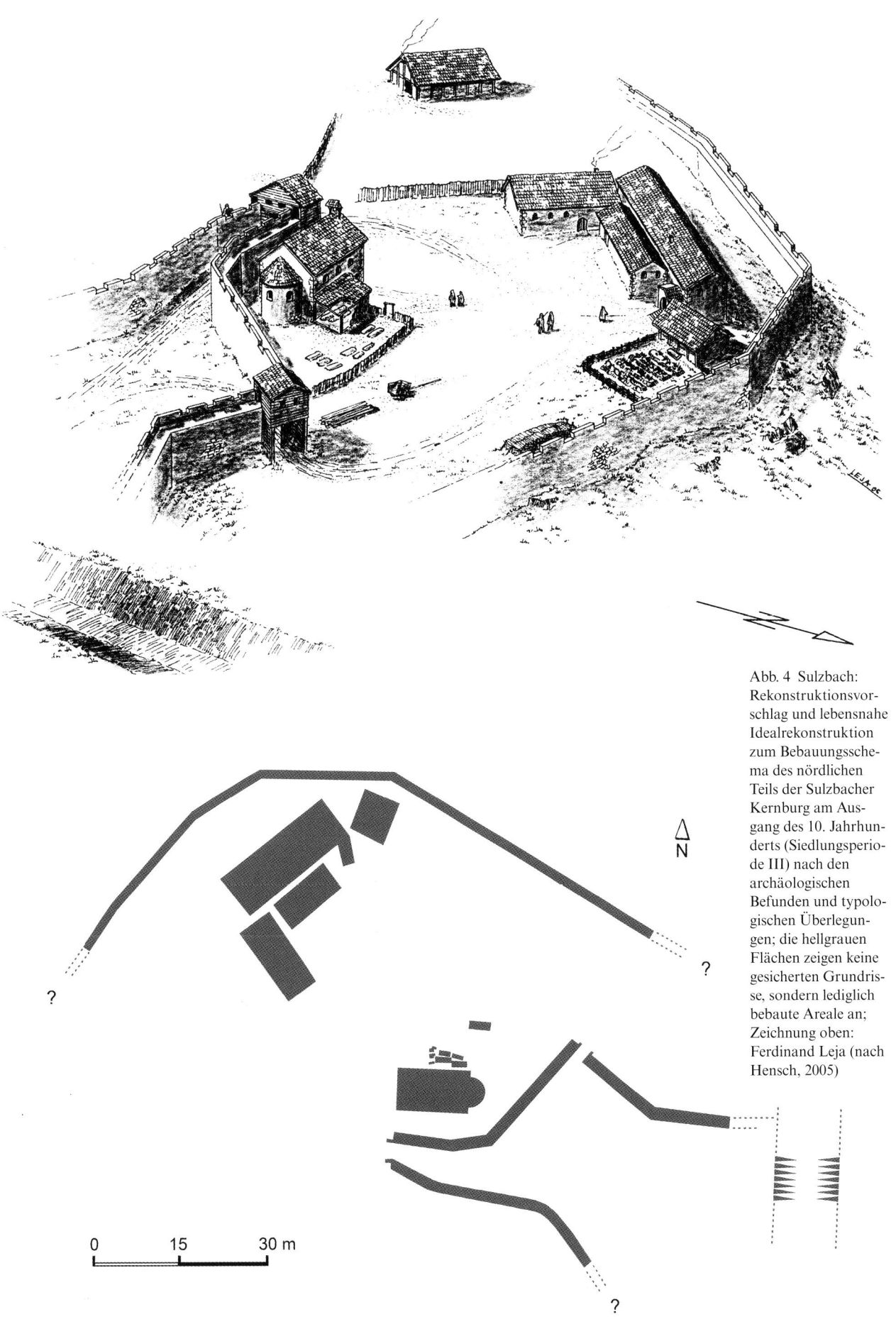

Abb. 4 Sulzbach: Rekonstruktionsvorschlag und lebensnahe Idealrekonstruktion zum Bebauungsschema des nördlichen Teils der Sulzbacher Kernburg am Ausgang des 10. Jahrhunderts (Siedlungsperiode III) nach den archäologischen Befunden und typologischen Überlegungen; die hellgrauen Flächen zeigen keine gesicherten Grundrisse, sondern lediglich bebaute Areale an; Zeichnung oben: Ferdinand Leja (nach Hensch, 2005)

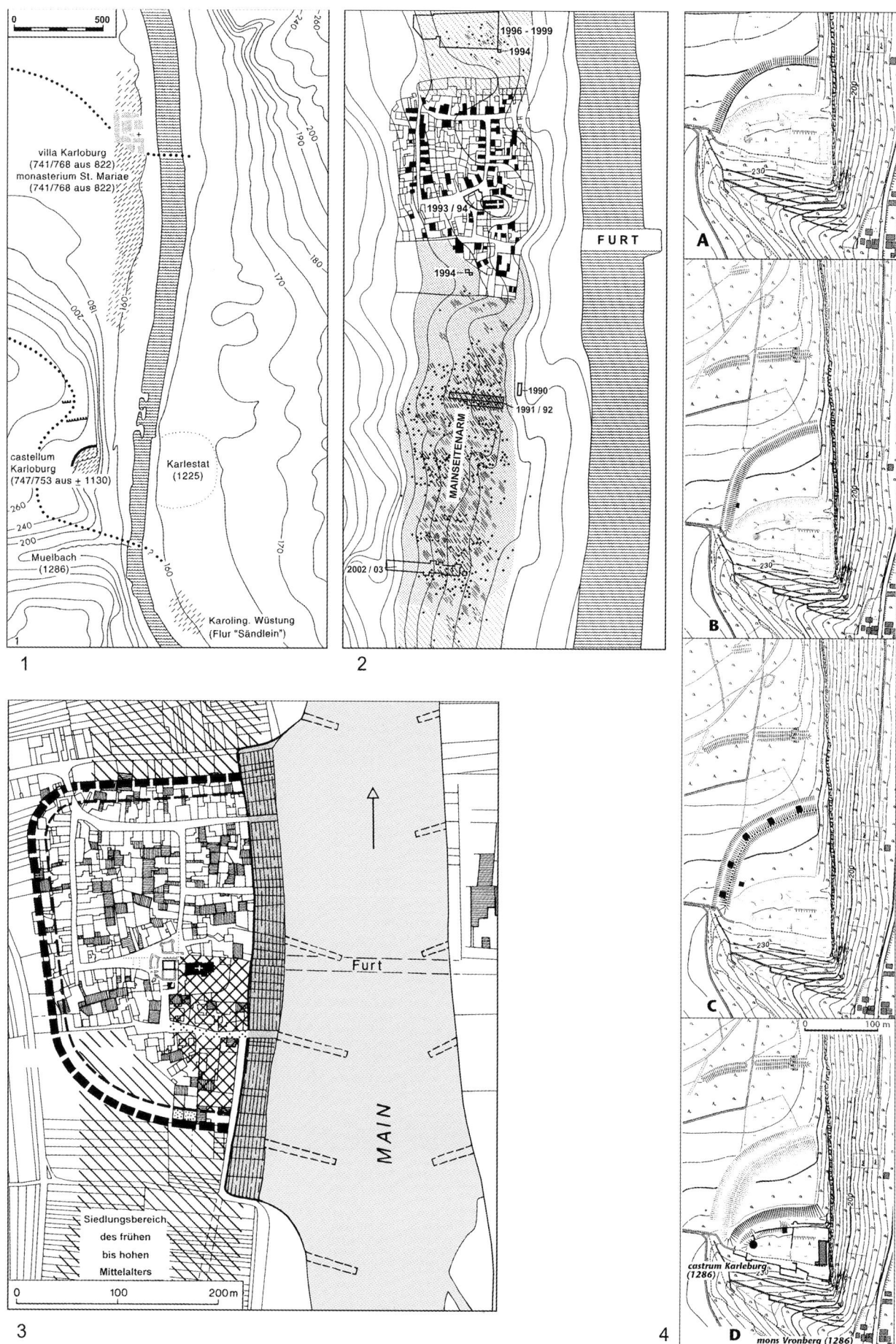

1

villa Karloburg
(741/768 aus 822)
monasterium St. Mariae
(741/768 aus 822)

castellum
Karloburg
(747/753 aus ± 1130)

Karlestat
(1225)

Muelbach
(1286)

Karoling. Wüstung
(Flur "Sändlein")

2

1996 - 1999
1994

1993 / 94

1994

FURT

MAINSEITENARM

1990
1991 / 92

2002 / 03

3

Furt

MAIN

Siedlungsbereich
des frühen
bis hohen
Mittelalters

0   100   200m

4

A

B

C

0   100 m

castrum Karleburg
(1286)

D   mons Vronberg (1286)

tensten Fällen eine genauere Datierung als „frühmittelalterlich", also im Wesentlichen aus dem 8. bis 10. Jahrhundert erlauben.[17] An Haupttypen finden sich einerseits Ringwallanlagen, wie zum Beispiel Vollburg und Nonnenkloster.[18] Andererseits handelt es sich um Abschnittsbefestigungen, die man auf Bergspornen errichtete, wie etwa die Karlburg, oder in Flussschlingen, wie zum Beispiel die Vogelsburg.[19] In Bezug auf die Form ist festzustellen, dass der Verlauf frühgeschichtlicher Befestigungen nicht mehr in dem Maße der natürlichen Geländegestaltung angepasst ist, wie noch bei vorgeschichtlichen, sodass die Mauerführung insgesamt geradliniger ist. Viele Burgen sind mit geometrischem Grundriss angelegt.[20] Kennzeichnend ist ein umlaufendes Befestigungssystem, das auch die an sich bereits durch die Natur gut geschützten Seiten miteinbezieht, sodass Gräben teilweise mit vorgelagertem Wall auch bei steilen Hängen auftreten. Gräben und die Staffelung der Befestigungssysteme sind charakteristisch, dazu können Vorburgen gehören, genauso Annäherungshindernisse im Vorfeld.

In Bezug auf die meist nur durch Grabungen erschließbare Befestigungskonstruktion sind in Nordbayern und Südthüringen drei Grundtypen zu unterscheiden:

1. Trockenmauern, frei stehend, wie von der Eyringsburg (Abb. 2,1), oder mit Holz-Erde-Konstruktion dahinter, wie in Roßtal (Abb. 2,2, oben), Oberammerthal oder Michelsberg in Neustadt
2. Mörtelmauern, frei stehend oder einer Konstruktion vorgeblendet, wie in Karlburg, Oberammerthal, Unterregenbach, Michelsberg und Roßtal (Abb. 2,2, unten)
3. geschüttete Wälle (Abb. 2,3)

Trocken- wie Mörtelmauern sind im gesamten ostfränkischen Gebiet östlich des Rheins seit frühester Zeit im Burgenbau geläufig.[21] Für den nordbayerischen Raum lässt sich wohl eine Entwicklung, aber keine Abfolge oder gar ein Schema in der Abfolge der Befestigungsarten erkennen. Mörtelmauern, in Hessen auf der Büraburg oder der Kesterburg seit dem ausgehenden 7. Jahrhundert belegt,[22] sind in Franken nach dem Befund in Karlburg spätestens in der zweiten Hälfte des 8. Jahrhunderts anzunehmen. Im 10. Jahrhundert fand die Mörteltechnik dann allgemein Anwendung, als Frontverstärkung, wie in Roßtal (Abb. 2.2, unten) und wohl auch auf dem Michelsberg in Neustadt/Main, oder auch frei stehend, einhergehend mit der Errichtung nicht nur einzelner, sondern mehrerer Türme auf der Außenfront, wie in Karlburg, Roßtal oder Oberammerthal.[23] Im 11. Jahrhundert schließlich hat sich die Mörtelbauweise fest etabliert. Teils konnten, wie in Karlburg, Roßtal und Oberammerthal, an einer Burg mehrere Befestigungssysteme nacheinander angewendet werden, teils aber auch zeitgleich nebeneinander bestehen.

Als dritte Gruppe in Bezug auf die Befestigungsart sind schließlich geschüttete Erdwälle zu nennen (Abb. 2,3). Solche Wälle werden seit Reinecke meist als „Ungarnrefugien" bezeichnet, mit Hinweis auf St. Gallen, wo man 926 nach dem Bericht von Ekkehart IV. im Zuge der Ungarngefahr einen Wall, die Wallburg bei Häggenschwil aufschüttete.[24] Im nordbayerischen Raum sind geschüttete Erdwälle topographisch auch durch Grabungen belegt.[25] Charakteristisch sind heute noch zwischen 4 und 6 Meter hoch erhaltene Wälle, wie auf dem Schwanberg, dem Michelsberg bei Kipfenberg, dem Schlossberg bei Kallmünz, der Birg bei Schäftlarn, dem Hesselberg oder der Karlburg.[26] Das Material dieser Wälle bestand aus Erde und Steinen und wurde wohl meist als Aushubmaterial aus den Gräben direkt hinter diesen aufgeschüttet. Die Gräben sind mit einer durchschnittlichen Breite von 10 bis 12 Meter sehr groß dimensioniert. Mehrteilige Befestigungsanlagen, wie auf dem Schwanberg mit über 100 Hektar Umfang, bilden die Ausnahme, obgleich die meisten Burgen mit geschütteten Wällen mehr als 1,5 Hektar aufweisen und Burgen unter einem Hektar in dieser Gruppe bislang nicht vorzukommen scheinen. Kennzeichnend sind ferner dem Abschnittswall vorgelagerte Annäherungshindernisse, einfache Gräben mit Wall dahinter, wie sie auch auf der Karlburg belegt sind. Die meisten Wallanlagen werden nur im Analogieschluss zu St. Gallen in die Ungarnzeit gesetzt. In Karlburg belegt dies neben der relativen Abfolge der Bewehrungen auch das Fundmaterial. Letztlich spricht für die Errichtung in der Zeit der Ungarneinfälle auch die Art der Befestigung, die leicht, schnell und ohne große Vorkenntnisse zu bewältigen und mit mehrfachen hohen Wällen sowie Gräben vor allem gegen die Abwehr von Reiterscharen geeignet ist. Oftmals wurden mit diesen Erdwällen aber nicht neue Befestigungen angelegt, sondern meist ältere, schon bestehende Befestigungen offensichtlich wirkungsvoller geschützt. Einerseits kam es zu einer Vergrößerung des Innenraums, andererseits auch zum Überschütten älterer Bewehrungen, wie auf der Birg bei Schäftlarn. Wie lange diese Erdwälle Bestand hatten, wird von Burg zu Burg unterschiedlich zu bewerten sein. Teils wurden sie bald wieder aufgegeben, teils aber in jüngerer Zeit verstärkt. In vielen Fällen stellen geschüttete Wälle also nur eine zeitspezifische Befestigungsphase der jeweiligen Burg dar.

Abb. 5 Karlburg: 1: Castellum Karloburg und villa Karloburg mit Marienkloster. – 2: ehemalige Ausdehnung der villa Karloburg, ersichtlich aus der Kartierung der Lesefunde, mit Grabungsflächen 1991–92, 1994 und 1996–99 (Keramik: Schraffur; Metallobjekte: Punkte). – 3: Zentrum der Talsiedlung Karlburg mit Bereich des Marienklosters (Kreuzschraffur), Schiffslände, Befestigung des 10. Jahrhunderts und Ministerialenburg. – 4: Entwicklungsphasen der Karlburg (castellum Karloburg): A: karolingisch; B: ottonisch; C: salisch/staufisch; D: spätmittelalterlich

Über die Art der Nutzung der Burgen, sei es speziell der sogenannten Ungarnwälle, sei es der zuvor genannten, wissen wir nur wenig Sicheres, weil sich die Grabungen meist nur auf den Befestigungsbereich beschränkten.[27] Spärliche Hinweise auf die Art der Bebauung und Nutzung des Innenraums haben wir in Burgkunstadt, Neustadt am Main.[28] Besser wissen wir über die Innenbebauung in Karlburg und vor allem in Roßtal Bescheid.

In der 6 Hektar großen Burg von Roßtal bei Nürnberg[29] (Abb. 3) wird im zentralen Bereich eine später bezeugte Kirche gestanden haben, ein Gräberfeld fand sich außerhalb der Befestigung. Der Innenraum gliederte sich, soweit erfasst, in mehrere funktionale Areale, einerseits in handwerklich genutzte mit Grubenhäusern und Arbeitsgruben, andererseits mit ebenerdiger Pfostenbebauung. Die Areale mit Pfostenbebauung sind im Südwesten durch Zaungräbchen in parzellenartige Einheiten mit Heuspeichern oder Wohnbauten, Speichern und vielleicht Ställen bzw. Scheunen (Abb. 3,1 und 3,2) unterteilt.

Wie man sich die zentralen, verwaltungsmäßigen Einrichtungen einer bedeutenden frühmittelalterlichen Burg mit entsprechenden Repräsentationsgebäuden vorstellen darf, vermitteln neuerdings die Grabungen auf der vielleicht zunächst bayerisch-herzoglichen, dann im Schweinfurter Besitz befindlichen Burg von Sulzbach-Rosenberg (Abb. 4).[30] Dort konnten neben frühmittelalterlichen Holzbauspuren, darunter offensichtlich zwei Ständerbauten vor der ältesten Steinbauphase, ein etwa 15 Meter langer und 7,50 Meter breiter Saalbau aus Bruchsteinen mit relativ stark eingezogener, halbrunder Apsis im Osten der karolingischen Burgkirche aus dem 9. Jahrhundert, auch ein 16 Meter langes Saalgebäude des späten 10. Jahrhunderts mit zweischaligem Mauerwerk und einer zentral in Stein gefassten Feuerstelle sowie Funde von Fensterglas aufgedeckt werden, die ein Bild von der Ausstattung mit adeliger Wohnkultur geben. Dazu gehört noch ein beheizbares Wohngebäude von 6,50 Meter Breite und ein weiterer Steinbau von elf Meter Breite, die im frühen 11. Jahrhundert aufgegeben wurden, während der Saalbau bis in das 12. Jahrhundert in Benutzung stand. Nach Hensch, der auch die Ausgrabungen durchführte, könnte sich die Nennung „urbs" in der Schilderung bei Thietmar von Merseburg auf Sulzbach-Rosenberg beziehen. Heusch kommt so aufgrund der Ausstattung der Burg, unter anderem von Bestattungen mit aufwendigen Grabkonstruktionen im Außenbereich der Burgkirche, sowie wegen der mutmaßlichen Größe und Gliederung von 4,2 Hektar mit Haupt- und Vorburg zu dem

Schluss, dass es sich um den Amtssitz der Nordgaugrafen gehandelt haben könnte und die Grafen von Schweinfurt als königliche Statthalter hier residierten.[31]

Das Umfeld von Burgen ist in Nordbayern wie in Südthüringen bislang kaum untersucht. In Karlburg und Altenrömhild ist das Umfeld teils intensiver erforscht und zeigt das Eingebundensein der Burgen in eine Siedelkammer bzw. einen Siedlungskomplex. Handwerkersiedlungen konnten, wie in Roßtal und ähnlich großen Burgen, insbesondere Pfalzen, auf der Burg selbst untergebracht und geschützt sein. Auf der mit 1,7 Hektar wesentlich kleineren Karlburg in Unterfranken mit der zugeordneten Talsiedlung ist ein solches kaum anzunehmen (Tafel X,1, Abb. 5). Unterhalb der Karlburg bestand eine archäologisch wie historisch bezeugte Talsiedlung mit Kloster und Königshof, die „villa Karloburg", die ebenerdige Pfostenbauten und insbesondere durch Grubenhäuser und Funde ausgewiesene, handwerklich genutzte Areale aufwies.[32] In der Karlburger Region lag so das Zentrum der Besiedlung im Früh- und Hochmittelalter auf der linken Mainseite mit dem „castellum" und der zugeordneten „villa Karloburg". Beide sind, wie auch die historische Überlieferung zu erkennen gibt, als Einheit, als Ensemble zu sehen. Die Burg (Abb. 4,1 und 4,4) bildete an einer der wichtigsten Verkehrsadern der damaligen Zeit, dem Main, den machtpolitischen Hintergrund. Unter ihrem Schutz konnte sich die Talsiedlung mit Marienkloster, zunächst in königlicher, ab 741/42 in bischöflicher Hand, entwickeln. Die Talsiedlung war für die Versorgung der Burg mit tierischen und pflanzlichen Nahrungsmitteln sowie Proviant wichtig, genauso zur Versorgung der Burg mit handwerklichen Produkten, seien es Textilien, Metallprodukte und mehr, sicherlich auch zur Stellung von Baumaterial und Arbeitskräften für die aufwendigen Baumaßnahmen auf der Burg selbst. Im ausgehenden Hochmittelalter und der spätmittelalterlichen Zeit verlagerte sich der Siedlungsschwerpunkt dann nachhaltig auf die rechte Mainseite, die allerdings auch schon vorher sporadisch besiedelt war. Die Gründung der Stadt Karlstadt um 1200 besiegelte diese Siedlungsverlagerung. In der regionalen Siedlungsentwicklung bildete so die Burg gleichsam den machtpolitischen Angelpunkt, bot sie doch dem Umland mit dem zentralen, frühmittelalterlichen Königshof und dem Marienkloster darin genauso Schutz wie später dann Karlstadt auf der gegenüberliegenden Mainseite.

Die landschaftsbeherrschende, machtpolitische Lage von Burgen zeigen auch die Befes-

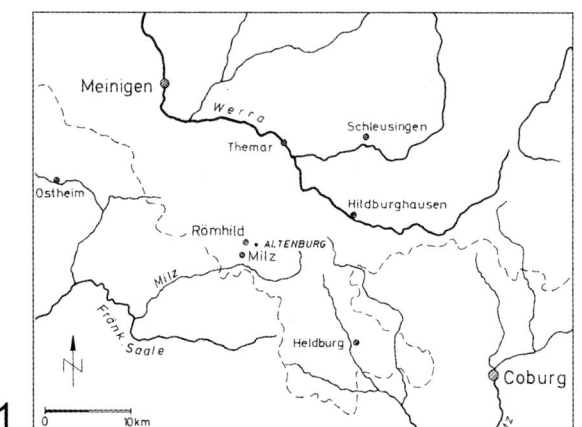

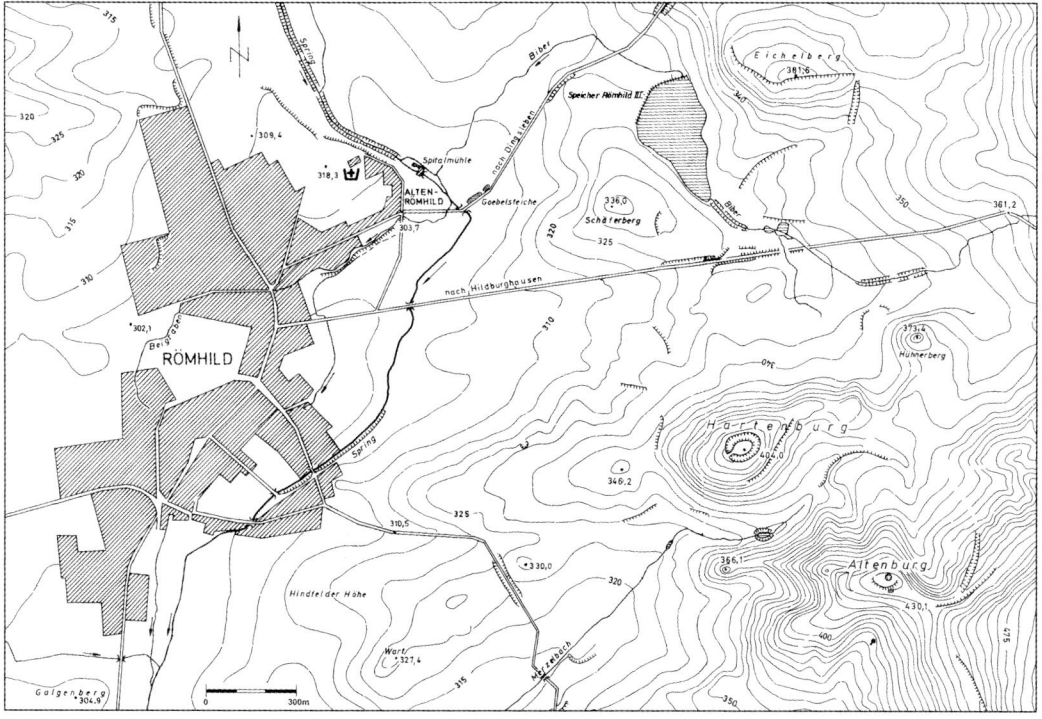

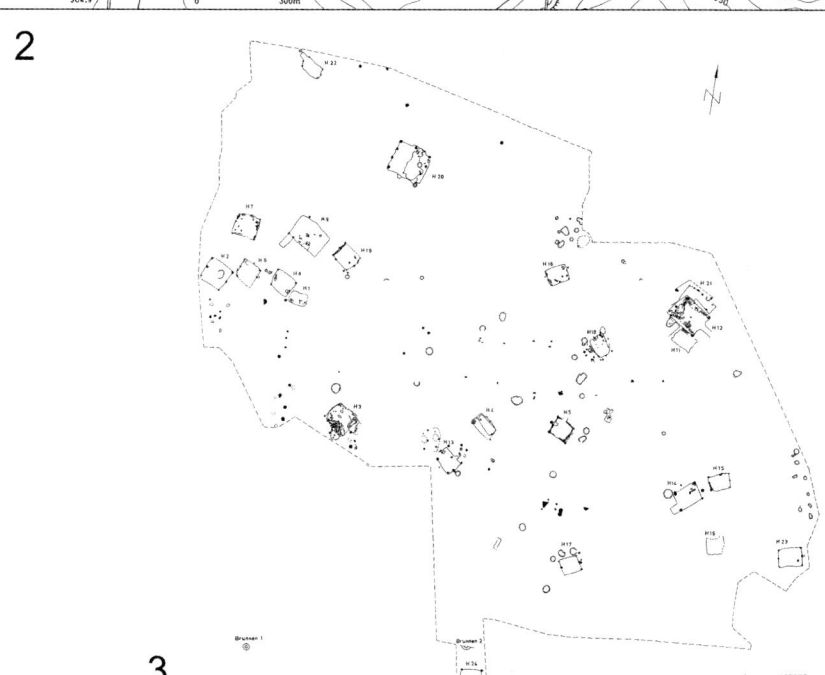

Abb. 6 Römhild:
1: Lage von Römhild
in Südthüringen. –
2: Römhild mit Sied-
lung Altenrömhild
und Burgen in der
Umgebung. – 3: Alten-
römhild: Gesamtplan
der Ausgrabungsbe-
funde (nach W. Timpel,
1995)

97

tigungen der Gleichberge (Tafel X,2, Abb. 6,1 und 2) in der Region an Fränkischer Saale, oberem Werratal und Milz am Südrand des Thüringer Waldes, an einer alten, wichtigen Durchgangsstraße von Süden über das Werratal nach Innerthüringen, mit Passstraßen wie Oberhofer Pass, Frauenwaldstraße oder Hohe Straße in das Thüringer Becken bis in das Harzvorland.[33] Frühe Ansiedlungen des 7. bis 9. Jahrhunderts belegen alte Herrschaftsstrukturen.[34] Dazu gehört die Altenburg als Herrschaftsmittelpunkt auf einem Sporn am Westhang des Kleinen Gleichbergs mit circa 1 Hektar Grundfläche, die im Zusammenhang mit dem um 800 in Milz belegten königlichen Fiskus („vicus publicus“) zu sehen ist, dem die Burg zugeordnet war (Abb. 6,2). Die mit Grabungen bislang nicht untersuchte Burg ist nach Topographie, Form, Aussehen und Gliederung frühmittelalterlich zu datieren, worauf auch Lesefunde wie etwa eine Kreuzfibel hinweisen.

Am 25. März 783 gründete Emhild, vielleicht eine nahe Verwandte Karls des Großen, das Kloster in Milz, und man wird in der Kirchenausstattung dieser Abtei einen wesentlichen Komplex dieses königlichen Fiskus sehen können. Am 3. Februar 800 schenkte die Äbtissin Emhild dann das Kloster in Milz mit 23 adligen Klosterjungfrauen und umfangreichem Grundbesitz in 38 Orten dem Kloster Fulda. Dazu gehört auch der Wirtschaftshof Altenrömhild – das historisch 800 erstmalig genannte Rotemulde –, nach historischer Erforschung durch Weidinger[35] eine Hebestelle, die auf Hufenwirtschaft beruhte und auf grundherrschaftliche Abgabenwirtschaft ausgerichtet war – mit insgesamt acht vollbäuerlichen Hufen sowie 14 ganzen und sieben halben Mansen und außerordentlich großem Viehbestand. Es handelt sich um eine Siedlung auf einer leichten, von Spring und Spitalmühlgraben umflossenen und geschützten Anhöhe von circa 2 Hektar Ausdehnung (Abb. 6,2 und 3). Bereits im 19. Jahrhundert wurden hier zahlreiche Eisenschlackenfunde gemacht, die zunächst der Latènezeit zugeordnet wurden. Die Ausgrabungen der achtziger Jahre des 20. Jahrhunderts erbrachten jedoch 24 Grubenhäuser, Pfosten- und Siedlungsgruben der früh- und hochmittelalterlichen Zeit. Einige Funde datieren in das 6./7./8. Jahrhundert, ebenso ein zugehöriges Gräberfeld mit Ost-West-Körpergräbern, teils mit Beigaben, wie ein Langsax. Der Schwerpunkt der Besiedlung lag nach den bisherigen Grabungen jedoch im 9./10. bis 11./12. Jahrhundert, in der zweiten Hälfte des 12. Jahrhunderts wurde die Siedlung dann aufgelassen. Im gesamten Bereich der Siedlung und in der Umgebung fanden sich an

der Oberfläche große Mengen knollenartiger Brauneisenstücke – Grundlage für eine umfangreiche Eisenverhüttung.[36] Nach Analyse im archäonaturwissenschaftlichen Labor von Weimar handelt es sich um limonitisches, leicht zu verhüttendes Eisenerz. Die Schlacken und Schmelzreste aus der Grabung stammen von diesen Eisenerzen aus Altenrömhild. Insgesamt fanden sich in der Siedlung etwa 250 Kilogramm Eisenschlacken sowie Öfen, Halbfabrikate, Eisenblechfragmente, Roheisenstücke etc., als Beleg für Eisengewinnung und -verarbeitung, die nach den vorliegenden Funden und Befunden das wirtschaftliche Bild der Siedlung wesentlich prägten. Neben Textilien und Agrarleistungen gehörte somit wohl auch Eisen im weitesten Sinn, wie barrenähnlich geschmiedete Roheisenstücke einer spezialisierten Eisengewinnung und Produkte der Metallverarbeitung, zu den Abgaben für die Grundherrschaft.

Mit den Ausgrabungen in der Siedlung von Altenrömhild durch Timpel wissen wir nun, dass die Eisengewinnung und -verarbeitung auch und vor allem im Früh- und Hochmittelalter eine entscheidende Grundlage in der Geschichte der Siedelkammer im Gleichberggebiet bildete.[37] Daneben sind in dieser Siedelkammer um das Kloster Milz mit der Siedlung Altenrömhild und der Altenburg durch surveys bereits weitere Siedelplätze mit Schlacken bzw. Eisenverhüttung bekannt, die für eine Prospektion und Sondagegrabungen lohnend erscheinen. Vorarbeiten zur Technologie der Eisengewinnung und -verarbeitung liegen durch Spehr und Busch vor.[38] Ferner wurden von der Geographie der Universität Jena in dieser Siedelkammer, etwas westlich von Römhild, 1995 bei Sulzdorf palynologische Untersuchungen durchgeführt, die eine Vegetationsrekonstruktion von der Eisenzeit bis in das Mittelalter ermöglichen. Zusätzlich durchgeführte bodenkundliche Kartierungen erbrachten, dass damit auch erhebliche landschaftliche Veränderungen, wie die Bildung von Kolluvien, verbunden waren, die möglicherweise auf eine umfangreiche Erzgewinnung mit einhergehender Abholzung und Erosion zurückzuführen sind.

Der Dualismus von Höhenburg und zugeordneter Talsiedlung, auch Königshöfen, zeigt sich an mehreren Orten, so zum Beispiel in Würzburg, Unterregenbach, Hammelburg und Forchheim. Auch Eyringsburg und wohl Castell dürfen hier mit der 816 genannten Siedlung unterhalb der Burg eingeordnet werden. Die Größe der Burgen ermöglicht, wie bereits bei den Beispielen Karlburg und Roßtal angedeutet, weitere Hinweise auf ihre Stellung, Bedeutung und weitergehend auch

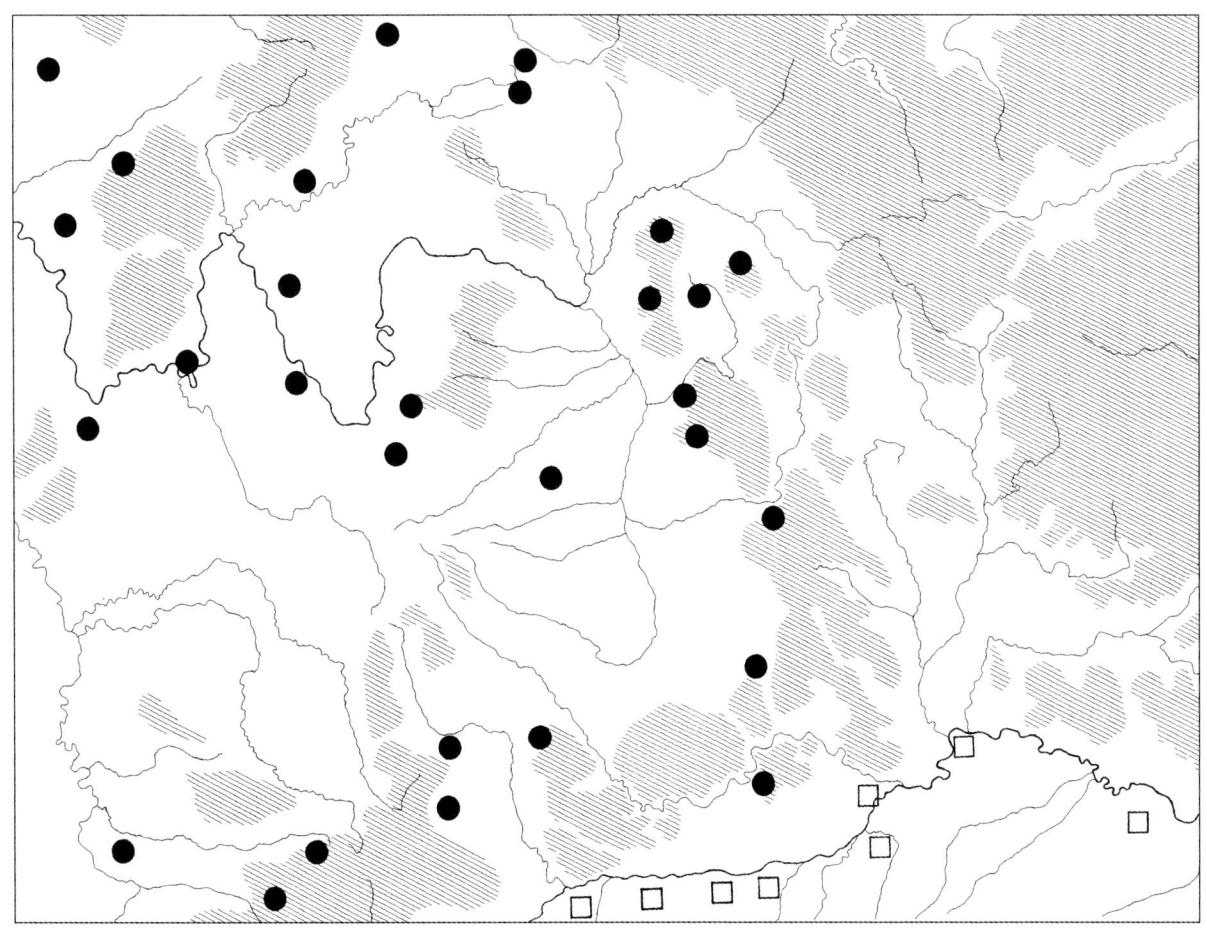

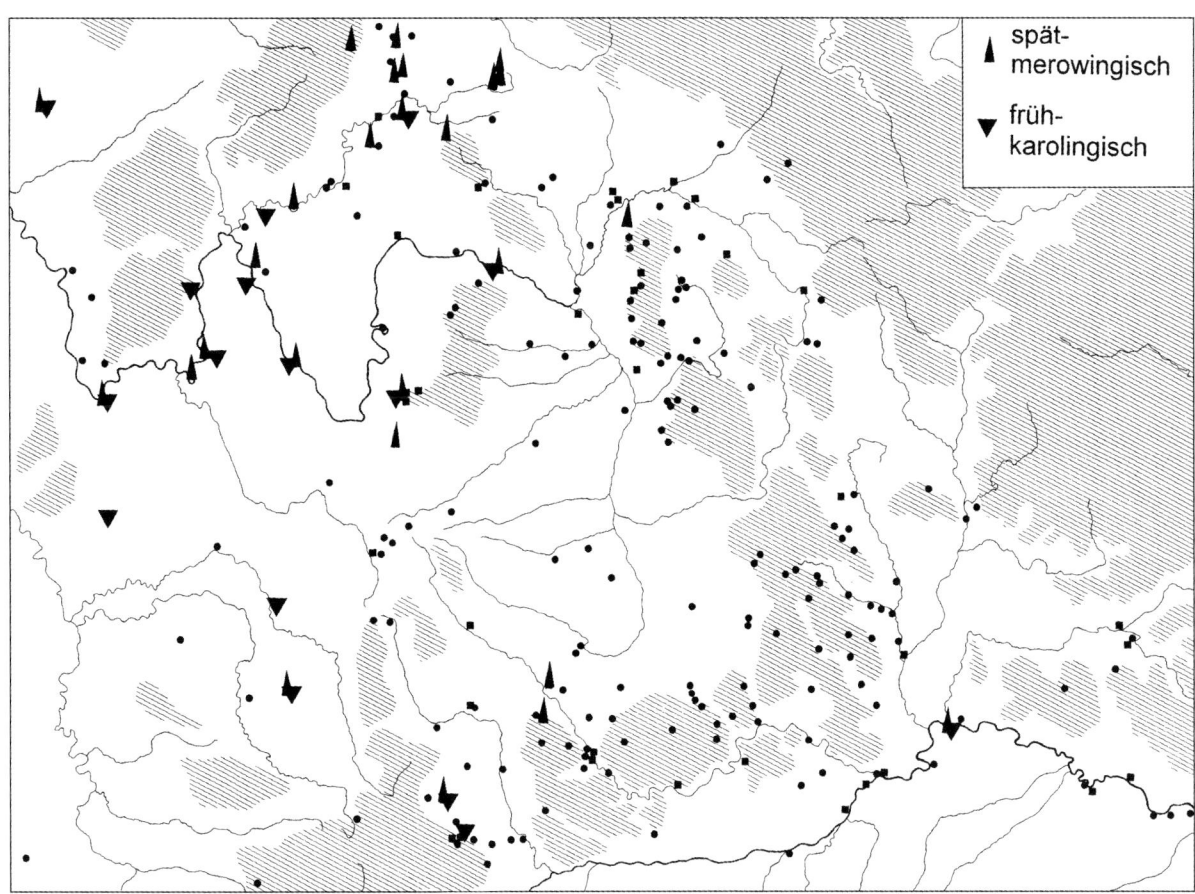

spät-
merowingisch

früh-
karolingisch

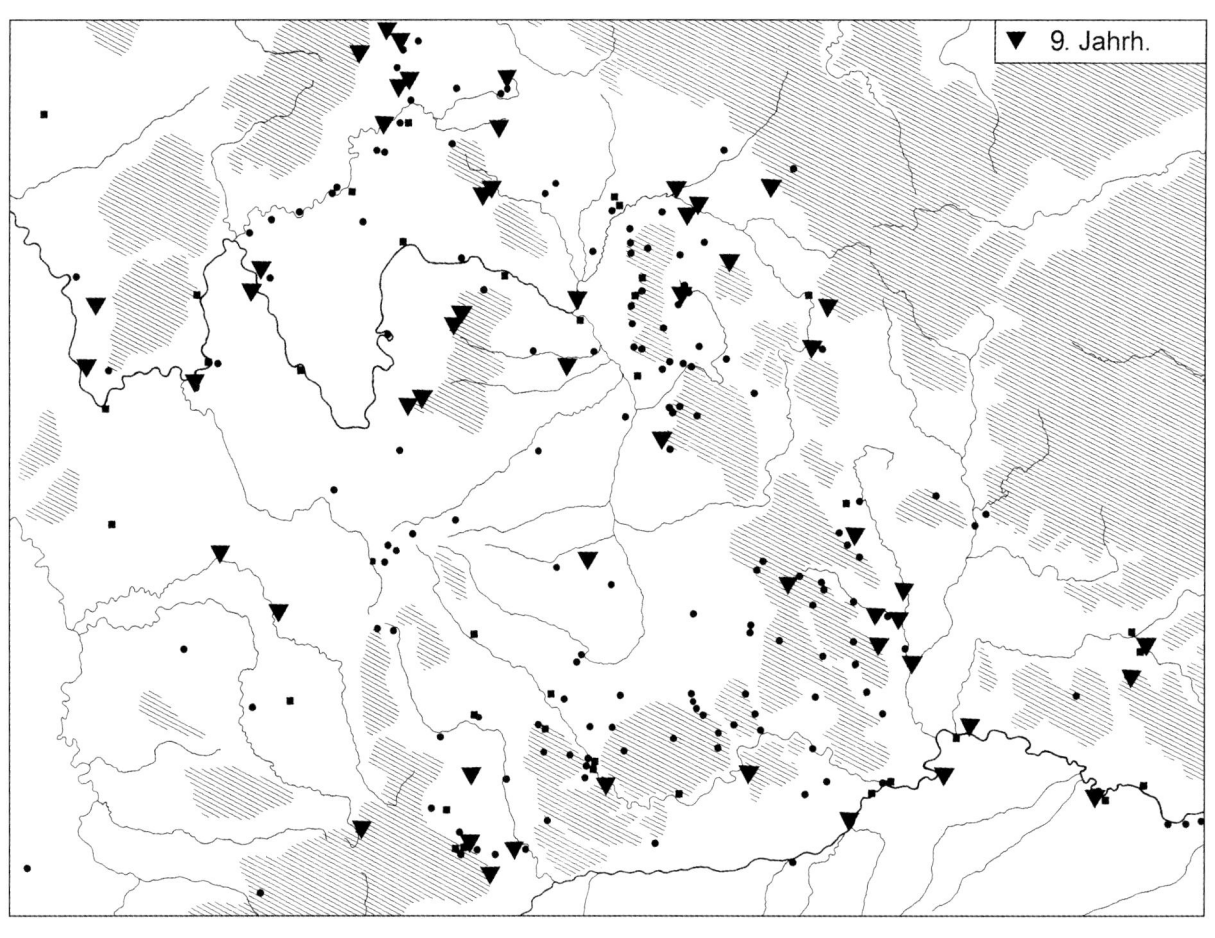

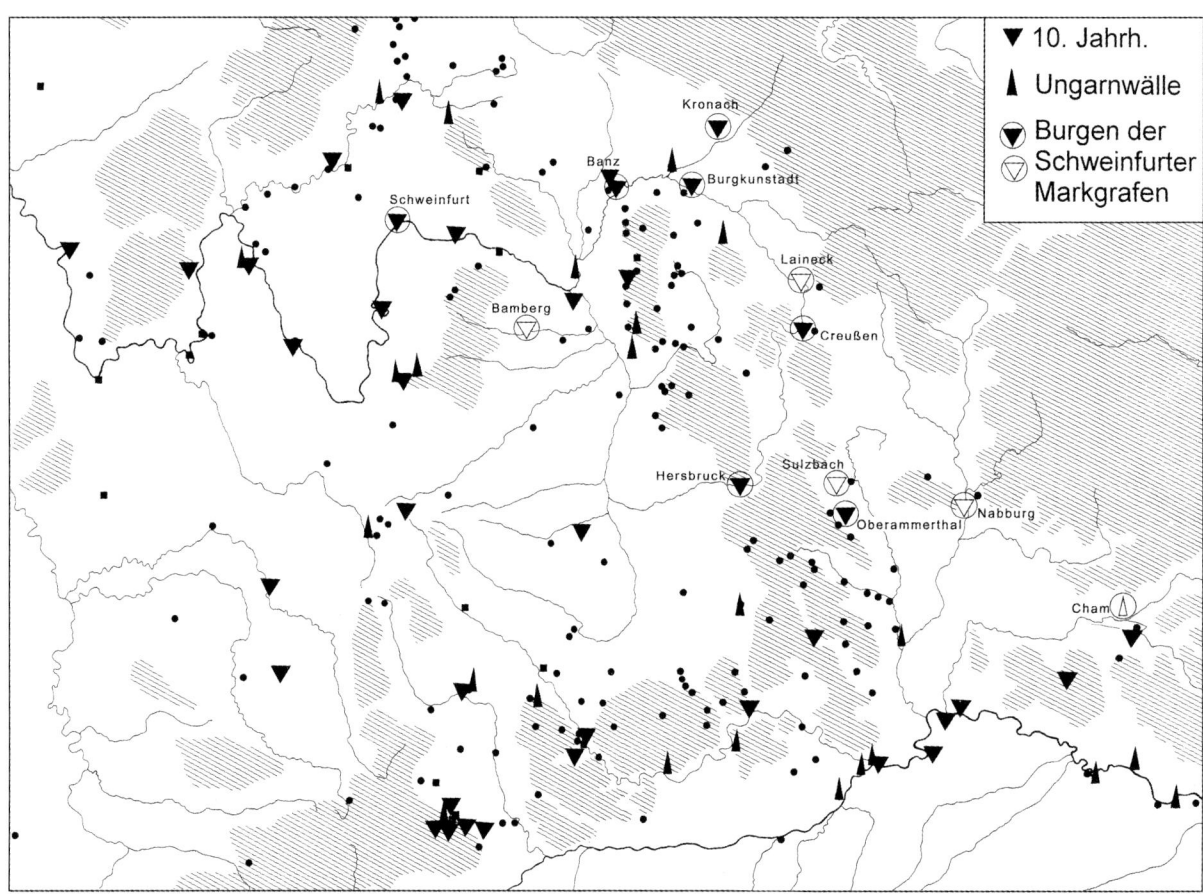

zu ihrer Funktion. Die Burgen lassen sich in verschiedene Kategorien[39] gliedern: kleine Burgen unter 1 Hektar Größe, Burgen mittlerer Größe zwischen 1 und 3 Hektar, sowie große bis sehr große Burgen mit mehr als 3 Hektar.

Die großen bis sehr großen Burgen mit über drei Hektar und mehr Innenfläche besitzen ein oft mehrteiliges Befestigungssystem mit Vorburgen und Abschnittswällen. Unter den Burgen dieser Gruppe finden sich Roßtal sowie Würzburg und die beiden historisch genannten Burgen der Babenberger, Bamberg und Theres, sowie mehrere Ungarnrefugien, wie der Schwanberg bei Rödelsee mit sogar mehr als 100 Hektar Innenfläche. Die Gruppe der Burgen mittlerer Größe, von 1 bis 3 Hektar, setzt sich hauptsächlich aus Abschnittsbefestigungen und Ringwallanlagen zusammen. Zu den Burgen dieser Größenordnung zählen neben der Karlburg auch Oberammerthal, die Alte Burg bei Unterregenbach und die Burgen der Schweinfurter Grafen in Creußen, Burgkunstadt und Schweinfurt.

Als dritte Gruppe sind kleine Befestigungen von 0,1 bis maximal 1 Hektar anzuführen. Neben Abschnitts- und Ringwallanlagen althergebrachter Form sind für diese sehr kleinen Burgen oftmals Hanglage und eine geometrische Grundform kennzeichnend, sei es halbkreisförmig, wie in Mühlberg bei Christgarten und Treuchtlingen, annähernd oval, wie in Draisendorf, oder trapezförmig, wie beim Posserberg.[40] Hierzu gehört die von Hock und Schwarz untersuchte Eyringsburg an der Fränkischen Saale.[41] Diese Burg mit typischen Zangentoren liegt auf einem Bergsporn und besitzt eine leicht trapezförmige Form von 120 x 65 Meter, der westliche Sporn wird abgeschnitten.

Nach diesen allgemeinen Bemerkungen zum frühmittelalterlichen Burgenbau, der Datierung einzelner Burgen und der zeitlichen Bewertung einzelner Befestigungselemente soll nun im Folgenden versucht werden, einen Überblick über die zeitliche, politisch-soziale und räumliche Entwicklung des Burgenbaus zu geben. Auf den frühesten Befestigungsbau im nordbayerischen Raum in frühgeschichtlicher Zeit, den Burgenhorizont des 4. und 5. Jahrhunderts (Abb. 7, oben), sei hier nur verwiesen.[42] Dazu gehören zum Beispiel Kreuzwertheim bei Urphar, Greinberg, Ehrenbürg, Turmberg, Würzburg und der Schwanberg, um nur einige zu nennen. Diese Befestigungen, zumeist Höhenburgen, wurden noch im 5. Jahrhundert weitgehend aufgegeben. Im darauf folgenden 6. Jahrhundert, in der älteren Merowingerzeit, scheinen sie keine Rolle mehr zu spielen.

Eine neue Befestigungsphase wird erst wieder in spätmerowingischer Zeit, im 7. Jahrhundert fassbar, die ihre Wurzeln in den Zentren des fränkischen Reiches besitzt (Abb. 7, unten). Im fränkischen Raum sind von etwa 25 Anlagen zumeist Lesefunde der jünger- bis spätmerowingischen Zeit, das heißt des 7. bis Anfang des 8. Jahrhunderts bekannt.[43] Bei diesen Fundorten handelt es sich fast durchwegs um mehrphasige, bereits in vorgeschichtlicher Zeit errichtete Anlagen unterschiedlicher Größe von kaum 1 bis über 10 Hektar an strategisch wichtigen Punkten, wie dem Bullenheimer Berg, dem Staffelberg, dem Judenhügel und dem Iphöfer Knuck auf dem Schwanberg. Die Funde belegen für diese Anlagen eine Begehung, die vielleicht eine zeitweilige, stützpunktartige Nutzung einschließt. An gesicherten Befestigungen des 7. Jahrhunderts kennt man bisher die mit 25 x 25 Meter sehr kleine Anlage aus Miltenberg, auch den Iphöfer Knuck auf dem Schwanberg und Würzburg.[44] In Würzburg erschließt sich eine zweiteilige Anlage, eine Höhenburg und eine befestigte Talsiedlung, also mit über 6 Hektar eine sehr große Befestigung, die nach den archäologischen Funden und auch nach der Kilianslegende wohl schon 686 bestand.

In deutlich größerem Umfang tritt uns der Burgenbau dann ab 741/42 und in der zweiten Hälfte des 8. Jahrhunderts entgegen, auf der Karte frühkarolingisch gekennzeichnet (Abb. 7, unten). Das 741/42 neu gegründete Bistum Würzburg erhält als Ausstattung die Burgen Eltmann, Stöckenburg und Homburg sowie zehn Jahre später von König Pippin die Karlburg. Hier tritt der König als Burgenbauer deutlich in Erscheinung. Der Marienberg in Würzburg wird dann als Bischofssitz eingerichtet. Schließlich können für diesen Zeitraum noch eine Reihe weiterer Burgen, wie zum Beispiel Unterregenbach, archäologisch erschlossen werden.[45]

Am Übergang zum 9. Jahrhundert und in der ersten Hälfte des 9. Jahrhunderts kann schließlich eine große Zahl von Burgen namhaft gemacht werden (Abb. 8, oben). Unterregenbach bestand weiter, ebenso die Karlburg, etwa um 800 wird man die Errichtung der Burgen von Roßtal und Oberammerthal ansetzen können. Im gleichen Zeitraum werden die Burgen von Bamberg, Burgkunstadt und Cham entstanden sein, ebenso vermutlich der Michelsberg bei Neustadt am Main, der Haderstadl bei Cham sowie Weißenburg, und auch der Kappelrangen auf dem Schwanberg wurde wohl spätestens zu dieser Zeit befestigt.[46] Nach den historischen Quellen ist die Grabfeldburg für 812 belegt, und auch den Bestand der erst gegen Ende des

Abb. 8 1: Befestigungen des 9. Jahrhunderts (Dreiecke). – 2: Befestigungen des 10. Jahrhunderts, Ungarnwälle, Burgen der Schweinfurter Markgrafen (gefüllte Signatur: gesichert nach schriftlichen Quellen; ungefüllte Signatur: vielleicht den Schweinfurter Markgrafen zuzuweisen) in Nordbayern und Südthüringen

9. Jahrhunderts historisch überlieferten Vogelsburg wird man für diese Zeit annehmen dürfen.

Neben diesen hier angeführten Befestigungen meist mittelgroßer und großer bis sehr großer Art werden ab dem Beginn des 9. Jahrhunderts verstärkt auch kleine und sehr kleine Burgen mit weniger als 1 Hektar Gesamtfläche errichtet, wie wir es auch in Castell, das 816 in der Stiftungsurkunde für das Kloster Megingaudshausen genannt wird und im Namen auf eine Befestigung hinweist, für die älteste Burg vermuten dürfen.[47] Die erste, 816 zur Siedlung Castell gehörige Burg wird in Sichtweite gelegen haben, ob sie nun auf dem Herrenberg oder dem Schlossberg/Oberschloss lag oder sich über beide erstreckte, in Analogie zur Karlburg oder Würzburg oder auch zum Schwanberg über Iphofen mit überliefertem Königshof und Königskirche. Die Grabung im Jahre 1996 hat diese Annahme für den Herrenberg mit früh- und hochmittelalterlichen Funden sowie Pfostenspuren als bislang ältesten Baubefunden von Holzbauten oder -befestigungen bestätigt. In karolingisch/ottonischer Zeit vergrößerte man das Burgareal auf eine Gesamtfläche von 1,8 Hektar. Die am meisten gefährdeten Befestigungsbereiche im Osten wurden wohl dann in der Ungarnzeit, das heißt in der ersten Hälfte des 10. Jahrhunderts, mit einem geschütteten Wall und breitem, tiefem Graben davor verstärkt sowie der Torbereich nochmals zusätzlich gesichert, wie die Grabungen 1989 zeigten. Im östlichen Burgbereich kam es nach Ausweis der Grabung von 1989 aber zu keiner ständigen, festen Nutzung. Dieser Bereich wurde wohl auch schon bald wieder aufgegeben, spätestens dann, als man die 1258 erstmals genannten Burgen auf dem Herrenberg und dem Oberschloss errichtete.

Unter diesen frühen, kleinen Burgen fallen besonders die annähernd geometrischen Burgenformen, teils in Hanglage auf. Dazu gehört die Eiringsburg, die vermutlich einem freien Franken namens Iring gehörte. In den historischen Quellen ist ein Iring bekannt, der im Südteil der 801 genannten Mark Kissingen Besitz unterhalb der Eiringsburg hatte, den er 822 an Fulda schenkte, wobei es sich sehr wahrscheinlich um das abgegangene Lullebach und das 950 belegte Iringshausen gehandelt haben wird.[48] Das Beispiel der Eyringsburg gibt den Hinweis, dass offensichtlich spätestens zu Anfang des 9. Jahrhunderts das königliche Befestigungsrecht, wie es im Edikt von Pitres 864 festgeschrieben ist, teilweise delegiert wurde. Die Verhältnisse in Castell mögen ebenfalls darauf hinweisen, ansonsten fehlt uns in Nordbayern

und Südthüringen weitgehend eine schriftliche Überlieferung, in Südbayern und Hessen kennen wir aber durchaus weitere Beispiele.[49] Auffallend ist der herausgestellte Burgentyp, der vielleicht mit dieser politischen Veränderung einhergeht, spricht doch die Größe dieser Burgen dafür, dass sie nicht übergeordneten landespolitischen Aufgaben dienten, sondern auf das Schutzbedürfnis einer adeligen Familie, vielleicht mit der dazugehörigen Talsiedlung und dem umliegenden Besitz ausgelegt war. Dieser Burgentyp stellt sicherlich eine der Wurzeln der Adelsburg dar, die dann in hochmittelalterlicher Zeit in entwickelter und verschiedener Gestalt, sei es als Höhen- oder Niederungsburg, in Erscheinung tritt.

Burgen in adeliger Hand spielen mehr und mehr eine wichtige Rolle, zumal in der Schwächeperiode des Königs gegen Ende des 9. Jahrhunderts. Dies wird erstmals mit der Babenberger Fehde deutlich, in deren Verlauf die beiden Burgen von Theres und Bamberg in die Hand der Babenberger geraten.

Eine Gruppe von Burgen einheitlicher Befestigungsart tritt uns schließlich mit den geschütteten Wällen entgegen, wie ein solcher in Karlburg und auch in Castell belegt ist; auf der Karte (Abb. 8, unten) sind die geschütteten Wälle als Ungarnwälle gekennzeichnet. Diese Befestigungen wird man wohl in der Masse in die unruhige Zeit der Ungarneinfälle während der ersten Hälfte des 10. Jahrhunderts datieren dürfen,[50] die erst mit der Schlacht auf dem Lechfeld 955 ein Ende fanden. Auf St. Gallen wurde hingewiesen, ebenso wird das an Eichstätt 908 verliehene Befestigungsrecht damit in Verbindung zu bringen sein. Im nordbayerischen Raum wurden teils schon länger bestehende Befestigungen damit vielleicht zusätzlich geschützt, wie zum Beispiel in Karlburg oder in Castell, teils neu angelegte Befestigungsareale meist größeren Umfangs damit umwehrt, wie der Schlossberg in Kallmünz, Weltenburg, der Hesselberg und der Schwanberg mit über 100 Hektar.[51]

Zeitgleich entstanden im 10. Jahrhundert viele neue Burgen, wie Laineck oder Nabburg.[52] Den Abschluss der Entwicklung im frühmittelalterlichen Burgenbau Nordbayerns bilden gleichsam die Burgen der Schweinfurter Grafen, die 1003 in der Chronik Thietmars von Merseburg genannt werden (Abb. 8, unten). Hierzu zählen die Stammburg Schweinfurt sowie die Burgen Kronach, Creußen, Banz, Burgkunstadt und Oberammerthal, vielleicht auch Sulzbach-Rosenberg sowie Nabburg und Cham in der Oberpfalz.[53] Im karolingischen Ausbaugebiet gelegen, wurde die Burg von Oberammerthal nach

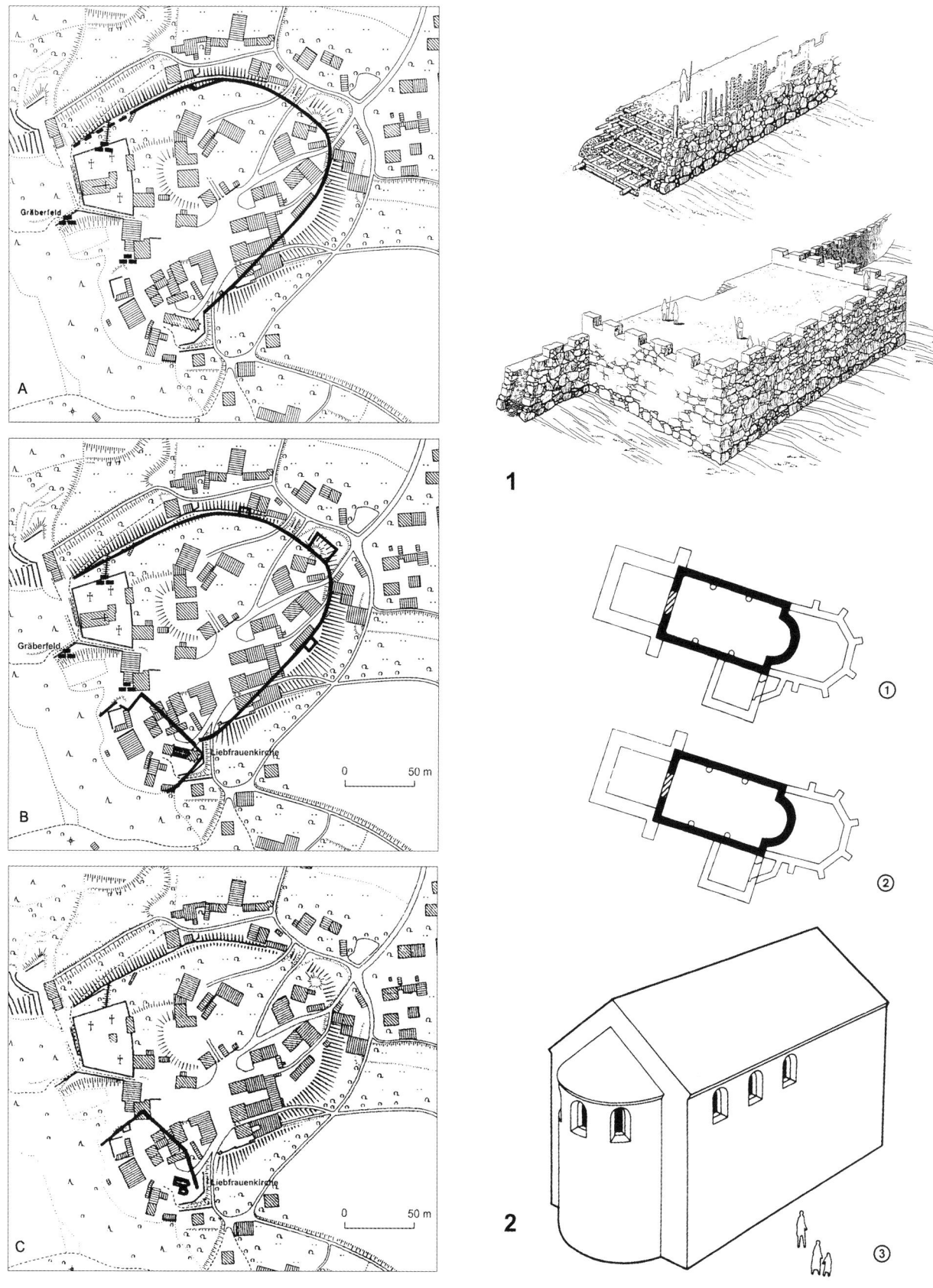

Abb. 9 Oberammerthal: links: Die Burg: A: Karolingische Burg. – B: Ottonische Burg mit Haupt-, Vorburg und
Kirche. – C: Hofbezirk mit Kirche nach 1000. – rechts: 1: Rekonstruktionen der Bewehrung von Oberammerthal:
oben: Mauer 1 der Vorburg. – unten: Mauer 4 mit Turm 2 der Vorburg. – 2: Baugeschichte der Liebfrauenkirche von
Oberammerthal: 1: Bauphase 1 im 10. Jahrhundert. – 2: Bauphase 2 im 11. Jahrhundert. – 3: Rekonstruktion der
Liebfrauenkirche aus dem 11. Jahrhundert

103

Abb. 10 oben:
Verbreitung der
Turmhügel (Punkte)
und ebenerdigen
Ansitze (Dreiecke) in
Nordbayern. – unten:
Hoch- und spätmittel-
alterliche Baubefunde
im Zentrum der villa
Karloburg

Ausweis der archäologischen Befunde und Funde um 800 errichtet (Abb. 9). Die karolingische Burg mit 2,2 Hektar Innenfläche umschloss mit ihrer Holz-Erde-Konstruktion mit vorgeblendeter Trockenmauer von durchschnittlich 3 Meter Breite hufeisenförmig einen im Südosten durch einen Steilabhang geschützten Talsporn (Abb. 9 A und 1, oben). Die Befestigung erfuhr in ottonischer Zeit einen gravierenden Um- und Ausbau. Zum einen wurde die alte Umwehrung verstärkt bzw. als 1 bis 2 Meter breite Schalenmauer in Mörtelbauweise neu errichtet und mit Türmen von 6 x 9 Meter bzw. 12 x 19 Meter Ausmaß gesichert. Zum anderen riegelte man den südwestlichen Teil des Talsporns rechtwinklig ab und gliederte so das vormals 2,2 Hektar große Burgareal jetzt in eine 0,2 Hektar große Hauptburg und eine 1,9 Hektar große Vorburg (Abb. 9 B und 1, unten). Im Nordwesten befand sich in der Quermauer ein Tor, durch das ein Weg mit dichter Steinrollierung in die Hauptburg führte. Die Vorburg umschloss den Friedhof und diverse in Pfostenbauweise errichtete Holzhäuser, vielleicht Unterkünfte für Handwerker und Truppen. In der Hauptburg ist für die ottonische Zeit eine Kirche belegt, ein in Stein ausgeführter Hallenbau mit halbrunder Apsis (Abb. 9 B und 2). Sicherlich darf man sich neben der Kirche und anzunehmenden Verwaltungsgebäuden auch noch Wohngebäude für die gräfliche Familie und vielleicht auch einen Saalbau vorstellen, gehörte Ammerthal doch spätestens in der zweiten Hälfte des 10. Jahrhunderts den Grafen von Schweinfurt. Ammerthal, ihre südlichste Burg, bildete für die Schweinfurter einen wichtigen Stützpunkt auf der Strecke zum Bistumssitz Regensburg, wo sie weiteren Besitz hatten. Dies erklärt auch den machtvollen Ausbau der Burg in dieser Zeit.

Wie die Grabungen in Burgkunstadt, Banz, Oberammerthal und wohl auch Sulzbach-Rosenberg belegen, handelte es sich hier jedoch zumindest nicht durchwegs um neu errichtete Anlagen, sondern um bereits länger bestehende Burgen, die unter den Schweinfurtern vielleicht nur ausgebaut und verstärkt wurden. 1003 werden die Schweinfurter Burgen (Abb. 8, unten) dann von König Heinrich II. nachweislich zerstört.[54] Der militärische, machtpolitische Faktor der Burgen tritt dabei deutlich zutage, die Burgen bildeten Mittelpunkte und Rückgrat einer frühen herrschaftlichen Struktur.

Die Ausführungen haben einige Entwicklungslinien im frühmittelalterlichen Burgenbau in Nordbayern gezeigt, zugleich auch die Vielfältigkeit und Vielschichtigkeit des Burgenbaus zwischen 700 und 1000 n. Chr. Hervorgehoben sei an dieser Stelle nochmals, dass der Burgenbau keinem starren Schema unterliegt, sondern jeweils auf die Einzelburg bezogen individuell zu sehen ist. Großflächig und intensiv untersuchte Burgen, wie Roßtal, Karlburg und Castell, machen deutlich, dass eine Burg ständigen Veränderungen unterworfen war, sei es militärischer Natur, befestigungstechnisch, zum Beispiel als Reaktion auf die beweglichen Reiterscharen der Ungarn. Aber auch die politisch-sozialen, herrschaftlichen Veränderungen im Burgenbau müssen hier genannt sein, seien es Burgen in königlicher, kirchlicher oder adeliger Hand. In diesem Kontext wird deutlich, dass die jeweiligen Burgen sicherlich nicht nur eine, sondern in der Regel mehrere Funktionen zu erfüllen hatten, insbesondere die großen Burgen, die man berechtigterweise als multifunktional bezeichnen kann.

Die machtpolitischen Strukturen, die den Burgenbau trugen und förderten, waren in erster Linie vom Königtum geprägt, dem dann bald die Kirche mit Burgen in bischöflicher Hand bzw. später auch in Fuldaer Besitz zur Seite trat. Königtum und Kirche bildeten bis zum Investiturstreit in salischer Zeit eine Einheit bei der landmäßigen, strukturellen, administrativen, politischen und kirchlichen Erschließung und Festigung des ostfränkischen Reiches. Das Befestigungsrecht war königliches Regal, wie es im Edikt von Pîtres 864 überliefert ist. Die frühesten, um 700 und im 8. Jahrhundert fassbaren Burgen wurden vom König bzw. in königlichem Auftrag erbaut.

In jüngerer Zeit lockerte sich das königliche Befestigungsregal, und der Adel als tragende Kraft im Landesausbau und der Landessicherung vor Ort errichtete zunehmend selbst Burgen. Frühe Ansätze, die teilweise vielleicht mit einem eigenen Burgentyp, den geometrisch angelegten Befestigungen, einhergehen, werden bei der Eyringsburg und unter Umständen in Castell bereits zu Beginn des 9. Jahrhunderts fassbar. Eyringsburg und Castell gehören zu den wenigen Orten in Mainfranken und darüber hinaus, wo früher Adel als Burgenbauer historisch und archäologisch in Erscheinung tritt. Zeitgleich kam es infolge von Adelsfehden und Aufständen zur Usurpation von königlichen Burgen. Die Babenberger Fehde ist hier zu nennen, genauso die sicherlich ehemals in königlichem Auftrag errichtete Burg Roßtal, die, in liudolfingischer Hand, von König Otto belagert wurde. Schließlich kam es zur Erhebung der Schweinfurter Grafen und der darauf erfolgten Zerstörung ihrer Burgen. Der militärische, machtpolitische Faktor der Burgen tritt dabei deutlich zutage, die Burgen bildeten

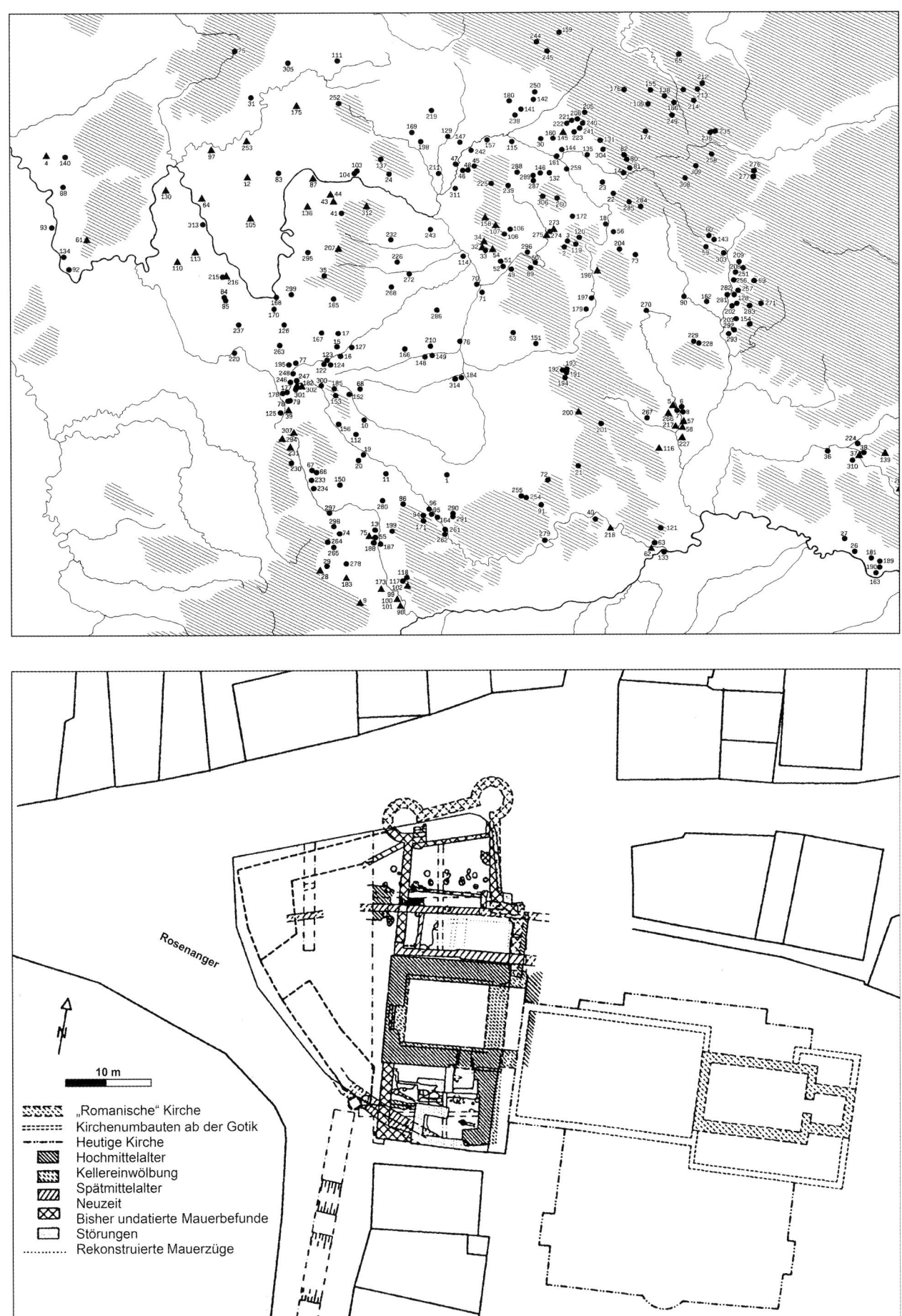

◊◊◊◊◊	„Romanische" Kirche
┄┄┄┄	Kirchenumbauten ab der Gotik
─·─·─	Heutige Kirche
▨	Hochmittelalter
▩	Kellereinwölbung
▨	Spätmittelalter
▨	Neuzeit
▧	Bisher undatierte Mauerbefunde
▢	Störungen
┈┈┈┈	Rekonstruierte Mauerzüge

Rosenanger

10 m

Mittelpunkte und Rückgrat einer frühen herrschaftlichen Struktur, mit ihnen stand und fiel die Macht.

Im 11. Jahrhundert spielen große Burgen dieser Art kaum mehr eine Rolle, oder sie bekommen einen anderen Charakter.[55] Jetzt werden Burgen kleineren Ausmaßes bestimmend, sei es als Ministerialensitz oder als militärischer Stützpunkt der Territorialherrschaft, später als Sitz eines Amtes im Rahmen der Landesverwaltung, wie die Karlburg oder auch Castell. In Karlburg findet in der salisch-staufischen Zeit ein grundlegender Wandel statt. Im Kernbereich wurde eine kleine Burg mit steinernem Wohnturm von etwa 12 x 10 Meter und einfassendem Graben (Abb. 5,3 und 10, unten) errichtet, in der mit großer Wahrscheinlichkeit der erste, 1133 belegte „noster ministerialis de Karlburg" seinen Sitz hatte.[56] Er übernahm vielleicht Verwaltungsaufgaben, die zuvor die Burg auf der Anhöhe zu erfüllen hatte, welche jetzt ihrerseits übergeordnete Funktionen in der landesherrschaftlichen Politik der Würzburger Bischöfe übernahm. Auf der Höhe erfolgte wohl zur Mitte des 13. Jahrhunderts die Errichtung der spätmittelalterlichen, 1286 dann historisch als „castrum" belegten Burg der Phase D (Abb. 5,4 D), wenn sie nicht schon von Konrad von Querfurt (1198 – 1202) erbaut wurde, der um 1200 auf der Mainseite gegenüber Karlstadt gründete. Die Burg beschränkte sich jetzt auf den südöstlichen Spornbereich, sie zerteilte mit einem tiefen und 30 Meter breiten Halsgraben das ältere Burgareal. Die im Vorfeld gelegene, ältere Befestigung wurde nach den erhaltenen Befunden geschleift, der Graben eingefüllt, Mauern und Wälle bis auf eine Höhe von kaum 2 Meter abgetragen und das Gelände planiert. Von der Burg sind heute noch Reste romanischer Bauteile und des gotischen Palas, 90 Meter hoch über dem Main, erhalten, die insbesondere von der Mainseite her ein imposantes Bild bieten. Diese spätmittelalterliche Bauphase 4 bestand dann bis in das 16. Jahrhundert hinein und fand in den Bauernkriegen zwischen dem 15. Mai und dem 3. Juni 1525 ihr gewaltsames Ende.[57] Im 11. Jahrhundert kommen Burgen neuen Typs, kleine Höhenburgen mit Herkunftsnamen oder Turmhügel und ebenerdige Ansitze (Abb. 10, oben) auf, Letztere verstärkt im unterfränkischen Gebiet, in den anderen Regionen vor allem Turmhügel.[58] Sie kennzeichnen in Nordbayern und Südthüringen, wie auch anderswo, zugleich eine weitere Phase des Landesausbaus, der einerseits in den Altsiedelgebieten neue, auch weniger siedlungsgünstige Regionen, wie Höhen- und Tieflagen, erschloss, andererseits auch Gebiete im nördlichen Oberfranken in Besitz nahm.

Anmerkungen

[1]   Peter Ettel, Karlburg – Roßtal – Oberammerthal. Studien zum frühmittelalterlichen Burgenbau in Nordbayern (Frühgeschichtliche und provinzialrömische Archäologie. Materialien und Forschungen, Bd. 5), Rahden/Westf. 2001; hier finden sich die Nachweise zu den Verbreitungskarten (Abb. 1, 7, 8, 10) und weitere Belege zu den im Folgenden genannten Burgen.

[2]   Dieter Rödel, Analyse der historischen Quellen, in: P. Ettel, 2001, S. 279ff., mit Liste aller historisch genannten Burgen.

[3]   Peter Ettel, Die Burgen zu Castell und ihre Bewertung im Rahmen des frühmittelalterlichen Burgenbaus in Franken, in: A. Wendehorst (Hg.), Das Land zwischen Main und Steigerwald im Mittelalter (Erlanger Forschungen, Reihe A, Bd. 79), Erlangen 1998, S. 99–145.

[4]   Cap. II, Nr. 273; Erich Schrader, Das Befestigungsrecht in Deutschland, Göttingen 1909, S. 4ff.

[5]   Monumenta Germaniae Historica, Diplomata, K I., Nr. 36.

[6]   Rudolf Endres, Zur Burgenverfassung in Franken, in: Hans Patze (Hg.), Die Burgen im deutschen Sprachraum, Bd. II (Vorträge und Forschungen, Bd. 19), Sigmaringen 1976, S. 301; Adalboldi, Vita Heinrici II, imp., in: Monumenta Germaniae Historica, Scriptores, Bd. 4, S. 690ff.

[7]   Werner Emmerich, Landesburgen in ottonischer Zeit, in: Archiv für Geschichte von Oberfranken, 1957, S. 51–97; bes. S. 81ff., 84ff.

[8]   Annales regni Francorum ad 773, in: Monumenta Germaniae Historica, Scriptores rG 36, 38; dazu Gerhard Streich, Burg und Kirche während des deutschen Mittelalters. Untersuchungen zur Sakraltopographie von Pfalz- und Burgkapellen bis zur staufischen Zeit, in: (Vorträge und Forschungen, Bd. 29), 1984, S. 79.

[9]   Burgen und Burgbezirke: Walter Schlesinger, Burg und Stadt in Verfassungs- und Landesgeschichte, in: Festschrift Theodor Mayer, Bd. I, 1954, S. 97ff.; derselbe, Städtische Frühformen zwischen Rhein und Elbe, in: Studien zu den Anfängen des europäischen Städtewesens (Vorträge und Forschungen, Bd. IV), Sigmaringen 1958, S. 313ff.; derselbe, Burgen und Burgbezirke. Beobachtungen im mitteldeutschen Osten, in: Festschrift Rudolf Kötzschke, 1937, wieder abgedruckt in: Walter Schlesinger (Hg.), Mitteldeutsche Beiträge zur deutschen Verfassungsgeschichte, Bd. I, Göttingen 1961; derselbe, Burg und Stadt, in: Walter Schlesinger (Hg.), Beiträge zur deutschen Verfassungsgeschichte des Mittelalters, 2, Göttingen 1963, S. 144ff.; Paul Grimm, Tilleda. Eine Königspfalz am Kyffhäuser. Die Vorburg und Zusammenfassung (Schriften zur

Ur- und Frühgeschichte, Bd. 40), Berlin 1990; Carl Heinrich Seebach, Die Königspfalz Werla. Die baugeschichtlichen Untersuchungen, Neumünster 1967.

[10] Walter Schlesinger, Die Entstehung der Landesherrschaft, Dresden 1941, S. 46f.; Schlesinger geht von planvoll organisiertem Siedlungsgebiet aus; derselbe, 1954.

[11] Rolf Sprandel, Gerichtsorganisation und Sozialstruktur Mainfrankens im frühen Mittelalter, in: Jahrbuch für fränkische Landesforschung, Bd. 38, 1978, S. 13ff.; Heinz Wagner, „hirnizgauua" – Ein Beitrag zur Gauforschung in Franken, in: ebenda, Bd. 51, 1991, S. 1ff.; W. Emmerich, 1957, S. 94.

[12] W. Emmerich, 1957, S. 82; dazu: August Scherl, Verfassung und Verwaltung der Stadt Nabburg bis zum Ausgang des 16. Jahrhunderts, in: Verhandlungen des Historischen Vereins der Oberpfalz, Bd. 96, 1955, S. 101ff., 107ff.

[13] G. Streich, 1984, S.72ff. und 138ff.

[14] W. Emmerich, 1957, S. 92; Landesburgen in karolingischer Zeit (Büraburg, Christenberg) auf hohen Bergplätzen und -spornen, in jüngerer Zeit – ab Beginn des 9. Jahrhunderts – wenige kleinere, aber niedriger gelegene und besser zugänglich. Entscheidend ist jetzt die verkehrsgünstige Lage an wichtigen Fernstraßen und Flussübergängen.

[15] W. Emmerich, 1957, S. 96f.; R. Endres, 1976, S. 303ff.; Hans Martin Maurer, Die Entstehung der hochmittelalterlichen Adelsburg in Südwestdeutschland, in: Zeitschrift für die Geschichte des Oberrheins, Bd. 117, 1969, S. 295ff.

[16] Der Kartenausschnitt erfasst das heutige Nordbayern mit den Regierungsbezirken Unterfranken, Oberfranken, Mittelfranken und Oberpfalz sowie die angrenzenden Gebiete Nieder- und Oberbayerns sowie Baden-Württembergs nördlich der Donau.

[17] Übergreifend behandelt von Rafael von Uslar, Studien zu frühgeschichtlichen Befestigungen (Beiheft Bonner Jahrbücher, Bd. 11), Köln/Graz 1964; in den Regionen: Klaus Schwarz, Die vor- und frühgeschichtlichen Geländedenkmäler Oberfrankens (Materialhefte zur bayerischen Vorgeschichte, Bd. 5), Kallmünz/Opf. 1955, S. 35ff.; Armin Stroh, Die vor- und frühgeschichtlichen Geländedenkmäler der Oberpfalz (Materialhefte zur bayerischen Vorgeschichte, Bd. 3), Kallmünz/Opf. 1975, S. 47ff.; zuletzt zusammenfassend Björn-Uwe Abels, Die vor- und frühgeschichtlichen Geländedenkmäler Unterfrankens (Materialhefte zur bayerischen Vorgeschichte, Bd. 6), Kallmünz/Opf. 1979, S. 102f. und 36ff.

[18] Vollburg, Bürgerwald Gerolzhofen, Dingolshausen und Rügshofen (Landkreis Schweinfurt): B.-U. Abels, 1979, S. 172, und Nonnenkloster, Forst Nonnenkloster (Landkreis Schweinfurt): ebenda, S. 176f.

[19] Karlburg, Karlstadt-Mühlbach (Landkreis Main-Spessart): ebenda; Peter Ettel und Dieter Rödel, Historische und archäologische Überlieferung zu castellum und villa Karloburg, in: Ludwig Wamser und Jens Lenssen (Hg.), 1250 Jahre Bistum Würzburg, Würzburg 1992, S. 297–318; Ludwig Wamser, Zur archäologischen Bedeutung der Karlburger Befunde, in: ebenda, S. 319–

342; Peter Ettel, Karlburg – Entwicklung eines königlich-bischöflichen Zentralortes am Main mit Burg und Talsiedlung vom 7. bis 13. Jahrhundert, in: Château Gaillard, Bd. 18, 1996, S. 75–86; derselbe, 2001; derselbe, Der Siedlungskomplex Karlburg bei Würzburg im 8. Jahrhundert mit Burg, Königshof und Kloster, in: Hans-Ulrich Nuber, Heiko Steuer und Thomas Zotz (Hg.), Der Südwesten im 8. Jahrhundert aus historischer und archäologischer Sicht, Tagungsband Freiburg (Freiburger Forschungen zum ersten Jahrtausend in Südwestdeutschland, Bd. 13), Ostfildern 2004, S. 283–312; zuletzt Klaus Kerth, Peter Ettel und Ralf Obst, Fleischnahrung und Viehhaltung im früh- und hochmittelalterlichen Karlburg am Main (Unterfranken, Bayern), in: Germania, Bd. 80, 2002, S. 636–653; und Vogelsburg, Volkach-Escherndorf (Landkreis Kitzingen): B.-U. Abels, 1979, S. 104f.

[20] K. Schwarz, 1955, S. 35ff.; B.-U. Abels, 1979, S. 42, Abb. 5; R. v. Uslar, 1964, S. 112ff.

[21] Wie die Untersuchungen von R. v. Uslar, 1964, und Hansjürgen Brachmann, Zur Herkunft und Verbreitung von Trocken- und Mörtelmauerwerk im frühmittelalterlichen Befestigungsbau Mitteleuropas, in: Studia nad etnogeneza Słowian i kultura Europy wczesnośredniowiecznej, Bd. 1, 1988, S. 199ff., sowie derselbe, Der frühmittelalterliche Befestigungsbau in Mitteleuropa (Schriften zur Ur- und Frühgeschichte, Bd. 45), Berlin 1993, gezeigt haben.

[22] Norbert Wand, Die Büraburg bei Fritzlar, Burg – „Oppidum" – Bischofssitz in karolingischer Zeit (Kasseler Beiträge zur Vor- und Frühgeschichte, Bd. 4), Marburg 1974, S. 90ff.; Rolf Gensen, Christenberg, Burgwald und Amöneburger Becken in der Merowinger- und Karolingerzeit, in: Walter Schlesinger (Hg.), Althessen im Frankenreich (Nationes, Bd. 2), Sigmaringen 1975, S. 313ff.; derselbe, in: Fundberichte Hessen, Bd. 15, 1975 (1977), S. 361ff.; derselbe, Hof, Dorf und Burg im frühen Mittelalter besonders Nordhessens, in: Helmut Roth und Egon Wamers (Hg.), Hessen im Frühmittelalter. Archäologie und Kunst, Frankfurt/M. 1984, S. 61ff.

[23] Roßtal (Landkreis Fürth): P. Ettel, 2001; derselbe, Ergebnisse der Ausgrabungen auf der Burg Horsadal, Roßtal bei Nürnberg, in: Joachim Henning und Alexander T. Ruttkay (Hg.), Frühmittelalterlicher Burgenbau in Mittel- und Osteuropa, Bonn 1998, S. 127–136; Karlburg (Landkreis Main-Spessart): siehe Anm. 19; Michelsberg in Neustadt/Main (Landkreis Main-Spessart): Ludwig Wamser, Erwägungen zur Topographie und Geschichte des Klosters Neustadt a. Main und seiner Mark. Versuch einer Annäherung der archäologischen und historischen Quellenaussagen, in: derselbe, J. Lenssen, 1992, S. 182; Oberammerthal (Landkreis Amberg-Sulzbach): P. Ettel, 2001.

[24] Paul Reinecke, Spätkeltische Oppida im rechtsrheinischen Bayern, in: Bayerische Vorgeschichtsfreunde, Bd. 9, 1930, S. 29ff.; R. von Uslar, 1964, S. 161ff.; Wilhelm Schneider, Die südwestdeutschen Ungarnwälle und ihre Erbauer (Arbeiten zur alamannischen Frühgeschichte, H. XVI), Tübingen 1989, S. 91ff.

25 Mechthild Schulze, Das ungarische Kriegergrab von Aspres-lès-Corps. Untersuchungen zu den Ungarneinfällen nach Mittel-, West- und Südeuropa (899 – 955 n. Chr.), in: Jahrbuch des Römisch-Germanischen Zentralmuseums Mainz, Bd. 31, 1984, S. 487ff.; Mechthild Schulze-Dörlamm, Die Ungarneinfälle des 10. Jahrhunderts im Spiegel archäologischer Funde, in: Joachim Henning (Hg.), Europa im 10. Jahrhundert. Archäologie einer Aufbruchzeit, Mainz 2002, S. 109–122; Walter Sage, Auswirkungen der Ungarnkriege in Altbayern und ihr archäologischer Nachweis, in: Aventinum. Stiftung für Altbayern, Bd. 4, 1990, S. 5ff.; Klaus Schwarz, Die Birg bei Schäftlarn, in: Führer zu vor- und frühgeschichtlichen Denkmälern, Bd. 18, Mainz 1972, S. 222ff.; derselbe, Der frühmittelalterliche Landesausbau in Nordost-Bayern – archäologisch gesehen, in: Ausgrabungen in Deutschland, Teil 2 (Monographien des Römisch-Germanischen Zentralmuseums Mainz, Bd. 1,2), Mainz 1975, S. 338ff., 389f., 402ff.; Christian Pescheck, Wichtige Neufunde von der Birg bei Hohenschäftlarn, in: Bayerische Vorgeschichtsblätter, Bd. 54, 1989, S. 219–229; H. Brachmann, 1993, S. 190ff.; für Südwestdeutschland siehe W. Schneider, 1989, S. 91ff.; Runder Berg bei Urach: Ursula Koch, Die frühmittelalterlichen Funde vom Runden Berg bei Urach, in: Archäologisches Korrespondenzblatt, Bd. 12, 1982, S. 81ff.; Björn-Uwe Abels, Die Wallanlage auf dem Semberg bei Kemmern, Lkr. Bamberg, in: Ingolf Ericsson und Hans Losert (Hg.), Aspekte der Archäologie des Mittelalters und der Neuzeit. Festschrift für Walter Sage, Bonn 2003, S. 25–32.

26 Bogen, Bogenberg (Landkreis Straubing-Bogen): Klaus Schwarz, Vor- und frühgeschichtliche Wallanlagen auf dem Bogenberg (Führer zu archäologischen Denkmälern in Deutschland, Bd. 6), Mainz 1967, S. 31ff.; Peter F. Stary, Der Bogenberg bei Bogen (Führer zu archäologischen Denkmälern in Deutschland, Bd. 6), Stuttgart 1984, S. 189ff., Johannes Pätzold, Die vor- und frühgeschichtlichen Geländedenkmäler in Niederbayern (Materialhefte zur bayerischen Vorgeschichte, Bd. 2) Kallmünz/Opf. 1983, S. 304ff.; Rödelsee, Schwanberg (Landkreis Kitzingen): B.-U. Abels, 1979, S. 111f.; Ludwig Wamser, Zur Bedeutung des Schwanberges im frühen und hohen Mittelalter, in: Derselbe, Aus Frankens Frühzeit. Festschrift für Peter Endrich (Mainfränkische Studien, Bd. 37), Würzburg 1986, S. 164–192; Kipfenberg, Michelsberg: Georg Hauser, Beiträge zur Erforschung hoch- und spätmittelalterlicher Irdenware aus Franken (Zeitschrift für Archäologie des Mittelalters, Beiheft 4), Bonn 1984, S. 173f.; Kallmünz, Schloßberg: A. Stroh, 1975, S. 260f.; Schäftlarn, Birg: K. Schwarz, 1972; Cham, Galgenberg: A. Stroh, 1975, S. 319; Ehingen, Hesselberg-Osterwiese: Arthur Berger, Hesselberg. Funde und Ausgrabungen bis 1985 (Materialhefte zur bayerischen Vorgeschichte, Bd. 66), Kallmünz/Opf. 1994, S. 68–79.

27 Damit hängt auch die seit Langem Historiker wie Archäologen beschäftigende Frage zusammen, inwieweit die Burgen als Fluchtburgen oder als ständig genutzte Befestigungen zu werten sind: Gerhard Streich, Burg und Kirche während des deutschen Mittelalters. Untersuchungen zur Sakraltopographie von Pfalzen, Burgen und Herrensitzen (Vorträge und Forschungen, Bd. 29), Sigmaringen 1984, S. 72ff., 75f.; diese Fragen können im Wesentlichen nur umfangreiche, flächige Grabungen der Befestigungen im Innenraum klären, die jedoch nur in wenigen Fällen stattfanden. In einigen Burgen stieß man in den Innenraumschnitten weder auf Befunde noch Funde, sodass davon auszugehen ist, dass diese Wehranlagen, wenn überhaupt, nur teilweise ständig benutzt wurden. Der Michelsberg bei Neustadt/Main oder auch die Eiringsburg mit bislang ausstehenden Funden, genauso Unterregenbach, mögen hierzu zu rechnen sein.

28 Burgkunstadt (Landkreis Lichtenfels): Hans Losert, Die früh- bis hochmittelalterliche Keramik in Oberfranken (Zeitschrift für Archäologie des Mittelalters, Beiheft 8), Bonn 1993; derselbe, Die slawische Besiedlung Nordostbayerns aus archäologischer Sicht, in: Karl Schmetz (Hg.), Vorträge des 11. Niederbayerischen Archäologentags, Deggendorf 1993, S. 207–270; Neustadt am Main, Michelsberg: Ludwig Wamser, Erwägungen zur Topographie und Geschichte des Klosters Neustadt a. Main und seiner Mark. Versuch einer Annäherung der archäologischen und historischen Quellenaussagen, in: L.Wamser, J. Lenssen, 1992, S. 182.

29 Peter Ettel, Der Befestigungsbau im 10. Jahrhundert in Süddeutschland und die Rolle Ottos des Großen am Beispiel der Burg von Roßtal, in: Joachim Henning (Hg.), Europa im 10. Jahrhundert. Archäologie einer Aufbruchzeit, Mainz 2002, S. 365–380.

30 Matthias Hensch, Eine hochmittelalterliche Kemenate und ein Saalgebäude des späten 10. Jahrhunderts im Schloß Sulzbach, in: Archäologisches Jahr in Bayern, 1995, S. 145–147; derselbe, Seltene Glasfunde aus ottonischer Zeit von der Burg Sulzbach, in: Beiträge zur Archäologie in der Oberpfalz, Bd. 3, 1999, S. 349–360.

31 M. Hensch, 1995; derselbe, 1999, S. 349–360; derselbe, Burg Sulzbach (Opf.). „Hauptsitz" der Nordgaugrafen des 9. bis frühen 11. Jahrhunderts? Eine archäologisch-historische Quellenkritik, in: Erich Schneider und Bernd Schneidmüller (Hg.), Vor 1000 Jahren – Die Schweinfurter Fehde und die Landschaft am Obermain 1003 (Schweinfurter Museumsschriften, Bd. 118), Schweinfurt 2004, S. 153–188; derselbe, Burg Sulzbach in der Oberpfalz. Archäologisch-historische Forschung zur Entwicklung eines Herrschaftszentrums des 8.–14. Jahrhunderts in Nordbayern (Mat. Arch. Oberpfalz, Bd. 3), Büchenbach 2005.

32 P. Ettel, 2001; derselbe, Ausgrabungen im frühmittelalterlichen Karlburg, in: Michal Burdukiewicz u.a. (Hg.), Erkenntnisjäger – Kultur und Umwelt des frühen Menschen. Festschrift für Dietrich Mania (Veröffentlichungen des Landesamtes für Archäologie Sachsen-Anhalt, Bd. 57), Halle 2003, S. 177–192; derselbe, 2004.

33 Wolfgang Timpel, Völkerwanderungszeit bis frühe Neuzeit, in: Südliches Thüringen (Führer zu archäologischen Denkmälern in Deutschland, Bd. 28), Stuttgart 1994, S. 86; Bernd W. Bahn, Großer und Kleiner Gleichberg – Wallan-

lage und urnenfelderzeitliche Besiedlung, in: ebenda, S. 130–142; Thomas Grasselt, Die Steinsburg auf dem Kleinen Gleichberg bei Römhild, Lkr. Meiningen, in: ebenda, S. 143–155; zuletzt Karl Peschel, Die Steinsburg bei Römhild am Rande des nördlichen Mittelgebirgsraums während der jüngeren vorrömischen Eisenzeit, in: Alt-Thüringen, Bd. 38, 2005, S. 7–30; Wolfgang Timpel, Die mittelalterliche Siedlung Altenrömhild, in: ebenda, S. 189–193; derselbe, Altenrömhild – Rotemulde – eine mittelalterliche Siedlung im südlichen Thüringen, in: ebenda, Bd. 29, 1995, 129–189.

[34] Bei der zweiteiligen Anlage auf dem Queienberg bei Queienfeld (Landkreis Meiningen) ist ebenfalls eine Erbauung in fränkisch-karolingischer Zeit möglich, doch gründet sich diese Annahme vorerst nur auf die Form, denn archäologische Funde und Befunde stehen noch aus: W. Timpel, 1994, S. 86.

[35] Ein Güterverzeichnis des frühen 9. Jahrhunderts dokumentiert die Wirtschaftsstruktur des Klosters Fulda: Ernst Friedrich Johann Dronke (Hg.), Traditiones et antiquitates Fuldenses, Osnabrück Cap. 44; Ulrich Weidinger untersucht die Grundherrschaft des Klosters von Fulda mithilfe des oben genannten Güterverzeichnisses, in dem Altenrömhild (Rotemulde) unter der Nr. 13 aufgeführt wird: Ulrich Weidinger, Untersuchungen zur Wirtschaftsstruktur des Klosters Fulda in der Karolingerzeit (Monographien zur Geschichte des Mittelalters, Bd. 36), Stuttgart 1991, Nr. 13; im Güterverzeichnis wird Altenrömhild unter Nr. 43 folgendermaßen erwähnt: „Ad Rotmulde manus pleni XIIII, dmidii VII, hube VIII, porei XL, vacce IIII, hedi XV, equi XL, boves X, oves CC".

[36] W. Timpel, 1995, S. 149ff.

[37] Am Südhang des Thüringer Waldes gibt es überall Eisenerzvorkommen unterschiedlichster Art, die heute nicht mehr abbauwürdig sind, in der Neuzeit bis in das 19. Jahrhundert hinein aber rege Bergbautätigkeit hervorgerufen hatten. Welche bedeutende Rolle die Eisenverarbeitung bereits in der Latènezeit im Raum um das oppidum auf der Steinsburg spielte, ist seit den Forschungen von Spehr, Neumann und Peschel – das Institut Jena war an der Erforschung entscheidend beteiligt – bekannt. Eisenbarren spezifischer Gestalt sprechen wohl für ein eigenes, vielleicht südthüringisches Erzeugungszentrum.

[38] W. Timpel, 1995, 149ff.

[39] G. Streich, 1984, S. 131; vergleichbar in Hessen: Rolf Gensen, Frühmittelalterliche Burgen und Siedlungen in Nordhessen, in: Ausgrabungen in Deutschland, Teil 2 (Monographien des Römisch-Germanischen Zentralmuseums Mainz, Bd. 1,2), Mainz 1975, S. 313–337.

[40] Ederheim, Hoppelmühle, Kleine Schanze auf dem Mühlberg (Landkreis Donau-Ries): Führer zu archäologischen Denkmälern in Bayern: Schwaben, Bd. 2, Mainz 1979, S. 242f.; Treuchtlingen-Haag, Schlößle o. Alte Bürg (Landkreis Weißenburg-Gunzenhausen): (Führer zu archäologischen Denkmälern in Deutschland, Bd. 15), Mainz 1987, S. 81f.; Eggolsheim-Drügendorf, Schlossberg (Landkreis Forchheim): K. Schwarz, 1955, S. 73; Oberküps-Kleukheim, Posserberg (Landkreis Lichtenfels): ebenda, S. 157.

[41] Georg Hock, Die Eiringsburg bei Bad Kissingen, in: Bayerische Vorgeschichtsblätter, Bd. 13, 1936, S. 73ff.; Grabung 1974, unpubliziert.

[42] Joachim Werner, Zu den alamannischen Burgen des 4. und 5. Jahrhunderts, in: Clemens Bauer u. a. (Hg.), Speculum historiale: Geschichte im Spiegel von Geschichtsschreibung. Festschrift Johannes Spörl, Freiburg 1965, S. 439ff.; Konrad Weidemann, Germanische Burgen rechts des Rheins im 5. Jahrhundert, in: Ausgrabungen in Deutschland, 1975, S. 362ff.; Günter Peter Fehring, Frühmittelalterliche Wehranlagen in Südwestdeutschland, in: Château Gaillard, Bd. 5, 1972, S. 37ff.; Heiko Steuer, Höhensiedlungen des 4. und 5. Jahrhunderts in Südwestdeutschland. Einordnung des Zähringer Burgberges, Gemeinde Gundelfingen, Kreis Breisgau-Hochschwarzwald, in: Archäologie und Geschichte des 1. Jahrhunderts in Südwestdeutschland (Freiburger Forschungen, Bd. 1), Sigmaringen 1990, S. 139ff.; derselbe, Herrschaft von der Höhe. Vom mobilen Söldnertrupp zur Residenz auf repräsentativen Bergkuppen, in: Die Alamannen, hg. vom Archäologischen Landesmuseum Stuttgart, Stuttgart 1997, S. 149–162; derselbe, Die Alamannia und die alamannische Besiedlung des rechtsrheinischen Hinterlandes, in: Imperium Romanum. Römer, Christen, Alamannen – Die Spätantike am Oberrhein, hg. vom Badischen Landesmuseum Karlsruhe, Stuttgart 2005, S. 26–41.

[43] Ludwig Wamser, Merowingerzeitliche Bergstationen in Mainfranken – Stützpunkte der Machtausübung gentiler Gruppen, in: Archäologisches Jahr in Bayern, 1984, S. 136ff.; überregional dazu H. Brachmann, 1993, S. 62ff.

[44] Miltenberg (Landkreis Miltenberg): Ludwig Wamser, Befestigte Anlagen des frühen bis späten Mittelalters in den Ruinen des Römerkastells Miltenberg-Altstadt, in: Horst-Wolfgang Böhme (Hg.), Burgen der Salierzeit (Monographien des Römisch-Germanischen Zentralmuseums, Bd. 25), Mainz 1991, S. 235ff.; Rödelsee, Schwanberg-Iphöfer Knuck (Landkreis Kitzingen): derselbe, 1986; Würzburg: derselbe, Castellum quod nominatur Wirziburc, in: Kilian, Mönch aus Irland – alter Franken Patron, Würzburg 1989, S. 174ff.; derselbe, Die Würzburger Siedlungslandschaft im frühen Mittelalter. Spiegelbild der naturgegebenen engen Verknüpfung von Stadt- und Bistumsgeschichte, in: derselbe, J. Lenssen, 1992, S. 39–48.

[45] Langenburg-Unterregenbach an der Jagst, Alte Burg, Ortslage (Landkreis. Schwäbisch-Hall): Günther Peter Fehring, Frühmittelalterliche Wehranlagen in Südwestdeutschland, in: Château Gaillard, Bd. 5, 1972, S. 69ff.; derselbe, Eine mehrperiodige Abschnittsbefestigung oberhalb der frühmittelalterlichen Kirchenfamilie zu Unterregenbach, Kreis Crailsheim, in: Archäologisches Korrespondenzblatt, Bd. 2, 1972, S. 219ff.

[46] Bamberg: Walter Sage, Zur Bedeutung des Bamberger Domberges für die Geschichte des Obermaingebietes im frühen Mittelalter, in: Hans Walther zum 70. Geburtstag (Onomastica Slavogermanica, Bd. 19), Berlin 1990, S. 39ff.; Joachim Zeune, Zur Umwehrung des Bamberger Domberges, in: Forschungsforum. Berichte der

Otto-Friedrich-Universität Bamberg, H. 1, 1989, S. 30–35; Lothar Hennig (Hg.), Geschichte aus Gruben und Scherben. Archäologische Ausgrabungen auf dem Domberg in Bamberg (Schriften des Historischen Museums Bamberg, Bd. 26), Bamberg 1993; Cham, Galgenberg: A. Stroh, 1975, S. 319f.; Haderstadl bei Cham, Lamberg (Landkreis Cham): ebenda, S. 146f.; Weißenburg, Alte Bürg (Landkreis Weißenburg-Gunzenhausen): (Führer zu archäologischen Denkmälern in Deutschland, Bd. 15), Mainz 1987, S. 203; Rödelsee, Schwanberg-Kappelrangen (Landkreis Kitzingen): L. Wamser, 1986.

[47] Peter Ettel u. a., Die Grabungen 1996 auf dem Herrenberg zu Castell, in: A.Wendehorst, 1998, S. 147–184; derselbe, Frühmittelalterlicher Burgenbau in Nordbayern und die Entwicklung der Adelsburg, in: Hans-Heinrich Häffner (Hg.), Neue Forschungen zum frühen Burgenbau (Forschungen zu Burgen und Schlössern, Bd. 9), München 2006, S. 33–48, bes. S. 40ff.

[48] Siehe derselbe u. a., 1998; derselbe, 2006, S. 40ff.

[49] In Hessen scheinen sehr kleine Burgen bereits früher belegt zu sein; R. Gensen, 1975, S. 331ff., mit Abb. 15: zum Beispiel Rickelskopf, Burg bei Caldern; derselbe, in: Fundberichte, 1975, S. 361ff.; K. Schwarz, 1975, S. 389ff.; Schweinfurt, Peterstirn: Dirk Rosenstock, Das vorstädtische Schweinfurt, in: Frankenland, Bd. 43, 4, 1991, S. 88–101, und vielleicht auch Pappenheim: (Führer zu archäologischen Denkmälern in Deutschland, Bd. 15), Mainz 1987, S. 123ff. mögen dazugehören; Gottfried Mayr und Wilhelm Störmer, Kleinlangheim und seine Umgebung im Frühmittelalter – eine Personen- und besitzgeschichtliche Untersuchung, in: Christian Pescheck, Das fränkische Reihengräberfeld von Kleinlangheim, Lkr. Kitzingen/Nordbayern (Germanische Denkmäler der Völkerwanderungszeit, Serie A, Bd. 17), Mainz 1996, S. 166; Schäftlarn-Mühltal, Ebersberg, ältere Babenberger: Walter Janssen, Die Bedeutung der mittelalterlichen Burg für die Wirtschafts- und Sozialgeschichte, in: Herbert Jankuhn (Hg.), Das Handwerk in vor- und frühgeschichtlicher Zeit, Teil II, Göttingen 1983, S. 299ff.

[50] Zur historischen Bedeutung der Ungarnkriege: Wilhelm Störmer, Ostfränkische Herrschaftskrise und Herausforderung durch die Ungarn, in: Wilhelm Rausch (Hg.), Forschungen zur Geschichte der Städte und Märkte Österreichs, Bd. 4, Linz 1991, S. 55ff.

[51] Burgen: Kelheim-Weltenburg, Frauenberg (Landkreis Kelheim): J. Pätzold, 1983, S. 182ff.; Stephansposching-Steinkirchen (Landkreis Deggendorf): ebenda, S. 77ff.; Ehingen, Hesselberg-Osterwiese o. Röckinger Berg (Landkreis Ansbach): A. Berger, 1994, S. 68–79.; Rödelsee, Schwanberg (Landkreis Kitzingen): L. Wamser, 1986.

[52] Nabburg (Landkreis Schwandorf): Klaus Schwarz, Im Wandel der Jahrhunderte. Die frühmittelalterlichen Anfänge nach den archäologischen Quellen, in: Der Landkreis Amberg-Sulzbach. Im Spiegel der Zeiten, Amberg 1978, S. 59 und 70; Bayreuth-Laineck, Burgstall Rodersberg (Landkreis Bayreuth): Björn-Uwe Abels und Hans Losert, Eine frühmittelalterliche Befestigungsanlage in Laineck, Stadt Bayreuth, in: Bayerische Vorgeschichtsblätter, Bd. 51, 1986,

S. 285–308; dieselben, Mittelalterliche Wehranlage in Bayreuth-Laineck, Oberfranken, in: Archäologisches Jahr in Bayern, 1981, S. 180f.

[53] W. Emmerich, 1957, S. 67ff.; Emmerich rechnet auch Nabburg und Cham zum Einflussbereich der Schweinfurter Markgrafen: Peter Ettel, Die Burgen der Schweinfurter – historische und archäologische Überlieferung, in: Peter Sachenbacher, Tagungsband Ponitz 2006 (Beiträge zur Frühgeschichte und zum Mittelalter Ostthüringens) (im Druck); Hubertus Seibert, Adlige Herrschaft und königliche Gefolgschaft. Die Grafen von Schweinfurt im ottonischen Reich, in: Zeitschrift für bayerische Landesgeschichte, Bd. 65, H. 3, 2002, S. 839–882, bes. 856; derselbe, Adlige Herrschaft um die Jahrtausendwende: Die Grafen von Schweinfurt, in: Erich Schneider und Bernd Schneidmüller (Hg.), Vor 1000 Jahren – Die Schweinfurter Fehde und die Landschaft am Obermain 1003 (Schweinfurter Museumsschriften, Bd. 118), Schweinfurt 2004, S. 65–84.

[54] Peter Ettel, Die Eroberung der Schweinfurter Burgen in der historischen und archäologischen Überlieferung, in: Château Gaillard, Bd. 19, 1998, S. 59–68; derselbe, Burgenbau in Franken um 1000, in: E. Schneider, B. Schneidmüller, 2004, S. 133–152; Stefan Wolters, Burgkunstadt, in: Beiheft Bayerische Vorgeschichtsblätter, Bd. 14, 2001, S. 155; Magnus Wintergerst, Grabungen in der Burg der Schweinfurter Grafen in Creußen, in: Archäologisches Jahr in Bayern, 2001, S. 140–142; Walter Sage, Die Peterstirn bei Schweinfurt zum Beginn eines Ausgrabungsvorhabens der Universität Bamberg, in: Helmwart Hierdeis und Heinz S. Rosenbusch (Hg.), Artikulation der Wirklichkeit. Festschrift für Siegfried Oppolzer zum 60. Geburtstag, Frankfurt/M. 1989, S. 250–265; H. Seibert, 2002.

[55] W. Emmerich, 1957, S. 93ff.; R. Endres, 1976, S. 303ff.; allgemein: H.-W. Böhme, 1991.

[56] Dieter Heyse, Die Burg des „noster ministerialis de Karlburg", Karlburg, Stadt Karlstadt, Lkr. Main-Spessart, Unterfranken, in: Archäologisches Jahr in Bayern, 1993, S. 147–149.

[57] Zur jüngeren Geschichte der Karlburg: Ernst Kübert, Karlburg. Uralter fränkischer Siedlungsort, Karlburg 1991, S. 70–73; Beschreibung der spätmittelalterlichen Burg Karlburg bei Otto Piper, Burgenkunde. Bauwesen und Geschichte der Burgen, 3. Auflage, München 1912, S. 122, 127; P. Ettel, 2001, S. 41–49, 80–99.

[58] Hermann Hinz, Burgenlandschaften und Siedlungskunde, in: Château Gaillard, Bd. 5, 1972, S. 65ff., bes. S. 70f. mit Abb. 7 und 8; derselbe, Motte und Donjon (Zeitschrift für Archäologie des Mittelalters, Beiheft 1), Bonn 1981; Stefan Gerlach, Die kleinen Befestigungsanlagen des Mittelalters in Unterfranken, in: Château Gaillard, Bd. 12, 1984, S. 143ff.; Joachim Zeune, Salierzeitliche Burgen in Bayern, in: H.-W. Böhme, 1991, S. 177–234; Uwe Albrecht, Der Adelssitz im Mittelalter, München 1995, bes. S. 35ff.; Reinhard Friedrich, Ottonenzeitliche Befestigungen im Rheinland und im Rhein-Main-Gebiet, in: Joachim Henning (Hg.), Europa im 10. Jahrhundert. Archäologie einer Aufbruchszeit, Mainz 2002, S. 351–364; P. Ettel, 2001, S. 220–222; W. Timpel, 1994, S. 84–106.

Hermann Wirth

Die Entdeckung der Burg

Mit Entdeckungen und Erfindungen hat es eine merkwürdige Bewandtnis. Noch im mittelhochdeutschen Sprachgebrauch galt „Erfinden" als Synonym für „Entdecken", umgekehrt jedoch nicht. Darüber hinaus bedeutete „Entdecken" damals „Entblößen", „Aufdecken" und – wie auch heute noch – „Mitteilen". Aktuelle saloppe Redewendungen machen die enge Verwandtschaft von „Entdecken" und „Erfinden" deutlich: „Wenn es nicht schon entdeckt worden wäre, dann müsste man's erfinden",[1] oder „Wenn selbst durch hartnäckigste Entdeckungsbemühungen – mit dem Fernglas, dem Mikroskop, in Archiven oder mit dem archäologischen Spaten – Erkenntnislücken sich nicht würden schließen lassen, dann müsse das durch (spekulative) Erfindungen geschehen." Hieran anschließend, ist die als „geflügeltes Wort" bekannte Sentenz von Giordano Bruno „Se non è vero, è ben trovato" am Platze.[2]

Das Letztere führt zum hier behandelten Thema, freilich über einige Umwege. „Entdeckung" im heutigen Begriffsverständnis meint das Finden (nicht das Erfinden) – teils zufällig, teils durch gezielte Suche – von etwas grundsätzlich oder als „Mitteilung" seitens des Wissenden dem Unwissenden Geoffenbartem, bislang Unbekanntem, Verborgenem. Ist das Verborgene etwas real vorhanden Gewesenes und aus dem Bewusstsein irgendwann Entschwundenes oder Verdrängtes, dann sind dafür die Begriffe „Wiederentdeckung", „Wiedergeburt" (Renaissance) zutreffend. Und tatsächlich ist die Kulturgeschichte in ihren Artungen und Entartungen, die sich als „ewige Wiederkunft" des Gleichen (nicht Desselben) zu erkennen gibt,[3] eine Folge von Renaissancen, unterbrochen von Avantgardismen.

Der Begriff „Wiederentdeckung" wirft die Frage auf, ob so etwas unter völlig anderen Rezeptionsumständen als zur Entstehungszeit der Rezeptionsobjekte überhaupt möglich sei. Diese Frage darf, allerdings unter der Voraussetzung, dass es sich bei dem Wiederentdeckten nicht um etwas „Selbes", sondern um etwas „Gleiches" handelt, positiv beantwortet werden. „Man könne" – in freier und üblicher Interpretation eines der tiefsinnigs-

ten Sätze von Heraklit – „nicht zweimal in denselben Fluss steigen",[4] wohl aber in den gleichen. Jede Wiederentdeckung ist Neuentdeckung, Entdeckung schlechthin.

„Erfindung" meint gemäß allgemeiner Übereinkunft die Hervorbringung von etwas Neuem, bislang nicht Dagewesenem aus dem – theologisch interpretiert – göttlichen Kreativitätsvermögen des menschlichen Intellekts, allerdings mit gelegentlich „teuflischen" Konsequenzen. Die Erfindung der „Biologistik" als Rechtfertigung nationalsozialistisch-faschistischen Rassenwahns trifft hierfür zu.

Wie sehr Entdeckung und Erfindung miteinander verschwistert sind, wie sehr der ersteren die Assistenz der letzteren – wenn beide in der gesellschaftlichen Praxis Verwirklichung finden – notwendig ist, dafür liefern mannigfache kulturgeschichtliche Ereignisse und Phänomene Beispiele. Eines davon ist die Burg, ein anderes – so erstaunlich es im hier vorliegenden Kontext auch klingen mag – die Dampfmaschine.

Die zeitlichen Parallelen zwischen der „Entdeckung der Burg" und der „Erfindung der Dampfmaschine" sind verblüffend. Mit „um 1700" lässt sich sowohl das eine als auch das andere ziemlich genau datieren; im 19. Jahrhundert fanden die spektakulärsten Entfaltungen der entdeckten und erfundenen Burg und der erfundenen Dampfmaschine statt, und im 20. Jahrhundert erfolgte das, was irgendwann allem Großartigen schicksalhaft beschieden ist: der Ausklang, begleitet von „Schwanengesang" und „Götterdämmerung", mit Spitzenleistungen im Spannungsfeld von Version und Perversion. Der ins Perverse getriebene (unvollendet gebliebene) Ausbau der Burg Trifels im heutigen Bundesland Rheinland-Pfalz mit deren gleichzeitiger „Entdeckung" und „Erfindung" als „Ehrenmal" des Dritten Reiches ab 1938 und die wohl letzte Burg-Erfindung in der europäischen Kulturgeschichte, die „Ordensburg Vogelsang" im gleichen nationalsozialistischen „Reich", geben Beispiele für das hier Thematisierte; den Gipfel- und Endpunkt des Dampfmaschinenbaus bezeichnet das 1935 im Kaliwerk Bleicherode installierte Drillingsaggregat.[5]

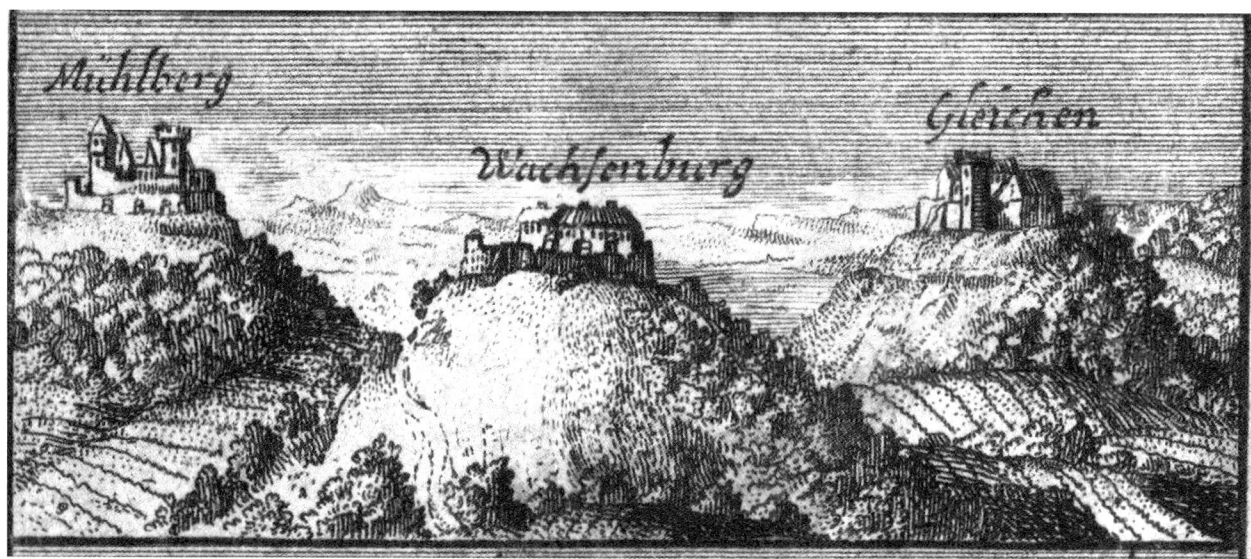

Die Verwunderung hinsichtlich derartiger zeitlicher Äquivalenzen hat ihre Ursache im Unverständnis von der Gleichzeitigkeit des Entstehens, Entfaltens und Erlöschens scheinbar nicht miteinander in innigem Zusammenhang stehender Phänomene, im devastierten Bewusstsein, dem geistig und materiell Kulturgeschichtliches als etwas Gleichartiges unbegreiflich dünkt, im hiesigen Zusammenhang die Burg als vornehmlich geistiges Rezeptionsereignis, die Dampfmaschine als vordergründig materiell-technisches Phänomen. Es handelt sich um die Koinzidenz kalendarischer Daten von scheinbar Unadäquatem in der Kulturgeschichte, zuvörderst der Initien der Entdeckung der Burg im Landschaftsbild einerseits,[6] der Erfindung der Dampfmaschine andererseits. Das eine erfolgte – mit Blick vornehmlich auf verlassene Höhenburgen – erstmals im deutschen Schrifttum mit dem Versuch einer systematischen Übersicht der „theils verwüsteten und zerstöreten, theils aber wieder neu auferbaueten Berg-Schlösser In Teutschland" (weitestgehend in Mitteldeutschland), 1713 von Johann Gottfried Gregorius (Abb. 1),[7] das andere mit dem erstmaligen Einsatz einer funktionsfähigen Dampfmaschine durch ihren Konstrukteur Thomas Newcomen, 1711, und zwar im Steinkohlebergbau, allerdings nicht in Deutschland, sondern in England;[8] das Datum der ersten Installation einer (Newcomen-)Dampfmaschine in Deutschland aber ist nicht weit entfernt (Abb. 2): 1722 fand sie statt, im hier thematisierten Kontext mit bedeutungsvollem Zweck, nämlich für den Antrieb von Pumpen der Wasserspiele in den fürstlichen Gärten von Kassel.[9] „Fürstliche Gärten" lenken den Blick auf das fürstliche Schloss, dieses lenkt ihn wiederum auf das, woraus es als sozial-herrschaftlich Typologisches seit dem

ausgehenden Mittelalter entspross: auf die Burg.

Die kalendarische Koinzidenz von anscheinend Unadäquatem ist durchaus nichts Zufälliges. Der „Zeitgeist", der im Hegel'schen Verständnis als konkrete Ausprägung des „Weltgeistes" mit dessen Ziel, „zum Bewusstsein seiner selbst" zu gelangen, sich „objektiviere und so sein Sein werde",[10] als derart „objektivierter Geist" sich in der Geschichte entfaltet und in allen Erscheinungen einer historischen Periode, Phase oder Epoche wirksam ist, stiftet den Zusammenhang des scheinbar Zusammenhanglosen; er gebiert dabei jedoch stets von Neuem ein ungleiches Geschwisterpaar: die Emotionalität und die Rationalität, das „Romantische" und das „Klassische" mit jeweils unterschiedlichen individual- und sozialpsychologischen Präferenzen des einen gegenüber dem anderen. Jedem sich selbst bewusst werdenden Individuum ist diese Dualität nichts Unbekanntes: Es weiß, dass sein subjektives Urteil einerseits dem rationalen Verstand, andererseits dem irrationalen Gefühl entsprießt; im Zweifelsfall ist es unentschlossen. Gesamtgesellschaftliche Präferenzen geben kulturgeschichtlichen Phänomen in historiologischer Rückschau den Namen, im hiesigen Zusammenhang am meisten prononciert: „Aufklärung" als Triumph des Rationalen, „Sturm und Drang" als Unentschlossenheit zwischen diesem und dem Emotionalen, „Romantik" als Sieg des Letzteren im Streit mit dem Rationalen. Wie wenig im Individuellen hierbei Einhelligkeit besteht, macht die Persönlichkeit Friedrich von Hardenbergs drastisch deutlich, des literarischen Romantikers Novalis und des Salinen-Assessors (der auch mit Dampfmaschinen sich zu beschäftigen hatte) sowie angehenden Verwaltungsbeamten in einem.[11]

Die Entdeckung der Burg stand unter dem Diktat des Emotionalen, anfangs, in den Strudel der „Aufklärung" geraten, durchaus vom Rationalen assistiert; um 1800, als die teils entdeckte, teils erfundene Burg reichhaltige Entfaltung erlebte, wurde sie zum romantischen Ereignis, ein Status, dem sie sich trotz zunehmender Verwissenschaftlichung bis heute nicht zu entziehen vermag. Die Erfindung der Dampfmaschine erfolgte ausschließlich unter dem (streng naturwissenschaftlich sowie betriebsökonomisch) rational Diktierten. Viel später erst gesellten sich andere, „romantische" Aspekte hinzu: „Maschinen-Ästhetik" – nicht die Ästhetik von Maschinen gefertigter Produkte, worüber man im 19. Jahrhundert bereits heftig stritt, sondern die Ästhetik der Maschine selbst – ist Gegenstand der Kunstphilosophie erst seit dem 20. Jahrhundert.

Was im hiesigen Zusammenhang aber Burg und Dampfmaschine prinzipiell voneinander unterscheidet, ist, dass es sich bei der ersteren um eine von Erfindungen – zum Beispiel von Gründungsdaten schon im 16. Jahrhundert und der „Ritterburg" schlechthin – begleitete Entdeckung, bei der letzteren um eine von (naturwissenschaftlichen) Entdeckungen assistierte Erfindung handelt. Die Entdeckung der Burg setzt voraus, dass diese, bevor sie hat entdeckt werden können, bereits existiert

haben musste, bereits erfunden worden und danach in Vergessenheit geraten war. Für die Dampfmaschine trifft das nicht zu. Seit der Antike bekannte Experimente mit atmosphärischen und durch Hitze erzeugten Druck- (und Sog-)Effekten sind zwar archaische Vorstufen der Nutzung von heißem Wasser und seinem Dampf für energetische Zwecke, aber keine, die die Entdeckung der Dampfmaschine zu ermöglichen vermochten.

Die Burg aber verschwand, nachdem sie in frühgeschichtlicher Zeit und beileibe nicht als „Ritterburg" erfunden worden war, nach ihrem sozial-funktionellen und geographisch-strategischen Tod seit dem ausgehenden Mittelalter entweder – wo sich ihre topographische Lage, ihre verbliebene Substanz und ihre bewährte Situation im feudalistisch geprägten landschaftlichen Machtgefüge dafür eigneten – in den Überbauungen des Schlosses, das sie typologisch gänzlich, baulich mehr oder weniger partiell ersetzte: Bergfriede, einst als profane Machtsymbole, wie monumentale Kirchtürme als sakrale, gleichsam für die Ewigkeit der Natur- und Kulturlandschaft eingepflanzt, fanden sich in Renaissance- und Barockumgestaltungen als Schlosstürme wieder. Das Oberschloss in Kranichfeld und das Weimarer Residenzschloss (Abb. 4), auch das Schloss in Crossen – hier mit einem Durchbruch durch die

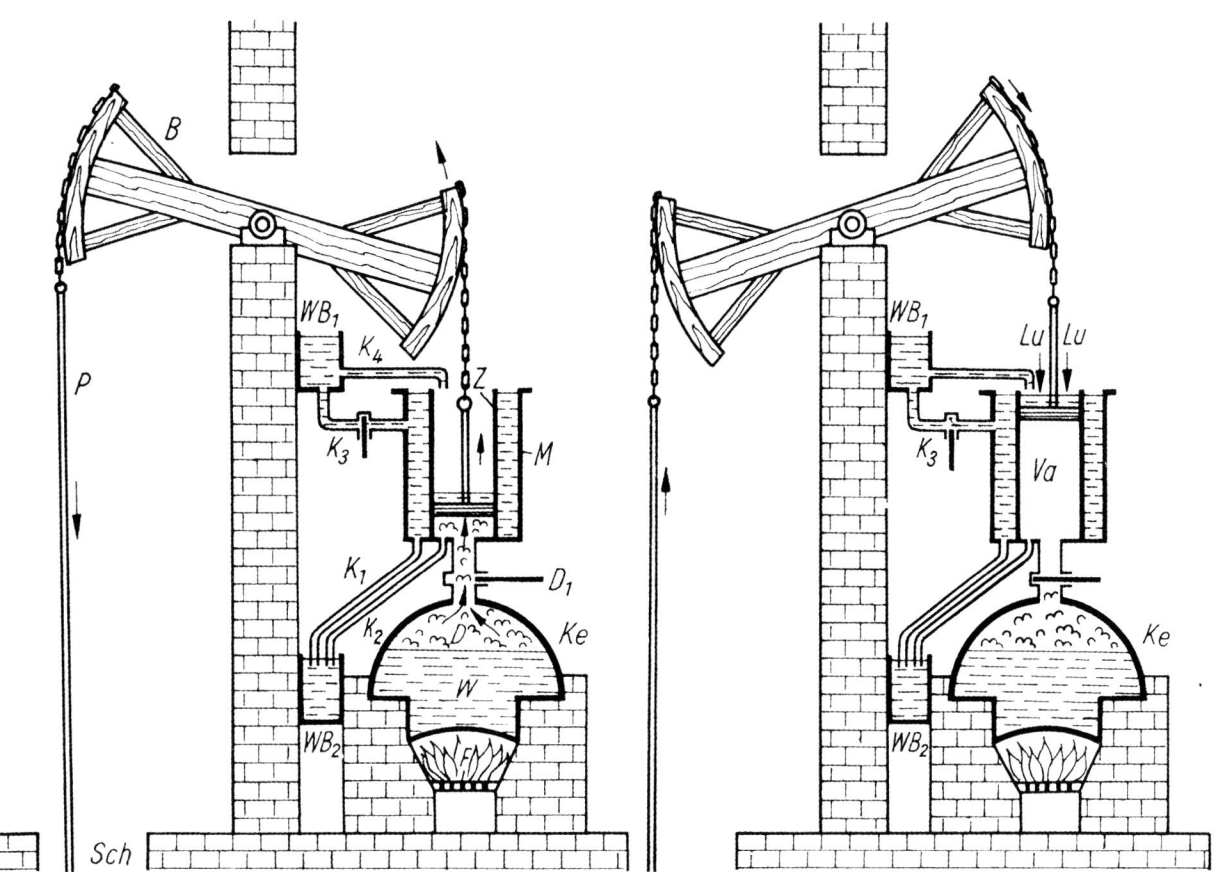

meterdicken Mauern für die Zufahrt in den Binnenhof – sind in Thüringen dafür charakteristische Beispiele. Oder die Burg verschwand in ihrem Transformationsprozess nicht hin zum Schloss, sondern hin zur Ruine, oft assistiert von ihrer Nutzung als Entnahmestätte weiterverwendungsfähiger Materialen, besonders als Steinbruch, was bis zum gänzlichen übertägigen Verlust hat führen können. Tiefenenttrümmerungen fanden, weil zu beschwerlich, nicht statt, und der gescheute Aufwand bei der Materialentnahme ließ manche stattliche Ruine als Zeugnis jeglicher Interesselosigkeit die Zeiten bis zur Wiederentdeckung überdauern; vieles Substanzverschleiernde und -vernichtende geschah durch das Rückeroberungsbegehren der Natur hinsichtlich jeden Menschenwerks (Abb. 3).

Die Burg verschwand als äußerst vielgestaltiger Typus mittelalterlicher Herrschaftsarchitektur sowohl aus dem Landschaftsbild als auch aus dem Bewusstsein der Zeitgenossen des späten Mittelalters bis zur Wende zum 18. Jahrhundert; sie erlosch jedoch nicht im damaligen Sprachschatz, wodurch Prinzipielles im Exemplarischen deutlich wird, nämlich im hiesigen Fall darin, wie wenig bewusst der tatsächliche typologische Wandel von der Burg zum Schloss reflektiert zu werden vermochte. Zeitgenossen des jeweiligen Geschehens sind stets befangen in ihrem Urteilsvermögen hinsichtlich dessen, was sie eigentlich – unter prognostischem Aspekt – bewirken. Klarheit in das Geschehen trägt der zeitliche Abstand, der Historiker, hinein, freilich mit oft ähnlich großen Irrtümern, wie sie den damaligen Zeitgenossen unterlaufen waren, zumal, wenn er deren Fehlurteile kritiklos kolportiert – vielleicht deshalb, weil quellenkundliche Lücken korrigierende Interpretationen unmöglich erscheinen lassen.

Merkwürdig und zugleich bezeichnend ist es, dass die Entdeckung der Burg mit der Bezeichnung „Schloss", diejenige der Höhenburg mit dem Begriff „Berg-Schloß" erfolgte.[12] Als aber die Burg „Hornstein" in Weimar – für deren Namen es allerdings urkundliche Belege erst seit dem 16. Jahrhundert gibt –, nachdem sie sich im 15. Jahrhundert bereits zum Schloss gewandelt hatte, infolge der Brandkatastrophe von 1618 hat weitestgehend neu aufgebaut werden müssen, geschah das anfangs zufolge widriger finanzieller Umstände zögernd, ab 1651 energisch mit der Bezeichnung „Wilhelmsburg" zum damals höchst modernen, den fiskalischen und ästhetischen Ansprüchen eines der deutschen Duodezfürsten vollkommen entsprechenden Residenzort, der allerdings architektonisches Fragment blieb.[13] – Die jeweilige Wortwahl

sagt darüber gar nichts aus, ob es sich um eine als solche entstandene, in frühgeschichtlicher Zeit dem menschlichen Erfindungsgeist entsprossene und schließlich erloschene Burg handelt oder um ein gleichsam aus ihrem Schoße kreiertes, wissenschaftlicher Akkuratesse entsprechendes Schloss.

Die Burg wurde auf literarische und bildkünstlerische Weise entdeckt, als ein Bedürfnis vornehmlich danach entstand, sich des Diktats des Rationalen, wo die Burg seit dem ausgehenden 15. Jahrhundert keinen Platz mehr hatte, zugunsten des Emotionalen zu entziehen. Die gelegentlich als Flucht aus der gesellschaftlichen Realität interpretierte Romantik – obwohl sie bereits zur sozialen Wirklichkeit geworden war – bildete sozusagen die Folie, auf der die Entdeckung der Burg, mit schwerwiegenden Folgen nicht nur für die Geistesgeschichte bis in das 20. Jahrhundert hinein, stattfand.

Nicht die in Schlössern verbliebenen bzw. in diese absichtlich integrierten Burgreste, sondern die inzwischen meist umwaldeten und gleichsam von der Natur zurückeroberten, ruinösen Sachzeugen erloschener mittelalterlicher Großartigkeit waren es, an denen das angesichts sozialer, ökonomischer und politischer Missstände verdrossene, nach Neuorientierungen unter anderem am weitgehend verklärt „erfundenen" Mittelalter suchende soziale Bewusstsein sich entzündete. Der vom „Zeitgeist" gezeugte Zwillingsbruder, der emotionale, hat dieses Bewusstsein gleichermaßen für die Entdeckung der Burg in ihrer Ruine und für die Entfaltung von Burgen- und Ruinenromantik empfänglich gemacht.

Vierfach waren die Folgen, teils in zeitlicher Sequenz, teils sich überschneidend, teils bis in die Gegenwart mit steigender Intensität fortwirkend: In gewisser Weise von Gregorius initiiert, mehr aber der Weisung des „Zeitgeistes" schlechthin verpflichtet, wurden Burgenstandorte topographisch registriert, Burgenreste graphisch in romantischen Ansichten, auch mit Auf- und Grundrissen, dokumentiert sowie verbal kommentiert, alsbald bildnerisch so rekonstruiert, wie das Ganze vor der Ruinierung hat ausgesehen haben können, wobei sich in das Entdeckte und mehr oder weniger sorgfältig Dokumentierte das Erfundene einschlich. – Die Entdeckung der Burg – weniger in ihren ruinösen baulichen Überbleibseln, sondern als Ruine selbst – gab dem romantisch-sentimentalen „Ruinenkult" kräftige Nahrung, der in der künstlichen Ruine mit dem ästhetischen Anspruch als etwas tatsächlich vom „Zahn der Zeit" Gezeichnetes bei der Ausstattung von Landschaftsparks und -gärten deutlichen Ausdruck fand. – Die Entdeckung der Burg

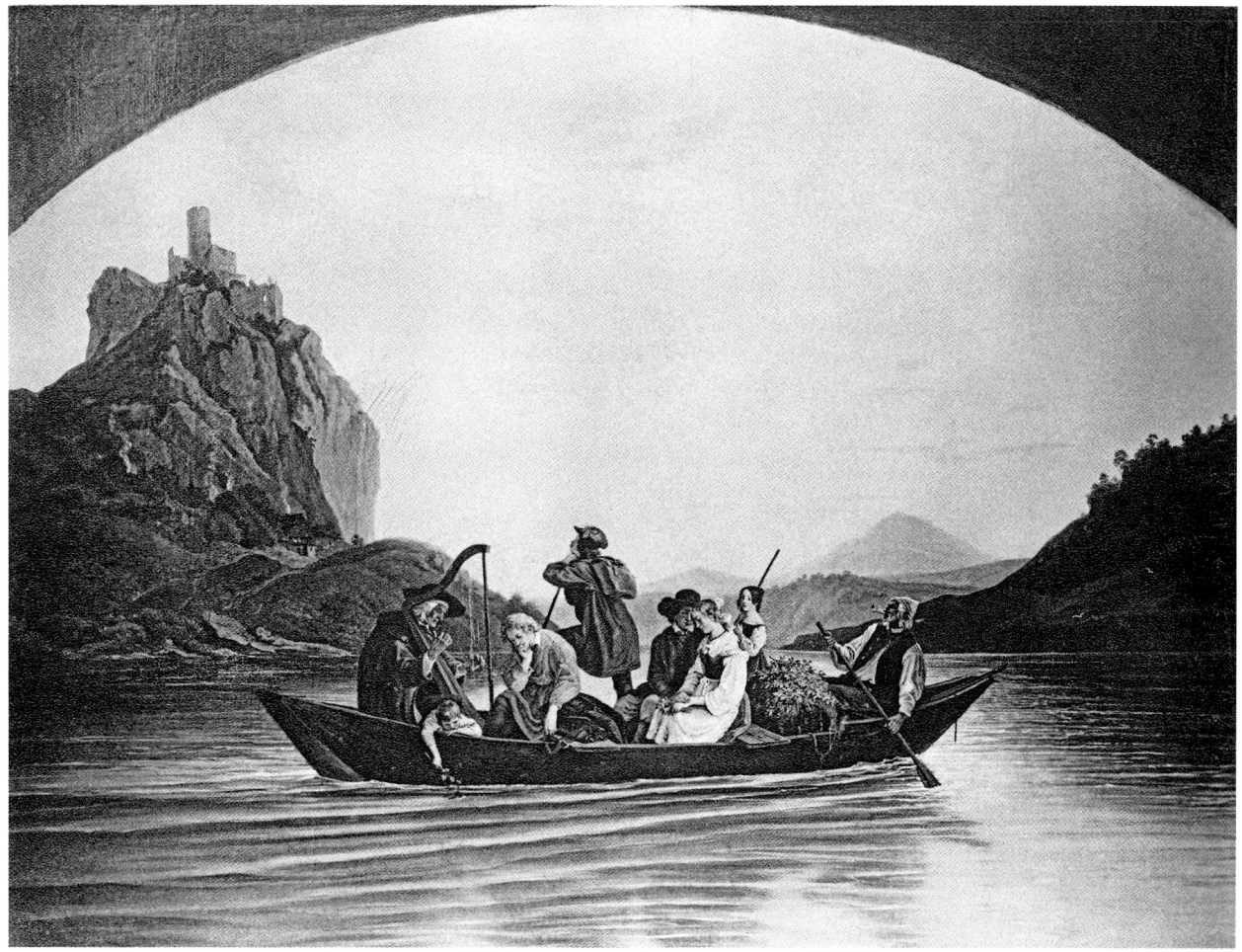

in ihrer Ruine verlockte dazu, sie baulich aus dieser als komplettes Gebilde wiedererstehen zu lassen, meist im seriösen Bewusstsein dessen, dass das durch historistische Architekten von ihren Reißbrettern in die Realität Gebrachte einst hier vorhanden Gewesenem exakt zu entsprechen vermöge, manchmal allerdings mit der Absicht oder zumindest mit der beabsichtigten Suggestivwirkung auf die Rezipienten solcher Wiederherstellungen („Restaurationen", wie es im 19. Jahrhundert hieß), etwas so wiederaufzubauen, zu „rekonstruieren", wie es vor Verfall und Ruinierung tatsächlich ausgesehen hatte. In beiden Fällen ist der Anteil des Erfundenen am Entdeckten, das heißt am Vorgefundenen, enorm. – Die Entdeckung der Burg in ihrer Ruine und als aus dieser nicht nur graphisch, sondern auch baulich-praktisch „rekonstruierbares" Ganzes verlockte schließlich dazu, neuen Bauaufgaben sowohl alten Inhalts – zum Beispiel Herrenhäusern spätfeudalen Anspruchs – als auch gänzlich neuartiger Bestimmungen – so bei bürgerlichen Theatern, Industriebauten und Bahnhöfen – mehr oder weniger drastisch bis in das 20. Jahrhundert hinein ein Antlitz im „Burgenstil" zu verleihen, auch

auf Standorten, wo eine Burg sich nie befunden hatte. Der „Burgenstil" wurde zu einer relativ eigenständigen Strömung innerhalb des architektonischen Historismus des 19. und 20. Jahrhunderts, zu einer Metapher für Gediegenheit und – in Konterkarierung des Ruinenkults – für Beständigkeit, aber begleitet von dem sarkastischen Argument, das Beständigste aller baulich-monumentalen Hinterlassenschaften des Menschen sei die Ruine, auch ohne Mittelalter-Romantik.

Das Erstgenannte – Registrierung, Dokumentierung, verbale Kommentierung, graphisches Rekonstruieren – fand seit dem 18. Jahrhundert mit zunehmender Präzision und wachsendem wissenschaftlichen, rationalem Anspruch statt. Romantisches Anliegem kokettierte mit dem rationalen Zwillingsbruder der vom „Zeitgeist" gezeugten Geschwister und unterlag schließlich im Streit zwischen beiden: Die Burg wurde für die Wissenschaft entdeckt.

Burgenforschung etablierte sich seit dem 18. Jahrhundert, mit deutlicher Entschiedenheit im folgenden Säkulum, zu einem seriösen Zweig der Historiographie. Den ersten Zugang zur Verwissenschaftlichung eines

Abb. 3 Ludwig Richter, Überfahrt am Schreckenstein, romantisches Gemälde von 1837

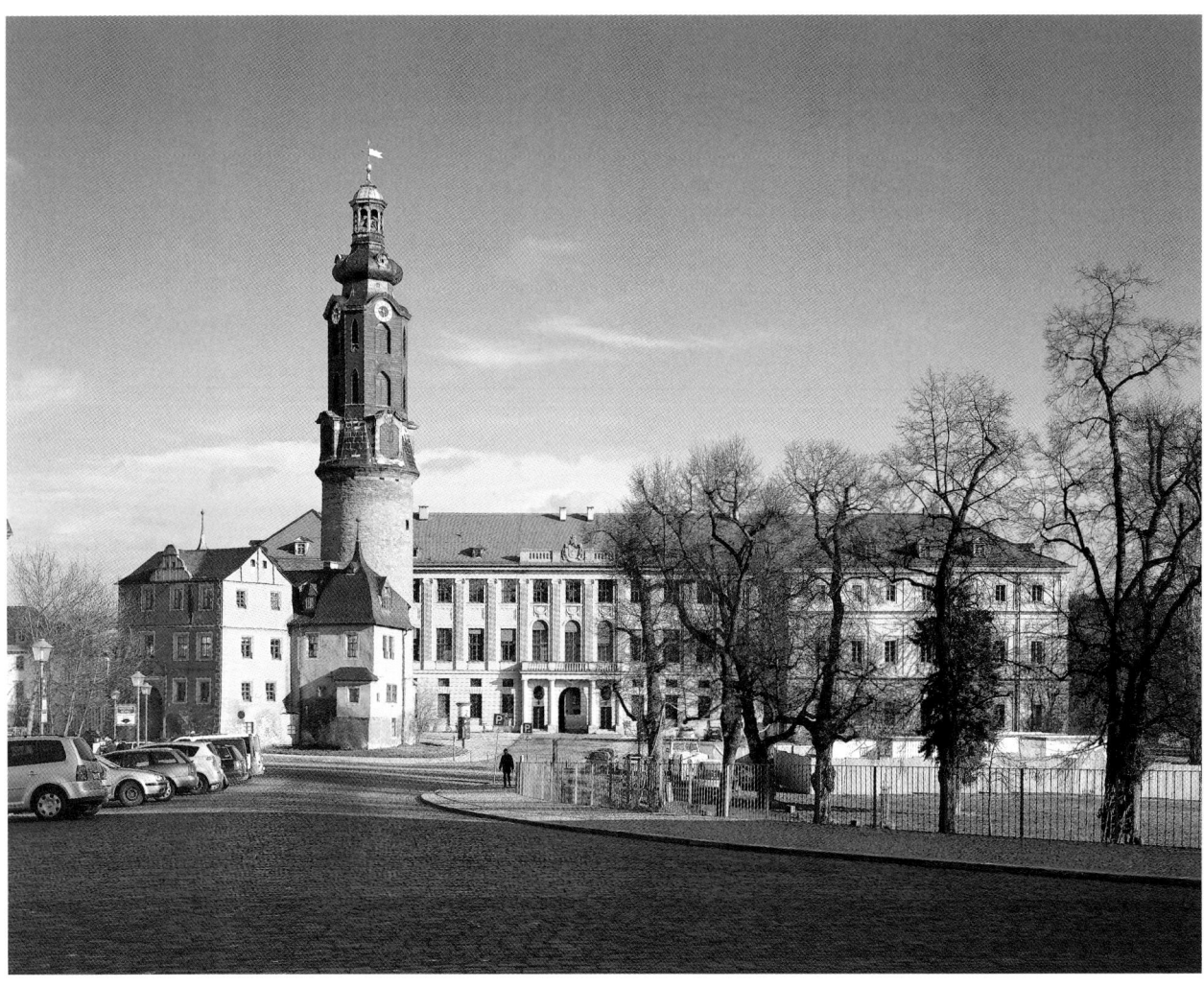

emotionalen Anliegens bietet der Zweifel; Gregorius bereits äußert ihn: „Je höhers Alterthum, je grössere Ungewißheit", allerdings mit Berufung auf den „Ausspruch eines gewissen Gelehrten",[14] womit er sich wahrscheinlich selber meint: „(...) je weiter man in die uhralten Zeiten zurück reiset, je mehr und grössere Irrwege werden aller Orten gefunden".[15] Tatsächlich zieht er die aus dem 16. Jahrhundert stammende Inschrift am Schloss Beichlingen, derzufolge die Anlage römischen Ursprungs sei („Beichlingum a Romanis conditum (...)", gerechtfertigterweise in Zweifel,[16] tut es hinsichtlich der Burg Kyffhausen jedoch nicht, sondern wendet nur ein, dass diese von „Julio Caesare (...) kan (...) wohl schwerlich auferbauet [worden] seyn, ob gleich einige Historici solches mit grosser Mühe erzehlen wollen (...)",[17] die sich um den Kyffhäuser rankenden Sagen macht er anschließend lächerlich.

Baubeschreibungen liefert Gregorius nur gelegentlich, so bei der von ihm als Besucherobjekt geschilderten, nicht mit „wüst" bezeichneten Wartburg.[18] Ausführlicher und mit dem Anspruch auf Systematik erfolgten solche Baubeschreibungen 1795 durch Johann Theodor Benjamin Helfrecht, begleitet vom in seiner Prägnanz erstmaligen „Versuch" einer Genesis – aus slawischen und germanischen Wurzeln – sowie einer strukturellen Typologie der Burg, die mit der prinzipiellen Scheidung von „Bergvesten und Wasservesten" einsetzt (Abb. 5); wissenschaftsgeschichtlich höchst bemerkenswert sind die einigen monographischen Erörterungen beigefügten, mit Maßstabsangaben versehenen Grund- und Aufrisse von Burgruinen (Abb. 5).[19]

Das Zweitgenannte – die Entdeckung der Burg als Initium der künstlichen Ruine – fand ebenfalls im 18. Jahrhundert, mit einer Kulmination um 1800, statt. Ruinenromantik aber hatte bis dahin in den Resten mittelalterlicher Feudalsitze ihre primäre Wurzel; vornehmlich und zuvörderst entzündet hatte sie sich an den Überbleibseln antiker Architektur,[20] mit entsprechenden baulich-praktischen Konsequenzen bereits seit dem 16. Jahrhundert (in Italien). Auf dem „Ruinenberg" bei Potsdam(-Sanssouci) zum Beispiel entstanden schon 1748, und noch stilrein antik nachgestaltete, trümmerhafte Kolonnaden. Der

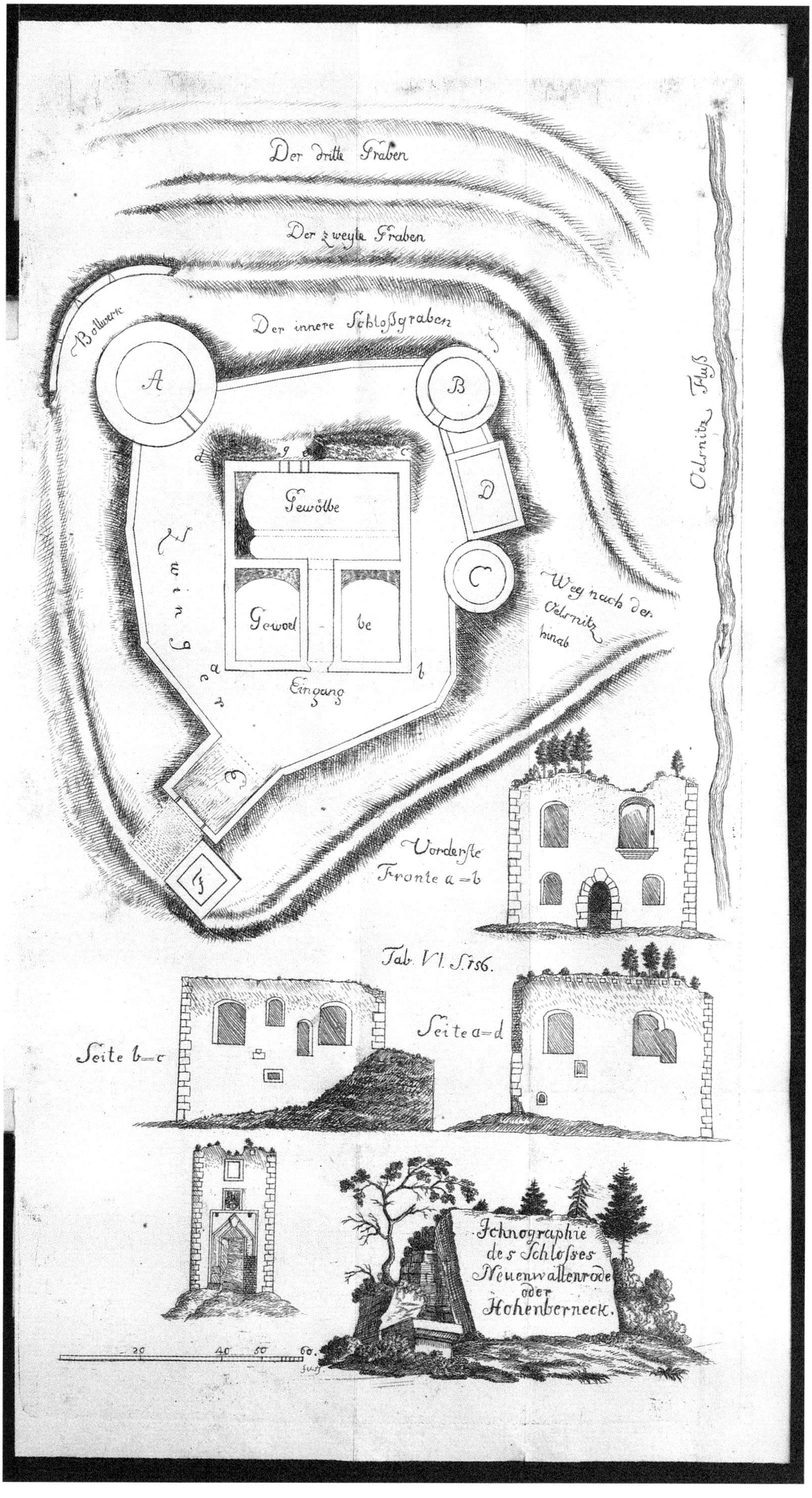

Der dritte Graben

Der zweyte Graben

Der innere Schloßgraben

Bollwerk

A

B

D

C

Gewölbe

Zwinger

Gewoel — be

Eingang

Weg nach der Oelsnitz hinab

Oelsnitz Fluß

Vorderste Fronte a = b

Tab. VI. S. 156.

Seite b = c

Seite a = d

Ichnographie des Schlosses Neuenwallenrode oder Hohenberneck.

20   40   50   60.
                    fuß.

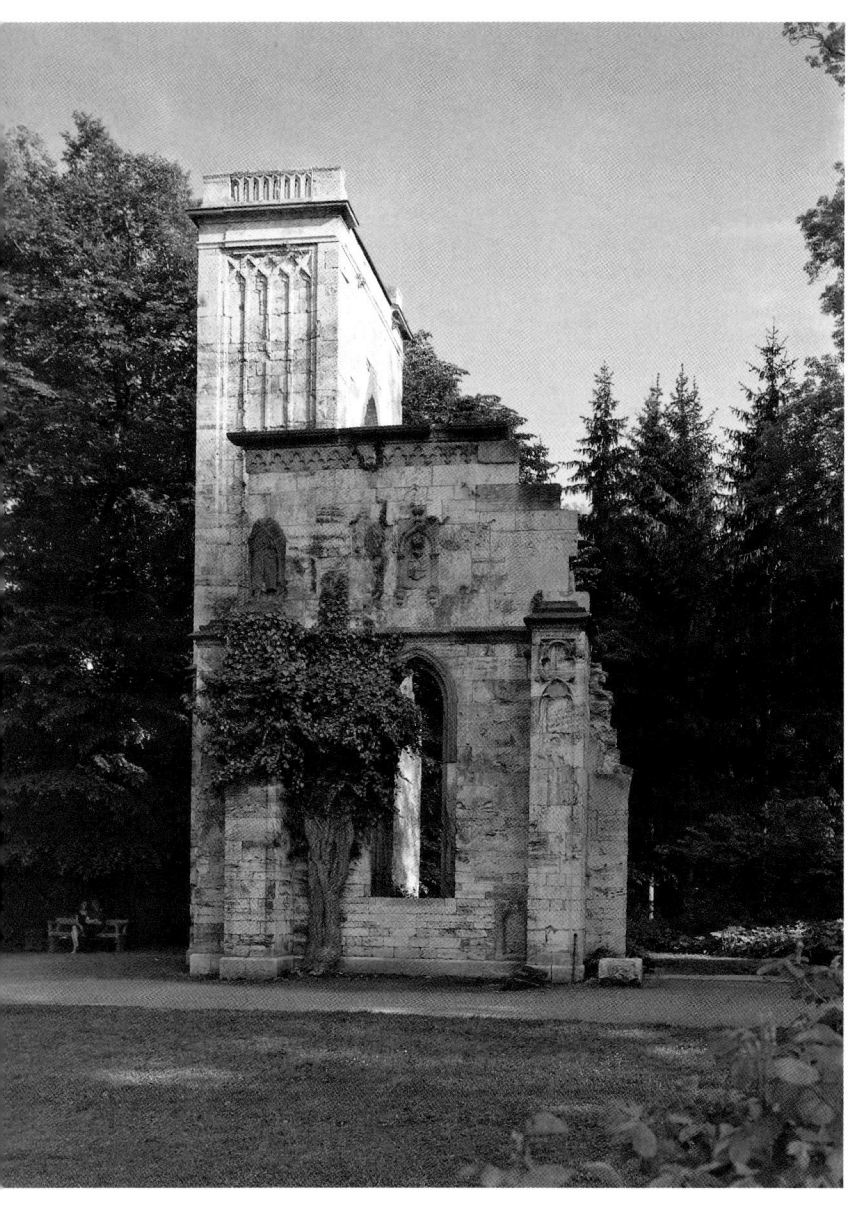

Abb. 6 Weimar, Ilmpark, Ruine des so genannten Tempelherrenhauses

schaft; sie entstand durch Umgestaltung einer Schießmauer, eines Kugelfangs von 1733, im Jahre 1784, wobei bezeichnenderweise Spolien aus dem 1774 ausgebrannten Residenzschloss verwendet wurden, die jedoch mit ihrem spätgotischen Dekor nichts Burgenähnliches mehr zu dokumentieren vermögen, sondern die bereits stattgefundenen Wandlungsprozesse von der Burg zum Schloss (Abb. 7). Das rationale Bewusstsein musste sich zwangsläufig der Rationalität eines klassizistisch-modernen Schlossneubaus beugen; das emotionale, romantische Bewusstsein suchte Zuflucht in der Ruine, nicht in der des ausgebrannten Schlosses, sondern im entsprechend Neugestalteten, auch im „Borkenhäuschen" ab 1778, einem der am meisten dem natürlichen Verfall preisgegebenen Provisorien der Schlafstätten des Herzogs, bevor er mit dem Neubau des „Römischen Hauses" 1797 gleichsam in die rational-klassizistische Gedankenwelt seiner Zeit zurückfand.

Der Entdeckung der Burg als Wiederaufbauprojekt aus ihrer Ruine – dem Dritten des hier Thematisierten – war in Deutschland die Marienburg bei Danzig das bedeutungsvollste Initium. Friedrich Gilly hat es mit seiner absichtlich zu diesem Zweck geschaffenen graphischen Rekonstruktion des ruinös Verbliebenen 1794 ausgelöst; Karl Friedrich Schinkel ab 1817 und Carl Steinbrecht ab 1882 wurden zu Vollstreckern des Gilly'schen Vermächtnisses. In Thüringen ist es die Wartburg, die es verdient, hier an erster Stelle genannt zu werden (Tafel XI). Carl Alexander war noch Erbgroßherzog, als er – zweifellos in Kenntnis des von Goethe 1815, drei Jahre vor der Geburt des Kronprinzen, eingebrachten Vorschlages zur hiesigen Einrichtung eines Museums für mittelalterliche Plastik – den Willen zu ihrer Wiederherstellung, angeblich angeregt durch sein Mutter, Maria Pawlowna, bekundete; noch vor seinem Regierungsantritt, 1853, war er faktisch der Bauherr jener Maßnahmen, die mit Planungsleistungen ab 1838 begannen.[21]

Ein weiteres Beispiel liefert die Wachsenburg, eine der von Gregorius explizit zitierten „Drei Gleichen" (Tafel XII,1). Ab 1852 erfolgten hier historistische Überbauungen des verstümmelt Verbliebenen; die „Krönung" fand mit dem Neubau des Bergfrieds 1905 angeblich nach Entwürfen von Bodo Ebhardt statt.[22] Der Ruine der Mühlburg widerfuhr ein derartiges Schicksal nur partiell, bei der Auszierung und Erschließung des Bergfrieds als Aussichtsturm mit Zinnenkranz. Ähnlich geschah es mit der „Wanderslebener Gleiche": Sie blieb – abgesehen von geringfügigen Wiederherstellungen – Ruine.

„normannische Donjon" als Aussichtsturm daneben ist eine Zutat von 1845, gehört also zum Viertgenannten, zu den Neubauten im „Burgenstil"; ruiniert worden ist er erst 1945, wird jedoch im dortigen baulich-räumlichen Kontext inzwischen wie eine künstliche Ruine aus dem Geiste der Romantik rezipiert und akzeptiert.

Dasselbe trifft für das sogenannte Tempelherrenhaus in Weimar zu (Abb. 6). Allerdings – als Ergebnis des ersetzenden Neubaus eines 1811 abgerissenen, neugotischen „Salons" im selben Stilgeschmack mit ab 1816 zugefügtem Turm – mehr einer gotischen Kapelle denn einer Burg der Tempelritter ähnlich, wurde es partielles Opfer einer Sprengbombe im Zweiten Weltkrieg. Sein ruinöser Zustand findet, wie beim Potsdamer „Donjon", als Accessoire der Parklandschaft ungeteilte Akzeptanz. Die wirklich als solche gestaltete Ruine befindet sich in dessen unmittelbarer Nachbar-

Man hat den Zeitgenossen des 19. und frühen 20. Jahrhunderts oft den Vorwurf gemacht, sich den Burgruinen mit geradezu abenteuerlicher Entdeckungs- und Erfindungslust praktisch rekonstruierend zugewendet zu haben. Tatsächlich trifft das statistisch in den wenigsten Fällen zu; heutige Burgenlandschaften – zu denen in Deutschland am meisten signifikant neben dem Rheinland Thüringen (einschließlich des jetzigen „Burgenlandkreises" in Sachsen-Anhalt) gehört – sind größtenteils von verfremdenden Überformungen ihrer Ruinen verschont geblieben. Und wo sie stattfanden, entstehen Irritationen beim Rezipienten weniger durch Erscheinungsbilder intakter Gestaltungen im „Burgenstil", die sich als Leistungen des 19. und frühen 20. Jahrhunderts unschwer zu erkennen geben – wie zum Beispiel beim Schloss Landsberg bei Meiningen, das anstelle der Burg Landeswehre von 1836 bis 1844 errichtet wurde[23] –, sondern mehr durch architektonische Neuschöpfungen im „Ruinenstil". Das in Thüringen wohl drastischste Beispiel dafür – drastisch in seiner baukünstlerischen Artikulation wie hinsichtlich seiner Entstehungszeit – liefert die „Sonnenburg" oberhalb von Bad Sulza (Tafel XII,2). Sie entstand, als Ruine von Weitem, das heißt im Bild der Burgenlandschaft an der jetzigen Grenze zum „Burgenlandkreis" Sachsen-Anhalts wahrnehmbar, in den zwanziger Jahren des 20. Jahrhunderts auf frühgeschichtlicher Burgstelle mit dem Zweck, Ausflugsgaststätte mit Aussichtsturm zu sein.

Der Begriff „Burgenstil" lenkt den Blick auf das im Zusammenhang mit dem Potsdamer Ruinenberg und dem Weimarer Tempelherrenhaus bereits Angesprochene vierte der Burg-Entdeckungsphänomene: auf Neugestaltungen ohne jeglichen konkreten Bezug auf tatsächliche Burgenstandorte. Der als Architekt anlässlich des Erneuerungsbegehrens der Wachsenburg genannte Bodo Ebhardt – Burgenforscher und historistischer Architekt in einem[24] – lieferte zum Beispiel die Entwürfe für das von 1933 bis 1935 nicht an der Stelle, wo sich eine Burg befunden hatte, entstandene „Kupferschloss" in Ohrdruf, dessen Baugestalt mehr einem Palas denn einem neuzeitlichen Schloss gleicht und das übrigens nicht für einen (Spät-)Feudalen, sondern für den Chef einer Farbenfabrik errichtet wurde (Abb. 8).[25]

Dass die Burg – wohl zum letzten Mal in der deutschen Kulturgeschichte – während der Herrschaft des Nationalsozialismus eine Renaissance erfuhr, darauf war eingangs mit dem Hinweis auf den Trifels und auf „Vogelsang" aufmerksam gemacht worden (Abb. 9). Mit dieser „Ordensburg", einer der Drillan-

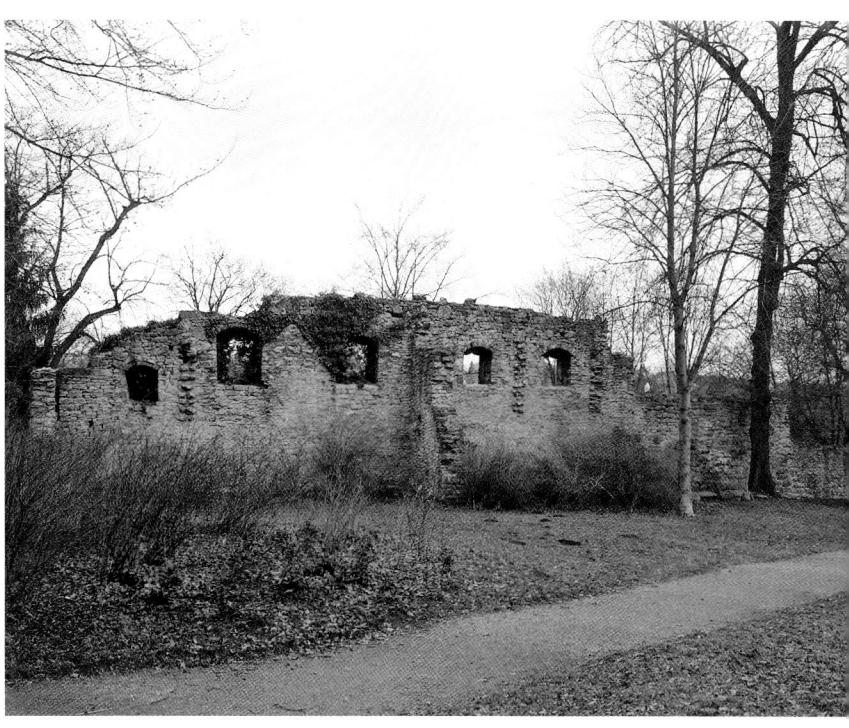

Abb. 7 Weimar, Ilmpark, Schießmauer

stalten zur Fortbildung ausgewählter Absolventen der „Adolf-Hitler-Schulen" sowie der „Nationalpolitischen Erziehungsanstalten" („Napola") und in demagogischer Assoziation mit den Deutschordensburgen derart benannt, fand die inzwischen gänzlich antiquierte und dennoch durch die Propagierung einer „Altertumsromantik" als Appell an die seit der Neuzeit in ihren Hoffnungen auf ideale, vollkommene soziale Zustände unbefriedigte „Volksseele", eine derartige Mittelalter-Rezeption große Akzeptanz, hier allerdings in einer Baugestalt, die Verwechslungen mit einer „echten" Ordensburg ausschließt. Reduziert auf das Machtsymbol hochmittelalterlicher Burgen, trifft Vergleichbares für das von Adolf Hitler selbst planerisch in das Weimarer „Gauforum" eingebrachte Turmbauwerk zu: Etwas Bergfriedartiges ist ihm nicht abzusprechen. – Allem historisch Anachronistischen zum Trotz fand Derartiges auch noch nach dem Ende der nationalsozialistischen kulturdeformierenden Zwangsherrschaft statt: in der DDR, wo – zwar durch den verbalen Wegfall von „national" in einem, im Grunde genommen, demagogischen, von kommunistischer Utopie durchtränkten „Sozialismus" relativiert – der Ersatz der „braunen" Diktatur durch eine „rote" erfolgte, mit der Gestaltung des auf dem Ettersberg bei Weimar memorial, aber nicht hinsichtlich seines baukünstlerischen Erscheinungsbildes gerechtfertigten, 1958 entstandenen „Buchenwald-Turms", eines Zwitters aus Bergfried und Kampanile (Abb. 10). Das war wohl das absolute Ende

119

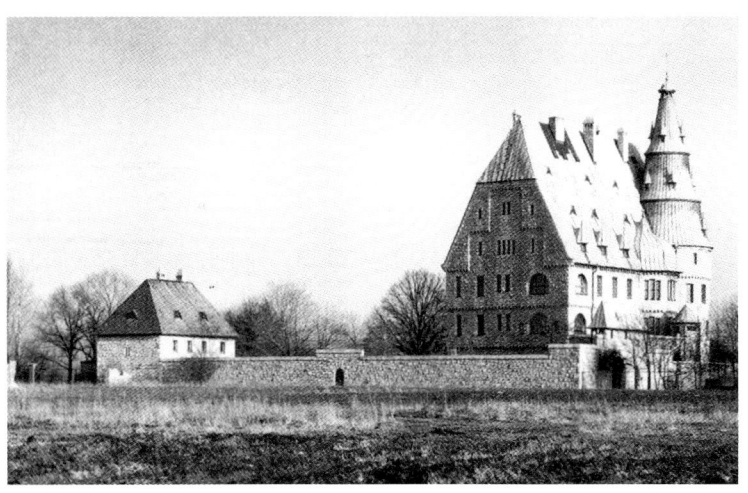

Abb. 8 Ohrdruf,
„Kupferschloss"

bisheriger, sich in konkreter Gestalt und nicht abstrakt metaphorisch artikulierender Antizipations- und Rezeptionsgeschichte aus dem Geiste mittelalterlicher Burgenbaukunst.

Die von Erfindungen begleitete Entdeckung der Burg im 18. Jahrhundert hatte den Weg zur wissenschaftlichen Burgenkunde geöffnet. Kritik am literarisch Überlieferten lässt sich – freilich recht zögerlich – bereits bei Gregorius erkennen. Und an anderer Stelle, in dem seinem Werk von 1713 zwei Jahre später folgenden Buch „Neu-eröffneter Schauplatz Denck-würdiger Geschichte Auf welchem die Erbauung und Verwüstung vieler berühmten Städte/Schlößer/Berg-Festungen/ Citadellen und Stamm-Häuser In Teutschland / praesentiret wird (...)", merkt er an – unbewusst auf die Ruine selbst als historische Quelle weisend, wie sie viel später von der Archäologie entdeckt wurde –, dass neue Erkenntnisse aus dem schriftlichen Quellengut nicht zu erwarten sein würden, sondern „pia desidera", fromme Wünsche, bleiben würden. Die Begründung dafür liefert er auf etwas seltsame Weise: „Wenn ja ein recht schönes Werck solte ausgearbeitet werden / so müste man etliche Gelehrten von gleicher profunden Erudition (...) darzu haben / denen aller Vorrath aus denen besten Bibliothequen Europae müste herbey geschaffet / hinlänglicher Unterhalt gegeben und Zeit darzu gelassen werden", wozu die Voraussetzungen fehlten und auch in Zukunft nicht geschaffen werden könnten.[26]

Diese Prognose hat sich nicht erfüllt. Im Gegenteil erfolgten namentlich im 19. Jahrhundert Erschließungen von Schriftquellen für die Wissenschaft aus „Bibliothequen" und Archiven „Europae" – unterstützt durch Subsidien für den „Unterhalt" der damit Befassten – mit bislang unbekanntem Eifer, von dem auch die Vorphase der Archäologie (neben der „Schätzgräberei") durch selektiertes Suchen nach Bau- und Grabmalinschriften (Epigraphik) ergriffen wurde. Das bedeutendste Unternehmen waren zweifellos die „Monumenta Germaniae Historica"[27] ab 1826, speziell für Thüringen – etwas verspätet – die Editionen literarischer Quellen durch Otto Dobenecker, die „Regesta diplomatica necnon epistolaria historiae Thüringiae" ab 1869.[28]

Die von Fachhistorikern anfangs nahezu ausschließliche Präferierung schriftlichen Quellengutes hat auch die Entdeckung der Burg bis in das 20. Jahrhundert begleitet. Davon zeugt das durchaus verdienstvolle Werk von Paul Wehnemann und Max Muth, „Thüringer Burgen", von 1932.[29] Man erfährt aus akribisch erschlossenen Archiv- und Bibliotheksbeständen die Geschichte der jeweiligen Burg, vornehmlich die sich wandelnden Eigentums- und Besitzverhältnisse derselben – wie schon von Gregorius –; darüber aber, wie sie in den einzelnen Phasen ihres Gestaltwandels bis zu ihrem Verschwinden aus dem Landschaftsbild, bis zur Ruinierung oder Überbauung als Schloss tatsächlich ausgesehen hat oder ausgesehen haben könnte, erfährt man das wenigste. Und alle historiologischen Erkenntnislücken auf literarischer Quellenbasis allein schließen zu wollen, das war – wie heute auch – aussichtslos. Erfindungen, nun delikater ausgedrückt: Hypothesen – teils aus dem 18. bis in das 20. Jahrhundert hineingeschleppt, teils in diesem neu kreiert – mussten Lücken schließen, nun freilich auf höherem Niveau.

Die Situation änderte sich, nachdem Vertreter der im späten 19. Jahrhundert aus dem Schoß der Historiologie als eigenständiger Wissenschaftszweig etablierten Kunstgeschichte die Burg als Forschungsfeld entdeckt hatten, auch Architekten, und zwar solche, die die Burg nicht als sozusagen freie Verfügungsmasse für „kreative" Neugestaltungsabsichten betrachteten, sondern ebenfalls als so etwas wie die Kunsthistoriker, nämlich als einen Gegenstand baugeschichtlicher Beschäftigung, mit dem behutsam umzugehen sei. Nicht mehr nur das Geschriebene, das schriftlich Überlieferte von der Burg, nicht nur in ihren Resten verbliebene, mit Inschriften und Wappen gezierte Steine und Hölzer fanden wissenschaftliches Interesse, sondern daneben die verbliebenen Substanzen in der Gesamtheit des Überkommenen.

Das 19. Jahrhundert war gleichsam das Säkulum der „Papierforschung" und der Epigraphik; das 20. Jahrhundert wurde zu dem der „Substanzforschung" – nicht nur im Hinblick auf die Burg und ihre Geschichte. Die archivalischen Quellen zur Zeitgenossenschaft mittelalterlicher Burgen dürften –

120

Zufallsfunde nicht ausgeschlossen – weitestgehend erkundet sein, die Schrift- (und Bild-) Quellen der damaligen Zeit – vorbehaltlich von Neuinterpretationen derselben – weitestgehend ausgedeutet sein. Aus der Hermeneutik des schriftlichen Quellengutes verbliebene und verbleibende Erkenntnislücken zu schließen, dazu boten historiologische Substanzanalysen die Verheißung. Das jedoch ist in der Geschichte der Geschichtswissenschaft nichts Neues, Substanzforschung keineswegs eine Erfindung des 20. Jahrhunderts. Spätestens mit der Entdeckung der Burg in ihrer Ruine, von ruinösen, rätselhaften Hinterlassenschaften älterer Zeiten überhaupt, weckten die Steine auch das rationale Bewusstsein und verlockten dazu, diese historiologisch zu befragen. Allerdings geriet dabei zum Beispiel das Buckelquader-Mauerwerk in den Verdacht, generell, das heißt auch in Mitteldeutschland, römisch-antiken Ursprungs zu sein. Die eifrig betriebene Lektüre des 1415 (wieder-)entdeckten und 1548 ins Deutsche übersetzten Architekturtraktats von Vitruv hatte daran zweifellos den größten Anteil.[30] Noch Gregorius hielt – trotz gelegentlicher Skepsis – die Bauherrenschaft der Römer bei der Burg Kyffhausen für glaubhaft (Tafel XIII).[31]

Das eben auch rationale Interesse an Burgen und ihren Ruinen, an ruinösen Hinterlassenschaften vergangener, rätselhafter Zeiten überhaupt, entzündete sich an ihnen als an „Denkmahlen"[32] des „Alterthums", sich sprachlich von der lateinischen „antiquitas" bzw. „vetustas" (sowohl „Altertum" als auch „Altertümer" im Sinne von Sachzeugen desselben) lösend. Für „Altertumswissenschaft" wurde alsbald nicht die Latinisierung, sondern die Gräzisierung üblich: Altertumswissenschaft und Archäologie sind noch heute Synonyme. – Und wo in trümmerhaften Hinterlassenschaften nichts Inschriftliches entdeckt werden konnte, wo jene in Zeiten wiesen, aus denen der Großteil des Schriftlichen nicht erhalten geblieben war oder in denen Schriftsprachen noch nicht existiert hatten, da griff man, um auch verborgene Steine, bald Artefakte jeder Art zum Sprechen zu bringen, zum Spaten, später zusätzlich einerseits zum Skalpell, andererseits zu Bagger und Planierraupe. Archäologie und „Spatenwissenschaft" sind heute immer noch zwar salopp gebrauchte, verständliche Synonyme.

Johann Joachim Winckelmann, der unter anderem als Begründer der klassischen Archäologie gilt und dem Gregorius ein um 34 Jahre älterer, Helfrecht ein um 36 Jahre jüngerer Zeitgenosse war, grub in seiner Stendaler Zeit ein sogenanntes Hünengrab aus und

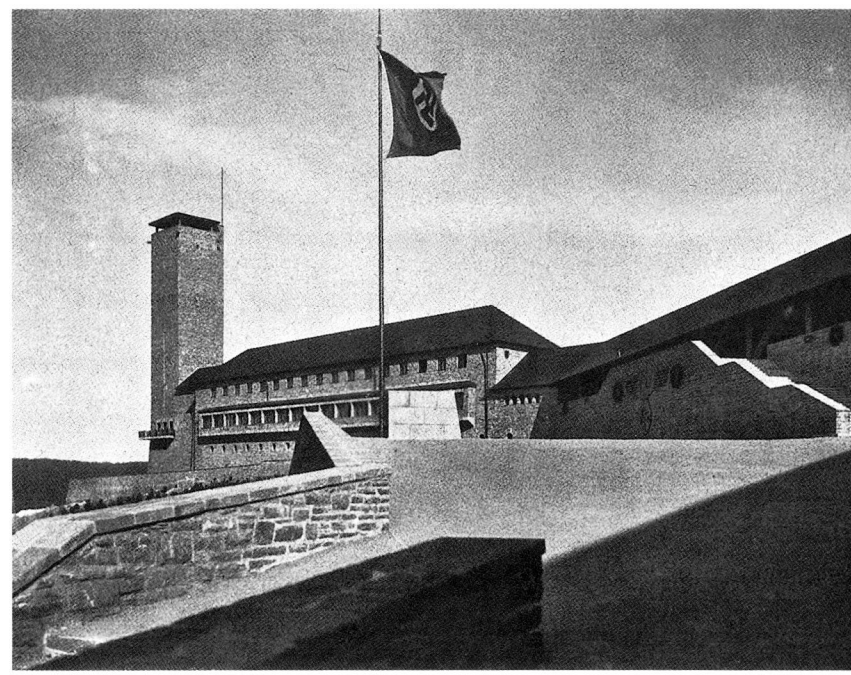

gab in seiner römischen Zeit Kommentare zu den damals in Herculaneum stattfindenden archäologischen Erkundungen. Diese standen in Italien anfangs, seit der Renaissance – oft mehr Raubgrabungen gleich, als einem seriösen Anliegen geltend –, unter dem Diktat des vornehmlich an Textüberlieferungen geschulten historischen Interesses sowie des ästhetischen Geschmacks. Die gezielte Suche nach Steinen mit Inschriften, nach Fußbodenmosaiken, Baudekors usw. gab die Orientierung. Darauf beschränkt blieb der „archäologische Spaten" so lange, bis sich schließlich in jedem auf diese Weise entdeckten Krümel eine entschlüsselbare quellenkundliche Aussage vermuten ließ.

Archäologie wurde in Deutschland spätestens nach dem Wirken von Wilhelm Dörpfeld (als Nachfolger Heinrich Schliemanns) in Griechenland und von Robert Koldewey im Vorderen Orient seit dem ausgehenden 19. Jahrhundert sozusagen als „Untertage-Wissenschaft" und zugleich als Wissenschaft vom „Unschriftlichen", vom „Vor-Schriftlichen" verstanden. Das Letztere hatte die fatale Konsequenz, sie voreilig begrifflich mit „Vorgeschichte" zu identifizieren und damit zu suggerieren, dass die Kulturgeschichte erst mit der Erfindung der verschriftlichten Kommunikationsform – einer unter vielen anderen – begonnen habe. Bis heute gelang es nicht, den Begriff aus dem wissenschaftlichen Vokabular der Kulturhistoriographie zu verbannen.

„Entdeckung" gewann durch die Archäologie eine bezeichnende Doppelbedeutung: Entdeckung in der Landschaft dem bislang

Abb. 9 Ordensburg Vogelsang

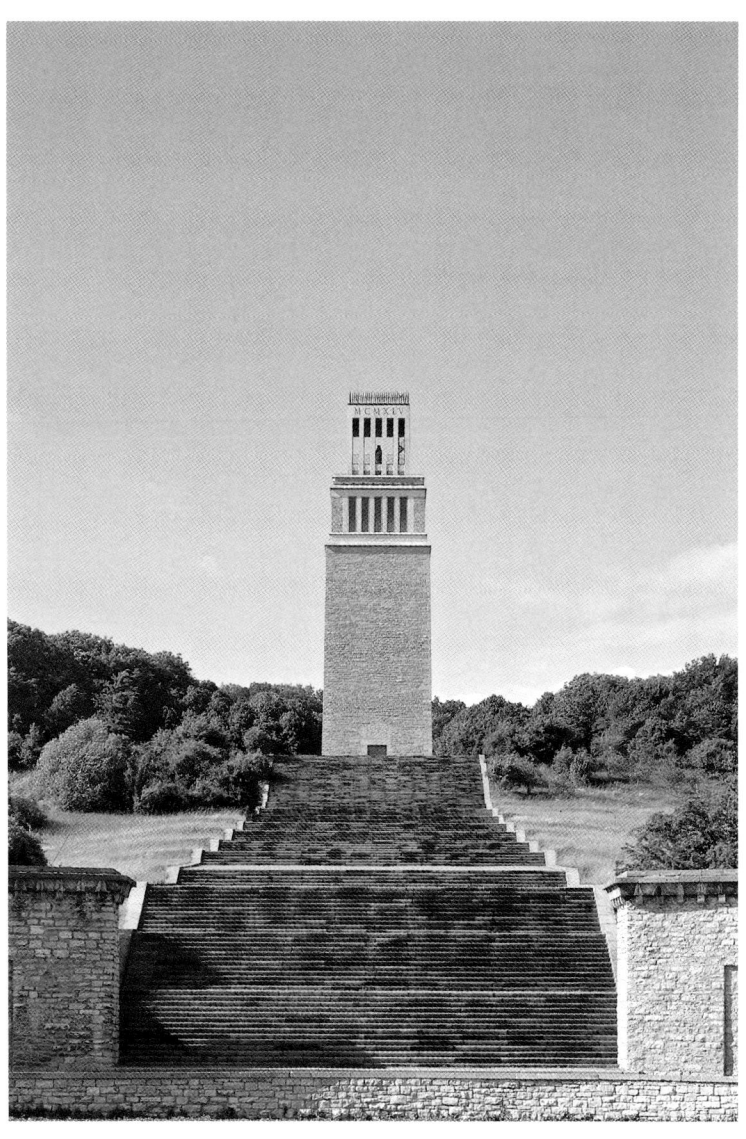

nen pflegt; Archäologie ist, so gesehen, nichts anderes als die „Entschichtung" von Geschichte, um zu ihren Ursprüngen zu gelangen. Der Archäologie gilt die Stratigraphie inzwischen als eine ihrer wichtigsten Methoden.

Ins Übertägige trat die einerseits mit „klassisch"(-antik) adjektivierte, andererseits – durch Korrektur des Fehlbegriffs „Vorgeschichte" – mit „Ur- und Frühgeschichtsforschung" bezeichnete Archäologie erst am Ende des 20. Jahrhunderts. Bis dahin war die Mittelalter-Archäologie, weil sie sich weder dem Klassischen noch dem Ur- und Frühgeschichtlichen zuordnen ließ, ein dringlich zu befolgendes Desiderat. Eine Forschungslücke hatte sich aufgetan, deren Ursache vornehmlich die verhängnisvolle Scheidung von „Vorgeschichte" und „Geschichte" war. Für die Letztere fühlte sich der „Papier"-Historiker zuständig, der, je weiter er das Geschehen sozusagen nach rückwärts verfolgte, auf umso größere Lückenhaftigkeit seines Quellenmaterials stieß. Und die auf „Vorgeschichtsforschung" fokussierte Archäologie blieb gleichsam im Untertägigen befangen. „Historiologische Bauforschung", besser: „Bau-Archäologie", ohne Beschränkung auf gewisse „Zeitschichten", ohne Differenzierung von Unter- und Obertägigem, schloss jene Lücke und führte Ur- und Frühgeschichtler, „klassische" Archäologen, Mediävisten, Kunsthistoriker sowie historisch erkundende Architekten zusammen; sie korrigierte, was „die Mode streng geteilt" (Friedrich Schiller), zugunsten gemeinsamen Erschließens von Erkenntnisquellen und ihrer Hermeneutik, nicht zuletzt in Ruinen amputierter und in Schlössern verborgener Reste von Burgen.

Die wohl bedeutendste Institution, die sich diesen Anliegen verpflichtet weiß, ist in Deutschland die Koldewey-Gesellschaft, und bezeichnend für ihre wissenschaftliche Zielsetzung sind die Erweiterungen der Forschungsfelder über das „Spatenkundliche" hinaus. Anfangs streng „klassisch"-archäologisch orientiert, 1926 als „Arbeitsgemeinschaft archäologischer Architekten" gegründet, führt sie „Vereinigung für baugeschichtliche Forschung" im Untertitel und ihre Tagungen zu Themen der „Ausgrabungswissenschaft und Bauforschung" durch. – Die Entdeckung der mittelalterlichen Burg, ihrer Reste in der Landschaft sowie in allen Überformungen als Gegenstand (bau-)archäologischer Forschung hatte stattgefunden, lange nachdem die frühgeschichtliche Burg von dieser bereits entdeckt worden war.

Das derartig durch die Wissenschaft und für sie erschlossene historiologische Quellengut sowie die öffentliche Akzeptanz, die

von Interesselosigkeit gleichsam bedeckten Bewusstsein verborgener Schätze; Beseitigung von Bedeckungen mittels des „archäologischen Spatens". Und das Entfernen von „Schichten" lenkt den Blick auf ein weiteres, tiefgründiges Verdoppelungsphänomen, nämlich das von Geschichte selbst. Diese meint begrifflich Ereignis-, auch Zufallsfolge beziehungsweise Hergang und leitet sich vom Verbum „geschehen" her. „Schicht" hat etymologisch dieselbe Wurzel: „sich schicken" (im Zusammenhang mit „Schicksal"), sich ereignen, geschehen. Bemerkenswert ist, dass aus der Gesteinsschicht, das heißt aus der stratigraphischen Situation der Erdoberfläche, die von Bergleuten in einem Arbeitsgang abgebaut werden konnte, die ökonomischen Begriffe „Schicht", „Schichtwechsel" usw. entstanden. – Geschichte ist, derart interpretiert, nichts anderes als die Aufeinanderfolge von „Schichtungen", die man meist sehr oberflächlich mit „Entwicklung" zu bezeich-

ihm als „Denkmahlen des Alterthums" seit dem 18. Jahrhundert zunehmend entgegenschwoll, ließen die Begehren keimen, Überbleibsel von nun als großartig, zumindest als höchst bemerkenswert beurteilten kulturgeschichtlichen Ereignissen für weitere Forschungen sowie als Objekte während ästhetischen Genusses im Landschaftsbild zu bewahren und folgenden Generationen möglichst unbeeinträchtigt zu überliefern. Denkmalschutz und Denkmalpflege waren es schließlich, für die verbliebene Reste von Burgen entdeckt wurden, oder umgekehrt: Unter anderem der Burg wegen waren Denkmalschutz und -pflege erfunden worden.

Denkmalbewusstsein ist älter als Denkmalschutz, dieser älter als Denkmalpflege. Denkmalbewusstsein begleitet die Menschheit seit ihrer Existenz, allerdings mit höchst unterschiedlichen gestalterischen Konsequenzen. Bestattungsrituale geben darüber Auskunft. Seinen Ursprung hat der Denkmalgedanke im Grabeskult. Die Erkenntnis, dass Denkmalhaftes besonderer Schutzvorkehrungen bedürfe, entstand im zivilisierten (im Unterschied zum „barbarischen") Altertum, nachdem monumental Verdecktes – zum Beispiel in selbst denkmalhaften, monumentalen Grabhügeln –, mit monumentalem Anspruch auf ewig Währendes baulich in die Landschaft Gesetztes – wie die altägyptischen Pyramiden – als durch sich selbst Unvergänglichkeit Garantierendes sich nicht hatte bewähren können. Grabhügel wurden aufgebrochen und geschändet, Pyramiden geplündert, die von Kairo-Giseh noch im 19. Jahrhundert, um Steinmaterial für den Bau der Suezkanal-Parallelstraße zu gewinnen. Dem Denkmalschutz gesellte sich die Denkmalpflege alsbald hinzu; Nachweise existieren seit dem antiken Altertum. Denkmalpflege stand von Anfang an im Spannungsfeld von substanziell zu Bewahrendem und Wiederherzustellendem, von strikter Erhaltung und symbolhafter Überformung der Erinnerungsträger bzw. landschaftsprägenden Signifikanten, und vor der Entscheidungsfrage zwischen Konservierung, Restaurierung, Rekonstruktion, gestaltender Denkmalpflege, Translozierung oder Kopie.[33]

Bezeichnend ist, dass in Deutschland ein neuzeitliches, praktisch-denkmalpflegerisches Interesse mit über lokale Intentionen weit hinausweisenden Wirkungen sich an einer Burg(-ruine) entzündete: Die Marienburg bei Danzig war ein Initialort nicht nur der Entdeckung der Burg als Wiederaufbauprojekt, sondern auch der Geburt moderner, das heißt auf seriösem Quellenstudium gegründeter Denkmalpflege. Und für Thüringen bedeutet – zwar noch nicht auf dem Weg zur Denkmalpflege, aber einen Schritt dorthin weisend – das 1841 befohlene Verbot durch Großherzog Carl Friedrich, den Vater des „erneuerten" Bauherrn der Wartburg, Carl Alexander, die Brandenburg bei Lauchröden weiterhin als Steinbruch zu missbrauchen, gleichsam einen Meilenstein.

Materielle, substanzielle Sachzeugen der Burgengeschichte, der Geschichte einer seit dem ausgehenden Mittelalter erloschenen Bauaufgabe mit ihren vielfältigen Überbleibseln bis in die derzeitige Gegenwart hinein auf ewig Verbleibendes erhalten zu wollen, implizieren ein Konfliktpotenzial ungeheuren Ausmaßes. Was soll – so stellt sich die Frage – mit den Resten geschehen, die, ihres einstigen Zusammenhangs, einer aktuellen materiellen Funktion gänzlich entledigt, eine produktive, nicht nur museale Nutzung kaum begünstigen? Denkmalschutz im aktuellen Begriffsverständnis verbietet Abrisse und gebietet, wenn sie dennoch erfolgen müssen, eine akkurate Dokumentation des substanziell für die Vernichtung Vorgesehenen, und zwar mit zweierlei Zielstellung: Die in Archiven und Bibliotheken hinterlegten Dokumentationen sollen das substanziell Vernichtete für die Wissenschaft bewahren; Dokumentationen sollen es Nachfahren ermöglichen, die Wahl für eine denkmalpflegerische Kopie zu treffen. Dieser Konfliktsituation ausgesetzt zu sein, ist sich die Stiftung Thüringer Schlösser und Gärten – der anders, als es ihr Name suggeriert, die Fürsorgepflicht auch für in ihrer Zuständigkeit befindliche Burgreste obliegt – durchaus bewusst; sie weiß das und handelt entsprechend folgerichtig: Ihr vordergründiges Anliegen ist das denkmalpflegerische.

Anmerkungen

[1] In etwas blasphemischer Kolportierung des berühmten Satzes von Voltaire (François Marie Arouet) „Si Dieu n'existait pas, il faudrait l'inventer." („Wenn Gott nicht existieren würde, man müsste ihn erfinden."), in: Epître à l'auteur du livre des trois imposteurs, Vers 23, von 1769.

[2] „Wenn es nicht wahr ist, gut erfunden ist's." aus: Giordano Bruno, Degli eroici furori, T. 2, Dial. 3, Paris 1585.

[3] Friedrich Nietzsche, Ecce homo (Anmerkungen zu: Also sprach Zarathustra: *Der Ewige Wiederkunfts-Gedanke*, diese höchste Formel der Bejahung"); aus den nachgelassenen Fragmenten: Alles[,] was war[,] ist ewig: – das Meer spült es wieder heraus." sowie zu seinem Publikationsvorhaben „Umbewerthung aller Werthe (...) *Viertes Buch. Dionysos*. Philsophie der ewigen Wiederkunft." Friedrich Nietzsche, Sämtliche

Werke, München u.a. 1980, Bd. 6, S. 335, Bd. 13, S. 43, 545.

[4] Der erste Teil des Satzes lautet: „Ποταμοῖς τοῖς αὐτοῖς ἐμβαίνομέν τε καὶ οὐκ ἐμβαίνομεν (...)“ („In dieselben Ströme steigen wir und steigen wir nicht (...)“). In dieser Aussage mit implizierter Negation allerdings werden das „Selbe“ und das „Gleiche“ einander identisch („In die *gleichen* Ströme steigen wir (...)“), was durch den zweiten Teil des Satzes: „(...) εἶμέν τε καὶ οὐκ εἶμεν.“ („(...) wir sind es, und wir sind es nicht“, die nämlich in dieselben oder die gleichen Ströme zu steigen vermögen.) mit philosophischer Prägnanz zum Ausdruck kommt (Heraklit, Fragmente, hg. von Bruno Snell, 5. Auflage, Tübingen 1965, S. 18f.). Weder das Rezeptionsobjekt noch der Rezipient bleiben in sich selbst identisch, selbst schon bei der zweimaligen Begegnung miteinander: Man kann weder zweimal im selben oder im gleichen Fluss baden, noch zweimal ein und dasselbe Rezeptionsobjekt rezipieren.

[5] Dampfmaschinen. Die Kolbendampfmaschine als historische Erscheinung und technisches Denkmal, hg. von Otfried Wagenbreth u. a., Leipzig 1986, S. 243, 331 (Abb.).

[6] Hermann Wirth, Die Burg im Landschaftsbild, in: Burgen und Schlösser, Jg. 36, H. 3, 1995, S. 159–166.

[7] Johann Gottfried Gregorius veröffentlichte sein Buch unter dem Pseudonym Melissantes: Melissantes, Das Erneuerte Alterthum, Oder Curieuse Beschreibung Einiger vormals berühmten, theils verwüsteten und zerstöreten, theils aber wieder neu auferbaueten Berg-Schlösser In Teutschland (...), Frankfurt/Leipzig 1713; die 2. Auflage erschien 1721. Das Titelkupfer zeigt unter anderem die Drei Gleichen in Thüringen. „Es sind viel Gelehrten der Meynung, dass man die alten Schrifften mit Sorgfalt hervorsuchen, *illustr*iren und von dem *Ruin*e retten sollte (...). Den Anfang habe hier deswegen von dem berühmten Berg-Schlosse Gleichen (...) machen wollen (...). Nach diesem folget die Wachsenburg und dann Mühlberg (...)“; zitiert aus der 2. Auflage, unpaginierte „Vorrede“.

[8] Dampfmaschinen, 1986, S. 18.

[9] Ebenda.

[10] Georg Friedrich Wilhelm Hegel, Die Vernunft in der Geschichte. Einleitung in die Philosophie der Weltgeschichte (Georg Friedrich Wilhelm Hegel, Philosophie der Weltgeschichte, Bd. 1, hg. von Georg Lasson), 3. Auflage, Leipzig 1930, S. 51.

[11] Hermann Wirth, Salzkristall und Blaue Blume. Das salinistische Umfeld Friedrich von Hardenbergs, in: Bergbau und Dichtung. Friedrich von Hardenberg (Novalis) zum 200. Todestag, hg. von Eleonore Sent, Weimar/Jena 2003, S. 93–107.

[12] J. G. Gregorius, 1713.

[13] Hermann Wirth, Von der Wasserburg an der Ilm zum Weimarer Residenzschloß, in: Burgen und Schlösser, Jg. 33, H. 1, 1992, S. 26–34.

[14] J. G. Gregorius, 1713, S. 3.

[15] Ebenda, S. 272.

[16] Ebenda, S. 313ff.

[17] Ebenda, S. 538.

[18] Ebenda, S. 414ff.

[19] Johann Theodor Benjamin Helfrecht, Ruinen, Alterthümer und noch stehende Schlösser auf und an dem Fichtelgebirge. Ein Versuch, Hof 1795, mit den Kapitelüberschriften „Entstehung der Schlösser“ (S. 7), „Zerstörung der Schlösser“ (S. 15), „Verschiedenheit, Lage und Bauart“ (S. 20); „Bergvesten und Wasservesten“ auf S. 21.

[20] „Man sucht die [von Deutschland aus] entfernten alten Ruinen begierig auf. Man untersucht die Trümmer der alten Griechischen und Römischen Gebäude, und versetzt sich bey dem Anblick dieser Alterthümer mit einem gewissen Vergnügen unter die vormaligen Bewohner jener so merkwürdigen Länder (...). Wenn wir [jedoch zum Beispiel] die Ruinen des Fichtelgebirges aufsuchen; so erhält dadurch der Geist des Kunstliebhabers keine Nahrung“ (ebenda, S. 1f.).

[21] Georg Dehio, Handbuch der deutschen Kunstdenkmäler, Thüringen, bearb. von Stephanie Eißing u. a., München/Berlin 1998, S. 255; Ernst Badstübner, Die „Restauration“ der Wartburg – Aspekte des Historismus und der Denkmalpflege, in: Burgen und Schlösser, Jg. 45, H. 1, 2004, S. 18–27.

[22] G. Dehio, 1998, S. 624.

[23] Ebenda, S. 744.

[24] Burgenromantik und Burgenrestaurierung um 1900. Der Architekt und Burgenforscher Bodo Ebhardt in seiner Zeit. Katalog zur Ausstellung, hg. von der Deutschen Burgenvereinigung e. V. (Reihe B: Schriften, Bd. 7), Braubach 1999.

[25] G. Dehio, 1998, S. 940.

[26] Melissantes (Johann Gottfried Gregorius), Neueröffneter Schauplatz Denckwürdiger Geschichte (...), Frankfurt/Leipzig 1715, unpaginierte „Vorrede“; die zitierte Passage endet mit dem Satz: „Aber dieses sind und bleiben *pia desideria*.“

[27] Monumenta Germaniae Historica (MGH), seit 1826 inzwischen etwa 320 Auslieferungen (Geschichtliche [literarisch quellenkundliche] Denkmale Deutschlands).

[28] Otto Dobenecker, Regesta diplomatica necnon epistolaria historiae Thuringiae, Jena 1869–1939 (Register offizieller, auch inoffizieller Schriftstücke zur thürigischen Geschichte).

[29] Paul Wehnemann und Max Muth, Thüringer Burgen, Weimar 1932.

[30] Vitruvii, De architectura libri decem (Zehn Bücher des Vitruvius über die Baukunst). Erste deutsche Übersetzung: Walther Rivius, Vitruvius Teutsch, Nürnberg 1548.

[31] „Das Schloß Kyffhausen hat, wie man aus glaubwürdigen Nachrichten schliessen kan, entweder der tapffere *General* der Römer, *Claudius Nero Drusus*, (...) oder *Germanicus* (...) wenige Jahre vor Christi Geburth zu einer Sicherheit der Römischen *Trouppen* aufführen lassen (...)“; aus: J. G. Gregorius, 1713, S. 538.

[32] J. T. B. Helfrecht, 1795, S. 3: „Denkmahle“, und zwar „der ehemaligen Wildheit einer noch ungebildeten Nation.“

[33] Hermann Wirth, Denkmalpflegerische Grundbegriffe. Praxis-Ratgeber zur Denkmalpflege, hg. von der Deutschen Burgenvereinigung e. V., Nr. 10, Braubach 2003.

Gerd Strickhausen

Burg Weißensee oder Runneburg?
Geschichte eines Irrtums

Bei einer Reihe von Burgen ist zu beobachten, dass sie im Lauf der Jahrhunderte einen Wechsel ihres Namens erleben. Während manche Burgen am Anfang ihrer Existenz in gänzlich unprätentiöser Weise den Namen etwa des Ortes oder des Berges erhalten, an dem oder auf dem sie gegründet wurden, dem dann lediglich das Wort „Burg" bzw. „castrum" vorangestellt wird, begegnet später bisweilen ein Name für die Burg, der sich von der ursprünglichen Bezeichnung etymologisch nicht ableiten lässt. Während die Gründungsnamen der Burgen wiederholt das Interesse der Forschung auf sich gezogen haben, ist das hier angesprochene Phänomen des Namenswechsels bislang nicht untersucht.[1] Derartige Namenswechsel kommen schon im Mittelalter vor, allerdings scheinen sie erst in der frühen Neuzeit häufiger zu sein – und manchmal sind sie extrem jung. Ein besonders merkwürdiger Fall soll im Folgenden vorgestellt werden.

Die nördlich von Erfurt im Thüringer Becken gelegene Burg Weißensee wird bisweilen auch „Runneburg" genannt (Abb. 1).[2] Schon ein erster Blick in die einschlägigen Quellen- und Regestenwerke[3] zeigt, dass der Name der Burg im Mittelalter ausschließlich „Burg Weißensee" war. Dieser Name der Burg und der dazugehörigen Stadt kommt von den beiden dortigen, im 18. Jahrhundert abgelassenen Weißen Seen. Dagegen bedeutet ein Name wie „Ronne-" oder „Runneberg" beziehungsweise „-burg" „Berg (Burg) bei den umgefallenen Baumstämmen".[4]

Mit aller Wahrscheinlichkeit gründet die Bezeichnung „Runneburg" auf einem Irrtum der thüringischen Chronistik im 16. Jahrhundert und der älteren historischen Forschung im 17. Jahrhundert über das frühmittelalterliche Thüringerreich. Über dessen Untergang im Jahr 531 berichtet unter anderem Widukind von Corvey im 10. Jahrhundert. Demnach wurden die Thüringer von den Franken in einer dreitägigen Schlacht an einem Ort „Runibergun" („in loco qui dicitur Runibergun") besiegt; der thüringische König floh und zog sich mit dem Rest seines Heeres in die über der Unstrut gelegene Burg Scithingi zurück („in urbe quae dicitur Scithingi, sita

super fluvium quod dicitur Unstrod"), wo die Thüringer in einem letzten Kampf vernichtet wurden.[5] Scheint es sicher, dass der Entscheidungskampf an der Unstrut stattfand, so ist das von Widukind genannte Runibergun nicht sicher identifiziert, während Scithingi allgemein mit Burgscheidungen an der unteren Unstrut gleichgesetzt wird. Allerdings ist zu beachten, dass die Quellen des 6. Jahrhunderts, die ebenfalls über den Untergang des Thüringerreiches berichten, keine Burgen nennen. Diese finden sich erst bei Widukind von Corvey, der sie aus seiner Zeit kannte. Zudem konnten weder auf dem Schlossberg von Burgscheidungen noch nach Grabungen von 1980/83 auf der Burg Weißensee Funde aus der Zeit des Thüringerreiches gemacht werden.[6]

Seit dem Beginn der Neuzeit ist wiederholt versucht worden, den Ort Runibergun zu identifizieren. Mit größter Wahrscheinlichkeit befand er sich direkt westlich von Vitzenburg, das nur wenige Kilometer unstrutaufwärts von Scheidungen liegt; im 18. Jahrhundert waren hier die „Ronneberge" noch bekannt.[7]

Eine Verbindung zwischen Runibergun und Weißensee hat an der Wende zur Neuzeit erstmals Adam Ursinius in seiner bis 1500 geführten und 1547 abgeschlossenen Thüringischen Chronik[8] hergestellt; er schrieb, dass die Schlacht von 531 „bey dem Wyssensehe" stattfand.[9] Sagittarius diskutierte 1685 die Lage des „locus Runibergun" aufgrund der Nennungen in den alten Chroniken. Er schloss Ronneburg, zwischen Altenburg und Gera, ebenso wie Tenneberg aus, da sie zu weit von der Unstrut entfernt lägen, und schrieb – sich offenbar auf Ursinius beziehend – weiter: „Sonsten habe ich unlängst in einem geschriebenem Thüringischen Chronico (...) gefunden, als wenn diese Schlacht bey Weißensee geschehen: wovon ich sonst an anderen Orten nichts gelesen".[10]

Obwohl Weißensee nahe der Unstrut liegt, konnte es sich zwar nicht als Schlachtort durchsetzen,[11] aber aufgrund von Ursinius und Sagittarius ist wohl der Name des „locus Runibergun" auf die Burg Weißensee übertragen worden.[12] Damit dürfte der Versuch,

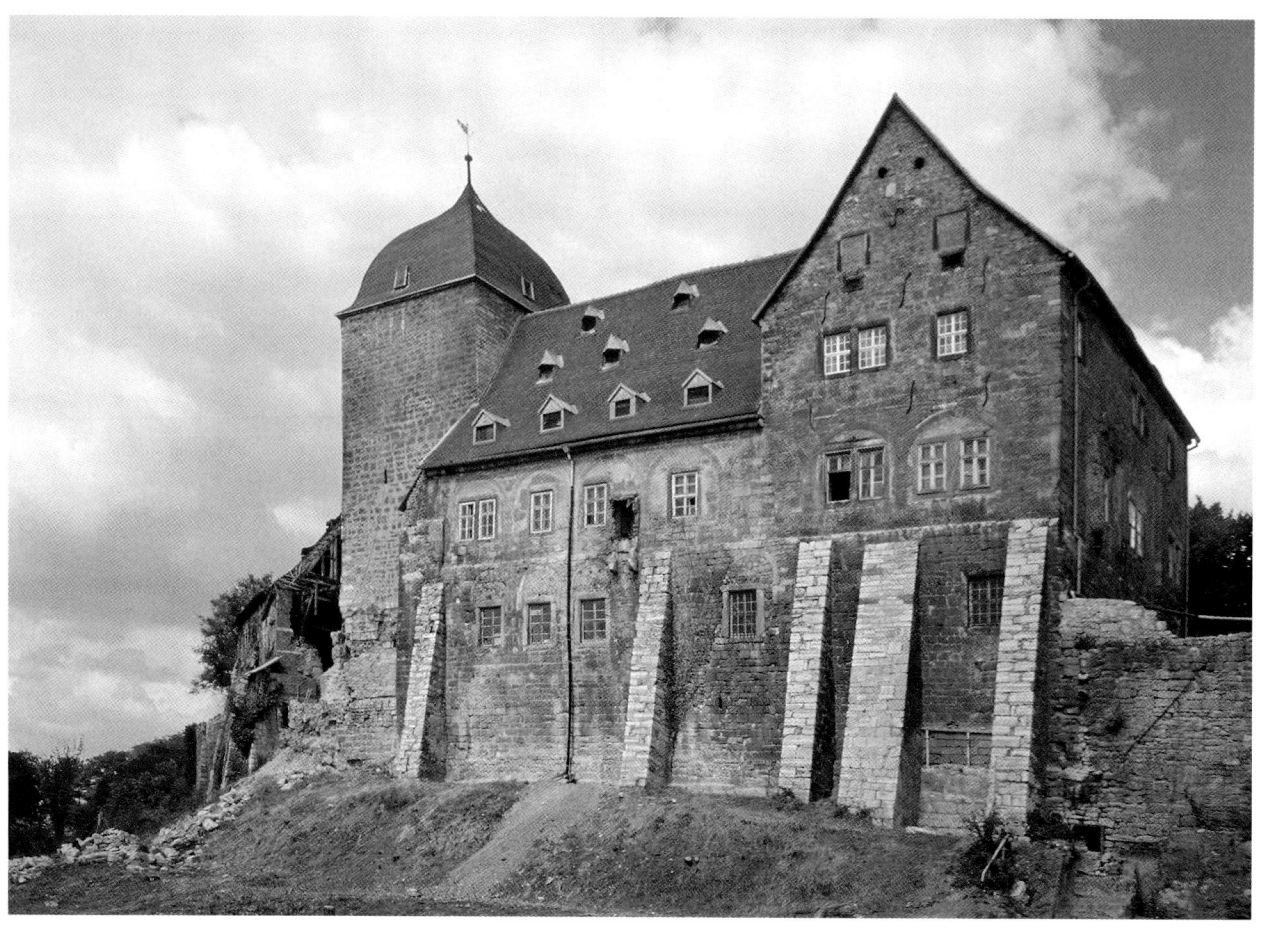

Abb. 1 Burg Weißen-
see von Süden

den Namen „Runibergun" von der Grundform der Burg her zu erklären, im Zusammenhang stehen oder sich zumindest daran
angeschlossen haben. Schon 1708 heißt es in
einem Amtsinventarium: „(...) von etlichen
Scribenten auch die Runde Burg, weil es in
die Runde gebauet ist, genennt (...)".[13]
Es liegt hier also ein Irrtum des 17. Jahrhunderts vor, der – außer in Gelehrtenkreisen –
allenfalls einigen Amtleuten oder -schreibern
geläufig war.
Anfang des 19. Jahrhunderts war schon nicht
mehr bekannt, wie Runibergun mit der Burg
Weißensee in Verbindung gebracht worden
war. So nennt Schumann 1825 in seinem
Lexikon von Sachsen den Namen in den di-
vergierenden Formen „Runiberg, Rundeburg,
Rondeburg, Runeburg" und lehnt die „von
Anderen" angeblich wegen des Namens vor-
genommene Verlegung von „Runibergun"
nach Weißensee ab.[14] In Aufsätzen über mittelalterliche Burgen in Thüringen nennt Hess
1862 die „Runnenburg in Weißensee",[15] während Rein 1863 diesen Namen nicht kennt
und nur von „Burg Weißensee" spricht.[16]
In den bis 1798 reichenden historischen Quellen, die von Hagke, der damals beste Kenner
Weißensees und seiner Geschichte, im Jahre
1867 für den Kreis Weißensee publizierte,
ist ausschließlich von Burg oder Schloss Weißensee die Rede.[17] Er meint, die Burg würde
„wegen ihrer runden Gestalt ‚Rundeburg oder
Ronneburg' genannt" und benutzt diesen
Namen nur bei der Erwähnung der Schlacht
des Jahres 531, die er auf einem Hügel „Rune-
berg" bei Leubingen lokalisiert;[18] ansonsten
ist ihm der Name nicht geläufig, er spricht
stets von „Burg" oder „Schloss Weißensee".
Wie die Inventare der „Bau- und Kunstdenkmäler" in ihren Leistungen grundlegend waren, so waren sie es auch in ihren Irrtümern.
Sommer hält 1882 die überwiegend staufer-
zeitlichen Bauten der stets „Burg Weißensee"
genannten Anlage weitgehend für neuzeitlich. „Runneburg" erwähnt er nur beiläufig,
meint, wegen dieses Namens sei die Schlacht
von „Runibergun" nach Weißensee verlegt
worden und schreibt ihn erstmals dem
„Volksmunde" zu[19] – ein Irrtum, der seitdem
ebenso tradiert wird wie die nun festliegende
Schreibweise „Runneburg".
Die älteren Reisebücher über Thüringen kennen nur Schloss Weißensee.[20] Dehio bezeichnet in der ersten Auflage seines „Handbuchs
der deutschen Kunstdenkmäler" 1905 die
Burg als „Landgrafenburg".[21]
Brinkmann, der 1911 als Erster die bedeutende stauferzeitliche Bausubstanz der Burg

Weißensee erkannte, spricht nur von „Schloss Weißensee" und zweimal irrig von „Weißenburg"[23] – entweder eine Verwechslung mit einer Weißensee benachbarten Belagerungsburg („monte Wiczenburg")[23] oder der Versuch, der Burg Weißensee einen auf „-burg" endenden Namen zu geben. Er meint, „die ovale Form des Burgberinges hat vielleicht zu dem volkstümlichen Namen: die Runneburg, runde Burg Anlass gegeben; wahrscheinlich erscheint, dass der alte Name Ronneburg lautet, das heißt Holzburg, durch Holzzäune befestigte Burg".[24] Tatsächlich bedeutet jedoch ein Name wie „Boyneburg" (bei Eschwege, Hessen) oder „Altenbaumburg" bzw. „Alt-Boimeneburg" (bei Bad Kreuznach, Rheinland-Pfalz) eine aus Bäumen, Holz und Palisaden gebaute Burg.[25]

Hagedorn kennt 1928 nur die Bezeichnung „Schloss Weißensee".[26] Der damalige Burghauptmann der Wartburg, Nebe, verwendet 1929 und 1936 nur den Namen „Burg Weißensee"; „Runneburg" hält er für volkstümlich und fragt sich, ob „die Eiform [der Burg] das Movens für ihren volkstümlichen Namen ‚Runneburg' ist" oder ob es sich um die „Runiburg" von 531 handelt.[27]

Wehnemann und Muth benutzen in ihrem bekannten Buch „Thüringer Burgen" 1932 den Namen „Weißensee" und erklären weiter: „Auch Weißenburg genannt, volksmundlich der ‚runne Berk', Runneburg, wegen runder Anlage".[28] Schnellenkamp nennt 1937 nur „Schloss Weißensee" und vermutet, „Runneburg" sei dem „Burgberg durch nachträgliche Mutmaßung zugelegt worden".[29] Der in der Burgenforschung so wichtige Kunsthistoriker Hotz verwendet 1940 nur den Namen „Weißensee".[30]

Während die Forschung sich bis dahin ausschließlich an den Namen „Burg Weißensee" hält und „Runneburg", wenn überhaupt, nur beiläufig erwähnt, ändert sich dies in der Zeit des Nationalsozialismus bei den Laien. Anscheinend hat erstmals Ehmer, der damalige Bürgermeister von Weißensee, 1935 in einer Broschüre die Burg Weißensee ohne Umschweife „Runneburg" genannt.[31] Er hat damit der Burg Weißensee einen auf „-burg" endenden Namen gegeben und ihn so anderen, ebenfalls auf „-burg" endenden Namen angeglichen; man darf wohl sagen, er hat den Burgnamen damit ‚alt-germanisiert'. In der Folge wird die Bezeichnung „Runneburg" vor allem in Zeitungsartikeln verwendet und hat speziell dort zu den für die Nazizeit typischen und in diesem Fall von keinerlei Sachkenntnis getrübten Interpretationen (germanisch-heidnisch, alte Kult- und Thingstätte) geführt.[32] Dies gilt auch für ein 1940 vom Heimatverein Weißensee herausgegebenes

populäres Heimatbuch von Kaempfe, das bei der Behandlung der Frühgeschichte streckenweise ins Phantasievolle abgleitet: So soll der Name „Weißensee" von der „Zucht heiliger weißer Pferde" herrühren, „Runneburg" „soll auf die Pferdezucht deuten, und Runne soll gleichbedeutend mit Hengst sein" – oder „von der runden Anlage der Burg" stammen.[33]

Leider wurde Ehmers Irrtum von der akademischen Forschung nicht nur nicht erkannt und mit der nötigen Entschiedenheit zurückgewiesen, sondern im Gegenteil übernommen. So fand der Name „Runneburg" seinen Weg in die Wissenschaft, und zwar mit der 1959 an der Humboldt-Universität in Ost-Berlin vorgelegten Dissertation von Becker über die romanischen Baudenkmäler der Stadt Weißensee, in der auch der Umgang mit der Bezeichnung „Runneburg" nicht zu überzeugen weiß; Becker verwendet „Runneburg" kritiklos, ohne die Herkunft und Bedeutung des Namens zu klären.[34] Der Landeshistoriker Patze behauptet 1962 in seiner an der Philipps-Universität in Marburg vorgelegten Habilitation über die Entstehung der Landesherrschaft in Thüringen gegen alle Quellen, dass die Burg Weißensee im Mittelalter „Runneburg" geheißen habe und bringt sie deswegen mit der Schlacht von 531 in Verbindung, sich tatsächlich wundernd, dass „die Runneburg von Weißensee bei den zahlreichen Lokalisierungsversuchen von Runibergun noch nicht in Erwägung gezogen worden" sei.[35]

Seit Becker wurde die Bezeichnung „Runneburg" in der DDR der sechziger Jahre des 20. Jahrhunderts mit einer gewissen Verbreitung, aber durchaus auch mit Distanz behandelt. So spricht Kühnlentz 1965 von „der Burg am Weißensee" und verwendet den Namen „Runneburg" nur in Anführungszeichen, dabei klarstellend, dass sich „nicht der geringste Anhaltspunkt an Funden oder historischen Tatsachen bietet", die Schlacht von 531 nach Weißensee zu verlegen.[36] Mrusek folgt im Jahre 1965 der Auffassung von Wehnemann und Muth mit der Bezeichnung „Burg Weißensee", „auch Weißenburg oder Runneburg (= Runde Burg)" genannt,[37] und spricht in seiner erst 1973 publizierten Habilitationsschrift von der „sog. Runneburg",[38] während Piltz 1969 und ähnlich 1984 die Version „Landgrafenburg" und dahinter in Klammern und Anführungszeichen den Namen „Runneburg" bietet.[39] Allerdings wurde die Bezeichnung „Runneburg" durchaus auch gemieden, Lemmer zum Beispiel nennt die Anlage noch 1981 „Burg Weißensee".[40]

Es sind offenbar Publikationen aus dem Umfeld der institutionellen Denkmalpflege, die vor dem Hintergrund der Sanierungsbemühungen auf Burg Weißensee seit den siebziger Jahren des 20. Jahrhunderts den Namen „Runneburg" verwenden, wobei nun das distanzierende „sog." ebenso verschwindet wie die Anführungszeichen. Nachdem schon Lücke in seinen „Berichten zur Denkmalpflege" 1973 „Runneburg" in dieser Weise verwendet hat,[41] tun dies danach auch von Hausen 1982,[42] Möller 1984 und 1988,[43] Klaua 1988[44] sowie Zießler 1989.[45] Auch Zeitungsberichte verwenden nun den Begriff „Runneburg".[46] Wie selbstverständlich nennt Müller 1986 „die Runneburg".[47] Mägdefrau verwendet 1989 ebenfalls durchgängig „Runneburg", wohl wissend um den tatsächlichen Namen der Burg.[48]

In westdeutschen Veröffentlichungen dagegen hat der Name „Runneburg" trotz Patze so gut wie keine Verbreitung gefunden. Hotz, der schon 1940 nur „Burg Weißensee" kannte (siehe oben), verwendet diesen Namen auch noch 1965[49], und erst 1981 nennt er neben der Bezeichnung „Burg Weißensee" auch den Namen „Runneburg in Weißensee".[50] Die Historiker Schwind und Gockel halten sich 1981 ebenfalls an den historisch zutreffenden Namen „Burg Weißensee".[51]

An dieser Stelle kann abgebrochen werden, denn die ausufernde Literatur seit 1990 bringt außer einer weiteren kritiklosen Popularisierung von „Runneburg"[52] nichts grundsätzlich Neues; die unterschiedlichen Titel zweier inhaltlich identischer Publikationen aus dem Jahr 1998 zeigen dies exemplarisch

in aller Deutlichkeit. Während die im Antonow Verlag, Frankfurt/M., erschienene Ausgabe mit „Burg Weißensee ,Runneburg' Thüringen" betitelt ist,[53] heißt das 15. Arbeitsheft des Thüringischen Landesamtes für Denkmalpflege: „Die Runneburg in Weißensee".[54]

Der Name „Runneburg" geht also auf einen gelehrten Irrtum des 16./17. Jahrhunderts zurück, der die Burg Weißensee mit der Schlacht bei „Runibergun" 531 in Zusammenhang brachte. Nach vielen Varianten hat „Runneburg" im ausgehenden 19. Jahrhundert seine Schreibweise gefunden und wird seitdem irrig für volksmundlich gehalten. Die ältere Literatur behandelte „Runneburg" – oft ablehnend – nur in Verbindung mit der Schlacht von 531. Erst in nationalsozialistischer Zeit wurde die Burg von einem Laien „Runneburg" genannt, was sofort zu absurden und für die damalige Zeit typischen Interpretationen führte (germanisch-heidnisch, alte Kult- und Thingstätte). Da die Forschung dies später nicht erkannte, konnte sich die Bezeichnung „Runneburg" in der DDR in distanziertem Gebrauch halten. Erst seit den achtziger Jahren des 20. Jahrhunderts ist in der DDR eine verbreitete Verwendung von „Runneburg" statt „Burg Weißensee" zu konstatieren.

Aus wissenschaftlicher Sicht kann selbstverständlich nur der historische Name „Burg Weißensee" verwendet werden, und auch sonst spricht alles dafür, „Runneburg" als erkannten Irrtum in der Versenkung verschwinden zu lassen.

Anmerkungen

[1] So auch zuletzt Ernst Erich Metzner, Die deutschen Burgennamen, in: Burgen in Mitteleuropa. Ein Handbuch, hg. von der Deutschen Burgenvereinigung e.V., Stuttgart 1999, Bd. 2, S. 30–32.

[2] Eine erste Beschäftigung mit der „Runneburg" bietet Gerd Strickhausen, Burgen der Ludowinger in Thüringen, Hessen und dem Rheinland. Studien zu Architektur und Landesherrschaft im Hochmittelalter (Quellen und Forschungen zur hessischen Geschichte, 109), Darmstadt/Marburg 1998, S. 213–215.

[3] Codex Diplomaticus Saxoniae regiae, I. Hauptteil, Bd. 1–3, Urkunden der Markgrafen von Meißen und Landgrafen von Thüringen, hg. von Otto Posse, Leipzig 1882 – 1898; Regesta diplomatica necnon epistolaria historiae Thuringiae, hg. von Otto Dobenecker, Bd. I–IV, Jena 1896 – 1939.

[4] Claudia Stühler, Die „Gründungsnamen" der mittelalterlichen Klöster, Burgen und Städte in Hessen (Europäische Hochschulschriften, Reihe 1: Deutsche Sprache und Literatur, Bd. 1057), Frankfurt/M. u.a. 1988, S. 128; Matthias Lexer, Mittelhochdeutsches Handwörterbuch, Bd. 1–3,

Leipzig 1869 – 1878, hier Bd. 2, Sp. 485f.: rone = umgefallener Baumstamm.

[5] Die Sachsengeschichte des Widukind von Korvei, 5. Auflage, in Verb. mit H. E. Lohmann hg. von Paul Hirsch, in: Monumenta Germaniae Historica, Scriptores, Hannover 1935, hier: S. 12f.

[6] Wolfgang Timpel, Die Runneburg, eine frühmittelalterliche Burg oder ein Ort der Schlacht von 531?, in: castrum wiszense. Schriftenreihe des Vereins zur Rettung und Erhaltung der Runneburg in Weißensee/Thür. e.V., Nr. 2 (Festschrift zur 825-Jahr-Feier der Runneburg in Weißensee), Weißensee 1993, S. 100–105.

[7] Ausführlich: Ernst Lorenz, Die Thüringische Katastrophe vom Jahre 531, Jena 1891, bes. S. 57f. und die Skizze nach S. 69.

[8] Adami Ursini Molybergensis Chronicon Thuringiae vernaculum usque ad annum 1500 cum appendicibus de Erfurto et Nordhusa absolutum anno 1547, in: J. B. Mencken (Hg.), Scriptores rerum Germanicarum, praecipue saxonicarum, Bd. 3, Leipzig 1730, Sp. 1239–1360, hier Sp. 1245.

[9] Vgl. die Bemerkung des Herausgebers Mencken in: ebenda, Sp. 1245, Anm. h; vgl. Carl Peter

Lepsius, Kleine Schriften. Beiträge zur thüringisch-sächsischen Geschichte und deutschen Kunst und Alterthumskunde, Bd. 1–3, hg. von A. Schulz, Magdeburg 1854 – 1855, hier Bd. 3, S. 218f.

[10] Caspar Sagittarius, Antiquitates regni Thuringici, Jena/Helmstedt 1685, S. 252f.

[11] Vgl. Widukind von Korvei, Sachsengeschichte, 1935, S. 12, Anm. 5, mit den verschiedenen Vorschlägen.

[12] So ähnlich vermutete auch Werner Schnellenkamp, Die Entstehungsgeschichte der Stadt Weißensee, in: Weißenseer Kreiszeitung, 1937, Nr. V.

[13] Sächsische Landesbibliothek Dresden, L 410, fol. 9, zitiert nach: Die Geschichte der Stadt Weißensee von den Anfängen bis zur Gegenwart, Festschrift anläßlich des 800-jährigen Marktrechtes der Stadt Weißensee 1998, Erfurt 1998, S. 21.

[14] August Schumann, Vollständiges Staats-, Post- und Zeitungs-Lexikon von Sachsen, Bd. 12: Trebitz-Wiesenbrunn, Zwickau 1825, S. 602f.

[15] H. Hess, Über die mittelalterlichen Burgbauten Thüringens, in: Zeitschrift des Vereins für Thüringische Geschichte und Alterthumskunde, Bd. 5, 1862, S. 301–338, hier S. 338.

[16] Wilhelm Rein, Die Palatien der alten thüringischen Landgrafen, in: Archiv für die sächsische Geschichte, Bd. 1, 1863, S. 398–424.

[17] F. B. Frhr. von Hagke (Hg.), Urkundliche Nachrichten über die Städte, Dörfer und Güter des Kreises Weißensee, Beitrag zu einem Codex Thuringiae Diplomaticus, Weißensee 1867, S. 1–100.

[18] Ebenda, S. 1f.; derselbe, Historisch-statistisch-topographische Beschreibung des Weißenseer Kreises, Weißensee 1863, S. 267.

[19] Bau- und Kunstdenkmäler der Provinz Sachsen, Bd. 6: Kreis Weißensee, bearb. von Gustav Sommer, Halle 1882, S. 63, Anm. 1.

[20] Zum Beispiel Heinrich Schwerdt, Meyers Reisebücher, Thüringen, 3. Auflage, Leipzig 1880, S. 742.

[21] Georg Dehio, Handbuch der deutschen Kunstdenkmäler: Mitteldeutschland, Berlin 1905, Nachdruck München 1991, S. 316.

[22] Adolf Brinkmann, Schloß Weißensee, ein Gegenstück zur Wartburg, in: Zeitschrift für Geschichte der Architektur, 7, 1911, S. 147–157, hier S. 148, 156.

[23] Cronica Reinhardsbrunnensis, hg. von Oswald Holder-Egger, in: Monumenta Germaniae Historica, Scriptores, Bd. XXX/1, Berlin 1896, S. 490–656, hier S. 581 zum Jahr 1211; von der Weißenburg sind Wälle und Gräben erhalten.

[24] A. Brinkmann, 1911, S. 148.

[25] Karl Heinemeyer, Boyneburg, in: Die deutschen Königspfalzen, hg. vom Max-Planck-Institut für Geschichte, 1, Göttingen 1983, S. 24–44, hier S. 24.

[26] Wilhelm Hagedorn, Schloß Weißensee, in: Blätter für Heimatkunde, 1928, S. 67f., 70f., hier S. 67; siehe auch den Artikel von demselben in der Mitteldeutschen Zeitung v. Oktober 1928.

[27] Hermann Nebe, Burg Weißensee, die alte Thüringer Landgrafenfeste, Nachdruck aus der Weißenseer Zeitung, Jg. 1929, S. 15; derselbe, Aus der Geschichte der Landgrafenstadt Weißensee und ihrer Burg, in: Thüringer Monatsblätter, 44, 1936, Nr. 1, S. 17–20; derselbe, Die Veste Weißensee, in: ebenda, Nr. 2, S. 37–40.

[28] Paul Wehnemann und Max Muth, Thüringer Burgen. Burgenbaukundlicher und geschichtlicher Überblick, Chronik der einzelnen Burgen, Weimar 1932, S. 45.

[29] W. Schnellenkamp, 1937.

[30] Walter Hotz, Kaiserpfalzen und Ritterburgen in Franken und Thüringen, Berlin 1940, S. 28f., Abb. 57.

[31] O. Ehmer, Weißensee (Thür.), die preußische Kreis- und Landgrafenstadt, Weißensee 1935, S. 18.

[32] Weißensee, der 1000-jährige Gerichtssitz, in: Weißenseer Kreiszeitung v. 15. Mai 1937: „Die zentrale Lage des Ortes und des, zwischen den beiden Seen sich erhebenden, die ganze Gegend beherrschenden Runneberges, auf dem später die Runneburg erbaut wurde, lassen es auch wahrscheinlich erschienen, daß auf diesem Berg, wie die Überlieferung noch heute behauptet, sich eine alte Kult- und Dingstätte befand."; Weißenseer Kreiszeitung v. 25. Juli 1939: „Die Ronneburg war für den Kyffhäuser der Punkt der Mittagssonne oder der Südpunkt. Die Ronneburg war ehedem die Beherrscherin eines weit umfassenden Landschaftsgebietes, dessen Bewohner an den Tagen der großen Feste und an dem großen Hauptgerichtstage, dem sogenannten ,Michala-Thing', welches zu Michaeli abgehalten wurde, auf dieses Bergheiligtum angewiesen waren. (...) Solche hohen Feste zogen daher große Menschenmengen zur Ronneburg nach Weißensee und wurden damit die Veranlassung zum Namen der heiligen Höhe. (...) Die Ronneburg, deren Benennung sich an das englische ,the run' anlehnt, war also die Burg des Gedränges, des Andranges und des Zulaufes an den Tagen der germanisch-heidnischen Feste"; zit. nach Burg Weißensee „Runneburg" Thüringen. Baugeschichte und Forschung, hg. vom Thüringischen Landesamt für Denkmalpflege (Bibliotheksreihe „Europäische Baukunst", Bd. 3), Frankfurt/M. 1998, S. 33, Anm. 3.

[33] Karl Otto Kaempfe, Bilder und Gestalten aus Weißensees Vergangenheit und Gegenwart, Weißensee o. J. (1942), S. 17–20; vgl. auch derselbe in der Leipziger Tageszeitung v. 17. September 1936: „die Runneburg (...) soll nach einer Lesart den Namen von der runden Anlage der Burg haben, nach einer anderen soll er auf die Pferdezucht deuten, und Runne soll gleichbedeutend mit Hengst sein. Die Sage erzählt, daß der Runneberg schon in grauer Vorzeit ein Heiligtum unserer Altvordern trug". Allerdings gab es auch von solchen Phantastereien freie Zeitungsartikel, die ebenfalls die Bezeichnung „Runneburg" verwendeten, so etwa in den Leipziger Neuesten Nachrichten v. 11. Juli 1943 und in der Thüringer Gauzeitung v. 22. Juli 1943.

[34] Werner Becker, Die romanischen Baudenkmäler der Stadt Weißensee in Thüringen, Phil. Diss., Humboldt-Universität Berlin, 1959 (masch.); rezensiert von Hans Patze, in: Jahrbuch für die Geschichte Mittel- und Ostdeutschlands, Bd. 9/10, 1960/61, S. 567f.

[35] Hans Patze, Die Entstehung der Landesherrschaft in Thüringen, 1. Teil (Mitteldeutsche Forschungen, Bd. 22), Köln/Graz 1962, S. 427f.: „die Runneburg – so hieß die Burg von Weißensee im Mittelalter"; derselbe, Rez. Becker,

1960/61, S. 567; derselbe (Hg.), Handbuch der historischen Stätten Deutschlands, Bd. 9: Thüringen, Stuttgart 1968, S. 487.

[36] Fritz Kühnlentz, Städte und Burgen an der Unstrut. Heimatgeschichtliche Wanderungen am Thüringer Fluß, 2. Auflage, Rudolstadt 1965, S. 124–148, hier S. 140.

[37] Hans-Joachim Mrusek, Burgen in Sachsen und Thüringen, München/Leipzig 1965, spricht im Textteil (z.B. S. 44, 69) von „Burg Weißensee".

[38] Derselbe, Gestalt und Entwicklung der feudalen Eigenbefestigung im Mittelalter (Abhandlungen der sächsischen Akademie der Wissenschaften zu Leipzig, Philosophisch-historische Klasse, Bd. 60/3), Berlin 1973, S. 119.

[39] Georg Piltz, Kunstführer durch die DDR, Leipzig u.a. 1969, Nachdruck Bindlach 1990, S. 324; Karl-Heinz Böhle und Georg Piltz, Burgen und Schlösser in der DDR, Leipzig 1984, S. 133, 199: „Landgrafenburg Weißensee (Runneburg)".

[40] Manfred Lemmer, „der Dürnge bloume schînet dur den snê". Thüringen und die deutsche Literatur des hohen Mittelalters (Schriftenreihe der Wartburg-Stiftung Eisenach, 1), Eisenach 1981, S. 113.

[41] Rolf-Günther Lücke, Berichte zur Denkmalpflege 1963 – 1971, in: Denkmale in Thüringen, erarbeitet im Institut für Denkmalpflege, Arbeitsstelle Erfurt, Weimar 1973, S. 289–388, hier S. 335: „Weißensee, Runneburg".

[42] Barbara von Hausen, Die Bedeutung historischer Bausubstanz für die Regionalplanung in Thüringen (Bezirk Erfurt), in: Hans-Joachim Mrusek (Hg.), Architektur in Thüringen, Ergebnisse und Probleme ihrer Erforschung, Erhaltung und Nutzung (Schriften der Winckelmann-Gesellschaft, 8), Stendal 1982, S. 45–48, hier S. 47: „Runneburg in Weißensee".

[43] Roland Möller, Zur Restaurierung der Räume im Wartburg-Palas, in: Beiträge zur Erhaltung von Kunstwerken, 2, 1984, S. 4–34; derselbe, Natürliche Steinfarbe und Oberflächenstrukturen als Dekorationssysteme an Bauwerken in vorromanischer Zeit bis zur Mitte des 13. Jahrhunderts, in: Abhandlungen des Staatlichen Museums für Mineralogie und Geologie zu Dresden, 35, 1988, S. 99–127, bes. S. 108.

[44] Dieter Klaua, Dekorationssteine an romanischen Burgen Thüringens und ihre Herkunft, in: Abhandlungen des Staatlichen Museums für Mineralogie und Geologie zu Dresden, 35, 1988, S. 15–20, hier S. 16, 18.

[45] Rudolf Zießler, Zum Stand der Burgenforschung in Thüringen, in: Irene Roch (Hg.), Beiträge zur Burgenforschung. Herrmann Wäscher zum 100. Geburtstag (Wissenschaftliche Beiträge der Martin-Luther Universität Halle-Wittenberg, 24), Halle a.d. Saale 1989, S. 188–195.

[46] Neue Zeit v. 2. September 1978; Thüringer Landeszeitung v. 12. April 1980.

[47] Heinz Müller, Vom Ringwall zur Festung, Leipzig 1986, S. 49.

[48] Werner Mägdefrau, Thüringen im Hohen Mittelalter (Schriftenreihe der Wartburg-Stiftung Eisenach, 6), Eisenach 1989, S. 59: „die Burg Weißensee (...) wurde auch Weißenburg genannt oder auch wegen ihrer rundbaulichen Anlage im Volksmund als ‚runne Berk?, Runneburg bezeichnet".

[49] Walter Hotz, Kleine Kunstgeschichte der deutschen Burg, Darmstadt 1965, S. 134, 137, 140.

[50] Derselbe, Pfalzen und Burgen der Stauferzeit, Darmstadt 1981, S. 238, 241f., Taf. 144.

[51] Fred Schwind, Die Landgrafschaft Thüringen und der landgräfliche Hof, in: Sankt Elisabeth. Fürstin, Dienerin, Heilige, Ausstellungskatalog Marburg, Sigmaringen 1981, S. 29–44, hier S. 34; Michael Gockel, Neuenburg, in: ebenda., S. 35f.

[52] Insbesondere durch den 1990 gegründeten Verein zur Rettung und Erhaltung der Runneburg in Weißensee/Thüringen e.V.

[53] Burg Weißensee „Runneburg" Thüringen. Baugeschichte und Forschung, hg. vom Thüringischen Landesamt für Denkmalpflege (Bibliotheksreihe „Europäische Baukunst", Bd. 3), Frankfurt/M. 1998.

[54] Die Runneburg in Weißensee. Baugeschichtliche Aufarbeitung der bisherigen Forschungsergebnisse (Arbeitshefte des Thüringischen Landesamtes für Denkmalpflege, 15), Bad Homburg/Leipzig 1998.

Hendrik Bärnighausen und Benno Busch

Das Sondershäuser Prinzenpalais

Zur Entstehungsgeschichte und Raumdisposition eines
Doppelpalais der zwanziger Jahre des 18. Jahrhunderts

Dynastiegeschichtliche Voraussetzungen

Die Baupolitik des Fürsten Günther I. von Schwarzburg-Sondershausen (geb. 1678, reg. 1720–1740) verdient besonderes Interesse, da ihre aus dynastischen Gründen resultierenden Aufgaben und deren Realisierung, wenn auch nicht detailliert nachvollziehbar, so doch in wesentlichen Komplexen überschaubar sind und die Konzentration der Vorgänge auf nur zwei Jahrzehnte eine große Dichte miteinander direkt oder indirekt in Beziehung stehender Projekte erkennbar werden lässt. Zu erwähnen sind die Baumaßnahmen Günthers I. am Sondershäuser und am Arnstädter Residenzschloss,[1] die teils durch Neu-, teils durch Umbauten realisierte Etablierung von fünf Prinzenresidenzen für seine jüngeren Halbbrüder in Keula, Ebeleben, Sondershausen und Arnstadt,[2] der Bau eines Wittumspalais für seine Gemahlin in Arnstadt[3] sowie die Errichtung des Jagdschlosses „Zum Possen" bei Sondershausen.[4]
Die Vorgaben für die Baupolitik Günthers I. leiten sich im Wesentlichen aus der dynastiegeschichtlichen Entwicklung in den letzten drei Jahrzehnten vor seinem Regierungsantritt ab.[5] Nachdem sein Vater Christian Wilhelm (geb. 1647, reg. 1670–1721) im Jahre 1691 die Würde eines kaiserlichen Hof- und Pfalzgrafen erhalten hatte und 1697 gefürstet worden war, hatte er 1713 zur Sicherung der territorialen Substanz des kleinen Fürstentums die Primogenitur eingeführt, wonach dem ältesten seiner Söhne die Regierung über das gesamte Fürstentum zufallen sollte und dessen jüngere Brüder als apanagierte Prinzen abzufinden waren. Die Situation erforderte einen solchen, gegen weitere Landesteilungen gerichteten Schritt, da aus erster Ehe Christian Wilhelms der Erbprinz und spätere Fürst Günther I., aus zweiter Ehe dessen Brüder Heinrich, August, Rudolf, Wilhelm und Christian hervorgegangen waren.[6] Auf die im Zusammenhang mit der Einführung der Primogenitur stehenden Vorgänge und die aus der gegebenen Konstellation resultierenden dynastischen und familiären Probleme kann hier nicht näher eingegangen werden. Lediglich auf die für die Hofhaltung der

apanagierten Prinzen herzurichtenden bzw. neu zu errichtenden Gebäude sei verwiesen: Prinz August bezog 1721 Schloss Ebeleben, der mit Günther zerstrittene Prinz Heinrich erst 1732 Schloss Keula, Prinz Wilhelm 1724 das bis dahin „Gräfinnenhof" und später nach ihm „Prinzenhof" benannte Gebäude in Arnstadt. In diesen drei Fällen entstanden Prinzenresidenzen durch Umbau und Modernisierung vorhandener Substanz. Für die Prinzen Rudolf und Christian hingegen wurde als Neubau am Sondershäuser Marktplatz, zu Füßen des Schlosses, ein Doppelpalais errichtet.
Friedrich Carl von Mosers „Teutsches Hof-Recht" von 1755 widmet sich im Unterkapitel „Von der Wohnung der Prinzen (...)" dem generellen Problem der standesgemäßen Versorgung von Prinzen mit repräsentativen Wohngebäuden: „Es wird immer mehr gewöhnlich, vor die Prinzen des Regenten eigene Palais, (so bald überhaupt der Nahmen: Prinzen-Bau, Fürsten-Haus etc. haben, bald auch nach dem Nahmen des Herrn, so denselben bewohnt, genannt werden) zu bauen, so nicht nur zu mehrerer Gemächlichkeit der Herrn, sondern auch zu Verschönerung und Zierde der Residenz dienet. / Da vor Zeiten den Prinzen bey zunehmenden Jahren eigene Aemter eingeräumt wurden, hatte dises den Vortheil, dass sie sich daselbst anbauten, wohero die vile in manchen Fürstenthümern befindlichen Schlösser entstanden seynd. / Wann heut zu Tage dergleichen schon erbaute Land-Schlösser eingeräumt werden, ist es meystens bloß zur Wohnung, ohne die damit verbundene Gerichtsbarkeit über die Einwohner des Ortes."[7]
Es ist auffällig, dass die zwei älteren Halbbrüder Günthers I., Heinrich und August, im Gegensatz zu den drei jüngeren Halbbrüdern eigene Residenzorte erhielten, hier also die von Moser als ältere Verfahrensweise charakterisierte Variante Anwendung fand, die traditionell auch als die würdigere angesehen und empfunden wurde. Offensichtlich standen eigene Residenzorte, selbst wenn es sich bei Keula und Ebeleben nur um Residenzen dörflichen Charakters handelte, in höherem Ansehen als der Residenz des regierenden

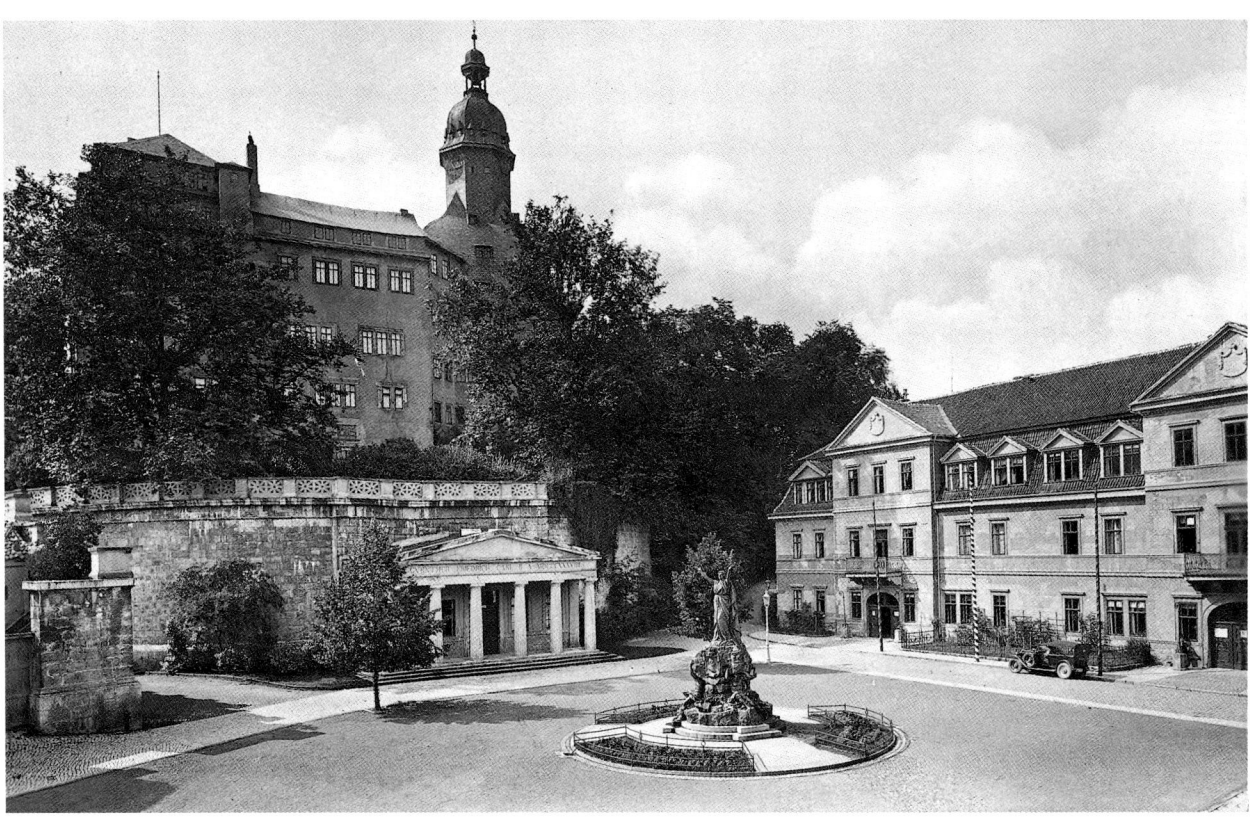

Abb. 1 Residenz-
schloss Sonders-
hausen und Prinzen-
palais, Foto, um 1930

Fürsten nachgeordnete städtische Hofhaltungen. Die örtliche Eigenständigkeit ermöglichte zumindest der Form nach einen anderen Status der Machtausübung und -präsentation als das Eingebundensein in kleinstädtische Strukturen einer bestehenden Residenz wie in Arnstadt oder Sondershausen, wo ein apanagierter Prinz angesichts der allgegenwärtigen Nähe des Souveräns und seiner Trabanten die Zweitrangigkeit der eigenen Hofhaltung ständig vor Augen hatte und durch die Rahmenbedingungen seiner Existenz in eine indifferente Stellung zwischen fürstlichem Anspruch und Assimilierung an gehobene bürgerliche Bedürfnisse gerückt wurde. Zu konstatieren bleibt, dass die Wohngebäude für die drei jüngeren Brüder Günthers I. nicht schlechthin in den Residenzstädten Arnstadt und Sondershausen, sondern in unmittelbarer Nähe der jeweiligen Residenzschlösser geplant wurden, was seinen Grund darin hatte, dass man auf Baugelände aus herrschaftlichem Besitz bzw. dort vorhandene Bausubstanz zurückgriff. Für Prinz Wilhelm riss man die südlich beim Arnstädter Schloss Neideck gelegene Alte Kanzlei ab, stellte den hier geplanten Neubau allerdings schon bald zugunsten eines Umbaus des Gräfinnenhofes ein, während man für die Prinzen Rudolf und Christian am Sondershäuser Marktplatz zu Füßen des Schlosses ein Doppelpalais als Neubau errichtete (Abb. 1).

Dieses Doppelpalais soll hier in Entstehungsgeschichte, Raumdisposition und Nutzungsgeschichte dargestellt werden, wobei zuerst auf jene Urkunde zu verweisen ist, durch die der Bau des Gebäudes angeordnet wurde. Am 7. Januar 1721 hatte der sehr um Klärung der Verhältnisse zwischen seinen Söhnen bemühte alte Fürst Christian Wilhelm, der zu jenem Zeitpunkt schon den Erbprinzen Günther zum Mitregenten eingesetzt hatte, verfügt, „dass beyden, Unsern Princen Rudolffen und Christian Zu Ihrer Wohnung der Platz des Marstalls Vor Unserm Residentz Schloß allhier in Sondershausen nach den von Ihnen als Anwesenden selbst beliebten Riß und Entwurf des Umbfangs sondersambst angebauet und aptiret werden soll."[8]

Die Gesamtanlage

Die Errichtung des Prinzenpalais war eine der letzten Baumaßnahmen im Verlauf des sich über vier Jahrzehnte erstreckenden Barockumbaus des Sondershäuser Schlosskomplexes und seines unmittelbaren Umfelds. Nachdem in den neunziger Jahren des 17. Jahrhunderts der Süd- und Ostflügel durch sich stufenartig absetzende Aufstockungen auf sechs bzw. fünf Etagen erhöht und die in diesem Bereich gelegenen Raumfassungen durch aufwendige Stuckaturen und Malereien barockisiert worden waren, entstanden parallel dazu, aber auch noch im ersten Jahrzehnt des 18. Jahrhunderts, barocke Parkanlagen und -gebäude, wie die Fasanerie (1694) und die Orangerie (1702) sowie ein großes und zwei kleinere Achteckhäuser (1709). 1711 wurde die Situation am Schlossberg zum Marktplatz hin durch Anlage einer Galerie und zwei dieser aufgesetzten Achtecktürmchen neu gestaltet. In den zwanziger Jahren des 18. Jahrhunderts erfolgte der Barockumbau des Nordflügels mit der Schlosskapelle, wobei die Ausstattung der über dieser gelegenen Etage von Wohnräumen bis in die dreißiger Jahre des 18. Jahrhunderts reichte. Um 1730 fanden auch weitere Ausstattungsarbeiten im Südflügel statt. Parallel zu den Baumaßnahmen der zwanziger Jahre des 18. Jahrhunderts im Schloss wurde am Marktplatz das Prinzenpalais errichtet und durch einen Gang mit der Galerie am Schlossberg verbunden (Abb. 2).

Das Sondershäuser Prinzenpalais – ein verputzter und ziegelgedeckter Fachwerkbau – wurde im Verlauf der zwanziger Jahre des 18. Jahrhunderts als symmetrische Vierflügelanlage errichtet, wobei man der Hofhaltung jedes der beiden Prinzen exakt die Hälfte der Gebäudesubstanz zuordnete. Das Corps de Logis (Südflügel) zu 14 x 4 Fensterachsen, zweigeschossig mit Mansarde, entstand an

der Nordflanke des Marktplatzes anstelle eines zuvor existierenden Marstallgebäudes. Es hatte bezüglich der Gebäudehöhe und -tiefe, aber auch betreffs der Fassadengestaltung und des Charakters der Nutzung absolute Dominanz, während die anderen drei Flügel als solide, aber weitgehend schmucklose Funktionsgebäude gehalten waren und durch ihre rückwärtige Lage zur Wipperaue keine repräsentative, sondern nur eine sich dem ländlichen Umfeld gefällig zuordnende Wirkung haben mussten. Da das Terrain hinter dem Corps de Logis zur Wipperaue hin leicht abfiel, war eine den Geländeabfall ausgleichende Untermauerung der zweigeschossigen Seitenflügel (Ost- und Westflügel) erforderlich. Aus demselben Grund wurden das Gelände, auf dem der Nordflügel errichtet wurde, und das nördliche Drittel des Hofes terrassiert. Im Erdgeschoss der Seitenflügel befanden sich vor allem Funktionsräume, so zum Beispiel gleich im Anschluss an das Corps de Logis die Küchen, im Obergeschoss Stuben und Kammern. Am Ende der Seitenflügel führten Toreinfahrten in den Hof, hinter denen der Nordflügel mit Ställen und Remisen im Erdgeschoss und Stuben und Kammern im Obergeschoss das Geviert schloss. Das Dach des Corps de Logis war als

Abb. 2 Sondershausen, Marktplatz mit Residenzschloss und Prinzenpalais, Zustand um 1730, Rekonstruktion des 19. Jahrhunderts

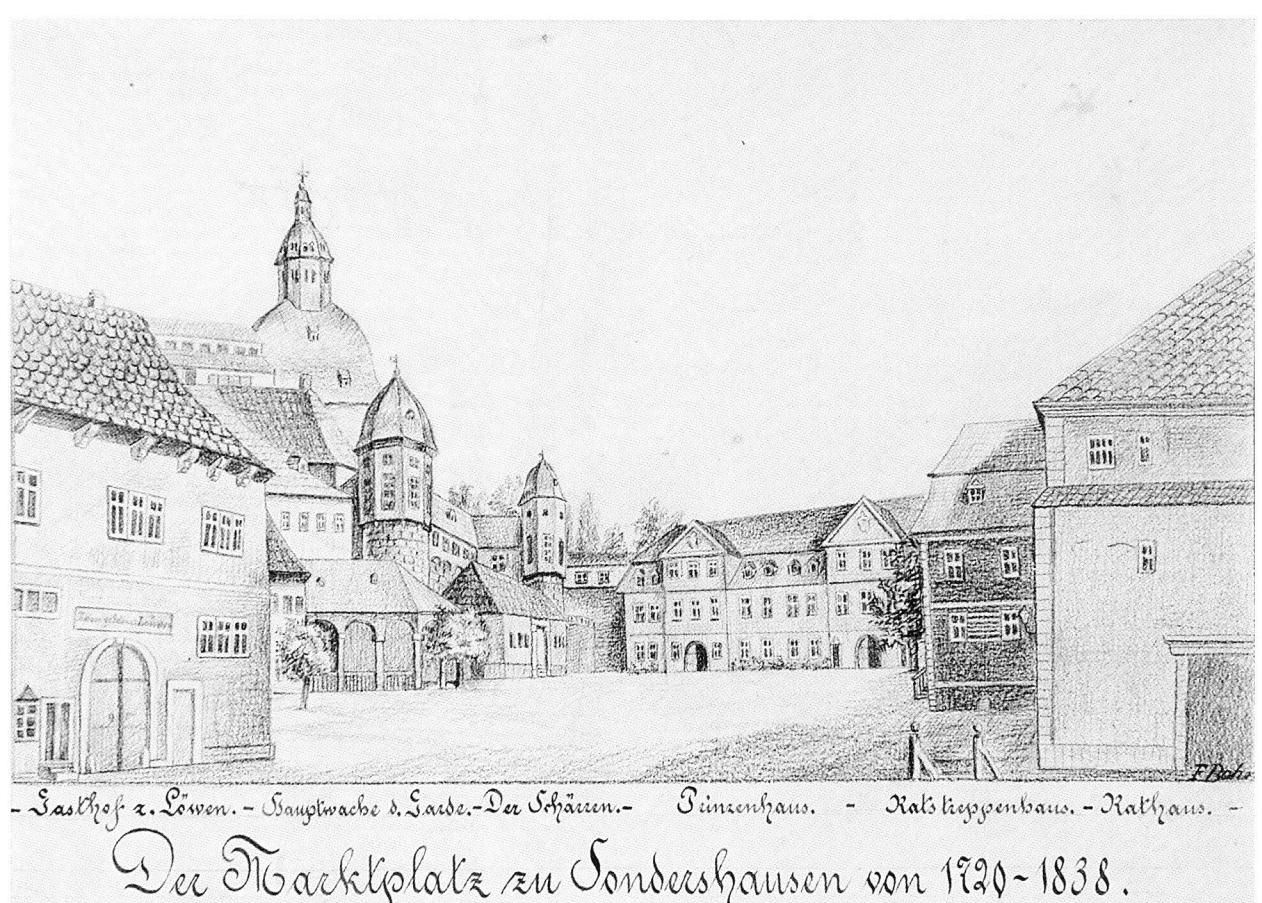

- Gasthof z. Löwen. - Hauptwache d. Garde. - Der Schären. -   Prinzenhaus.   - Rats Treppenhaus. - Rathaus. -

Der Marktplatz zu Sondershausen von 1720-1838.

Mansardwalmdach gehalten, während die Dächer der drei rückwärtigen Flügel als Satteldächer ausgebildet waren. In der Art einer „sprechenden Architektur" kündete die Gliederung der Fassade des Corps de Logis von der Bestimmung des Gebäudes als Wohnhaus für zwei prinzliche Hofhaltungen. Von der auf 14 Fensterachsen ausgelegten Hauptfassade entfielen Abschnitte zu je sieben Fenstern auf jede Hofhaltung. Der die jeweils mittleren drei Fensterachsen umfassende Abschnitt war als flacher Risalit hervorgehoben. Hier gewährte im Erdgeschoss ein von zwei Fenstern flankiertes Tor in Form eines Korbbogens den Hauptzugang, während das erste Obergeschoss mit drei Fensterachsen bestückt und die im Risalit als Zwerchgiebel ausgebildete Mansarde ebenfalls mit drei Fenstern besetzt war, zudem von einem Dreiecksgiebel mit Wappen bekrönt wurde. Die jeweils zwei Fensterachsen in der Mansarde rechts und links dieses Giebels waren mit einfachen, stehenden Dachfenstern besetzt. Damit ist die Hauptfassade des Palais formal erkennbar als Addition aus zwei sich einander symmetrisch zuordnenden Abschnitten zu je sieben Fensterachsen, deren jeweilige Mittelpartie durch Risalite zu drei Fensterachsen hervorgehoben und durch die vertikale Achse von Tor und Wappengiebel ebenso einfach wie klar betont wird.

Die Bauherren und die Frage nach dem Baumeister

Bauherr war Fürst Günther I., der in der Pflicht stand, seinen jüngeren Halbbrüdern standesgemäße Residenzen zu schaffen. Aus diesem Grund wurden die Bauausgaben auch aus dem Baufonds der Kammerkasse und nicht aus den Apanagegeldern der Prinzen bezahlt. Jedoch hatte Christian Wilhelms Verfügung zum Bau des Prinzenpalais die Prinzen Rudolf und Christian ausdrücklich zur Bestimmung von Riss und Entwurf ermächtigt, sodass deren tatsächliche Einflussnahme im Rahmen der durch den Baufonds gegebenen Möglichkeiten vorauszusetzen ist. Die Frage nach dem Architekten, nach dessen Plan das Prinzenpalais errichtet wurde, ist aufgrund der Quellenlage nicht zu beantworten. Allerdings sind mehrere in der zweiten und dritten Dekade des 18. Jahrhunderts in Schwarzburg-Sondershausen tätige Baumeister nachweisbar, unter denen der Architekt des Prinzenpalais zu suchen sein dürfte. Deutlich erkennbar ist das Wirken eines nicht namentlich genannten Sondershäuser Zimmerermeisters, der als Werkmeister die Ausführung der Arbeiten leitete. Es kann sich bei diesem nur um den Zimmerermeister Johann

Köhler – gestorben 1744 als „Raths Cämmerer und Werck-Meister allhier" – gehandelt haben, der auch beim Umbau des Nordflügels des Sondershäuser Schlosses einschließlich der Schlosskirche in der zweiten und dritten Dekade des 18. Jahrhunderts als Werkmeister wirkte.[9]

Unabhängig vom bauausführenden Werkmeister ist jedoch ein Architekt vorauszusetzen, der in Abstimmung mit Fürst Günther I. als Bauherrn und den beiden Prinzen als künftigen Bewohnern des Gebäudes Pläne entworfen und das Baugeschehen zumindest zeitweise beaufsichtigt haben muss. Hierbei ist am ehesten an Johann Nikolaus Ludwig zu denken, der von 1695/96 bis 1721/22 in den Sondershäuser Kammerrechnungen als „Bauschreiber" erwähnt, mitunter aber auch „Baumeister" genannt wird.[10] Ludwig hatte beim barocken Um- und Ausbau des Süd- und Ostflügels in den neunziger Jahren des 17. Jahrhunderts als Bauführer gedient und dabei in einem offenbar engen persönlichen Verhältnis zu dem unter anderem in Jena, Weimar, Eisenach und Ilmenau tätigen Johann Mützel gestanden, der den Umbau als Architekt geleitet hatte.[11] Vermutlich spielte Ludwig auch beim Umbau des Nordflügels eine wichtige Rolle. Er war mehr als ein bloßer Bauverwalter, vielmehr ein erfahrener Bauleiter, der in der Lage gewesen sein muss, selbstständig Gebäude zu entwerfen und zu errichten. Beachtung verdient sein Wirken beim Wiederaufbau der Stadtkirche in Greußen.[12] Einer denkbaren Zuschreibung des Prinzenpalais an Ludwig steht allerdings entgegen, dass er ausgerechnet zu Beginn des Baugeschehens an diesem Gebäude aus dem Dienst bei der Kammer ausschied, woraufhin in den folgenden Jahren eine andere Person namens Ludwig, bisher als Feuerwerker besoldet, zusätzlich die Funktion des Bauschreibers wahrnahm. Allerdings starb Johann Nikolaus Ludwig, betitelt als „Fürstl. Schwartzb. Baumeister", 1733 in Sondershausen, war also auch nach 1722 trotz des bei der Kammer quittierten Dienstes offensichtlich noch vor Ort verfügbar.

Am ernsthaftesten ist wohl eine Zuschreibung an den Architekten Johann Heinrich Hoffmann, in den Jahren 1731, 1732 und 1734 offiziell besoldeter Landbaumeister des Fürstentums Schwarzburg-Sondershausen, zu erwägen.[13] Hoffmann, der aus dem Fürstentum Anhalt-Bernburg kam, hat als Landbaumeister das 1734 im Wesentlichen vollendete Arnstädter Wittumspalais für Günthers I. Gemahlin Elisabeth Albertine, eine gebürtige Prinzessin von Anhalt-Bernburg, errichtet. Sehr wahrscheinlich war er schon vor 1731 an dem seit 1728 entstehenden Wittumspalais tätig, wenn auch nicht als angestellter Landbaumeister. Interessanterweise entstammte auch Christine von Anhalt-Bernburg-Schaumburg, die Gemahlin des Prinzen Christian, als dessen Wohnsitz eine der Hälften des Prinzenpalais errichtet wurde, diesem Fürstentum. Fraglich bleibt allerdings, ob man Hoffmanns Anwesenheit in Sondershausen bereits für Anfang der zwanziger Jahre des 18. Jahrhunderts voraussetzen darf. Sollte dies der Fall sein, so wäre er mit hoher Wahrscheinlichkeit auch als der leitende Architekt bei den Arbeiten am Nordflügel des Schlosses, vor allem an der Schlosskapelle, anzusehen.

Immerhin zu erwähnen, aber für das Prinzenpalais weniger ernsthaft in Erwägung zu ziehen, ist ferner ein Baumeister namens König, der von 1734/35 bis 1738 als Landbaumeister wirkte und als Architekt der Arnstädter Gottesackerkirche nachweisbar ist.[14]

Baugeschichte

Das Baugeschehen am Palais ist nicht durch gesonderte Bauakten, sondern nur durch entsprechende Positionen im Bauetat der Kammerrechnungen in Gulden, Groschen und Pfennigen zu belegen.[15] In der Anfangsphase des Bauvorhabens, 1722/23 und 1723/24, rechnete man die das Palais betreffenden Positionen unter den auf die jeweiligen Gewerke bezogenen Rubriken des allgemeinen Bauetats der Kammerrechnungen ab. Von 1724/25 bis 1728/29 wurde innerhalb des Bauetats der Kammerrechnungen ein gesondertes Kapitel zu den Arbeiten am Palais geführt. Da die Belege zur allgemeinen listenförmigen Erfassung der Kammerrechungen nicht überliefert sind, können zahlreiche Positionen nur bezüglich der finanziellen Größenordnung und nicht betreffs der erbrachten Leistungen nachvollzogen werden. Andererseits fanden mitunter Arbeiten von sekundärer Bedeutung, die konkrete Einblicke in den Bauvorgang ermöglichen, stichwortartig Erwähnung. Das aus dieser Quellenlage zu rekonstruierende Baugeschehen fixiert immerhin gewisse Eckpunkte des Bauablaufs und macht darüber hinaus den kulturgeschichtlichen Kontext dieses Bauvorhabens in diversen Aspekten ersichtlich.

Der Bau des Prinzenpalais setzte zunächst den Abriss des Vorgängerbaus, eines bereits im 16. Jahrhundert existierenden Marstalls voraus, zu dessen Baugeschichte und baulicher Struktur bisher nichts Näheres bekannt ist. In der älteren Literatur findet das Gebäude nur als Vorgängerbau des Prinzenpalais kurz Erwähnung. Die im Rahmen der Sanierung des Prinzenpalais von 1995/96

durchgeführten bauhistorischen Untersuchungen haben keine Hinweise auf eventuell in das Palais übernommene bauliche Relikte des Marstalls erbracht.

Interessanterweise begann man den Bau im Sommer 1722 nicht mit dem Corps de Logis, da hierzu erst der Abriss des Marstalls erforderlich war, sondern mit dem Nordflügel (Stall und Remisen), an dem schon im Juli 1723 ein Richtfest stattfand und die wesentlichen Arbeiten 1725 beendet gewesen sein dürften.[16] 1724/25 wurden die Hauptbauleistungen zum Corps de Logis erbracht, 1726 die Arbeiten zu dessen Eindeckung beendet, im selben und im folgenden Jahr Stuck- und Glaserarbeit abgerechnet. Ende 1725 sind erstmals Zahlungen für Maurer- und Zimmerarbeiten an den Seitengebäuden fassbar, deren Errichtung sich auf die Jahre 1725/26 konzentrierte. Die Bauabfolge an der Vierflügelanlage kann also im Groben folgendermaßen rekonstruiert werden: Man errichtete den nördlichen Stallflügel, während als Voraussetzung zum Bau des südlich gelegenen Corps de Logis dessen Vorgängerbau abgerissen wurde. Als der Stallflügel weitgehend vollendet war und das Corps de Logis zumindest im Rohbau stand, setzte man die Seitenflügel dazwischen. Unklar bleibt die Einordnung zweier 1727 vollendeter Heuställe in die Gesamtsituation, bei denen es sich um kleine, gesonderte Gebäude oder Anbauten an die rückwärtigen Flügel gehandelt haben könnte.[17]

Die früheste Erwähnung von Arbeiten am Palais datiert vom 17. Oktober 1722 und bezieht sich auf Tagelöhnerarbeiten, die den Maurerarbeiten zugerechnet wurden, während die Abrechnung der letzten fassbaren Ausgaben, die Anschaffung von Brettern betreffend, im August und September 1729 erfolgte. Die Kammerrechnung von 1729/30 vermerkt zum Palais: „Vacat. Weil diese Häußer vorn Jahr fertig worden, und also alhier dieserwegen nichts ausgegeben worden."

Die gewichtigste Ausgabenposition waren die Zimmererarbeiten, unter denen auch die Zahlung an den das Baugeschehen leitenden Werkmeister, bei dem es sich um den oben genannten Johann Köhler gehandelt haben muss, abgerechnet wurde. Nach dem Einsetzen der Zimmererarbeiten im Sommer 1722 war am 3. Juli 1723 schon die „Richtung des Prinzen Stalles" erfolgt. Die 1723/24 ansteigenden Ausgaben für Zimmererarbeit (541/3/10)[18] bezogen sich auf einen „dem Werkmeister auf sein Gedünge am Prinzen Hauße" zu zahlenden Abschlag (173/3/–), vor allem aber auf Bauholz und insbesondere auf Bretterkäufe, unter anderem vom Bürgermeister Hoffmeister, sowie auf das Schneiden von Bohlen und Blochen. Das Aushauen von Holz im Benneckensteiner Forst besorgte der Zimmermann Hans Key, das Zuschneiden der Bohlen der Müller des südöstlich bei Sondershausen gelegenen Dorfes Jecha. 1724/25 reduzierten sich die Ausgaben für Zimmererarbeit (352/20/9). Gezahlt wurde unter anderem für „Keller Bogen zu machen" (28. März/12. Mai 1725) sowie „Sims-Brethern anzuschlagen, und 16. Tach Fenster zu machen, in den Prinzen Stall" (31. Mai 1725). Die mit Abstand höchsten Ausgaben zur Zimmererarbeit fielen 1725/26 (737/–/9) an. So erhielt der Werkmeister am 10. Februar 1725 Zahlungen „von dem Prinzen Gebäude zu erbauen vor alle Arbeit" (150/6/–), am 26. Juli 1726 „zum Gedinge wegen aufbauung der Prinzenwohnhauße" (45/15/–), für 1725/26 insgesamt noch „zum Gedinge vor aufbauung der beyden Seiten Gebäude in dem Prinzen Hauße" (285/15/–) und „zum Gedinge an beiden ställen" (173/3/–). Mit dem Aushauen von Holz war wieder der Zimmermann Key beschäftigt, mit dem Schneiden von Bohlen und Säulen der Müller in Jecha. Daneben wurde an der Stalleinrichtung (Pferdekrippen und „Lehnen an die Treppen in Prinzen Stall") gearbeitet. Auch 1726/27 fielen noch bedeutende Zimmererarbeiten an (407/15/3), die sich auf das Hauptgebäude und die Seitenflügel bezogen. Unter anderem war „Holtz so zu den Prinzen Häußern kommen ist, zu beschlagen" (17. März 1727), Arbeit in Prinz Rudolfs Garten (Juni 1727) und „in Prinz Rudolphs Durchl. ieziger Wohnung" (Juli 1727) sowie „Arbeit an der Treppe" und an der Planke (August/September 1727) zu verrichten. Auch zum Gedinge an den Heuställen der Prinzen wurde der Werkmeister entlohnt (7. Juni 1727; 84/12/–). 1727/28 waren nur noch vergleichsweise wenige Zimmererarbeiten erforderlich (268/16/9). Eine letzte Zahlung an den Werkmeister (91/9/-) erfolgte am 22. Januar 1728 „von denen Simmeßen und der Bekleidung an die Prinzen Häußer".

Bauholz wurde 1723/24, 1725/26 und 1728 von Benneckenstein bezogen. Für den Transport war ein gewisser Knochenhauer aus Nordhausen zuständig, von dem ein Fuhrmann Holland den Weitertransport nach Sondershausen übernahm. Ein Teil des Holzes wurde in Nordhausen geschnitten, wie Zahlungen an den Nordhäuser Müller Christian Wilhelm Stein von März bis Juli 1727 belegen. Neben dem Fuhrmann Holland, dem 1725/26 und 1726/27 die Mehrzahl der Bretterfuhren zufiel, lieferte ein Fuhrmann Kranich Bretter aus Arnstadt, der Residenz des zentralthüringischen Landesteils des Fürstentums.

Die seit 1723/24 stattfindenden Steinbrecherarbeiten, die auch das Brennen von Kalk und das Brechen von Höhlenspat einbezogen, erlangten ihre größte Intensität in den folgenden beiden Jahren, gingen dann bis 1727/28 schrittweise zurück und fielen 1728/29 nur noch geringfügig an. Den Hauptanteil dieser Arbeiten, die sowohl das Brechen von Sand- als auch von Kalkstein betrafen, leistete der Steinbrecher Philipp Braunis, neben dem die Steinbrecher Bergmann und Wensel beschäftigt wurden. Besonderes Interesse verdient eine Position vom 3. August 1726, der zufolge Braunis unter anderem „von Marmorsteinen Spat zu brechen"[19] hatte. Die Steinbrecherarbeit galt auch dem Brechen von Grundsteinen (5. Februar 1724), der Materialbeschaffung zu Pflaster „in der Küche" (7. September 1726) sowie in Prinz Christians und Prinz Rudolfs Pferdestall (7. November 1726/1. Mai 1727).

Teichgräber, „so an dem Printzen-Gebäude Grund graben müssen", wurden im Dezember 1722 und im Juni 1723 entlohnt. Bei den ersten 1722/23 unter Maurerarbeit verzeichneten Leistungen handelte es sich um die Entlohnung von Tagelöhnern, wahrscheinlich also um Abbrucharbeiten und Grundgräberarbeiten sowie um Arbeit „an dem Prinzen-Hintergebäude". Die Maurerarbeit oblag vor allem dem Hofmaurer Christian Schneider, neben dem ein Maurer Walther beschäftigt wurde. Letzterer kam offensichtlich am Nordflügel zum Einsatz, wofür er am 25. Mai 1727 eine Zahlung „vor die an dem Hintersten Gebäude des Prinzenhaußes verdungene Arbeit" erhielt, während man den am Hauptgebäude tätigen Schneider am 30. September 1725 einen Abschlag „auf den verdungenen Grund zum Prinzen Wohn Hauße raus zu mauern" zahlte (68/20/–). Die Ausgaben für Maurerarbeiten bewegten sich von 1724/25 bis 1727/28 auf einem annähernd gleichen Niveau, das zwischen 307 und 368 Gulden lag und erst 1728/29 etwas unter 300 Gulden sank. Dabei verlagerte sich der Charakter der Arbeiten vom Abriss, der Grundgräberei und der Fundamentierung auf die eigentlichen Maurerarbeiten, auf Pflasterarbeiten, das Gießen zahlreicher Estrichfußböden und Tüncharbeiten an der Fassade. Der Bau des Corps de Logis ist fassbar, als Schneider am 24. Mai 1725 „vor 150. Ruthen Mauer aus dem Grunde an der Prinzen vordern Gebäude aufzuführen" bezahlt wurde (102/18/–). 1724/25 wurden auch Maurerarbeiten „an denen Gewölben", „von Fachen auszumauern" und „69 1/2 Ruthen Mauer, an dem einen seiten Gebäude, und 299. Schue Steinen so dazugekommen" abgerechnet. Unter den 1725/26 näher erkennbaren Arbeiten sind neben dem Ausmauern zahlreicher Fache vor allem das Gießen von „Estrichen in der Durchl. Prinzen Gebäude" (3. November 1725) und die „aufführung der Mauer an des Durchl. Prinz Rudolph Seiten Gebäude", also am Ostflügel, zu erwähnen. 1726/27 arbeiteten Maurer wieder am Ostflügel, so an „dem Küchen Gewölbe in Prinz Rudolph Seiten Gebäude" (26. Oktober), am Verlegen von Platten in Prinz Rudolfs Pferdestall (März 1727), am Küchenschlot (12. April 1727), am Ausmauern von Fachen in Rudolfs Heustall (28. Juni 1727) und Rudolfs „Seiten Gebäude" (30. Juni 1727), aber auch am Westflügel, so an den Fachen in „Prinz Christians Seiten Gebäude" (19. Juli 1727). Im Rechnungsjahr 1727/28 stand nicht mehr die eigentliche Maurerarbeit, sondern das „Estrichgießen in Prinzen Gebäude" im Vordergrund. Auch im letzten Jahr des Baugeschehens wurde Estrich gegossen (15. Dezember 1728), jedoch auch an der Fassade gearbeitet, wie ein Vermerk „von Berappung, des Gebäudes" (16. Januar 1729) erkennen lässt.

Ziegel, Kalk und Backsteine bezog man vom „hiesigen" Ziegelhüttenpächter, so 1725 bis 1727 für fast 1 000 Gulden, und 1727/28 für mehr als 600 Gulden vom Kämmerer Stein. Am 23. September 1728 wurden zehn Scheffel Kalk bezahlt, die von der in der Goldenen Aue gelegenen Domäne Numburg geliefert worden waren. 1725/26 fuhren Heinrich Adam und Konsorten Sandsteinfuhren sowie Daniel Kellermann und Konsorten Sandsteine von der Trift, einem von Sondershausen östlich des Brücketales nach Auleben führenden Hohlweg, wo Sandstein anstand. Im selben Jahr lieferten der Jäger des westlich von Sondershausen gelegenen Dorfes Stockhausen und Andreas Gertler, der auch 1726/27 erwähnt wird, ebenfalls Sandsteine.

Die Kleiberarbeiten leistete im Wesentlichen der Kleiber Blättermann aus Stockhausen, der bereits im August 1723 „508 Ellen Estrich gewunden" hatte. 1723/24 arbeitete er am Nordflügel, insbesondere am Stall, hatte aber auch „auf den Boden in Hintergebäude 26. felder wünden und Estrich" zu machen. Bei den sich 1724/25 intensivierenden Kleiberarbeiten hatte Blättermann unter anderem Schalholz auszuhauen und „Arbeit in der Prinzen fordern Hauße, und mittlern Stockwercke" zu verrichten. Ein Teil der in diesem Jahr unter „Kleiberarbeit" verzeichneten Leistungen wurde jedoch vom Hofmaurer ausgeführt, der am 10. Februar 1725 für Arbeit „von denen Gemächern übern Prinzen Stall, desgleichen Galerie und treppen auszutünchen" bezahlt wurde (96/–/–). Überhaupt vermittelt die Abrechnung den Eindruck,

dass die Tüncherarbeit generell von Maurern geleistet wurde. 1725/26 erfolgte die „Windung des Obersten Boden in Prinzen Hauße"; 1727/28 waren „1043 1/2 Ellen, in Ihro Durchl. Fürst Rudolphs, und 56. Ellen in Ihro Durchl. Fürst Christians Seiten Gebäude, zu Winden, zu vergleichen", Arbeiten an beiden Heuställen, an den „Secret gehäusen" und „an den neuen Treppen" zu leisten. Bei den „Secret gehäusen" handelte es sich um einen an der Rückfront des Corps de Logis zentral als halbrunden Turm errichteten Abtritt. In den letzten beiden Baujahren standen nur noch geringfügige Kleiberarbeiten an. Das zur Berohrung zu verputzender Balken erforderliche Rohr kaufte man unter anderem, so im November 1726, in Göllingen. Abgerechnet wurde auch der Kauf von zwei Zentnern Draht (1. April 1726) und von 40 Pfund Draht beim Nadler Brand in Greußen (28. Mai 1727). Außerdem bezog man zwischen Juli 1727 und April 1728 insgesamt 31 Ringe Draht.

Ziegeldeckerarbeiten wurden erstmals am 9. Juni 1725 vermerkt, als man dem Ziegeldecker Krampf die Eindeckung des Hintergebäudes mit 13 655 Ziegeln bezahlte. Der Hauptteil der Ziegeldeckerarbeit wurde offensichtlich 1726/27 geleistet, als intensiv an der Erfüllung des Gedinges gearbeitet wurde, wobei die Eindeckung der beiden Heuställe gesondert Erwähnung findet. 1727/28 wurden nur noch vier unwesentliche Positionen „zu gänzlicher Bezahlung der gedüngten Ziegeldecker Arbeit in der Prinzen Gebäude" abgerechnet. Die wichtigsten Schieferdeckerarbeiten wurden im Juli/August 1726 bezahlt, so die Eindeckung der Dachfenster am Hauptgebäude und die der Kehlen „zwischen den Arckern", woraufhin im September 1727 nur noch geringfügige Leistungen zur „Deckung von Kehlen" zu begleichen waren.

Der Hofglaser Krause erhielt Zahlungen am 9. August 1726 „Von denen Fenstern in Prinzen Stall zu machen" (258/14/–), am 20. November 1726 und 14. April 1727 „zum Gedinge am Prinzenhause" (insgesamt 177/3/–), und 1728/29 „zu vergnügung der gedungenen, und gemachten Fenster ins Prinzen Hauße" (468/12/–). Tischlerarbeiten wurden erstmals Ende 1723/Anfang 1724 abgerechnet, als dem Tischler Schambach unter anderem ein doppeltes Tor und drei Doppeltüren zu bezahlen waren. In den Sommermonaten der Jahre 1725 und 1726 wurden weitere, jedoch bis auf eine Erwähnung von Fenstern und Türfuttern nicht näher spezifizierte Tischlerarbeiten beglichen, die Friedrich Schulze und Christoph Krause geleistet hatten. Im Sommer und Herbst 1727 vermerkte Tischlerarbeiten belegen die diesbezüglich intensivste Arbeitsphase (70/–/–). 1727/28 fanden die Tischlerarbeiten ihr Ende mit „gänzlicher Bezahlung der gedüngten, und geschehenen Arbeit in der Prinzen Gebäude" (40/16/–).

Schlosserarbeiten wurden durch die Schlosser Stumpf, Brückner und Gimmerthal verrichtet. Erste Zahlungen gingen am 28. Juli 1725 an Samuel Gimmerthal „vor 6. verzinte, und 6. schwartze Schlösser, mit andern Thüren beschlagen" (16/–/–) und an Stumpf. Einen Schlosser aus Gehren, dem Hauptort des zum Fürstentum Schwarzburg-Sondershausen gehörenden Amtes im Thüringer Wald, bezahlte man am 26. November 1725 für den Weg nach Sondershausen und das Anschlagen von Schlössern, denselben am 18. Februar 1726 für vier noch fehlende Schlösser und Bänder an Türen im Prinzenstall. Die hauptsächlichen Schlosserarbeiten wurden 1726/27 „auf gedungene Arbeit" durch Stumpf (70/6/–), 1727/28 (54/12/–) und 1728/29 (191/6/–) durch Stumpf und Brückner geleistet, wobei Ersterem im letzten Rechnungsjahr der Hauptteil der Arbeiten „zu vergnügung der gedungenen Arbeit" (181/3/–) oblag.

Stuckarbeiten, geleistet vom Rudolstädter Stuckateur Johann Tobias Müller (Möller), wurden 1725/26 erstmals erwähnt, als der „Stuccatur Müllern auf sein Gedinge in Prinzen Wohnhause" einen Abschlag (139/9/–) erhielt. Am 5. Oktober 1726, 8. März und 21. Juni 1727 rechneten Zimmerleute für Stuckateure geleistete Gerüstarbeiten ab. 1727 waren die Stuckarbeiten so weit gediehen, dass am 28. Juni „dem Stuccatur Müller zum Gedinge, von der Prinzen neuen Wohnhauße zu machen, zu erfüllung" eine Zahlung (260/12/–) und am 23. Oktober eine weitere „von der Prinzen beyden Seiten Gebäude, zu machen" (148/12/–) angewiesen werden konnte. 148 Pfund Haare, die wahrscheinlich zur Stuckarbeit dienten, wurden am 27. November 1728 abgerechnet. Von Müllers im Palais gefertigten Stuckaturen galt bisher nur das Dekor im Saal hinter dem östlichen Risalit als erhalten: Beide Hälften der durch einen west-östlich verlaufenden und ebenfalls stuckierten Unterzug geteilten Decke werden durch Plafonds von kräftigen Stuckrahmen und diese umgebende, feingliedrige Bandelwerkornamentik gegliedert (Abb. 3). Während der Bauuntersuchung von 1995/96 ist im benachbarten Wohngemach des Prinzen Rudolf ein zweites, durch einen Unterzug geteiltes Dekor freigelegt worden (Abb. 4). Die Bandelwerkornamentik beider Dekore ist in der für Müllers Arbeiten üblichen Kombination aus akanthusbesetzten geometrischen Strukturen, Glockenblütenfestons und -ketten gehalten.

Die Erstausstattung des Palais mit Öfen ist in einigen Positionen zur Töpferarbeit fassbar, die nicht im Baufonds zum Palais, sondern im allgemeinen Bauetat zu den Hofgebäuden abgerechnet wurden. So vermerkte man am 12. Oktober 1725 die Anschaffung zweier neuer Öfen zum Palais. Am 3. Januar 1728 erhielt der Sondershäuser Töpfer Ott eine Zahlung für drei neue Öfen in Prinz Christians bzw. Prinz Rudolfs Wohnhaus. Für Rudolfs Gebäude wurden außerdem am 2. bzw. 10. November zwei bzw. drei Öfen, Letztere vom Töpfer aus Frankenhausen, abgerechnet. Von einem Handelsmann Kölbel aus Nordhausen gelieferte „Eiserne Öfen" für das Hintergebäude der Prinzen wurden am 1. November 1728 bezahlt (97/–/–). Eventuell kamen auch die 1727/28 „in der Durchl. Prinzen Neues Wohnhauß gekommene Eisen Öfen" (242/14/3) von Kölbel. Die Anschaffung töpferner und eiserner Öfen erklärt sich aus dem 1753 für Prinz Rudolfs Gebäudeanteil erstellten Inventar, woraus ersichtlich ist, dass in den herrschaftlichen Räumen Öfen mit eisernem Untersatz und töpfernem Aufsatz standen.

Die letzte nennenswerte Arbeit vor Fertigstellung des Palais bezog sich auf die Instandsetzung vorhandener oder die Herstellung neuer Brunnen. So erhielt der Spritzenmacher aus Bothenheiligen[20] am 6. August 1728 eine Zahlung „von machung der brunnen in der Prinzen Häußer" (45/15/–). Ende 1728 und Anfang 1729 wurde mehrfach „Englisch leder zum Brunnen" abgerechnet. Die Arbeit an den Brunnen wird auch durch eine am 25. Oktober 1728 erfolgte Zahlung an Zimmerleute zur Herstellung von zwei Wasserpumpen ersichtlich.

Die Gesamtkosten zum Bau des Prinzenpalais betrugen, soweit dies aus den Kammerrechnungen erschlossen werden kann, 13 175 Gulden, 7 Groschen und 1 1/2 Pfennige. In diesem Betrag sind die Kosten für die dekorative Ausstattung der Räume und die Anschaffung von Mobilien nicht enthalten. Gemessen daran, dass es sich beim Sondershäuser Prinzenpalais um einen Neubau handelte, war dieser im Vergleich mit den Ausbaukosten der Prinzenresidenzen zu Ebeleben (5659/–/11), Keula (3077/13/–) und Arnstadt (4349/20/–) nicht zu kostspielig ausgefallen.

Exkurs: Der Stuckateur Johann Tobias Müller

Der einzige beim Bau bzw. der dekorativen Ausstattung des Prinzenpalais tätige Künstler von Bedeutung für Thüringen insgesamt war der Stuckateur Johann Tobias Müller (Möller) aus Rudolstadt. Müllers Biographie soll hier kurz skizziert werden, da dazu einige neue Erkenntnisse vorliegen. Johann Tobias Müller war ein Sohn des Gothaer Bürgers, Tüncher- und Dachdeckermeisters Johann Müller. Da er am 15. März 1750 im Alter von 73 Jahren, acht Monaten und neun Tagen in Rudolstadt starb, dürfte 1676 als sein Geburtsjahr anzusehen sein.[21] Am 27. August 1704 vermählte er sich, wie im Kirchenbuch seiner Geburtsstadt Gotha vermerkt wurde, als der „Ehrengedachte und Kunst-Erfahrne Tobias Möller, Stouckatour zu Frankenhausen" in Frankenhausen mit Dorothea Maria Züllicher, Tochter Ehrengedachten und Kunst-Erfahrnen Gabriel Zieglers, Stouckateurs zu Frankenhausen".[22] Züllicher, dessen Name in der Gothaer Kirchenbucheintragung in entstellter Form genannt wird, und Müller waren damals aber nicht in Frankenhausen ansässig, sondern hielten sich dort nur zeitweise auf, da sie mit der Stuckierung der im Jahre 1689 abgebrannten und von 1691 bis 1704 neu errichteten Unterkirche beschäftigt waren. Die Frankenhäuser Kirchenbucheintragung zu Müllers Eheschließung vom 27. August 1704 lautet: „Herr Tobias Müller, Jgsell und Stouccatür, Mstr. Johann Müllers, Bürgers und Tünchers zu Gotha Ehelicher Sohn mit Jungfer Dorothea Maria Zülligern, Hrn. Gabriel Zülligers, vornehmen Bürgers und Stouccatürers in Naumburg Ehelichen Tochter copulirt, und haben Vater und Sohn die Unter Kirche mit ihrer Gibß arbeit verfertiget und davor 600 flo. bekommen.[23]

Ein jüngerer Bruder Tobias Müllers, der „Stoukatour in Arnstadt" Johann Paul Müller, verheiratete sich am 4. Oktober 1707 in Arnstadt mit Dorothea Margarethe Sengewald, Tochter des Gräflich Schwarzburgischen Amtsaktuarius und Notars Adam Gottfried Sengewald.[24]

Ab wann Müller in Rudolstadt, dem mit seiner Biographie am engsten verbundenen Ort, ansässig war, ist unklar. Fassbar ist er dort erstmals durch die Geburt seiner Kinder in den Jahren 1714, 1717 und 1719. Ein Stadtbuch von 1722 führt ihn nicht als Bürger, sondern als „Hausgenosse" seines mittlerweile nicht mehr in Naumburg, sondern in Rudolstadt ansässigen Schwiegervaters Gabriel Züllicher.[25] In der Rudolstädter „Häuser-Chronik" findet man 1720 den „Gipser Gabriel Züllicher" als Erbauer und Eigentümer des späteren Hauses Schillerstraße 7 verzeichnet.[26] 1736 ging dieses Haus in den Besitz des bei dieser Gelegenheit als „Gipser" bezeichneten Tobias Müller über, am 16. März 1750 in den seiner Witwe Dorothea Marie

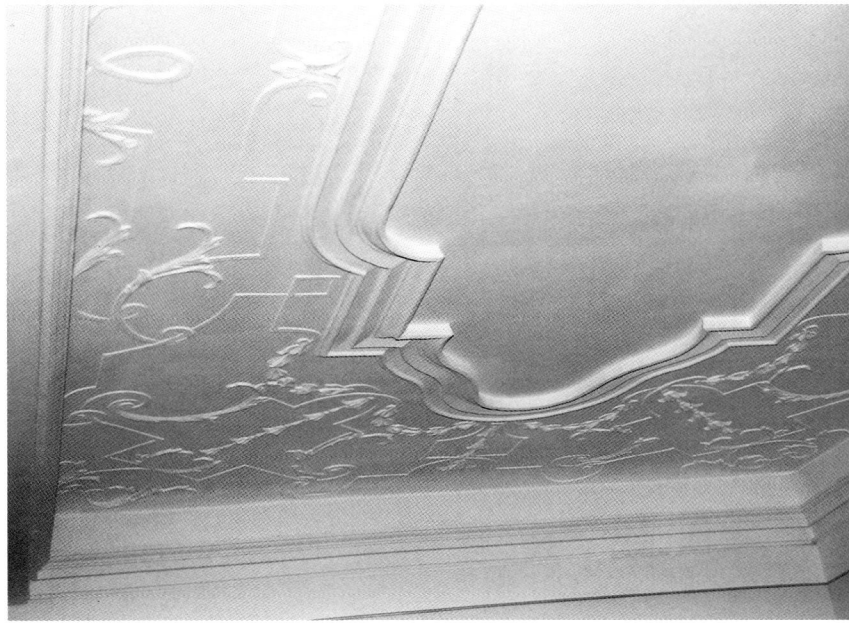

Müller und 1772 in den des Goldarbeiters Georg Erhard Müller.

Als Stuckateur muss Müller bezüglich seiner kunsthandwerklichen Fähigkeiten und stilistischen Orientierung die Entwicklung vom voluminösen, hochbarocken Akanthusstuck zur Reduzierung und Verfeinerung des Dekors bis hin zum flachreliefierten Bandelwerkstuck miterlebt und in seiner Region mitgestaltet haben. Seine Arbeiten im Sondershäuser Schloss – die Stuckdekoration der Schlosskapelle und Dekore im Tafelzimmer (Restpartie erhalten) sowie in wenigstens drei weiteren Räumen im Appartement des Fürsten und der Fürstin im Schlossturm – hat

Abb. 3 Sondershausen, Prinzenpalais, Stuckdekoration von Tobias Müller im Saal des Prinzen Rudolf

Abb. 4 Sondershausen, Prinzenpalais, Stuckdekoration von Tobias Müller im Wohnzimmer des Prinzen Rudolf

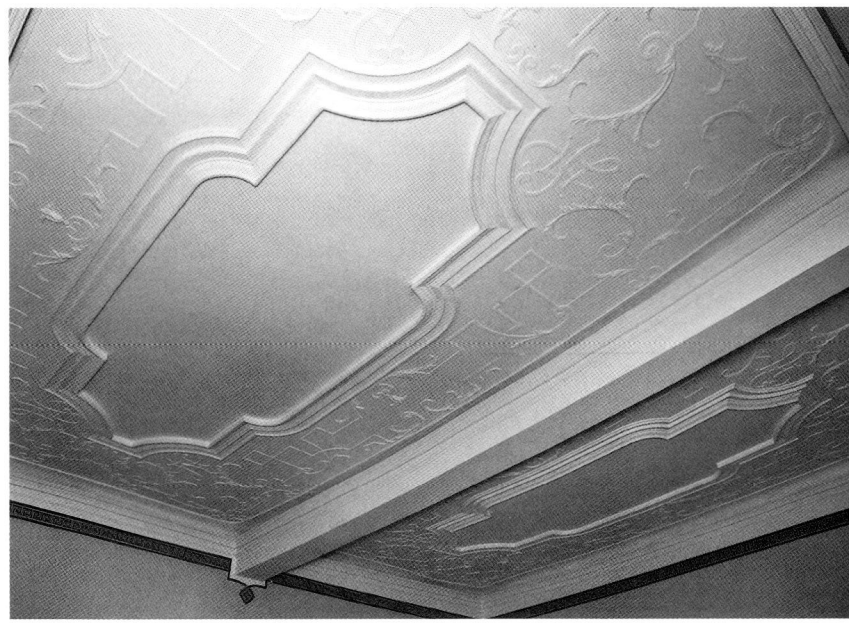

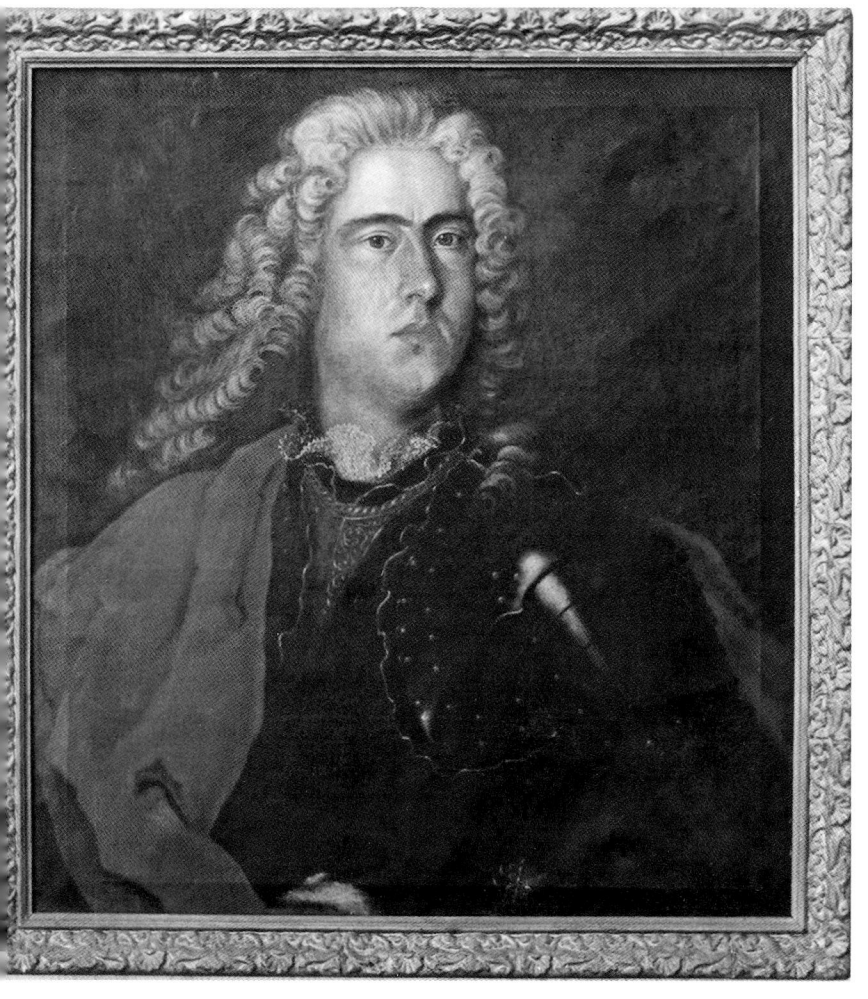

Abb. 5 Prinz Christian von Schwarzburg-Sondershausen (1700 – 1749)

Müller 1722 bis 1727 als etwa Fünfzigjähriger ausgeführt, woraus zu schließen ist, dass die Sondershäuser Stuckaturen von einem handwerklich perfekten Meister mit ausgeprägten stilistischen Auffassungen ausgeführt wurden. Die von ihm signierte Stuckdekoration in der Schlosskapelle (1722) gehört zu den ganz frühen Werken des reinen Bandelwerkstils in Thüringen.[27] Parallel zu bzw. im Anschluss an die Arbeiten im Schloss entstanden diverse Dekore im Sondershäuser Prinzenpalais, wovon zwei erhalten sind (Abb. 3, 4). In den dreißiger Jahren des 18. Jahrhunderts ist er vor allem bei der Ausstattung des Arnstädter Wittumspalais nachweisbar, was anhand diverser, noch heute in diesem Gebäude vorhandener Dekore und ihm zugegangener Zahlungen aus den Jahren 1731, 1732, 1734, 1735 und 1737 zu belegen ist.[28] Ob es sich bei den beiden um 1730 im Jenaer Schloss stuckierten, später in das Universitätsgebäude umgesetzten und ihm zugeschriebenen Decken um seine Arbeiten handelt, ist nicht sicher.[29] 1734/38 schuf er die (nicht erhaltenen) Stuckaturen der Stadtilmer Schlosskirche.[30] Arbeiten Müllers sind verständlicherweise vor allem im Fürstentum

Schwarzburg-Rudolstadt nachweisbar: Wohl in der zweiten Hälfte der dreißiger Jahre des 18. Jahrhunderts, jedenfalls bis 1741, war er auf Schloss Schwarzburg tätig,[31] um 1741/42 im Rudolstädter Prinzenpalais „Ludwigsburg"[32] und von 1743 an auf Schloss Heidecksburg.[33] Von seinen Söhnen hat vor allem Christian Wilhelm Wesentliches geleistet, der 1746/47 den Fassadenstuck am Hoym'schen Schloss zu Oppurg schuf. Ihm werden auch die Stuckaturen im „Goethe-Pavillon" in Weimar (Geleitstraße 8) und die der Fassade und des Bibliothekssaales der Weimarer Anna-Amalia-Bibliothek zugeschrieben.[34] Eine Monographie zur Thüringer Stuckateurfamilie Müller und deren Werken steht noch aus.

Die Prinzen und ihre Gemächer

Da Erbprinz Günther aus der ersten Ehe des Fürsten Christian Wilhelm von Schwarzburg-Sondershausen mit Antonie Sibylle von Barby stammte, die Söhne Heinrich, August, Rudolf, Wilhelm und Christian aber aus seiner zweiten Ehe mit Wilhelmine Christiane von Sachsen-Weimar hervorgegangen waren, standen Rudolf und Christian an vierter bzw. sechster Stelle der Erbfolge. So war die Wahrscheinlichkeit, dass ihnen einmal Regierungsverantwortung zufallen würde, außerordentlich gering.
Prinz Christian (27. Juli 1700 – 28. April 1749; Abb. 5), dessen Biographie durch eine neuere Arbeit überschaubar geworden ist,[35] ging konsequent den typischen Weg vieler in der Erbfolge weit hinten rangierender Fürstensöhne, den der militärischen Karriere. Nach einer vom Februar 1719 bis zum Mai 1720 unternommenen Kavalierstour durch die Niederlande, Frankreich und Italien, die er in Begleitung seines Hofmeisters Eberhard Detlev von Oettken absolvierte, verbrachte er einige Jahre in Sondershausen und vermählte sich am 10. November 1728 mit Sophie Eberhardine, einer Tochter des Fürsten Lebrecht von Anhalt-Bernburg-Schaumburg. Dabei griff er auf die regen Beziehungen des Sondershäuser Hofes ins Bernburgische zurück, waren doch auch Günther I. und August I. mit Prinzessinnen aus diesem Hause, Töchtern des Fürsten Carl Friedrich von Anhalt-Bernburg, vermählt. Vermutlich wurde der Zeitpunkt der Eheschließung so gewählt, dass das junge Paar die ihm zustehende Hälte des Palais schon beziehen konnte, während in Nebengemächern und im Umfeld des Gebäudes noch diverse abschließende Arbeiten stattfanden. Johann Christoph Gottsched, der in diesen Jahren Texte zu Festlichkeiten am Sondershäuser Hof erstellte, schrieb mehrere Oden auf das Beilager dieses

Paares, eine auf ein Geburtstagsfest Sophie Eberhardines und eine auf deren erste Niederkunft (Dezember 1729).[36] Von den sechs Kindern, die aus dieser Verbindung hervorgingen, starben die drei Söhne schon im Kindesalter. 1730 trat Prinz Christian als Militär in kursächsische Dienste, wurde 1733 Obrist-Leutnant, 1745 Generalmajor und 1747 Generalleutnant der Kavallerie. Sein Dienst führte ihn in verschiedene Regionen Sachsens und Thüringens (Stationierung unter anderem in Weida), aber auch zu Einsätzen nach Polen (1734–1736), nach Ungarn und Belgrad (1736) sowie nach Böhmen (1745). Er trug den Kurpfälzischen St.-Hubertus-Orden (1729) und den Polnischen Großen Weißen Adler-Orden (1738). Sein relativ früher Tod war nicht zuletzt Krankheiten geschuldet, die aus seinem Leben als Militär resultierten. Seine Gemahlin überlebte ihn um 35 Jahre, verließ mit ihren Töchtern Sondershausen aber schon 1750, um sich in Neustadt an der Orla niederzulassen, wo ihr August III., Kurfürst von Sachsen und König von Polen, Wohnrecht im Schloss eingeräumt hatte.

Trotz annähernd gleicher Materialfülle in der Überlieferung ist die Biographie Prinz Rudolfs (21. August 1695–22. Dezember 1749; Abb. 6)[37] aufgrund des Charakters der Quellen weniger leicht zu systematisieren als die Christians. Auch fehlt hier der in Bezug auf Prinz Christian erkennbare aktuelle Ansatz zur Aufarbeitung der Biographie. So weiß man von Rudolf vorerst nicht viel mehr, als dass er unverheiratet blieb und offensichtlich keine militärische Karriere in der Art seines älteren Bruders machte. Prinz Rudolf bewohnte den östlichen, Prinz Christian mit seiner Familie den westlichen Trakt des Prinzenpalais. In der Praxis dürfte das so ausgesehen haben, dass Rudolf wesentlich öfter anwesend war als sein Bruder, während die Familie des wegen seines Militärdienstes häufig abwesenden Christian – sofern sie in Friedenszeiten nicht an Christians Standort weilte – im westlichen Trakt lebte.

Als das Palais einschließlich der Raumdisposition Anfang der zwanziger Jahre des 18. Jahrhunderts entworfen worden war, spielten Fragen wie die künftige Häufigkeit der Anwesenheit der Prinzen oder deren stattfindende bzw. unterbleibende Familiengründung keine Rolle. Vorzusehen waren ein Raumbedarf und eine Raumanordnung, die beiden Prinzen und ihren künftigen Familien ein Leben auf standesgemäße Weise ermöglichen würde, wobei jedoch nicht die Realisierung fürstlicher Ansprüche im höheren Sinne, sondern die Wahrung eines für apanagierte Prinzen erforderlichen Mindeststandards beabsichtigt war.

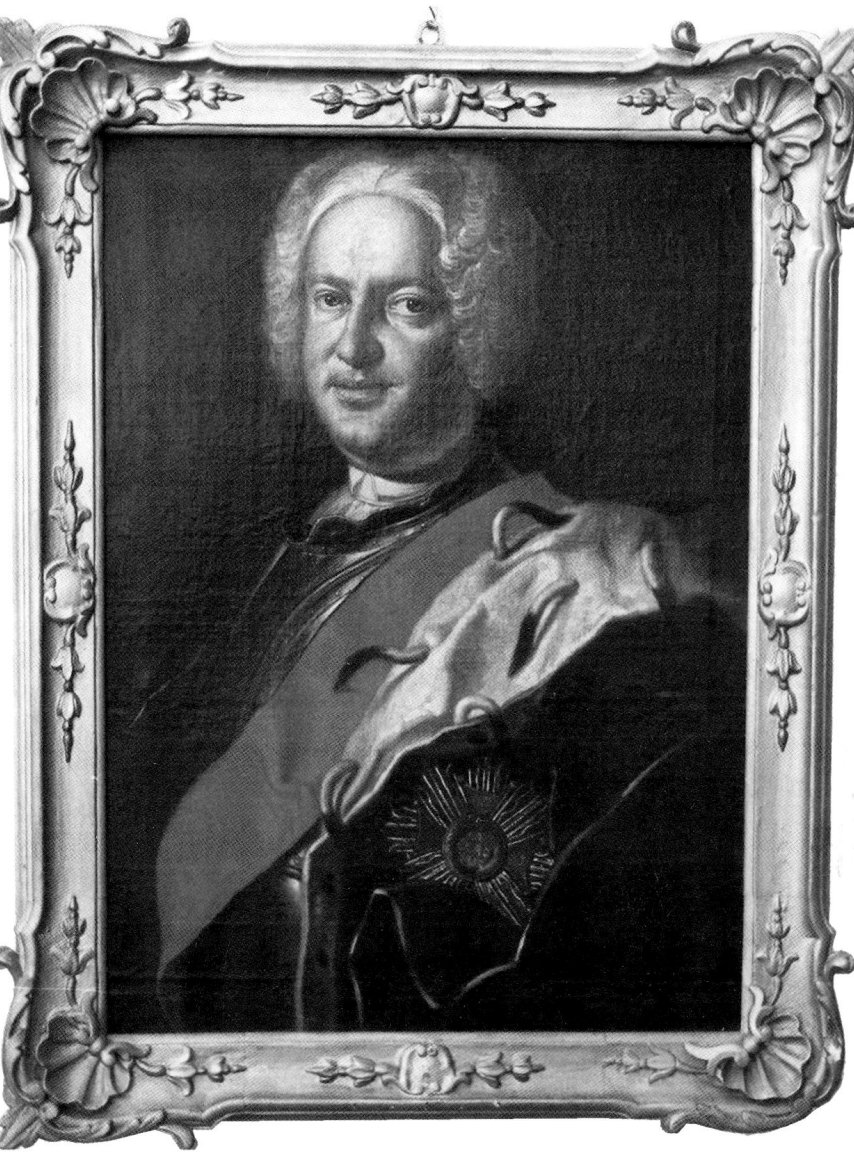

Die Raumdisposition der Entstehungszeit des Corps de Logis war eine so überschaubare und symmetrische, dass sie trotz diverser Verluste und Verbauungen aus der überlieferten Substanz erschlossen werden kann. Zudem existiert ein Bauinventar von 1753, das die vormals von Prinz Rudolf bewohnte östliche Hälfte des Palais erfasst. In diesem Inventar wurden Tore, Türen, Fenster und Fensterläden mit Beschlägen sowie Treppen und Öfen aufgelistet. Allerdings fehlen Hinweise auf die Fußböden, Decken- und Wanddekorationen sowie Mobilien.[38] Immerhin ermöglichen die in diesem Inventar verwendeten Raumbezeichnungen die Rekonstruktion der Nutzung der Räume in der östlichen Hälfte des Gebäudes, wodurch Rückschlüsse auf die entstehungszeitliche Planung der Raumdisposition möglich sind. Da die Raumanordnung in der von Christian genutzten Hälfte des Gebäudes spiegelbildlich zu der in

Abb. 6 Prinz Rudolf von Schwarzburg-Sondershausen (1695–1749)

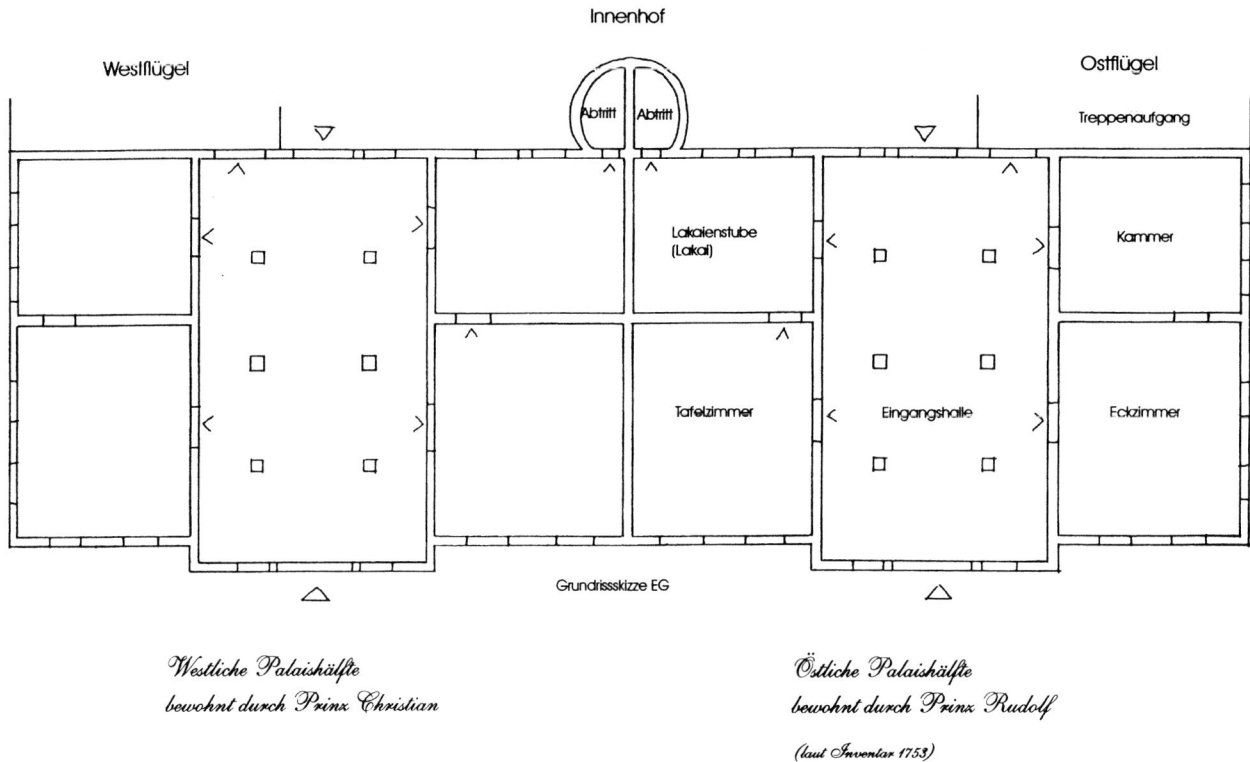

Abb. 7 Sondershausen, Prinzenpalais, entstehungszeitliche Raumdisposition im Corps de Logis, Erdgeschoss

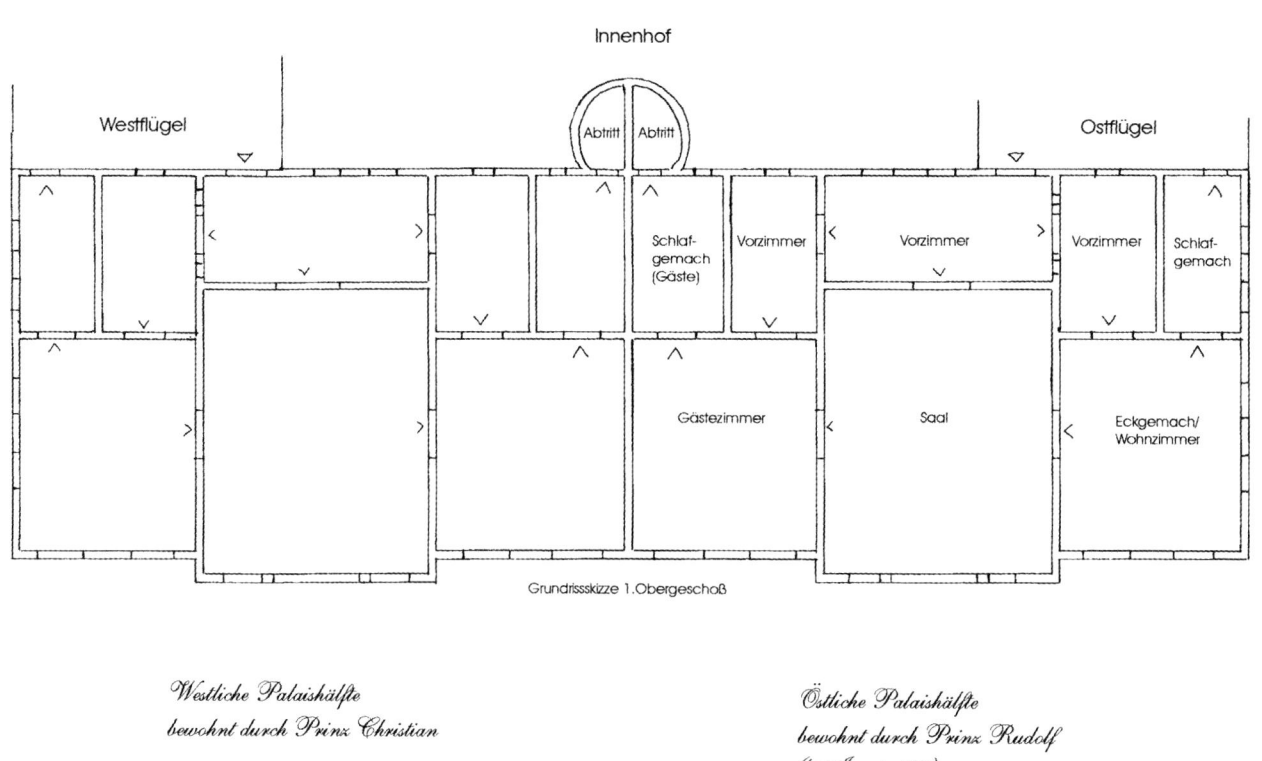

Abb. 8 Sondershausen, Prinzenpalais, entstehungszeitliche Raumdisposition im Corps de Logis, 1. Obergeschoss

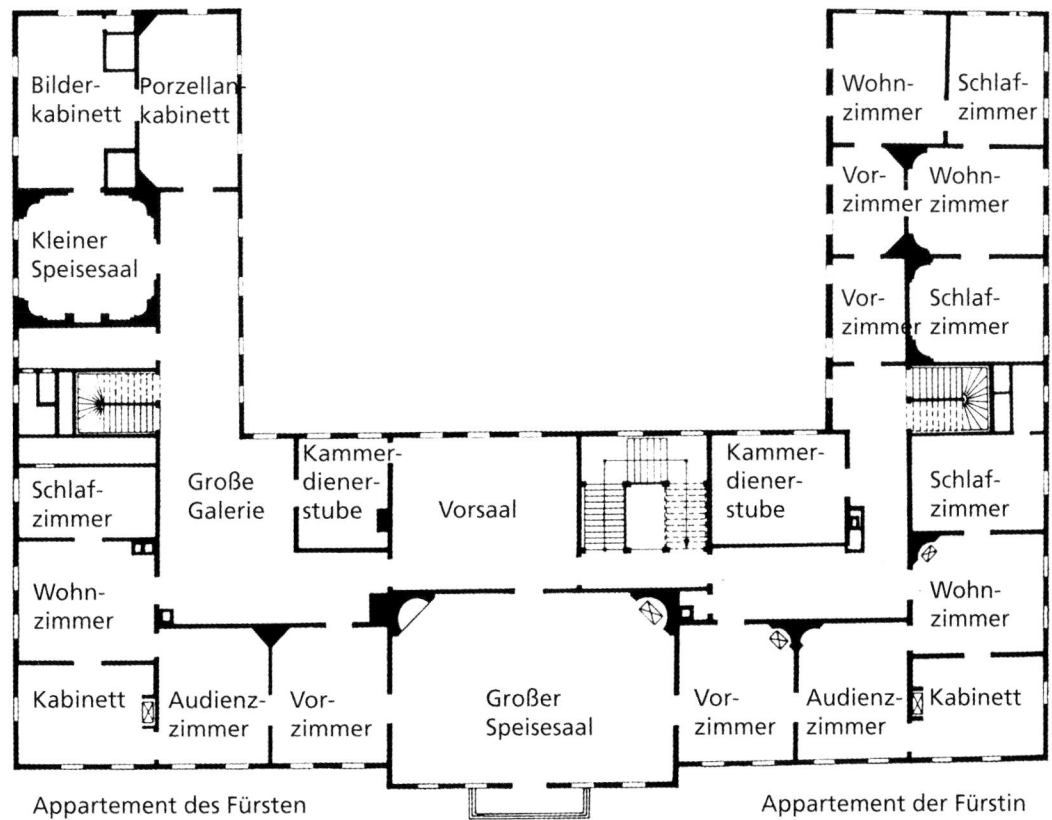

Bilder-kabinett	Porzellan-kabinett	

Kleiner Speisesaal

Wohn-zimmer · Schlaf-zimmer

Vor-zimmer · Wohn-zimmer

Vor-zimmer · Schlaf-zimmer

Schlaf-zimmer · Große Galerie · Kammer-diener-stube · Vorsaal · Kammer-diener-stube · Schlaf-zimmer

Wohn-zimmer · Wohn-zimmer

Kabinett · Audienz-zimmer · Vor-zimmer · Großer Speisesaal · Vor-zimmer · Audienz-zimmer · Kabinett

Appartement des Fürsten   Appartement der Fürstin

Abb. 9 Arnstadt, Fürstliches Palais, entstehungszeitliche Raumdisposition, 1. Obergeschoss

Rudolfs Gebäudehälfte konzipiert war, informiert dieses Inventar indirekt über die Raumdisposition des gesamten Gebäudes.

Das Erdgeschoss jeder Gebäudehälfte (Abb. 7) – im Folgenden wird die im Inventar erkennbare Gebäudehälfte des Prinzen Rudolf beschrieben – war in fünf Räume aufgeteilt, die Einfahrtshalle und je ein zu deren Seiten gelegenes Gemach mit rückwärtig sich anschließender Kammer. Gemächer und Kammern konnten von der Halle aus und untereinander begangen werden. Die Einfahrtshalle wurde längs durch zwei Reihen zu je drei Pfeilern gegliedert, die durch hölzerne Geländer verbunden waren, und gewährte durch ein Tor, das etwas schmaler als das Einfahrtstor am Markt gehalten war, die Ausfahrt in den Hof. Während über die Funktion des östlichen, als „Eckgemach" bezeichneten Zimmers und der hinter diesem gelegenen Kammer nichts bekannt ist, diente das westliche Zimmer als „Tafelgemach" und die dahinter gelegene Kammer als Lakaienstube. Aus der Halle gelangte man durch eine nordöstlich orientierte Tür in die hofseitige Galerie des Ostflügels, an deren Anfang seitwärts die Treppe zum Obergeschoss – über ein Podest führend – zweiläufig-gegenläufig ausgebildet war. Im ersten Obergeschoss (Abb. 8) betrat man von der Treppe bzw. aus der oberen Galerie des Ostflügels kommend ein rückwärtig gelegenes Vorzimmer und durch

dieses den zentral gelegenen Saal. Beide Räume nahmen den längsrechteckigen Trakt hinter dem Risalit bzw. über der Halle ein, wobei dem Vorzimmer das hintere und dem Saal die drei vorderen Viertel der Fläche zukamen. Die Räume beiderseits dieses Mitteltraktes waren wie im Erdgeschoss symmetrisch angelegt, jedoch mit dem Unterschied, dass zwar wie im Erdgeschoss zwei vordere Gemächer existierten, die Räume anstelle der im Erdgeschoss vorhandenen hinteren Kammer hier aber zweigeteilt waren: Nach innen, das heißt dem Vorzimmer zu gelegen, war jeweils ein weiteres Vorzimmer angeordnet und hinter diesem ein Schlafzimmer. An den Schlafzimmern befanden sich jeweils Abtritte, die in den in der Gebäudemitte rückwärtig gelegenen Zimmern in einem halbrunden Turmanbau untergebracht und in den äußeren Schlafzimmern als verschlagartige Einbauten gehalten waren. Diese Vor- bzw. Schlafzimmer waren auch von den ihnen vorgelagerten Gemächern aus zugänglich. Es existierte also rechts und links des zentralen Traktes „Vorzimmer/Saal" eine kleine Suite, bestehend aus Wohnzimmer, Schlafgemach und Vorzimmer. Das erste, an der Treppe gelegene Vorzimmer und der Saal dienten als Zugangstrakt, der Saal auch als zentraler, repräsentativer Höhepunkt zur jeweiligen Suite. In Prinz Rudolfs Gebäudehälfte wurde die östliche Suite als Vor-, Wohn- und Schlafzim-

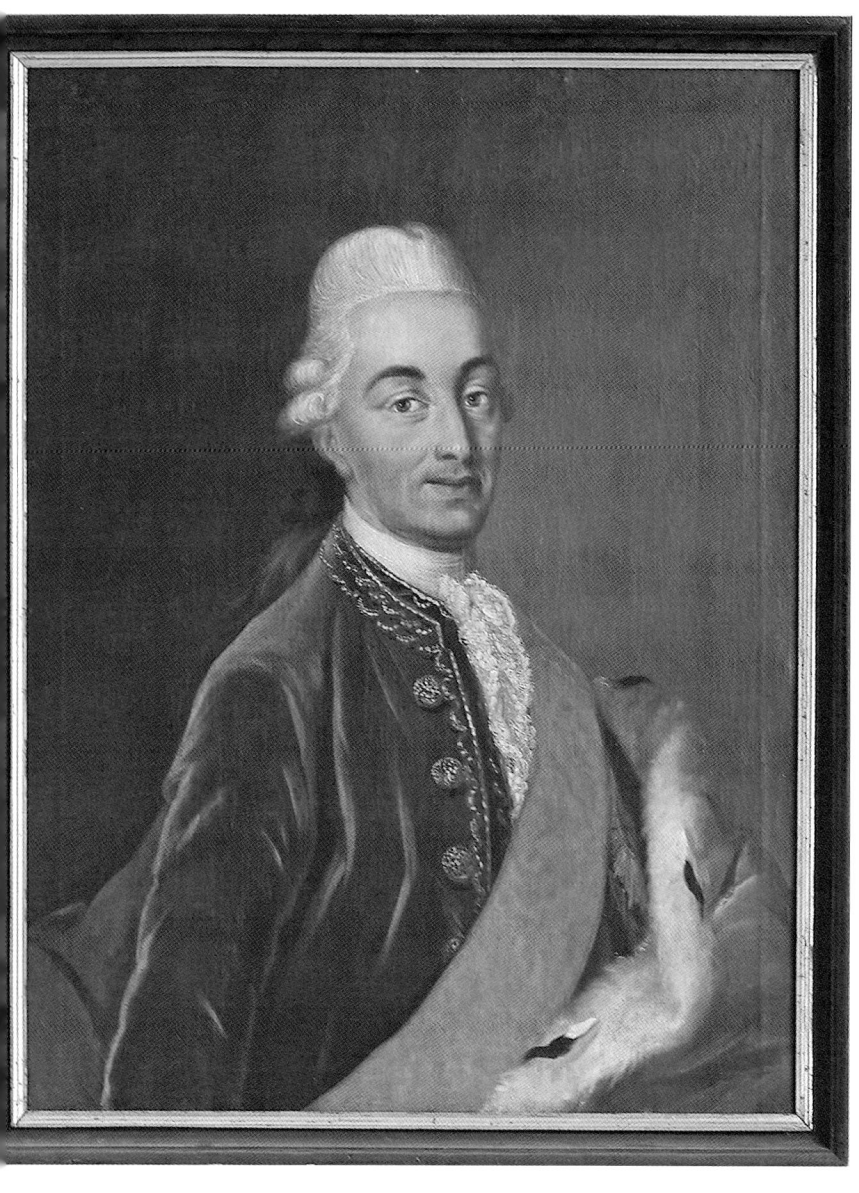

ser Prinzenpalais im jeweiligen Saal realisiert werden, die des Kabinetts verschmolz mit der des Wohnzimmers. So ist als Grundprinzip der gewählten Raumdisposition die Anlage jeder der beiden Palaishälften als fürstliche Doppelsuite in Reduktionsform erkennbar.

Festzustellen ist im Prinzenpalais aber auch eine räumliche Verteilung von Funktionen, die in einer auf fürstlichen Anspruch ausgelegten Raumdisposition normalerweise im ersten Obergeschoss eines Gebäudes angesiedelt ist, auf verschiedene Ebenen. So scheint die Anlage eines Tafelgemachs im Erdgeschoss, eine Etage unter der herrschaftlichen Suite, mehr als ungewöhnlich, wird aber funktionell durch die Tatsache gestützt, dass sich die Küche in den unmittelbar an das Corps de Logis anschließenden Räumen des jeweiligen Seitenflügels befand. An die Stelle der traditionellen Anordnung des Tafelgemachs über der Küche tritt hier das Nebeneinander von Küche und Tafelgemach im Erdgeschoss. Immerhin lag das Tafelgemach nahe am Eingang zum Palais, was für Tafelrunden mit geladenen Gästen nicht unpraktisch war.

Die Mansarde war in sechs Räume geteilt, wobei der nordöstlich der Treppe gelegene als Vorzimmer diente, während der davor – zum Markt hin gelegen – als „Eckzimmer" und der daneben liegende große Raum als „Erkerzimmer" charakterisiert werden. Hinter dem „Erkerzimmer" befand sich die „Große Geschirrkammer", westlich neben dem Erkerzimmer die „Sattelkammer" und dahinter eine weitere „Geschirrkammer". Der Mansarde kam also in Prinz Rudolfs Palaishälfte teilweise die Funktion von Magazinen zu, vor allem solchen zur Aufbewahrung von Reitzeug.

Einzelne Informationen zur dekorativen Ausstattung der Räume und umfangreiches Material zu den in diesen befindlichen Mobilien sind aus den Nachlassakten Rudolfs und Christians zu erschließen, wo reichhaltig vorhandene, wenn auch wenig systematische Inventarnotizen der Auswertung bedürfen.

Zur Bau- und Nutzungsgeschichte nach 1749

1749 starben sowohl Prinz Rudolf als auch Prinz Christian. Nach Rudolfs Tod scheint die von diesem bewohnte Hälfte des Palais mehrere Jahre lang nicht genutzt worden zu sein. Dies traf auch für die Gebäudehälfte Prinz Christians zu, da dessen Witwe mit ihren drei Töchtern schon ein Jahr nach dem Tod ihres Gemahls Sondershausen verließ, um in Neustadt an der Orla zu leben.

Als 1758, nach dem Tod Fürst Heinrichs I., dessen aus der Ebeleber Nebenlinie stam-

Abb. 10 Prinz August II. von Schwarzburg-Sondershausen (1738–1806)

mer des unverheirateten Prinzen genutzt, während die westliche Suite als Gästewohnung konzipiert war. Demzufolge darf für die von Prinz Christian genutzte Hälfte des Gebäudes geschlossen werden, dass der Prinz den östlichen und seine Gemahlin den westlichen Trakt bewohnte. Charakteristisch für die Raumaufteilung in beiden Hälften des Palais ist die erkennbare Reduktion des an eine fürstliche Suite gestellten Anspruchs auf das Allerwesentlichste. In der klassischen Abfolge von Vorsaal, Saal, Vorzimmer, Audienzgemach, Kabinett, Wohnzimmer und Schlafzimmer, die in den zeitgenössischen architekturtheoretischen Schriften vorausgesetzt wird und beispielhaft auch in dem von 1728 bis 1734 errichteten Arnstädter Wittumspalais (Abb. 9) realisiert worden ist, fehlen im Sondershäuser Palais Audienzgemach und Kabinett.[39] Die Funktion des Audienzgemachs konnte in den Suiten des Sondershäu-

mender Neffe Christian Günther (geb. 1736, reg. 1758–1794,[40] ein Sohn von August I., die Regierung antrat und das Sondershäuser Schloss bezog, wurde auch für dessen jüngeren Bruder August II. (1738–1806; Abb. 10)[41] ein repräsentatives Wohngebäude benötigt, wobei der Rückgriff auf das Prinzenpalais nahelag. So diente August II. die östliche, vormals von Prinz Rudolf bewohnte Hälfte des Palais von 1758/59 bis 1806 als Wohnsitz. Maßnahmen zur Herrichtung des Osttraktes sind in den Kammerrechnungen von 1758 bis 1760 und auch Anfang der sechziger Jahre des 18. Jahrhunderts zu erkennen, jedoch nicht konkret nachvollziehbar.[42] Offensichtlich begnügte sich der 1758 zwanzigjährige Prinz von Anfang an mit einer Hälfte des Palais und erwog auch angesichts der zu erwartenden Familiengründung nicht die Ausdehnung der Hofhaltung auf das gesamte Gebäude. 1762 ehelichte er Prinzessin Christine, eine Tochter des Fürsten Victor Friedrich von Anhalt-Bernburg und jüngere Schwester der Gemahlin seines Bruders. Dass er nicht den gesamten Osttrakt des Palais für seine persönliche Hofhaltung zu nutzen und den Westtrakt für die Hofhaltung seiner Gemahlin zu gewinnen suchte, obwohl dieser nicht mehr von der nachgelassenen Familie Prinz Christians benötigt wurde, mag auch praktische Gründe gehabt haben. Augusts II. viel gerühmte Bescheidenheit, die darin gipfelte, dass man ihn in Sondershausen den „Bürgerfürsten" nannte und er verfügte, nicht in der fürstlichen Grablege, sondern auf dem städtischen Gottesacker inmitten der Bürger der Stadt bestattet zu werden, hatte nicht nur ideelle Motive, sondern resultierte vielmehr aus der – gemessen an einem fürstlichen Niveau – Bescheidenheit seiner Mittel. Der regierende Fürst, bekannt für sein ökonomisches Denken, hielt seinen jüngeren Bruder recht knapp, und die Mitgift von Augusts Frau, von deren Vormund Fürst Leopold von Anhalt-Dessau ohnehin nur ungern und zögerlich ausgezahlt, zerfloss angesichts der Forderungen zahlreicher Gläubiger. Ein Haus von doppelter Größe zu halten, mag mit den Einkünften des Prinzen kaum vereinbar gewesen sein, sodass er auch aus diesem Grund die Nutzung des gesamten Palais kaum ernsthaft in Erwägung gezogen haben dürfte.

Unter diesen Umständen verwundert es nicht, dass 1764/65 – zwei Jahre nach Augusts II. Eheschließung – die westliche Gebäudehälfte zu einem Kollegienhaus umgebaut wurde, wovon eine Position der Sondershäuser Kammerrechnung zeugt: „1195/9/4 Sind vor die sämtl. Bau Rechnung über das ehemalige Fürst-Christiannische Palais so zu einem Fürstl. Collegien-Hause aptiret worden ingl.

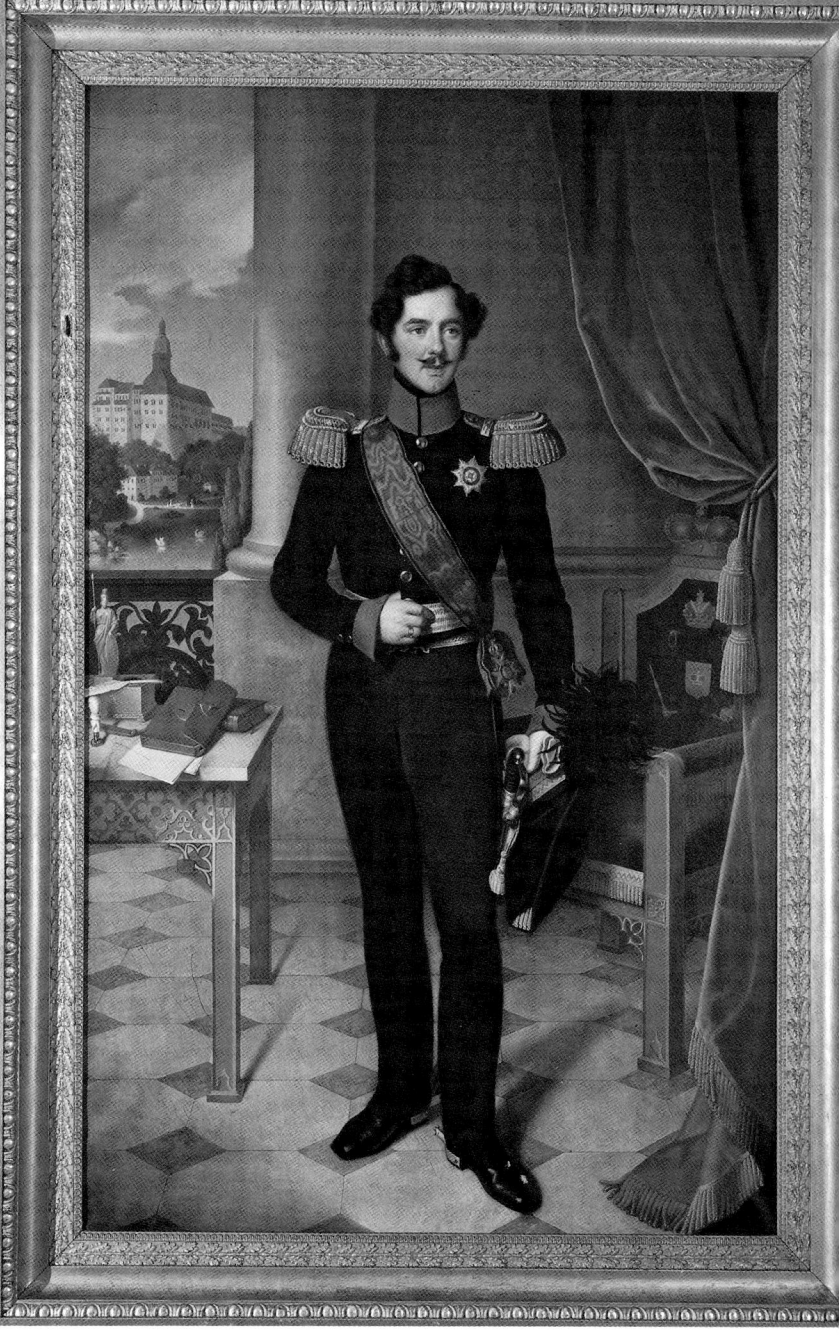

vor die Aufbauung der Röhrer-Töpferey bezahlet worden, laut Rechnung und Quittung von dem Herrn Land Baumeister Breit vom 2. November 1765".[43] So bestand zwischen 1764/65 und 1806 eine nutzungsbedingte Zweiteilung des Gebäudes. Statt zweier gleichwertiger Wohntrakte existierten nun ein östlicher Wohn- und ein westlicher Regierungs- und Verwaltungstrakt. Das Nebeneinander von repräsentativer Wohn- und Verwaltungsfunktionen in räumlich gleichwertigen, wenn auch in ihrer dekorativen und mobilen Ausstattung gewiss unterschiedlich konzipierten Gebäudehälften unterstreicht die sich sowohl durch die persönlichen Ver-

Abb. 11 Fürst Günther Friedrich Carl II. von Schwarzburg-Sondershausen, Gemälde von Franz Stirnbrand, 1837

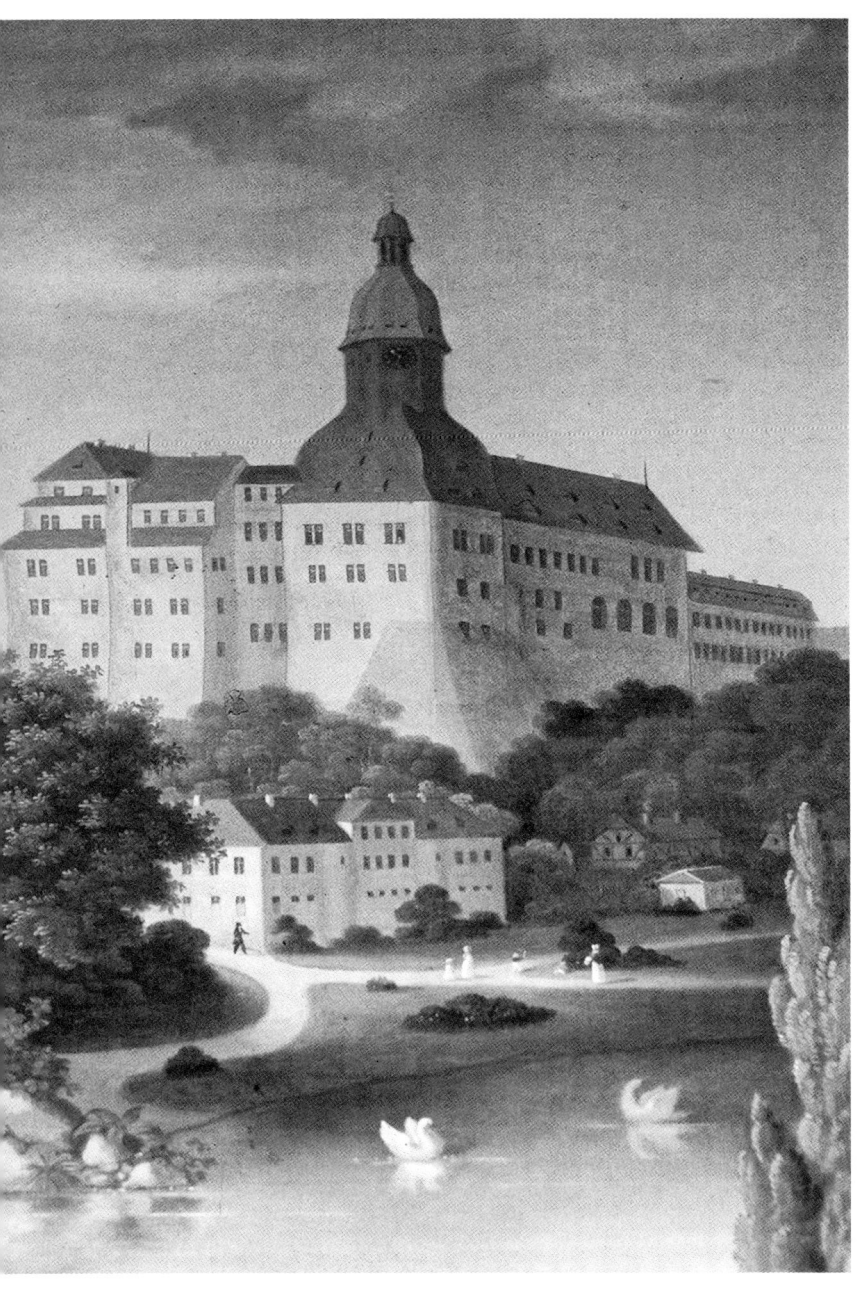

August II. oder die als Kollegienhaus genutzte Gebäudehälfte handelte, oder um eine die Nutzungsbereiche übergreifende Maßnahme.

Zur Geschichte des Gebäudes zwischen 1806 und 1835 liegen nur wenige Informationen vor, aus denen immerhin ersichtlich ist, dass an der Nutzung der westlichen Gebäudehälfte als Kollegienhaus festgehalten wurde, und die östliche Gebäudehälfte im Jahre 1809 von der unverheirateten und zuvor im Schloss wohnenden Prinzessin Caroline (1769–1819), einer Tochter des Fürsten Christian Günther, bezogen wurde.[45] Diese Gelegenheit bot sich Prinzessin Caroline, da die in Coswig lebende Witwe von August II. das Palais nicht nutzte. In Carolines Todesjahr 1819 wurde eine Reparatur an der Galerie der herrschaftlichen Wohnung, also am Ostflügel hofseitig, durchgeführt.[46] Nach Carolines Tod stand das Palais in den zwanziger und in der ersten Hälfte der dreißiger Jahre des 19. Jahrhunderts ganz für die Zwecke der Landesverwaltung und zugehörige Dienstwohnungen zur Verfügung. So bewohnte „den einen Theil der Chef der Regierung, in dem andern waren die Sessionszimmer, die Registratur usw. der Regierung, der Kammer und des Justizamtes"[47] untergebracht.

Fürst Günther Friedrich Carl II. (1801–1888, reg. 1835–1880)[48] bezog, nachdem er 1835 seinen Vater Günther Friedrich Carl I. zur Abdankung gezwungen hatte, mit seiner Gemahlin Mathilde, geb. Prinzessin von Hohenlohe-Öhringen, nicht das Sondershäuser Residenzschloss, das er einem umfassenden Umbau durch den aus Berlin nach Sondershausen berufenen früheren Schinkel-Mitarbeiter Carl Scheppig (1803–1885) anempfahl,[49] sondern das Prinzenpalais. Damit wurde das Palais für die folgenden 16 Jahre zum einzigen Mal in seiner Geschichte zur Residenz eines regierenden Fürsten. Die ehemals für zwei Prinzen und deren Familien angelegten Suiten im ersten Obergeschoss des Corps de Logis wurden nun als sich einander entsprechende Suiten des Fürsten und der Fürstin genutzt. Da der Fürst erst 1851 das umgebaute Schloss bezog, verblieben seine Gemächer 15 Jahre lang im Palais, während die Fürstin – seit spätestens Mitte der vierziger Jahre des 19. Jahrhunderts mit ihrem Gemahl in Konflikt lebend – oft abwesend war und ihre Suite im Palais vor allem in den Jahren vor der 1852 erfolgenden Scheidung nur selten nutzte.

Ein Bildnis Günther Friedrich Carls II. in Lebensgröße, gemalt 1837 von Franz Stirnbrand, stellt den Fürsten im Saal seiner Suite im Palais dar (Abb. 11).[50] In diesem Bild war jedoch nicht die korrekte Wiedergabe des

Abb. 12 Sondershausen, Ansicht des Prinzenpalais von Nordosten (Detail aus Abb. 11)

hältnisse als auch aus dem Zeitgeist ergebende Versachlichung der statusbedingten Ansprüche von August II. Es war denkbar geworden, die Wohnung eines nicht re-gierenden Bruders des Fürsten und die der Landesverwaltung dienenden Räume nebeneinander zu etablieren, ein Palais pragmatisch in ein Wohn- und ein Regierungspalais zu teilen.

Für die Jahrzehnte bis 1806 ist am Gebäude nur eine größere Baumaßnahme nachweisbar, die von 1765 bis 1768 erfolgte und verschiedene Partien des Gebäudes, offensichtlich aber vor allem die rückseitigen Trakte und insbesondere den Nordflügel betraf, wo Substanz sichernde Maßnahmen wie das Unterziehen von Schwellen stattfanden.[44] Dabei bleibt unklar, ob es sich um die von

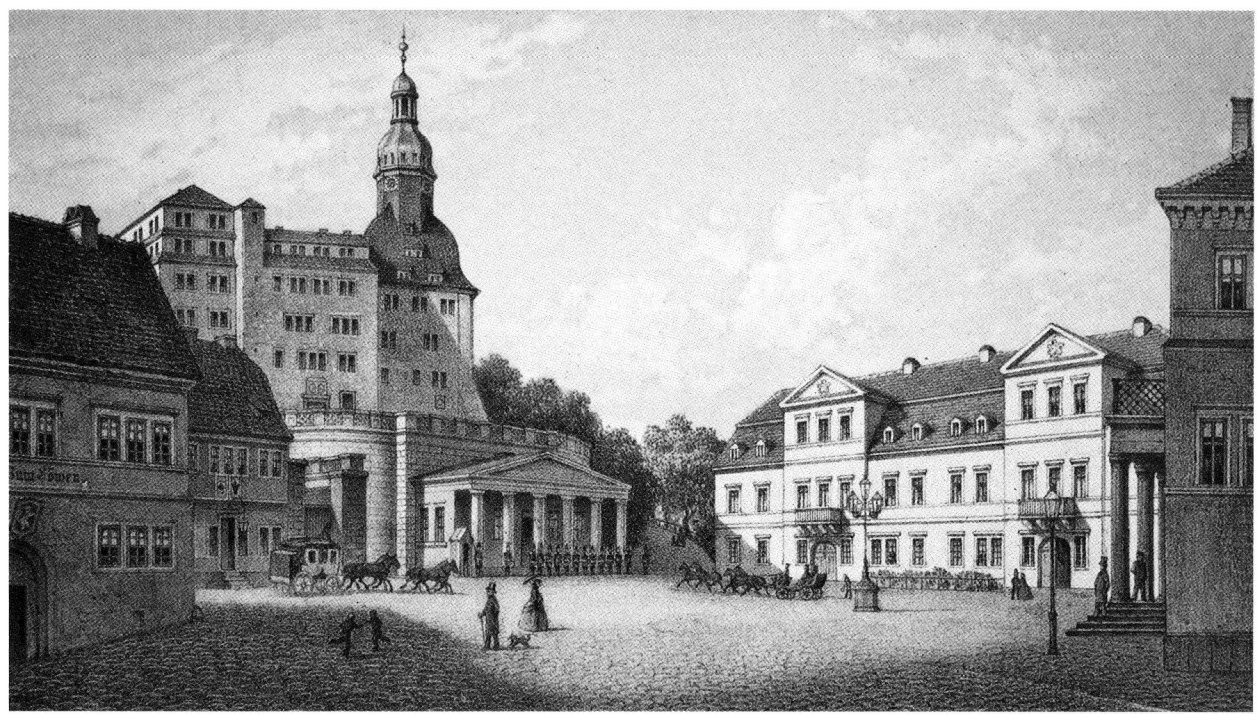

Raumes beabsichtigt, den der Maler wahrscheinlich gar nicht kannte, sondern die möglichst effektvolle Darstellung diverser Machtattribute des jungen Fürsten, wie des Sessels mit heraldischem Bezug, des Siegels und der Uniform. Auch Elemente der Innenarchitektur, wie die Säule, und der Ausstattung, wie die Vorhangdraperie, sind als typische Versatzstücke der Herrscherikonographie erkennbar. Tatsächlich existierten im Palais keine Säulen dieser Art. Auch das angeschnitten dargestellte Balkongitter orientiert sich nicht an dem damals vorhandenen Gitter. Der Balkon gibt den Blick auf das Sondershäuser Schloss und das zu dessen Füßen liegende Prinzenpalais frei und bietet so die einzige überlieferte Nordansicht des Palais überhaupt. Diese zeigt am Nordflügel zentral einen mehrere Fensterachsen umfassenden Zwerchgiebel. Auch Schloss und Palais haben auf diesem Bild nur den Charakter von Herrscherattributen. So stellt dieses Gemälde den Fürsten im Raum eines Gebäudes dar, das in dem als landschaftlicher Ausblick angelegten Hintergrund des Bildes nochmals als Gebäude an sich erscheint (Abb. 12). Auch die Perspektive der Darstellung bedurfte einer Abweichung von der Wirklichkeit, um den so nicht möglichen Ausblick über den Balkon des Palais auf das Schloss zu arrangieren.

Voraussetzungen für die Bewohnung des Palais durch das Fürstenpaar waren die Modernisierung des Gebäudes im Inneren und die architektonische Aufwertung der Fassade zum Marktplatz hin. Musste das Palais doch neben dem von 1837 bis 1839 nach einem Entwurf von Carl Scheppig entstehenden, imposanten Ensemble von Schlossterrasse, -treppe und -wache würdig bestehen. Eine Zeichnung Scheppigs belegt, dass sogar der Ausbau der Mansarde zu einem Vollgeschoss erwogen wurde.[51] Letztlich aber beschränkte man sich auf den Anbau von Balkonen vor den zu Türen umgebauten Mittelfenstern im ersten Obergeschoss der Risalite, die Ausstattung der Fenster mit Verdachungen, die horizontale Gliederung der Fassade durch Gesimse sowie die Gestaltung der Fassade durch eine Putzquaderung im Läuferverband. Alle diese Maßnahmen, auch der der Fassade vorgelagerte Vorgarten, waren darauf ausgerichtet, dem Gebäude trotz seines wenig spektakulären Erscheinungsbildes die Wirkung eines vornehmen und heiter gestimmten Wohnpalais zu geben (Abb. 13).

Der Umbau des Palais ist anhand der Sondershäuser Hauptrenteirechnungen der Jahre 1836 bis 1839/40[52] archivalisch fassbar. Aus dieser Quelle sind die ausführenden Meister und Gewerke, der quantitative Umfang der erbrachten Leistungen und gelegentlich auch konkrete Einzelvorgänge zu erschließen.

Daneben bieten die Akten zum Hofbauwesen dieser Jahre einige Detailinformationen zur Umgestaltung und Ausstattung des Gebäudes.[53] 1837 arbeitete unter anderem der Hoftapezierer Kämmerer im Palais. Parkettfußböden, unter anderem im Zimmer des Fürsten, wurden umgelegt, die Decken im

Abb. 13 Sondershausen, Marktplatz mit Schloss und Prinzenpalais nach dem klassizistischen Umbau

Zimmer des Fürsten, im anschließenden „Weißen Saal" und im folgenden Zimmer der Fürstin geweißt, wobei darauf zu achten war, dass die Tapeten unbeschädigt blieben. In einigen Räumen wurde der Bandelwerkstuck aus den zwanziger Jahren des 18. Jahrhunderts zugunsten klassizistischer Stuckaturen aufgegeben, so im Saal des Westtraktes und dem westlich anschließenden Eckgemach. Diese bisher verbauten Stuckaturen und zahlreiche weitere Befunde zur klassizistischen Ausstattungsphase konnten im Verlauf der Bauuntersuchung im Jahre 1996 festgestellt werden.

Die zum ersten Obergeschoss führenden Treppen wurden erneuert. Die Räume erhielten neue Gardinen, die Fenster und Balkone Markisen. Von der Handlung Brendani & Co. aus Gotha bezog man einen Kronleuchter, eine Pendule, diverse Lampen und Kandelaber. Der Sondershäuser Tischler Heimbürger hatte neue Möbel für ein Fremdenzimmer, der Nordhäuser Tischler Müller drei Dutzend Rohrstühle (Ahorn) zu fertigen. Ein Kronleuchter wurde zur Bronzierung an den Arnstädter Gürtler Henneberg geschickt, ein Ofenschirm aus dem Arnstädter Palais nach Sondershausen gebracht. Nebenbei werden 1838 das Schlafzimmer der Fürstin als „Gelbes Zimmer", 1839 die Einrichtung von Kinderzimmern für die Prinzessin Marie (1837–1921) und 1840 die Neutapezierung des Zimmers der Prinzessin Elisabeth (1829–1893) erwähnt. Ausstattungsstücke des gehobenen Bedarfs, so zum Beispiel Möbel, bestellte man bei dem Mainzer Möbelfabrikanten und Raumausstatter Antoine Bembé.[54] Als das Palais nach Realisierung des Schlossumbaus nicht mehr als fürstliches Wohngebäude und Residenz benötigt wurde, diente es von 1852 an zur Unterbringung des Ministeriums, der neu strukturierten Regierung und Verwaltung des Fürstentums. Daneben erfüllte das Gebäude je nach Bedarf diverse nachgeordnete Funktionen der Hofhaltung. So wurde 1893 für den im Schloss lebenden Prinzen Leopold (1832–1906), einen Bruder des regierenden Fürsten Karl Günther (1830–1909), ein Marstall im Nordflügel des Palais eingerichtet.[55]

In den zwanziger Jahren des 20. Jahrhunderts kam es zu entscheidenden Veränderungen der Nutzungsbedingungen im Palais. Das an das Land Thüringen übergegangene Gebäude wurde wenig einfühlsam zum Landratsamt umgebaut. 1937 bis 1940 wurde der Westflügel abgerissen und an seiner Stelle ein Neubau errichtet.[56] Noch in der Endphase des Zweiten Weltkriegs, 1945, befasste man sich in Sondershausen mit Plänen zum Abriss und Neubau des Nord- und Ostflügels.[57] Tatsächlich kam es erst in den siebziger Jahren des 20. Jahrhunderts zum Abriss und Neubau des Nordflügels. Im Rahmen der von 1995 bis 1998 erfolgten Sanierung des Gesamtkomplexes wurden dieser Nordflügel aus den siebziger Jahren und der im Kern noch entstehungszeitliche, wenn auch vielfach überformte Ostflügel aufgegeben und durch einen Neu- und Erweiterungsbau ersetzt. Lediglich der an das Corps de Logis grenzende Erdgeschosstrakt des Ostflügels (Küchenräume) wurde – bewusst als historische Substanz hervorgehoben – in den Neubau übernommen. In der vorliegenden Abhandlung wird zugunsten einer bau- und kunstgeschichtlichen Darstellung des Palais auf eine Wertung der denkmalpflegerischen Konzeption der jüngsten Sanierung verzichtet. So sei nur auf die im Verlauf dieser Sanierung geleistete Bauuntersuchung und die Recherchen zur architektur- und nutzungsgeschichtlichen Bewertung der Substanz verwiesen.[58] Letztlich versteht sich der hier publizierte Beitrag zum Sondershäuser Prinzenpalais auch als Vor- und Zuarbeit zu einer noch ausstehenden Gesamtuntersuchung zur Typologie der Prinzen- und Wittumspalais in Thüringen.

Anmerkungen

[1] Thüringisches Staatsarchiv Rudolstadt (ThStA Ru), Baukapitel der Kammerrechnungen Sondershausen und Arnstadt, 1720–1740; während im Arnstädter Schloss Neideck nur Maßnahmen zur Gebäudeunterhaltung bzw. kleinere Reparaturen anfielen, fanden im Sondershäuser Schloss, vor allem am Nordflügel, umfangreiche Baumaßnahmen statt.

[2] ThStA Ru, Hofmarschallamt Sondershausen, Nr. 2; die Akte enthält eine Zusammenstellung der beim Bau der Prinzenresidenzen angefallenen Kosten.

[3] Manfred Donhof, Das Neue Palais zu Arnstadt, Leipzig 1988; Hendrik Bärnighausen, Das Fürstliche Palais zu Arnstadt, 2 Bde., Diplomarbeit, Halle 1993.

[4] Edmund Döring, Zur Namens- und Baugeschichte des Jagdschlosses „Zum Possen" bei Sondershausen, in: Mitteilungen des Vereins für deutsche Geschichts- und Altertumskunde in Sondershausen, H. 5, 1928, S. 3ff. und H. 6, 1931, S. 47ff.; Hendrik Bärnighausen, Historische Bauten und Sehenswürdigkeiten in Sondershausen, Arnstadt 1990, S. 89ff.; die Instandsetzung des Jagschlosses zu Beginn der sechziger Jahre des 18. Jahrhunderts ist unter anderem fassbar durch die Akte ThStA Ru, Kammer Sondershausen, Nr. 3018.

5   Lebrecht Wilhelm Heinrich Heydenreich, Historia des (...) Hauses Schwartzburg, Erfurt 1743; Johann Christian August Junghans, Geschichte der Schwarzburgischen Regenten, Leipzig 1821; Hendrik Bärnighausen, Die Fürsten von Schwarzburg-Sondershausen (Sondershausen-Information, Sonderheft 3), Sondershausen 1990; derselbe, Christian Wilhelm und Anton Günther II., Grafen bzw. Fürsten von Schwarzburg-Sondershausen, in: Detlef Ignasiak (Hg.), Herrscher und Mäzene, Rudolstadt/Jena 1994, S. 253ff.; Manfred Ohl, Das Fürstentum Schwarzburg-Sondershausen. Ein Beitrag zur Militärgeschichte, Sondershausen 1997, S. 18ff.

6   Zur Genealogie vgl. die Darstellung und Tabelle bei Friedrich Apfelstedt, Heimathskunde für die Bewohner des Fürstenthums Schwarzburg-Sondershausen, Bd. 3, Sondershausen 1856; Kamill von Behr, Genealogie, Dresden 1870, Tafel CLVI.

7   Friedrich Carl von Moser, Teutsches Hof-Recht, Bd. 2, Frankfurt/Leipzig 1755, S. 66; bezüglich der Sondershäuser Prinzenresidenzen ist zu bemerken, dass dem Prinzen Heinrich bei Inbesitznahme seiner Residenz Keula die Gerichtsbarkeit über seine Dienerschaft zugestanden wurde.

8   ThStA Ru, Sondershäuser Urkunden, Regest 5076.

9   Hendrik Bärnighausen, Zur Baugeschichte von Schloss Sondershausen, in: Sondershäuser Beiträge, H. 1, 1990, S. 23.

10 Ebenda, S. 20.

11 Ebenda, S. 19f.

12 Manfred Donhof, Zur Geschichte der Stadtkirche in Greußen und ihrer Ausstattung (1687–1773), in: Sondershäuser Beiträge, H. 2, 1991, S. 20ff.

13 H. Bärnighausen, 1993, Bd. 1, S. 39ff.; an Werken Hoffmanns ist außer dem Arnstädter Palais bisher nur der 1722/23 ausgeführte Entwurf zum Kanzelaltar der Kirche St. Blasii in Quedlinburg bekannt.

14 ThStA Ru, Kammerrechnung Sondershausen, 1734/35–37/38, Besoldungslisten.

15 Da die zahlreichen hier publizierten Fakten zum Baugeschehen nicht einzeln nachgewiesen werden können, wird generell auf die Quelle hingewiesen, der diese Daten entnommen sind: ThStA Ru, Kammerrechnungen Sondershausen (Baukapitel zum Hofbauwesen und zum Baufond Prinzenpalais), 1722/23, Bl. 168 Rs.ff., 1723/24, Bl. 163 Rs.ff., 1724/25, Bl. 174ff., 1725/26, Bl. 150ff. und Bl. 181–197, 1726/27, Bl. 175 Rs.ff. und Bl. 204 Rs.–219 Rs., 1727/28, Bl. 200ff. und Bl. 232 Rs.–244 Rs., 1728/29, Bl. 183ff. und Bl. 296 Rs.–215, 1729/30, Bl. 184 Rs.ff. und Bl. 211.

16 Der Baubeginn am Nordflügel könnte sich auch aus der erforderlichen Terrassierung des Baugeländes nach Norden hin erklären, wenn man voraussetzt, dass auch der Schutt vom Abriss des Marstalls und der Aushub der Keller zum Corps de Logis zur Aufschüttung dienten.

17 Am Ostflügel ist ein hofseitiger Anbau (oder eingerückter Trakt) unmittelbar vor der an den Nordflügel grenzenden Toreinfahrt nachweisbar, der eventuell als „Heustall" gedeutet werden darf. Funktionell wäre ein Heustall hier sinnvoll gewesen, da sich im gegenüberliegenden Nordflügel der Pferdestall befand.

18 Die im Folgenden angegebenen Rechnungsbeträge beziehen sich auf Gulden, Groschen und Pfennige.

19 Zur Problematik „Höhlenspat" bzw. „von Marmorsteinen Spat" hat sich dankenswerterweise Michael Brust, Steinthalleben, auf Anfrage des Verfassers folgendermaßen geäußert: „1. Als ‚Marmorstein' werden in der 1. Hälfte des 18. Jahrhunderts umgangssprachlich meist unterschiedslos alle polierfähigen, dekorativen Kalksteine und Gipssteine bezeichnet. Der Begriff war wesentlich weiter gefasst als heute. 2. Wenn von Spat in Marmorsteinen die Rede ist, kann es sich demnach entweder um Kalkspat oder um Gipsspat handeln. 3. Wenn von Höhlenspat gesprochen wird, kann es sich nur um Gipsspat handeln: Kalksteinhöhlen mit Spatvorkommen gibt es in der Region von Natur aus nicht. In mehreren Gipshöhlen, die der Verfasser aus eigener Anschauung kennt, wurde im archäologischen Befunden nach Gipsspat abgebaut. 4. Der Gipsspat, der im gegebenen Zusammenhang von Interesse ist, heißt auch Fraueneis, Marienglas und Glitzerspat. Es handelt sich dabei um eine mit Glimmer äußerlich ähnliche Modifikation des kristallinen Gipses: wasserklar, durchsichtig und in Platten spaltbar; chemisch: Kalziumsulfat-Dihydrat. Übrigens kommt Spatenberg als Flurname mehrfach im Südharz und Kyffhäuser sowie auf der Hainleite vor, was immer auf Gipsspatvorkommen deutet. 5. Aus Gipsspat lässt sich durch Erhitzen ein Stuckgips höchster Reinheit erzeugen. In der Literatur wird traditionell auf die Verwendung zu Schmuckzwecken verwiesen, was meines Erachtens aber nur von untergeordneter Bedeutung ist. Vielmehr ist zu beachten, dass die Handwerker die Herkunft ihrer Rohstoffe sowie deren Verarbeitung aus Wettbewerbsgründen wohl selten preisgegeben haben. Schlussfolgerungen: Die Formulierungen in den Baurechnungen deuten darauf hin, dass Rohstoffe für die Herstellung von Stuckgips gewonnen wurden. Dazu fand regional Gipsspat (Marienglas cf. Fraueneis cf. Glitzerspat) Verwendung, der in meist geringen Mengen als Mineralisation von Gips- oder Anhydritsteinen vorkommt. Die Gewinnung von Gipsspat aus Höhlen des Südharzer Zechsteingürtels ist durch montanarchäologische Befunde verbürgt. Denkbar ist im gegebenen Zusammenhang aber auch eine Gewinnung aus (heute aufgelassenen und der Sukzession anheimgefallenen) Steinbrüchen im Zechsteingips des Kyffhäusers, etwa in der Gemarkung Badra."

20 Zu Bothenheiligen als ehemals Schwarzburg-Sondershausen zugehörigem Ort vgl. die Darstellung bei Walter Rassow, Beschreibende Darstellung der älteren Bau- und Kunstdenkmäler des Kreises Worbis, Heiligenstadt 1994.

21 Evangelische Kirchengemeinde Rudolstadt, Kirchenbuch.

22 Evangelische Kirchengemeinde Gotha, Trauregister 1685–1711, S. 183, wo die in Frankenhausen erfolgte Eheschließung ebenfalls vermerkt wurde.

23 Evangelische Kirchengemeinde Bad Frankenhausen, Traubuch 1689–1722, S. 179, Nr. 3. Für die Mitteilung des Wortlautes dieser Eintragung dankt der Autor Herrn Dr. U. Hahnemann, Bad Frankenhausen. Zur Frankenhäuser Unterkirche vgl. u. a. Paul Lehfeldt: Bau- und Kunst-Denkmäler Thüringens, H. V, Fürsten-

thum Schwarzburg-Rudolstadt, Unterherrschaft, Jena 1889, S. 15ff., sowie Unterkirche zu Bad Frankenhausen, hg. v. Verein zur Förderung und Erhaltung der Unterkirche e. V., Bearb. Ingrid Mansel). Bad Frankenhausen/Treuen/Hof 2003.

[24] Evangelische Kirchengemeinde Gotha, Trauregister 1685–1711, S. 217, wo die in Arnstadt erfolgte Eheschließung ebenfalls vermerkt ist; Evangelische Kirchengemeinde Arnstadt, Kirchenbuch: Dem Paar wurden 1709/10/13 Kinder geboren. 1715 starb die Ehefrau, wobei vermerkt wurde, dass Müller „weggezogen" sei.

[25] Stadtarchiv Rudolstadt, Stadtbuch 111.

[26] Hugo Trinckler, Entstehungsgeschichte und Häuser-Chronik von Alt-Rudolstadt, Rudolstadt 1939, S. 334.

[27] H. Bärnighausen, Schloss Sondershausen, 1990, S. 24f.; Helga Baier-Schröcke, Der Stuckdekor in Thüringen vom 16. bis zum 18. Jahrhundert, Berlin 1967, S. 75f.

[28] H. Bärnighausen, 1993, Bd. 1, S. 51 und Bd. 2, S. 78ff.; H. Baier-Schröcke, 1967, S. 73f., 118.

[29] H. Baier-Schröcke, 1967, S. 73, 122.

[30] ThStA Ru, Abt. Schlossarchiv, A IX, Nr. 2 (Bau der Schlosskapelle), insbesondere Bl. 13f., betrifft Ausgaben für Stuckarbeit. Einen Eindruck von der ehemaligen Stadtilmer Schlosskapelle gibt ThStA Ru, Abt. Schlossarchiv, B XII, Nr. 4, insbesondere Bl. 3f. und 70f. (Inventar von 1737/43).

[31] H. Baier-Schröcke, 1967, S. 74, 126.

[32] Ebenda, S. 75, 125.

[33] Hans-Herbert Möller, Gottfried Heinrich Krohne und die Baukunst des 18. Jahrhunderts in Thüringen, Berlin 1956; H. Baier-Schröcke, 1967, S. 85f., 125; Horst Fleischer, Die Festräume der Heidecksburg, in: Rudolstadt – eine Residenz in Thüringen, hg. vom Thüringer Landesmuseum Heidecksburg Rudolstadt, Leipzig 1993, S. 79, 85; derselbe, Vom Leben in der Residenz 1646–1816, Rudolstadt 1996, S. 99.

[34] H. Baier-Schröcke, 1967, S. 98f., 124, 127, 134.

[35] Gertraud Biedermann, Prinz Christian zu Schwarzburg-Sondershausen (1700–1749), in: Sondershäuser Beiträge, H. 7, 2003, S. 70ff.; vgl. auch ThStA Ru, Geheimes Consilium Sondershausen, Nr. 246, 247, 250, 284 und vor allem 287, persönliche Angelegenheiten einschließlich einer gedruckten Vita.

[36] Diese Texte und weitere auf schwarzburgische Dynasten bezogene Festgedichte sind abgedruckt in: Johann Christoph Gottsched, Gedichte, Leipzig 1738 und 1751.

[37] ThStA Ru, Geheimes Consilium Sondershausen, Nr. 440–446.

[38] ThStA Ru, Hofmarschallamt Sondershausen, Nr. 2168.

[39] Zur Raumdisposition des Arnstädter Palais vgl. die in Anm. 3 genannte Literatur.

[40] Zum Fürsten Christian Günther zuletzt Hendrik Bärnighausen, „Einer der vorzüglichsten Schriftsteller Deutschlands" – Johann Karl Wezels Jahre in Sondershausen, Rudolstadt 1997, S. 22ff.

[41] Zu August II. vgl. F. Apfelstedt, 1856, Bd. 3, S. 201; ThStA Ru, Geheimes Consilium Sondershausen, Nr. 207–224.

[42] ThStA Ru, Kammerrechnungen Sondershausen, 1758/59, Bl. 192 Rs.–193 Rs., 1759/60, Bl. 191 Rs.–192.

[43] ThStA Ru, Kammerrechnungen Sondershausen, 1764/65, Bl. 197; bei dem erwähnten Baumeister Breit handelt es sich um Johann Heinrich Breit aus Quedlinburg, der von 1762/63 bis 1764/65 in Sondershausen – zeitweilig als besoldeter Landbaumeister – tätig und am Neubau des Westflügels und des Neuen Nordflügels des Sondershäuser Schlosses wesentlich beteiligt war; vgl. hierzu Hendrik Bärnighausen, Baumeister am Sondershäuser Residenzschloss – ihre Herkunft, ihre Bauaufgaben, in: Mitteldeutsches Jahrbuch für Kultur und Geschichte, Bd. 5, Weimar u.a. 1998, S. 81ff.

[44] ThStA Ru, Kammerrechnungen Sondershausen, 1765/66, Bl. 172 Rs.–173, 1766/67, Bl. 176f., 1767/68, Bl. 148 Rs.

[45] ThStA Ru, Geheimes Consilium Sondershausen, Nr. 235, 236, 431–433; Nr. 431 betrifft den Umzug der Prinzessin Caroline in das Prinzenpalais.

[46] ThStA Ru, Hofmarschallamt Sondershausen, Nr. 359.

[47] F. Apfelstedt, 1856, Bd. 1, S. 61.

[48] Hendrik Bärnighausen, Günther Friedrich Carl II., Fürst von Schwarzburg-Sondershausen, in: D. Ignasiak, 1994, S. 413ff.

[49] Hendrik Bärnighausen, Der Architekt Carl Scheppig (1803–1885), seine Entwicklung vom Mitarbeiter Schinkels zum Hofbaurat im Fürstentum Schwarzburg-Sondershausen unter besonderer Berücksichtigung des spätklassizistischen Umbaus des Sondershäuser Residenzschlosses, Diss., Halle 2002.

[50] Zu diesem Gemälde vgl. auch Hendrik Bärnighausen, Die Bildnismaler Franz Seraph Stirnbrand und Friedrich Wilhelm Herdt am Hof des Fürsten Günther Friedrich Carl II. von Schwarzburg-Sondershausen (1837/41). Höfisches Biedermeier im Spannungsfeld von Bildnismalerei, Gemälderestaurierung und Gemäldeverauktionierung, in: Jahrbuch der Stiftung Thüringer Schlösser und Gärten, Bd. 5 (2001), Lindenberg 2002, S. 25–58.

[51] Derselbe, Carl Scheppig, 2002, Bd. 2.1, S. 61f.

[52] Vgl. die detaillierte Auswertung ebenda, Bd. 2.1, S. 60ff., 182ff.

[53] ThStA Ru, Hofmarschallamt Sondershausen, Nr. 367 (Reparaturen an Möbeln, 1836–1843), Nr. 372 (Bausachen am Schloss und Palais, 1837–1840), Nr. 373 (Reparatur und Aufpolieren von Möbeln durch Tischlermeister Dölle, 1840).

[54] Heidrun Zinkann, Mainzer Möbelschreiner der ersten Hälfte des 19. Jahrhunderts, Frankfurt/M. 1985, S. 251; zur Ausstattung des Westflügels des Sondershäuser Schlosses durch Bembé vgl. H. Bärnighausen, Carl Scheppig, 2002.

[55] ThStA Ru, Ministerium Sondershausen, Bauverwaltung „A", Nr. 25.

[56] ThStA Gth, Hochbauamt Sondershausen, Nr. 46–50.

[57] Ebenda, Nr. 51.

[58] Benno Busch, Prinzenpalais Sondershausen. Dokumentation der Bau- und Farbfassungsuntersuchungen, Sondershausen 1997; Hendrik Bärnighausen, Dokumentation zur Baugeschichte anhand archivalischer Quellen, Sondershausen 1996.

Helmut-Eberhard Paulus

Der Rudolstädter Horentempel

Ein Gartentempel zwischen Antikensehnsucht und Aufklärung

Der Rudolstädter Horentempel befindet sich im Schlossgarten von Schloss Heidecksburg, im Nordwestbereich der Unteren Terrasse. Innerhalb der weitläufigen Schlossanlage ist dieser Ort durch den Übergang zwischen der mittleren und der unteren Schlossterrasse gekennzeichnet. So befindet sich der Horentempel eben dort, wo der nordseitige Schlossaufgang von der Stadtkirche her – allgemein als Kirchtreppen bezeichnet – und der hinter Marstall und Reithalle hinabführende Fahrweg – auch Weg zum Felsenkeller genannt – gemeinsam in die untere Gartenterrasse einmünden. Diese innerhalb der gesamten Schlossanlage eher abgelegene Situation findet also gerade durch die Wegeführung ihre Aufwertung. Im Ergebnis dient der Horentempel so für den Weg von der Stadtkirche her als Point de vue. Für den Abgang über die Treppenrampe von der mittleren zur unteren Terrasse bildet er den nordseitigen Fluchtpunkt. Für die Zufahrt hinter dem Marstall kennzeichnet er die markante Ecksituation am Eingangsbereich des Schlossgartens.

Der Horentempel steht auf der unteren Terrasse, ist aber der ehemaligen Wagenmeisterei und dem darauf stehenden kleinen Gartenpavillon der mittleren Terrasse, zugleich dem achsensymmetrischen Pendant zum Kanonenhaus, rückseitig angebaut. Das Dach des Horentempels ist vom Gartenpavillon aus betretbar, bildet somit für diesen einen Balkon. Die beiden markantesten Blickachsen auf den Horentempel entwickeln sich aus dem Zentrum der unteren Terrasse und der dortigen Parkanlage, ebenso aber auch für den Besucher, der den Weg von der Stadt über die Kirchtreppen zum Schloss nimmt.

Monopteros und Palladianismus

Der Rudolstädter Horentempel ist 1797 entstanden. In einem Brief vom 22. Juni 1797 an seine Frau Karoline Louise erwähnt Fürst Ludwig Friedrich II. von Schwarzburg-Rudolstadt (1767–1807) sein Bauvorhaben: „(…) Mein Balcon [er meint das begehbare Flachdach des Tempels; d. Verf.] u[n]d die Collonade [er meint die den Platz rahmende Säulenstellung bzw. die Kolonnadenruine dem

Tempel gegenüber; d. Verf.] wird gewiß jetzt ein gewisses Ganzes. Es soll den Gedanken in der Seele hervorbringen, daß zwar die Zeit auch an Säulen nagt, aber man die Stunden zweckmäßig u[n]d besonders, da es ein Garten Tempelchen ist, fröhlig genießt. Deßwegen wird die hintere Wand darin mit einem Basrelief von Kotta [dem Porzellanmodelleur, Maler und Zeichner Franz Kotta; d. Verf.] decorirt wo die Horen, die Musen der Zeit, mit Blumen Girlanden spielen u[n]d tanzen (…). Auf einem sehr eleganten Tor, wo der Wagenmeister bei die Sphinxe sein Wesen treibt, ist im Frontispiz eine Sanduhr, das Sinnbild der Zeit, mit Rosen umwunden. Gewiß aber alles recht schön, und sehr gut von ihm gezeichnet. (…)"[1]

Im Rahmen der seit 1796 betriebenen Umgestaltung der unteren Terrasse zu einer sentimentalen Parklandschaft ist also auch der Horentempel mit vier Säulen toskanischer Ordnung und zwei Pilastern entstanden. Sein begehbares Flachdach ist durch eine ausgeprägte Attika verdeckt. In die Rückwand des ebenerdig betretbaren Tempels ist ein quer liegendes Basrelief eingelassen, das zwölf tanzende weibliche Figuren in wallenden Gewändern zeigt. Sie sollen laut Angabe des oben zitierten Briefes des Fürsten von 1797 die zwölf Horen darstellen. Das Gewölbe im Innenraum des Tempels, ein flaches Kappengewölbe, zeigt in Stuck das Gesicht des Phoebus-Apoll, umgeben vom Strahlenkranz der Sonne.

Der Bauherr bezeichnet das Gebäude in seinem Brief von 1797 trotz seines auffälligen äußeren Erscheinungsbildes zunächst nicht als Tempel, sondern schlicht nur als Balkon. Erst in den weiteren Ausführungen seines Briefes spricht er vom „Garten-Tempelchen" und damit von einer Parkarchitektur mit dem besonderen Charakter eines Göttertempels. Die Bezeichnung „Balkon" dürfte sich auf die Nutzung des Dachs beziehen. Der Balkon war für gesellige oder gemütliche Aufenthalte des Fürsten bestimmt, so etwa nachgewiesenermaßen an seinem Geburtstag, am Himmelfahrtstag, dem 27. Mai 1802.[2]

Aus dem Zusammenhang der Korrespondenz des Fürsten mit seiner Gattin ergibt sich, dass der gestalterische Entwurf für den Tempel im Kern auf den Dresdener Baumeister und Künstler Christian Friedrich Schuricht (1727–1832) zurückgeht, der dem Fürsten die Zeichnungen erstellte. Das Basrelief der Rückwand entwarf der Hofmaler Franz Kotta (1758–1821). Er hat auch kurz nach 1800 die neue Gesamtsituation des Ensembles um den Horentempel in einer sehr informativen Federzeichnung dargestellt (Abb. 1).

Beim Rudolstädter Horentempel handelt es sich im Prinzip um einen Monopteros, der – bedingt durch die Situation des Anbaus – rückwärtig abgeflacht ist. In seiner auf prinzipiell sechs Säulen angelegten Grunddisposition sind daher die beiden rückwärtigen Säulen an der abgeflachten Seite durch Pilaster ersetzt. Die Instrumentation in der toskanischen Ordnung ist aber in Säulen, Pilastern und Gebälk konsequent durchgezogen. Dem architektonischen Grundtypus nach handelt es sich um einen Monopteros, also einen offenen Säulenrundbau ohne Cella. Das Fehlen einer Cella unterscheidet ihn deutlich von der anderen üblichen, ebenfalls vom Vorbild antiker Rundtempel (Tholos) abgeleiteten Grundform des Zentralperipteros, für die der sogenannte Vesta-Tempel auf dem Forum Boarium in Rom,[3] der Vesta-Tempel auf dem Forum Romanum und der Vesta-Tempel beim Sibyllenheiligtum in Tivoli[4] prinzipielle Vorbilder abgeben. So nimmt der Rudolstädter Horentempel die angelsächsische Tradition des klassischen Monopteros auf, der als Antikenzitat auf Vitruv zurückverweist. Vitruv ist auch der Erfinder des Begriffs „Monopteros".[5] Im architektonischen Anspruch und hinsichtlich seiner Wirkung auf die Gartenanlage artikuliert der Rudolstädter Tempel das Motiv des Garten-Monopteros, wie es seit den sechziger Jahren des 18. Jahrhunderts auch über England hinaus in den Landschaftsgärten des Kontinents allgemein üblich wurde.[6]

Das Motiv des Cella-freien Garten-Monopteros geht also auf England zurück, wo es, getragen von der Begeisterung für den Palladianismus, schon im Laufe des 18. Jahrhunderts Eingang in die Gartenkunst fand. So taucht das Motiv bereits 1719 in Stowe auf, in einer Gartenanlage, auf die 1733 William Kent (1684–1748) großen gestalterischen Einfluss nahm. Der dortige Gartentempel, „Rotunde" genannt, wird John Vanbrugh zugeschrieben. Im Jahr 1719 wurde er Teil einer Gartenanlage, die, von Charles Bridgeman (gest. 1738) gestaltet, die ersten Grundzüge der damals in Abwendung vom formalen Garten aufkommenden Irregularität zeigte. 1739 schließlich wird dieser Monopteros in der Publikation von Charles Bridgeman „A General Plan of the Woods, Park and Gardens of Stowe" durch Stiche Rigands abgebildet und allgemein bekannt.[7] Zwar tauchen schon früher Monopteroi in Gartenanlagen auf, doch in Stowe wird der Monopteros zunächst Blickpunkt in einem irregulären Garten, schließlich als zentraler gestalterischer Mittelpunkt Teil einer Anlage, die die Grundsätze der malerischen Bildkomposition in die gärtnerische Praxis überträgt. Der Monopteros von Stowe wurde so Gegenstand einer malerischen Inszenierung mit gärtnerischen Mitteln. Als integrativer Teil der malerischen Gartengestalt gilt der dortige Rundtempel gemeinhin auch als erster typischer Garten-Monopteros.[8] Er darf sich dieses Prädikat mit dem sogenannten Ionischen Tempel von Duncombe Park teilen, der um 1718 entstand.

Schon bei diesen frühen Beispielen für einen Monopteros spielt die Vorbildhaftigkeit antiker Rundtempel oder die seit dem 16. Jahrhundert gängige Vorstellung vom antiken Tempel eine entscheidende Rolle. Der Architekturtraktat Vitruvs gilt dabei als gängiger Maßstab jeder architektonischen Antikenrezeption. Vitruvs Beschreibung des Monopteros bleibt für alle darauf basierenden bildlichen Darstellungen in späteren Neuausgaben und Kommentaren seines Werks verbindlich. Letztlich aber sind es die Darstellungen des allseits verehrten Andrea Palladio in der Vitruv-Ausgabe des Daniele Barbaro von 1556, vielleicht auch ergänzt um dessen Rekonstruktionsvorschläge zu Cella-freien Rotunden für das Fortuna-Heiligtum in Palestrina,[9] die nun aufgegriffen und innerhalb der Gartenanlagen in einen szenischen Zusammenhang gestellt wurden.

Gerade die szenische Verwendung in den Blickachsen des Gartens bestätigt, dass die besondere Eignung des Cella-freien Monopteros für szenische Inszenierungen auf seiner Durchlässigkeit beruhte, die ihm zugleich die idealen Staffage-Qualitäten sicherte, welche schon im 17. und 18. Jahrhundert bei Bühnen- und Festarchitekturen entsprechenden Einsatz fanden.[10] Eine malerische Darstellung – auch mit allegorischem Bezug – fand der Monopteros als Teil des Gartens bereits etwa durch Pietro da Cortona (1596–1669) auf dem Frontispiz des 1646 erschienenen Buches „Hesperides" von Giovanni Battista Ferrari.

Zu den frühesten Beispielen von real in den Garten gestellten Rundtempeln, die auf dem Kontinent den englischen Vorbildern folgen, gehört der Apollon-Tempel von Neuruppin, den Friedrich der Große 1735 als Freundschaftstempel für seine Schwester Wilhelmine von Bayreuth errichten ließ.[11] Nach seinem

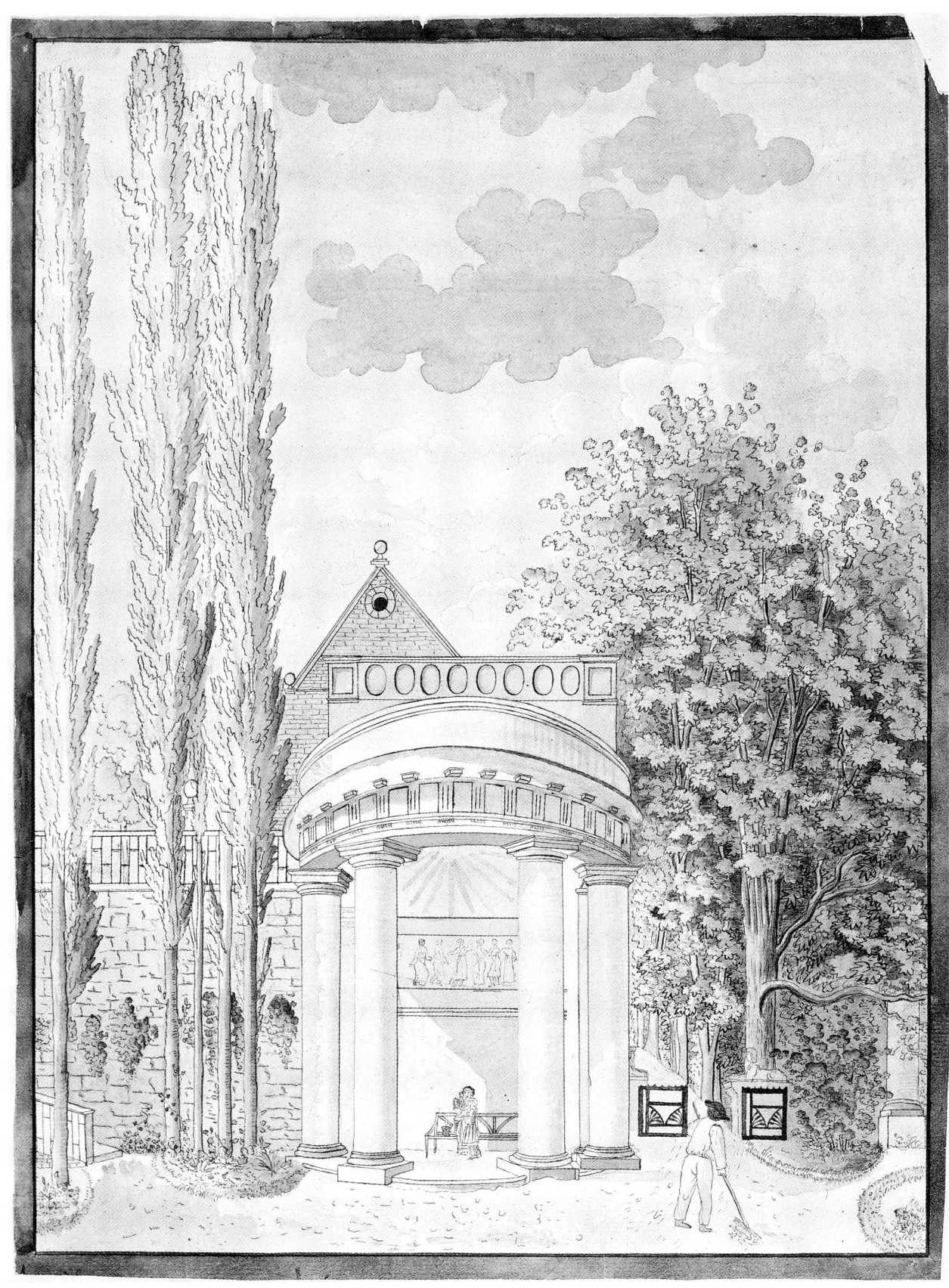

Abb. 1 Rudolstadt, Schloss Heidecksburg, Horentempel im Schlossgarten auf der unteren Terrasse, Federzeichnung von Franz Kotta, nach 1800

Vorbild entsteht 1768 ein weiterer Freundschaftstempel in Sanssouci, der wiederum das Monopteros-Motiv aufnimmt. Zu den frühen kontinentalen Beispielen zählt der Apollon-Tempel von Schwetzingen, der von 1761 bis 1776 als Schöpfung von Nicolas de Pigage (1723–1796) entstand. Der Monopteros in Schwetzingen ist frei stehend angelegt und birgt in seinem Inneren eine Apollon-Statue. In der historischen Entwicklung nur wenig später folgt 1772/74 der Monopteros von Louveciennes in der Nähe von Paris und 1774 der zunächst hölzerne Venus-Tempel in Wörlitz. Mit dem „Temple de l'Amour" im Park des Petit Trianon in Versailles aus dem Jahr 1778 wird das Motiv des Monopteros dann auch am französischen Königshof heimisch. 1794 wird von Friedrich Wilhelm von Erdmansdorff (1736–1800) der Venus-Tempel in Wörlitz errichtet. Er sollte den hölzernen Vorgängerbau von 1774 ersetzen. In den späten achtziger Jahren des 18. Jahrhunderts ist der Monopteros schließlich zu einem allgemein gängigen Ausstattungsrequisit in der Landschaftsgärtnerei geworden. Beispielhaft dafür ist etwa der 1789/90 entstandene Apollon-Tempel des Johann Baptist Lochner im frühen Englischen Garten in München, der im 19. Jahrhundert dann durch Klenzes Monopteros einen späteren Nachfolger finden sollte.

Aus dem Vorbild des antiken Rundtempels von „Tivoli" entwickelt sich eine eigene Tradition. Schon 1726 bis 1729 errichtet Nicholas Hawksmoor in Castle Howard ein frei stehendes Mausoleum nach dem Vorbild des Vesta-Tempels beim Sibyllenheiligtum von Tivoli. 1734 folgt in der Tradition dieses Architekturmotivs William Kents berühmter „Tempel of Ancient Virtue" in der hier bereits erwähnten Gartenanlage von Stowe. Auch mit ihm wird die Bezugnahme auf Palladio überdeutlich, dokumentiert durch die Vorlage in Palladios „Quattro Libri",[12] wo der „Tempel der Vesta" für jeden Anhänger Palladios vorbildhaft publiziert wurde und sich als Grundlage palladianischer Rezeption anbot. 1765 wird dann der Apollon-Tempel in Stourhead errichtet. In der Nachfolge des Typus „Tivoli" entsteht auf dem Kontinent schließlich 1817/18 der Jussow-Tempel im Park von Schloss Wilhelmshöhe zu Kassel.

Die Idee des Rundtempels weist somit eine uralte Tradition auf. Schon in der Antike gab es eine gewisse Vorliebe für Rundtempel, sodass diese Form keineswegs auf Vesta- oder Apollon-Heiligtümer beschränkt blieb. Der Barock nimmt das Motiv des Zentralbaus, wenn auch nicht in der stilreinen Form des Rundtempels, gerne als Sonnentempel wieder auf. Ein bezeichnendes Beispiel hierfür ist der Apollon-Tempel im Scheitelpunkt des Neuen Schlosses von Bayreuth-Eremitage.

In Rudolstadt ist der Horentempel mit seinen Anklängen an einen Monopteros eindeutig als Apollon-Tempel nach antikem Vorbild zu verstehen und nimmt daher sowohl die bauliche Tradition der Apollon-Rundtempel wie auch die damit verknüpfte Idee des Cellafreien Garten-Monopteros auf (Tafel XIV). Die im Kuppelgewölbe des Rudolstädter Horentempels eingelassene Darstellung des Phöbus-Apoll lässt diesbezüglich eine eindeutige Zuordnung zu.

Die Kolonnade – Metapher für Zeit, Vergänglichkeit und Ewigkeit

In seinem Brief von 1797 erwähnt Fürst Ludwig Friedrich II. neben dem Horentempel, den er als „Balkon" oder „Garten-Tempelchen" bezeichnet, auch die weitere umgebende Gartenausstattung. Hierzu gehören die „Kollonade", das „Gartentor" und das Portal zur „Wagenmeisterei".

Das Portal zur Wagenmeisterei existiert zwar bis heute, allerdings fest verschlossen, weil in den Räumen eine provisorische Gruft für die 1942 hierher verlegten Sarkophage aus der Schwarzburger Schlosskirche eingerichtet wurde. Im Giebel des Portals befindet sich die von Ludwig Friedrich beschriebene Sanduhr als Sinnbild der Zeit, umrankt von einem Kranz Rosen. Die Darstellung erfolgt durch schlichte, farbgefasste hölzerne Reliefs. Ludwig Friedrich stellt selbst in seinem Brief den sinnhaften Bezug zur Zeit her, indem er betont, dass man die Zeit im Garten fröhlich nutzen sollte. Die Ikonographie des Reliefs bestätigt seine Ausführungen auf durchaus tiefsinnige Weise. So erscheint hier das Stundenglas als Attribut des Kronos-Saturn, gekreuzt mit der Rose als dem gemeinsamen Attribut von Venus und Flora, der Göttinnen des aufblühenden Lebens, der Fruchtbarkeit und des Goldenen Zeitalters. Vergänglichkeit und Lebensfreude werden zueinander in Beziehung gebracht, als Gegensatz und doch zugleich als untrennbare Einheit. Gerade das Motiv des „Goldenen Zeitalters" scheint es dem Fürsten angetan zu haben. Er ordnet in seinem Brief diese Metapher unter den Begriffen „Fröhlichkeit" und „Genuß" seiner eigenen Gefühlswelt zu. So findet er hierfür bildliche Darstellungen mit Motiven von Spiel, Tanz und Blumenschmuck angemessen. Diese Geisteshaltung ist nur verständlich vor dem Hintergrund eines offenbar noch immer lebendigen humanistischen Verständnisses vom Goldenen Zeitalter und seinen mehrschichtigen metaphorischen Bezügen.

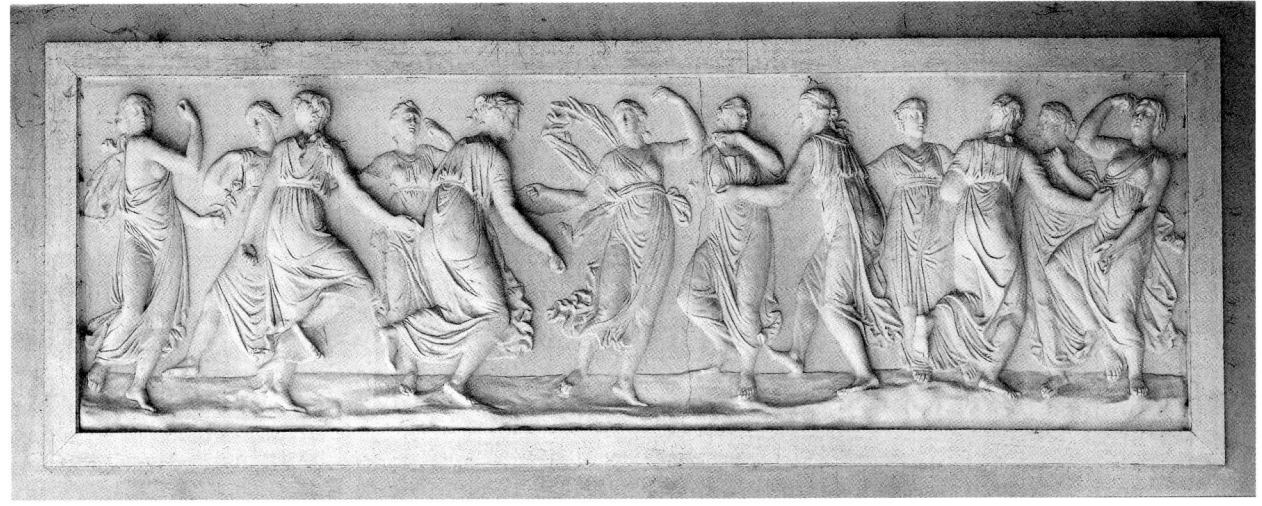

Abb. 2 Rudolstadt, Schloss Heidecksburg, Horentempel, Basrelief der Horen an der Rückwand

Eine weitere wichtige Rolle im Ausstattungsensemble um den Horentempel spielt die Kolonnade. Es handelt sich dabei offenbar um die künstliche Ruine, die in Form einer Abfolge von Säulenstümpfen die abschließende Mauer bekrönt, welche den Gartenbezirk um den Horentempel nördlich und östlich begrenzt. Mit dem Begriff der „Kolonnade" ist diese Ruine im Sinne der strengen Architekturtypologie eigentlich falsch bezeichnet, denn es handelt sich ja nur um eine Säulenreihe, nicht um eine Säulenhalle. Wenn Ludwig Friedrich dennoch den Begriff der „Kolonnade" verwendet, so wohl aus zwei Gründen: Einmal soll bewusst auf antike Vorbilder Bezug genommen werden, also der Anschein einer antiken Kolonnade erzeugt werden. Andererseits geht es um das sinnhafte Wechselspiel zwischen Zeit, Vergänglichkeit, Sehnsucht und Ewigkeit. Oder, wie es Ludwig Friedrich ausdrückt, „dass zwar auch die Zeit an Säulen nagt, aber man die Stunde genießt". Zum Ausdruck kommt letztlich die Sehnsucht nach Ewigkeit, die man dadurch zu erfüllen sucht, dass man dem Zeitlichen den Sinn der Glückseligkeit gibt, die in der Metapher des „Goldenen Zeitalters" so griffig und doch so vielseitig gefasst erscheint. Die Ruinen der Antike scheinen Ludwig Friedrich diese Verheißung zu verbildlichen. Im Grunde genommen sollen sie also ein Abbild der romantischen Theorie Schleiermachers sein, der fordert, dass „in allem Endlichen das Unendliche zu erblicken" sei.[13]

Eine Ergänzung ist die Ausstattung des Gartentors durch die seitliche Aufstellung der heute verlorenen Sphingen von der Hand des Gothaer Bildhauers Friedrich Wilhelm Doell (1750–1816).[14] Auch hier dürften die Sphingen – die im Brief Ludwig Friedrichs nicht weiter erwähnt werden, weil sie erst später

hinzukommen – eine doppelte Funktion gehabt haben: Als Symbol der Weisheit sollten sie wohl den philosophischen Ansatz des Ensembles um den Horentempel unterstreichen und die Ikonographie um Apoll ergänzen. Als antikes Sinnbild der Wachsamkeit bildeten sie das ideale Motiv für den Eingang zum Schlossgarten, der nach dem Willen des Fürsten ein Abbild antiker Motive im Sinne des Zeitalters der Empfindsamkeit sein sollte.

Die Horen – Musen der Zeit und Repräsentanten des Goldenen Zeitalters

Das zentrale Motiv des Rudolstädter Horentempels bilden die in einem Basrelief als tanzende Genien dargestellten zwölf Horen, die Ludwig Friedrich selbst als die „Musen der Zeit" bezeichnet (Abb. 2). Die Anzahl zwölf legt nahe, dass damit die zwölf Stunden oder die zwölf Monate dargestellt sein sollen. Insofern dürften die Horen hier weniger im griechischen Sinne der Horai (also der Jahreszeiten) als im lateinischen Sinne der Horae (Stunden) gemeint sein. Dies wäre dann eine zweifellos eigenwillige, aber durch den Brief des Fürsten durchaus bestätigte Interpretation der Horen. Das Bild der zwölf Horen weicht jedenfalls bewusst von der sonst üblichen Dreizahl der saturnalischen Mythologie (Eirene, Eunomia und Dike bzw. Flora, Ceres und Bacchus) und der Vierzahl des Apollon-Mythos (die Horen als Lenker der vier Sonnenrösser) ab. Im Kern sollen die zwölf Horen aber hier trotzdem den Tages- bzw. Jahreslauf der Zeiten verbildlichen. Sie stehen damit inhaltlich in völliger Analogie zu den apollinischen Horen und den Jahreszeiten des Saturn-Mythos. Die Darstellung im Rudolstädter Tempel erscheint auch in bildlicher Hinsicht als geradezu wörtliche Umsetzung der Beschreibung der Horen bei

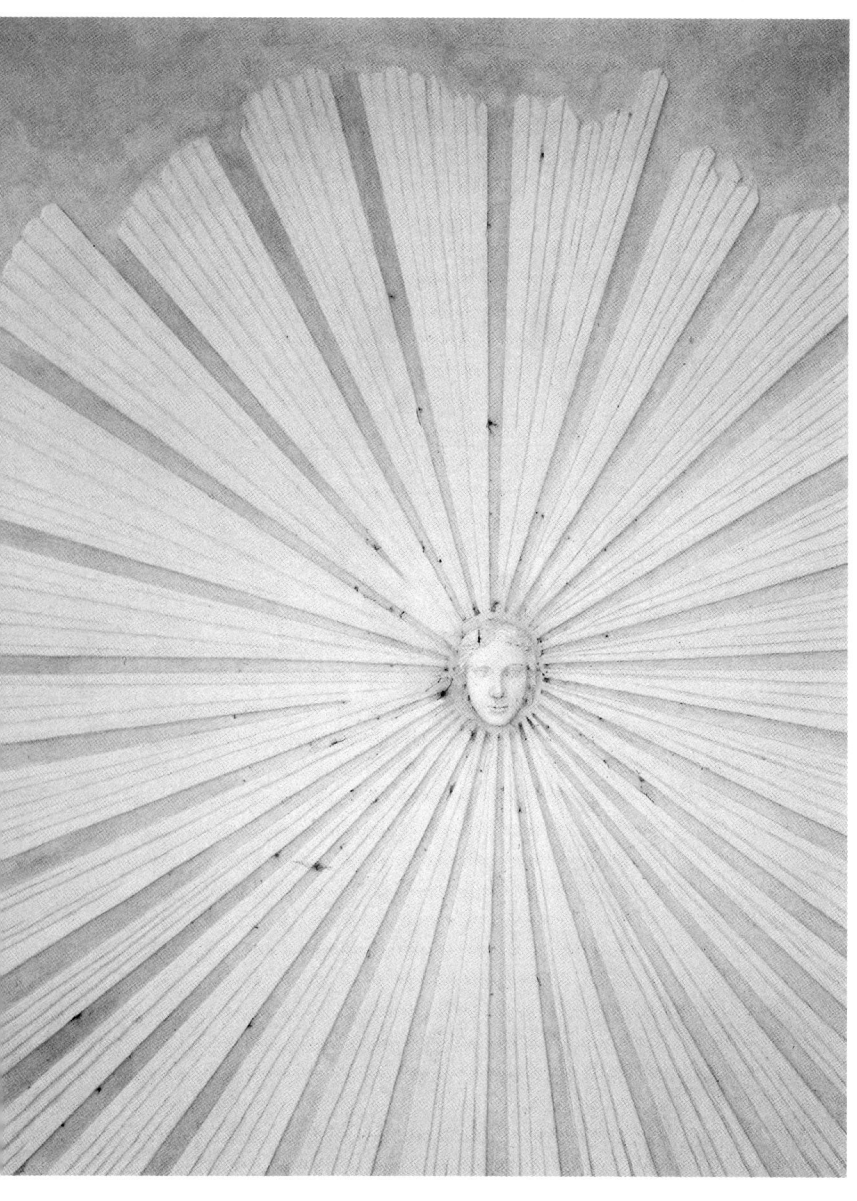

Hesiod: „Die lockenschönen Horen kränzten sie rings mit Blüten des Frühlings".[15] Hesiod umschreibt in seiner Theogonie auch die Bedeutungswelt der Horen, die aufs Engste mit dem Topos des „Goldenen Zeitalters" verbunden ist. Als Töchter des Jupiter/Zeus sind die Horen die ersten Dienerinnen und Begleiterinnen der Venus/Aphrodite kurz nach deren Geburt. Sie sind zuständig für deren Einkleidung nach der Anlandung in Cypern und deren Erziehung. Gerade in dieser Funktion wird bei ihnen die Grenze zu den Drei Grazien/Chariten fließend, die eigentlich die ständigen Begleiterinnen der Göttin Venus/Aphrodite sind,[16] welche selbst wiederum nicht zufällig auch den Namen Charis trägt. Überspitzt könnte man die Grazien der Venus als die Horen des Saturn bezeichnen, wäre damit nicht bedeutend mehr als nur ein Namens- und Bedeutungswandel verbunden. Zeigen sich doch die

Horen schon im Umkreis des Saturn in zweierlei Gestalt und doppelter Bedeutung, so einmal als Jahreszeiten (Horai) im ursprünglichen Sinne, verbildlicht durch Flora – Ceres – Bacchus, und zum anderen als die Garanten des Goldenen Zeitalters, als Eunomia, Dike und Eirene.[17] Umso mehr sind sie dann als Begleiterinnen der Venus einem Wandel, also einer nur schwer abgrenzbaren Metamorphose unterworfen. Als Erzieherinnen der Venus werden sie zu deren ständiger Begleitung und so unter den Namen Aglaia, Thalia und Euphrosyne zu wahren Liebesgöttinnen.[18] Darüber hinaus sind sie aber auch die Dienerinnen der ersten Frau auf Erden, der Pandora.[19] Als Begleiterinnen der Fortuna wandeln sich die Horen unter den Namen Klotho, Lachesis und Atropos zu Glücksgöttinnen, aber auch zu regelrechten Schicksalsgöttinnen.[20] Zugleich blieben sie immer auch die Töchter des Jupiter/Zeus, und sind damit die Wächterinnen des Olymp. Sie gelten als die Bewegerinnen der Wolken und die Wagenführerinnen sowohl der Hera wie der Pallas Athene. Als Begleiterinnen des Apoll werden sie schließlich zu den „Musen der Zeit". So sind sie zunächst die Erzieherinnen des Apoll, stehen als Wagenlenkerinnen des Sonnenwagens aber schließlich für die Jahres- oder Tageszeiten; bildet hier zunächst die Dreizahl – eben Morgen, Mittag und Abend beziehungsweise Aurora, Sol und Luna – den Ausgangspunkt, so setzt sich schließlich zunehmend die kosmische Vierzahl durch, in Angleichung an die vier Jahreszeiten und die vier Himmelsrichtungen.

Im Ergebnis vereinigen sich in den Horen verschiedene Bedeutungsebenen, je nachdem, welchem Götterkreis sie zuzuordnen sind, dem saturnalischen oder dem apollinischen. Doppelbedeutungen sind ebenso möglich wie die Metamorphose der Bedeutung oder der bildliche Wechsel von einem Götterkreis zum anderen.

Ein solcher Wechsel vom Bedeutungskreis um Apoll zum Bedeutungskreis des Saturn deutet sich beim Rudolstädter Horentempel mit dem Rosenkranz am Stundenglas an, der eindeutig auf die Göttin Flora Bezug nimmt. Mit Flora als dem Sinnbild des Frühlings und ihrer Personenidentität mit einer der Horen kann auch eine mehrfache Metamorphose in Gestalt und Bild verbunden sein. Schon bei Lukrez finden wir den Hinweis, dass Flora neben Venus als Sinnbild des Frühlings und für die erwachende Natur steht.[21] Ebenso können beide gleichberechtigt Repräsentantinnen des Goldenen Zeitalters sein.

Das Phänomen der Metamorphose ermöglicht auch den sinnhaften Wechsel zwischen apollinischem und saturnalischem Bedeutungskreis. Mit der Gleichsetzung von Aurora mit Flora, wie sie in vielen Deckengemälden des späten 18. Jahrhunderts letztlich stattfindet, ergibt sich die Verknüpfung zwischen dem Mythos des Apoll und dem des Saturn. So ist Aurora/Eos als Tochter des Hyperion und damit Schwester von Sol/Helios und der Luna/Selene primär dem apollinischen Götter- und Bedeutungskreis zuzuordnen. Schon seit dem Humanismus, im Gefolge der neuplatonischen Philosophie, wird von den Sinnbildern des aufgehenden Lichts (Aurora, Apoll, Pegasus) eine sehr aufschlussreiche Brücke zu den Sinnbildern des beginnenden und ewigen Lebens, ja, des Lebens schlechthin (Flora, Venus, Abundantia) im Umkreis des Saturn geschlagen. In metaphorischer Gleichsetzung steht die aufgehende Sonne für das aufblühende Leben. In dieser Konsequenz ist es dann auch wenig verwunderlich, dass in der ikonologischen Bildwelt bisweilen Flora für Aurora stehen kann oder umgekehrt; ebenso dass die aufgehende Sonne des Apoll mit dem Blütenkranz der Flora und dem Stundenglas des Saturn zu einer bedeutungsmäßigen Einheit verbunden wird.

Mit der Durchbrechung der Grenzen zwischen dem Saturn- und dem Apollon-Mythos erweist sich Apoll gerade in der Sonderform als Sinnbild der aufgehenden Sonne als ein Träger von Bedeutungsschichten, die dem Topos des „Goldenen Zeitalters" zuzuordnen sind. So können sich Darstellungen der aufgehenden Sonne als Sinnbild des Goldenen Zeitalters durchaus auch der mythologischen Gestalt des Apoll selbst bedienen. Was so oft und vielfach vereinfachend als der „Triumph des Apoll" gedeutet wird, kann sich bei näherem Hinsehen sehr schnell als sinnbildhaft verklausulierte Darstellung des Beginns des Goldenen Zeitalters erweisen. Der Bezug kann dabei sowohl in humanistischer Tradition auf das Tugendideal und den Kulturauftrag anspielen, als auch aufklärerisch eine neue Zeit propagieren. Nur noch eine logische Konsequenz dieses Bedeutungsstranges ist dann die Darstellung Apolls in der Bedeutung des Friedensfürsten, wie sie etwa Tiepolos Deckengemälde im Treppenhaus der Würzburger Residenz zeigt. Die Anspielung auf ein propagiertes Zeitalter des Friedens verarbeitet damit auch die Vision des Goldenen Zeitalters.[22]

Apoll – Metapher für Weisheit und Wahrheit

Im Deckengewölbe des Rudolstädter Horentempels zeigt sich das Antlitz des Phoebus-Apoll (Abb. 3). Phoebus als Sinnbild der Sonne heißt wörtlich übersetzt „der Strahlende", „der Reine", „der Glänzende". Er steht also nicht nur für die physische Lichterscheinung, sondern auch für die Reinheit, die Klarheit und die Wahrheit. Davon abgeleitet ist das uralte und dennoch bis heute gebräuchliche Sprichwort „Die Sonne bringt es an den Tag". In logischer Konsequenz wird die Allegorie der Wahrheit in der Regel mit einem Attribut ausgestattet, das auch Phoebus-Apoll zusteht, nämlich mit der Sonnenscheibe in der Hand.[23] Schon in der Antike, seit dem 6. Jahrhundert v. Chr., wurde der Sonnengott Phoebus mit Apoll gleichgesetzt, was in nachantiker Zeit zur fast uneingeschränkten Regel werden sollte.[24] Apollon, der Gott der Ordnung, der Sonne, der Weissagung und der Weisheit,[25] tritt gerade im Bereich der Gärten gerne auch als Apoll Musagetes, als der Herr der Musen auf.[26] So ist Apoll der Gott des Wissens und wird in diesem Sinne bereits bei Homer umschrieben: „Apoll allein kennt den allwissenden Rat des Zeus".[27] Von da ist es nur ein kurzer Weg zum Gott des Orakels, an den sich die Menschen wenden, um die Wahrheit zu erfahren. In der Emblematik ist seit dem 16. Jahrhundert die Darstellung Apolls als Sinnbild der Weisheit allgemein gängig.[28] Die Aufklärung macht Apoll schließlich zum Sinnbild ihres Anliegens schlechthin.

Beim Rudolstädter Horentempel dürfen wir davon ausgehen, dass Apoll in mehrfacher Bedeutung für den allegorischen Hintergrund steht: als Phoebus-Apoll für die Sonne und damit die kosmische Ordnung der Natur, als Gott der Wahrheit für die Erkenntnis und auch die Aufklärung, als Gott der Weisheit für das Wissen um die Endlichkeit des Menschseins, und nicht zuletzt als Herr der Musen für den Frohsinn, weil man mit diesen die schönen Stunden genießt. Der letztere, etwas eigenwillige Bezug wird vom Fürsten ausdrücklich in seinem Brief betont.

Ein dieses Bedeutungsgeflecht ergänzender Bezug ergibt sich durch die beiden Sphingen am Parktor. Deutet doch die Sphinx im apollinischen Zusammenhang auf die besondere Eigenschaft des Apoll als Herrscher über Leben und Tod hin.[29] Die Gottheit der Ordnung steht auch für Anfang und Ende. Das apollinische Bildprogramm des Horentempels ist also ebenso wie die Kolonnade eine konsequente bildliche Inszenierung der von Fürst Ludwig Friedrich brieflich wiedergegebenen Empfindung von der Vergänglichkeit menschlichen Lebens.

Saturn und das Goldene Zeitalter

Zurück zum Portal am Ensemble um den Horentempel. Mit dem dortigen, zum Programm gehörigen Stundenglas am Portal der Wagenmeisterei sind die Themen von Vergänglichkeit und Lebensfreude gleichermaßen angesprochen. Das Stundenglas nimmt Bezug auf den inhaltlichen Topos „Zeit" und ist doch zugleich als das wichtigste Attribut von Kronos/Saturn zu erkennen. Der damit gekreuzte Kranz blühender Rosen verweist auf Flora und stellt den Bezug zum Goldenen Zeitalter her, dem Zeitalter der Glückseligkeit und Sorgenfreiheit, oder, wie der Fürst schreibt, der „Fröhlichkeit". Stundenglas und Rosenkranz sind in diesem Sinne also kein Widerspruch, sondern sie ergänzen sich im Sinne der mehrfachen metaphorischen Bezüge zu Saturn ebenso wie bildlich. Hier geben Hesiod und Ovid gemeinsam den Aufschluss für dieses bildliche wie bedeutungsmäßige Motiv.

Das Goldene Zeitalter geht als Begriff auf den griechischen Dichter Hesiod[30] zurück. In Ovids Metamorphosen,[31] dem für das Verständnis des 18. Jahrhunderts grundlegenden und diesbezüglich kaum zu überschätzenden Werk, wird das Goldene Zeitalter ausführlicher umschrieben. Es ist daher unerlässlich, die Metamorphosen des Ovid hier kurz zu würdigen. Sie sind in der antiken Literatur die überzeugendste Artikulation des Heroischen durch das Schöne, aber auch des Überzeitlichen und des Paradiesischen durch die Verschmelzung von Kunst und Natur zu einer übergeordneten Gattung sui generis. Die Metamorphosen Ovids konnten gerade deshalb zur literarischen Grundlage der von den Neuplatonikern propagierten und für die Entstehung neuzeitlichen Denkens so wesentlichen Vereinigung von Kunst und Natur werden, weil sie selbst in vollendet kunstvoller Weise dieses Motiv der Vereinigung artikulieren, das schon die römische Dichtkunst der Zeit Ovids von Alt-Hellas übernommen hat. Nach der Überwindung der von den Neuplatonikern angeregten und von den Humanisten eher spröde artikulierten Rezeption Ovids als Dichter der antiken Mythen- und Allegorienwelt zeigte sich schließlich das 18. Jahrhundert speziell von Ovid als dem Dichter der Venus und einer lebensbejahenden Geisteswelt fasziniert.

Schon im ersten Buch von Ovids Metamorphosen bilden die nach Metallen charakterisierten Weltalter den Rahmen des mythologischen Geschehens. So wird das Goldene Zeitalter als das für die Menschen glücklichste geschildert. Als Zeitalter der Gerechtigkeit, der Glückseligkeit und der Sorgenfreiheit zeichnet es sich durch immerwährenden Frieden und die uneingeschränkte Freigiebigkeit der Natur aus. Es ist das Zeitalter des ewigen Frühlings, in dem der laue Westwind Zephyr die Kreaturen umschmeichelt und das Land von so großer Fruchtbarkeit ist, dass dort Milch und Honig fließen. Das Goldene Zeitalter ist geprägt von der Herrschaft des Saturn, jener Gottheit, die sehr bezeichnend den Anlass zur Geburt der Venus und zum Beginn ihrer Herrschaft auf Erden setzt. Nach Hesiod[32] entmannte Saturn auf Geheiß seiner Mutter den eigenen Vater Uranos und warf dessen Genitalien ins Meer. Aus dem daraus entstandenen gewaltigen Schaum wurde Venus geboren, griechisch Aphrodite – die Schaumgeborene. Sie wird von Zephyr und Flora auf einer Muschel bei der ihr zugedachten Insel Kythera an Land getrieben. Mit ihrer Ankunft bricht dort sogleich der ewige Frühling an, und es beginnen insbesondere die ihr anvertrauten Zitrusbäume zu blühen.

Seit Hesiod steht das Goldene Zeitalter für Friede und Gerechtigkeit, für Eintracht, Wachstum, Fruchtbarkeit und Überfluss. Seither ist es ein Sinnbild des Traums der Menschheit von einer besseren Zeit oder der Vision von einer heilen Welt. Hesiod lässt daher konsequenterweise die beherrschende Gottheit Saturn/Kronos auch als Herr über die Horen auftreten. Die Horen haben nach ihrer mythologischen Überlieferung die Funktion der Streitschlichtung und erscheinen so als die natürlichen Garanten des Goldenen Zeitalters. Sie stehen mit ihren Namen als Eunomia für das Gesetz, als Dike für die Gerechtigkeit und als Eirene für den Frieden.[33] Es ist schließlich Marcus Terentius Varro,[34] der in seinem Buch „De Lingua latina" nun das längst überzeitlich aufgefasste Goldene Zeitalter Saturns in einen spezifisch römischen Zusammenhang stellt. Nach seiner Deutung wird der Landstrich Latium nach dem Titanensturz zum Fluchtort Saturns. Demnach führt Saturn dort sein Goldenes Zeitalter zur Blüte. In Latium wird er zum Gott des Ackerbaus sowie der Obst- und Weinkultur. Auch hier sind ihm wieder die Horen zugewiesen, nun in der Bedeutung als die Jahreszeiten des Wachstums, als Frühling, Sommer und Herbst (Thallo – Auxo – Karpo), und mythologisch verbildlicht durch die Gottheiten Flora, Ceres und Bacchus. Dieser römische Bedeutungskreis schließt sich unter dem Aspekt, dass Saturns Halbschwester Venus als Römische Stadtgöttin und Mutter des Aeneas zur Stammmutter Roma der Hauptstadt Latiums wird. Flora, Ceres und Bacchus aber werden unter dem Patronat der Venus zu Metaphern des Goldenen Zeitalters schlechthin, insbesondere, wenn sie zusammen mit ihren Gatten auftreten. Auch beim Rudolstädter Horentempel klingt dieser spezifisch römische Aspekt durch, wenn das Ensemble-Umfeld in Anklängen an römische Ruinen gestaltet wird.

Unter einem weiteren, ebenfalls hier am Rudolstädter Horentempel anklingenden Aspekt steht das Goldene Zeitalter nicht zuletzt als Metapher für die von den Menschen so ersehnte Insel der Glückseligkeit, vom Fürsten schlicht Fröhlichkeit genannt. Schon Hesiod erwähnt, dass Saturn/Kronos nach dem Titanensturz Gnade findet und die sogenannte Insel der Seligen inmitten des Ozeans als Wohnsitz erhält, eine äußerst fruchtbare Insel,[35] die später auch als Hesperideninsel identifiziert wird. Pindar schließt sich ihm in dieser Version des Mythos an.[36] Seither und erneut seit der Epoche des Humanismus gelten die Gefilde des Saturn als Orte für Glückseligkeit.

Aufklärung und Romantik

Der Rudolstädter Horentempel ist eine aufschlussreiche Schöpfung der Geisteswelt zwischen Aufklärung und ganzheitlichem barocken Weltbild, zwischen Wissensgläubigkeit und Romantik. Noch immer bedient man sich bei der bildlichen und architektonischen Verbildlichung dieser Geisteswelt einer seit dem Humanismus üblichen mythologischen Metapher, der Allegorese und des Illusionismus. Dabei entsteht jene eigenwillige Mischung aus wiederbelebter antiker Bilderwelt, philosophierendem Bilderspiel, der Auseinandersetzung mit der Gegenwart durch Vergleiche mit einer idealisierten Welt und nicht zuletzt der Inszenierung einer Idealwelt, sei es für wenige Stunden oder für den ersten Eindruck. Noch schwingt der besondere Wunsch nach der Entdeckung und Darstellung des ganzheitlichen Kosmos mit. Im Kontrast dazu steht ein ausgeprägtes Wissen um die teils brüchige Realität, begleitet vom großen Interesse für die Naturwissenschaften sowie einem ausschweifenden Philosophieren über den Sinn des Menschseins oder über Ursprung und Ziel allen Lebens. Der Brief Fürst Ludwig Friedrichs zum Horentempel spiegelt dies aufs Deutlichste wider. Die Erkenntnis von der Zeitlichkeit menschlichen Lebens und der Endlichkeit aller Natur wird darin gepaart mit der Lebensphilosophie, dem Leben eine große Intensität an Empfindungen und Gefühlen, auch Genuss auf Zeit und Bereicherung durch eine bisweilen pittoresk inszenierte Illusion zu geben. Mit den Worten des Fürsten: „(…) Es soll den Gedanken in der Seele hervorbringen, dass zwar die Zeit an den Säulen nagt, aber man die Stunden zweckmäßig besonders (…) fröhlich genießt." Der Horentempel und sein Umfeld sind also unmittelbares Abbild der damals virulenten

Gedankenwelt und ihrer von der Aufklärung geprägten Geisteshaltung. Aber auch eine Philosophie, die im Brief des Fürsten nicht ausdrücklich angesprochen wird, wird im Horentempel lebendig, nämlich die mit dem Neoplatonismus von den Humanisten eingeführte neuzeitliche Forderung nach der Einheit von Natur und Kunst. So wird der Horentempel ganz selbstverständlich in die neue Gartenanlage integriert und widmet sich mit der Thematik um Apoll, Saturn, den Horen und dem Goldenen Zeitalter eben den Themen, die schon das ganze 17. und 18. Jahrhundert über in den Gärten die Einheit aus Kunst und Natur zu propagieren hatten. Kaum noch spürbar ist hier der humanistische Anspruch, mit der geschaffenen Einheit aus Natur und Kunst eine dritte, darüber hinausgehende und höchste Gattung entwickeln zu wollen. Das entstandene Ensemble um den Horentempel genügt sich im Glück, diese Einheit aus Natur und Kunst mit dem Garten für sich anzustreben. Andererseits enthält sich das Ensemble aber auch der in Folge der Goethezeit aufkommenden und zunehmenden Dialektik zwischen Natur und Kunst, die letztlich in die seit dem 19. Jahrhundert und noch bis heute ungelöste Frage mündet, ob im Garten nun die Natur oder die Kunst Vorrang habe. Es ist eine Frage, die sich nur stellt, wenn man einen Gegensatz zwischen Kunst und Natur sieht. Fürst Ludwig Friedrich sieht hier jedenfalls keinen Gegensatz. Er sieht vielmehr die harmonische Vereinigung von Kunst und Natur als Erfolg versprechenden Weg zur Bewältigung seiner Sehnsucht. Auf dieser noch immer humanistischen Basis ist es ihm auch selbstverständlich, im ikonographischen Programm seines Horentempels die Idee der Nobilitierung des Menschen durch das Göttliche zu akzeptieren. So bedient er sich zur Darstellung der Zeiten, die ihm Muse verheißen, der mythologischen Figuren der Horen. Das Gesetz des Auf und Ab, das Gesetz von Geburt und Tod wird hier durch Apoll sowohl im Sinne des antiken Mythos als auch der neuzeitlichen Allegorie mit göttlicher Dimension dargestellt, obwohl es dem Fürsten im Kern eigentlich nur um die bildliche Umsetzung seiner Empfindung von Zeitlichkeit geht.

Und dennoch enthält das Programm einen gewaltigen Schuss früher Romantik. Gerade der Brief verdeutlicht die Vereinigung von Fühlen und Wissen als Ziel dieser romantischen Empfindung. Der Horentempel soll Abbild dieser Empfindung sein, die sich am eindrücklichsten mittels eines romantischen Bildes darstellen lässt. Zugrunde liegt bereits auch das neue, für die Romantik maßgebliche Prinzip der Einheit von Natur und Vernunft.

Somit stehen wir mit dem Horentempel an einer interessanten geistesgeschichtlichen Zäsur, die häufig als Frühromantik bezeichnet wird. Ebenso gut könnte sie als Herbst einer ganzheitlich geprägten Barockepoche bezeichnet werden, in der man alles göttliche und menschliche Sein und Wirken in einem ganzheitlichen Kosmos zu erfassen suchte. So hat im geistigen Umfeld des Horentempels das neoplatonische Prinzip der Einheit von Kunst und Natur ebenso eine Lebensberechtigung wie das Prinzip der aufkommenden Romantik, die Einheit zwischen Vernunft und Natur zu suchen. Beiden Prinzipien gemeinsam ist ja das Ziel, Übersinnliches durch Sinnliches zum Ausdruck bringen zu wollen und möglichst entsprechend auch zu deuten. So halten sich im geistigen Umfeld des Horentempels Übersinnliches und Sinnliches noch immer die Waage, ergänzen sich also gegenseitig in einem ganzheitlichen Sinn, wobei das Übersinnliche im Vordergrund steht. Erst in der Romantik des 19. Jahrhunderts sollten die Gewichte vollends verschoben werden. Dann wird das Sinnliche an die erste Stelle treten. Entsprechend Schleiermachers romantischer Theorie ist dann in allem Sinnlichen das Übersinnliche zu suchen.

Anmerkungen

[1] Thüringisches Staatsarchiv Rudolstadt (ThStA Ru), Schlossarchiv, D 40, Bd. 1; vgl. Horst Fleischer, Vom Leben in der Residenz. Rudolstadt 1646–1816, Rudolstadt 1996, S. 264.

[2] Vgl. H. Fleischer, 1996, S. 283.

[3] Vgl. Andrea Palladio, I Quattro Libri dell'Architettura IV, Venedig 1570, Kap. 14.

[4] Vgl. ebenda, Kap. 23.

[5] Vitruv, Zehn Bücher über Architektur, übersetzt von Curt Fensterbusch, Darmstadt 1964, IV. Buch, Kap. 8.

[6] Vgl. den Apollon-Tempel in Schwetzingen 1761/76 von Nicolas de Pigage.

[7] Hans Vredeman de Vries, Hortorum Viridariumque formae, Antwerpen 1583.

[8] Nach Adrian von Buttlar, Der Landschaftsgarten, München 1980, S. 44.

[9] Vgl. Andrea Palladios Generalprospekt für die Rekonstruktion Palestrinas, RIBA, Vol. IX, fol. 6.

[10] Vgl. Giuseppe Galli Bibiena, Architetturae Prospettive, Wien 1740.

[11] Vgl. Hans-Joachim Giersberg, Friedrich als Bauherr, Berlin 1986, S. 135–137; für Friedrichs Bibliothek ist übrigens eine Palladio-Ausgabe von Inigo Jones nachgewiesen; vgl. hierzu den Katalog der Bibliothek Friedrichs des Großen, in: Hohenzollern-Jahrbuch, Bd. 17, Berlin 1913.

[12] A. Palladio, 1570, IV, Kap. 23.

[13] Friedrich Ernst Daniel Schleiermacher, Über die Religion. Reden an die Gebildeten unter ihren Verächtern, Berlin 1799.

[14] Die Sphingen wurden am 21. August 1800 geliefert; vgl. H. Fleischer, 1996, S. 277 und Antlitz des Schoenen. Klassische Bildhauerkunst im Umkreis Goethes, Rudolstadt 2003, Kat. Nr. 162.

[15] Hesiod, Werke und Tage, 74f.

[16] Derselbe, Theogonie, 910f.

[17] Ebenda, 901–903.

[18] Ebenda, 910f.

[19] Hesiod, Werke und Tage, 74f.

[20] Apollodorus, Theogonie, 1,13.

[21] Titus Lucretius Carus, De rerum natura, 5, 737–740.

[22] Zum Friedensaspekt siehe Frank Büttner, Die Sonne Frankens, in: Münchner Jahrbuch der bildenden Kunst, Bd. 30, 1979, S. 159–186 (172).

[23] Vgl. Hans-K. Lücke und Susanne Lücke, Antike Mythologie. Ein Handbuch, Reinbeck b. Hamburg 1999, S. 101; insbesondere Cesare Ripa, Iconologia, Rom 1603, 4. Auflage des Nachdrucks: Hildesheim u.a. 2003, 499–501.

[24] Reclams Lexikon der antiken Götter und Heroen in der Kunst, bearb. von Irene Aghion, Claire Barbillon und François Lissarrague, Stuttgart 2000, S. 55.

[25] H.-K. Lücke und S. Lücke, 1999, S. 87.

[26] Ebenda, S. 101.

[27] Homer, Hymnos, 4, 436ff.

[28] Nicolas Reusner, Emblemata, Frankfurt/M. 1581, Nr. III/7, bei Emblemata, 1742.

[29] Vgl. H.-K. Lücke und S. Lücke, 1999, S. 95.

[30] Herbert Hunger, Lexikon der griechischen und römischen Mythologie, 6. Auflage, Reinbeck bei Hamburg 1974, S. 425.

[31] Ovid, Metamorphosen, Lib. I, 89–113.

[32] Hesiod, Theogonie, 173–200.

[33] Ebenda, 901–903.

[34] Marcus Terentius Varro, De Lingua latina, 6,22.

[35] Hesiod, Werke und Tage, 167–174.

[36] Pindar, Carmina Pythionica, 4,291 und derselbe, Olympionica, 2, 75ff.

Antike Literatur

Apollodoros, Theogonie
Carus (Titus Lucretius Carus), De rerum natura
Catull (Gaius Valerius Catullus), Carmina
Hesiod, Werke und Tage
Hesiod, Theogonie
Homer, Ilias
Horaz (Quintus Horatius Flaccus), Carmina
Ovid (Publius Ovidius Naso), Metamorphosen
Pindar, Carmina Pythionica und Olympionica
Varro (Marcus Terentius Varro), De lingua latina
Vitruv, Zehn Bücher über Architektur, übersetzt von Curt Fensterbusch, Darmstadt 1964

Sonstige Literatur und Quellen

Antlitz des Schoenen. Klassische Bildhauerkunst im Umkreis Goethes, Rudolstadt 2003

Adrian von Buttlar, Der Landschaftsgarten, München 1980

Emblemata. Handbuch zur Sinnbildkunst des 16. und 17. Jahrhunderts, hg. von Arthur Henkel und Albrecht Schöne, Stuttgart 1967/1976

Giovanni Battista Ferrari, Hesperides, sive de malorium aureorum cultura et usu Libri Quattuor, Rom 1646

Horst Fleischer, Vom Leben in der Residenz. Rudolstadt 1646–1816, Rudolstadt 1996

Hans-Joachim Giersberg, Friedrich als Bauherr, Berlin 1986

Herbert Hunger, Lexikon der griechischen und römischen Mythologie, 6. Auflage, Reinbeck b. Hamburg 1974

Hans-K. Lücke und Susanne Lücke, Antike Mythologie. Ein Handbuch, Reinbeck bei Hamburg 1999

Andrea Palladio, I Quattro Libri dell'Architettura, Venedig 1570

Reclams Lexikon der antiken Götter und Heroen in der Kunst, bearb. von Irene Aghion, Claire Barbillon und François Lissarragne, Stuttgart 2000

Cesare Ripa, Iconologia, Rom 1603, 4. Auflage des Nachdrucks: Hildesheim u.a. 2003

Friedrich Ernst Daniel Schleiermacher, Über die Religion. Reden an die Gebildeten unter ihren Verächtern, Berlin 1799

Helmut-Eberhard Paulus

Das Residenzschloss Weimar – einst eine Residenz der Toleranz, heute ein Bildungserlebnis

Grußwort zur Verleihung des Deutschen Preises für Denkmalschutz 2006 in Weimar, Festakt des Präsidiums des Deutschen Nationalkomitees für Denkmalschutz am 13. November 2006 im Festsaal des Residenzschlosses

Für die Stiftung Thüringer Schlösser und Gärten ist es Freude und Ehre zugleich, dem Deutschen Nationalkomitee für Denkmalschutz mit dem Residenzschloss Weimar einen angemessenen Rahmen für den Festakt zur Verleihung des Deutschen Preises für Denkmalschutz zur Verfügung stellen zu können. So begrüßen wir herzlich den Thüringer Kultusminister, Herrn Prof. Dr. Goebel, heute in der Funktion des Präsidenten des Deutschen Nationalkomitees für Denkmalschutz, und Frau Intendantin Dagmar Reim, die Vorsitzende der Jury des Deutschen Preises für Denkmalschutz. Darüber hinaus darf ich Frau Senatorin von Welck, die Damen und Herren Abgeordneten des Deutschen Bundestages, die Vizepräsidentin des Thüringer Landtages, Frau Klaubert, und die Abgeordneten des Thüringer Landtages in unserem Hause herzlich willkommen heißen. Nicht minder herzlich seien die Preisträger des Deutschen Preises für Denkmalschutz begrüßt, die heute in besonderer Weise im Mittelpunkt stehen, ebenso herzlich alle sonstigen Damen und Herren als Multiplikatoren des Denkmalschutzgedankens.

Die Stiftung Thüringer Schlösser und Gärten heißt Sie alle willkommen als Gäste hier im Residenzschloss Weimar, dem zweifellos bekanntesten und auch für die Landesgeschichte Thüringens bedeutendsten Schloss in der reichen Perlenkette der Schlösser und Residenzanlagen Thüringens, aber auch im Bestand der Stiftung Thüringer Schlösser und Gärten.

Der wohlklingende Name der Stadt Weimar ist für nahezu jedermann ein Begriff, etwa als Ort der Musik oder der Architektur, vor allem aber als Topos der deutschen Literatur, und hier insbesondere der sogenannten Klassik, einer zwar kurzen, aber umso kreativeren Epoche deutscher Geistesgeschichte, deren Beginn üblicherweise mit der Rückkehr Goethes aus Italien im Jahr 1788 angesetzt wird und deren Ende zumeist mit dem Tod Schillers, spätestens aber mit der vernichtenden Schlacht von Jena vor genau 200 Jahren in Verbindung gebracht wird.

Goethe und Schiller sind mit der Stadt Weimar in ganz besonderer Weise verbunden, ja, man kann ohne Übertreibung sagen, Weimar ist bis heute ein Wallfahrtsort zu deren Wirkungsstätten, ein besonderer Ort der Erinnerung und des Gedenkens an diese beiden Dichter geblieben. Es ist quasi ein Stück profanierter Heiligenverehrung, das die großen Persönlichkeiten der Epoche der klassischen deutschen Literatur mit dem Namen Weimar verbindet und dieser Stadt eine besondere Aura verleiht, von der sie – durchaus zu Recht – bis heute zehrt. Wollte man in einem metaphorischen Rundgang durch die abendländische Kultur Weimar vielleicht gar mit Rom vergleichen – ich wage dies hier einmal –, so käme dem großen Paar der Deutschen Klassik, das Rietschel so einprägsam als Denkmal vor das Weimarer Theater stellte, wohl eine den beiden Erzaposteln Petrus und Paulus vergleichbare Position zu. Ich möchte diesen Vergleich aber bewusst hier nicht fortführen oder vertiefen, sondern damit nur darauf hingewiesen haben, dass solche heiligmäßig verehrten Gestalten in ihrer Stadt zumeist ein kaum begrenzbares Gewicht entfalten, auch dann, wenn sie bei Weitem nicht die einzigen Kostbarkeiten darstellen, die eine solche Stadt vorzuweisen hat oder die ihr besondere Prägung verleihen. Sicher, was wäre Rom ohne die Gräber der Apostel oder ohne eine Basilika St. Peter. Aber dies heißt doch noch lange nicht, dass sich die Bedeutung Roms im Vatikan erschöpfte.

Große Gestalten werfen auch große Schatten. Damit ist in ganz natürlicher Konsequenz auch die Gefahr verbunden, dass in diesen Schlagschatten so manche weiteren Qualitäten des Ortes nicht in dem Licht erscheinen, das sie eigentlich verdient hätten.

Dass Goethe und Schiller hier in Weimar wirken konnten, hatte einen nicht zu vernachlässigenden historischen Hintergrund, bestehend aus örtlichen und zeitlichen Rahmenbedingungen, die man als besondere Qualitäten Weimars auch gebührend würdigen sollte. Es war der individuelle Rahmen, den Weimar bot und in dem sich die großen Geister entfalten konnten. Diesen Rahmen sollte man insbesondere auch dann ins Blickfeld nehmen, wenn es um Denkmalpflege geht. Sind doch die Denkmale – gerade auch

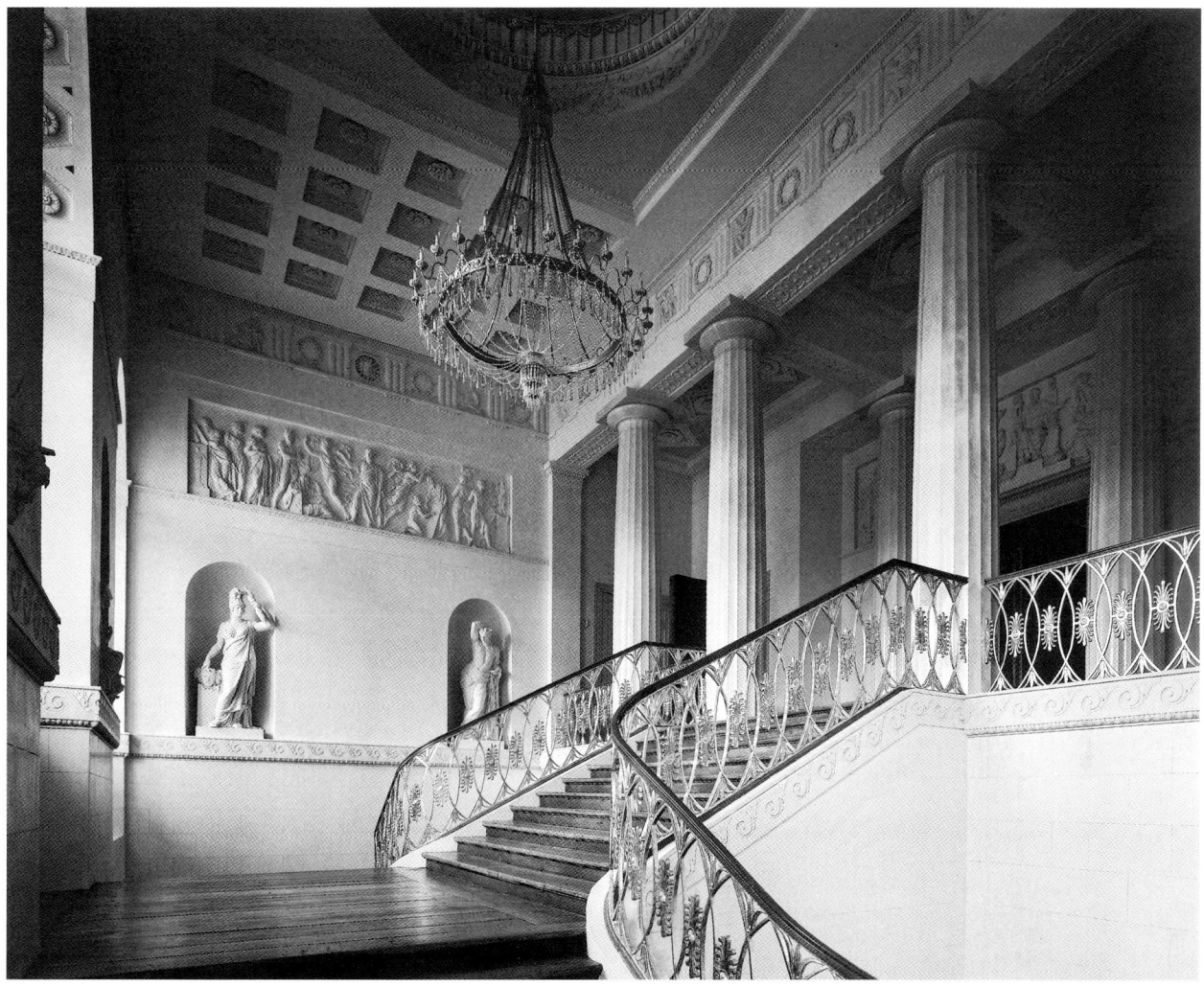

die weniger populären – oft noch die einzigen Zeugen dieser einstigen Welt vor 200 Jahren, die uns daran erinnern, dass Menschen – ganz gleich, welchen Formats – immer auch Teil ihres individuell geprägten Umfelds sind. So war Weimar in der zweiten Hälfte des 18. Jahrhunderts eine aufgeklärte Stadt, was sich etwa im Wirken eines Christoph Martin Wieland an diesem Ort beispielhaft spiegelt. Weimar war aber auch – und dies ist bis heute in seiner erhaltenen Architektur nachvollziehbar – die Residenz eines in vieler Hinsicht toleranten Hofes, der sich hier in diesem Haus entfaltete. Was Weimar schon zur Zeit Goethes und in den Auswirkungen auch noch bis heute prägt, das ist der Hof, das ist die Residenz und der einstige Regierungssitz, zweifellos einer der wichtigsten im Reigen der zahlreichen wettinisch-ernestinischen Einzeldynastien, die Thüringen prägten. Das Besondere aber war zweifellos die gänzlich andere, man möchte fast sagen unübliche Struktur dieser Residenz, die eben nicht zentralisiert angelegt war und die so gar nicht dem absolutistischen Ideal entsprach, son-

dern aus einem für das 18. Jahrhundert ganz eigentümlichen Nebeneinander von vielen kleinen Zentren bestand. Nicht zuletzt Goethe wusste die sich daraus ergebenden Freiräume für sich zu nutzen.

Es entstand das faszinierende Nebeneinander von Residenzschloss und Goethehaus, von Wittumspalais etwa, Schillerhaus und vielem anderen. Es entstanden die jeweils eigenen Wirkungs- und Wohnstätten der Geistesgrößen, das Nebeneinander von höfischem Leben und bürgerlicher Welt, ihre gleichberechtigte Existenz, was zugleich Refugien für Dichter und Denker bot, ohne dass diese Symbiose durch allzu harsche hierarchische Abgrenzung gestört wurde. Ein verbürgerlichter Hof und ein in das Hofleben einbezogenes Bürgertum ließen geistige und literarische Freiräume entstehen. Für dieses polyzentrische Weimar stehen all die Monumente, die zu Recht Gegenstand eines kulturellen Stadtrundgangs durch Weimar sind, dafür steht auch dieses Residenzschloss mit seinem offenen, damals hochmodernen Treppenhaus, das jüngst in diesen Tagen in seiner

Abb. 1 Weimar, Residenzschloss, Gentz'sches Treppenhaus nach der Sanierung 2006

ganz frisch wiederhergestellten Marmorino-fassung der Goethezeit der Öffentlichkeit wieder zugänglich gemacht werden konnte (Abb. 1). Ich glaube, die Restauratoren, Fachkollegen und Planer, die uns bei dieser Restaurierungsmaßnahme unterstützten, haben für dieses sehr authentische Ergebnis, von dem sich jeder selbst beim Betreten des Schlosses überzeugen konnte, ein großes Lob verdient.

Das Residenzschloss Weimar ist das Monument eines ehemals kleinen Staates mit einer Regierung von freier Gesinnung, eines Staates, der sich bewusst war, dass die Kultur sein größtes Kapital darstellte. Es ist der Geist der Offenheit, der in diesem Haus seinen architektonischen Ausdruck findet, gerade etwa auch in den Details dieses Saales, der die gesamte abendländische Geisteswelt zu verknüpfen sucht, mit Zitaten aus dem assyrischen und ägyptischen Kulturkreis ebenso wie aus der griechischen und der römischen Antike, und der den Bogen spannt bis hin zur damaligen Gegenwart eines neuen Klassizismus, der sich hier in Weimar aber eben nicht der imperialen Attitüde des napoleonischen Empire bediente, sondern den ganz eigenen Weg suchte.

Und so haftet auch diesem Residenzschloss – wie in letzter Konsequenz jedem Denkmal, wenn man so will – ein Stück Reliquiencharakter an, eben das Wesen einer Reliquie, die trotz all ihrer Unzulänglichkeit der dahinterstehenden Geisteshaltung eine anschauliche Greifbarkeit verleiht. Sowohl die Originalität des Gegenstandes wie seine Verknüpfung mit gewissen Ereignissen, die Materialisation des dahinterstehenden Geistes wie die Kristallisation zum Erinnerungsstück, all diese Umstände haben Denkmal und Reliquie gemeinsam. Diese Gemeinsamkeit wird in diesem Haus geradezu spürbar.

Orte der Erinnerung wie dieser, solche Denkmale menschlicher Selbstbesinnung und des Bewusstwerdens menschlicher Existenz in Raum und Zeit, funktionieren aber nur bei gleichzeitiger Bereitschaft der Menschen – wenn sie so wollen, auch bei Bereitschaft der Gesellschaft – die Erinnerung an die damit verbundene ganze Geschichte zu pflegen und vor allem die Anschaulichkeit der Erinnerung an Menschen und deren Schicksale zu erhalten. Es ist die Erinnerung, die die besondere Aura erzeugt und die auch die entsprechende Bereitschaft der Menschen auslösen sollte, mit diesen Erinnerungsgegenständen als deren greifbarer Fassung angemessen umzugehen. Sie sollte – wie in jeder Gesellschaft mit Kultur – den besonderen Willen stiften, solchen Erinnerungsgegenständen die Hochachtung zukommen zu lassen, die man auch mit den dahinterstehenden Persönlichkeiten verbindet, also die man den Personen selbst zukommen lassen würde. Gerade an solchen Orten wie dem Residenzschloss Weimar gilt es, dem immer wieder drohenden historischen Rückbau entgegenzuwirken. Anstatt Geschichte zu verdrängen, sollten wir vielmehr die Chance nutzen, derartige Reliquien zum Gegenstand eines emotionalen Erlebnisses zu machen und ihre Ausstrahlung – die Aura – bewusst als Antrieb für eine Kultur des Wissens einzusetzen.

Diese besondere Aura ist es auch, die den Aufenthalt in und an solchen Denkmalen attraktiv macht, die solche Räumlichkeiten wie diesen Saal für festliche, um nicht gar zu sagen feierliche Veranstaltungen prädestiniert. Die Aura solcher Erinnerungsorte zu erhalten und zu tradieren, das heißt von Generation zu Generation weiterzugeben, das gehört meines Erachtens ebenso zu den zentralen Aufgaben der Denkmalpflege wie der Auftrag, die mit diesen Erinnerungsgegenständen verbundenen Inhalte als Bildungsgut unserer Gemeinschaft zum Erlebnis werden zu lassen. Und so wünsche ich allen Gästen in diesem Hause nicht nur erlebnisreiche und feierliche Stunden, sondern auch das, was man die Momente des höchsten menschlichen Glücks nennt, die Erinnerung an die ureigenste menschliche Existenz, die nicht vorstellbar wäre ohne eine historische Dimension, wie sie dieses Haus und dieser Raum so trefflich zum Ausdruck bringen.

Helmut-Eberhard Paulus

Günther Thimm zum 75. Geburtstag

Worte der Gratulation am 24. Oktober 2006 in Schloss Molsdorf

Lieber Herr Thimm,

gerne nehmen all die hier Versammelten die Gelegenheit wahr, aus Anlass des heutigen „Molsdorfer Schlossgesprächs" und Ihres Vortrags über den hiesigen Barockgarten Ihnen, verehrter Herr Thimm, zur Vollendung des 75. Lebensjahrs zu gratulieren und auch gebührenden Dank zu sagen.

Von vielen Seiten wurde ich darum gebeten, mit einigen Worten Ihr langjähriges Wirken zu würdigen. So fand ich es eine gute Gelegenheit, diesen Auftrag im Rahmen der heutigen Veranstaltung des Fördervereins Schloss Molsdorf e.V. wahrzunehmen, zumal Sie auch Vorsitzender dieses Vereins sind und diese Tätigkeit einen Teil Ihrer vielseitigen Persönlichkeit widerspiegelt. Dass ich hier nun die Laudatio übernehmen darf, mag eine Rechtfertigung darin finden, dass die Stiftung Thüringer Schlösser und Gärten Ihnen mit ganz besonderem Dank verbunden ist; haben Sie doch in den Jahren 1997 bis 2001, also bis zu Ihrem 70. Geburtstag, unser Gartenreferat aufgebaut.

Lieber Herr Thimm, Sie sind mit Sicherheit die Persönlichkeit in unserem Lande, die von jedermann ohne jede Umschweife mit der Thematik der historischen Gärten in Thüringen in Zusammenhang gebracht, ja, regelrecht damit identifiziert wird, und dies nicht nur aufgrund Ihrer vielen Publikationen, die überwiegend nach der Wiedervereinigung der beiden deutschen Staaten erschienen sind. Es ist ein ganzer Reigen von Publikationen, der eingeleitet wird durch das epochemachende Buch „Gärten und Parks in Thüringen", Marburg 1992. Mit diesem Buch erzeugten Sie geradezu einen Ruck unter allen Gartenfreunden. Erstmals erfuhr, über alle Grenzen hinweg, die ganze deutsche Kulturnation zwischen Wien und Schleswig, zwischen Solothurn und Muskau, zwischen Kleve und Trient, dass es in Thüringen – über Weimar hinaus – auch sonst noch hochkarätige Gartenkunst gibt. Gärten in Meiningen und Greiz, in Ebeleben und Dornburg, in Gotha, Sondershausen und Schmalkalden werden durch Ihr Buch wieder in den mitteleuropäischen Bildungskanon zurückgeholt, aus dem

sie durch die tragische Teilung Deutschlands herausgefallen waren. Aber Sie scheuen sich auch nicht, in Ihrem Buch einige Höhepunkte der Gartenkultur in Thüringen als heute anklagende Kulturschande zu beschreiben. So finden durch Sie die Gärten in Wilhelmsthal – die wohl am stärksten landschaftlich geprägte Parklandschaft in Thüringen – und auch Hildburghausen – ein mit erschütternder Konsequenz vernachlässigter Barockgarten des frühen 18. Jahrhunderts – die angemessene Würdigung. Es spricht der Denkmalpfleger aus Ihnen, wenn Sie im Vorwort offen beklagen, dass es in Thüringen nach dem Untergang der Monarchie 1918 versäumt wurde, eine den anderen Ländern vergleichbare staatliche Gartenverwaltung zu gründen, wie etwa in Preußen, Bayern und Sachsen. Zu Recht weisen Sie auf den langfristigen Schaden hin, den Thüringen durch die damalige Engstirnigkeit erlitt, mit der Folge, dass thüringische Gärten heute national und international einen geringeren Bekanntheitsgrad und eine niedrigere Akzeptanz besitzen, als sie eigentlich verdient hätten. Kultur lässt sich zwar kurzfristig verwirtschaften, aber nicht entsprechend schnell wieder aufbauen, vielmehr nur sehr nachhaltig. Dabei bedeutet „nachhaltig" übrigens nicht nachdrücklich – ein begrifflicher Irrtum, dem Politiker und Journalisten immer wieder zum Opfer fallen. Als Begriff aus der Forstwirtschaft bedeutet Nachhaltigkeit – wie Sie, verehrter Herr Thimm, zu Recht immer wieder betonen – die zeitliche Beplanung über mehr als eine Generation hinaus, also über einen Zeitraum, der nach Adam Riese etwa 30 Jahre umfasst. Die Nachhaltigkeit ist das auf den Punkt gebrachte Prinzip, dass der Großvater pflanzt, der Vater pflegt und der Enkel erntet, um selbst sogleich wieder für seine eigenen Enkel zu pflanzen. Nachhaltigkeit kann jedenfalls nicht bedeuten, dass der Großvater das Tafelsilber verhökert, der Vater das letzte Hemd verkauft und der Enkel dann völlig nackt dasteht. Und daher ist die Nachhaltigkeit mit Sicherheit das Stichwort, unter dem man Ihre persönliche Vita angemessen würdigen kann.

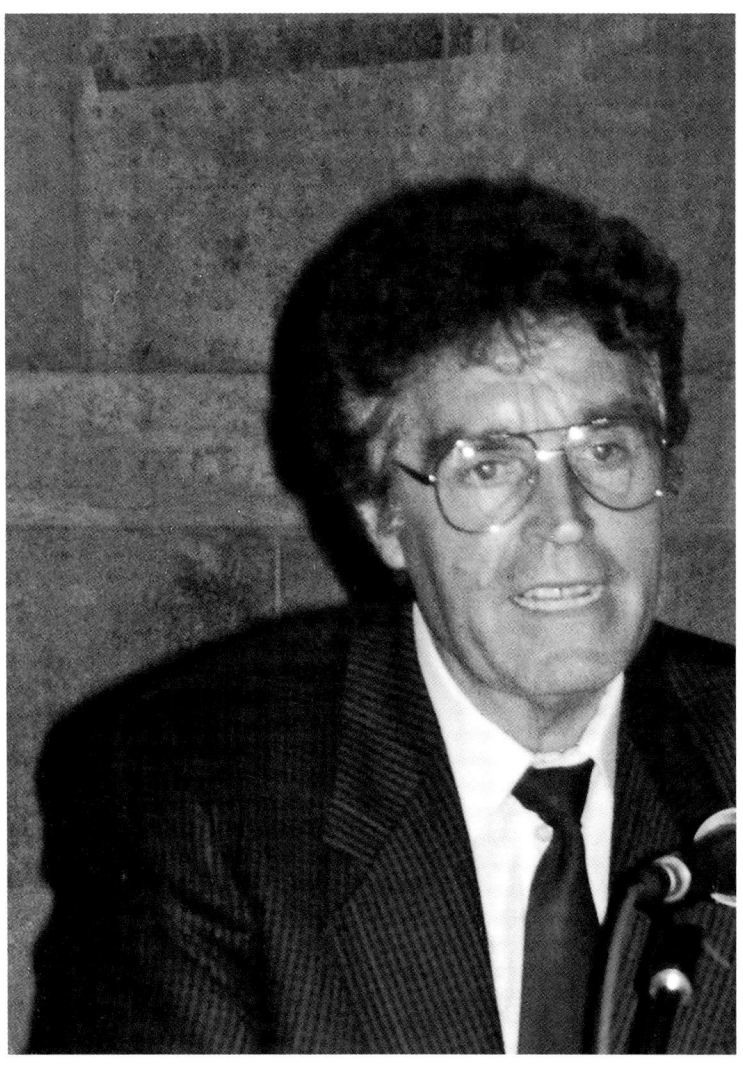

Abb. 1
Günther Thimm

Nach einer Gärtnerausbildung und einem Studium der Garten- und Landschaftsarchitektur an der Ingenieurschule in Erfurt entschlossen Sie sich 1971 zu einem akademischen Studium. 1975 beendeten Sie dieses als Diplomingenieur an der Technischen Universität Dresden. Prägend wurden für Sie die Jahre als Konservator und Oberkonservator, ab 1979 zunächst am Institut für Denkmalpflege, seit 1991 am Thüringischen Landesamt für Denkmalpflege. Nach Ihrem altersbedingten Ausscheiden im Jahre 1996 begaben Sie sich nicht etwa in den Ruhestand, sondern widmeten sich bis zu Ihrem 70. Lebensjahr der engagierten Tätigkeit als Gartenreferent bei der Stiftung Thüringer Schlösser und Gärten, um dort das Fachgebiet neu aufzubauen.

Seit 1991 sind Sie der Vorsitzende des hiesigen Fördervereins Schloss Molsdorf e.V., seit 1992 zweiter Vorsitzender der Arbeitsgemeinschaft „Historische Gärten" in der Deutschen Gesellschaft für Gartenkunst und Landschaftskultur e.V. (DGGL). Zudem waren Sie von 1991 bis 1997 Vorsitzender des DGGL-Landesverbandes Thüringen und von 1992 bis 1996 Sprecher der Arbeitsgemeinschaft „Gartendenkmalpflege" in der Vereinigung der Landesdenkmalpfleger in Deutschland. Seit 2004 bringen Sie sich als ehrenamtlicher Mitarbeiter bei der Arbeitsstelle „Gartenkunst in Thüringen" an der Friedrich-Schiller-Universität in Jena ein. Dass Sie, verehrter Herr Thimm, heute 75 Jahre alt sein sollen, das will kaum jemand so recht glauben. Ich habe dafür eine Erklärung: Die Beschäftigung mit Gärten scheint jung zu halten, sofern man denn dieses Metier aus innerer Überzeugung, mit Herz und Verstand betreibt, und so wünsche ich denn Ihrem „grünen Herzen" weiterhin den gesunden Rhythmus und rechten Schlag, Ihrem Verstand aber immer aufs Neue die Frische des Frühlings, die den Herbst vergessen macht. Ad multos annos!

Günther Thimm

Das Lapidarium im Schlosspark Molsdorf

Seine Auszeichnung mit dem Thüringer Landschaftsarchitekturpreis 2004
als Beispiel für neues Gestalten in historischen Gärten

Im Jahr 1998 gestaltete die Stiftung Thüringer Schlösser und Gärten den etwa 1 500 Quadratmeter großen Bereich vor dem Ostflügel von Schloss Molsdorf zu einem Lapidarium innerhalb des Schlossparks um (Tafel XV, Abb. 1). Präsentiert werden dort Steinskulpturen aus der ehemaligen barocken Gartenausstattung, die sich im Original erhalten haben, deren ursprünglicher Standort innerhalb des Parks aber nicht mehr nachvollziehbar ist. Im Rahmen der Saisoneröffnung am 5. Mai 1998 wurde die Anlage als Neugestaltung der Öffentlichkeit präsentiert.

Die Parkanlage von Schloss Molsdorf zählte im 18. Jahrhundert zu den gartenkünstlerisch bedeutenden Schöpfungen in Thüringen. Ihre Ausstrahlungskraft beruhte auf einer auf die Schlossarchitektur bezogenen, regelmäßig-architektonischen Grundrissgestaltung und auf der Pracht ihrer Schmuckbeete, der formgeschnittenen Gehölze, der Wasseranlagen und der reichen bildkünstlerischen Ausstattung. In einem Aktenvermerk des Gothaer Baumeisters Johann David Weidner vom 28. Mai 1765 wurden im Zusammenhang mit dringenden Restaurierungsmaßnahmen 104 Figuren und Ziervasen aufgeführt, wobei es sich möglicherweise nur um die dringendsten Fälle gehandelt haben könnte. Diese Bildwerke hatten ihren Platz vor allem im Parterrebereich des Gartens, wo sie die Mittel- und Eckpunkte der dekorativen Schmuckbeetanlagen betonten oder als Blickpunkte am Ende der Wegeachsen standen. Zu den bevorzugten Standorten gehörten die Wasseranlagen, ganz besonders aber die in den Westhang eingefügte Kaskade und der in der Hauptachse des Gartens stehende Herkulesbrunnen.

Im Zusammenhang mit der Umgestaltung der barocken Anlage zu einem Landschaftspark, die bereits in den achtziger Jahren des 18. Jahrhunderts begann und sich in den zwanziger Jahren des 19. Jahrhunderts endgültig vollzog, wurde jedoch der größte Teil dieser Skulpturen verkauft. Nur wenige blieben in Molsdorf und erhielten neue Standorte. Andere sind völlig verschwunden oder heute nur noch in Bruchstücken vorhanden. Erst 1992 konnte mit finanzieller Unterstüt-

zung durch die Deutsche Stiftung Denkmalschutz eine Inventarisierung der in Molsdorf verbliebenen oder wiedergefundenen Stücke erfolgen. Außerdem wurden erste konservatorische und restauratorische Maßnahmen durchgeführt. Von diesen Skulpturen wurden bisher etwa zehn ausgewählte Exemplare im Lapidarium aufgestellt.

Auf der Fläche des heutigen Lapidariums befand sich bis in die zweite Hälfte des 19. Jahrhunderts ein Teil des zur Schlossgärtnerei gehörenden Küchengartens. Wie diese Fläche dann später gestaltet und genutzt wurde, konnte bisher nicht festgestellt werden. Erst in den sechziger Jahren des vergangenen Jahrhunderts entstand hier ein Rosengarten, der jedoch infolge mangelnder fachgerechter Pflege in den neunziger Jahren des letzten Jahrhunderts wieder aufgegeben werden musste.

1998 wurden Schloss und Park Molsdorf an die Stiftung Thüringer Schlösser und Gärten übertragen, und im gleichen Jahr wurde das Erfurter Landschaftsarchitekturbüro re-plan mit der Planung des Lapidariums beauftragt. In Anlehnung an die Boskette barocker Gärten entstand ein von formgeschnittenen, unterschiedlich hohen Hainbuchen-, Taxus- und Buchshecken umschlossener Gartenbereich, der im Inneren in mehrere kleine Räume für die ausgewählten Bildwerke gegliedert ist. Im Zentrum des Lapidariums befindet sich ein lang gestrecktes, rechteckiges Wasserbecken mit kleinen Figurengruppen, die ursprünglich zweifellos einmal im Bereich der Wasserspiele standen. Zwei seitlich eingeordnete, mit einer Knabenfigur, einem Delphin, einer Schlange und einem Wasser speienden „Fratzenkopf" versehene Brunnenbecken dienten ursprünglich einmal als Pferdetränken im nördlich an das Schloss angrenzenden Ehrenhof.

Als 2004 von der Architektenkammer Thüringen in Zusammenarbeit mit dem Thüringer Ministerium für Landwirtschaft, Naturschutz und Umwelt zum dritten Mal der Thüringer Landschaftsarchitekturpreis ausgelobt wurde, erhielt das Lapidarium Molsdorf eine der vier vergebenen Anerkennungen. In der Beurteilung der Jury heißt es dazu

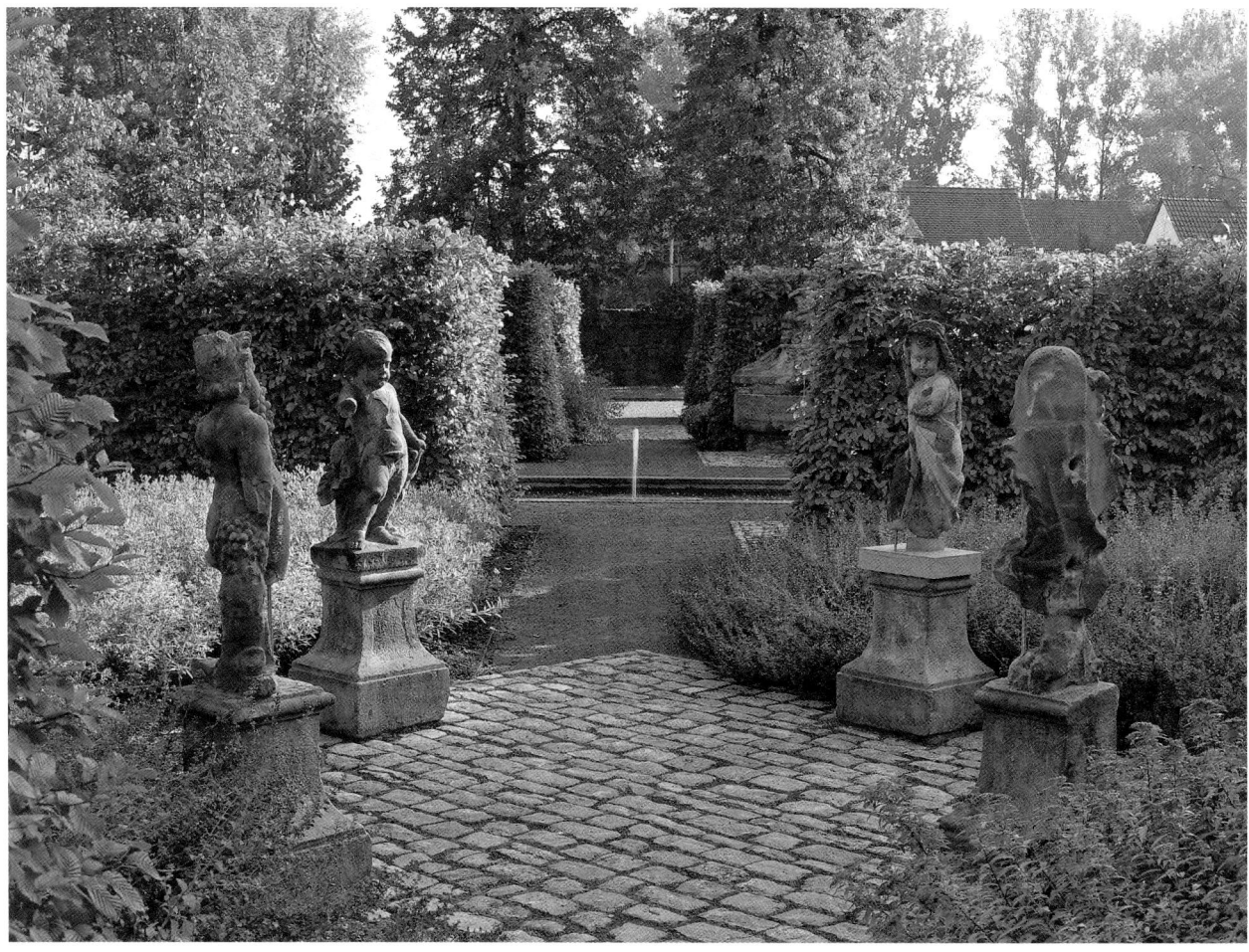

unter anderem, dass das Lapidarium in ange-
messener Weise „(...) ein Zusammenspiel von
historischen Stein-Plastiken und modernen
Gestaltungsansätzen [demonstriert]."
Zu Letzterem muss gesagt werden, dass die
Frage, ob und inwieweit zeitgemäße Gestaltungen in historischen Gärten im Widerspruch zu unseren heutigen konservatori-
schen Grundsätzen stehen, nach wie vor ein
umstrittenes Thema in der Gartendenkmalpflege ist und nur denkmalpflegerisch-
methodisch beantwortet werden kann. Grundsätzlich ist aber festzuhalten, dass neues
Gestalten in historischen Gärten nicht das
Ziel gartendenkmalpflegerischer Arbeit sein
kann und darf. Wenn jedoch ein Gartenareal
verfallen oder, wie am fraglichen Standort
vor dem östlichen Schlossflügel in Molsdorf,
völlig verschwunden ist, so sind unter bestimmten Voraussetzungen moderne Einfü-

gungen gerechtfertigt, die aber eindeutig als
Ergänzungen unserer Zeit erkannt werden
müssen.
Das Lapidarium in Molsdorf erfüllt diese
Voraussetzungen. Im Zuge der landschaftlichen Überformung des barocken Molsdorfer Schlossgartens wurde dessen bis dahin
vorhandene Gestaltungskonzeption nicht
völlig zerstört, sondern es entstand eine
gelungene Einheit von architektonischer und
landschaftlicher Gartenkunst. Das Lapidarium hat sich dieser Grundidee untergeord-
net, denn seine gewählte formale gestalterische Lösung, gerade hier im Spannungsfeld
zwischen Schlossarchitektur und dem angrenzenden, in der zweiten Hälfte des 18. Jahrhunderts entstandenen regelmäßigen Linden-
quartier, der Esplanade, ist eine zeitgemäße
Einfügung, die nicht Gefahr läuft, als etwas
„Alt-Scheinendes" betrachtet zu werden.

Manfred F. Fischer

Christian-August-Vulpius-Preis

Laudatio für die Preisträger 2006

Schlösser, Burgen und Paläste beflügeln die Fantasie des Publikums sehr unterschiedlich. Der Tourist betrachtet heute, unter der Obhut eines geschulten Führers, meist ein Gesamtkunstwerk mit allen Ausstattungsstücken, das von seinen ursprünglichen Bewohnern und Nutzern längst verlassen worden ist. Die Besichtigung zeigt eigentlich ein Präparat mit Relikten der Vergangenheit, gereinigt von vielem Persönlichen und Zufälligen, eher das Typische und Gruppenspezifische betonend. Der vergleichende Blick in die Abbildungen des vielleicht erworbenen kleinen „Amtlichen Führers" bestätigt, dass realiter wirklich alles so ist, wie man es sieht oder in Erinnerung hat. Raumkunstmuseen haben also einen eher statischen Charakter, bei dem jeder Gegenstand eine von der Gestaltung der Räume feste, dauerhaft präsentierte Position hat.

Dies war nicht immer so. Wer das Glück hat, ein Schloss besuchen zu können, das noch von seiner Eigentümerfamilie bewohnt und bewirtschaftet wird, dem ergeben sich ganz andere Einblicke, bis hinein in die persönlichsten Dinge. Bisweilen ist man entzückt von diesen Zeichen anhaltenden Gebrauchs. Der sensible Besucher spürt freilich auch schnell die Schwelle zur Indiskretion. Das Residenzschloss Weimar zum Beispiel zeigte noch nach 1918 durch das Wohnrecht der großherzoglichen Familie ein Doppelbild in diesem Sinne, auch dadurch eine besondere Perle im Kranz der Objekte der Stiftung Thüringer Schlösser und Gärten.

Ist die gewachsene Nutzung von Schlössern aufgegeben, dann gehen wichtige Aussagemöglichkeiten des Objekts verloren und können nur mit großer Anstrengung durch didaktische Mittel wiedergewonnen werden, solange eine Umnutzung nichts unwiederbringlich zerstört hat. Häufig entstehen gerade in Schlössern und Burgen Museen, die in einem lockeren Kausalzusammenhang mit der architektonischen Hülle durch die atmosphärische Wirkung dem Erhalt dienen. Oft ergänzen sie den Eindruck des Raumkunstmuseums, indem früher rein funktional genutzte Sachgruppen des Hauses unter einem neuen, musealen Aspekt für das interessierte Publikum aufbereitet und präsentiert werden: Gemäldegalerien, Sammlungen von Porzellan, Silber, Münzen, Waffen, Fuhrpark, Kutschen, Schlitten etc., also alles, was zur historischen Logistik einer Residenz gehört hatte. Museen in ehemaligen Schlossanlagen erhalten gerade aufgrund dieses Nebeneinanders von historischen Räumen und präsentiertem Kunst- und Kulturgut einen besonderen Reiz. Den schwersten Verlust an Aussagemöglichkeit stellen aber die Katastrophen dar, die wir immer wieder erleben. Von Kriegszerstörungen möchte ich noch gar nicht sprechen. Denn auch alltäglich stellen sich Verluste ein, und der Feuerteufel ist leider allgegenwärtig. Im Oktober 1961 traf es zum Beispiel die bedeutende Burg Trausnitz ob Landshut, wobei viele wertvolle Innenräume für immer vernichtet wurden. Ostern 1986 brannte ein Flügel von Schloss Hampton Court bei London aus. Anfang November 1992 wütete ein Feuer im weltberühmten Windsor Castle, kurz darauf ein Brand in der Wiener Hofburg. Kurz vor Weihnachten 2005 wurde ein Brand im historischen Schloss Peterhof bei St. Petersburg gemeldet.

Nicht nur in fernen Landen geschah dies, sondern auch hier in Thüringen. Wir erinnern uns daran, dass das künstlerische Patrimonium dieses Landes gleich durch zwei Katastrophen solcher Art Verluste erlitten hat, nämlich durch die Brände, welche 1982 den Französischen Bau der Veste Heldburg mit seiner eindrucksvollen Renaissancearchitektur sowie im gleichen Jahr das Schloss Altenstein betrafen, hier unter Zerstörung fast aller wichtigen Innenausstattung in ihrer auf Herzog Georg II. von Sachsen-Meiningen zurückgehenden historistischen Gestaltung.

Zu den Aufgaben und Zielen der Stiftung Thüringer Schlösser und Gärten gehört neben dem Bewahren und Vermitteln auch das Entwickeln, mit der Suche nach der jeweils angemessenen, aus dem Objekt entwickelten Nutzung. Schlösser und Gärten prägen die umgebende Kulturlandschaft deutlich und sind Orte der kulturellen Kommunikation im regionalen Kulturbetrieb. Die spezifische thüringische Schlösserlandschaft kennt da keine

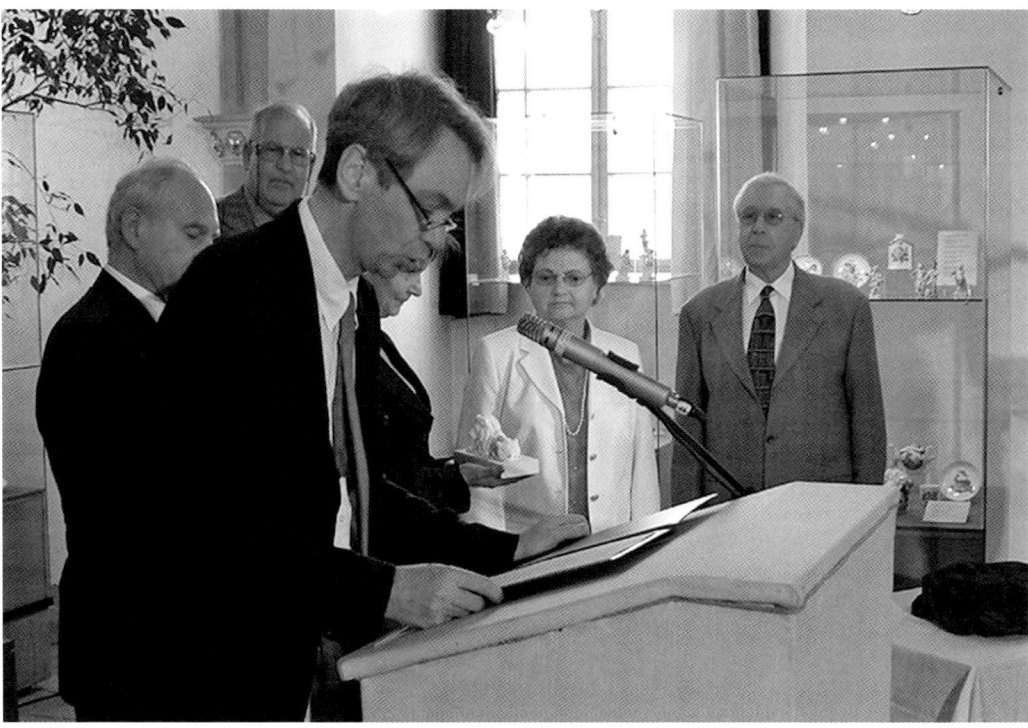

Provinz, wenngleich natürlich Weimar im Sinne des kulturtouristischen Auftrags der Stiftung Thüringer Schlösser und Gärten schon von der Erwartungshaltung des Publikums her den Knotenpunkt bildet.

Schon hier ist es geboten, auf die Professores Renate und Kurt Hofmann einzugehen. Denn sie schufen eine plausible Antwort gerade auf die Problematik der Verluste, und zwar an einem hierfür besonders geeigneten Ort. Wer sind Renate und Kurt Hofmann, die heute in Lübeck leben?

Kurt Hofmann, der gebürtige Hamburger, beruflich lange Zeit vor allem mit Fragen der staatsbürgerlichen Pädagogik befasst, hatte seine Leidenschaft schon immer im musischen Feld. Als Musikhistoriker ist er Autodidakt. Er beschäftigte sich schon seit Anfang der fünfziger Jahre des 20. Jahrhunderts mit dem Leben und Schaffen von Johannes Brahms, wurde Gründungsmitglied der bekannten Johannes-Brahms-Gesellschaft in Hamburg und arbeitet auch international in der Brahms-Forschung mit. Im Lauf der Zeit trug er die wohl größte Privatsammlung zu Brahms zusammen, zahlreiche Dokumente, Autographen, Erstdrucke, Briefe, Bilder und Programme.

Seit 1990 bildet diese „Sammlung Brahms" den Grundstock der Bestände des Brahms-Instituts an der Musikhochschule Lübeck, das Kurt Hofmann von dessen Gründung an bis Ende 1999 geleitet hat. In diesen zehn Jahren gelang es ihm, die Bestände auch durch internationale Privatankäufe so zu

mehren, dass das Brahms-Institut heute als eine der bedeutendsten Sammlungen ihrer Art gilt. Hilfe suchte und fand er immer wieder bei renommierten öffentlichen und privaten Stiftungen. Kurt Hofmann hat zahlreiche Veröffentlichungen zum Thema ediert. Er erhielt für sein Engagement auch zahlreiche Ehrungen, so 1998 den Professorentitel in Lübeck.

Und er fand Weggefährten bei seinem eifrigen Tun: Renate Hofmann, seine Frau, kam vom Studium der Musikwissenschaft in Leipzig zum Fach. Erst war sie im Bach-Archiv in Leipzig tätig, lernte also den Umgang mit der Materie von Grund auf. Seit 1981 war sie auch auf dem Feld der Edition und des Verlagswesens tätig, immer im Musikbereich, eine ideale Ergänzung zum Arbeitsgebiet ihres Mannes. Auch sie hat über Brahms und seine Zeitgenossen vieles publiziert, auch sie wurde für ihre Arbeit geehrt. Die Arbeit zum Thema „Brahms" wurde so immer mehr zu einer Gemeinschaftätigkeit. Seit 2002 wirkt das Brahms-Institut in Lübeck nun schon in der restaurierten, historischen Eschenburg-Villa vor dem Burgtor.

Seit die Professores Hofmann aber im Jahre 1990 zum ersten Mal Schloss und Park Altenstein in Thüringen sahen, um dessen Bedeutung für Brahms sie durch ihre Forschung wussten, waren sie fasziniert von diesem Kleinod, das gerade ihnen eine besondere Geschichte erzählte. Die Erwartung nach erster Annäherung erfüllt sich hier ja nicht: Der Bau kann seine alte Geschichte nur lückenhaft erzählen. Die richtige Antwort findet nur, wer sich mit Fantasie fragt, ob das Objekt so, wie es jetzt ist, nicht auch geeignet ist, eine weiterführende Geschichte zu erzählen.

Diese Geschichte verdanken wir den Forschungen der Professores Hofmann. Sie haben sie verdienstvollerweise selbst in einem Faltblatt und einer Broschüre dargelegt, aus der zu zitieren für mich eine Ehre ist: Sie handelt von Johannes Brahms und Schloss Altenstein.

Die Bekanntschaft des Herzogspaares von Sachsen-Meiningen mit Brahms war durch den Hofkapellmeister in Meiningen, Hans von Bülow, vermittelt worden. Meiningen wurde seit 1881 eine Quelle vielfältiger Inspirationen für Brahms, der selbst nach eigenen Aussagen die Einsamkeit und Ruhe brauchte und suchte. Diese fruchtbare Zeit nutzte besonders die dritte Gemahlin des Herzogs, Helene Freifrau von Heldburg, zu Einladungen. Erst nach dem Umbau des Altensteiner Schlosses im Jahre 1891 wurde dieses Werben deutlicher. Im November 1894, auch inspiriert durch den Klarinettisten Mühlfeld, ergab sich der erste Besuch. Was damals die musikalische Welt des Meininger Hofes auf dem Altenstein durchführte, würde man heute ein Event nennen, und zwar ein sehr erfolgreiches. Berühmt ist der Brief, in dem Brahms am 17. November an Clara Schumann auf dem Briefpapier des Schlosses Altenstein seine dortigen Eindrücke schilderte. Es war das tiefe Erlebnis einer großen Gastfreundschaft. Doch bald ging es wieder zurück nach Meiningen und nach Wien, also heraus aus der Idylle. Brahms war 1895 noch einmal auf Schloss Altenstein, bei einem großen Musikfest. Der Herzog, schon geschwächt durch ein Gehörleiden, war dennoch ein exzellenter protokollarischer Gastgeber und ein musikalischer Freund und Förderer.

Auch zu diesem Thema hatte das Ehepaar Hofmann gesammelt, und so entstand bald die Idee, die notwendige Neukonzeption für den ausgebrannten Schlossbau auf dem Altenstein zu nutzen und das eigene Wissen, aber auch Objekte aus der eigenen Sammlung hierbei einzubringen. Nachdem beide im Oktober 1999 von der Leitung des Brahms-Instituts in Lübeck entbunden worden waren, wandten sie sich mit aller Begeisterung dem Thema „Brahms auf Schloss Altenstein" zu. Die vorzüglichen Ergebnisse sind aus der Öffentlichkeitsarbeit für das Schloss und den Park nicht mehr wegzudenken. Seit dem Jahr 2004 können wir die auf Brahms bezogene Geschichte des Schlosses in einer exzellenten Publikation nachlesen. Zu den Dokumenten über die Aufenthalte von Brahms auf Schloss Altenstein gehören natürlich auch solche zu Herzog Georg II. und seiner dritten Gemahlin, der Freifrau von Heldburg, Schriftstücke, Bilder, Fotos, Konzertprogramme und Werke von Brahms. Dies alles ist als Zustiftung für Schloss Altenstein in einem Schenkungsversprechen bereits jetzt festgelegt.

Darüber hinaus stifteten Renate und Kurt Hofmann auch eine wertvolle, 150 Stücke umfassende Sammlung chinesischer Schnupftabakfläschchen, die, der überlieferten Vorliebe Herzog Georgs II. für Chinoiserien eingedenk, ebenfalls im Schloss ihren Platz finden soll.

So bilden diese Schenkungen und Stiftungen eine große Bereicherung beim inneren Wiederaufbau des Schlosses, in Ergänzung der Einrichtung als kulturelles Zentrum, als Mischung von rettbarer Historie und neuer Nutzung, in einem höchst spannenden Dialog.

Die Eheleute Renate und Kurt Hofmann haben sich um die Zukunft des Schlosses, um das neue Leben darin, mit kreativen Ideen und mäzenatischem Handeln große Verdienste erworben, die mit der Verleihung des Christian-August-Vulpius-Preises in diesem Jahr 2006 gewürdigt werden sollen.

Farbtafeln I–XV

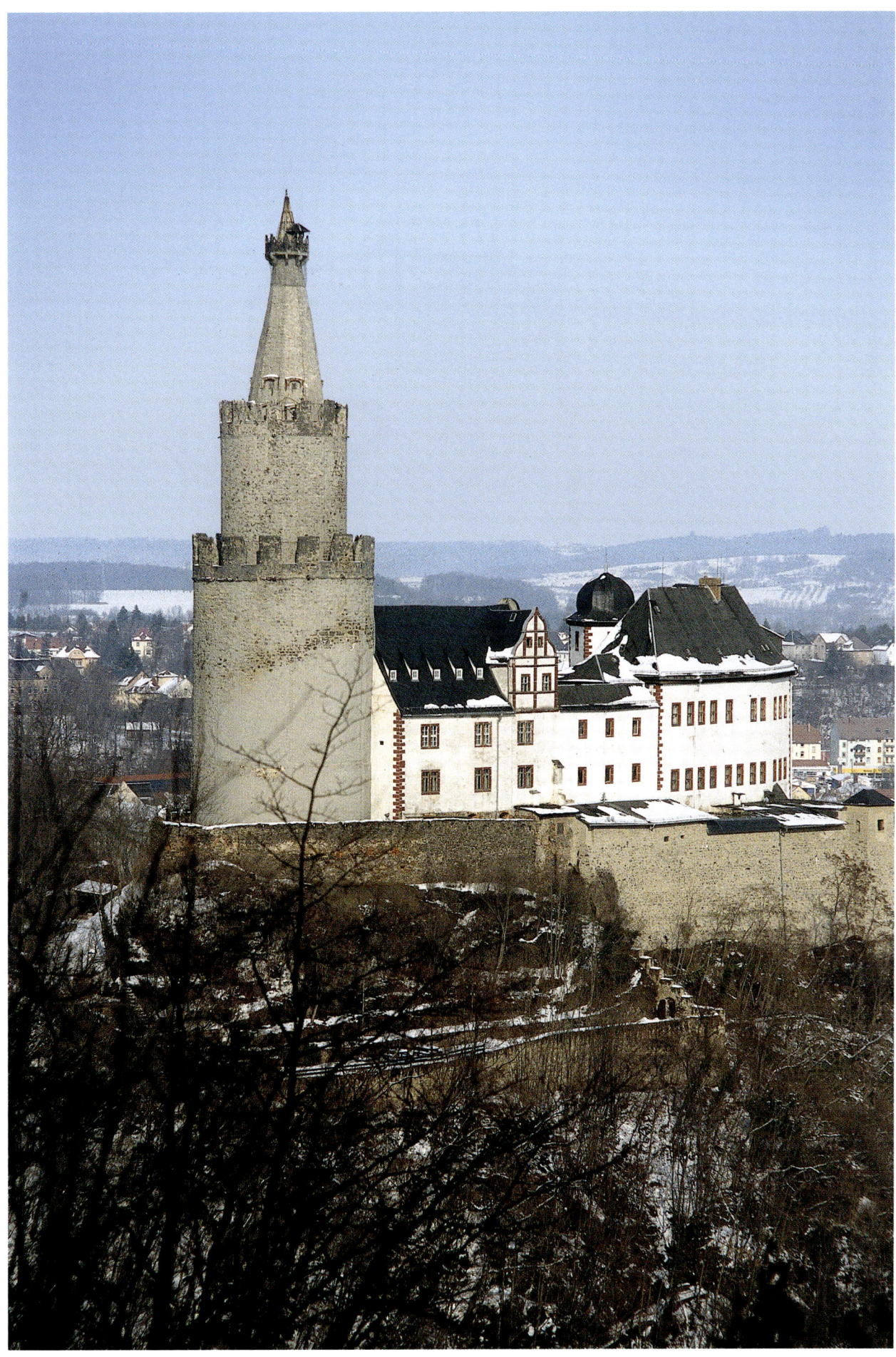

Tafel I Weida, Osterburg, Lage auf dem Hainberg über der Stadt. Rechts vom Bergfried befindet sich das „Alte Schloss"

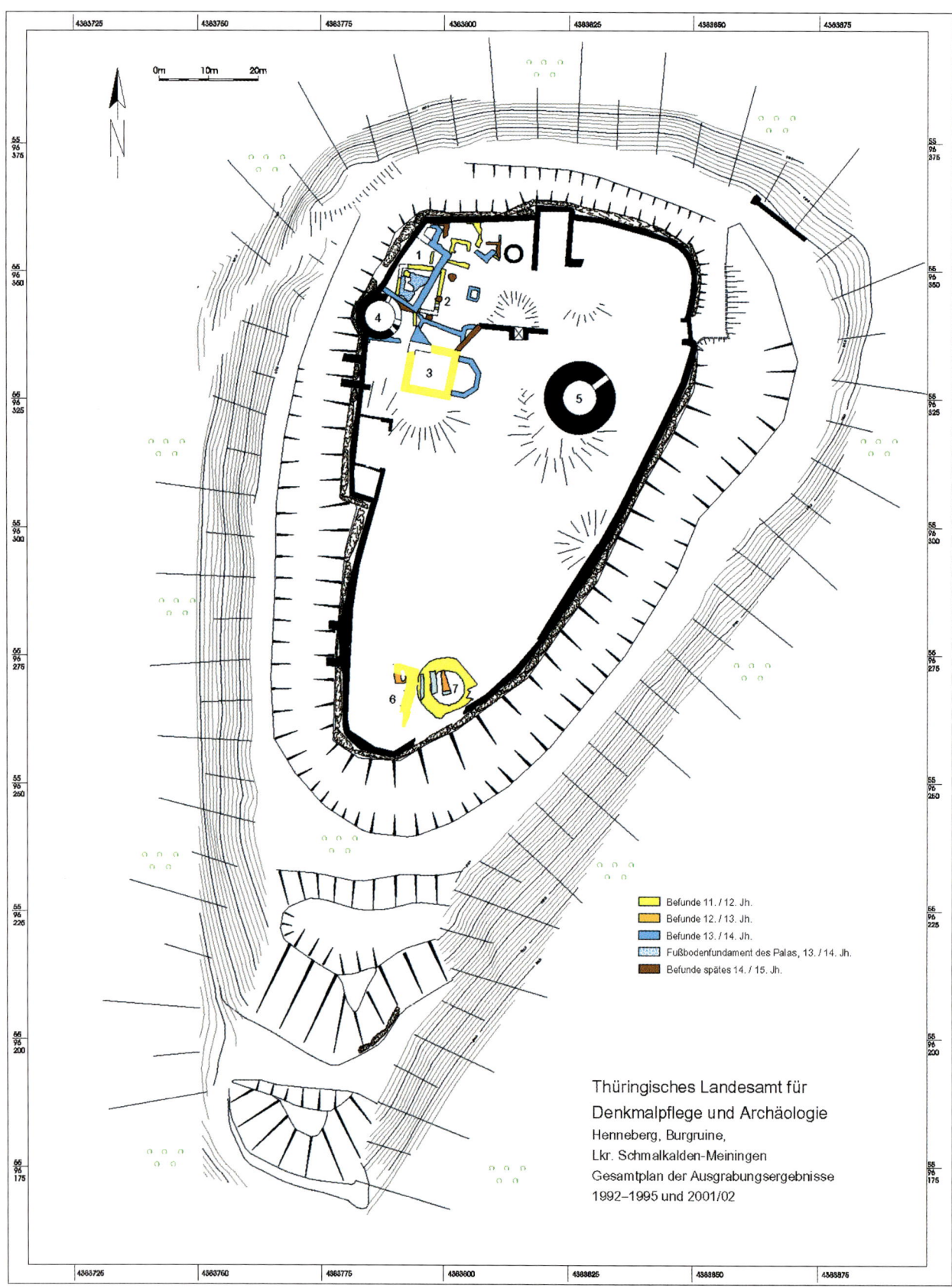

Tafel II Burgruine Henneberg, Grabungsplan: 1 Palas, 9 x 14 m (13. Jh.); 2 quadratisches Gebäude von 9 x 9 m (11./12. Jh.); 3 quadratischer Turm von 10 x 10 m (11./12. Jh.); 4 Rundturm (13. Jh., um 1880 wiedererrichtet); 5 Bergfried (13. Jh.); 6 Baugrube (11./12. Jh.); 7 Rundturm (11./12. Jh.)

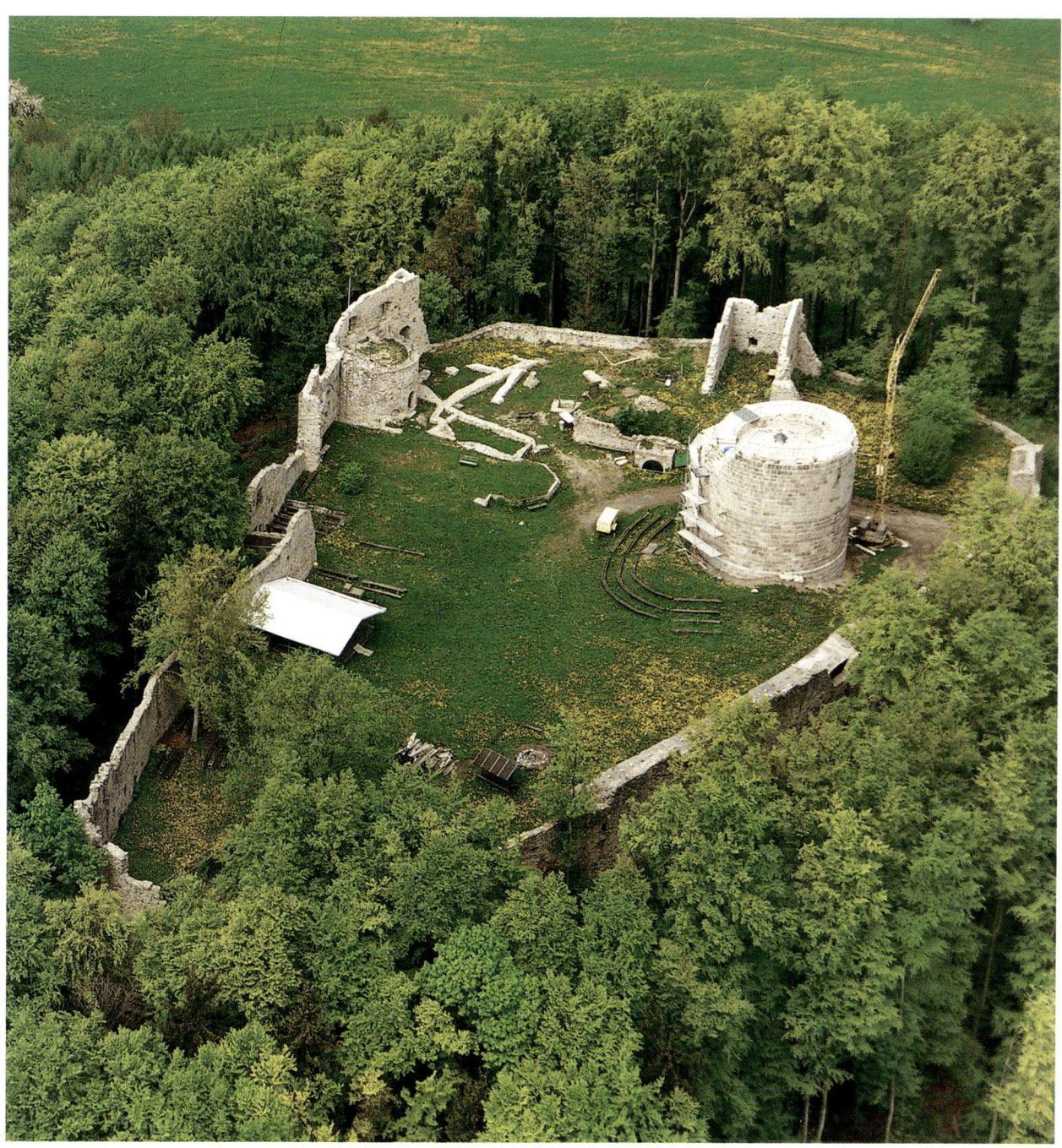

Tafel III Henneberg, Burgruine, Ansicht von Süden

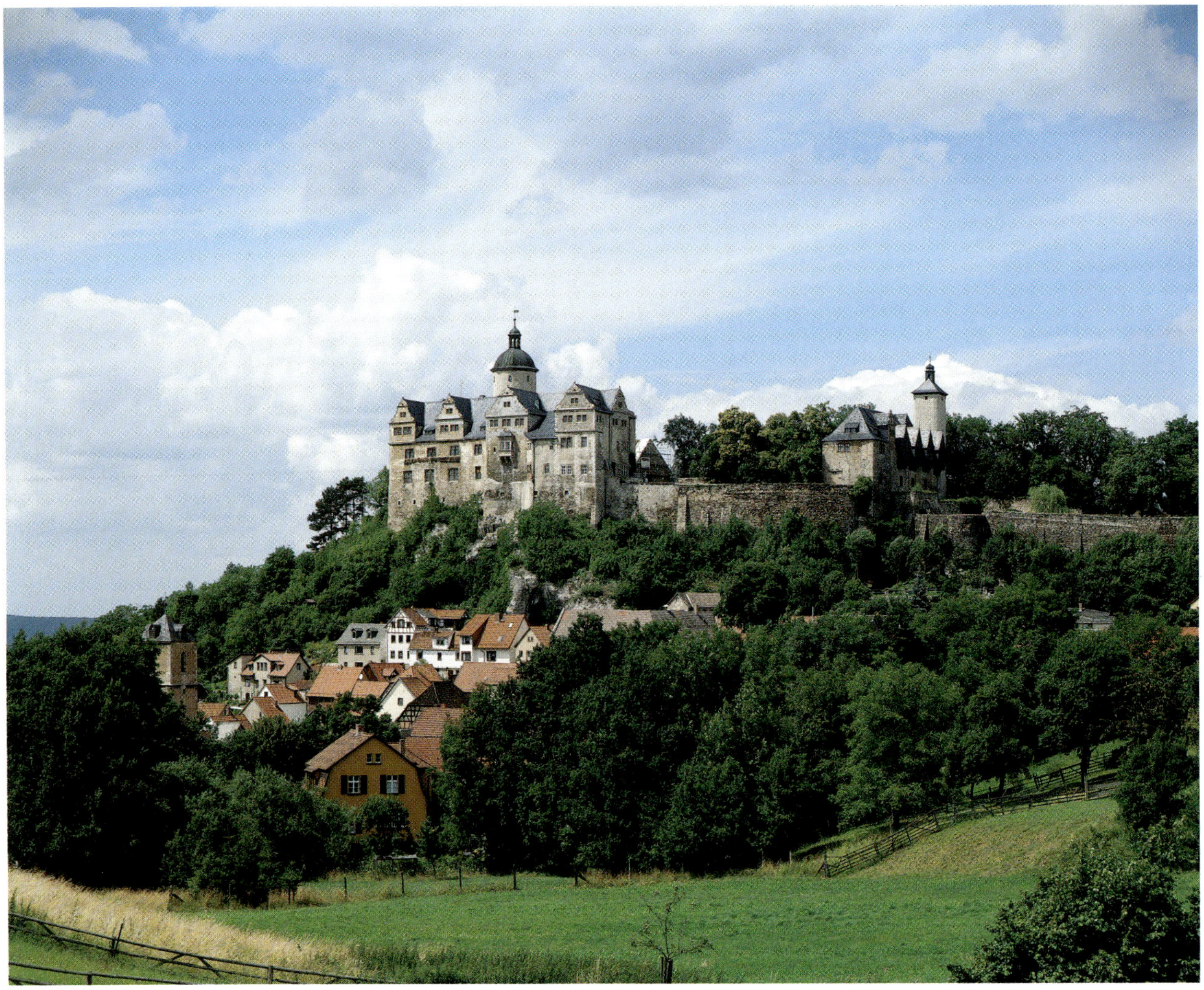

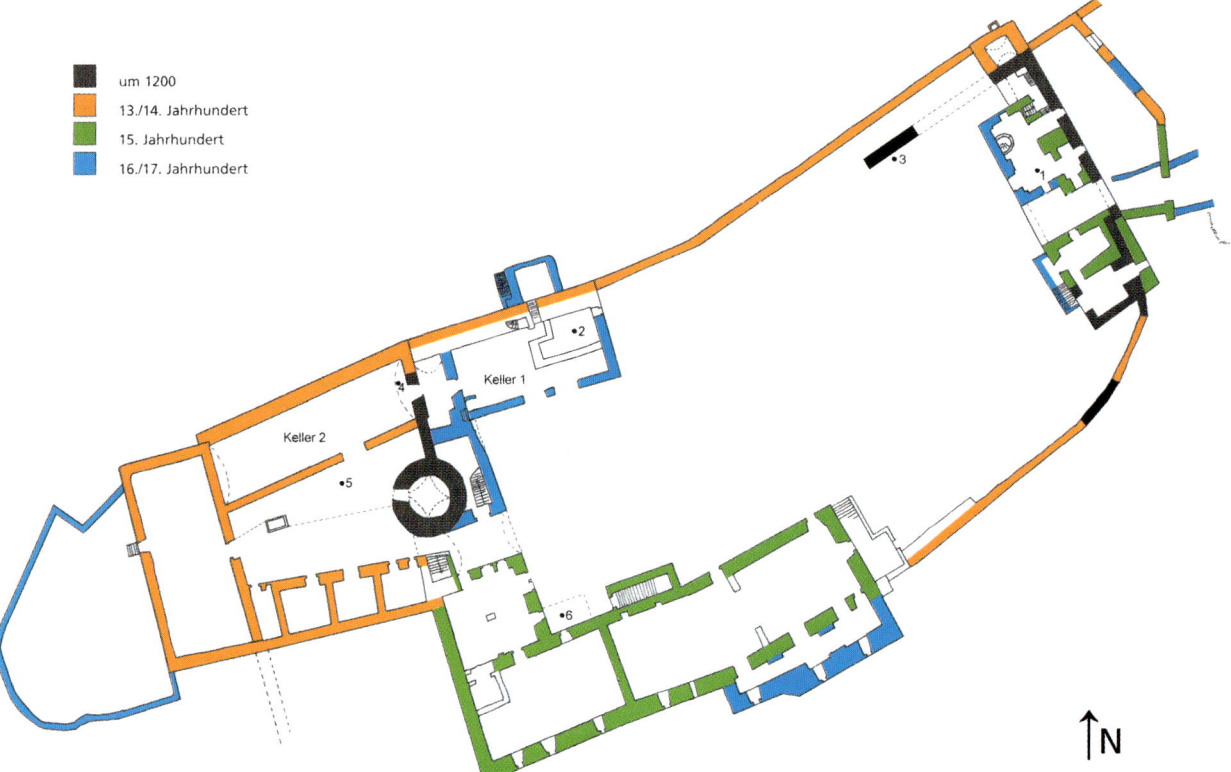

Tafel IV,1 Burg Ranis, Ansicht von Süden

um 1200
13./14. Jahrhundert
15. Jahrhundert
16./17. Jahrhundert

Keller 1

Keller 2

N

Tafel IV,2 Burg Ranis, Gesamtplan der Burganlage nach G. Ulrich Großmann, 2002, mit Überarbeitungen durch den Verfasser

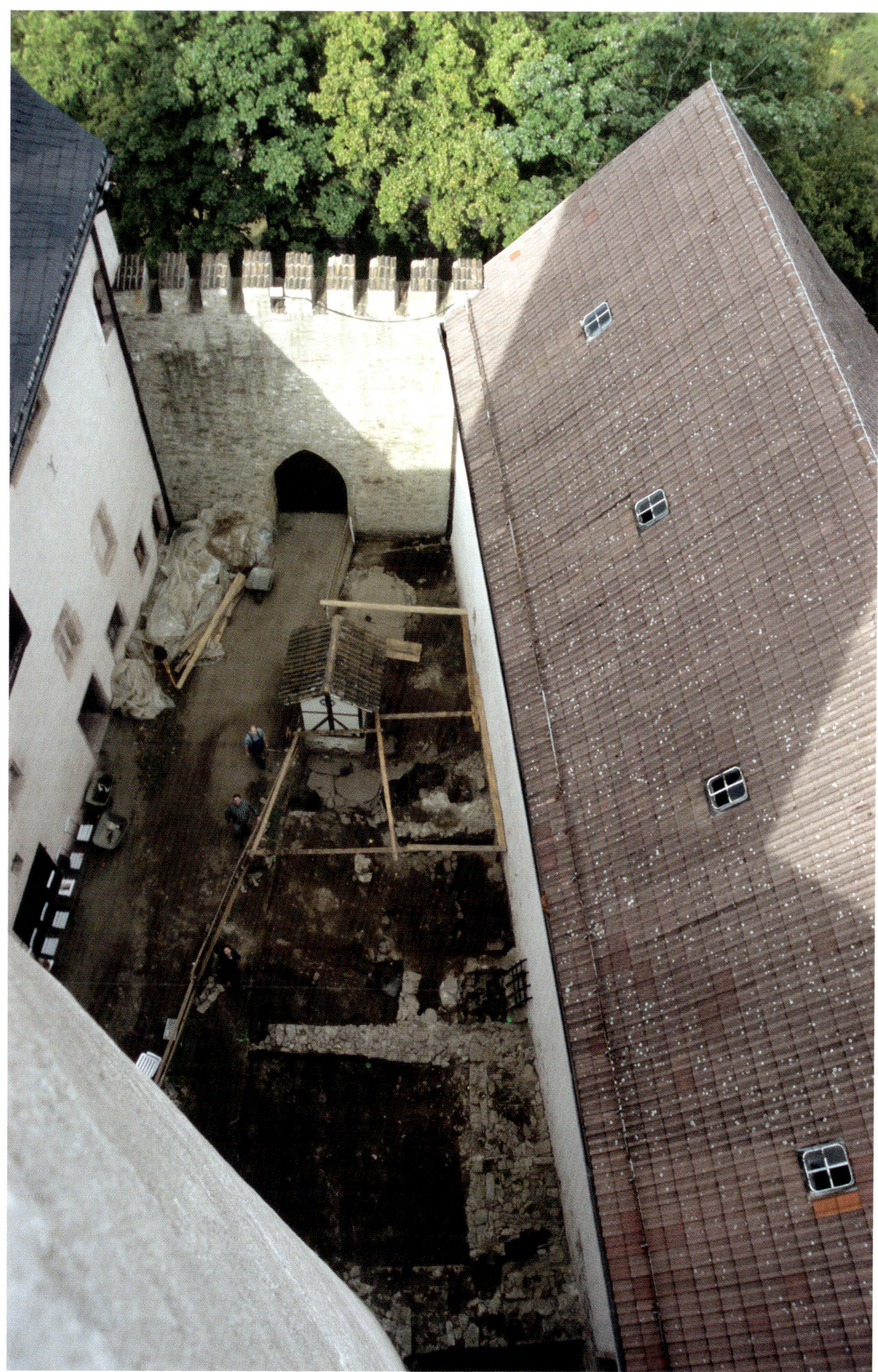

Tafel V Burg Ranis, Grabungsfläche im Kleinen Innenhof der Kernburg

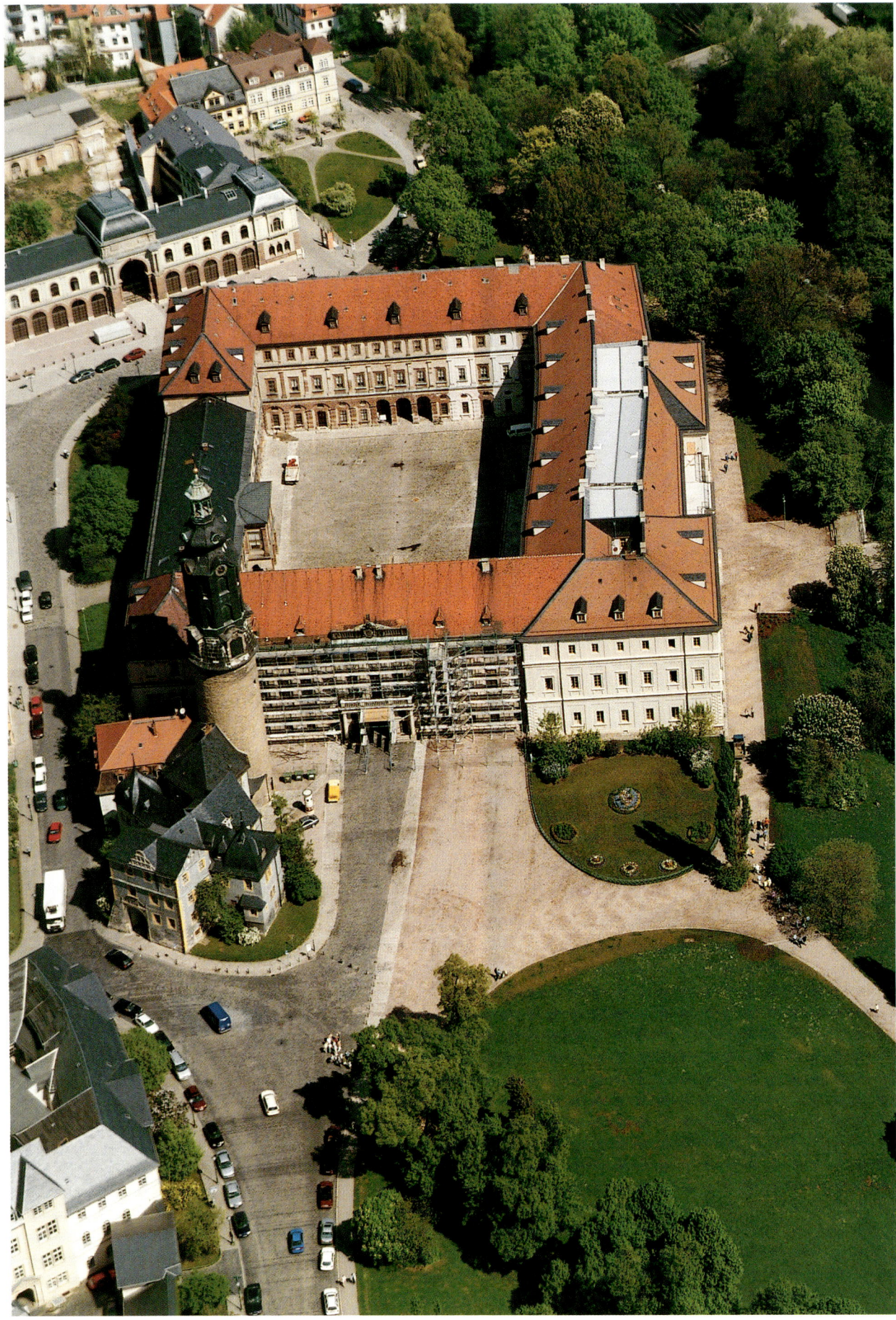

Tafel VI Weimar, Residenzschloss, Luftaufnahme von Süden

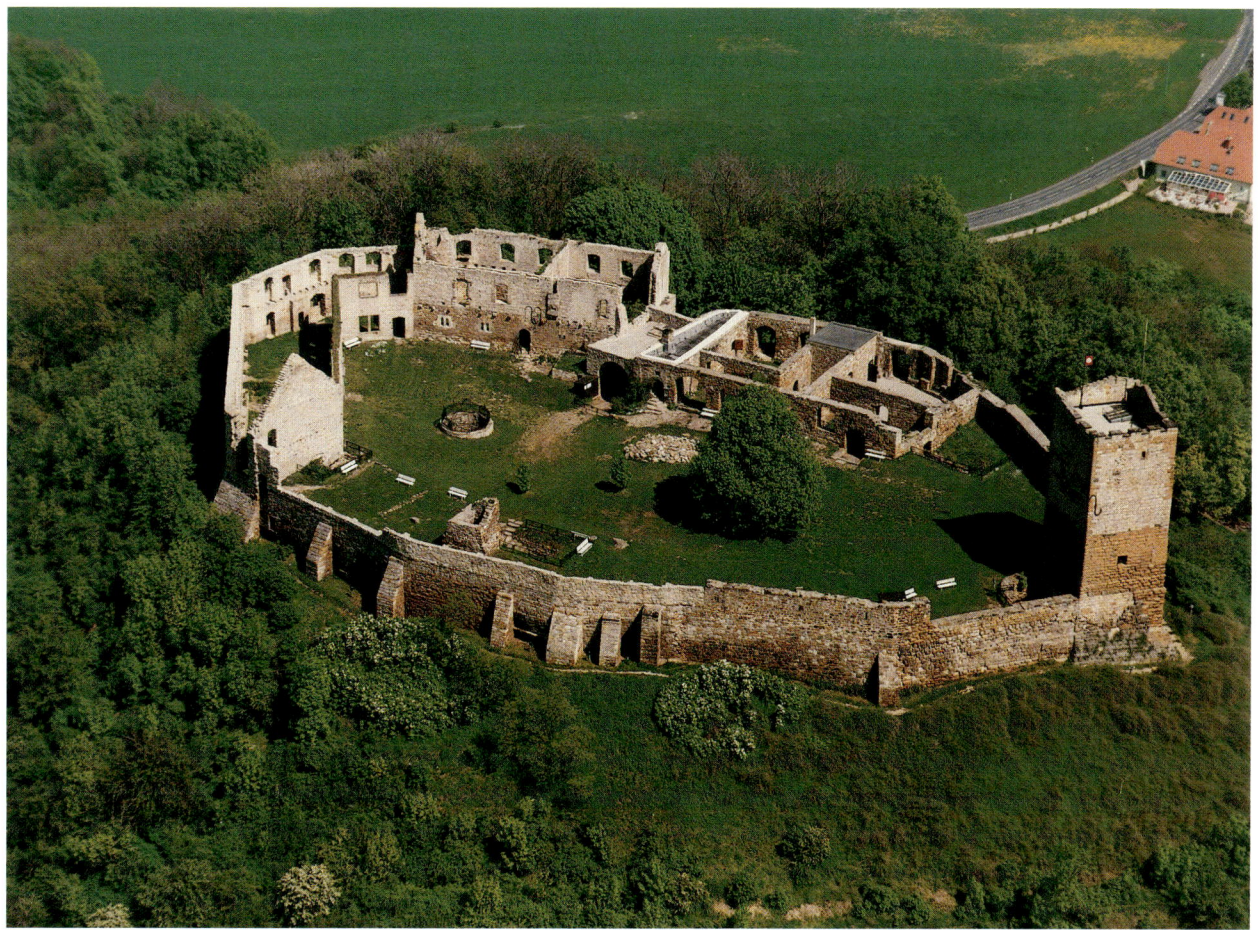

Tafel VII,1 Wandersleben, Burgruine Gleichen, Ansicht von Süden

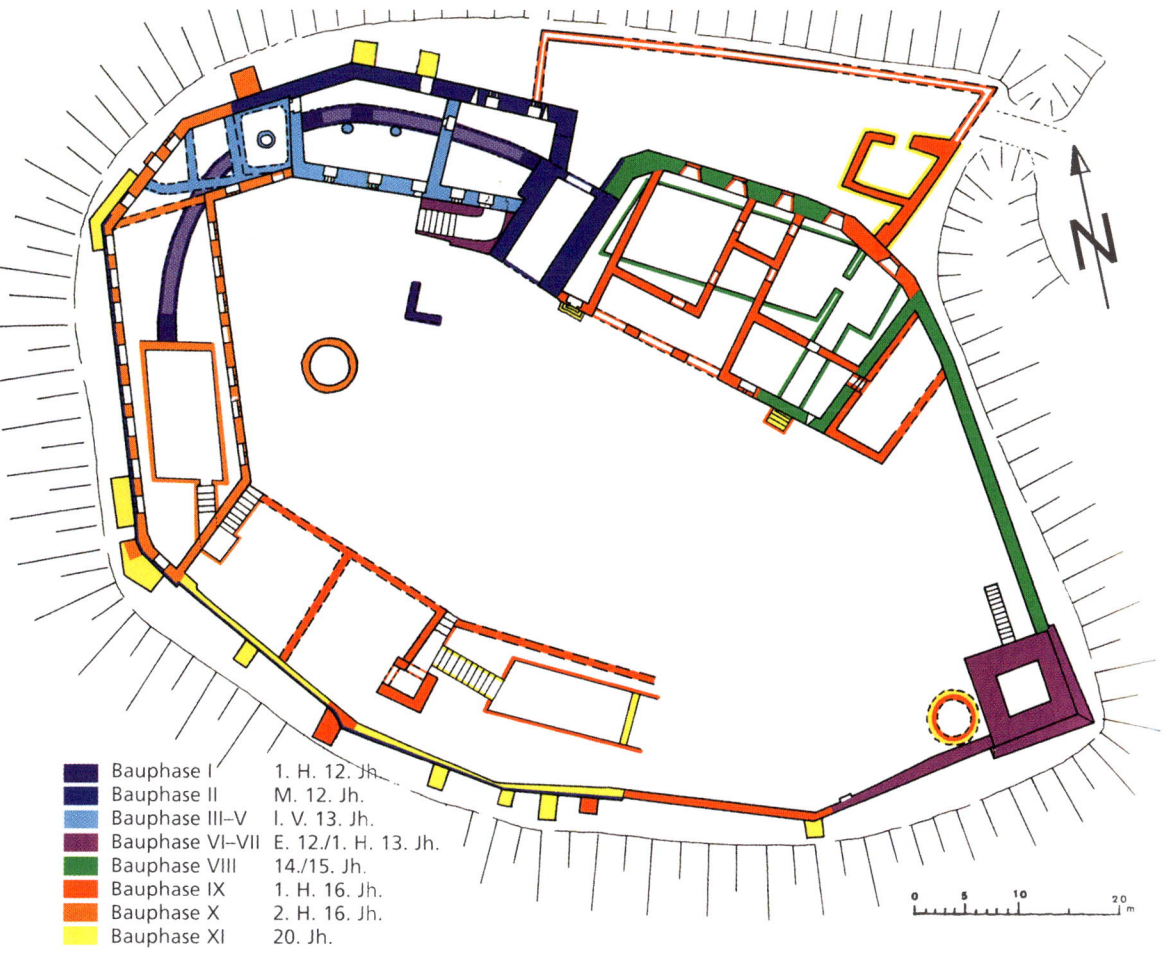

Bauphase I	1. H. 12. Jh.
Bauphase II	M. 12. Jh.
Bauphase III–V	I. V. 13. Jh.
Bauphase VI–VII	E. 12./1. H. 13. Jh.
Bauphase VIII	14./15. Jh.
Bauphase IX	1. H. 16. Jh.
Bauphase X	2. H. 16. Jh.
Bauphase XI	20. Jh.

Tafel VII,2 Wandersleben, Burgruine Gleichen, Baualtersplan

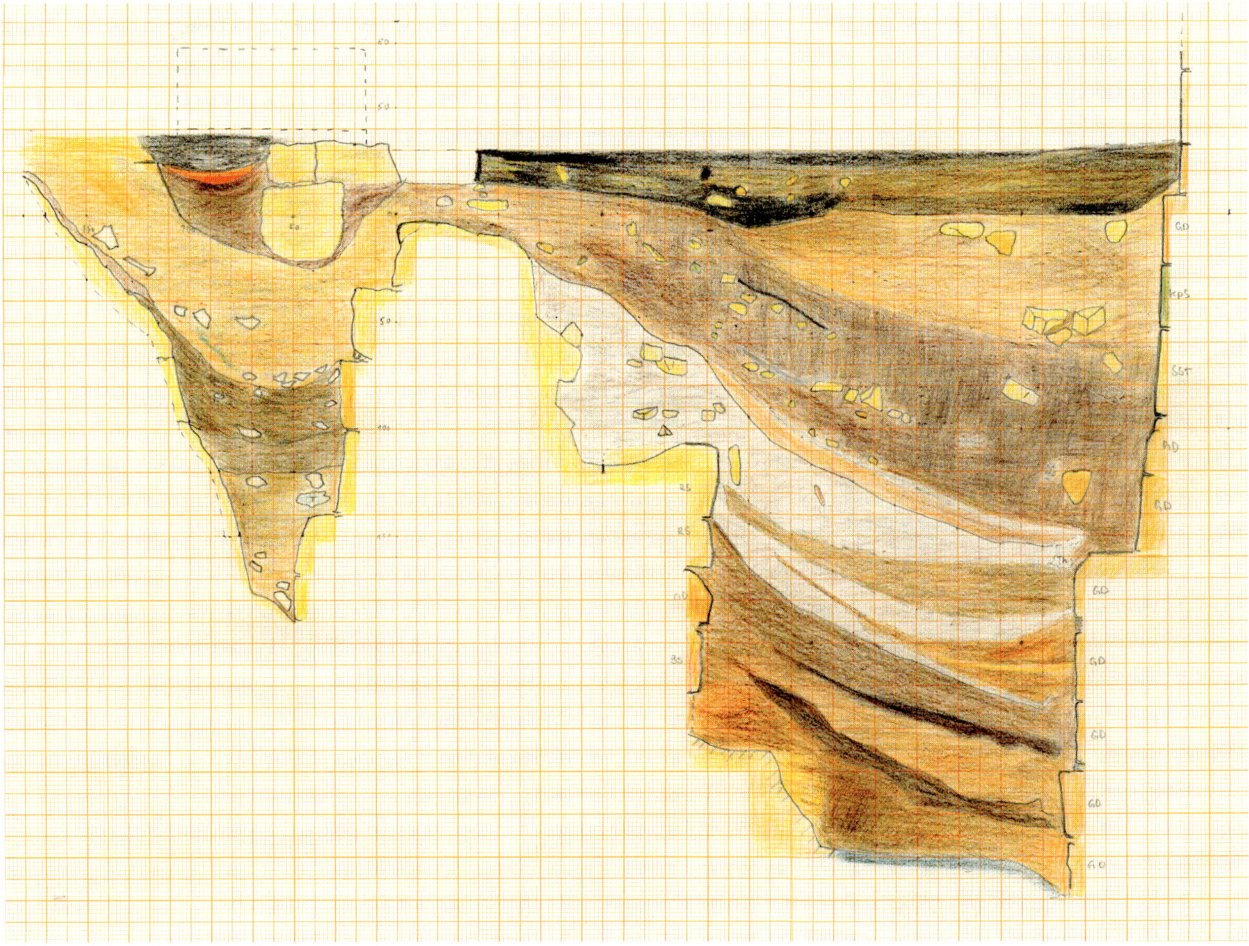

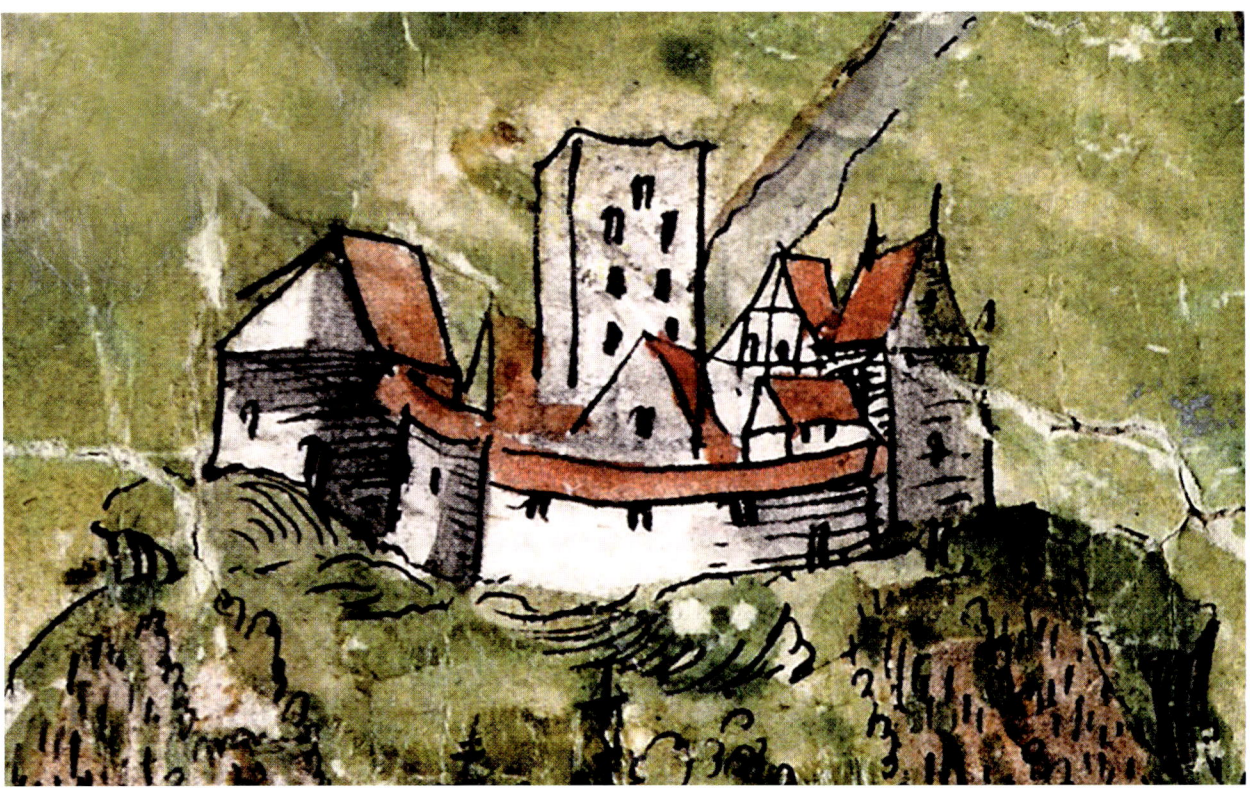

Tafel VIII,1 Wandersleben, Burgruine Gleichen, archäologischer Schnitt (Süd-Nord) unter dem Kellergeschoss des romanischen Wohnbaus mit dem Befund der ältesten Ringmauer

Tafel VIII,2 Wandersleben, Burgruine Gleichen, älteste bekannte Darstellung der Burg Gleichen, Ansicht von Westen, 1551

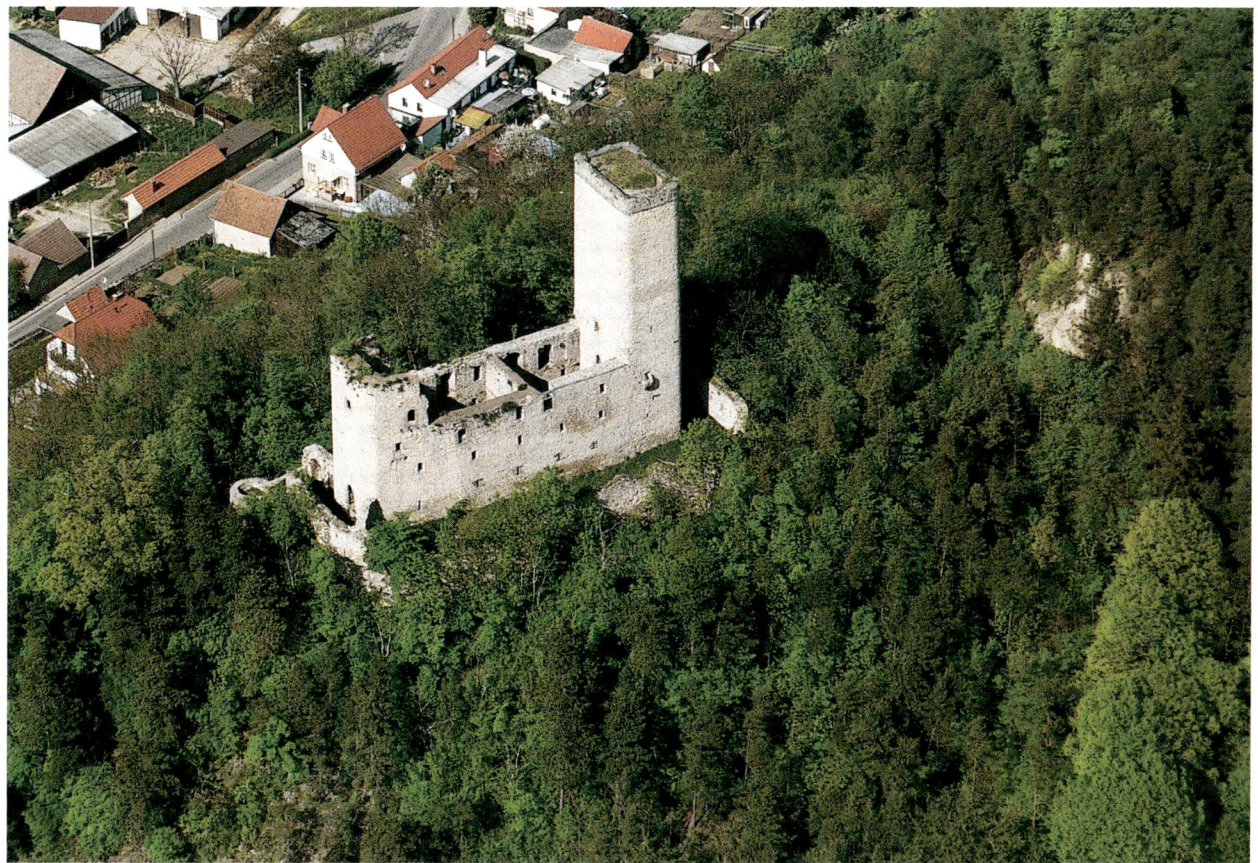

Tafel IX,1 Burgruine Ehrenstein

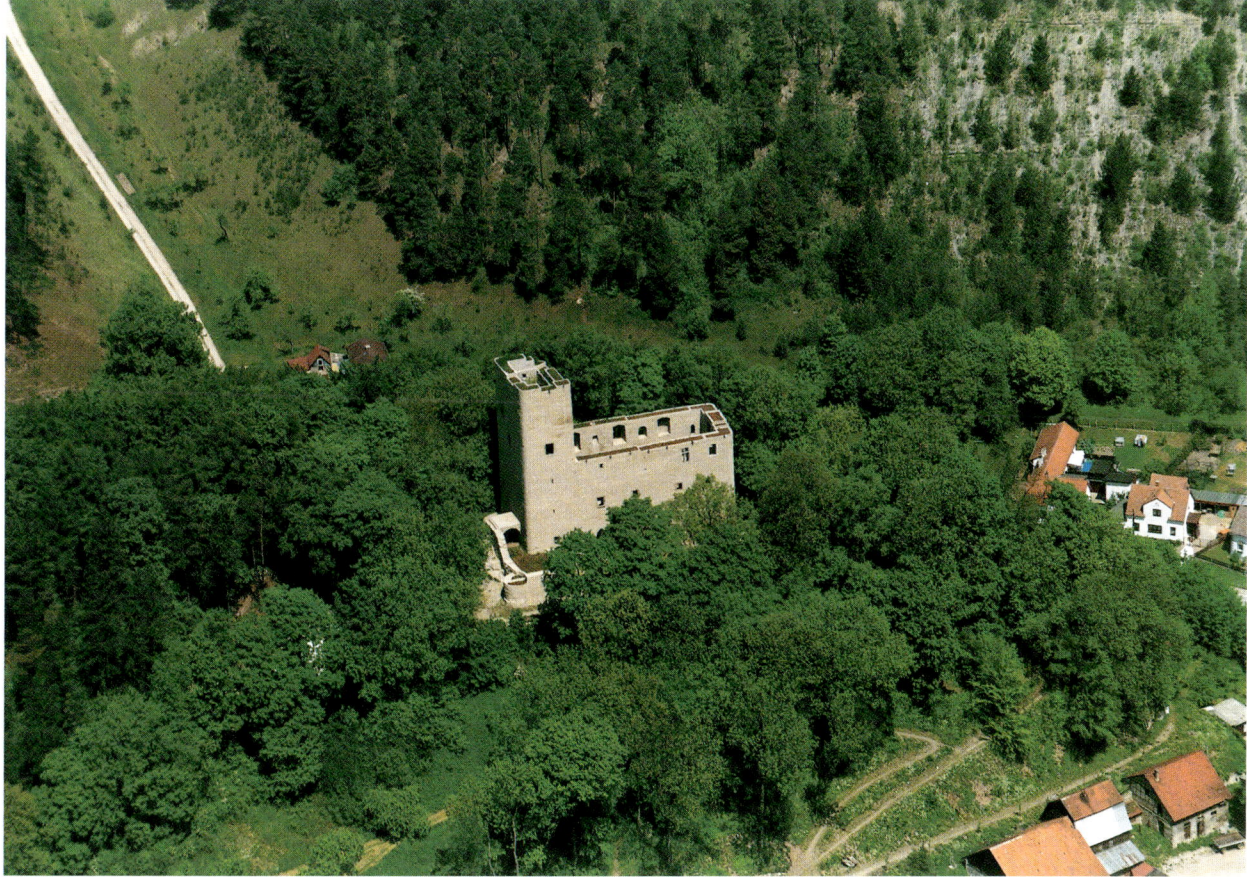

Tafel IX,2 Burgruine Liebenstein

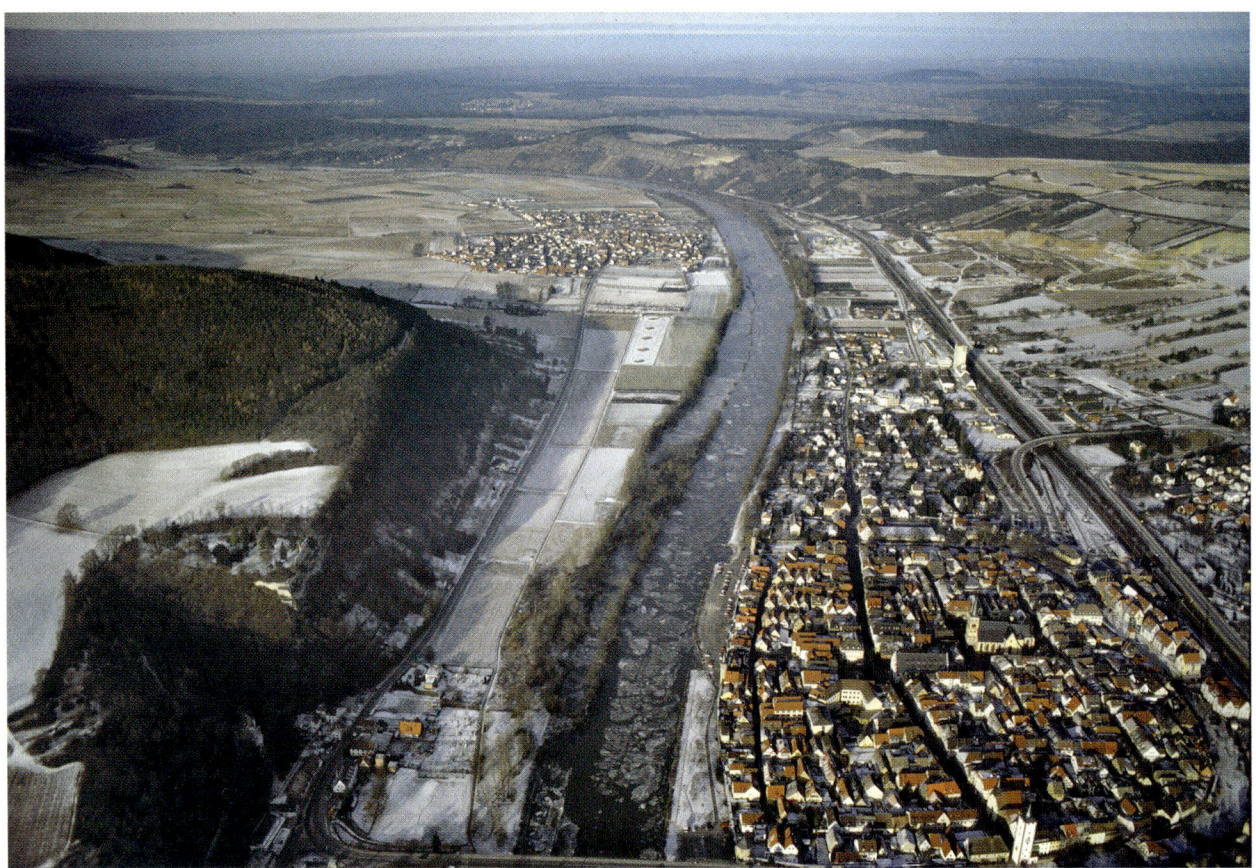

Tafel X,1 Karlburg, Topographie des Umlandes von Karlburg mit Burg und Karlstadt im Vordergrund

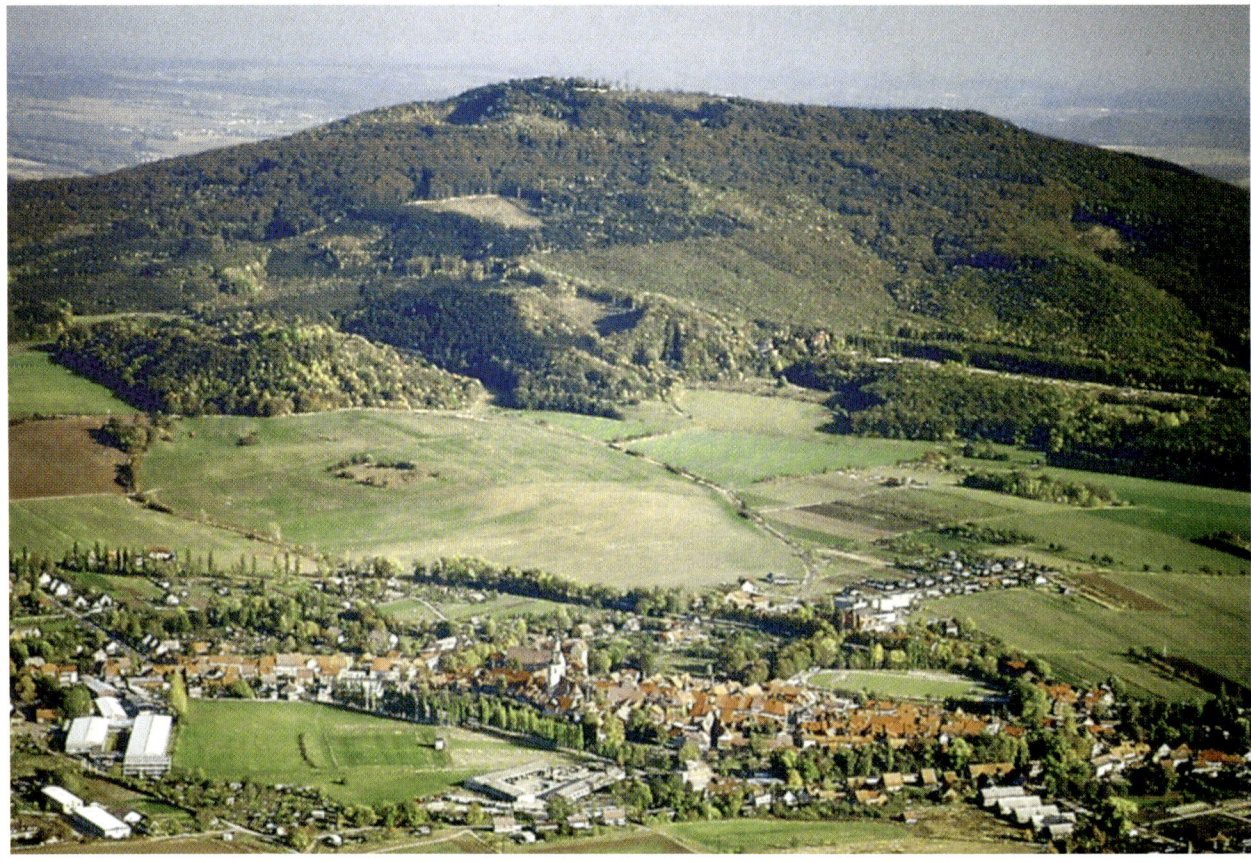

Tafel X,2 Römhild, Blick auf den Großen Gleichberg, im Vordergrund die Stadt Römhild

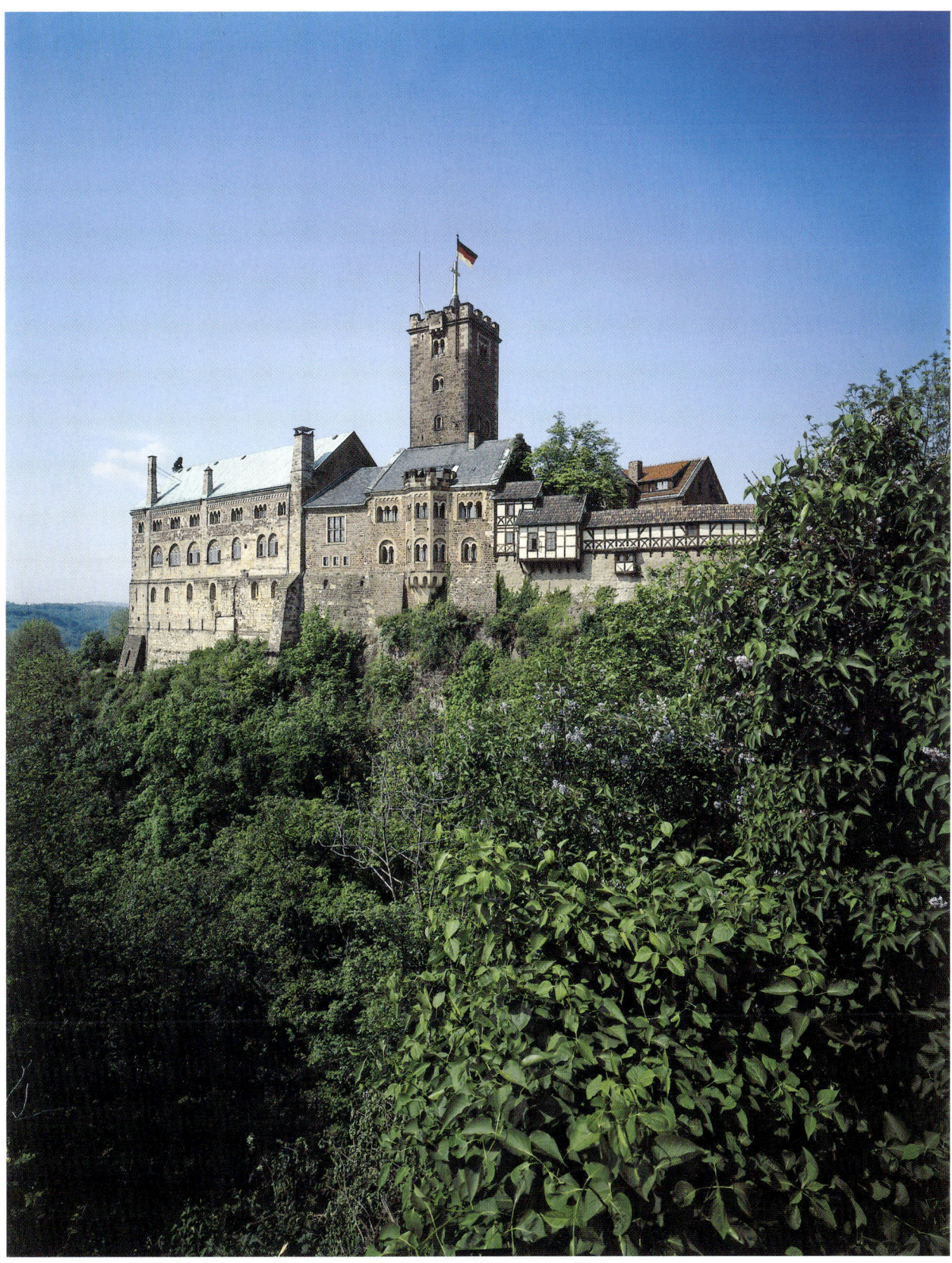

Tafel XI Eisenach, Wartburg

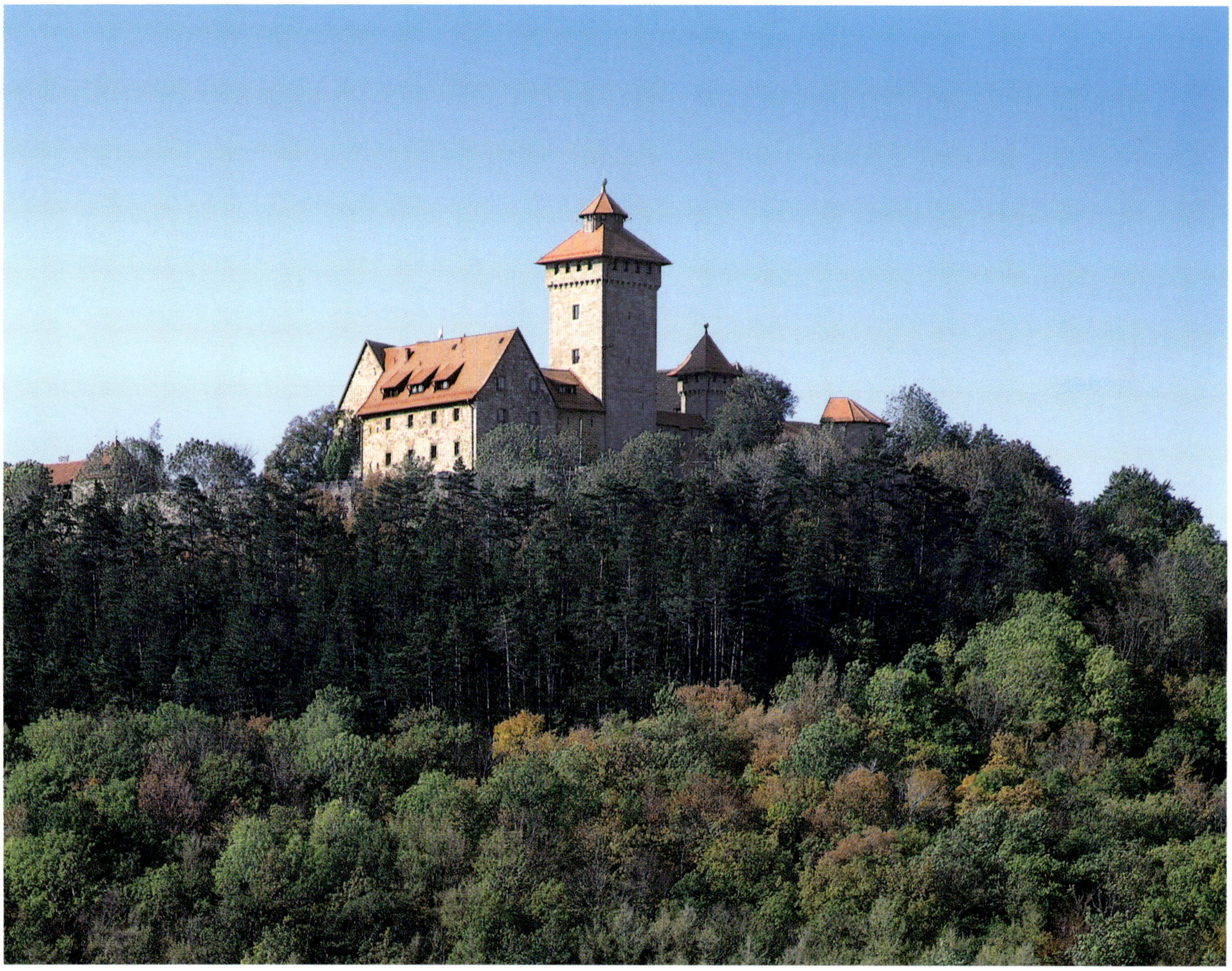

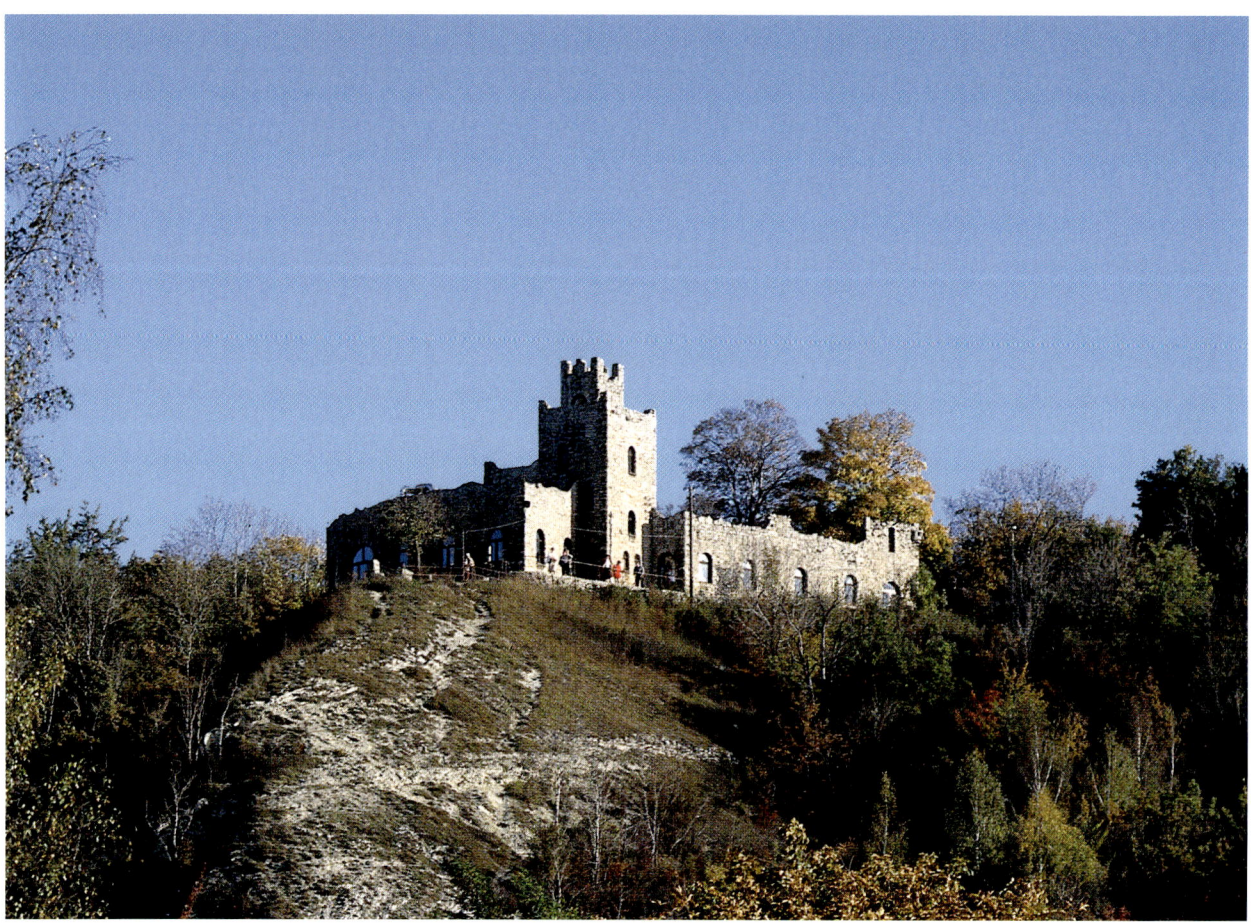

Tafel XII,1 Wachsenburg, eine der Drei Gleichen

Tafel XII,2 Bad Sulza, „Sonnenburg" oberhalb der Stadt

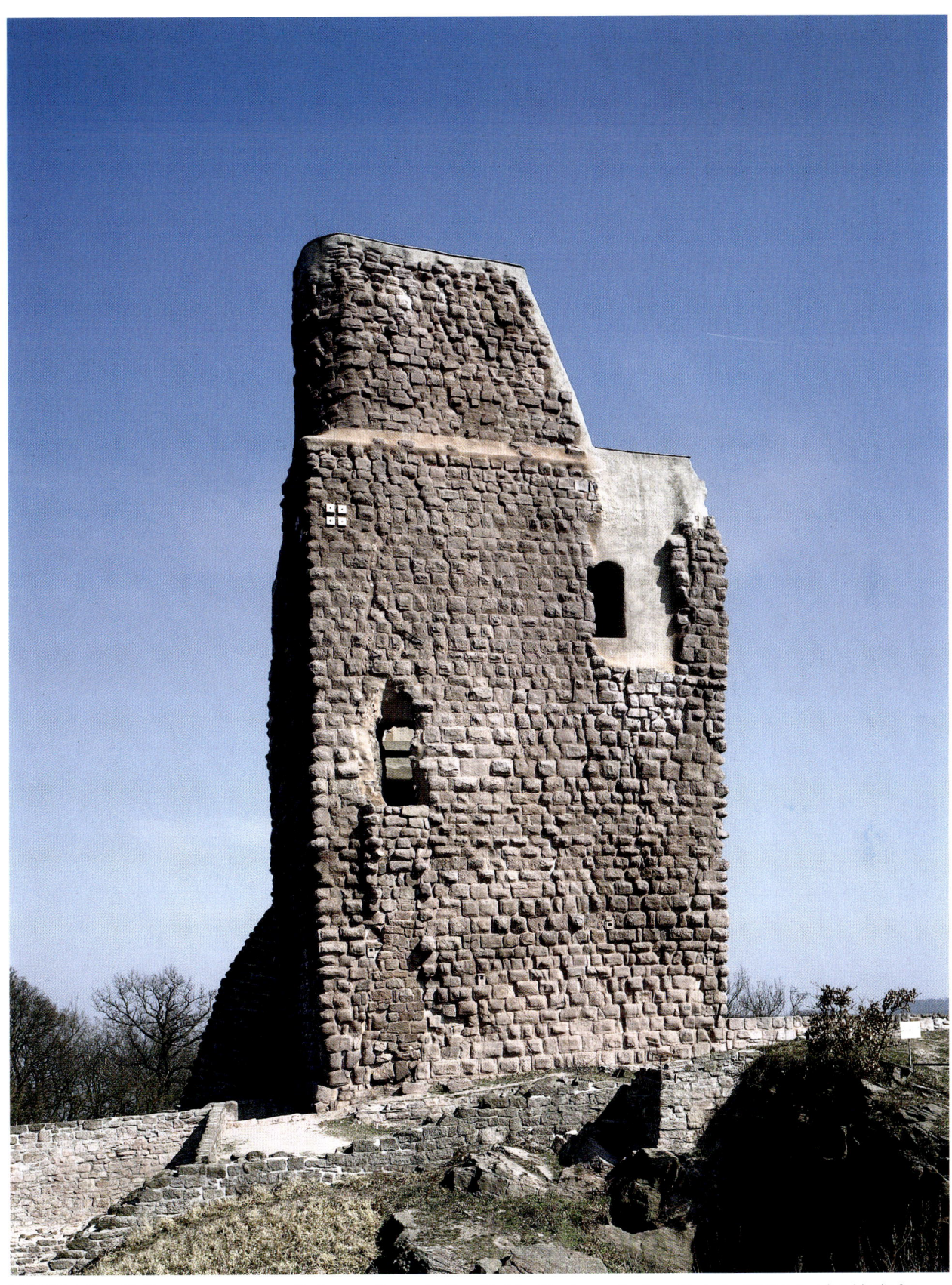

Tafel XIII Burg Kyffhausen, so genannter Barbarossa-Turm, der Bergfried der Oberburg mit seinem bis in das 19. Jahrhundert hinein für römisch-antiken Ursprungs gehaltenen Buckelquader-Mauerwerk

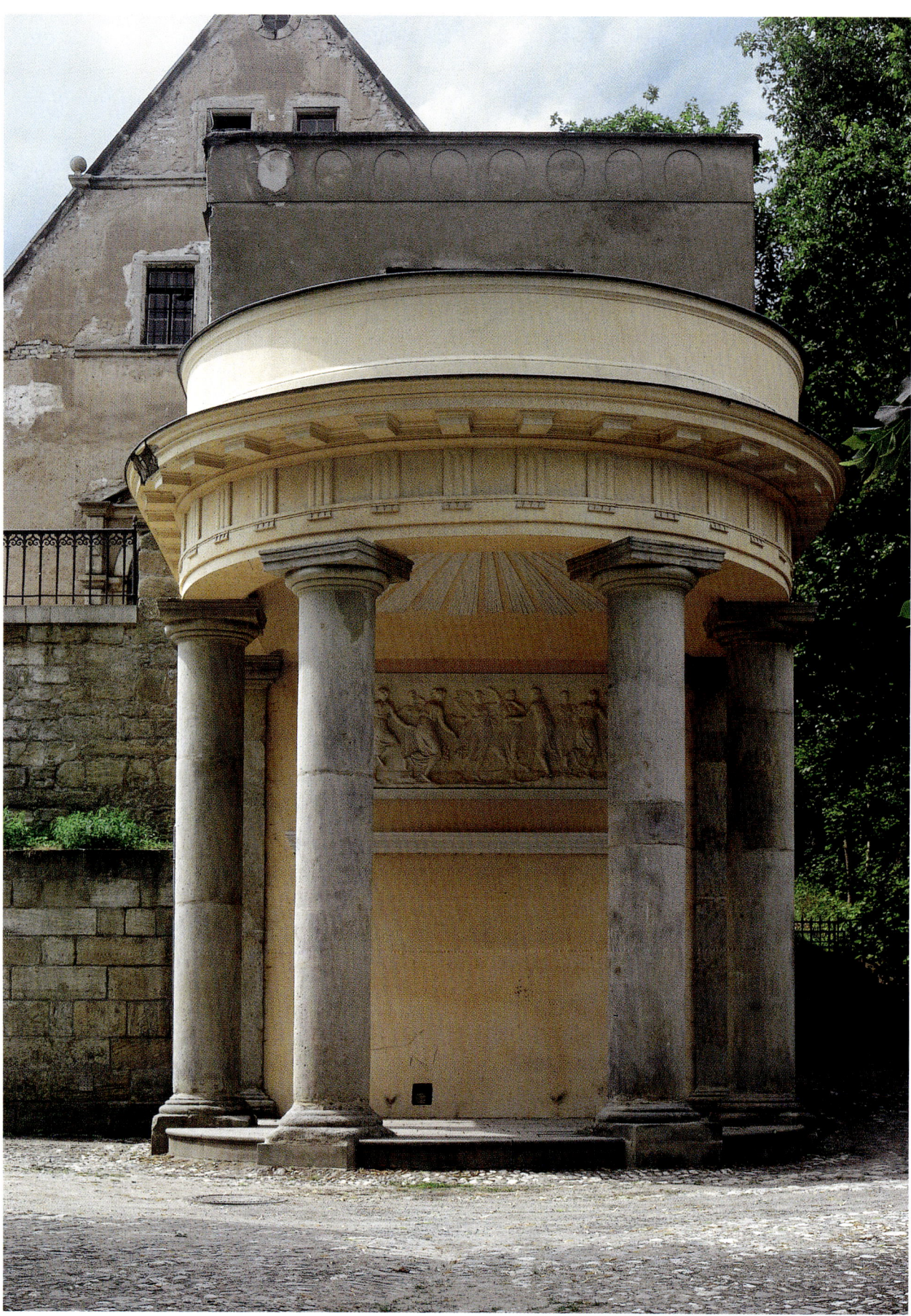

Tafel XIV Rudolstadt, Schloss Heidecksburg, Horentempel, Ansicht von Osten

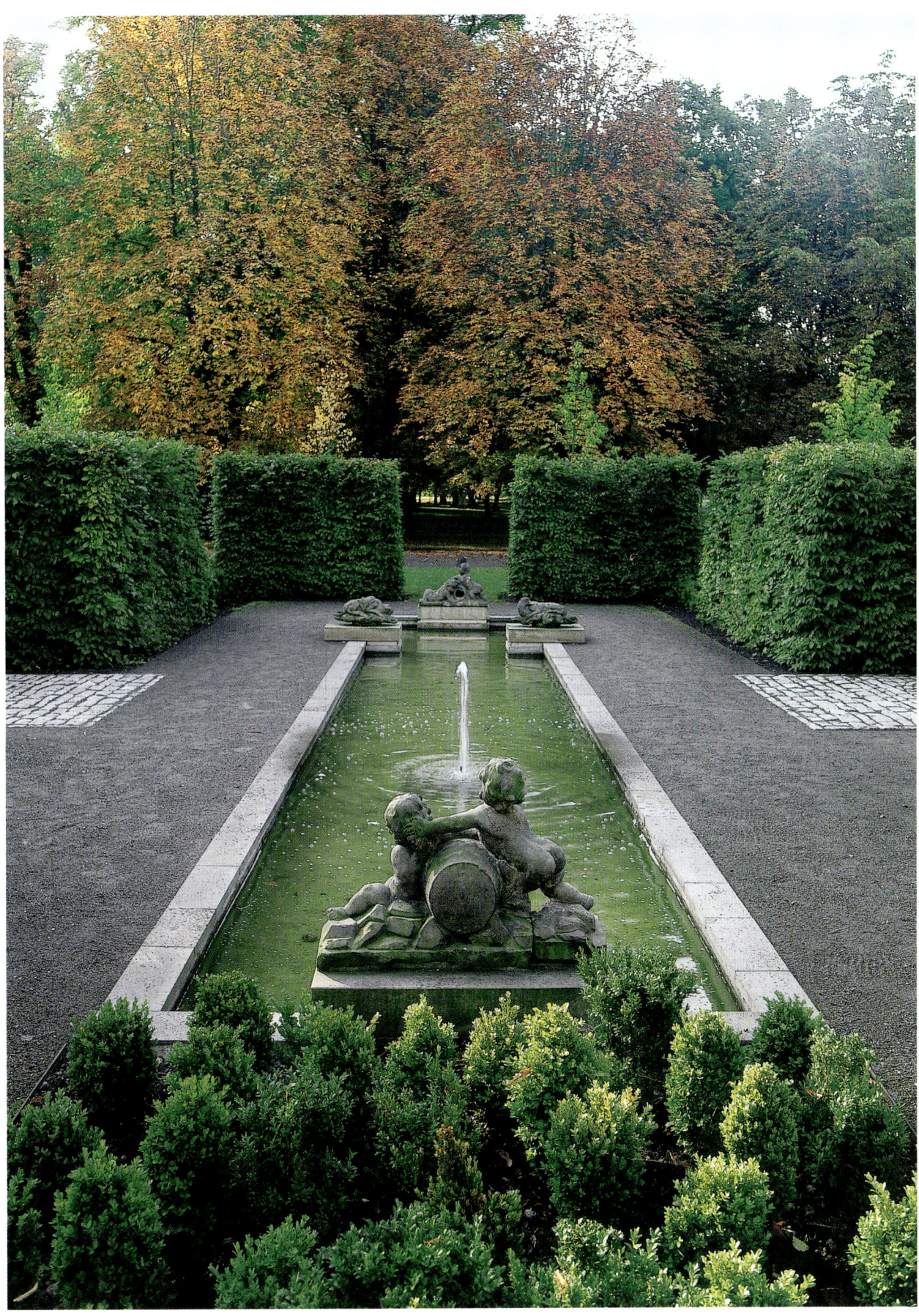

Tafel XV Schloss Molsdorf, Lapidarium

Jahresbericht der Stiftung
vom 1. Januar bis 31. Dezember 2006

Einführung zum Jahresbericht

Die Stiftung betreut derzeit 30 Liegenschaften im Freistaat Thüringen. Für die notwendigen Investitionsmaßnahmen in den Liegenschaften standen der Stiftung im Jahr 2006 rund 3,7 Millionen Euro an Haushaltsmitteln als Landeszuschuss zur Verfügung.

Darüber hinaus konnte die Stiftung für das Residenzschloss in Weimar auf Bundesmittel in Höhe von 509 000 Euro zurückgreifen.

Im Rahmen des Förderprogramms aus dem Europäischen Fonds für Regionalentwicklung (EFRE) wurden für Schloss Friedenstein in Gotha rund 3,2 Millionen Euro ausgereicht. Zusätzlich wurden für das EFRE-Projekt Bundesmittel in Höhe von 200 000 Euro ausgezahlt. Die Deutsche Stiftung Denkmalschutz ergänzte mit weiteren 140 000 Euro sowie die Deutsche Bundesstiftung Umwelt mit 28 000 Euro die Maßnahmen in Gotha. Für das Vorhaben – Burg Ranis – wurden 600 000 Euro EFRE-Mittel eingesetzt.

Ferner stellte das Thüringische Landesamt für Denkmalpflege und Archäologie für den Abschluss der Palassanierung auf Burg Ranis 80 000 Euro zur Verfügung.

Die verausgabten Gesamtinvestitionsmittel beliefen sich damit auf rund 8,5 Millionen Euro.

Der Landeszuschuss für Investitionen wird sich im Jahr 2007 voraussichtlich gegenüber dem Vorjahr etwas verringern.

Aus der EFRE-Förderung stehen der Stiftung 2007 insgesamt weitere 2,6 Millionen Euro für den Südflügel von Burg Ranis, für die Südflügelfassade von Schloss Heidecksburg in Rudolstadt und für die Orangerie von Schloss Friedenstein in Gotha zur Verfügung.

500 000 Euro werden der Stiftung Thüringer Schlösser und Gärten von der Deutschen Stiftung Denkmalschutz für den ersten Platz in der MDR-Fernsehsendung „Ein Schloss wird gewinnen" für die Orangerie von Schloss Friedenstein bereitgestellt. An finanzieller Unterstützung hat die Stiftung von der Deutschen Bundesstiftung Umwelt für das Schloss in Gotha weitere 34 000 Euro und von der Gothaer Kulturstiftung fast 50 000 Euro zu erwarten. Weitere Bundesmittel wurden auch für 2007 beantragt, über deren Bewilligung im ersten Halbjahr entschieden wird.

Insgesamt werden im Jahr 2007 an Investitionsmitteln fast 7 Millionen Euro bereitstehen.

Im Rahmen der Bildungsarbeit der Stiftung Thüringer Schlösser und Gärten wurde das Herbstsymposion als Erwachsenenbildungsangebot durchgeführt.

In Zusammenarbeit mit dem Verein Lese-Zeichen e.V. wurden vom 15. bis 18. Juni 2006 die 9. Thüringer Literatur- und Autorentage sowie der Jugendworkshop „Sommerwerkstatt auf Burg Ranis – Sehen – Malen – Schreiben" vom 24. bis 27. August 2006 auf Burg Ranis veranstaltet.

Ferner wurde die Vortragsreihe unter dem Titel „Schlossgespräche" weitergeführt. Die Vorträge widmeten sich den einzelnen Anlagen. So fanden Vorträge im Rahmen der „Gothaer Schlossgespräche", der „Molsdorfer Schlossgespräche" sowie der „Weimarer Schlossgespräche" statt. Ziel ist es, die Bedeutung der jeweiligen Anlage sowie die Arbeit der Stiftung vor Ort einem breiteren Publikum nahezubringen.

Die Schwerpunkte der baulichen Tätigkeit lagen in der Fertigstellung der Restaurierung des Gentz'schen Treppenhauses im Residenzschloss Weimar sowie in der Fortführung der großen Sanierungen von Schloss Friedenstein in Gotha, von Burg Ranis und im Sommerpalais Greiz. Weiterhin wurden begonnene Bestandssicherungs- und Erhaltungsmaßnahmen an Gebäuden fortgeführt.

Besonders hervorzuheben sind für das Berichtsjahr folgende Maßnahmen:

- Schloss Friedenstein in Gotha, Fortführung der Sanierung des Dachtragwerkes am Nord- und Ostflügel sowie am Westturm,
- Burg Ranis, Abschluss der Sanierung des Palas und Fortführung der Sanierung des Südflügels,
- Residenzschloss Weimar, Abschluss der Restaurierung des Gentz'schen Treppenhauses,
- Sommerpalais in Greiz, Fortführung der Sanierung des Sommerpalais,

– Schoss Wilhelmsburg in Schmalkalden, Fortführung der Dachsanierung am Ostflügel,
– Schloss Heidecksburg in Rudolstadt, Beginn der Fassadensanierung des stadtseitigen Südflügels.

1. Bericht zu Veranstaltungen und Tagungen

Öffentliche Veranstaltungen

10.2.2006	Jahresempfang der Stiftung Thüringer Schlösser und Gärten auf Schloss Heidecksburg in Rudolstadt
9.5.2006	Tag der Thüringer Schlösser und Gärten; Saisoneröffnung der Stiftung Thüringer Schlösser und Gärten anlässlich des Europatags auf Schloss Heidecksburg in Rudolstadt
5.8.2006	Schlossfest der Stiftung Thüringer Schlösser und Gärten auf Schloss Heidecksburg in Rudolstadt
10.9.2006	Tag des offenen Denkmals; Veranstaltungen auf zahlreichen Liegenschaften der Stiftung Thüringer Schlösser und Gärten
20.–21.10. 2006	Herbstsymposion der Stiftung Thüringer Schlösser und Gärten in Zusammenarbeit mit dem Thüringischen Landesamt für Denkmalpflege und Archäologie im Residenzschloss Weimar

Arbeitstagungen

21.–23.9. 2006	Jahrestagung der Arbeitsgemeinschaft Deutscher Schlösserverwaltungen (ADS) (früher: Facharbeitskreis „Schlösser und Gärten in Deutschland") in Ludwigslust

Neben den Eigenveranstaltungen der Partner wurden folgende Veranstaltungen durch vereinbarte Kooperation unterstützt:

20.5.–27.8. 2006	Schloss Friedenstein: „Italienischer Sommer in Gotha", einschließlich Barockfest, Kulturprojekt der Stiftung Schloss Friedenstein
9.6.–2.7. 2006	Schloss Heidecksburg in Rudolstadt: Sommertheater, Veranstaltung des Thüringer Landestheaters Rudolstadt
15.–18.6. 2006	Burg Ranis: Thüringer Literatur- und Autorentage, Veranstaltung des Vereins Lese-Zeichen e.V.
17.6.–7.7. 2006	Wasserburg Kapellendorf: Internationales Keramik- und Musiksymposion anlässlich der Schlacht bei Jena-Auerstedt 1806 „Heimat. Momente einer Begegnung"
24.6.2006	Burg Ranis: Sonnenwendfeier des Förderkreises Burg Ranis e.V.
24.–25.6. 2006	Untere Sachsenburg in Sachsenburg: „Das Geheimnis der Katakombe – bei den ersten Christen in Rom", Römerfest für Kinder von 7 bis 12 Jahren, Veranstaltung des Sachsenburgvereins e.V. und der evangelisch-lutherischen Superintendentur
25.6./24.9. 2006	Schloss Wilhelmsburg in Schmalkalden: Konzertreihe mit der Renaissance-Orgel, Veranstaltung des Museums Schloss Wilhelmsburg
1.–30.7. 2006	Schloss Schwarzburg: Sommertheater auf Schloss Schwarzburg, Veranstaltung des Fördervereins Schloss Schwarzburg e.V.
14.–16.7. 2006	Kloster St. Wigbert, Göllingen: „1 000 Jahre Kloster Göllingen", Kolloquium mit Besichtigung, Gesprächskreisen, Vorträgen und Konzert, Veranstaltungen der Gesellschaft der Freunde des Klosterturmes St. Wigbert e.V., der Friedrich-Schiller-Universität Jena und der Sparkassen-Kulturstiftung Hessen-Thüringen
14.–29.7. 2006	Schloss Sondershausen: Schlossfestspiele Sondershausen, Veranstaltung der Stadt Sondershausen
21.7.–27.8. 2006	Wasserburg Kapellendorf: Burghof-Theater Kapellendorf, „Warten auf Napoleon", gemeinsame Veranstaltung der Gesellschaft für Thüringer Schlösser und Gärten e.V. mit dem Museum der Wasserburg Kapellendorf und der Kurz & Kleinkunstbühne Jena
24.–27.8. 2006	Burg Ranis: „Sommerwerkstatt auf Burg Ranis – Sehen – Malen – Schreiben", Workshop für junge Leute zwischen 16 und 18, Veranstaltung des Vereins Lese-Zeichen e.V.
10.9.2006	Schloss Heidecksburg in Rudolstadt: Benefizkonzert „Erbe der Heimat", Veranstaltung des Rotary Club Rudolstadt anlässlich des Tags des offenen Denkmals
10.9.2006	Burg Ranis: Benefizkonzert des Förderkreises Burg Ranis e.V.

zugunsten der Ausstattung des Palas

10.9.2006   Schloss Friedenstein in Gotha: Benefizkonzert „Grundton D" des Deutschlandfunks für die Orangerie-Freunde e.V., zugunsten der Orangerie

19.9.2006   Schloss Heidecksburg in Rudolstadt: „Festspiel der deutschen Sprache", prominente Vertreter der deutschen Literatur inszenieren sprachliche Edelsteine, veranstaltet von der Gesellschaft für Thüringer Schlösser und Gärten e.V. gemeinsam mit dem Mitteldeutschen Rundfunk

2. Bericht zur Tourismusarbeit

„Schatzkammer Thüringen"

Unter dem Thema „Schatzkammer Thüringen" hat die Stiftung ein neues Tourismusprojekt entwickelt. Kernidee ist die Vermittlung des Netzwerks der Thüringer Residenzen, das in dieser Dichte kein Äquivalent in Deutschland besitzt. Das Projekt wird gemeinsam mit den Partnermuseen in den Schlössern durchgeführt. Im Frühjahr erschien dazu ein erster Überblicksflyer mit Kurzdarstellungen der beteiligten Residenzen und historischen Persönlichkeiten, die die Orte maßgeblich geprägt haben. Ergänzend dazu wurde unter dem Motto „Feste und Feiern" ein Flyer herausgegeben, der zum Thema „Erbe fürstlicher Kultur" Veranstaltungen anbietet. Ziel ist es, gemeinsam mit den Partnermuseen das Marketing des Schlössertourismus zu intensivieren.

„Präsentation der Klosterruine Göllingen als Teil der europäischen Kulturgeschichte"

Zur Weiterentwicklung des Tourismusangebots im ehemaligen Kloster St. Wigbert in Göllingen wurde unter dem Titel „Präsentation der Klosterruine Göllingen als Teil der europäischen Kulturgeschichte" ein LEADER+-Projekt beantragt, aufgeteilt in zwei Teile für die Jahre 2006/07. Der erste Teil mit der virtuellen „Rekonstruktion" als Film wurde in diesem Jahr realisiert. Die Videoschau wird vor Ort im sogenannten Werkstattgebäude auf dem Gelände der ehemaligen Klosterkirche gezeigt. Von der Kirche sind nur noch der Westturm und Reste im Apsisbereich erhalten. Der Film führt die verschiedenen Bauphasen vor Augen und vermittelt ein Bild, wie die Kirche vor ihrer Zerstörung ab dem 17. Jahrhundert ausgesehen haben könnte.

Kulturtourismus-Workshop der Thüringer Tourismus GmbH

Die Thüringer Tourismus GmbH (TTG) veranstaltete vom 12.–13.10.2006 ihren 4. Thüringer Kulturtourismus-Workshop, an dem die Stiftung teilnahm. Ziel ist es, die Vernetzung zwischen Kulturbetreuung und Tourismus zu optimieren.

3. Bericht zu den Publikationen der Stiftung

Jahrbuch

Kloster Paulinzella und die Hirsauer Reform (Jahrbuch der Stiftung Thüringer Schlösser und Gärten, Bd. 9, 2005), Regensburg 2006

Amtliche Führer

Schloss Friedenstein in Gotha mit Park. Amtlicher Führer, bearb. von Heiko Laß, Catrin Lorenz-Seidel und Bernd Schäfer, München/Berlin 2006

4. Bericht zur Medien- und Pressearbeit der Stiftung

Thüringer Schlösser Informationen – Pressedienst

Ausgabe A Nr. 25 vom 15. März 2006
„Rückblick 2005 und Ausblick 2006. Sanierungsmaßnahmen der Stiftung Thüringer Schlösser und Gärten"
„Schatzkammer Thüringen"
„Barocke Pracht wiederhergestellt. Riesensaal im Schloss Sondershausen restauriert"
„Gruftkapelle und Andachtsraum der Veste Heldburg saniert"
„Zur Sanierung des Klosters Mildenfurth bei Wünschendorf"
„Gartendenkmalpflegerische Maßnahmen an der Seufzerallee im Greizer Park"
„Veranstaltungen der Stiftung Thüringer Schlösser und Gärten 2006"
„Neue Publikationen der Stiftung Thüringer Schlösser und Gärten"
„Weitere Publikationen der Gesellschaft für Thüringer Schlösser und Gärten e.V."

Ausgabe A Nr. 26 vom 15. August 2006
„Tag des offenen Denkmals am 10. September 2006. Denkmale der Stiftung Thüringer Schlösser und Gärten – Thüringens Kulturerbe. Veranstaltungen zum Tag des offenen Denkmals"

„Sanierungsmaßnahmen der Stiftung Thüringer Schlösser und Gärten – Halbjahresbilanz 2006"

„Der Blauseidene Salon von Schloss Heidecksburg. Ein Zeugnis des Neoklassizismus ist restauriert"

„Der sogenannte Palas von Burg Ranis ist restauriert"

„Christian-August-Vulpius-Preis. Zur Verleihung des Mäzenatenpreises der Stiftung 2006"

„Ankündigung des Herbstsymposions 2006"

„Publikationen der Stiftung Thüringer Schlösser und Gärten"

„Weitere Publikationen der Gesellschaft für Thüringer Schlösser und Gärten e.V."

Magazin für Touristik

Schlösserwelt Thüringen – Besuchermagazin 2007

5. Bericht zu den Baumaßnahmen

Der Schwerpunkt lag auf der weiteren, umfassenden Bestandssicherung. Als Baureferenten waren tätig: Dipl.-Ing. Petra Hinreiner (Hi), Dipl.-Ing. Johann Philipp Jung (Ju), Dipl.-Ing. Erika Kramer (Kra), Dipl.-Ing. Jens Scheffler (Sche).

Bad Liebenstein (Wartburgkreis),
Schloss und Park Altenstein

Die Sanierung des südlichen Kavaliershauses wurde abgeschlossen und das Gebäude dem TÜV zur Nutzung übergeben. Am Schloss wurden die nördliche Stützmauer und das historische Bodenniveau wiederhergestellt. An der östlichen Schlossterrasse konnte die Balustrade aufgesetzt und die Pflanzrabatte vor der Terrasse fertiggestellt werden.
Im Park wurde die historische Wasserquelle oberhalb der Altensteiner Straße freigelegt. Die Sicherungsmaßnahmen am Gehölzbestand und die Sanierung des Wegenetzes wurden fortgeführt. (Kra, Sche)

Bad Liebenstein (Wartburgkreis),
Burgruine Bad Liebenstein

Im Jahr 2006 wurde die Mustersanierung der Ruine mit steinrestauratorischen Maßnahmen fortgesetzt. (Kra)

Dornburg (Saale-Holzland-Kreis),
Altes Schloss Dornburg

Im Jahr 2006 wurden kleine Bauunterhaltsmaßnahmen durchgeführt. (Hi, Sche)

Ehrenstein (Ilm-Kreis),
Burgruine Ehrenstein

Aufgrund des knappen Haushalts konnten im Jahr 2006 in dieser Liegenschaft keine Baumaßnahmen durchgeführt werden. (Kra)

Erfurt, Klosterkirche St. Peter und Paul

Neben kleineren Pflegemaßnahmen wurden Fenster repariert und zur Regulierung des ruhenden Verkehrs der südliche Bereich vor der Kirche mit Pollern abgesperrt. Zudem wurde ein Behindertenparkplatz geschaffen. (Ju)

Georgenthal (Landkreis Gotha),
Kloster Georgenthal

Im Jahr 2006 wurden Mauerabschnitte an der Südwand des Amtshauses und Mauerfragmente im südlichen Chorbereich gesichert. Ferner konnten Reparaturen im Traufbereich des sogenannten Hexenturms durchgeführt werden. (Kra)

Göllingen (Kyffhäuserkreis),
Kloster St. Wigbert

Im Jahr 2006 wurden in Göllingen kleine Pflege- und Erhaltungsmaßnahmen durchgeführt. (Ju)

Gotha (Landkreis Gotha),
Schloss Friedenstein mit Park

Im Jahr 2006 wurde die aufwendige Sanierung der Dachkonstruktionen und der Hängewerke am Westturm, am Nordflügel über der Schlosskapelle und am Ostflügel fortge-

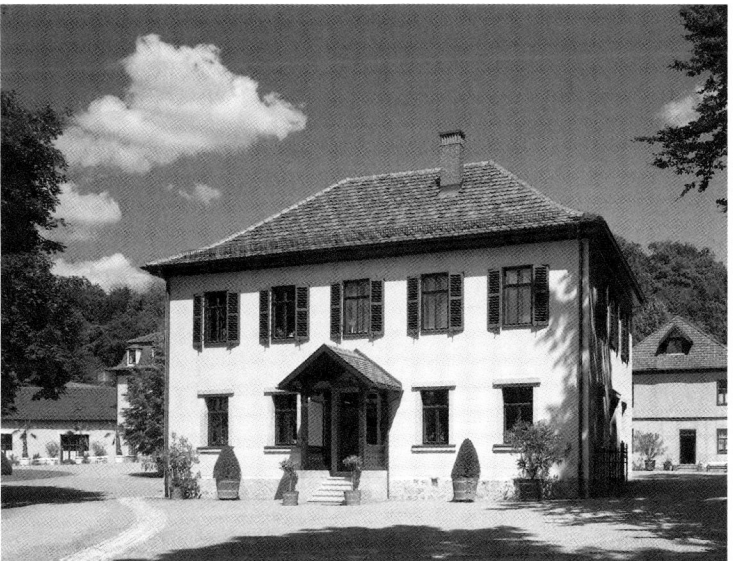

Abb. 1 Bad Liebenstein, Schloss Altenstein, Blick auf das südliche Kavaliershaus von Westen

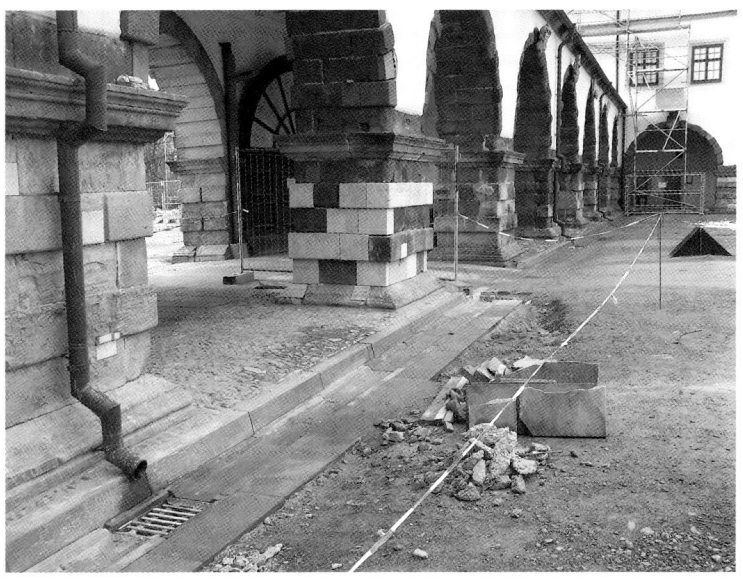

Abb. 2 Gotha,
Schloss Friedenstein,
Sanierung des süd-
lichen Arkadengangs

wurde fortgeführt. Sie konnte im Nord- und im Ostflügel zum Abschluss gebracht werden. Ebenso schritt die Instandsetzung der Fenster voran.

Für den Schlosspark wurden ein Nutzungskonzept sowie ein Beleuchtungskonzept erstellt. Die Sicherungsmaßnahmen an der alten Parkbeleuchtung wurden fortgeführt. Für den Orangeriebereich wurde die Zielstellung aktualisiert. Im Rahmen der MDR-Fernsehsendung „Ein Schloss wird gewinnen", an der sich die Stiftung mit dem südlichen Orangeriegebäude beteiligte, erhielt die Orangerie Gotha den ersten Preis in Höhe von 500 000 Euro. Mit den Planungen und Voruntersuchungen zur Instandsetzung des südlichen Orangeriegebäudes wurde begonnen. Zudem hat sich der Förderverein „Orangerie-Freunde e.V." gegründet, dessen Mitglieder das Gelände der Orangeriegärtnerei hinter der südlichen Orangerie beräumt haben. Für die Orangerie wurden 50 Kübelpflanzen gespendet.

Im Englischen Garten erfolgten gartenarchäologische Untersuchungen an den Wegen. Es wurde ein Musterabschnitt des ehemaligen „belt walks", des großen, um den Garten führenden historischen Rundwegs, angelegt. Ferner wurden umfangreiche Baumpflegemaßnahmen vorgenommen. Die Maßnahmen in Gotha wurden von der Europäischen Union (mit EFRE-Mitteln), der Bundesrepublik Deutschland, dem Freistaat Thüringen sowie der Deutschen Stiftung Denkmalschutz und der Deutschen Bundesstiftung Umwelt gefördert. (Ju, Sche)

Greiz (Landkreis Greiz),
Sommerpalais und Park Greiz

Im Hinblick auf die Triennale der Staatlichen Bücher- und Kupferstichsammlung Greiz wurde im ersten Halbjahr 2006 die Sanierung des Eingangsbereichs im Erdgeschoss des Sommerpalais mit Kasse und Infoshop abgeschlossen. Während der Triennale ruhten die Arbeiten. Im Laufe der Sanierung stellte sich heraus, dass die Schäden aufgrund des extremen und im gesamten Gebäude vorhandenen Hausschwammbefalls gravierender sind als ursprünglich angenommen. Daher stand seit Oktober die Schwammsanierung der Decken über dem Erdgeschoss im Mittelpunkt. Inzwischen ist die Decke über dem Gartensaal saniert. Das erste Obergeschoss wird zum Teil wieder genutzt. Die Arbeiten im Bereich der historischen Bibliothek im Mansardgeschoss sind ebenfalls abgeschlossen. Damit stehen die Räume dem Museum wieder zur Verfügung. Im Park konnte auf der Hammerwiese durch Beseitigung von Gehölzen im ehemaligen

setzt. Aufgrund des Ausmaßes der Schäden durch echten Hausschwamm, das bei Voruntersuchungen nicht feststellbar war, konnten die Maßnahmen nicht wie geplant abgeschlossen werden. Im Westturm wurden die Arbeiten bis auf die Dacheindeckung beendet. Die schadhafte Dachhaut des Westflügels wurde repariert. Eine Sanierung der schwammgeschädigten Dachtragwerkskonstruktion muss in einer späteren Maßnahme durchgeführt werden. Die Arbeiten am Ostflügel konnten bis auf geringe Restarbeiten an der Dachdeckung abgeschlossen werden. Im westlichen Treppenhaus wurde eine Musterachse zur Festlegung der künftigen Gestaltung entsprechend der historischen Farbgebung angelegt.

Am Pagenhaus – dem östlichen Wachthaus – wurde mit den Sanierungsarbeiten begonnen und die statisch-konstruktive Sicherung abgeschlossen. Bei der aufwendigen Sanierung des stadtseitigen Nordportals, die mit Mitteln der Gothaer Kulturstiftung gefördert wird, wurden die Natursteinarbeiten abgeschlossen. Die Farbfassung soll im Frühjahr 2007 fertig sein. Am südseitigen Arkadengang im Schlosshof wurde eine Musterachse für die Sanierung der Pfeiler und Bögen begonnen. Dabei stellte sich heraus, dass die Bögen auf Pfeilern ruhen, die außen aus Massivstein errichtet wurden. Innen bestehen sie aus Füllmaterial und Hohlräumen. Zudem gründen sie auf einer schmaleren Mauer unter dem Hofniveau. Die Hohlräume wurden verfüllt, die Pfeiler vernagelt und die Fundamente verbreitert.

Im gesamten Schloss wurden Brandschutz- und Sicherungsmaßnahmen durchgeführt. Die Instandsetzung bzw. Erneuerung der Elektroinstallation und der Elektroheizung

Rosengarten der ursprüngliche Raumeindruck zurückgewonnen werden. Am historischen Gehölzbestand – namentlich an der großen Blutbuche gegenüber der Rotunde – wurden umfangreiche Sanierungsmaßnahmen durchgeführt. Ein weiteres Vorhaben ist die Neugestaltung des Parkeingangs, die auch Begleitprojekt der Bundesgartenschau 2007 in Gera und Ronneburg ist. (Hi, Sche)

Heldburg (Landkreis Hildburghausen), *Veste Heldburg*

Im Rahmen der Gesamtentwässerung wurde 2006 der Einbau einer biologischen Kläranlage abgeschlossen. Im Französischen Bau erfolgte die Notsicherung an den Stuckdecken und am Putz. Im Küchengebäude wurde die Gewölbeinstandsetzung abgeschlossen. Für die Sanierung der kleinen Wendelstiege im Französischen Bau wurde die Entwurfsplanung erstellt. Ferner erfolgten gartenarchäologische Untersuchungen im Bereich des Zwingergartens und Sicherungsmaßnahmen im Gehölzbestand. (Kra, Sche)

Henneberg (Landkreis Schmalkalden-Meiningen), *Burgruine Henneberg*

Aufgrund des knappen Haushalts konnten im Jahr 2006 in dieser Liegenschaft keine Baumaßnahmen durchgeführt werden. (Kra)

Kapellendorf (Landkreis Weimarer Land), *Wasserburg Kapellendorf*

Im Jahr 2006 wurde, neben kleineren Maßnahmen, die Messung am romanischen Gewölbe des Küchenbaus abgeschlossen. Die Schäden erwiesen sich als weniger gravierend als erwartet, daher besteht kein akuter Handlungsbedarf. (Hi)

Kloster Veßra (Landkreis Hildburghausen), *Kloster Veßra*

Im ehemaligen Refektorium erfolgte aufgrund statischer Probleme die Notsicherung eines Deckenbereichs. Ferner wurden umfangreiche Instandhaltungsmaßnahmen und statische Sicherungsarbeiten durchgeführt. Im Baumbestand waren Maßnahmen zur Verkehrssicherheit notwendig. (Kra)

Kranichfeld (Landkreis Weimarer Land), *Oberschloss Kranichfeld*

Im Jahr 2006 wurden kleinere Pflege- und Erhaltungsmaßnahmen durchgeführt. (Hi)

Lauchröden (Wartburgkreis), *Burgruine Brandenburg*

Aufgrund des knappen Haushalts konnten im Jahr 2006 in dieser Liegenschaft keine Baumaßnahmen durchgeführt werden. (Kra)

Liebenstein (Ilm-Kreis), *Burgruine Liebenstein im Ilm-Kreis*

Aufgrund des knappen Haushalts konnten im Jahr 2006 in dieser Liegenschaft keine Baumaßnahmen durchgeführt werden. (Kra)

Molsdorf (Stadt Erfurt), *Schloss Molsdorf mit Park*

Im Jahr 2006 wurde die Instandsetzung der Fenster am Schlossgebäude fortgesetzt. Im Schloss wurden Brandschutz- und Sicherheitsmaßnahmen durchgeführt. So wurden unter anderem Brandschutztüren eingebaut. (Kra, Sche)

Paulinzella (Landkreis Saalfeld-Rudolstadt), *Kloster Paulinzella mit Jagdschloss*

In Paulinzella erfolgten Pflege- und Erhaltungsmaßnahmen sowie konservatorische Sicherungsmaßnahmen am Westportal der Klosterkirche. Für das sogenannte Haus 1 wurde eine Studie zur möglichen Nutzung erstellt. (Hi)

Ranis (Saale-Orla-Kreis), *Burg Ranis*

Die Sanierung des sogenannten Palas im Nordflügel wurde im Sommer 2006 abgeschlossen. Nicht vollendete Umbauarbeiten

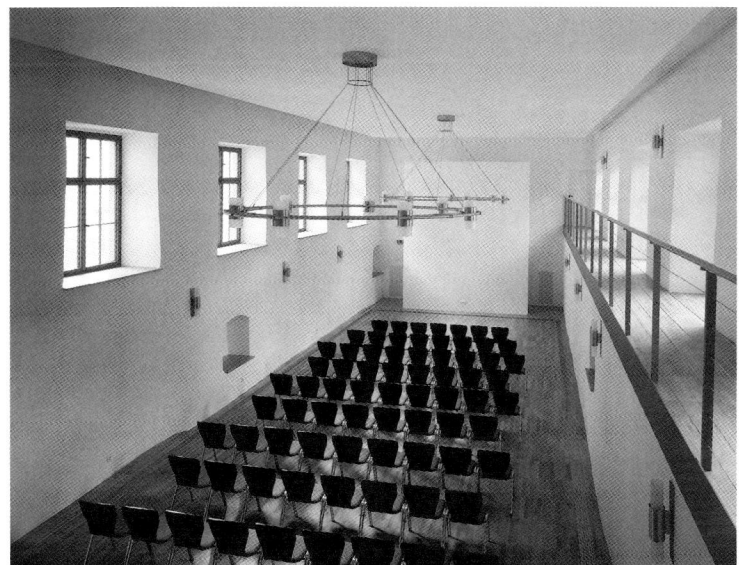

Abb. 3 Burg Ranis, so genannter Palas im Nordflügel nach der Sanierung

Ende der sechziger und in den siebziger Jahren des 20. Jahrhunderts hatten den Bau als Ruine zurückgelassen. Der Gebäudeteil steht nun für kulturelle Veranstaltungen zur Verfügung. Ebenfalls fertiggestellt wurden die neuen Ausstellungsräume für die Seismologie im Querflügel. Im Südflügel wurde die Sanierung fortgesetzt. Die Räume wird künftig die Literaturakademie für Veranstaltungen nutzen. Im östlichen Bereich des Flügels wurden umfangreiche Schwammschäden beseitigt. Begonnen wurde ferner mit der stadtseitigen Fassadensanierung. Die Farbgestaltung orientiert sich dabei an der Umbauphase in der Renaissance. Im Inneren erfolgte die Verlagerung der Hausmeister- und Technikräume in den Westflügel sowie die Installation neuer Hausanschlüsse. Auch der Aufzugschacht ist fertiggestellt. Hofseitig wurde am Südflügel das Mauerwerk trockengelegt. Im Bereich zwischen Süd- und Querflügel fanden archäologische Grabungen statt.

Die Maßnahmen wurden mit Mitteln des Freistaates Thüringen und der Europäischen Union (EFRE) gefördert. (Hi)

Rudolstadt (Landkreis Saalfeld-Rudolstadt), *Schloss Heidecksburg*

Auf Schloss Heidecksburg begann 2006 die Sanierung der stadtseitigen, annähernd 160 Meter langen Schlossfassade. Umfangreiche Schwammschäden an den Außenwänden im dritten Obergeschoss duldeten keinen Aufschub. Zusätzlich haben die Schiefstellung der Fassade, Risse und Nässe dem Putz über Jahrzehnte zu schaffen gemacht. Der Putz wurde abgenommen, zahlreiche Fenster sind zur Aufarbeitung herausgenommen worden. Mit der Instandsetzung der Außenwände, die sowohl aus Mauerwerk als auch zum Teil aus

Fachwerk bestehen, wurde begonnen. Vor dem Südflügel wurde im Rahmen der Saisoneröffnung am 9.5.2006 der sogenannte Küchenmeistergarten der Öffentlichkeit übergeben. Entsprechend der ehemaligen Bestimmung zur Versorgung der Hofküche befinden sich hier alte Spalierobstsorten, Weinstöcke und eine Vielzahl an Küchenkräutern. Der Garten wird von der Küche des Schlosscafés genutzt. Vor dem Westflügel wurde das sogenannte Teehaus instand gesetzt. Dazu wurde die Raumstruktur in den Zustand der Erbauungszeit, Ende des 19. Jahrhunderts, zurückgeführt. Für das Teehaus ist ein Info-Shop mit Imbiss vorgesehen.

Auch die Restaurierung des Blauseidenen Salons konnte abgeschlossen werden. Unterstützt wurde sie vom Rotary Club Rudolstadt. Für die künftige Dauerausstellung „Schlösser der gepriesenen Insel" des Thüringer Landesmuseums Heidecksburg wurde mit der Instandsetzung der Hofküche im Westflügel begonnen.

Die Maßnahmen wurden mit Mitteln des Freistaates Thüringen und der Europäischen Union (EFRE) gefördert. (Hi, Sche)

Sachsenburg (Kyffhäuserkreis), *Obere und Untere Sachsenburg*

Aufgrund des knappen Haushalts konnten im Jahr 2006 keine Baumaßnahmen durchgeführt werden. (Hi)

Schleusingen (Landkreis Hildburghausen), *Schloss Bertholdsburg*

Das Museumsfoyer im Ostflügel der Bertholdsburg soll neu gestaltet werden. Hierfür wurden 2006 die Entwurfsplanungen erstellt. Ferner wurden Brandschutz- und Sicherheitsmaßnahmen durchgeführt. (Kra)

Schmalkalden (Landkreis Schmalkalden-Meiningen), *Schloss Wilhelmsburg*

Die Sanierung des Ostflügels von Schloss Wilhelmsburg wurde planmäßig fortgeführt. Erhebliche statische Probleme bereitete das Hängewerk über dem Riesensaal, dessen bedeutende Renaissance-Ausstattung noch vorhanden ist. Trotz der erheblichen Schäden an den Auflagern der Konstruktion konnte die historische Holzkonstruktion erhalten werden. Der südliche Teil des Ostflügels ist inzwischen fertiggestellt. Begonnen wurde mit den Arbeiten am nördlichen Teil.

Die Sanierung im Bereich des Kapellenturms wurde ebenfalls abgeschlossen. Hier war aufgrund gravierender Nässeschäden die Standsicherheit gefährdet.

Abb. 4 Rudolstadt, Schloss Heidecksburg, Südfassade während der Sanierung

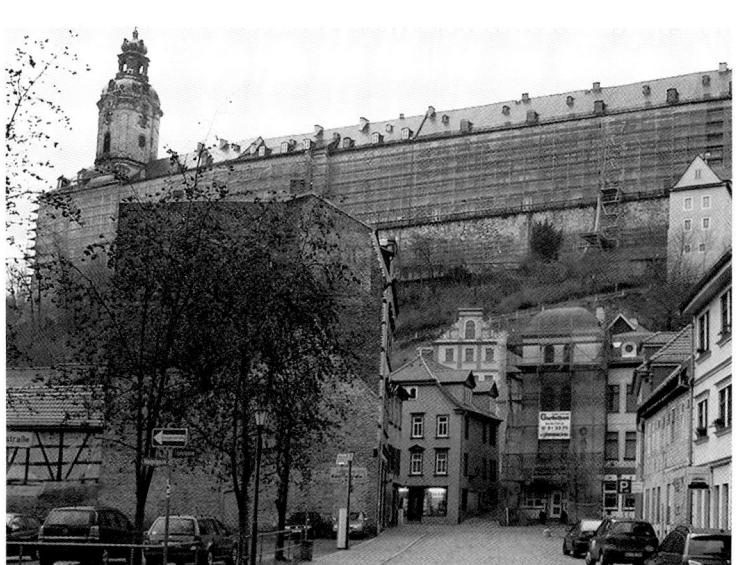

Besuchern des Schlosses steht seit dem Sommer das neue Schlosscafé im Westflügel zur Verfügung. Die beiden Gasträume mit Resten der ursprünglichen Wandfassung wurden behutsam restauratorisch behandelt. (Kra, Sche)

Schwarzburg (Landkreis Saalfeld-Rudolstadt), *Schloss Schwarzburg*

Zwischen Torhaus und Kastellangebäude wurde die Instandsetzung der Stützmauer durchgeführt. Dank einer großzügigen Spende konnte eine Behindertentoilette auf Schloss Schwarzburg eingerichtet werden. (Hi)

Sondershausen (Kyffhäuserkreis), *Schloss Sondershausen mit Park*

Mit Anbringung der rekonstruierten Fensterläden an der Westfassade konnte die Sanierung des Westflügels abgeschlossen werden. Am Alten Nordflügel wurden zur Vorbereitung der Instandsetzung Bauwerksbewegungen gemessen und einige Fenster instand gesetzt. Im Park wurden neben Sicherungsmaßnahmen im Gehölzbestand kleinere Pflegemaßnahmen durchgeführt. (Ju, Sche)

Wandersleben (Landkreis Gotha), *Burgruine Gleichen*

Im Jahr 2006 wurden auf Burg Gleichen kleine Reparaturen durchgeführt. (Kra)

Weimar, Großherzogliches Museumsgebäude

Am Großherzoglichen Museumsgebäude wurden Erhaltungsmaßnahmen vorgenommen. Ferner wurden im Sockelgeschoss sogenannte Opferputze, die 1997 für die Sanierung des versalzten Mauerwerks aufgebracht worden waren, entfernt und durch neue Sanierputze ersetzt. (Ju)

Weimar, Residenzschloss Weimar

Eine Herausforderung stellte die Restaurierung des Gentz'schen Treppenhauses im Ostflügel des Residenzschlosses dar, die 2006 abgeschlossen wurde. Als vermittelnder Raum zwischen außen und innen wurde hier die Farbgebung der Fassade aufgenommen und im Inneren als glänzender Marmorino ausgeführt. Mit der jüngsten Restaurierung wurde behutsam wieder der Raumeindruck der Erbauungszeit hergestellt.
Im Westflügel konnte außerdem die Restaurierung des Bilderzyklus und der Decke im Herderzimmer abgeschlossen werden. Das

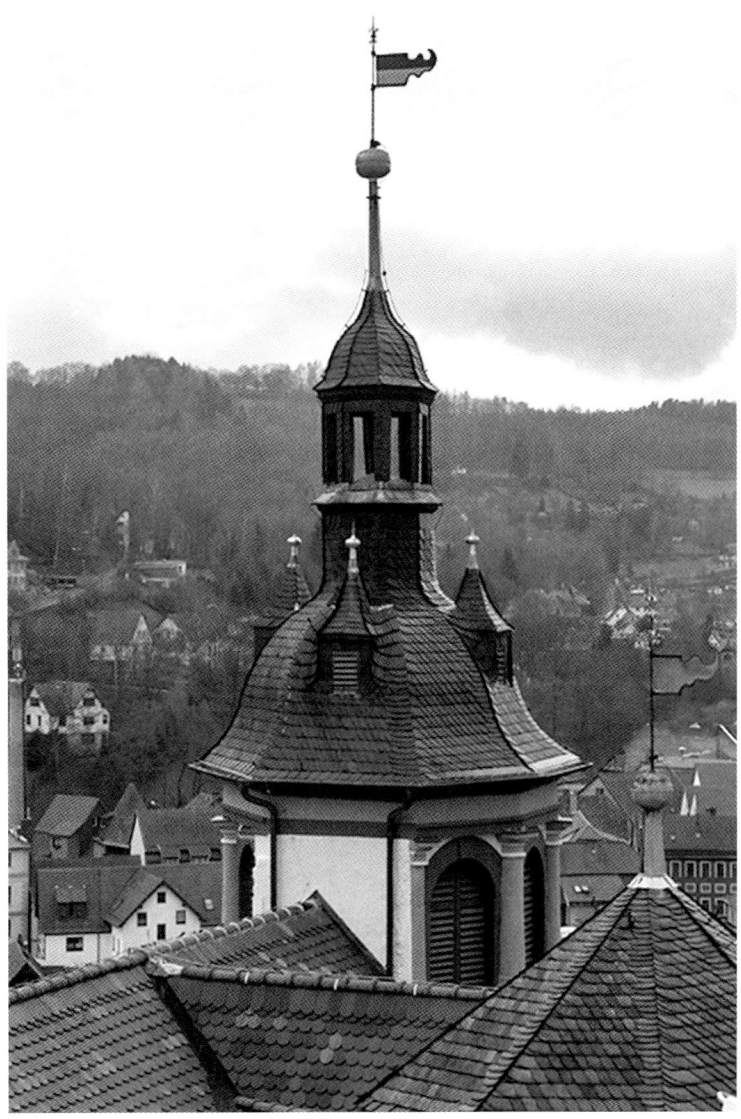

Herderzimmer gehört zum Raumensemble der Dichterzimmer, die Maria Pawlowna einrichten ließ. (Ju)

Abb. 5 Schmalkalden, Schloss Wilhelmsburg, sanierter Kapellenturm des Ostflügels

Weißensee (Landkreis Sömmerda), *Burg Weißensee (Runneburg)*

2006 wurden Voruntersuchungen und Planungen für die Sanierung des Turms durchgeführt. Ferner erfolgten Sicherheitsmaßnahmen am Palas und an den Dächern der Burg. Für die archäologischen Grabungsflächen wurde ein Freianlagenkonzept entwickelt. (Hi)

Wünschendorf (Landkreis Greiz), *Kloster Mildenfurth*

Neben kleineren Unterhaltsmaßnahmen wurden die Planungen zur Bestandssanierung des Langhauses abgeschlossen. (Hi)

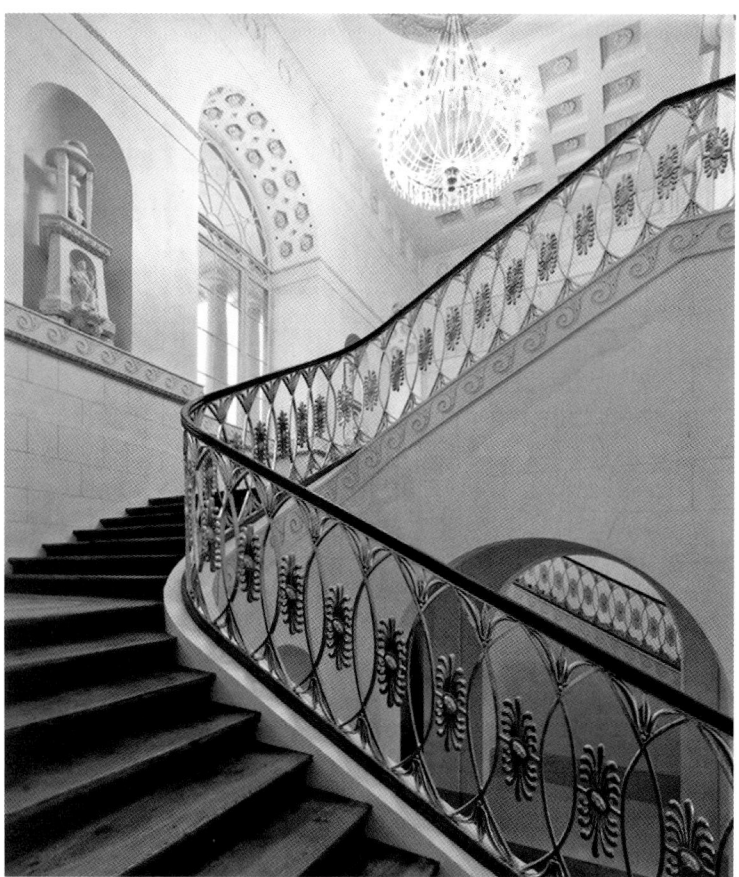

Abb. 6 Weimar, Residenzschloss, Gentz`-sches Treppenhaus nach der Sanierung

6. Veröffentlichungen, Vorträge, Führungen, Öffentlichkeitsarbeit, Lehrveranstaltungen

Dr. Helmut-Eberhard Paulus

Veröffentlichungen

Vorwort, in: Kloster Paulinzella und die Hirsauer Reform (Jahrbuch der Stiftung Thüringer Schlösser und Gärten, Bd. 9, 2005), Regensburg 2006, S. 7–10

Kloster Paulinzella und die Hirsauer Reform. Einführung zum Herbstsymposion der Stiftung Thüringer Schlösser und Gärten vom 21. bis 22. Oktober 2005 in Saalfeld, in: Kloster Paulinzella und die Hirsauer Reform (Jahrbuch der Stiftung Thüringer Schlösser und Gärten, Bd. 9, 2005), Regensburg 2006, S. 11–13

Zur Denkmalpflege in Paulinzella, in: Kloster Paulinzella und die Hirsauer Reform (Jahrbuch der Stiftung Thüringer Schlösser und Gärten, Bd. 9, 2005), Regensburg 2006, S. 90–97

Restaurierung klimatisch geschädigter Denkmale. Einführung in die Valentinstagung der Stiftung Thüringer Schlösser und Gärten am 11. Februar 2005 auf Schloss Heidecksburg in Rudolstadt, in: Kloster Paulinzella und die Hirsauer Reform (Jahrbuch der Stiftung Thüringer Schlösser und

Gärten, Bd. 9, 2005), Regensburg 2006, S. 177–178

Gartenkultur und Geisteswelt. Gärten als Träger landeshistorischer Identität, in: Heimat Thüringen, Jg. 13, 2006, H. 2/3, S. 15–17

Vorwort des Herausgebers, in: Schloss Friedenstein in Gotha mit Park. Amtlicher Führer der Stiftung Thüringer Schlösser und Gärten, bearb. von Heiko Laß, Catrin Lorenz-Seidel und Bernd Schäfer, München/Berlin 2006, S. 5

Aufgaben und Ziele in Schloss Friedenstein mit Park, in: Schloss Friedenstein in Gotha mit Park. Amtlicher Führer der Stiftung Thüringer Schlösser und Gärten, bearb. von Heiko Laß, Catrin Lorenz-Seidel und Bernd Schäfer, München/Berlin 2006, S. 34–36

Vorträge

Vortrag zum Thema „Denkmal – regional – national – europäisch. Zum Prädikat der besonderen nationalen Bedeutung und vergleichbaren Begriffen" anlässlich des gemeinsamen Kolloquiums „National bedeutsam" des Thüringischen Landesamts für Denkmalpflege und Archäologie und der Stiftung Thüringer Schlösser und Gärten am 24.1.2006 in Erfurt

Vortrag zum Thema „Herzog Friedrich III. und die Orangerie von Schloss Friedenstein" im Rahmen der Reihe „Gothaer Schlossgespräche" am 9.3.2006 auf Schloss Friedenstein in Gotha

Festvortrag zum Thema „Schloss und Park Friedenstein als Teil des Gesamtkunstwerks ‚Residenz Gotha'" anlässlich des Ernestiner-Treffens ehemaliger Schüler des Gymnasium Ernestinum zu Gotha am 13.5.2006 in Gotha

Vortrag zum Thema „Orangeriekultur zwischen Gardasee, Wien und Gotha" im Rahmen der Veranstaltung „Italienischer Sommer in Gotha" am 6.6.2006 im Museum der Natur, Gotha

Vortrag zum Thema „Der Rudolstädter Horentempel" vor den Mitgliedern des Rotary Club Rudolstadt am 28.8.2006 in Rudolstadt

Begrüßung und Einführung zum Herbstsymposion 2006 der Stiftung Thüringer Schlösser und Gärten mit dem Thema „Burgen in Thüringen – Geschichte, Archäologie und Burgenforschung" am 20.10.2006 im Residenzschloss Weimar

Laudatio anlässlich des 75. Geburtstages von Günther Thimm im Rahmen der „Molsdorfer Schlossgespräche" am 24.10.2006 in Schloss Molsdorf

Grußwort zur Verleihung des Deutschen Preises für Denkmalschutz 2006, Festakt des Präsidiums des Deutschen Nationalkomitees für Denkmalschutz am 13.11. 2006 im Residenzschloss Weimar

Festansprache mit dem Thema „Schillers Nation ist die Sprache" anlässlich der Schillerehrung der Regelschule „Friedrich Schiller" am 17.11.2006 in Rudolstadt

Öffentlichkeitsarbeit

Gemeinsames Kolloquium des Thüringischen Landesamts für Denkmalpflege und Archäologie und der Stiftung Thüringer Schlösser und Gärten mit dem Thema „National bedeutsam" am 24.1.2006 in Erfurt

Präsentation des Schlösserportals Thüringen im Residenzschloss Weimar und des Projekts „Schatzkammer Thüringen" vor dem Arbeitskreis für Wissenschaft, Forschung und Kunst der CDU-Fraktion des Thüringer Landtags am 1.2.2006 auf Schloss Heidecksburg in Rudolstadt

Begrüßungsansprache anlässlich des Jahresempfangs der Stiftung Thüringer Schlösser und Gärten am 10.2.2006 auf Schloss Heidecksburg in Rudolstadt

Teilnahme an der Jahreshauptversammlung der Gesellschaft für Thüringer Schlösser und Gärten e.V. am 10.2.2006 auf Schloss Heidecksburg in Rudolstadt

Teilnahme an der Gedenkfeier der Familie von Habsburg zur Wiederbelebung der Gruftanlage der Schlosskapelle Veste Heldburg am 22.2.2006 in Heldburg

Pressegespräch der Stiftung Thüringer Schlösser und Gärten anlässlich der Präsentation des neuen Kulturtourismus-Projekts „Schatzkammer Thüringen" am 23.2.2006 im Residenzschloss Weimar

Teilnahme an der Sitzung der Arbeitsgruppe „Öffentlichkeitsarbeit" des Deutschen Nationalkomitees für Denkmalschutz am 1.3.2006 in Berlin

Begrüßung der Delegation des Landeskonservators der Steiermark/Österreich am 3.3.2006 in Schloss Sondershausen

Teilnahme an der Jahreshauptversammlung des Fördervereins Schloss Schwarzburg e.V. am 3.3.2006 in Schwarzburg

Teilnahme am Saale-Schwarza-Gespräch der Konrad-Adenauer Stiftung, Erfurt, am 21.3.2006 in Rudolstadt

Teilnahme an der Ausstellungseröffnung „Bayerns Krone 1806" am 29.3.2006 in der Residenz München

Teilnahme an der Pressekonferenz der Bürgerinitiative für ein Geschichtsmuseum in der Peterskirche am 7.4.2006 auf dem Petersberg in Erfurt

Teilnahme an der Ausstellungseröffnung „Heinrich Cotta" des Thüringer Landesmuseums Heidecksburg am 7.4.2006 auf Schloss Heidecksburg in Rudolstadt

Pressegespräch der Stiftung Thüringer Schlösser und Gärten anlässlich der Vorstellung des ersten Entwurfs des Masterplans für Schloss Friedenstein in Gotha am 18.4.2006 auf Schloss Friedenstein in Gotha

Pressegespräch zur Saisoneröffnung 2006 der Stiftung Thüringer Schlösser und Gärten am 9.5.2006 auf Schloss Heidecksburg in Rudolstadt

Begrüßungsansprache zur Saisoneröffnung 2006 der Stiftung Thüringer Schlösser und Gärten am 9.5.2006 auf Schloss Heidecksburg in Rudolstadt

Teilnahme an der Eröffnungsveranstaltung „Italienischer Sommer in Gotha" der Stiftung Schloss Friedenstein am 20.5.2006 auf Schloss Friedenstein in Gotha

Teilnahme an der Jahreshauptversammlung des Fördervereins Veste Heldburg e.V. am 20.5.2006 in Heldburg

Pressegespräch der Stiftung Thüringer Schlösser und Gärten anlässlich der Übergabe des neu sanierten südlichen Kavaliershauses von Schloss Altenstein am 23.5.2006 auf dem Altenstein

Teilnahme an der Eröffnungsveranstaltung der Stadt Ranis anlässlich des 625. Stadtjubiläums am 24.5.2006 in Ranis

Pressegespräch der Stiftung Thüringer Schlösser und Gärten anlässlich der Präsentation des Blauseidenen Salons am 29.5.2006 auf Schloss Heidecksburg in Rudolstadt

Teilnahme an der Beiratssitzung der Messe „denkmal 2006" am 1.6.2006 in Leipzig

Teilnahme an der Jahrestagung der Vereinigung der Denkmalpfleger vom 7.–9.6.2006 in Saarbrücken

Teilnahme am Tag der offenen Tür des Thüringer Landtags am 10.6.2006 in Erfurt

Bürgergespräch der Stiftung Thüringer Schlösser und Gärten über Kloster Mildenfurth am 12.6.2006 in Mildenfurth

Halbjahrespressegespräch der Stiftung Thüringer Schlösser und Gärten anlässlich der Präsentation des sanierten Palas von Burg Ranis und Rückblick auf die baulichen Schwerpunkte im ersten Halbjahr am 15.6.2006 in Ranis

Teilnahme an der Eröffnung der Literatur- und Autorentage des Vereins Lese-Zeichen e.V. am 15.6.2006 auf Burg Ranis

Teilnahme an der Jahreshauptversammlung des Freundeskreises Heidecksburg e.V. am 17.6.2006 auf Schloss Heidecksburg in Rudolstadt

Teilnahme am Round-Table-Gespräch im Thüringer Kultusministerium anlässlich der Informationsreise des Programmrats des Internationalen Kulturzentrums Krakau am 23.6.2006 in Erfurt

Round-Table-Gespräch mit dem Behindertenverband am 26.6.2006 auf Schloss Heidecksburg in Rudolstadt

Teilnahme an der festlichen Stadtratssitzung zur Amtseinführung des neuen Bürgermeisters der Stadt Rudolstadt am 5.7.2006 in Rudolstadt

Teilnahme an der Eröffnungsveranstaltung des Rudolstädter Tanz- und Folkfestes am 7.7.2006 in Rudolstadt

Sitzung der Fachgruppe „Direktoren" der Arbeitsgemeinschaft Deutscher Schlösserverwaltungen am 12.7.2006 in Bruchsal

Teilnahme am Festakt anlässlich des 175. Jahrestages der Thronbesteigung Leopolds I. am 21.7.2006 auf Schloss Callenberg in Coburg

Teilnahme an der Pressekonferenz zum Abschluss der Schlossfestspiele Sondershausen am 27.7.2006 in Sondershausen

Begrüßungsansprache anlässlich des Schlossfestes der Stiftung Thüringer Schlösser und Gärten am 5.8.2006 auf Schloss Heidecksburg in Rudolstadt

Teilnahme am Molsdorfer Schlossgespräch am 22.8.2006 in Schloss Molsdorf

Teilnahme an der Jahrestagung des Arbeitskreises „Orangerien in Deutschland" vom 7.–9.9.2006 in Veitshöchheim

Begrüßungsansprache zur Auftaktveranstaltung der Stiftung Thüringer Schlösser und Gärten zum Tag des offenen Denkmals am 9.9.2006 auf Schloss Heidecksburg in Rudolstadt

Begrüßung der Teilnehmer des Benefizkonzerts des Fördervereins Burg Ranis e.V. anlässlich des Tags des offenen Denkmals am 9.9.2006 auf Burg Ranis

Begrüßungsansprache zum Benefizkonzert „Erbe der Heimat" des Rotary Club Rudolstadt am Tag des offenen Denkmals am 10.9.2006 auf Schloss Heidecksburg in Rudolstadt

Teilnahme an der Regionalkonferenz zu Wirtschaft und Tourismus am 11.9.2006 in Bad Colberg-Heldburg

Fernsehinterview zur MDR-Sendung „Thüringen Exklusiv" am 13.9.2006 in Erfurt

Teilnahme an der Jahrestagung der Arbeitsgemeinschaft Deutscher Schlösserverwaltungen vom 14.–16.9.2006 in Schwerin

Teilnahme am Molsdorfer Schlossgespräch am 19.9.2006 in Schloss Molsdorf

Pressegespräch anlässlich der Gesamtsanierung des Sommerpalais Greiz am 21.9.2006 in Greiz

Parlamentarischer Abend der Denkmalpflege am 28.9.2006 im Thüringer Landtag in Erfurt

„Festspiel der Deutschen Sprache", gemeinsame Veranstaltung mit der Gesellschaft für Thüringer Schlösser und Gärten e.V. und dem MDR am 19.10.2006 auf Schloss Heidecksburg in Rudolstadt

Pressegespräch zum Herbstsymposion der Stiftung Thüringer Schlösser und Gärten mit dem Thema „Burgen in Thüringen – Geschichte, Archäologie und Burgenforschung" am 20.10.2006 im Residenzschloss Weimar

Teilnahme an der Einweihung des restaurierten Deckengemäldes von Giovanni Battista Tiepolo im Treppenhaus der Residenz am 23.10.2006 in Würzburg

Teilnahme an den Jurysitzungen und der Verleihung der Goldmedaillen für herausragende Leistungen in der Denkmalpflege in Europa anlässlich der Messe „denkmal 2006" vom 25.–27.10.2006 in Leipzig

Teilnahme an der ICOMOS-Tagung „Kulturerbe und Naturkatastrophen" am 27.10.2006 in Leipzig

Teilnahme an der Jahreshauptversammlung des Fördervereins Burg Ranis e.V. am 4.11.2006 in Ranis

Teilnahme an der Tagung des Abbé-Instituts der Ernst-Abbé-Stiftung zum Thema „Wissenschaftliche Tätigkeit der öffentlich-rechtlichen Stiftungen" am 8.11.2006 in Jena

Teilnahme an der Veranstaltung „Diner Amical" am 9.11.2006 im Hotel Russischer Hof in Weimar

Pressegespräch zur künftigen Sanierung des Palasturmes auf der Burg Weißensee (Runneburg) am 16.11.2006 in Weißensee

Teilnahme an der Jahreshauptversammlung des Freundeskreises Heidecksburg e.V. am 18.11.2006 auf Schloss Heidecksburg in Rudolstadt

Teilnahme am Regensburger Herbstsymposion für Kunst, Geschichte und Denkmalpflege vom 24.–26.11.2006 in Regensburg

Teilnahme an der Festveranstaltung „UNESCO-Welterbe Altstadt Regensburg" am 30.11.2006 in Regensburg

Teilnahme an der Sachverständigenrunde der Deutschen Zentrale für Tourismus am 1.12.2006 in Frankfurt/M.

Teilnahme an der Verleihung des Thüringer Kulturpreises am 4.12.2006 in Erfurt

Jahresschlusspressegespräch der Stiftung Thüringer Schlösser und Gärten am 5.12.2006 auf Schloss Friedenstein in Gotha

Teilnahme an der Pressekonferenz der Stadt Greiz anlässlich des Beginns der Baumaßnahmen im Rahmen des BUGA-Begleitprojekts „Neugestaltung des Eingangs zum Greizer Park" am 11.12.2006 in Greiz

Teilnahme an der Mitgliederversammlung des Fördervereins Schloss Schwarzburg e.V. am 15.12.2006 in Schwarzburg

Führungen

Führung der Exkursionsteilnehmer der Jahrestagung des Deutschen Nationalkomitees für Denkmalschutz am 14.11.2006 im Alten Schloss Dornburg

Führung durch die Orangerie von Schloss Friedenstein für den Arbeitskreis „Geschäftsführer Thüringer Energieversorger" am 7.12.2006 in Gotha

Lehrveranstaltungen

Lehrauftrag im Sommersemester 2006 zum Thema „Denkmalpflege – von der Inventarisation zur Instandsetzung. Übungen vor Originalen mit Exkursionen" an der Julius-Maximilians-Universität Würzburg

Dr. Susanne Rott

Öffentlichkeitsarbeit

Präsentation des Projekts „Schatzkammer Thüringen" vor dem Arbeitskreis für Wissenschaft, Forschung und Kunst der CDU-Fraktion des Thüringer Landtags am 1.2.2006 auf Schloss Heidecksburg in Rudolstadt

Interview mit dem MDR im Rahmen der Sendung „Ein Schloss wird gewinnen" am 7.5. und 8.5.2006 in Gotha

Grußwort im Rahmen der Preisverleihung der Stiftung zur Förderung traditioneller Bauhandwerkskunst an den Restaurator Manfred Siller am 13.7.2006 im Residenzschloss Weimar

Grußwort im Rahmen der Vernissage „Herold und Hirsauer Gefäße" von Timm Kregel anlässlich des Jubiläumsjahres „1 000 Jahre Kloster Göllingen" am 14.7. 2006 in der Klosterruine Göllingen

Thomas Kramer

Vorträge

Vortrag zum Thema „Wirtschaftliche Betätigung der Stiftung zur Sicherung des Kernbereichs des Stiftungsauftrages – ein Modell" anlässlich der Tagung „Wirtschaftliche Betätigung von öffentlich-

rechtlichen Stiftungen" des Abbé-Instituts für Stiftungswesen am 8.11.2006 in Jena

Öffentlichkeitsarbeit

Begrüßung der polnischen Delegation „The cultural space of Lower Silesia, Saxony and Thuringia" am 25.6.2006 auf Schloss Friedenstein in Gotha

Begrüßung und Teilnahme an der Ad-hoc-Sitzung des Unterausschusses „Denkmalpflege" der Kultusministerkonferenz am 5.10.2006 auf Schloss Friedenstein in Gotha

Dipl.-Ing. Arch. Johann Philipp Jung

Vorträge

Vortrag zu den Baumaßnahmen der Stiftung auf Schloss Friedenstein in Gotha im Rahmen der „Gothaer Schlossgespräche" am 12.1.2006 in Gotha

Vortrag zur Restaurierungsmaßnahme im Gentz'schen Treppenhaus des Residenzschlosses in Weimar für den Förderkreis für Bauwerkserhaltung am 17.5.2006 in Weimar

Führungen

Führung zur Restaurierungsmaßnahme im Gentz'schen Treppenhaus des Residenzschlosses in Weimar für den Förderkreis für Bauwerkserhaltung am 17.5.2006 in Weimar

Führung zur Sanierungsmaßnahme „Dach und Fassade" am Residenzschloss Weimar anlässlich der Eröffnungsveranstaltung des Tags des offenen Denkmals am 9.9.2006 in Weimar

Führung zur Sanierung des Dachtragwerks des Westturms von Schloss Friedenstein für die Vertreter der Kultusministerkonferenz am 5.10.2006 in Gotha

Führung zur Restaurierung des Gentz'schen Treppenhauses im Residenzschloss Weimar im Rahmen des Herbstsymposions der Stiftung am 20.10.2006 in Weimar

Führung zur Restaurierung des Gentz'schen Treppenhauses im Residenzschloss Weimar im Rahmen der Tagung des Deutschen Nationalkomitees für Denkmalschutz am 13.11.2006 in Weimar

Führung zu den Baumaßnahmen im Rahmen des Jahresabschlusspressegesprächs der Stiftung am 5.12.2006 auf Schloss Friedenstein in Gotha

Öffentlichkeitsarbeit

Interview mit MDR 1 Radio Thüringen im Rahmen der „Gothaer Schlossgespräche" am 12.1.2006 in Gotha

Moderation des Vortrags von Prof. Hermann Wirth im Rahmen der „Weimarer Schlossgespräche" am 24.1.2006 im Residenzschloss in Weimar

Vertretung der Stiftung bei der Jubiläumsveranstaltung „15 Jahre Stadtsanierung in Sondershausen" am 27.4.2006 in Sondershausen

Begrüßung der polnischen Delegation „The cultural space of Lower Silesia, Saxony and Thuringia" am 24.6.2006 auf Schloss Heidecksburg und Burg Ranis

Interview mit dem Deutschlandfunk zu den Baumaßnahmen der Stiftung auf Schloss Friedenstein am 7.9.2006 auf Schloss Friedenstein in Gotha

Dipl.-Ing. Erika Kramer

Öffentlichkeitsarbeit

Erläuterungen zur Sanierung des südlichen Kavaliershauses von Schloss Altenstein im Rahmen des Pressegesprächs am 23.5.2006 auf Schloss Altenstein

Erläuterungen zu den Baumaßnahmen an der neuen Cafeteria auf Schloss Wilhelmsburg im Rahmen des Pressegesprächs am 25.7.2006 in Schmalkalden

Dipl.-Ing. Petra Hinreiner

Führungen

Führung zu den Sanierungsmaßnahmen am Kloster Mildenfurth für die Vertreter der Unteren Denkmalfachbehörde des Landkreises Gera am 5.3.2006 in Wünschendorf

Führung zum Thema „Reithalle und Säulensäle von Schloss Heidecksburg. Pferd – Fest – Fürst" im Rahmen der Saisoneröffnung am 9.5.2006 auf Schloss Heidecksburg in Rudolstadt

Führung zu den Sanierungsmaßnahmen am Kloster Mildenfurth für die Vertreter des Denkmalbeirats des Landkreises Greiz am 4.7.2006 in Wünschendorf

Führung zur Sanierung des Alten Schlosses Dornburg für die Vertreter des Deutschen Nationalkomitees für Denkmalschutz am 14.11.2006 in Dornburg

Öffentlichkeitsarbeit

Erläuterungen zu den Baumaßnahmen im Sommerpalais Greiz für die Vertreter der örtlichen Presse am 27.1.2006 in Greiz

Pressegespräch zur Sanierung des Sommerpalais Greiz mit Erläuterungen zu den Baumaßnahmen im Rahmen des Pressetermins am 21.9.2006 in Greiz

Vorstellung des Konzepts der neuen Dauerausstellung „Die Schlösser der gepriesenen Insel" in der Hofküche von Schloss Heidecksburg und Erläuterung der Instandsetzungsmaßnahmen am 12.10.2006 auf Schloss Heidecksburg in Rudolstadt

Erläuterung der Schäden und des Sanierungskonzepts für den Turm von Burg Weißensee (Runneburg) am 16.11.2006 in Weißensee

Dipl.-Ing. Jens Scheffler

Veröffentlichungen

Alleen in Sachsen – ein Beitrag zur Geschichte und aktuellen Situation, in: Ingo Lehmann und Michael Rohde, Alleen in Deutschland, Leipzig 2006, S. 148–153

Die Neugestaltung des Eingangs zum Greizer Park, in: BUGA – ein Blick, Nr. 7, 2006, S. 9

Vorträge

Vortrag zum Thema „Alleen in Sachsen" anlässlich der Fachtagung „Alleen in Deutschland – Bedeutung, Pflege und Entwicklung" am 17.11.2006 in Osnabrück

Vortrag zum Thema „Schlosspark Gotha – denkmalpflegerische Ziele und aktuelle Maßnahmen" im Rahmen der „Gothaer Schlossgespräche" am 14.12.2006 in Gotha

Führungen

Führung zur Wiederherstellung des Küchenmeistergartens von Schloss Heidecksburg anlässlich der Saisoneröffnung am 9.5.2006 auf Schloss Heidecksburg in Rudolstadt

Führung zu den Gartenterrassen von Schloss Heidecksburg im Rahmen des Tags des offenen Denkmals am 10.9.2006 auf Schloss Heidecksburg in Rudolstadt

Öffentlichkeitsarbeit

Interview zur Geschichte und Gestaltung des Küchenmeistergartens von Schloss Heidecksburg in Rudolstadt anlässlich der Saisoneröffnung mit dem MDR 1 Radio Thüringen am 8.5.2006 und dem MDR-Fernsehen am 9.5.2006.

Interview mit dem Deutschlandfunk zur Geschichte und Zielstellung der Orangerie in Gotha am 7.9.2006 in Gotha

Dr. Heiko Laß

Veröffentlichungen

Jagd- und Lustschlösser. Kunst und Kultur zweier landesherrlicher Bauaufgaben – dargestellt an thüringischen Bauten des 17. und 18. Jahrhunderts, Petersberg 2006

Die Etablierung der Residenzen in Dresden und Coburg 1540–1630. Überlegung zur Struktur früher Residenzstädte im Alten Reich, in: Werner Paravinici und Jörg Wettlaufer (Hg.), Der Hof und die Stadt. Konfrontation, Koexistenz und Integration im Verhältnis von Hof und Stadt in Spätmittelalter und Früher Neuzeit (Residenzenforschung, 20), Ostfildern 2006, S. 155–173

Die barocken Gartenanlagen von Schloss Friedenstein – ein Höhepunkt der Gartenkunst in Thüringen. Günther Thimm zum 75. Geburtstag, in: Kloster Paulinzella und die Hirsauer Reform (Jahrbuch der Stiftung Thüringer Schlösser und Gärten, Bd. 9, 2005), Regensburg 2006, S. 164–176

Ein bislang nicht erkannter Entwurf für den Marmorsaal im Residenzschloss Weimar aus der Zeit Herzog Ernst Augusts I., in: Kloster Paulinzella und die Hirsauer Reform (Jahrbuch der Stiftung Thüringer Schlösser und Gärten, Bd. 9, 2005), Regensburg 2006, S. 197–199

Schloss Friedenstein in Gotha mit Park. Amtlicher Führer der Stiftung Thüringer Schlösser und Gärten, gemeinsam bearb. mit Catrin Lorenz-Seidel und Bernd Schäfer, München/Berlin 2006

(...) wurfen hin in steine / grôze und niht kleine (...). Belagerungen und Belagerungsanlagen im Mittelalter (Beihefte zur Mediaevistik, 7), Frankfurt/M. u. a. 2006 (hg. gemeinsam mit Olaf Wagener)

Rezension zu: Renate Bönings-Weis u. a. (Red.), Der Hirsvogelsaal in Nürnberg. Geschichte und Wiederherstellung (Arbeitshefte des Bayerischen Landesamtes für Denkmalpflege, 113), München 2004, in: Die Denkmalpflege, 63/2, S. 193–195

Rezension zu: Suzanne Bäumler, Evamaria Brockhoff und Michael Henker (Hg.), Von Kaisers Gnaden. 500 Jahre Pfalz-Neuburg, Katalog zur Bayerischen Landesausstellung 2005 (Veröffentlichungen zur Bayerischen Geschichte und Kultur, 50), Augsburg 2005, in: Burgen und Schlösser, 2, 2006, S. 119f.

Vorträge

Vortrag zum Thema „Herzog Friedrich II. und die Gärten des Barock von Schloss Friedenstein" im Rahmen der „Gothaer Schlossgespräche" am 9.2.2006 in Gotha

Vortrag zum Thema „Fürstliche Baulust unter den ersten Sachsen-Meininger Regenten" im Rahmen der Soireen in Meiningen am 15.3.2006 in Meiningen

Vortrag zum Thema „Städtische Burgen des späten Mittelalters in Deutschland" bei der Tagung der Wartburg-Gesellschaft „Burg und Stadt" am 4.5.2006 in Marburg

Vortrag zum Thema „Karden, Lehmen, Senheim – Wohntürme an der Mosel" bei der Tagung „Burg an der Mosel" am 29.9.2006 in Oberfell

Vortrag zum Thema „Die landesherrlichen Appartements im Celler Residenzschloss und der zeremonielle Wandel im Alten Reich in der zweiten Hälfte des 17. Jahrhunderts" im Rahmen der Tagung des Rudolstädter Arbeitskreises zur Residenzkultur „Celle und die Residenzen im Heiligen Römischen Reich Deutscher Nation. Hof und Medien im Spannungsfeld von dynastischer Tradition und politischer Innovation zwischen 1648 und 1714" am 7.10.2006 in Celle

Vortrag zum Thema „Die Umgestaltungen der Herzöge von Sachsen-Coburg und Gotha im Friedenstein" im Rahmen der „Gothaer Schlossgespräche" am 12.10. 2006 in Gotha

Führungen

Führung durch die Staatsgemächer in Schloss Friedenstein anlässlich der „Gothaer Schlossgespräche" am 12.10.2006 auf Schloss Friedenstein in Gotha

Öffentlichkeitsarbeit

Präsentation der Stiftung Thüringer Schlösser und Gärten im Rahmen des Tags der offenen Tür im Thüringer Landtag am 10.6.2007 in Erfurt

Präsentation der Stiftung Thüringer Schlösser und Gärten anlässlich des „Festspiels der Deutschen Sprache" am 19.10.2007 in Rudolstadt

Begrüßung der Gäste im Rahmen der „Gothaer Schlossgespräche" und Vortrag am 9.11.2006 in Gotha

Herbstsymposion der Stiftung Thüringer Schlösser und Gärten
Burgen in Thüringen – Geschichte, Archäologie
und Burgenforschung

Residenzschloss Weimar
20.– 21.10.2006
in Zusammenarbeit mit dem Thüringischen Landesamt für Denkmalpflege und Archäologie,
Weimar

Veranstalter:
Stiftung Thüringer Schlösser und Gärten
Postfach 10 01 42
07391 Rudolstadt
Telefon 0 36 72/4 47-0
Fax   0 36 72/4 47-1 19

**Thüringisches Landesamt für Denkmalpflege
und Archäologie, Abteilung Archäologie**
Humboldtstraße 11
99423 Weimar
Telefon 0 36 43/8 18-3 10

Programm:

Freitag, 20.10.2006

Vorträge
Residenzschloss Weimar, Festsaal

10.00 Uhr Begrüßung durch den Direktor der Stiftung Thüringer Schlösser und Gärten Dr. Helmut-Eberhard Paulus

10.15 Uhr Grußwort des Landeskonservators des Thüringischen Landesamts für Denkmalpflege und Archäologie Dr. Stefan Winghart

10.45 Uhr Prof. Dr. Karl Heinemeyer (Universität Erfurt) *Burgen als Forschungsfeld der Landesgeschichte*

11.15 Uhr Dr. Peter Sachenbacher (Thüringisches Landesamt für Denkmalpflege und Archäologie) *Zur Rolle der Burgen im Prozess des mittelalterlichen Landesausbaus in der Germania slavica in Thüringen*

11.45 Uhr Diskussion

12.00 Uhr Mittagspause

13.00 Uhr Dr. Ines Spazier (Thüringisches Landesamt für Denkmalpflege und Archäologie) *Entstehung und Entwicklung der Henneburg aus archäologischer Sicht*

13.30 Uhr Thomas Queck (Thüringisches Landesamt für Denkmalpflege und Archäologie) *Die archäologischen Ausgrabungen auf Burg Ranis von 2002 bis 2004*

14.00 Uhr Kaffeepause

14.20 Uhr Dr. Thomas Grasselt (Thüringisches Landesamt für Denkmalpflege und Archäologie) *Archäologische Forschungen im Weimarer Schloss und seiner Umgebung*

14.50 Uhr Udo Hopf (Gotha) *Burg Gleichen bei Wandersleben – zur Baugeschichte der namhaften Grafenburg*

15.20 Uhr Diskussion und Kaffeepause

15.40 Uhr Dr. Gerd Strickhausen (Lahntal-Caldern) *Die Burgen Günthers XXI. von Schwarzburg*

16.10 Uhr Prof. Dr. Peter Ettel (Friedrich-Schiller-Universität Jena) *Frühmittelalterlicher Burgenbau in Nordbayern und Südthüringen vom 7. bis zum 11. Jahrhundert*

16.40 Uhr Dirk Höhne M.A. (Martin-Luther-Universität Halle-Wittenberg) *Die Wasserversorgung mittelalterlicher Burgen in Thüringen*

17.10 Uhr Diskussion mit anschließender Teepause

19.00 Uhr Festvortrag Prof. Dr. Dr. Hermann Wirth (Weimar) *Die Entdeckung der Burg*

Anschließend Abendempfang der Stiftung Thüringer Schlösser und Gärten (Residenzschloss, Gentz'sches Treppenhaus)

Samstag, 21.10.2006

Exkursion durch Mittelthüringen

8.30 Uhr Weimar
Abfahrt nach Liebstedt

9.15 Uhr Führung durch die Ordensburg Liebstedt

10.00 Uhr Abfahrt nach Kapellendorf

10.30 Uhr Wasserburg Kapellendorf
Führung und Vorstellung der neuen Ausstellungskonzeption

11.15 Uhr Abfahrt nach Mellingen

11.45 Uhr Führung zu den Ausgrabungen in der Burg Mellingen

12.30 Uhr Abfahrt nach München

13.00 Uhr Mittagessen im Rittergut München

14.30 Uhr Abfahrt nach Kranichfeld

15.00 Uhr Führung im Oberschloss Kranichfeld

16.15 Uhr Rückfahrt nach Weimar

16.45 Uhr Ankunft in Weimar

Schlussbericht:

Die Veranstaltung wurde programmgemäß durchgeführt. Die Vorträge von Dr. Helmut-Eberhard Paulus, Dr. Peter Sachenbacher, Dr. Ines Spazier, Thomas Queck, Dr. Thomas Grasselt, Udo Hopf, Dr. Gerd Strickhausen, Prof. Dr. Peter Ettel und Prof. Dr. Dr. Hermann Wirth sind in diesem Jahrbuch abgedruckt.

Personal

(Stand zum 31.12.2006)
(in Klammern Datum des Eintritts)

Direktion

Dr. Helmut-Eberhard Paulus Direktor	(1.8.1994)
Elke Matus Direktionssekretariat	(1.3.1995)

Zentrale (zu Direktion)

Dr. Susanne Rott Referat Öffentlichkeitsarbeit, Lektorat und Presse	(1.6.1997)
Hagen Backhaus Referat EDV, Medien, Logistik und Registraturwesen	(1.9.2003)
Dipl.-Bibl. Marga Hofmann Zentralregistratur, zentrale Archive und Bibliothek	(1.4.1997)

**Abteilung Allgemeine Verwaltung,
Wirtschaft und Recht**

Thomas Kramer Abteilungsleiter	(1.3.1996)
Regina Kretzschmar Referat Liegenschaften und Bewirtschaftung	(1.7.1994)
Marion Dunkel Sachgebiet Haushalt, Beschaffung und Personalwesen	(13.11.2000)
Swetlana Schmidt Buchhaltung und Betreuung des Fotoarchivs	(20.4.2000)
Elke Schottka Abteilungssekretariat	(1.7.1994)

Abteilung Bauten und Gärten

Dipl.-Ing. Johann Philipp Jung Abteilungsleiter Bauwesen, Baureferat I	(15.3.1996)
Dipl.-Ing. Erika Kramer Baureferat II	(15.3.1996)
Dipl.-Ing. Petra Hinreiner Baureferat III	(1.7.1994)
Dipl.-Ing. Catrin Lorenz-Seidel Referat Gartenbau und Parkpflege	(1.11.2001, Elternzeit seit 28.10.2005)
Dipl.-Ing. Jens Scheffler Referat Gartenbau und Parkpflege	(10.10.2005, Elternzeit- vertretung)
Andrea Müller Koordination und Buchführung Bauhaushalt	(1.3.1995, Mutterschutz ab 25.9.2006)
Cornelia Scholze Abteilungssekretariat	(15.2.1995)
Doris Görting Vertretung für Sekretariat und Buchführung	(15.5.2006)

Volontariat

Dr. Heiko Laß	(1.4.2005)

Organe der Stiftung

(Stand zum 31.12.2006)

DER STIFTUNGSRAT

Vorsitzender des Stiftungsrats

Prof. Dr. Walter Bauer-Wabnegg, Staatssekretär im Thüringer Kultusministerium

Weitere Mitglieder des Stiftungsrats

Ministerialrat Heinz Löwinger, Thüringer Finanzministerium

Ministerialdirigent Jürgen Lange, Thüringer Ministerium für Wirtschaft, Technologie und Arbeit

Landeskonservator Dr. Stefan Winghart, Thüringisches Landesamt für Denkmalpflege und Archäologie

Wilhelm Schreier, Erster Beigeordneter der Stadt Sondershausen (Vorsitzender des Kommunalen Arbeitskreises) (bis September 2006)

Joachim Kreyer, Bürgermeister der Stadt Sondershausen (ab September 2006)

Landrat Thomas Müller, Landratsamt Hildburghausen (Stellvertretender Vorsitzender des Kommunalen Arbeitskreises)

Sitzungsteilnehmer im Stiftungsrat ohne Stimmrecht

Prof. Dr. Manfred Frithjof Fischer (Vorsitzender des Sachverständigen Beirats)

DER DIREKTOR

Dr. Helmut-Eberhard Paulus

Liegenschaften der Stiftung

(Stand zum 31.12.2006)

Bad Liebenstein, Schloss und Park Altenstein

Bad Liebenstein, Burgruine Bad Liebenstein

Dornburg, Altes Schloss Dornburg

Ehrenstein, Burgruine Ehrenstein

Erfurt, Klosterkirche St. Peter und Paul

Georgenthal, Kloster Georgenthal

Göllingen, Kloster St. Wigbert

Gotha, Schloss Friedenstein mit Park

Greiz, Sommerpalais und Park Greiz

Heldburg, Veste Heldburg

Henneberg, Burgruine Henneberg

Kapellendorf, Wasserburg Kapellendorf

Kloster Veßra, Kloster Veßra

Kranichfeld, Oberschloss Kranichfeld

Lauchröden, Burgruine Brandenburg

Liebenstein/Ilm-Kreis, Burgruine Liebenstein im Ilm-Kreis

Molsdorf, Schloss Molsdorf mit Park

Paulinzella, Kloster Paulinzella mit Jagdschloss

Ranis, Burg Ranis

Rudolstadt, Schloss Heidecksburg

Sachsenburg, Obere und Untere Sachsenburg

Schleusingen, Schloss Bertholdsburg

Schmalkalden, Schloss Wilhelmsburg

Schwarzburg, Schloss Schwarzburg

Sondershausen, Schloss Sondershausen mit Park

Wandersleben, Burgruine Gleichen

Weimar, Großherzogliches Museumsgebäude

Weimar, Residenzschloss Weimar

Weißensee, Burg Weißensee (Runneburg)

Wünschendorf, Kloster Mildenfurth

Förderinitiativen, Sponsoring, Spenden und Vermächtnisse

Die Arbeit der Stiftung Thüringer Schlösser und Gärten wurde von folgenden Personen und Institutionen zugunsten der genannten Zweckbestimmungen finanziell unterstützt:

[Spenden ab € 100]

Orangeriebäumchen – Schloss Friedenstein, Gotha:

Hotel am Schlosspark, Gotha
Traco Werke GmbH, Bad Langensalza
Familie E. Jannot, Kaarst
Gothaer Fahrzeugtechnik
IST Ingenieurgesellschaft mbH, Gotha
Haus der Versicherungsgeschichte, Gotha
Waldbahnhotel, Gotha
Ursula Gonella, Düsseldorf
Meliorations- und Tiefbau GmbH, Gotha
Ernst Trebstein, Gotha
Frank Peter, Gotha
Autohaus Seyfarth, Gotha
Sven Ruhe
U. Völker, Trügleben
Topf BMT – Baumaschinen, Gotha
Firma Bernd Ritter, Tabarz
Telefonservice Klein GmbH, Gotha
Boxberg GmbH, Gotha
Victoria Versicherung, Düsseldorf
Matthias Kaiser, Gotha
Ursula Jannott, München

Stühle für den sogenannten Palas von Burg Ranis:

Förderkreis Burg Ranis
Antje und Detlef Weise, Ranis
Thomas Hirsch, Tiefthal
Bernd von Breitenbuch, Kirchheim/Teck
Gerd von Brandenstein, Berlin
Frank Neumeister, Knau
Heinz und Magdalene Voss, Dänischhagen
Andreas von Stechow, Berlin
Siegfried Schmidt, Ranis
Horst Ludwig, Hamm
Winfried Zein, Ranis
Ursula und Klaus Olbrich, Ranis
Wulf-Dietrich Brand, Neustadt
Stadt Ranis (Erlös Benefizkonzert)

Stadtwerke Gotha	Sicherstellung der Stromversorgung – Schloss Friedenstein, Gotha
Ronald Schmermer	Objektspende – Schloss Friedenstein, Gotha
Förderkreis Oberschloss Kranichfeld	„101 Stufen Dicker Turm" – Oberschloss Kranichfeld
Prof. Renate und Prof. Kurt Hofmann, Lübeck	Gedenkstätte „Brahms auf Schloss Altenstein" Vasentransport – Schloß Altenstein
Sylvia und Georg Berghof, Nürnberg	Objektspenden – Schloss Heidecksburg, Schloss Altenstein, Veste Heldburg, Sommerpalais Greiz
Förderverein Veste Heldburg e.V.	Kapelle (Altarkreuz), Kleine Wendelstiege – Veste Heldburg
Jutta Lehmann Schloss	Toilettenanlage – Schwarzburg
Dr. Bauer, Ranis	Sachspende – Kübelpflanzen Schloss Heidecksburg
Rotary Hilfswerk Rudolstadt	Schlossfest
Stahlwerk Thüringen, Arcelor GmbH, Unterwellenborn	Schlossfest

Zuschuss- und Zuwendungsgeber

Die Arbeit der Stiftung Thüringer Schlösser und Gärten wurde von folgenden Zuwendungsgebern zugunsten der genannten Maßnahmen finanziell unterstützt:

EU-Förderung „Europäischer Fonds für Regionalentwicklung" (EFRE)

Europäische Union:
Schloss Friedenstein in Gotha, Bestandssicherung und Nutzungsverbesserung
Burg Ranis, Sanierung und Ausbau des Südflügels
Schloss Heidecksburg in Rudolstadt, Südflügel, Sanierung der stadtseitigen Fassade

Mittel der Bundesrepublik Deutschland

„Kulturdenkmäler mit besonderer nationaler kultureller Bedeutung":
Schloss Friedenstein in Gotha, Bestandssicherung und Nutzungsverbesserung (im Zusammenhang mit der EU-Förderung)
Residenzschloss Weimar, Gentz'sches Treppenhaus

Mittel von Stiftungen

Deutsche Bundesstiftung Umwelt:
Schloss Friedenstein in Gotha, Mustersanierung: Konservierung der Arkaden

Deutsche Stiftung Denkmalschutz:
Schloss Friedenstein in Gotha, Bauaufmaß, Instandsetzung des Dachtragwerks im Bereich der Schlosskirche

Mittel im Rahmen von Sonderförderungen

Thüringisches Landesamt für Denkmalpflege und Archäologie:
Burg Ranis, Sanierung Palas

LEADER+:
Klosterruine Göllingen, Objektpräsentation

Publikationen der Stiftung Thüringer Schlösser und Gärten

Amtliche Führer

Schloß und Park Altenstein. Amtlicher Führer, bearb. von Günther Thimm und Bertram Lucke, München/Berlin: Dt. Kunstverlag 1997, 64 Seiten, zahlr. Abb., Pläne und Karten

Schloß Sondershausen mit Park. Amtlicher Führer, bearb. von Hendrik Bärnighausen, Günther Thimm und Manfred Ohl, München/Berlin: Dt. Kunstverlag 1997, 68 Seiten, zahlr. Abb., Pläne und Karten

Runneburg in Weißensee. Amtlicher Führer, bearb. von Michael Kirchschlager, Burkhard Lohmann und Thomas Stolle, München/Berlin: Dt. Kunstverlag 1998, 52 Seiten, zahlr. Abb., Pläne und Karten

Schloß Molsdorf mit Park. Amtlicher Führer, bearb. von Sabine Schürholz und Günther Thimm, München/Berlin: Dt. Kunstverlag 1998, 64 Seiten, zahlr. Abb., Pläne und Karten, ISBN 3-422-06236-X

Sommerpalais und Park Greiz. Amtlicher Führer, bearb. von Gerhard Brandler, Eva-Maria von Máriássy und Günther Thimm, München/Berlin: Dt. Kunstverlag 1998, 64 Seiten, zahlr. Abb., Pläne und Karten, ISBN 3-422-03056-5

Schloß Wilhelmsburg in Schmalkalden. Amtlicher Führer, bearb. von Dieter Eckardt, Helmut-Eberhard Paulus, Willi Stubenvoll und Günther Thimm, München/Berlin: Dt. Kunstverlag 1999, 72 Seiten, zahlr. Abb., Pläne und Karten, ISBN 3-422-03066-2

Kloster Paulinzella mit Jagdschloß. Amtlicher Führer, bearb. von Volkmar Greiselmayer, München/Berlin: Dt. Kunstverlag 2000, 64 Seiten, zahlr. Abb., Pläne und Karten, ISBN 3-422-03085-9

Veste Heldburg. Amtlicher Führer, bearb. von Michael Schmidt, München/Berlin: Dt. Kunstverlag 2001, 64 Seiten, zahlr. Abb., Pläne und Karten, ISBN 3-422-03088-3

Kloster Veßra. Amtlicher Führer, bearb. von Günther Wölfing und Ernst Badstübner, München/Berlin: Dt. Kunstverlag 2003, 64 Seiten, zahlr. Abb., Pläne und Karten, ISBN 3-422-03094-8

Schloss Friedenstein in Gotha mit Park. Amtlicher Führer, bearb. von Heiko Laß, Catrin Lorenz-Seidel und Bernd Schäfer, München/Berlin: Dt. Kunstverlag 2006, 64 Seiten, zahlr. Abb., Pläne und Karten, ISBN 3-422-02013-6

Amtliche Führer Special

Die Goldene Kutsche von Schloß Sondershausen. Amtlicher Führer Special, bearb. von Bettina Bärnighausen und Hendrik Bärnighausen, München/Berlin: Dt. Kunstverlag 2001, 48 Seiten, zahlr. Abb., ISBN 3-422-06350-1

Orangerie und Kaisersaal von Schloß Schwarzburg. Amtlicher Führer Special, bearb. von Helmut-Eberhard Paulus, München/Berlin: Dt. Kunstverlag 2002, 68 Seiten, zahlr. Abb., ISBN 3-422-03091-3

Große Kunstführer

Schlösser in Thüringen. Schlösser, Burgen, Gärten, Klöster und historische Anlagen der Stiftung Thüringer Schlösser und Gärten, bearb. von Willi Stubenvoll, Bad Homburg/Leipzig: Verlag Ausbildung + Wissen GmbH 1997, 132 Seiten, zahlr. Abb., ISBN 3-927879-96-7

Paradiese der Gartenkunst in Thüringen. Historische Gartenanlagen der Stiftung Thüringer Schlösser und Gärten (Große Kunstführer der Stiftung Thüringer Schlösser und Gärten, Band 1), Regensburg: Verlag Schnell & Steiner GmbH 2003, 200 Seiten, zahlr. Abb., ISBN 3-7954-1546-2

Orangerieträume in Thüringen. Orangerieanlagen der Stiftung Thüringer Schlösser und Gärten (Große Kunstführer der Stiftung Thüringer Schlösser und Gärten, Band 2), Regensburg: Verlag Schnell & Steiner GmbH 2005, 144 Seiten, zahlr. Abb., ISBN 3-7954-1789-9

Jahrbücher

Jahrbuch der Stiftung Thüringer Schlösser und Gärten. Forschungen und Berichte zu Schlössern, Gärten, Burgen und Klöstern in Thüringen, Kunstverlag Josef Fink, ab Band 7: Verlag Schnell & Steiner GmbH

Band 1 (1995/96), Lindenberg 1998, 128 Seiten, ISBN 3-931820-72-6 (vergriffen)
Band 2 (1997/98), Lindenberg 1999, 232 Seiten, ISBN 3-933784-14-X
Band 3 (1999), Lindenberg 2000, 188 Seiten, ISBN 3-933784-64-6
Band 4 (2000), Lindenberg 2001, 176 Seiten, ISBN 3-89870-023-2
Band 5 (2001), Lindenberg 2002, 243 Seiten, ISBN 3-89870-063-1
Band 6 (2002), Lindenberg 2003, 216 Seiten, ISBN 3-89870-126-3
Band 7 (2003), Regensburg 2004, 248 Seiten, ISBN 3-7954-1675-2 (vergriffen)
Band 8 (2004), Regensburg 2005, 262 Seiten, ISBN 3-7954-1760-0
Band 9 (2005), Regensburg 2006, 252 Seiten, ISBN 3-7954-1892-5

Berichte und Dokumentationen

Baudokumentation zum Abschluß der Sanierung des Großherzoglichen Museumsgebäudes Weimar und dessen Nutzbarmachung für das Neue Museum 1998 (Berichte der Stiftung Thüringer Schlösser und Gärten, Band 1), München: Karl M. Lipp Verlag GmbH 1998, 40 Seiten

Museumsbau als denkmalpflegerische Aufgabe. Sanierung und Übergabe des Großherzoglichen Museumsgebäudes Weimar. Widmung zum Neuen Museum. Internationale Tagung (Berichte der Stiftung Thüringer Schlösser und Gärten, Band 2), München: Karl M. Lipp Verlag GmbH 1999, 60 Seiten, ISBN 3-87490-697-3

Der Greizer Park. Garten – Kunst – Geschichte – Denkmalpflegerische Konzeption. Beiträge zu Park und Sommerpalais Greiz (Berichte der Stiftung Thüringer Schlösser und Gärten, Band 3), München: Karl M. Lipp Verlag GmbH 2000, 72 Seiten, ISBN 3-87490-709-0

Raumfassungen des Klassizismus im Residenzschloss Weimar. Zu ihrer Wiederherstellung von 1970 bis 1989 (Berichte der Stiftung Thüringer Schlösser und Gärten, Band 4), München: Karl M. Lipp Verlag GmbH 2001, 40 Seiten, ISBN 3-87490-712-0

Raum für die Künste. Das Marstallensemble Schloss Sondershausen. Dokumentation der Sanierung 1999 – 2004 (Berichte der Stiftung Thüringer Schlösser und Gärten, Band 5), München: Karl M. Lipp Verlag GmbH 2005, 60 Seiten, ISBN 3-87490-725-2

Sonstige Publikationen

Zu Gast in Thüringer Schlössern. Raumangebot der Stiftung Thüringer Schlösser und Gärten, 2. Auflage, Rudolstadt 2001

Reisezeit – Zeitreise zu den schönsten Schlössern, Burgen, Gärten, Klöstern und Römerbauten in Deutschland. Offizieller gemeinsamer Führer der Schlösserverwaltungen Baden-Württemberg, Bayern, Berlin-Brandenburg, Dessau-Wörlitz, Hessen, Rheinland-Pfalz, Sachsen, Sachsen-Anhalt und Thüringen, 3. Auflage, Regensburg: Verlag Schnell & Steiner GmbH 2003, 256 Seiten, zahlr. Abb., Serviceinformationen, ISBN 3-7954-1313-3

Gartenlust – Lustgarten. Die schönsten historischen Gärten in Deutschland. Offizieller gemeinsamer Führer der Schlösserverwaltungen Baden-Württemberg, Bayern, Berlin-Brandenburg, Dessau-Wörlitz, Hessen, Rheinland-Pfalz, Sachsen und Thüringen, Regensburg: Verlag Schnell & Steiner GmbH 2003, 256 Seiten, zahlr. Abb., Serviceinformationen, ISBN 3-7954-1581-0

Raumkunst – Kunstraum. Innenräume als Gesamtkunstwerke – entdeckt in Schlössern, Burgen und Klöstern in Deutschland. Offizieller gemeinsamer Führer der Schlösserverwaltungen Baden-Württemberg, Bayern, Berlin-Brandenburg, Hessen, Mecklenburg-Vorpommern, Rheinland-Pfalz, Sachsen, Sachsen-Anhalt und Thüringen, Regensburg: Verlag Schnell & Steiner GmbH 2005, 256 Seiten, zahlr. Abb., 1 Übersichtskarte und 9 Länderkarten, Serviceinformationen, ISBN 3-7954-1733-3

Autorenverzeichnis

Dr. Hendrik Bärnighausen
Staatliche Schlösser, Gärten und Burgen
Sachsen
Stauffenbergallee 2, 01099 Dresden

Benno Busch
Kyffhäuserstraße 18, 06567 Bad Frankenhausen

Prof. Dr. Peter Ettel
Friedrich-Schiller-Universität Jena
Fürstengraben, 07743 Jena

Prof. Dr. Manfred F. Fischer
Pfahlplätzchen 1, 96049 Bamberg

Dr. Thomas Grasselt
Thüringisches Landesamt für Denkmal-
pflege und Archäologie
Humboldtstraße 11, 99423 Weimar

Udo Hopf
Siebleber Straße 28, 99867 Gotha

Dr. Helmut-Eberhard Paulus
Stiftung Thüringer Schlösser und Gärten
Schloss Heidecksburg 1, 07407 Rudolstadt

Thomas Queck
Thüringisches Landesamt für Denkmal-
pflege und Archäologie
Humboldtstraße 11, 99423 Weimar

Dr. Peter Sachenbacher
Thüringisches Landesamt für Denkmal-
pflege und Archäologie
Humboldtstraße 11, 99423 Weimar

Dr. Ines Spazier
Thüringisches Landesamt für Denkmal-
pflege und Archäologie
Humboldtstraße 11, 99423 Weimar

Dr. Gerd Strickhausen
Im Stretefeld 17, 35094 Lahntal-Caldern

Dipl.-Ing. Günther Thimm
Schillerstraße 11, 99198 Vieselbach

Prof. Dr. Dr. Hermann Wirth
Cranachstraße 12, 99423 Weimar

Abbildungsnachweis

ABBILDUNGEN

Angermuseum Erfurt: Seite 59

Architekturbüro Lehrmann & Partner, Schmerbach: Seite 197

Architekturbüro Rittmannsperger + Partner, Erfurt: Seite 194

Architekturbüro A. Spindler, Saalfeld: Seite 196 (Abb. 3)

Hendrik Bärnighausen und Benno Busch, Repro aus: Manfred Donhof, Das Neue Palais zu Arnstadt, Leipzig 1988: Seite 143

Bauhaus-Universität Weimar, Escherich: Seite 120

Bauhaus-Universität Weimar, Fachbereich Architektur, Diathek: Seite 121

Bildarchiv Foto Marburg: Seite 115

Benno Busch, Bad Frankenhausen: Seite 139, 142

Roman von Götz: Umschlag

Thomas Grasselt, Repro aus: Timpel, Anm. 8, Karte 8: Ausschnitt ohne Altenburg mit Platz der Demokratie, Umzeichnung: Heike Spranger: Seite 43

Thomas Grasselt, Repro aus: Timpel/Gall, Umzeichnung: Heike Spranger: Seite 44

H. Hansen, Erfurt: Seite 53, 55

Karl Heinemeyer, Erfurt, digitale Bearbeitung: Uwe Welz, Kaiserslautern: Seite 126

Udo Hopf, Gotha: Seite 51, 54

Landesamt für Denkmalpflege Bayern, Fotoarchiv: Seite 89, 90, 91, 93, 94, 97, 99, 100, 103, 105

Landesamt für Denkmalpflege und Archäologie, Fotoarchiv, M. Petermann: Seite 18, 19 (Abb. 6)

Landesamt für Denkmalpflege und Archäologie, Fotoarchiv, Peter Sachenbacher: Seite 14, 15, 16, 17, 19 (Abb. 7), 20

Landesamt für Denkmalpflege und Archäologie, Fotoarchiv, Stephan: Seite 45, 46, 47, 48

Museum für Regionalgeschichte und Volkskunde Gotha, Bildsammlung: Seite 60

Schlossmuseum Arnstadt: Seite 140, 141

Schlossmuseum Sondershausen: Seite 132, 133, 144, 145, 147

Stadtarchiv Erfurt, Fotosammlung: Seite 52, 61 (Abb. 11)

Stiftung Thüringer Schlösser und Gärten, Constantin Beyer, Weimar (Foto): Seite 11, 116, 118, 119, 122, 155, 156, 168, 193

Stiftung Thüringer Schlösser und Gärten, Johann Philipp Jung: Seite 163, 196 (Abb. 4), 198

Stiftung Thüringer Schlösser und Gärten, Jens Scheffler: Seite 170

Gerd Strickhausen, Lahntal-Caldern: Seite 61 (Abb. 12), 70, 72, 73, 77, 78, 82

Gerd Strickhausen, Repro aus: Bodo Ebhardt, Der Wehrbau Europas im Mittelalter, Bd. 1, 1939, Nachdruck Würzburg 1999, Abb. 457: Seite 81

Gerd Strickhausen, Repro aus: H. Wurzler, Burg Ehrenstein und verwandte Mantelmauerburgen, in: Der Burgwart. Zeitung der Vereinigung zur Erhaltung deutscher Burgen, Bd. 43, 1942, S. 29–37, Abb. 57, 59, 60, 61, 62: Seite 71, 75, 80 (Abb. 8)

Günther Thimm, Vieselbach: Seite 166

Thüringer Allgemeine, Th. Ritter, Gotha: Seite 56, 57, 63

Thüringer Landesmuseum Heidecksburg, Rudolstadt: Seite 153

Thüringisches Landesamt für Denkmalpflege und Archäologie, Dienststelle Weimar, Fotoarchiv: Seite 32, 33, 34, 35, 36, 37, 38, 39, 40

Thüringisches Landesamt für Denkmalpflege und Archäologie, Fotoarchiv: Seite 23, 24, 25, 26

Thüringisches Staatsarchiv Gotha, Kammer-Amt Ichtershausen, Nr. 17a (Ausschnitt): Seite 58

Hermann Wirth, Repro aus: Johann Theodor Benjamin Helfrecht, Ruinen, Alterthümer und noch stehende Schlösser (...), Hof 1795, S. 156: Seite 117

Hermann Wirth, Repro aus: Melissantes (Johann Gottfried Gregorius), Das erneuerte Alterthum (...), 2. Auflage, Frankfurt/Leipzig 1721: Seite 112

Hermann Wirth, Repro aus: Otfried Wagenbreth u.a. (Hg.), Dampfmaschinen. Die Kolben-dampfmaschine als historische Erscheinung und als technisches Denkmal, Leipzig 1986, S. 38 (Abb. 6): Seite 113

FARBTAFELN

Udo Hopf, E. Altwasser und Gerd Strickhausen (Zeichnung): Tafel VII,2

Landesamt für Denkmalpflege Bayern, Klaus Leidorf: Tafel X,1, X,2

Firma Langlotz/Vacha (Vermessungsgrundlage), Thomas Spazier (Bearbeitung Grabungs-unterlagen): Tafel II

Thomas Queck, überarbeitetes Repro aus: G. Ulrich Großmann, Burgen, Schlösser und Wehr-bauten in Mitteleuropa, Bd. 8, Regensburg 2002: Tafel IV,2

Stiftung Thüringer Schlösser und Gärten, Constantin Beyer, Weimar (Foto): Tafel IV,1, XI, XII,1, XII,2, XIII

Stiftung Thüringer Schlösser und Gärten, R. Kruse & Seidel: Tafel III, VI, VII,1, IX,1, IX,2

Stiftung Thüringer Schlösser und Gärten, Helmut-Eberhard Paulus: Tafel XIV

Stiftung Thüringer Schlösser und Gärten, Helmut Wiegel: Tafel XV

Thüringisches Landesamt für Denkmalpflege und Archäologie, Dienststelle Weimar, Fotoar-chiv: Tafel V

Thüringisches Landesamt für Denkmalpflege und Archäologie, Dienststelle Weimar, F. Jelitz-ki, Udo Hopf (Grabungszeichnung): Tafel VIII,1

Thüringisches Landesamt für Denkmalpflege und Archäologie, Peter Sachenbacher: Tafel I

Thüringisches Staatsarchiv Gotha, Geheimes Archiv, OO IV, Nr. 1d (Ausschnitt): Tafel VIII,2